U0899117

Hundreds of Boats Strive for Advancement

THE EXTRAORDINARY 15 YEARS OF CHINA TOP 100 REAL ESTATE ENTERPRISES

百舸争流

中国房地产百强企业十五年峥嵘岁月

中指研究院 著

图书在版编目（CIP）数据

百舸争流——中国房地产百强企业十五年峥嵘岁月 / 中指研究院著. 北京：中国发展出版社，2019.1

ISBN 978-7-5177-0952-7

Ⅰ. ①百… Ⅱ. ①中… Ⅲ. ①房地产业—企业发展—研究—中国 Ⅳ. ①F299.233

中国版本图书馆CIP数据核字（2019）第006060号

书　　名：百舸争流——中国房地产百强企业十五年峥嵘岁月
著作责任者：中指研究院
出 版 发 行：中国发展出版社
（北京市西城区百万庄大街 16 号 8 层　100037）
标 准 书 号：ISBN 978-7-5177-0952-7
经　销　者：各地新华书店
印　刷　者：河北鑫兆源印刷有限公司
开　　　本：710mm × 1000mm　1/16
印　　　张：34.5
字　　　数：462 千字
版　　　次：2019 年 1 月第 1 版
印　　　次：2019 年 1 月第 1 次印刷
定　　　价：99.00 元

联 系 电 话：（010）68990630　68990692
购 书 热 线：（010）68990682　68990686
网 络 订 购：http://zgfzcbs.tmall.com//
网 络 电 话：（010）88333349　68990639
本 社 网 址：http://www.develpress.com.cn
电 子 邮 件：bianjibu16@vip.sohu.com

编委会名单

序言 >>> PREFACE

2003年以来，中国经济取得了巨大的成就，国内生产总值从13.7万亿元增长到82.7万亿元，并先后于2008年超越德国、2010年超越日本，稳居世界第二大经济体，占世界经济总量的份额由2003年的4.4%提高到2017年的15%左右。在国民经济高速增长的带动下，中国房地产作为经济支柱产业和城镇化发展重要引擎度过了十五年的黄金时代。在国家的宏观调控下，中国房地产市场在这十五年中虽历经多轮的波动起伏，但整体保持了持续健康稳定发展，优秀的房地产企业则实现了规模的跨越式发展和综合实力的全面提升。

由国务院发展研究中心企业研究所、清华大学房地产研究所和中指研究院三家权威研究机构共同组成的中国房地产TOP10研究组，秉持“客观、公正、准确、全面”的基本原则，致力于对中国房地产行业的优秀企业进行深度研究，并持续十五年对中国房地产百强企业进行研究分析，在业内及社会各界形成了广泛深入的影响力，为系统地总结中国房地产市场的发展、变化，把握未来的发展趋势，促进中国房地产行业持续健康的发展做出了积极的贡献。

十五年来，房地产行业规模实现快速扩张，经济支柱产业地位凸显。行业的规模不断扩大，房地产企业数量由2003年的3.71万家飙升至近十万家；2017年中国商品房销售额达到13.37万亿元，较2003年增长15.8倍；社会贡献巨大，房地产行业GDP贡献率由2003年的4.5%提升至6.2%；

2017年，为社会提供了275.2万个工作岗位；十五年来，累计为居民提供商品房145.5亿平方米，满足了亿万城镇家庭的基本居住需求。伴随着行业的不断发展，中国房地产百强企业作为最活跃、最有力度的推动力量，在行业中发挥了重要的引领和标杆作用。2017年，百强企业销售额达到6.4万亿元，较2003年增长56.3倍；市场份额由2003年的14.0%提升至47.7%，领先优势不断凸显，为引领行业发展做出了突出贡献。

为了让读者更全面地了解中国房地产行业的发展，特别是中国房地产百强企业的发展历程及运营经验，研究组撰写了《百舸争流——中国房地产百强企业十五年峥嵘岁月》一书，为促进行业良性运行、企业健康发展提供借鉴。

本书包括四个部分，第一部分介绍了中国房地产行业的发展历程，全面揭示房地产行业的发展史；第二部分从业绩、布局、产品、管理等方面介绍了中国房地产百强企业的变迁史，解读十五年来企业在经营策略方面的变化；第三部分分类梳理了二十九家中国房地产百强企业的发展历程以及优秀运营经验，为业内发展提供经验；在分析行业及企业发展概况的基础上，第四部分对房地产业的未来进行展望，指出行业未来的市场空间并为企业未来的发展策略提供建议。这是一本全景式展现中国房地产百强企业近十五年发展进程的著作，房地产企业可以参考借鉴优秀企业的发展经验，制定更加符合行业发展趋势的战略决策；研究者可以了解十五年来房地产市场的发展状况、各百强企业的成长模式、发展策略等，以获得进一步的研究参考。

借本书出版的机会，感谢一直以来支持中国房地产TOP10研究的房地产百强企业：恒大集团、碧桂园控股有限公司、万科企业股份有限公司、保利发展控股集团股份有限公司、中国海外发展有限公司、绿地控股集团股份有限公司、绿城中国控股有限公司、华夏幸福基业股份有限公司、华润置地有限公司、龙湖集团控股有限公司、新城控股集团股份有限公司、世茂房地产控股有限公司、旭辉集团股份有限公司、荣盛房地产发展股份有限公司、金科地产集团股份有限公司、中南置地、正荣集团、阳光城集团股份有限公司、四川蓝光发展股份有限公司、中国金茂控股集团有限公司、杭州滨江房产集团股份有限公司、融信（福建）投资集团有限公司、祥生地产集团、福晟集团有限公司、宝龙地产控股有限公司、新力地产有限公司、俊发集团有限公司、武汉地产开发投资集团有限公司、当代置业（中国）有限公司等，他们为本书提供了大量的企业信息和资料。在此，我代表编委会和广大读者对以上企业表示衷心的感谢。

中指研究院院长
中国房地产 TOP10 研究组联席组长
莫天全

目录 >>> CONTENTS

第一章

中国房地产业十五年峥嵘历程

第一节　支柱行业地位稳固，新时代定位“房住不炒”

房地产业长期以来作为国民经济的重要支柱产业，对我国经济发展起到了重要的推动作用。但当前我国经济已由高速增长阶段转向高质量发展阶段，正处在转变发展方式、优化经济结构、转换增长动力的攻关期，在此背景下“房住不炒”成为新时代房地产业发展的总基调和指南针。

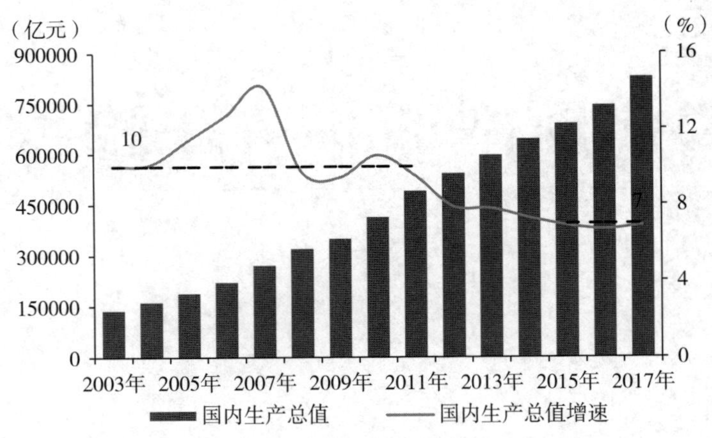

图 1-1　2003 ~ 2017 年国内生产总值及增长率

资料来源：国家统计局统计年鉴（2003 ~ 2017）及 2017 年统计公报整理。

十五年来，我国经济发展取得重大成就，创新成为高质量发展阶段经济增长的主要引擎。2003 ~ 2017 年，我国国内生产总值从 13.7 万亿元增长到 82.7 万亿元，先后于 2008 年超越德国、2010 年超越日本，稳居世界第二大经济体，占世界经济总量的份额由 2003 年的 4.4% 提高到 2017 年的 15% 左右；国内生产总值十五年来年均增长 9.4%，其中有 6 年实现了 10% 以上的高速增长。2015 年以来国内生产总值增速保持在 7% 左右，尽管相比之前经济增速有所放缓，但中国经济仍然是推动世界经济增长的重要动力；2017 年我国对世界经济增长的贡献率超过 30%。当前我国经济增速已由高速增长转为中高速增长，经济结构由中低端产业为主转为向中高端产业发力，增长动力由传统的投资、出口拉动转向创新驱动，如 2015 年开始的“互联网 +”行动在推动传统行业转型升级上发挥了重要作用，是创新驱动经济发展提质增效的典型案例。

作为国民经济的重要支柱产业，房地产行业对经济发展的直接贡献巨大。2003 年，国务院 18 号文首次明确房地产已经成为国民经济的支柱产业。十五年来，我国房地产行业不断发展壮大，成为经济增长的重要推动力，房地产业增加值从 2003 年的 6172.7 亿元增长 7.2 倍至 2017 年的 5.1 万亿元，对 GDP 的贡献从 4.5% 增长到 6.2%。

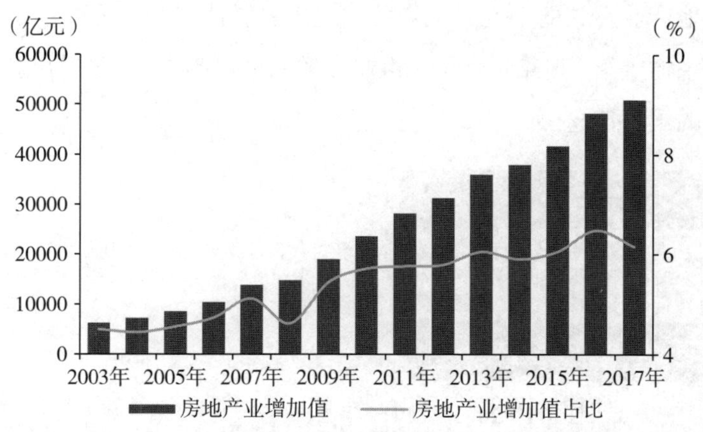

图 1-2　2003 ~ 2017 年房地产业增加值及占 GDP 比重

数据来源：国家统计局统计年鉴（2003 ~ 2017）及 2017 年统计公报整理。

房地产产业链长、关联度大，能直接或间接促进多个上下游产业的发展，对经济增长的带动作用举足轻重。房地产开发链条包含拿地、融资、设计、施工、销售和运营等多个环节，涉及政府、金融机构、设计公司、建筑公司、监理机构等多个相关方，直接增加财政收入并带动金融行业、建筑行业、规划设计等第二、第三产业的发展，并间接增加建材、装修、家居、家电、中介等行业的需求。

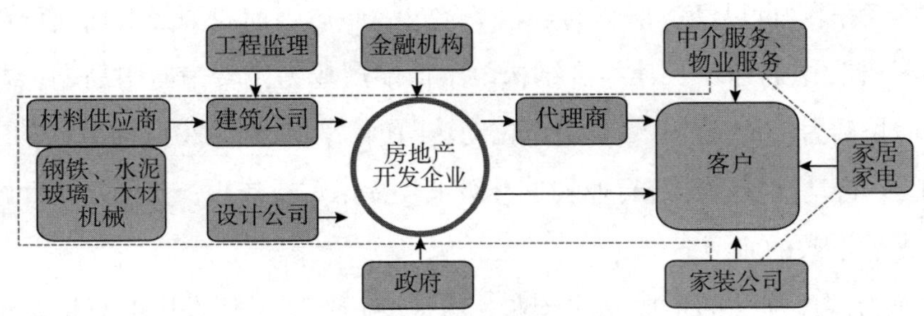

图 1-3 房地产行业对上下游产业链的带动

“房住不炒”成为新时代下行业发展主基调。2017 年，党的十九大明确指出“中国特色社会主义进入了新时代”，目前我国“社会主要矛盾已经转化为人民日益增长的美好生活需要和不平衡不充分的发展之间的矛盾”；具体到房地产业，党的十九大报告明确提出要坚持“房住不炒”定位，“加快建立多主体供给、多渠道保障、租购并举的住房制度”，传递出新时代“住有所居”的国家信念。

中国特色社会主义进入了新时代

· 经过长期努力，中国特色社会主义进入了新时代，是我国发展新的历史方位。这是中央对未来我国发展的重大判断，标志着我国未来经济等一系列建设都将顺应新时代的潮流，有新的发展要求和发展目标。

我国主要社会矛盾已经转化

· 我国社会主要矛盾已经转化为人民日益增长的美好生活需要和不平衡不充分的发展之间的矛盾。深刻揭示了我国经济着手进行从重速度到重质量的转型，从过去强调效率调整到公平。未来，保障中低收入群体的住房需求将成为房地产市场发展的重点之一。

明确住房属性定位

· 加强社会保障体系建设。坚持房子是用来住的、不是用来炒的定位，加快建立多主体供给、多渠道保障、租购并举的住房制度，让全体人员住有所居。这表明房地产不再成为经济发展的主要手段，明确住房属性为居住和准公共物品。

图 1-4 十九大报告核心要点

高质量发展要求下，房地产行业参与各方都要适应新时代居住消费需求的新变化，与时俱进地创新现代化建造技术与服务模式，提供更高质量的产品和服务，追求有质量的增长。需求侧不断升级，催生新的房地产相关服务的蓝海市场；在消费升级带动下，无论是高质量的居住需求，还是租赁、养老、文旅、教育、物流等服务领域均具有较大的发展空间，尤其是规划合理、业态丰富、配套完善、功能健全的优质产品和服务仍然供不应求。供给侧改革不断深化，提高了对房地产行业杠杆融资、建筑标准、运营能力等多方面的要求，倒逼行业走上高质量发展道路；房地产行业高杠杆经营模式在开发融资收紧环境下面临挑战，促使房企提升周转效率，并从单一的开发模式向开发运营并重的模式转变，同时政府明确提出了建筑节能及绿色建筑发展目标，多地发文全面推进落实成品住宅，倒逼房企推进建筑方式变革，实现高效生产和质量提升。

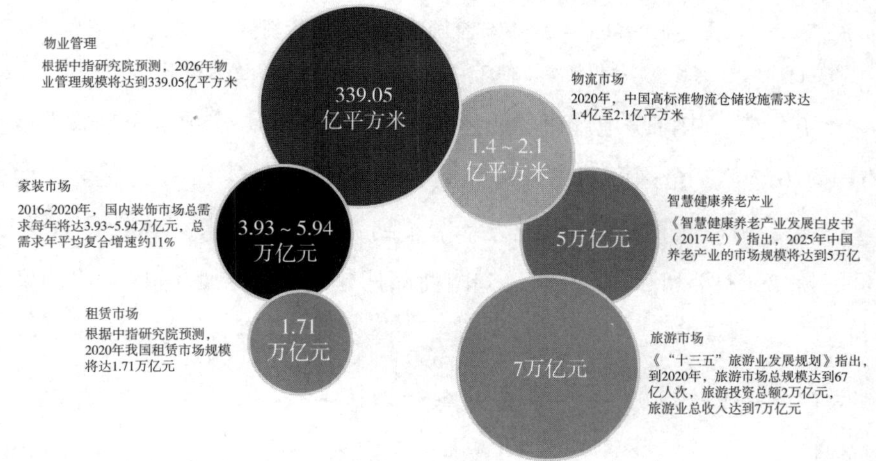

图 1-5　中国部分房地产相关服务领域的市场规模

第二节　市场波澜壮阔，分化引领"新常态"

十五年来，中国房地产开发投资额持续增长，住宅投资占据主导。中国房地产投资自 2003 年的 10154 亿元增至 2017 年的 109799 亿元，年复合增长率为 18.5%；2003 ~ 2013 年，我国房地产开发投资年均增速达 24.5%，此后结束了长达十余年的高速增长，近两年增速维持在 7% 左右，与 GDP 增速趋同。其中，住宅物业投资始终占房地产开发投资额的 2/3 以上，自 2003 年的 6777 亿元增至 2017 年的 75148 亿元，年复合增长率为 18.8%。

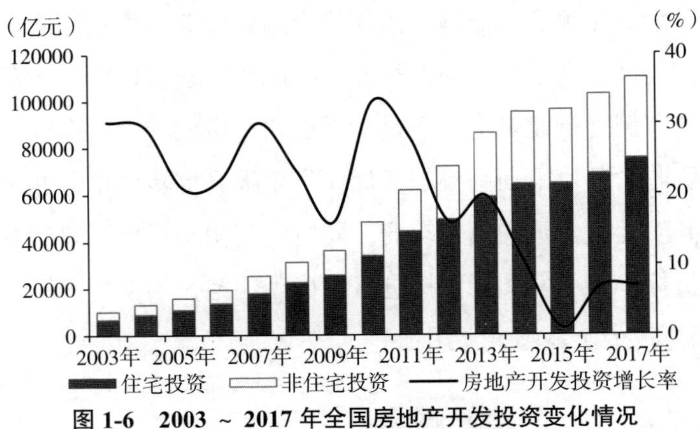

图 1-6 2003 ~ 2017 年全国房地产开发投资变化情况

资料来源：国家统计局统计年鉴（2003 ~ 2017）及 2017 年统计公报整理。

十五年来，中国房地产市场历经多轮的波动起伏，实现了跨越式发展。2003 ~ 2017 年，全国商品房销售额从 7956 亿元扩大至 13.37 万亿元，增长了 15.8 倍，销售面积从 3.4 亿平方米增长到 16.9 亿平方米，增长了 4.0 倍；期间，除 2008 年和 2014 年外，全国商品房销售额和销售面积同比均呈现增长。

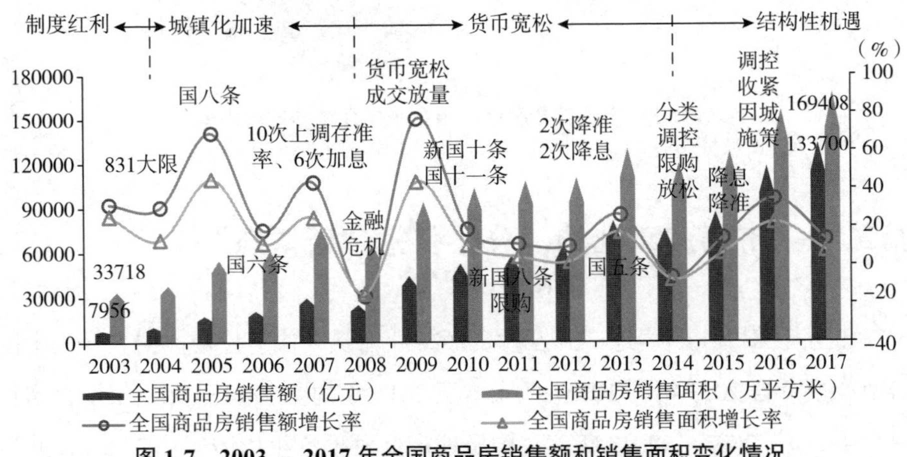

图 1-7 2003 ~ 2017 年全国商品房销售额和销售面积变化情况

资料来源：国家统计局统计年鉴（2003–2017）及 2017 年全国房地产开发投资和销售情况整理。

纵观十五年发展历程，伴随着中国宏观经济的周期波动和行业的多轮政策调控，中国房地产行业发展驱动历经制度红利、城镇化加速、货币宽松和结构性机遇四个阶段。

1. 制度红利阶段（2003年以前）

随着住房市场化改革的不断深入和信贷政策的支持，中国房地产逐步走向市场化，房企开始登上市场舞台。1980 年 4 月，邓小平同志明确指出住房改革要走商品化的路子，从而揭开了住房制度改革的大幕。1984 年，国家计委、经委、统计局、标准局等批准颁布了《国民经济行业分类标准和代码》，首次正式将房地产列为独立的行业。1998 年，《国务院关于进一步深化城镇住房制度改革加快住房建设的通知》（23 号文）公布，正式宣告福利分房制度终结和住房体制市场化改革的开始，成为中国房地产市场化的分水岭；同年，为配合房改政策，央行出台《个人住房贷款管理办法》，所有城镇、所有银行均可开展个人住房贷款，居民可用贷款购买所有自用商品住房。此后，房地产投资的高增长带动固定资产投资增速趋势性攀升，房地产业对经济增长的作用持续提升，2003 年国务院 18 号文首次明确将房地产定位为“国民经济的支柱产业”，表态支持房地产市场健康发展，由此推动了自改革开放以来持续时间最长的一轮经济增长。

在房地产市场化初期，国内房地产市场还是一片尚未开垦的处女地，地产开发尚无先例可循，房企担负着行业“摸着石头过河”的任务。80 年代初，南北两家房地产开发公司首次成立；1984 年，中央机构认定房地产公司（那时叫“城市建设综合开发公司”）具有独立法人资格，万科、招商地产、保利发展、天鸿集团、华发股份、浙江广厦等第一批房企应运而生。当然，在这过程中，由于所获项目多以协议出让为主，在市场中崭露头角的房地产企业主要呈现出各区域“占山为王”的格局。如赫赫有名的华南五虎——合生创展、雅居乐、碧桂园、富力、恒大；

再如垄断性控制了土地这一“命根”的各地政府城开公司，如华远地产、北京房开（天鸿集团），上海的上实发展，广州的广州城建等，以及后来居上的万科等。

2. 城镇化加速阶段（2004～2008年）

随着经济高速增长、城镇化快速推进，土地市场化逐渐打破区域壁垒，激发了房地产市场广阔的发展空间，房价快速上涨引发多次调控但收效甚微。2004 年，国土资源部、监察部联合下发了《关于继续开展经营性土地使用权招标拍卖挂牌出让情况执法监察工作的通知》（“71 号令”），要求从 2004 年 8 月 31 日起，所有经营性的土地一律都要公开竞价出让，即所谓“831 大限”，这标志着经营性用地协议出让的寿终正寝和招拍挂制度的全面推行，此后土地市场进入规范化、市场化的新阶段。在此背景下，房地产行业蓬勃发展，期间房地产开发投资年均增长率为 25.2%，全国商品房销售额除 2008 年金融危机影响下出现下滑外，2004 ～ 2007 年期间销售额年均增长率高达 40.5%，销售均价 2004 年和 2005 年分别同比增长 15.0% 和 16.7%，刷新历史纪录，2008 年则略有下降。为了抑制房价过快上涨，2005 年政府出台国八条首次调控房价。2006 年，“国六条”出台，重在调整住房供应结构，重点发展中低价位、中小套型普通商品住房、经济适用房和廉租住房。2007 年，央行先后 10 次上调存款准备金率、6 次上调基准利率为楼市降温；9 月 27 日，央行和银监会发布了《关于加强商业性房地产信贷管理的通知》（“927 新政”），对房地产开发贷款、土地储备贷款、住房消费贷款、商业用房购房贷款等进行从严管控。但在供不应求的市场环境下，政策调控效果有限，甚至出现“越调越高”的现象。

房地产企业登上市场快速上行的列车，顺应土地市场化开启全国化扩张时代，成功突破地域限制，并借由活跃的资本市场攻城略地成为房企驶入快车道的秘诀。其中，脱颖而出的房企包括 A 股上市龙头房企“招保万金”“利润之王”中海以及跨区域扩张模式各有千秋的“京沪粤渝”四大流派的代表房企等。截至 2008 年底，“招保万金”已进驻 15 ~ 35 个左右的大中城市。同时，成功规避过快扩张带来的资金风险也是此间的立身之本，创造速度神话的黑马顺驰即被过度扩张、现金流断裂而击垮；而金融风暴的不期而至也使部分房企经受波折，如 2008 年陷入资金困顿的恒大等。

3. 货币宽松阶段（2009～2014年）

金融危机后货币宽松周期开启，房地产投资投机性需求旺盛，房价趋势性上涨，政府调控政策密集出台，与市场的博弈更加频繁。为应对金融危机，国际量化宽松政策及国内 4 万亿刺激计划使整体货币环境宽松，在此利好下，房地产市场开始修复 2008 年的下跌并实现跳跃增长，2009 年全国商品房销售额和销售面积分别同比增长 76.9% 和 43.6%。在经济企稳和房地产市场回暖后，政策调控开始逐步收紧，2009 年底将个人住房转让免征营业税期限恢复至 5 年，2010 年先后出台“国十一条”和“新国十条”，但政策效果有限；2011 年“新国八条”出台，限购政策逐步扩围至 40 多个城市，叠加央行的 3 次加息和 6 次上调存款准备金率，导致百城房价涨幅收窄并于 2011 年 9 月持续下跌，一线及热点二线城市政策的调控加速了全国房地产市场的调整，许多中小城市房地产市场得到快速发展。2012 年受地方政府财政趋紧、经济下行压力影响，调控开始出现松动，两次降息降准改变市场预期；2013 年“国五条”出台但调控力度相对温和，同年 4 月百城住宅均价突破 1 万元 / 平方米并持续上行，2013 年全国商品房销售额突破 8 万亿，创历史新高；2014 年央行连续 5 次降息、4 次降准，政府调控思路转向分类调控，除一线城市以外的二三线城市逐步退出限购，“930 新政”放松住房贷款刺激需求，但全年商品房销售额和销售面积同比均有所下跌。

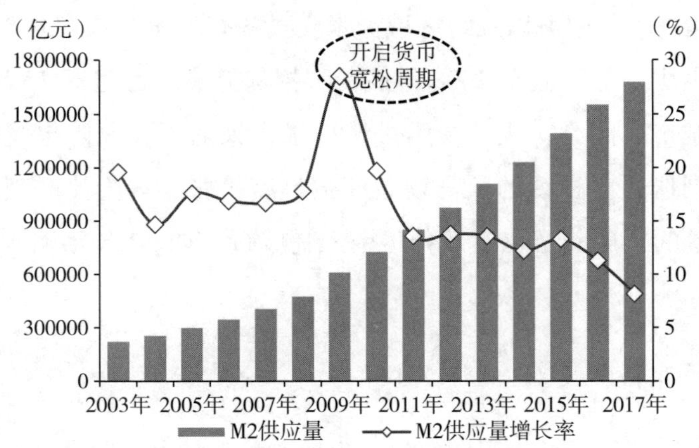

图 1-8　2003 ~ 2017 年 M2 供应量变化情况

资料来源：国家统计局统计年鉴（2003 ~ 2017）及 2017 年统计公报整理。

在此期间，房地产市场大量刚性需求释放，加之国内信贷规模增长、赴港上市、海外发债等资金通路畅通，房企加速全国化进程并重点向三四线城市扩张。2009 ~ 2012 年间，急转向上的市场使高库存、改善型、精细化房企得到迅猛发展，如龙湖、绿城、保利；2013 ~ 2014 年间，高周转、高杠杆、高负债的发展模式成为行业主流，恒大、碧桂园、融创、华夏幸福均为个中翘楚。与此同时，部分房企却因过度扩张或裹足不前等战略失误而经受波折，如复地自 2008 年、合生创展自 2013 年起均跌出百强前十行列。

4. 结构性机遇阶段（2015年至今）

从去库存和信贷宽松走向“四限”扩围和信贷紧缩，房地产市场进入结构性需求饱和与分化加剧的白银时代。经过此前十年的野蛮增长，房地产市场高库存问题开始显现。2008 ~ 2014 年，全国商品房销售面积合计 74 亿平方米，新开工面积 113 亿平方米，销售新开工比 0.65，统计局公布的全国商品房待售面积在 2015 年底达到峰值 7.2 亿平方米。2015 ~ 2016 年 9 月，

“去库存”政策、信贷宽松等利好政策密集出台为房地产市场注入一股暖流，一二线城市受益于改善性需求大量释放，成交量和房价快速上涨并持续高位运行，土地市场也“一路飙升”。2016 年 9 月以后，多个热点一二线城市出台调控政策，限购限贷力度及各项监管措施频频加码，遏制投资投机性需求。受调控影响，2016 年四季度百城房价指数涨幅明显回落；2017 年以来随着围绕“房住不炒”定位的信贷紧缩、“四限”扩围等调控政策全面升级，同时，构建租购并举的房地产制度、推动长效机制的建立健全，热点城市房地产市场逐步回归理性。三四线城市在一二线城市购买力外溢和棚户区改造货币化安置大幅提升的作用下，库存去化效果明显并呈现量升价涨。百城住宅价格指数显示三线城市房价 2017 年累计上涨 12.32%，在各线城市中最为突出。

随着房地产市场逐渐开始由增量向存量转换，行业洗牌速度进一步加快，分化发展已成为当前及未来一段时间房地产市场的主旋律。一方面，城市价格分化逐步显现：根据百城房价指数，2013 年以前一二三线城市房地产价格上涨的幅度始终比较接近，2013 年以后不同城市之间房价涨幅出现了显著的分化，一线城市房价增长幅度与二、三线城市差距逐步拉大，且变化趋势在时间上表现不一致，如一线城市于 2013 年和 2015 年开启两轮快速上涨，热点二线城市 2016 年出现明显上行，其他二线城市和三四线城市的房价直到 2017 年才开启上涨通道。另一方面，城市间房地产市场发展阶段不同，新房发展空间也出现分化：北上广深城镇化率均超过 85%，目前已进入存量房时代，二手房成为市场成交主体，增量住宅供应相对稀缺；二线城市多数还处于快速城镇化阶段，新房仍为其主要形态，是房地产增量市场的主阵地；三四线城市目前在棚改带动下新房需求存在较强支撑，在棚改逐步完成后具有人口净流入和产业支撑的三四线城市才能持续繁荣。

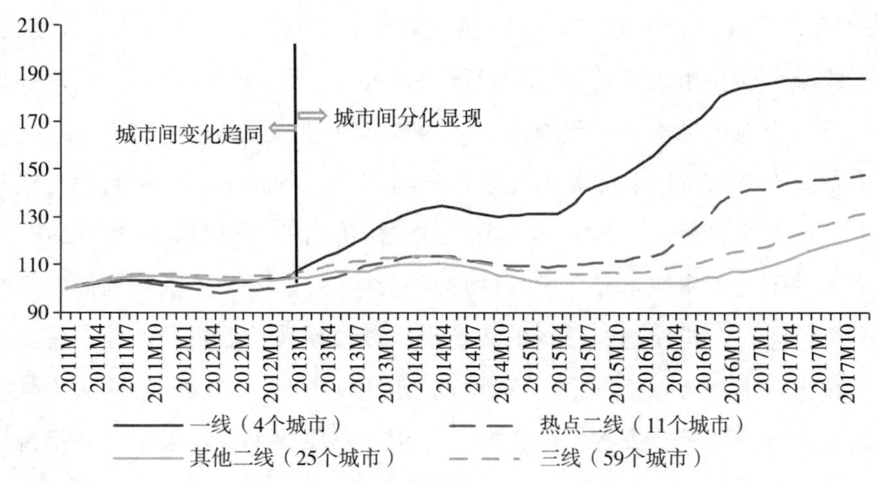

图 1-9　2011 ~ 2017 年各级别城市百城房价定基指数（以 2011 年 1 月为 100）①

资料来源：CREIS 百城价格指数。

在此期间，房企面临“逆水行舟不进则退，慢进也是退”的白热化竞争，必须主动求变，向结构性机会要发展、向精细化管理要效益，才能实现长期持续发展。其中，开启“快进键”的房企在精准把握市场结构性机遇的基础上，或通过创新管理机制最大化企业能动性，典型如碧桂园；或搭乘金融资本双翼，强势收并购、猛拿地，短时间内实现弯道超车，如恒大、融创、闽系房企等。但值得警惕的是，资本是把双刃剑，房企过度迷信资本，未来可能面临风险。

第三节　房企实现跨越发展，与社会共生共荣

经历十五年风雨征程，中国房地产企业逐渐发展壮大，民营企业强势崛起，龙头企业销售业绩不断再上台阶并在世界舞台上崭露锋芒；在自身获得跨越发展的同时，房地产企业通过纳税就业、改善人居、推广绿色建筑、

① 11个热点二线城市包括天津、杭州、南京、武汉、成都、厦门、无锡、福州、济南、合肥、郑州。

扶危济困等方式践行企业公民责任，促进社会和谐进步。

全国房地产企业数量十五年间呈现增长，民营企业主导地位更加稳固。2003 年全国房企数量为 37123 家，2016 年为 94948 家，增长了 1.56 倍。从企业所有制类型来看，民营企业占比从 2003 年的 71.0% 扩大到 2016 年的 93.7%，国有和集体企业占比则从 18.2% 大幅降至 1.5%。这表明随着我国市场经济体系的不断完善和房地产市场化程度的不断加深，国有和集体企业逐步减少涉足房地产这一竞争性行业。如 2010 年国资委要求 78 家央企逐步退出房地产业务，而民营企业不断优化经营，成为中国房地产市场的最主要参与者；外资企业占比从 2003 年的 10.8% 降为 2016 年的 4.8%，主要是由于内资民营企业的强势崛起导致外资房企的占比相对下降。

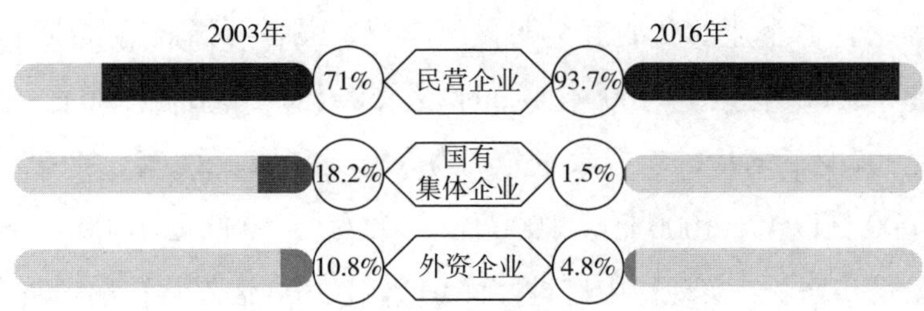

图 1-10　十五年来全国房企类型变化情况

资料来源：国家统计局统计年鉴（2003 ~ 2017）及中指研究院整理。

十五年来，中国房地产企业抓住市场机遇不断发展壮大，企业规模不断迈上新台阶。从行业龙头销售规模来看，2003 年房企最高销售额为 63 亿，2004 年首次出现百亿房企，2010 年千亿房企面市，2014 年和 2016 年分别实现 2000 亿和 3000 亿突破，2017 年 3 家五千亿房企同时诞生。从百亿房企数量来看，百亿房企从 2004 年的 1 家扩围到 2017 年的 144 家，市场份额超 60%；千亿房企从 2010 年的 1 家扩围到 2017 年的 18 家，市场份额超 30%。

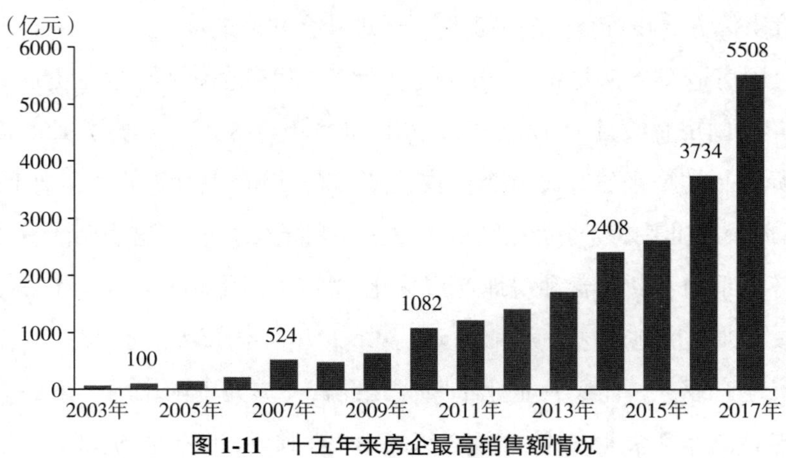

图 1-11　十五年来房企最高销售额情况

资料来源：CREIS 中指数据及中指研究院整理。

当前，百亿企业演变成五个明显的阵营，强者恒强效应加剧。2017 年百亿企业中，3000 亿以上、1000 亿 ~ 3000 亿、500 亿 ~ 1000 亿、300 亿 ~ 500 亿、100 亿 ~ 300 亿，对应的企业数量分别为 6 家、12 家、21 家、27 家、78 家。其中，3000 亿以上、1000 亿 ~ 3000 亿、500 亿 ~ 1000 亿、300 亿 ~ 500 亿企业数量稳步增长，实现稳中有进；而 100 亿 ~ 300 亿阵营数量则略有减少，说明大中型企业积极力争上游、销售规模更上台阶，而 300 亿以下企业竞争优势逐渐减弱。

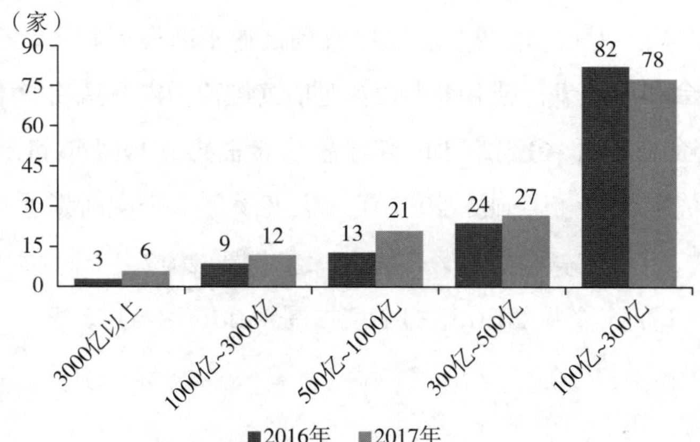

图 1-12　2016 及 2017 年百亿企业各层级企业数量

资料来源：CREIS 中指数据及中指研究院整理。

放眼世界，中国经济的长期稳定发展和庞大的需求支撑，催生了具有国际竞争力的房企。根据2018年财富世界500强榜单，房地产行业共5家企业上榜且均来自中国，分别为恒大（230）、绿地（252）、保利（312）、万科（332）和碧桂园（353）；其中绿地是最早入榜的中国房企，万科是5家入榜房企中利润最高的。2003年，万科将全美最大的住宅建筑商帕尔迪作为学习标杆，2017年万科的营业收入已是帕尔迪的4.1倍；恒大作为2018年财富世界500强榜单中排名最靠前的中国房企，其2017年营业收入是美国当前最大房屋建筑商霍顿公司的3.3倍，是日本最大房地产企业三井不动产的2.9倍。

表1-1　　2018年财富世界500强中房地产行业榜单①

企业名称	2018年排名	营业收入（亿美元）	利润（亿美元）	首次入榜时间
恒大	230	460.19	36.06	2016年
绿地	252	429.70	13.37	2012年
保利	312	370.02	11.53	2015年
万科	332	351.17	41.51	2016年
碧桂园	353	335.72	38.56	2017年

资料来源：2018年财富世界500强排行榜。

房地产企业主动承担企业公民的社会责任，是时代进步和企业成熟的重要体现，在追求经济效益的同时，与利益相关方共赢发展，并通过多种方式促进社会和谐进步，进一步推动企业持续经营、提升品牌形象。

房地产企业作为经济活动的参与者，依法纳税并创造了大量就业岗位。2016年全国房地产企业纳税总额10293亿元，占全国税收收入的7.9%，其中主营业务税金及附加6652亿元，房地产企业所得税3641亿元，是国家财政收入的重要贡献者。房地产业就业人员从2003年的120.2万人增长到2016年的431.7万人，增长了2.6倍，加上带动建筑业等相关产业发展带来的就业岗位，房地产业对社会就业岗位的贡献发挥了重要

① 排名以营业收入为主要衡量指标。

作用。

作为城镇化的重要载体，房地产业的发展促进了中国人居水平的提升。伴随着中国城镇化的进程，大量人口由农村进入城镇，催生了巨大的增量住房需求，同时，改善型需求和棚户区拆迁改造也带来了可观的住房改善需求。房地产业的发展大大提升了居民的居住条件和生活环境。过去十五年间，中国城镇人均居住面积由23.7平方米增长到37平方米，已经实现了基本居住需求的满足。房地产企业不断提升产品品质和服务水平，为居民提供高品质的居住环境，如万科早在2014年就提出“三好住宅”体系，致力于好房子的设计与营造、好服务的提供与维护、好社区的倡导与支持，保利发展2017年推出生活家系列居住产品，以全生命周期居住系统为基础，打造九大梦想品质空间、八大设备品质系统、七大文化品质社区。

积极投身保障性住房建设，为改善低收入人群居住条件做出突出贡献。从历史上的危房改造、城市住宅试点、康居工程，到经济适用房、廉租房、限价房、公租房、自住房、共有产权房，再到大规模的棚户区改造，房企始终紧跟政策导向参与各类保障性住房建设。大型房企充分发挥行业内的积极示范作用在全国各地进行保障房建设，如保利发展2017年底在建项目中包含近9万套保障房，规划建筑面积超过600万平方米，绿城通过政府代建模式参与保障房建设，自2005年至今政府代建总建筑面积已超过3000万平方米，累计惠及超过10万户居民；地方国企肩负城市保障房建设的使命改善当地居民人居环境，如天房集团积极参与天津市保障房建设，累计建房面积1800余万平方米，相继建成30多个配套齐全、环境优雅的居民小区。近年来，国家大力推进棚改，2015 ~ 2017年完成了1800万套棚改任务，在此期间房企积极参与棚户区改造，提升原住民居住水平的同时也促进了区域的升级和发展。

绿色建筑不仅是行业进步和发展的方向，也是房企履行社会责任的重要内容。房地产企业践行绿色发展理念，从企业战略、产品战略和日常运营多个层次推动绿色建筑的发展。朗诗绿色集团、当代置业等企业将绿色地产作为企业战略，贯彻到规划设计、部品部件、施工、物业运营、金融等业务全链条，并成立绿色技术公司面向大型房地产企业进行技术输出。不少房企积极响应国家发布的装配式建筑、被动房、BIM 等产业政策革新建筑工艺和管理，并积极参评国家绿色建筑评价从而推动绿色建筑的应用。如截至 2017 年底，万科共计落成超过 1 亿平方米的工业化项目，每年交付 20 余万套绿色装修房，万达集团累计获得各类绿建标识 614 项，连续第五年位列全国第一；多数房企在日常运营大力推行节能减排措施，在施工项目上使用节材又环保的水暖件、循环使用围挡等措施实现绿色施工，并通过搭建 OA 办公系统等倡导绿色办公。

房地产企业还通过慈善捐赠、开展公益活动等方式投身公益事业，勇担企业公民责任。房企在 2008 年汶川地震、2010 年玉树地震、2013 年雅安地震、2017 年九寨沟地震等重大灾难事件发生时积极捐款赈济灾民，并热心教育、医疗、健康、养老、文化、体育、环境保护等诸多领域公益活动，如万科 2013 年发起并主办的旨在让更多企业关注员工身体健康的城市乐跑赛，足迹遍布全国 60 多个主要城市，吸引逾 60 万人参与。在当前的全面建成小康社会决胜期，房地产企业响应党和国家号召，发挥自身优势开展产业、教育、人才、就业等精准扶贫：以碧桂园、万科、泰禾为代表的房企以教育作为切入点，进行着“授人以鱼不如授人以渔”的扶贫实践；以恒大、万达为代表的房企，通过与大方县、丹寨镇等结对子，输血和造血并举来帮助一个区域脱贫致富；以保利发展为代表的房企，通过选派优秀干部赴山西、西藏和新疆等地深入一线扶贫，为贫困地区输入优质人才；以旭辉、金科、金辉为代表的房企，通过直接购买当地农产品资助农户的方式参与扶贫工作。

第二章

中国房地产百强企业十五年蝶变

2003 年至今，在国民经济高速增长和快速城镇化的带动下，中国房地产作为经济支柱性产业和城镇化发展引擎度过了十五年的黄金时代。在这十五年中，中国房地产市场历经多轮的波动起伏，中国房地产百强企业在波动中实现了规模的跨越式发展和综合实力的全面提升。十五年的风云际会、大浪淘沙，中国房地产百强企业作为最活跃、最有力度的推动力量，在行业中发挥了重要的引领和标杆作用。

“没有成功的企业，只有时代的企业”。从 2010 年的“理性成长”到 2018 年的“提质稳发展，谋变新时代”，百强企业研究主题词点出了百强企业各阶段的发展策略。在经历了 2007 ~ 2009 年的市场跌宕起伏后，百强企业认识到理性健康发展对于企业永续经营的重要意义。进入“十二五”时期，面对房地产市场过热，政策强调要加强房地产调控，2011 年和 2012 年百强企业发展主题均强调积极应对新周期，转变发展思维。2013 年和 2014 年是新型城镇化快速推进的两年，百强企业发展主题均强调企业应抓住历史机遇，变革经营模式、实现跨越发展。2015 年，我国经济进入“从高速增长转向中高速增长”的发展新常态，百强企业也顺应新常态，致力于开创新局面。2016 年是加强供给侧结构性改革的一年，百强企业需以全要素协同创新赢得市场。2017 年，国家提出房地产要坚持“房住不炒”的定位，百强企业应不忘初心，以“满足人们日益增长的居住需求”为己任，创新变革转动能，稳健经营图未来。2018 年，我国经济进入高质量的发展阶段，百强企业也须主动适应行业发展的重大变革，积极改进业务模式，高效整合发展资源，“提质稳发展，谋变新时代”。

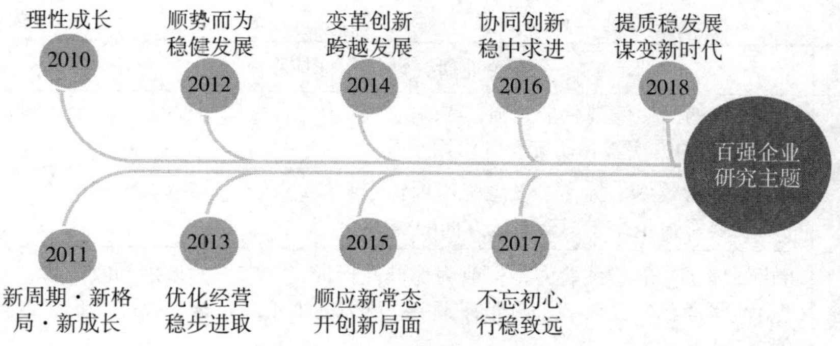

图 2-1　百强企业研究主题词

中国房地产百强企业研究十五年来不断完善研究方法和评价指标体系，以更系统地评价企业的综合经营实力。2005 年，研究组搭建了百强企业评价指标体系的主要框架，设置了规模性指标、成长性指标和盈利性指标 3 个二级指标；2006 年，评价指标体系加入了偿债能力指标和社会责任感指标，引导百强企业重视财务状况和履行企业社会责任；2008 年，评价指标体系增加了运营效率指标，进一步反映百强企业在资金周转方面的能力；2011 ~ 2014 年，百强企业研究不断调整评价指标体系，强调企业融资能力和稳健性；2015 ~ 2016 年，评价指标体系强化了对项目运转能力的分析；2017 年，百强企业研究更加重视企业在行业创新升级、分化整合过程中所展现出的成长潜力和综合经营能力；2018 年，行业资金面从紧且我国经济进入高质量发展阶段，百强企业研究增加了对流动性和企业生产效率的分析。

表 2-1　　十五年中国房地产百强企业研究评价指标体系变化

年份	百强企业研究评价指标体系变化
2004	研究组在连续进行上市房地产公司 TOP10 研究的基础上，开始面向所有的房地产企业开展“中国房地产百强企业研究”
2005	搭建了百强企业评价指标体系的主要框架，以后历年都在这个基础上进行。评价指标体系设立了规模性指标、成长性指标和盈利性指标三个二级指标
2006	设置的门槛值调整为近三年房地产业务平均销售额 3 亿元，评价指标体系加入了偿债能力指标和社会责任感两大二级指标

续表

年份	百强企业研究评价指标体系变化
2007	百强企业的门槛值进一步上调，在研究方法上，首次采用了因子分析法（Factor Analysis）的方法进行研究，并沿用至今
2008	增加了运营效率指标，下设总资产周转率和流动资产周转率两项三级指标，进一步反映百强企业在资金周转方面的能力
2009	将指标体系中的偿债能力指标改为稳健性指标，并在下面增加预收账款、筹资现金流量净额、经营现金流量净额 / 总负债三个三级指标，以此评价企业经营的稳健情况
2010	研究以“理性成长”为主旨，适当提高了稳健性指标的权重，将筹资现金流量净额调整为现金流量净额
2011	新增对企业融资能力的评价，并相应设置筹资活动现金流入与银行授信额度两个三级指标，以反映融资能力对房地产企业整体实力的重要提升作用
2012	强化了企业融资能力和稳健性的评价，增加了带息负债比率、自筹资金增长率，引导企业长期稳健发展
2013	继续强化对企业财务控制及稳健经营等基本面的分析，增设速动比率和成本费用利润率指标，更系统地评估企业在市场整合期展现出的专业化管理水平
2014	强化了对企业资本运作及融资能力的分析，在融资能力评价中，纳入综合资金成本率指标
2015	强化了对企业运营效率的分析，增设拿地开盘周期指标，以更全面地评估企业在现有市场环境下项目运作与整合各项资源的能力
2016	强化了对企业运营效率和稳健经营的分析，分别纳入销售去化率指标、增设净负债率指标，以更系统地评估企业在快速去化、加速创新过程中所展现出的综合经营实力
2017	强化了对企业成长潜力和经营稳健的分析，分别增设可变现货值指标和现金流量利息倍数指标，以更系统地评估在行业创新升级、分化整合过程中所展现出的综合经营能力
2018	强化了对企业经营稳健和运营效率的分析，分别增设现金流动负债比率指标和人均创利指标，客观评估企业流动性风险和企业生产效率

第一节　百强企业十五年的成长与分化

十五年来，我国宏观经济由高速增长阶段转向高质量发展阶段，房地产行业历经制度红利、城镇化加速、货币宽松到结构性机遇四个阶段的发展驱动，整体呈现量增价涨的态势，百强企业则发展成为行业的中流砥柱。2003 ~ 2017 年，全国商品房销售额从 7956 亿元扩大至 13.37 万亿元，创下历史新高，增长了 15.8 倍；百强企业销售额从 1113 亿元增长到 6.4 万亿元，增长了 56.3 倍。2003 ~ 2017 年，全国商品房销售额增速和百强企业销售额增速同步波动，且百强企业销售额增速始终保持行业领先水平，尤其是全国商品房销售额下滑的年份，百强企业销售额增速表现亮眼，如 2008 年全国商品房销售额下降 16%，而百强企业销售额仅下降 4%，降幅远小于行业平均水平，表现出较强的抗跌能力；2014 年，全国商品房销售额下降 6%，百强企业销售额逆势增长 8%。百强企业在经历十五年的跌宕起伏后，销售规模屡创新高，销售额纪录从 60 多亿到突破 5000 亿元，增长了 82 倍。销售额纪录的一次次突破，不仅是企业综合实力的体现，更是十五年百强企业不断发展壮大的缩影。

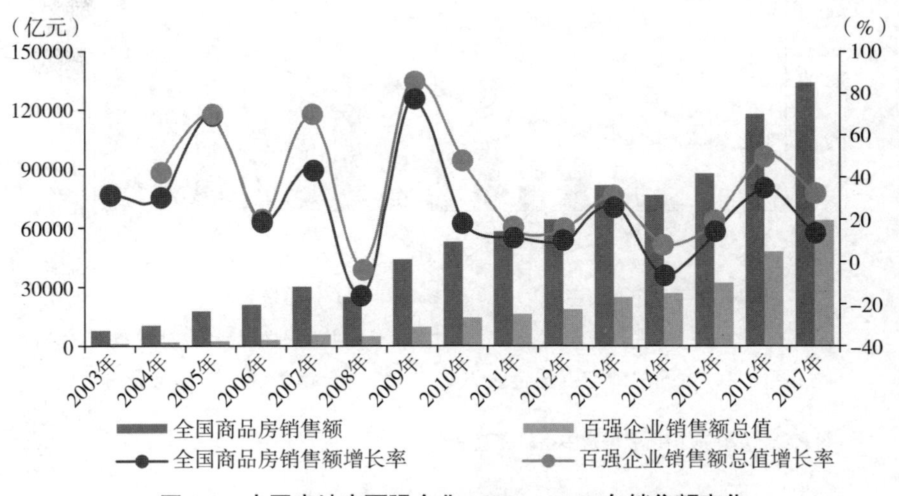

图 2-2　中国房地产百强企业 2003 ~ 2017 年销售额变化

资料来源：全国商品房销售情况据国家统计局官网及中指研究院整理，百强企业销售情况据 CREIS 中指数据及中指研究院整理。

伴随着我国经济社会的发展，城镇化进程快速推进，中国房地产市场逐渐繁荣发展，百强企业销售规模屡创新高，其市场份额也在加速提升。十五年来，百强企业市场份额从2003年的14%提升33.7个百分点至47.7%，市场份额增速由2008年前的年均1.42个百分点提升至近三年的5.49个百分点。其中，2003 ~ 2008年，百强企业市场份额年均提升1.42个百分点，2008 ~ 2014年，百强企业市场份额年均提升2.69个百分点，2015 ~ 2017年，百强企业市场份额则年均提升5.49个百分点。而销售额纪录刷新速度也在不断加快，销售额纪录在2004年首次突破百亿，2010年一举突破千亿大关，2016年迈过3000亿，2017年跃升至5000亿。这表明，在我国房地产市场不断发展和成熟、市场普惠性机遇逐步消失后，百强企业凭借品牌、产品、布局、资源整合等方面的优势，在激烈的市场竞争中逐步取得行业领先地位，实现持续健康发展。

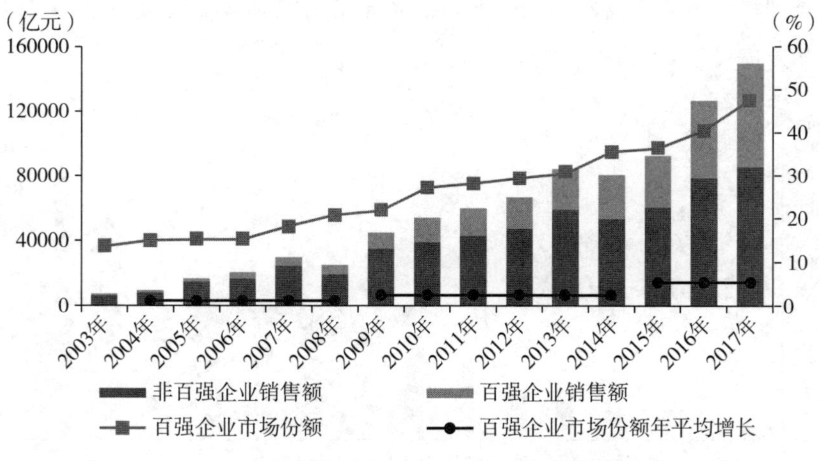

图 2-3　中国房地产百强企业 2003 ~ 2017 年销售额及市场份额

资料来源：CREIS中指数据及中指研究院整理。

百强企业整体加速发展的同时，内部分化也在不断加剧，强者恒强、赢者通吃的格局初定。十五年来，TOP10企业市场份额从2.2%提升为24%，TOP1市场份额从0.8%上升到4.1%；TOP10内部也出现分化，碧桂园、恒大、万科行业寡头地位初现。2017年，碧桂园、恒大、万科名列前三，销售额均破5000亿，紧随其后的第四至第六名销售额处于3000亿～4000亿，第七至第十名销售额1500亿～2000亿。

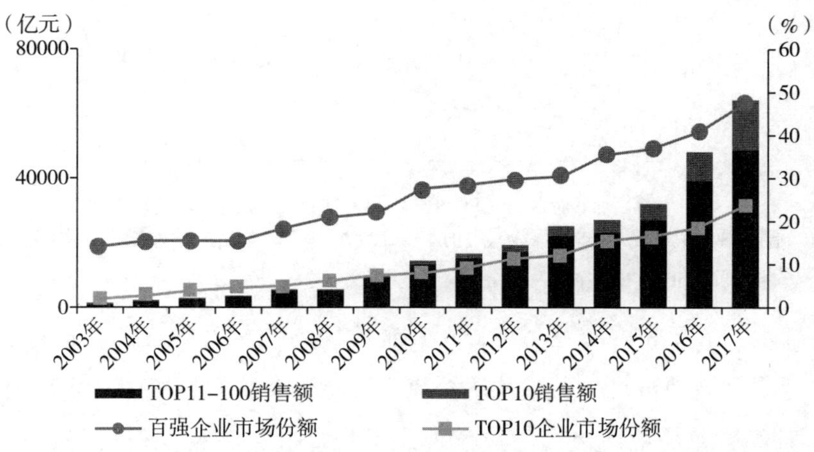

图2-4　中国房地产百强企业2003～2017年不同层级市场份额

资料来源：CREIS中指数据及中指研究院整理。

百强企业内部的分化，不仅体现在头部企业市场份额的逐年提升，还体现在销售额增长率上，且分化程度逐渐扩大。中国房地产百强企业不同层级企业销售额增长率均值呈现出明显的差异，11～30企业的销售额增长率最高，其下依次是前10、31～50企业、51～100企业。百强11～30企业凭借热点城市的集中布局、更高的周转率，销售增速领衔百强企业；百强前10企业在布局、品牌、资金等方面均形成一定优势，面对市场波动，具有更强的抗风险能力，战略调整更灵活，业绩不断突破；31～50中等规模的百强企业把握深耕区域或城市的市场机遇，实现业绩增长。百强企业内部分化程度加剧，不同层级销售额增长率均值差距逐渐拉大，销售额增速均值最高的组与最低的组差距由2014年15.8个百分点扩大到2017年的64.4个百分点，说明排名51～100的企业竞争力逐渐减弱。

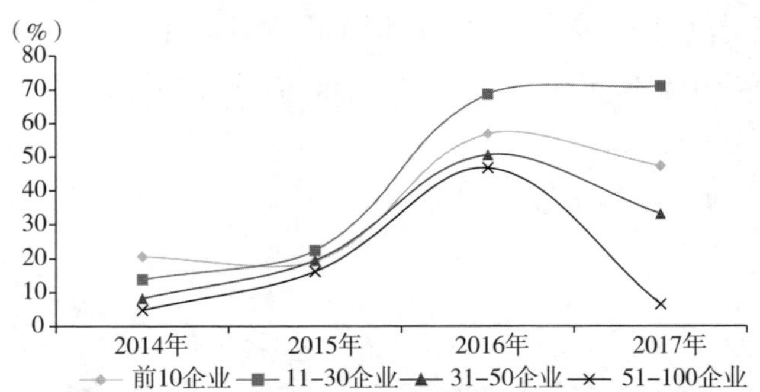

图 2-5 中国房地产百强企业 2014 ~ 2017 年不同层级销售额增长率均值

资料来源：CREIS 中指数据及中指研究院整理。

细观十五年百强企业名单，百强企业变化之大超乎想象，十不存二，行业竞争之激烈可见一斑。从房企成立区域分布来看，华南和华东地区房企伴随着当地房地产市场的成熟而逐渐发展壮大，携先发优势逐步在全国市场中确立地位。从房企的所有制性质来看，国有房企逐步让位于民营房企。

“浪花淘尽英雄”，过去十五年房地产行业大浪淘沙，百强企业留存率仅有 20%，行业竞争激烈。分阶段来看，2004 ~ 2008、2009 ~ 2013 和 2014 ~ 2018 百强企业留存率分别为 33%、55% 和 63%，递增的留存率说明百强企业的阵容逐渐固化，强者恒强的市场格局正在形成。其中，万科、保利发展、绿城等企业踏准行业节奏，在市场浪潮中航线稳定，始终处于行业领先地位，连续十五年位列百强；也有一些流星企业，未能在市场环境急转情况下及时调整战略方向，曾连续多年位列百强前十，如今已泯然众人。

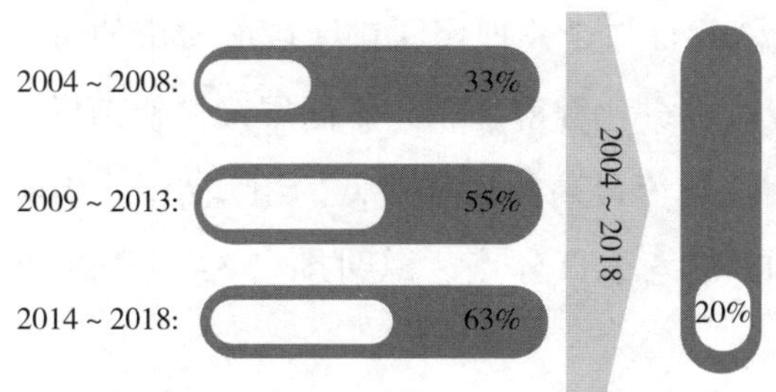

图 2-6 中国房地产百强企业十五年留存率

资料来源：CREIS 中指数据及中指研究院整理。

从房企发源地来看，华东、华南地区企业始终占据百强企业过半份额，合计占比由2004百强的59%提高到2018百强的64%，增加的份额主要由华东地区企业贡献；华北地区企业份额缩减一半，由28%下降到14%，华中和西南地区企业份额增幅明显，均增加了7个百分点；东北地区企业仅有的3%份额也缩减殆尽。这一变化趋势不仅与企业综合实力相关，也与十五年间不同地区经济发展情况和城市化进程吻合。十五年来，华东、华南地区GDP份额始终占据中国经济的半壁江山，约51%，华北地区GDP份额减少1%，华中和西南地区GDP份额均增加2%，东北地区份额则减少1/3至6%。同期，在全国新增城镇人口中，32.1%来自华东地区，来自华南、华北、华中、西南地区的新增城镇人口分别为12.1%、15.3%、15.6%和13.4%，来自东北地区新增城镇人口仅有4.1%。

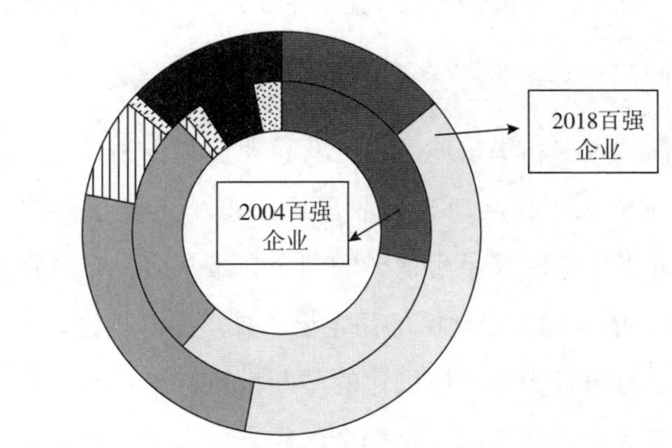

图2-7　中国房地产百强企业十五年区域分布变化

资料来源：CREIS中指数据及中指研究院整理。

从企业性质来看，国有房企逐渐让位于民营房企，2003年，房地产行业还处于市场化改革初期，国企抢占政策红利，在百强企业占比40%；民营房企以积极灵活的策略响应市场需求，抢占市场空间，在百强企业占比60%。随着房地产市场化的不断推进，民营房企凭借开拓创新精神和灵活管理机制，积极接受先进开发理念、科学管理手段和金融思维，在全国化拓展阶段实现跨越发展，成为百强企业绝对主力。近年来，随着国企改革逐渐深入，“央企退房令”、推动央企重组、推进混合所有制改革等一系列举措相继实施，一定程度上影响了房地产百强企业所有制性质分布。

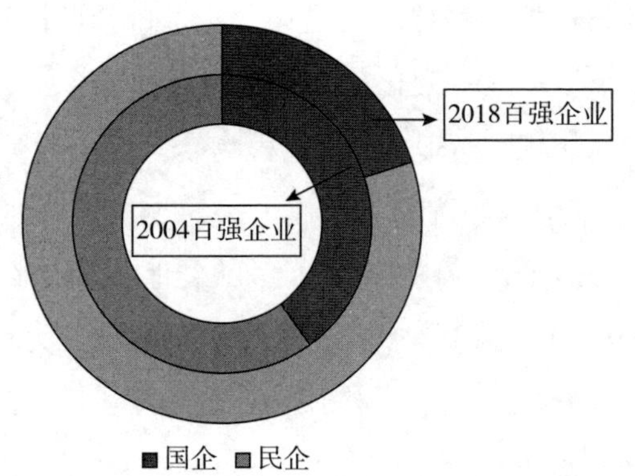

图 2-8　中国房地产百强企业十五年企业性质分布变化

资料来源：CREIS 中指数据及中指研究院整理。

综合来看，华南和华东地区的民营企业逐渐成为百强企业的主角，占比超过一半。2003 年，房地产行业还处于市场化改革初期，国企占据政策红利先机，华北地区涉足房地产的国企数量众多，在百强企业中占比达 20.6%，同时，华东和华南地区的民企也不甘落后开拓进取，占比与华北地区国企相当。但随着房地产市场化的不断推进，华东和华南地区因改革开放早，经济发展水平高、城镇化率全国领先、市场环境相对公平、法律法规相对健全，且地理位置优越，沿海沿江、交通发达、毗邻港澳，房企更易接收先进开发理念、科学管理经验，民企逐渐发展成熟，在全国化拓展阶段后来居上，成为百强企业的主力军，2017 年发源于华南和华东的百强民企占比达到 54%，较 2003 年提升 16.2 个百分点。

百强企业的盛衰兴替所揭示的经验和教训，是房企走好未来道路的宝贵“锦囊”。经受住时间考验的“常胜将军”值得同行学习，实现弯道超车的“后起之秀”需巩固战绩，稳扎稳打的“厚积薄发”者令人刮目相看，折戟沉沙的教训也值得深入思考。

始终保持均好性发展的百强企业，在行业波动中实现“战略性常胜”。规模与效益并重、管理与发展协同的房企，能一直紧跟市场节奏、避免业绩大起大落，持续保持高于行业及同等规模企业平均水平的增速，将时间维度拉长来看，属于“战略性常胜”，典型房企如万科、保利发展等近十年一直位居百强前五。

以双高模式“冲上云霄”的百强企业，仍需完善管理机制，稳固江湖地位。在房地产规模发展期，部分房企在踏准市场节奏的前提下，以更高的周转率、杠杆率、执行力实现了飞速跃迁；而在规模激增之后将管理、效益等与规模完美融合的房企方能取得稳固的“江湖”地位。

一直保持战略定力稳扎稳打的百强企业，在百强企业中实力稳步提升。部分房企在先发优势不突出的情况下，不断打磨产品，夯实核心竞争力，并抓住市场机遇实现规模稳步提升，跨越多级梯队门槛，典型房企如龙湖从百强企业第 50 名一直提升到第 11 名。

因战略失误导致衰退的房企，逐渐淡出百强视野。部分房企由于战略过于冒进、盲目多元化、迷信资本等失误出现掉队，典型房企如顺驰即被过度扩张、现金流断裂而击垮；而战略过于保守、错失多轮发展良机的房企也容易在激烈的竞争中趋于没落。

新时代背景下，中国房地产市场同步进入“高质量发展”的新时代，强者恒强、行业集中度提升已经成为行业共识，但是这并不意味着百强企业市场地位稳固，优胜劣汰、不进则退将更为残酷。过去惯用的发展模式备受挑战，未来能够抓住新时代“美好生活”诉求的房企才能始终站在百强阵营中。

第二节　紧跟城镇化推进步伐，与城市共成长

百强企业的规模扩张得益于正确的布局策略。十五年来，百强企业紧跟城镇化步伐，形成了“城市深耕—区域深耕—全国化扩张—聚焦城市群”

的布局脉络。在城市内部布局上，百强企业也跟随城市扩张路径，布局范围由核心区到近郊，再到旧城区和远郊。百强企业的发展壮大也为我国城市发展做出巨大贡献，促进了城市基础设施的完善、城市功能的增强、城市承载能力的加大和城市人居环境的改善，并将持续推动我国大中小城市和小城镇协调发展的格局构建。

一、形成了“城市深耕—区域深耕—全国化扩张—聚焦城市群”的布局脉络

中国城镇化进程自 1992 年进入城镇化快速发展阶段，近十五年来，中国城镇化大致分为一二线核心城市快速发展，三四线城市轮动进入快速城市化，城市群和都市圈发展阶段几个阶段。百强企业紧跟城镇化步伐，形成了“城市深耕—区域深耕—全国化扩张—聚焦城市群”的布局脉络。以千亿代表企业为例，百强企业阶段性城市布局策略反映出与城市化同步发展的轨迹和脉络。

2003 年，我国城市化率由改革开放初期的不到 30% 提升至 40.5%，进入城市化发展的中期阶段。在这一阶段随着工业化快速发展，城市就业机会增加，农村人口大量涌入城市，城市人口快速增加、规模扩大，一二线城市在经济和社会发展中逐渐居于主导地位。百强企业凭借对重点城市需求的精准把握创造销售奇迹，积累开发经验，培育核心竞争力。百强企业以少数一二线城市为大本营进行深耕，千亿代表企业[①]2003 年平均布局城市为 5 个，其中上海已有 5 家代表企业进入，深圳、广州及北京分别有 3 家代表企业进驻。

2004 ~ 2008 年，城市化率由 41.8% 快速增长至 47.0%，城市化进程提速，房地产市场的发展达到阶段性高点。尤其是经济发达区域的重点一二线城市吸纳大量年轻就业人口，城市快速发展扩大，带来了巨量住房需求。

---

① 千亿代表企业：万科、碧桂园、恒大、融创、保利、绿地、中海、绿城、龙湖、金地、招商蛇口。

大本营一地的市场已经不能满足规模扩张的需求，较为规范的土地市场为百强企业异地拓展扫清障碍，本阶段的百强企业布局重点是区域深耕或异地拓展，拓展重点城市主要为大本营周边一二线城市或经济发达区域的重点一二线城市。千亿代表企业 2008 年平均布局城市为 12 个，京津冀、珠三角及长三角区域的核心城市成为千亿代表企业布局的重点，上海、杭州分别有 8 家及 4 家代表企业进入，广州和深圳则分别有 7 家及 2 家。

2009 ~ 2014 年，城市化进一步扩围，城市化率由 48.3% 快速增长至 54.8%。此间大规模的基础设施投资和建设以及城市物理尺寸的扩张与膨胀带动中国三四线城市发展，中国城镇体系格局撑开了网状骨架，房地产市场环境持续向好，市场需求旺盛。百强企业开启如火如荼的全国化快速扩张，千亿代表企业平均布局城市增加至 40 个，京津冀、长三角、珠三角、中西部区域主要城市的全国化布局基本成型。乘三四线城市快速城镇化东风，百强企业规模实现跨越式发展，2014 年百强企业实现销售额 2.7 万亿元，较 2008 年增长了 4 倍。

2015 年至今，我国的城市化率逐渐接近 60%，城镇化速度在超过一定水平后开始由加速增长时期进入减速增长阶段。集聚化、网络化发展是中国城市化空间格局变化的重要特征，以城市群促进区域经济发展已经成为国家和地方发展的共识。百强企业布局聚焦于主要城市群，千亿代表企业 2017 年平均进入了 80 个城市，总计进入了超过 200 个三四线城市，涵盖了五大城市群的大中小城市网络。我国正推进以城市群为主体形态的新型城镇化，长三角、珠三角、京津冀、成渝、长江中游五大城市群因其具有经济发展潜力和人口集聚优势，房地产市场更具发展空间，成为本阶段百强企业的布局重点，具有一定产业基础和人口集聚效应的其他中西部区域中心城市也成为百强企业的布局侧重点。同时，由于交通基础设施的快速建设，核心城市都市圈逐渐发展成熟，都市圈内的三四线城市区位优势凸显出来，受到百强企业的关注。

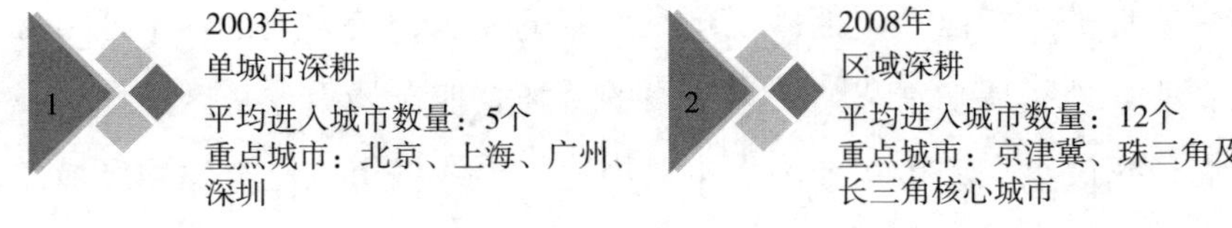

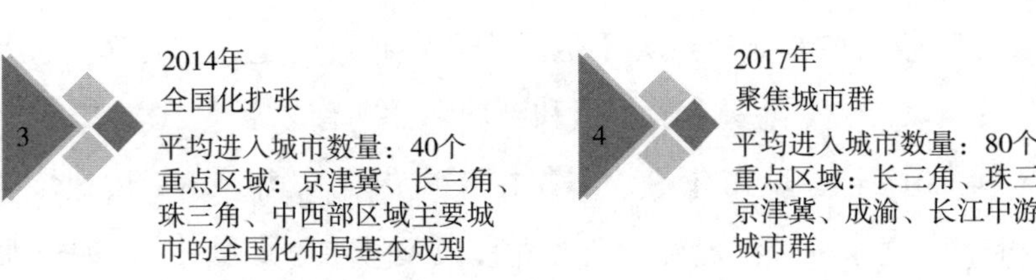

图 2-9 千亿代表企业 2003 ～ 2017 年布局城市情况

资料来源：CREIS 中指数据及中指研究院整理。

二、深度参与城市建设，促进城市外延式扩张转向内涵式增长

城镇化经历了由点及面的发展过程，单个城市的发展也经历了由内而外、由外及内、内外联动的发展过程。伴随着城市经历核心区城市化、郊区城市化、逆城市化、再城市化过程，百强企业布局重点也由核心区向城郊逐渐外扩，再向城市更新过渡。

十五年来，百强企业在城市的成长过程中甘当拓荒者，不断满足城市不同阶段的建设需要，为一个又一个城市注入了生长的活力，为城市形象的提升做出了巨大的贡献。房企与城市共生共荣，城市的发展成就了百强企业的壮大，百强企业的耕耘也让城市更加美丽。

核心区开发：城市建设初期主要为核心区建设，市区的住宅市场是此阶段房企的开发重点。多数百强企业的全国化策略尚未实行，优秀企业选择深耕本地的策略，为城市建设最初始的一批楼盘，城市美化的新篇章就此开启，如恒大的广州“金碧花园”、万科的“深圳天景花园”、保利发展的“红棉花园”、龙湖的重庆“龙湖花园”、绿城的“杭州丹桂公寓”和“杭州九溪玫瑰园”，各个知名项目均代表了当年城市的楼盘发展高度。这些楼盘的开发也为百强企业积累了开发经验和锻造了产品开发能力，打

响了品牌，为后续城市深耕策略奠定基础。

核心商业发展 + 住宅逐渐外扩：随着城市开发程度的提升，一方面，核心区的住宅可开发区域逐渐减少、功能消费需求提升，城郊的住宅开发成为热点。这一时期，城郊住宅的开发是城市发展的先行部分，往往缺乏商业、教育、医疗等配套设施，因此，房企在开发住宅的同时配建相关基础设施，以促进销售。如万科开发的上海七宝镇万科城市花园项目，是集居住、商业、娱乐、教育、休闲于一体的郊区大型社区；顺德碧桂园率先构建“五星级会所 + 社区学校 + 五星级社区生活 + 住宅 = 五星级的家”的家园生活模式。另一方面，城市核心区让位于商业服务设施，百强企业顺势开发写字楼、购物中心等商业地产。城市发展背后是社会经济水平的提升，人们对商业的需求日渐增长，城市核心区区位优势凸显，百强企业抓住机会，加强在城区内的写字楼、购物中心等商业地产领域的投入力度，多个城市的地标建筑应运而生，如中粮的北京西单大悦城、华润的深圳万象城，均已成为当地的地标性商业综合体。

城区保障房 + 城郊特色地产：随着城市消费水平提升，政府在搭建多层次的住房体系、保障民生方面的力度增强，百强企业也积极响应政策，参与大量廉租房、限价房、经济适用房等保障性住房的建设。保利发展、首开等百强企业积极参与保障性住房项目建设，打造高水平绿色民生保障工程，如保利发展北京先后开发了保利嘉园、保利芳园等保障性住房社区；首开“温泉凯盛家园”获得了二星级绿色建筑设计以及运营标识。同时，城市新区规划持续推进，轨道交通的建设也带动了城郊区域的发展，百强企业参与到以文化、旅游、产业为主题的特色地产开发之中，万科在杭州打造良渚文化村、长者公寓随园嘉树，在杭州市郊造出一处世外桃源，为人们提供休闲及养老的新去处。

高端改善 + 城市更新：随着城市化从外延式扩张转向内涵式增长，城市内部居民消费需求向多样化、品质化改变，城市将向以服务经济为主的产业结构和城市形态转变，这就要求对传统地产进行改造升级，完善城市配套功能、优化服务业态等级、提供全方位服务等。百强企业不断变革创新，在产品、技术和服务方面不断进行创新与升级，以促进城市高质量发展。如碧桂园、恒大、万科、融创、华润、中海等房地产百强企业积极参与上海、深圳、武汉、珠海等城市旧改建设；碧桂园、万科、保利发展、龙湖等数十家百强企业均已大力发展长租公寓领域，满足大城市租房需求；碧桂园、中海、华润、新城控股等百强企业积极实践住宅产业化和装配式建筑发展，积极投入相关技术研发和工艺实践，用新技术、新工艺、新材料打造科技、绿色、优质、高效的新建筑，不断革新住宅建筑工艺，提升行业技术水平；万科、保利发展、中海、绿地、当代等百强企业拥抱新兴科技力量，借助人工智能、物联网等手段建设融汇现代科技的绿色智慧人居，提升住宅软实力，极致居住体验，满足居民对美好生活的追求。

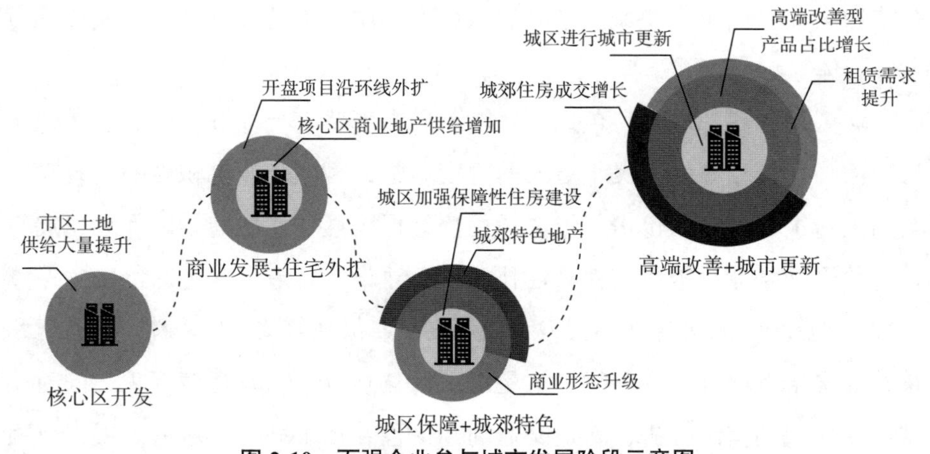

图 2-10 百强企业参与城市发展阶段示意图

三、十五年深耕不辍，在重点城市积淀了影响力

百强企业紧跟城镇化步伐，完成全国化布局，但不同城市销售额贡献存在差异，北京、上海等 40 个重点城市房地产市场更具发展空间。40 个

重点城市[①]均为直辖市、省会城市、计划单列市以及苏州、三亚等房地产市场较为发达城市，这些城市经济发展水平较高且对全国经济贡献持续提升、人口吸附力强且居民购买力较强、交通发达及区位优势明显。2003 ~ 2017 年 40 个重点城市商品房销售面积占全国商品房销售面积比重虽呈下降态势，但是销售额占全国商品房销售额比重保持在 50% 左右，城市市场地位稳固，百强企业起步于一二线核心城市，紧跟城镇化步伐，积极把握重点城市市场机遇扩大销售规模，抢占市场空间，磨砺产品打造能力，为稳固市场地位创造优势。

十五年来，房地产百强企业在国内主要城市市场耕耘不辍，百强企业在国内主要城市积淀了深厚的市场影响力，市场表现、品牌价值、客户满意度等关键指标进一步提升，市场地位得以巩固。在政策严控和市场分化的背景下，百强企业的市场影响力为企业带来了客户认可度、资本市场的资金倾斜和品牌溢价能力，成为百强企业保持销售业绩高速增长的重要推手。2017 年，在 40 个重点城市市场地位前五的企业之中，平均有 80% 属于百强企业。

在 40 个重点城市市场，百强前 50 企业凭借更强的综合实力在城市市场及土地、资金等资源领域拥有更高话语权，优势资源不断向其倾斜，不断刷新销售业绩新纪录，市场份额逐渐提高，强者恒强已成行业共识。随着行业进入资源主导阶段，百强企业的资源集聚效应更为强化，将促使行业集中度进一步提升。2017 年，百强前 50 企业在 40 个重点城市的销售集中度为 43.4%，占据了重点城市超四成的市场；招拍挂拿地集中度为 61.6%，获取了全国 300 城超六成的土地资源。

① 40个重点城市指：北京、上海、天津、重庆、深圳、广州、杭州、南京、武汉、成都、苏州、大连、厦门、西安、长沙、宁波、无锡、福州、沈阳、青岛、济南、南昌、合肥、郑州、太原、石家庄、长春、哈尔滨、呼和浩特、海口、南宁、兰州、昆明、贵阳、西宁、银川、乌鲁木齐、温州、北海、三亚。

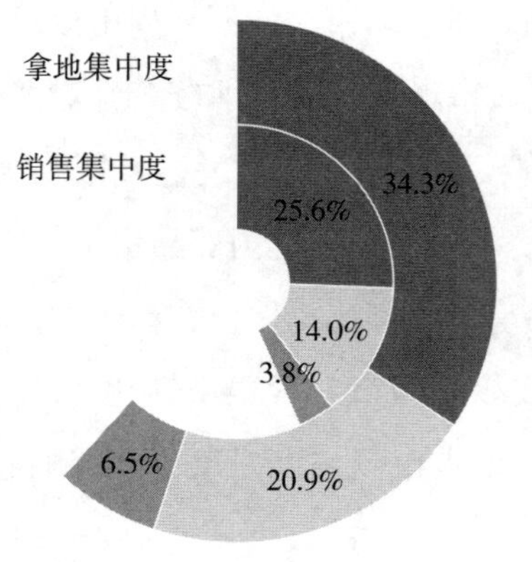

图 2-11　百强前 50 企业 2017 年在 40 个重点城市销售集中度及 300 城拿地集中度

资料来源：CREIS 中指数据及中指研究院整理。

第三节　以居住改变中国为使命，持续引领行业产品创新

百强企业潜心研究人民居住需求，与时俱进，不断创新，兼顾数量和质量两方面要求，致力于满足居民对美好生活的追求。百强企业对产品的不懈追求也保证了销售规模的持续扩张。

过去十五年间，中国城镇人均居住面积由 23.7 平方米增长 56.1% 到 37 平方米，已经实现了基本居住需求的满足。其中，房地产百强企业既是经济发展创造出来的巨大需求和市场的受益者，又是经济发展进程中强有力的推动者，同时也是人民美好生活的建设者和创造者。百强企业销售面积市场份额逐年攀升，2017 年占比达到全国商品房销售面积的 29.4%，十五年累计销售房屋建筑面积 25.4 亿平方米，占过去十五年全国商品房销售面积总量的 17.4%，共提供住房约 2540 万套，满足了人民基本的居住需求。

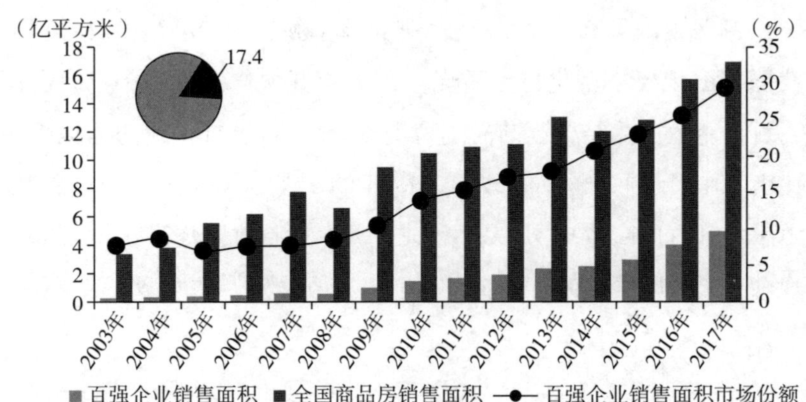

图 2-12 中国房地产百强企业 2003 ~ 2017 年市场份额及十五年累计市场份额

资料来源：全国商品房销售情况据国家统计局官网及中指研究院整理，百强企业销售情况据 CREIS 中指数据及中指研究院整理。

十五年来，百强企业跟随全国经济发展步伐，提供适合时代的产品，真正将“居住改变生活”“创造美好生活”变成现实。回首过去十五年，2003 年左右风靡全国的“居住改变中国”已经实际发生。随着房地产市场化的推进，居民家庭结构和消费观念已经发生了翻天覆地的变化，房地产市场已经逐渐由卖方市场向买方市场转变、由以投资主导向以消费主导转变、由单一市场向细分市场转变、由以增量市场为主向以存量市场为主转变。

在此过程中，房地产百强企业从各方面满足基本的住房需求转向提升住房品质和改善人居环境的升级换代。一方面是产品结构的不断演变，从最初以大中户型产品为主，到以中小户型刚需住宅为主。另一方面是产品功能的不断提升，从最初的着重打造明星项目，到明晰产品线、快速复制品质产品，再到着重完善硬件以外的物业、养老、休闲等软件设施，真正提升居民居住体验。近年来，随着人口结构逐渐老龄化、二胎政策出台，百强企业开发出一系列致力于满足全部家庭成员全生命周期的产品，并融汇绿色科技，打造百年品质产品。

（1）紧跟中国家庭规模变迁，百强企业不断变迁产品结构。以近年为例，随着我国家庭规模小型化特点显现，2014 年 3 人户以下中小家庭占比超过七成，百强企业产品结构逐渐向刚需主流产品演化，140 平方米以下中小户型占比由 2012 年的 38.6% 提升至 2017 年的 57.6%，其中万科、保利发展等企业中小户型占比高达 9 成。基本需求满足、二胎放开政策、家庭结构变化、消费观念升级等因素促使百强企业逐渐提升改善型、品质型产品结构。

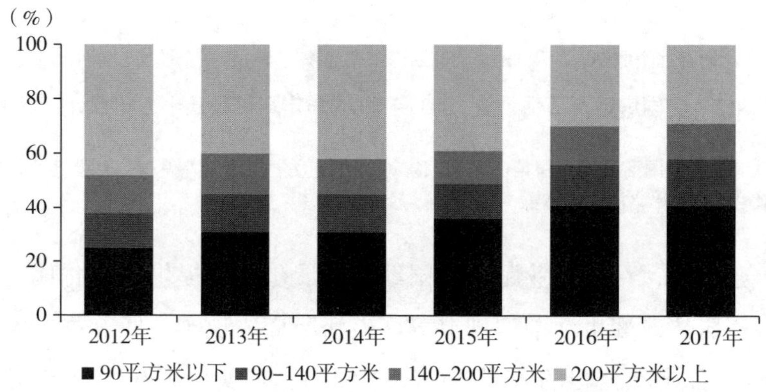

图 2-13　百强代表企业 2012 ～ 2017 年成交结构

资料来源：CREIS 中指数据及中指研究院整理。

（2）百强企业持续更新产品思维，提升产品功能，以满足居民日益多元化、升级换代的需求，真正做到以居住改变中国。百强企业从大盘开发到用户思维，完成从“以产品为本”到“以人为本”的蜕变，为人民“创造美好生活”。百强企业的产品打造最初以大盘开发、产品思维为主，系列化产品带动全国住宅产品水平的迅速提升。百强企业多注重明星产品打造，通过保障高质量、营造优美景观环境等，树立专业产品实力和影响力，满足客户的品质需求。百强企业均在全国范围或区域范围内打造了多个“明星盘”，如曾享誉全国的万科四季花城、中海寰宇天下、碧桂园凤凰城、恒大金碧天下等项目，这些品质盘为百强企业发展壮大构建了基本立足点。而打造系列产品线则将百强企业的产品优势迅速应用到各个细分市场和全国市场，遍地开花的高品质项目带动全国住宅产品品质水平的提升。如万科的城花、四季、金色、高档四个产品系列，保利发展的康桥系、公馆系、林语系、香槟系、花语系等产品系列。

随着人们消费水平提升，人居观念及价值不断升级，百强企业提供的住宅产品功能向“以人为本”不断进化，核心表现为向“客户思维”“用户思维”的升级。其中，“客户思维”使住宅产品在居住需求上叠加了物业服务、文旅休闲、健康养老等产业链增值性服务配套，如绿城桃李春风打造了集养生养老、休闲度假、居家生活、农庄耕作、弘扬真善美传统文化为一体的全龄段颐乐桃源小镇，绘理想小镇之蓝图；保利发展推出的全生命周期居住系统，包括和悦系全生命周期住宅、社区商业服务、社区物业服务、健康养老、少儿艺术教育五大部分，涵盖了从建筑到居家，从硬件设施到社区服务，从少儿到老年的全生命周期所有需求适应家庭各阶段变化。

而“用户思维”则打造了在互联网、物联网、人工智能等新科技催化下，融合客户、服务、共享等新生活方式下的居住新生态。金茂紧抓从科技人居到智慧人居的发展趋势，坚持“精工优质、绿色健康、智慧科技”的产品定位，以人为主体，探寻全球领先的住宅科技，不断升级以 12 大科技系统为典型代表的绿金科技系统，从“温度、湿度、阳光、空气、噪音、水”六大基本生命元素出发，打造“恒温、恒湿、恒氧、恒静、恒净”的高舒适度住宅产品，筑就全家庭健康宜居生活典范。

万科：四季花城
中海：寰宇天下
碧桂园：华南碧桂园
恒大：金碧天下
卓越：蔚蓝海岸
雅居乐：雅居乐花园
合生创展：华南新城

万科：2001年定位城市住宅开发商，打造城花、四季、金色、高档四个产品线；
保利：康桥系、公馆系、林语系、香槟系、花语系等产品系列；
金地：褐石、名仕、天境、世家四大系列

绿城：桃李春风项目营造五种特色一体的理想空间，建设完善养老和居住的功能与服务体系。
龙湖：天街系以“满足消费者需求”为理念，打造“精致丰富、温暖人心、总有惊喜、变化成长”全家庭生活平台

万科：无限系，提供全周期居住解决方案；
保利：结合互联网与智能化推出全生命周期居住系统；
绿地：从“可感知舒适、可体验智能、可参与永续、可互动环境”四个维度出发打造出绿地理想家系列居住产品

图 2-14　百强企业产品功能性变迁

第四节　紧抓金融制度改革机遇，资本扩张加速企业发展

百强企业的业绩增长依赖于金融的大力支持，而地产与金融的深度融合是大势所趋。十五年来，百强企业灵活把握市场金融制度改革机会，实现多渠道、低成本融资，为企业实现快速跨区域拓展与业绩提升提供持续动力。

2006 年之前，房企主要依靠银行贷款，融资渠道单一，但随着房地产业规模化、金融化及资本化发展，房企逐渐拓宽以银行信贷为主的单一融资渠道，实现多元资本运作，形成了银行贷款、公司债、海外债等多元融资结构。

一、银行贷款

2003 年以来，国内贷款规模不断攀升，2017 年国内贷款达到 2.52 万亿元。但国内贷款占房地产开发企业到位资金比重呈下降趋势，占比由 2003 年的 23.8% 下降至 2018 年上半年的 15.5%。十五年来，银行贷款始终是百强企业的重要融资渠道，有力地支持了企业销售规模的扩张。

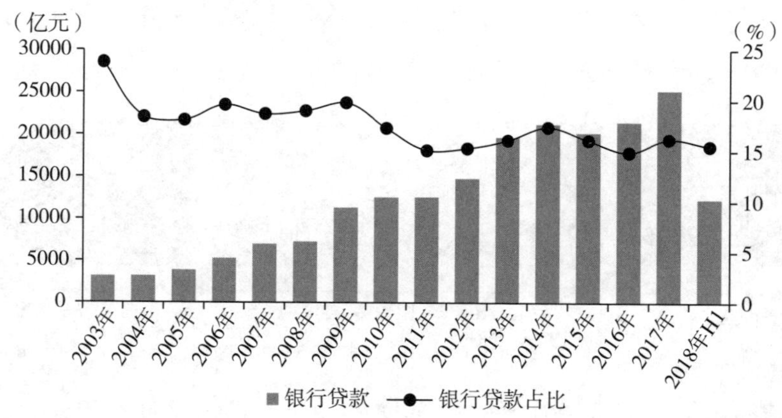

图 2-15　2003 ~ 2018 年上半年银行贷款及其占房地产开发企业到位资金的比重

资料来源：国家统计局官网及中指研究院整理。

而银行贷款监管政策整体呈现出更加精细化、逐渐收紧的趋势。2016年末以来，监管部门对各类开发贷实行有保有压、分类监管的政策，围绕棚改、公租房、廉租房等保障性住房的建设力度持续加大，商品房建设相关银行贷款受到不同程度限制。2018年以来，更是针对用于房地产开发土地并购或房地产开发土地项目公司股权并购的贷款加强合规监管。同时，银行对开发商的资质要求也越来越严格，百强企业获得更大青睐。

二、股权融资

十五年来，随着金融市场改革和资本市场的不断成熟，百强企业抓住机遇打通资本市场直融渠道，上市房企占比将近六成，已成为百强企业的中流砥柱。随着房地产资本市场融资环境的变化，百强企业抓住资本市场机遇，通过IPO或借壳上市获得更广泛的资金渠道，充分利用稳定充足的资金供应快速崛起。

2006年之前，万科、绿地、绿城、世茂等房企已经登陆资本市场，而碧桂园、恒大、龙湖等百强企业抓住了2006～2009年的上市潮，旭辉、新城控股等把握了2012～2015年的上市潮，均助力其驶入发展的快车道。2018年，百强企业中上市企业占比已经达到了59%，较2003年增加了12个百分点，上市房企已成为百强企业的中流砥柱；其中，前30企业100%为上市公司，较2003年增加20个百分点。行业领先房企均已借助金融改革制度下的资本力量，实现了企业规模的大幅提升。

2006～2007年，房地产资本市场融资环境良好，在A股走牛的背景下，房地产企业的IPO和定增融资达到一个高峰。2006年，百强企业IPO融资额度总计149.6亿元，增发融资规模达到144.5亿元。2007年，百强企业IPO融资额度累计437.2亿元，增发融资规模达到412.1亿元，同比增长分别为192.2%、185.2%。2006～2007年，招商蛇口、保利发展、万科和金地等百强企业借势增发募集资金238亿元，占当年所有沪深上市房企增发融资额的56%。战略性增资扩股的背后，是龙头房企的区域化扩张。截至2008

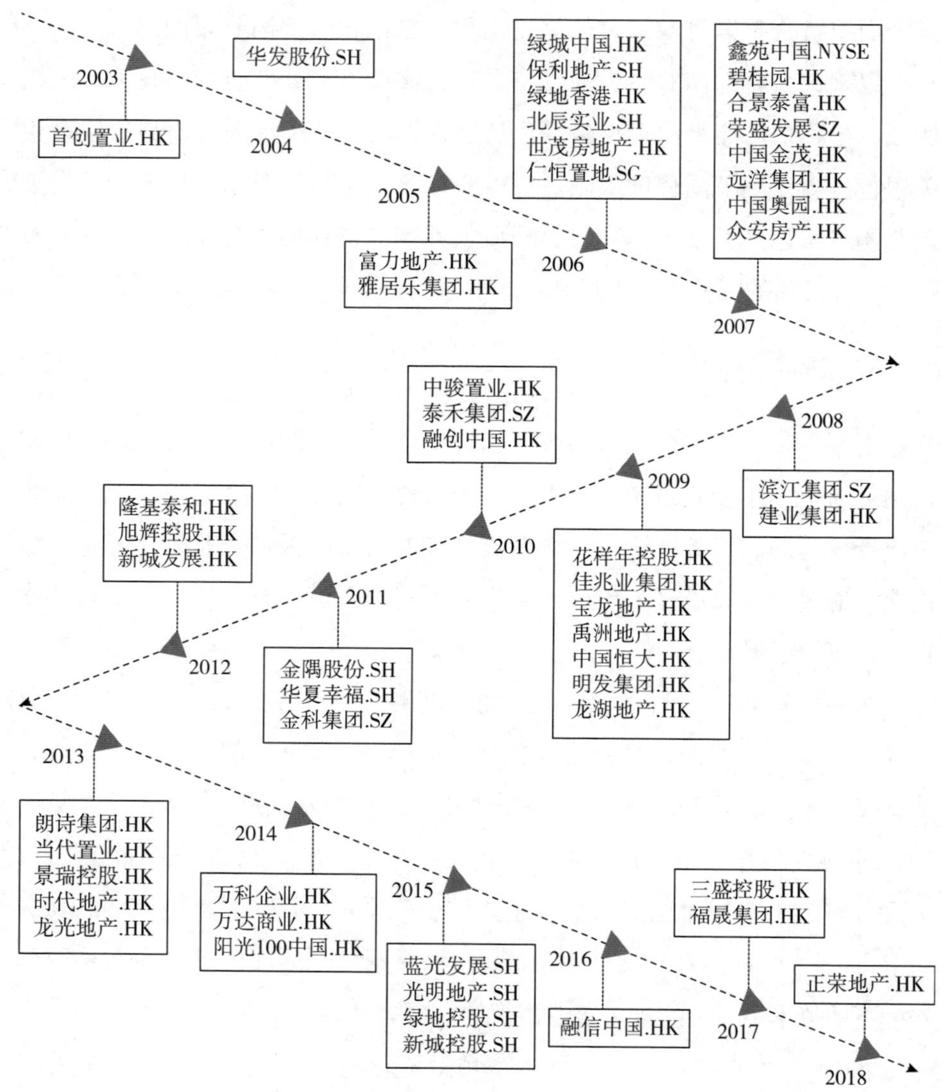

图 2-16　2003 ~ 2018 上半年中国房地产百强企业中的部分上市公司

资料来源：中指研究院整理。

年底，招保万金已进驻 15 ~ 35 个左右的大中城市，龙头房企规模化的雄心壮志于此间初显。万科于 2004 年提出“十年千亿”战略目标，保利发展于 2007 年提出 2010 年总资产超千亿目标。2008 ~ 2009 年，定增融资延续了

2006 ~ 2007 年的增长态势，百强企业通过增发融资额度分别达到 639.3 亿元和 574.3 亿元。

2014 ~ 2016 年，“去库存”政策、国内信贷宽松等利好政策密集出台为房地产市场注入一股暖流。其中，2014 年，房地产股权融资再次开闸；在 2015 年牛市环境下，百强企业 IPO 规模较 2014 年增加了 3.6 倍，2015 年、2016 年百强企业增发配股融资额分别达到 1231.5 亿元、1255.1 亿元。如新城控股、蓝光发展等百强企业乘 2014 年股权融资开闸之风，通过 IPO 和定增融资超百亿，实现 2016 ~ 2017 年销售额高速增长，增速平均值高达 102.9%、110%。

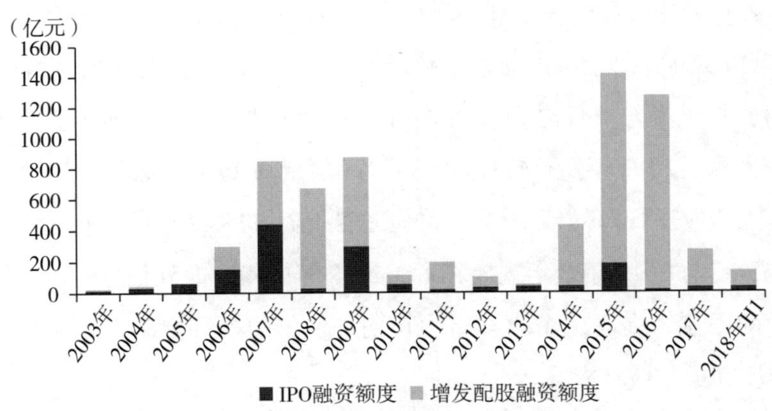

图 2-17　2003 ~ 2018 年上半年中国房地产百强企业 IPO 及增发配股情况

资料来源：Wind 数据库及中指研究院整理。

三、债券融资

十五年来百强企业通过发行国内信用债及海外债募集资金超 1.7 万亿元，发行规模呈上升趋势。

2015 年，百强企业紧抓机遇，利用公司债发起了新一轮的融资潮，百强企业信用债规模陡增，较 2014 年增加了 14.5 倍，增加至 2906.8 亿元。2016 年信用债规模继续攀升，同比增长 95.7%；2016 年底至 2017 年年初，公司债和企业债先后收紧，公司债实行分类监管，发行规模和用途均有限制，企业债只允许住房租赁项目申报，百强企业信用债发行规模萎缩，2017 年发行规模较 2016 年下降 68.7%。2018 年上半年，房地产公司债延续上年的低迷，百强企业发行规模总计 693.9 亿元；符合条件的房地产企业增加了其他品种债券的发行，中期票据的发行量有明显的增加，百强企业共发行中期票据 608.8 亿元。

海外债发行总额在 2009 年以前较小，2009 年百强企业海外债发行总额为 128.5 亿元。2009 ~ 2014 年，由于国际上量化宽松政策盛行，境外资本市场资金充裕，百强企业充分利用此机会，加大海外融资力度，海外债发行规模逐年攀升，2014 年达到峰值 1041.7 亿元，如恒大、融创、龙湖、旭辉等百强企业均在此时充分利用海外资本市场，为实现弯道超车备足粮草。2015 ~ 2016 年，由于国内公司债发行政策宽松，海外债发行规模相对缩小。在国内股权融资、非标融资、债券均受到限制情况下，百强企业海外债融资规模大涨，2017 年发行规模增加了 1.3 倍至约 1768.5 亿元；2018 年上半年，百强企业发行海外债 70 只，融资总额高达 1752.8 亿元，较去年同期上升 60%，已与 2017 年全年规模相近。2018 年中旬，海外债也逐渐受到了监管层面的限制，提高了企业举借中长期外债的门槛和要求，未来房企海外发债难度和成本或将提高。

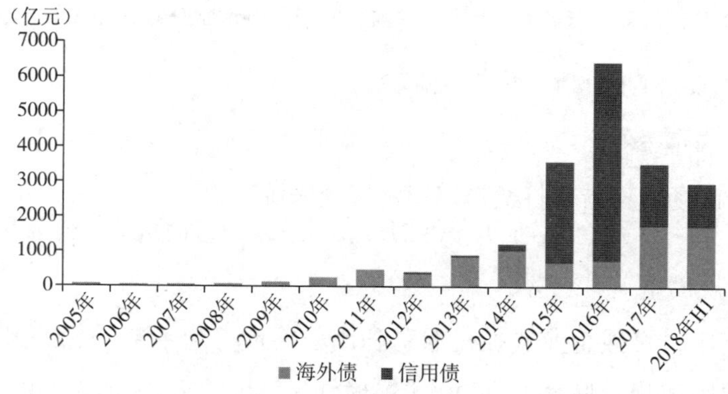

图 2-18　2005 ~ 2018 上半年百强企业海外债及信用债发行情况

资料来源：Wind 数据库及中指研究院整理。

在金融去杠杆背景下，规模较大的百强企业充分发挥自身优势，更易获取低成本的优质资金，为企业的快速扩张提供资本支持。如在信用债方面，2017 年前 10 企业、11 ~ 30 企业、31 ~ 50 企业、51 ~ 100 企业国内信用债分别占比 19.3%、33.2%、4.9%、5.5%；同时随着国内融资渠道趋紧，纷纷到海外发行债券，海外债发行规模分别占比 35.9%、33.3%、7.0%、1.9%。

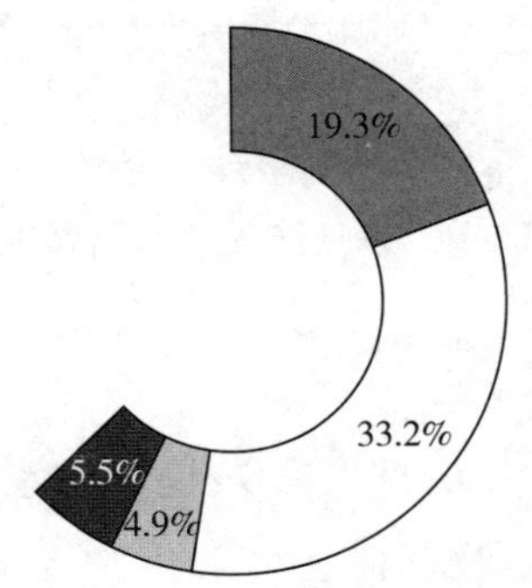

图 2-19 2017 年百强企业国内信用债融资占比

资料来源：Wind 数据库及中指研究院整理。

四、资产证券化

经过十五年的发展，中国城市中已经沉淀了大量优质存量资产，如何挖掘存量资产市场成为房地产行业下半场的重要命题，存量时代轻资产化需要以资产证券化作为突破口。百强企业加大资产证券化探索力度，开启存量资产市场的狩猎，打造长期稳定资金来源。

2017 年，在传统融资渠道收紧与房地产资产证券化政策加持下，房地产 ABS 迎来爆发式发展。2017 年房地产 ABS 产品发行 107 支，总发行规模约 1606.3 亿元，较 2016 年增长了 84.1%。2018 年上半年，房地产 ABS 产品共发行 75 支，总发行规模 900.2 亿元，同比增长 82.8%。

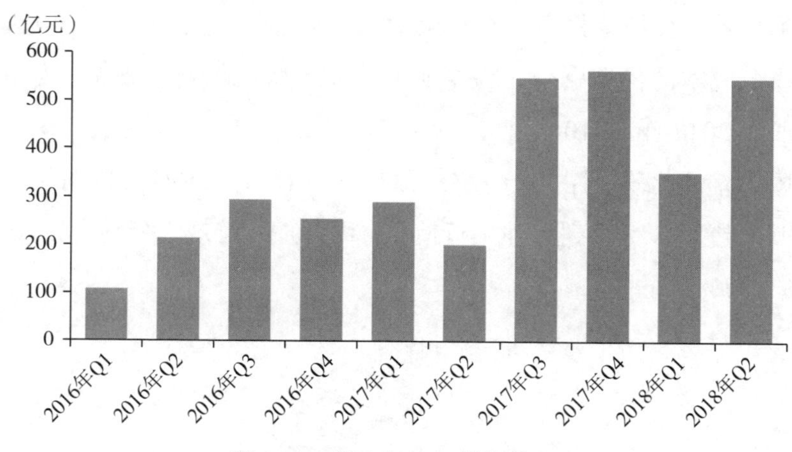

图 2-20　房地产 ABS 发行情况

资料来源：Wind 数据库及中指研究院整理。

从底层资产结构来看，房地产 ABS 包含不动产资产证券化产品，购房尾款 ABS，物业费 / 租金收益权 ABS 和供应链 ABS，其中房地产供应链 ABS 发行量快速增加。2018 年上半年，房地产供应链 ABS 发行额为 408.1 亿元，占比较去年全年提升 16.7 个百分点，成为目前供应量最大的房地产 ABS 品种。

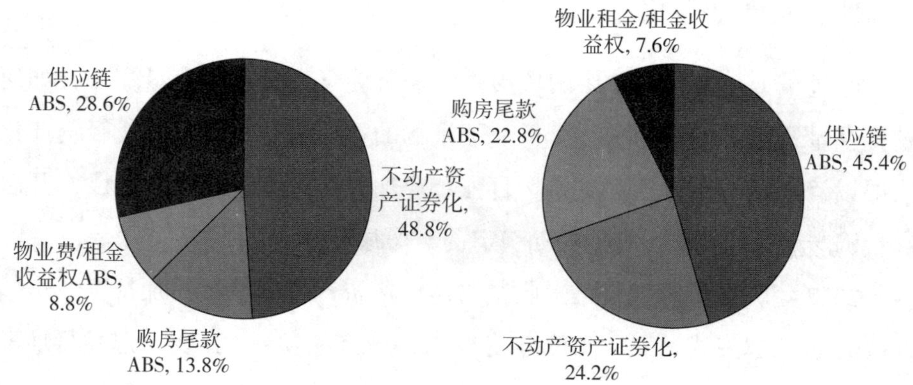

图 2-21：2017 年（左）和 2018 年 1 ~ 6 月（右）房地产 ABS 发行结构

资料来源：Wind 数据库及中指研究院整理。

百强企业已发行购房尾款、物业费、供应链等资产证券化产品。2017年，百强企业发行各类房地产ABS总额1079.3亿元，占房地产ABS总发行规模67.2%；2018年上半年，百强企业发行各类房地产ABS总额超700亿元。如万科、绿城等百强企业先后完成购房尾款资产支持证券的发行，累计规模达107.5亿元；碧桂园、万科发行多笔供应链资产证券化产品，累计规模达555亿元；保利发展、招商蛇口也分别完成租赁住房REITs的发行，额度分别达到50亿元、60亿元。

第五节　革新管控模式，增强内生动力

除了城镇化、人口及金融红利的外部驱动，十五年来，中国房地产百强企业从内部管理体系入手进行管控管理机制创新，持续挖掘内生动力，从根本上提升运营效率和效益，实现企业的快速发展。

十五年来，随着百强企业规模的不断扩张、管理半径的持续加大，企业管控体系也经历了由粗放向科学化、精细化的演变过程，管理标准和流程更加规范、统一和信息化，组织决策和运营效率大幅提升，助力企业规模快速成长。虽不同百强企业存在一定差异性，但整体管控模式随着房企规模提升、业务和布局内涵的延伸大致经历了三个阶段。

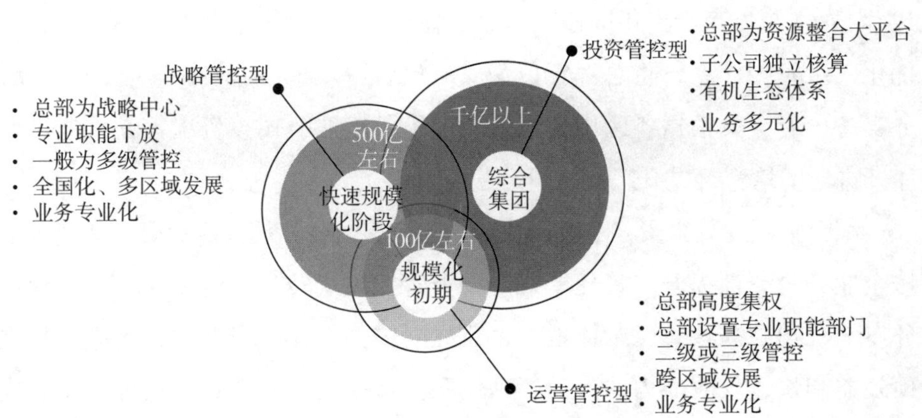

图2-22　房地产企业管控模式演变

初步规模化阶段，房企一般从项目公司起步深研产品，以直线式的总部——一线公司管控架构保障高效运转，规模发展到百亿左右往往实现了多项目、多城市、多区域发展的格局，粗放的项目管理模式已经无法适应规模化的发展需要，而运营管控模式则通过总部高度集权并具备专注于战略制定、标准建立、运营监控、技术支持等的职能部门，实现对区域公司、城市公司的影响力和控制力，保证产品、工程、物业等专业职能管理水平的高效。如万科、保利发展分别在2004年、2006年突破百亿销售额时，分别进入了20个、12个城市，其中万科2004年将总部到一线公司的二级管理架构调整为总部、区域公司、一线公司的三级管控架构，在迅速扩张的同时保障各专业口的“万科水准”。

快速规模化阶段，百强企业转向战略管控模式，专业职能更多下放到区域公司，给予部分区域公司投资决策权。在此阶段，百强企业销售规模增加到500亿左右，企业全国化扩张雏形基本构建，管理半径大幅增加、市场差异性加大，为降低管理成本、提高决策效率、降低规模运营风险，百强企业向战略管控模式转变，给予区域公司更多灵活决策权，释放区域公司活力，促使企业管理从量变到规模效益型的质变升级。根据总部与区域权限，战略管控模式又可分为强总部弱区域、弱总部强区域两个阶段。后者区域公司拥有决策权，如碧桂园2011年销售额为432亿元，已经进入12个省44个城市，当年即按照“战略管控、平衡风险、提高效率”的原则优化三级管控体系，将总部定位为战略投资决策中心、资源整合中心、服务支持中心，又根据各区域公司成熟度给予成熟公司投资决策权，通过循序渐进性的培育，提升区域公司运营能力。

综合集团发展阶段，随着产业链延伸及多元化拓展、商业模式变革等，房企业务复杂性提升，管理模式向投资管控模式转变，给予区域公司和业务专业公司独立核算经营体地位，建立立体多维式组织架构，形成兼具规模效益和快速反应能力的灵活管理体系。百强企业发展到千亿规模左右或以上时，大多已经搭建多元化的发展触角，总部成为整合各界资源的大平台，而总部与子公司则通过股权关系绑定成为一个有机生态体系，有助于提高运营效率、增强市场敏感度和培育新业务。碧桂园、恒大均在 2017 年启动或试点大区域化架构调整，集团逐渐变为决策、运营管理、专业化基础支撑和企业资源整合的平台，服务意味更浓，区域成为各项目管理中心并负责资源调配，对利润指标负责，如同一个个旗下的小型地产公司。万科则在加速探索组织模式的“去中心化”变革，通过旗下各版块公司的打造，将各自的核心优势发挥到极致，同时相互之间进行资源的流通、整合、有效互补，让大型企业演变为一个个独角兽公司，激活未来发展新动力。

十五年来，百强企业除了不断革新管控模式，还通过人才体系变革配合管控模式创新，焕发组织生命力，以内生动力推动企业发展，打造人才核心竞争力。

房地产行业发展的早期阶段，百强企业通过构建职业经理人机制，实现共创、共享，提升管理效率，助推企业规模增长。随着全国化布局的推进，百强企业进入跨区域、多项目管理阶段，管理半径增加，人才短缺、原有人才经营能力不足等问题成为发展掣肘，百强企业通过建立权责分明、边界清晰、专业主义、规范管理的职业经理人机制，有效降低内部交易成本，驱动企业创新和规模扩张，这一阶段房地产行业培养了一支规模庞大、专业性强的职业经理人队伍。如万科创业期使启动职业经理人制度，1999 年完成成熟的职业经理队伍搭建，经营管理层掌握了企业经营决策的话语权，行之有效地保障了其战略决策的高度执行力，有效提升了企业的管理效率。

房地产进入下半场，百强企业创新“合伙人”机制，通过“共创、共享、共担”为企业发展和转型提供有力的组织机制支持，激发组织潜能，平衡人力成本与经营风险，实现企业规模的爆发式增长。2014 年以来，随着行业利润率持续下降，行业风险和竞争性加大，且百强企业开启转型道路，新业务的发展需要专业化人才，职业经理人机制不能共担风险的弊端逐步显现。在此背景下，百强企业纷纷实施“合伙人”机制应对下半场的激烈竞争。2018 年百强企业中共有 48 家企业实行合伙人机制，在提高股东、

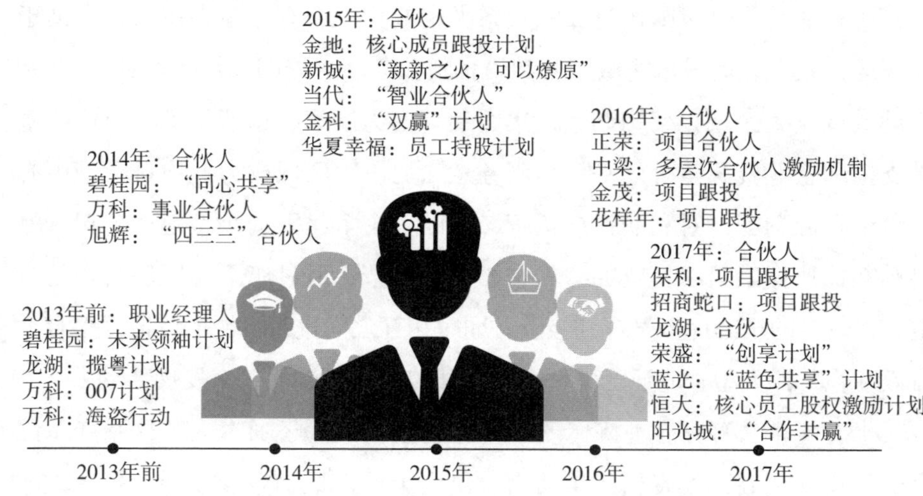

图 2-23　部分房企职业经理人和合伙人机制情况

员工、管理层黏合度，加强成本管控，提高战略判断能力和周转效率，强化抗风险能力方面作用巨大，如万科员工持股计划在万宝股权纷争中发挥了稳定管理团队、实现稳健发展的作用；截至 2017 年上半年，碧桂园共有 973 个项目参与合伙人机制，累计合同销售额约 4274 亿元，项目开盘时间由 9 ~ 11 月缩短至 6.9 个月，运营效率、周转速度和盈利能力的提升效果明显，在项目跟投机制的推动下，碧桂园 2017 年销售额一举超越恒大、万科，成为行业第一。

向管理要效益是现代企业利润增长点，百强企业的管理体系变革遵循着最大化组织效率原则，因时因人变革管控模式、组织结构、人才体系、激励机制等企业内部资源的计划、协调和控制方式。随着互联网时代的发展，百强企业管理体系将会更加信息化、智能化、扁平化、人性化，提高组织信息传递、决策和反应效率，强化抗风险能力，为企业发展保驾护航。

十五年风雨兼程，大浪淘沙，百强企业作为中国房地产行业参与主体的佼佼者，始终坚持社会效益和企业效益的对立统一，坚持改革创新和稳定发展的对立统一，他们为中国人民安居乐业、为城市发展美化做出巨大贡献，也实现了企业的跨越式发展，从规模到效益、产品、管理均实现超乎想象的成长。

第三章

中国房地产百强企业发展模式借鉴

随着房地产市场分化加剧，中国房地产百强企业的发展模式及经营特点日趋多样化。本书选取了一些有代表性的中国房地产百强企业，对其在经营业绩、发展历程、经营策略等方面的成功经验进行了深入分析，全面展现房地产百强企业的发展历程及经营特点，为促进企业健康发展提供借鉴。本章分为发展篇、品质篇、特色篇和民生篇，对代表企业进行分类分析，为不同类型企业的发展提供参考。

第一节 发展篇：紧抓主流需求，引领行业发展

部分中国房地产百强企业紧抓行业主流需求的产品定位，聚焦以中小户型普通住宅为主的产品开发，满足社会主流人群的住房需求，并不断创造出多条有竞争力的产品线，助力企业规模与实力的不断发展。万科作为行业龙头企业，始终紧抓行业主流需求，坚持中小户型产品定位，引领行业发展；保利发展聚焦刚性需求和改善需求，始终坚持以中小户型的普通住宅开发为主的开发策略，同时积极培育房地产金融和社区消费服务业务，保证了规模的稳定增长。

碧桂园：高速发展，不断创新，登顶龙头之位

碧桂园是中国新型城镇化进程的身体力行者，从广东顺德，到全国广泛布局，历经二十多年来发展积淀，碧桂园早已稳坐房企龙头之位。碧桂园的发展，得益于对行业发展的精准把脉，前瞻性的战略布局，对标准化体系的精细严格执行，以及积极进取的科技创新等。未来，碧桂园将继续把握新型城镇化的发展大势，书写传奇篇章！

一、战绩：高速成长，以迅猛之势坐稳龙头之位

碧桂园控股有限公司（股份代号：2007.HK）是中国新型城镇化进程的身体力行者。企业采用集中及标准化的运营模式，业务包含物业发展、建安、装修、物业投资、酒店开发和管理等。2007 年 4 月 20 日，碧桂园在联交所主板上市。上市不但为企业长远健康发展提供了资金，也迈出了企业进入国际资本市场的成功一步。碧桂园在上市后备受市场认同——于 2007 年 9 月 1 日成为摩根士丹利资本国际环球标准指数成份股，于 2007 年 9 月 10 日晋升成为恒生综合指数、恒生中国内地综合指数及恒生中国内地流通指数成分股（现为恒生中国内地 100），于 2016 年 9 月 14 日纳入富时中国 50 指数，于 2017 年 12 月晋升恒生指数成份股，并于 2018 年 3 月 5 日纳入恒生神州 50 指数。晋升大蓝筹标志着国际资本市场对碧桂园的重要肯定。

近年来，碧桂园业绩快速强劲增长，企业规模不断壮大，跻身行业龙头，同时，积极培育新的利润增长点，在多元业务领域稳扎稳打，快步前行。2018 年 6 月 19 日，碧桂园旗下物业板块碧桂园服务（6098.HK）在香港联交所主板顺利挂牌上市，这是继教育板块博实乐教育集团成功赴美上市后

碧桂园孵化的业务再次独立分拆上市成功。

1. 销售业绩：成功登顶

2009 ~ 2017 年间，碧桂园销售额复合增长率为 48.57%，高于行业 33.78 个百分点，市场占有率也从 2009 年的 0.52% 提升至 2017 年的 4.12%。尤其过去 5 年间，在同样高速发展的中国房地产市场，碧桂园表现突出，成功跨越 1000 亿，突破 3000 亿、5000 亿。

2009 ~ 2014 年间，宽松的货币政策刺激了房地产市场快速发展，借此契机加大资金储备和杠杆的房企表现突出，千亿房企诞生。碧桂园即为个中翘楚，于 2013 年首次突破千亿大关，实现了 1060 亿元的销售业绩，同比 2012 年大增 122.69%。

2016 年开始，凭借对市场结构性机遇的精准把握，以及通过创新管理机制最大化企业能动性，碧桂园实现快速发展，砥砺前行，迅速跻身行业龙头。仅 1 年时间，2016 年实现业绩从 1000 亿元到 3000 亿元的增长，再 1 年，便突破五千亿大关，2017 年 5508 亿元的销售业绩位居全国房企之首。

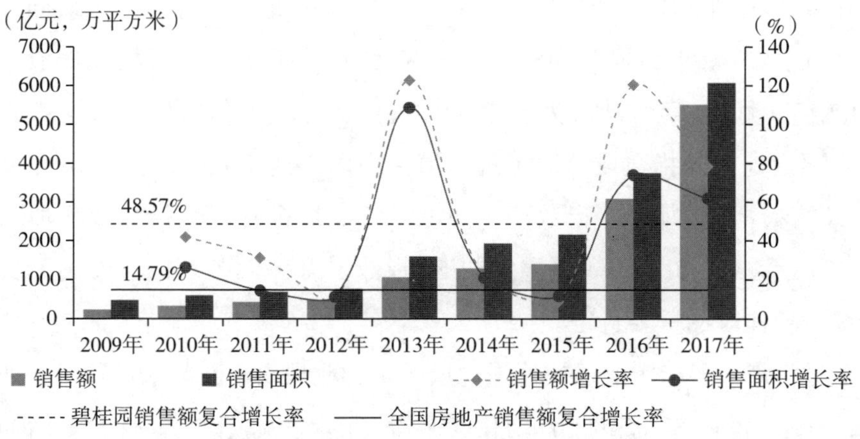

图 3-1 碧桂园 2009 ~ 2017 年销售业绩变化情况

资料来源：企业公告和年报、中指研究院整理。

2. 财务指标：盈利持续提升，财务实力愈见强健

在销售业绩不断增长的带动下，碧桂园的营业收入同样实现了稳步增长。2007 年，碧桂园营业收入为 177.35 亿元，净利润为 42.04 亿元，到 2017 年，企业营业收入达 2269 亿元，净利润达 287.52 亿元，10 年间复合增长率分别为 29.03%、21.20%，盈利规模持续提升。碧桂园准确把握了行业发展节奏及城市轮动发展机遇，保持了快速周转和稳健增长，同时兼顾增长质量，实现了"有质量的增长"。

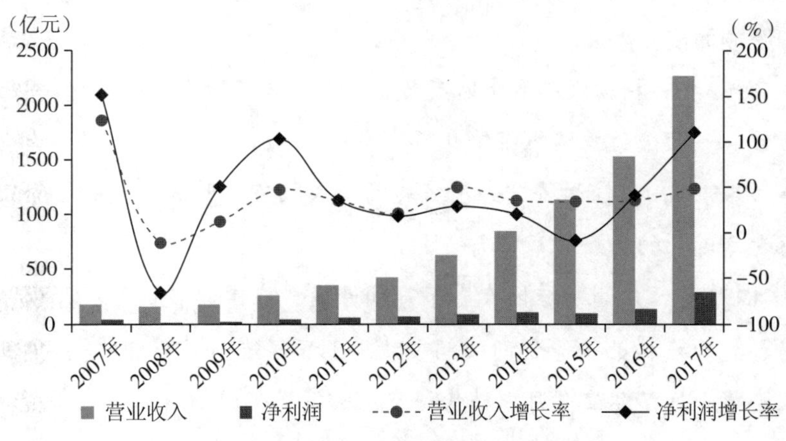

图 3-2　2007 年以来碧桂园盈利情况

资料来源：企业公告和年报、中指研究院整理。

雄心进取、积极发展的背后是愈见强健的财务状况。2017 年，碧桂园销售楼款现金回笼也超 5000 亿元，达到 5003.3 亿元，同比增长 76.1%，并继 2016 年之后，再次实现经营性现金净流入，达 240.8 亿元；公司加权平均融资成本进一步降低至 5.22%，达到近年来的最低水平；现金及银行存款（包括受限制现金）约 1484 亿元，另有约 2485.1 亿元银行授信额度尚未使用，营运资本充裕，且受评级公司及主要金融机构认可和支持，企业发展后劲十足。

凭借业绩的强劲增长、企业运营效率和财务实力的提升，碧桂园于

2017 年 7 月 20 日晋升《财富》世界 500 强，并于 2017 年 9 月 21 日获惠誉调升企业信用评级至投资级，2017 年 12 月 4 日入选恒生指数成分股，企业综合实力和企业价值快速提升。

二、发展历程：审时度势，开拓创新，大浪淘沙中脱颖而出

碧桂园 1992 年诞生于“凤城”广东顺德，是以房地产为主营业务，涵盖建筑、装修、酒店开发及管理等行业的综合性企业，并始终秉承“给您一个五星的家”的服务理念。快速的积淀成长，使得碧桂园在行业的大浪淘沙中脱颖而出。

● 1992 年，杨国强先生审时度势，正式进军房地产，在顺德的碧江畔，开卷力作——顺德碧桂园华丽转身。

● 1995 年，碧桂园将“五星级的酒店式服务”引进楼盘小区管理，让业主感受到专业的物业管家服务。

● 1999 年，广州碧桂园在春节期间开盘，在国内首创春节开盘、全装修卖房、免费看楼巴士等创新营销手法。创下了当月销售 3000 套单位的惊人纪录，第一期产品三个月内销售一空，回笼资金近 10 亿元。

● 2000 年，华南碧桂园开启中国楼市的“华南板块”，中国首次将目光齐聚华南地区。在珠三角及港澳地区掀起了抢购的狂潮，开盘以来创下了恒温热销的辉煌业绩。

● 2004 年，拓展珠三角。碧桂园开始向广佛以外的珠三角地区拓展，在高明、鹤山、江门、清远、南沙等地纷纷落子，从过去一年一个碧桂园迈入一年多个碧桂园的快速发展阶段。

● 2006 年，碧桂园品牌被认定为“中国驰名商标”。

● 2007 年，碧桂园在香港联交所主板挂牌上市。

● 2008 年，碧桂园实施全国拓展战略，拓展步伐深入湖南、湖北、黑龙江、辽宁、内蒙古、重庆、安徽、江苏等区域，全年共实现 23 个全新项目开盘。自此，公司的全国版图得到极大地拓展，碧桂园也真正开始将“五

星级的家”带到全国各地。

- 2013 年，全年实现合同销售额约 1060 亿元，较 2012 年增长 124%，合同销售面积达 1593 万平方米，成功跻身千亿军团。
- 2015 年，碧桂园携手 Sasaki 等国际知名团队在马来西亚打造可容纳几十万人口的生态大城——碧桂园森林城市。
- 2016 年，全年销售业绩 3088 亿元，启动科技小镇计划助力国家创新驱动发展战略。
- 2017 年，挺进福布斯全球上市公司 300 强，入选 2017 年央视国家品牌计划。
- 2018 年，《财富》世界 500 强和福布斯全球上市公司 2000 强排名均升逾百位。

房地产市场发展的齿轮从未停歇过，碧桂园也未曾停止过探索的脚步，始终以前瞻性的战略思维守正出奇，审时度势，踏准节奏，在取得不俗成绩的同时亦成为行业领跑者。

三、经营策略：强化机制，踏准节奏，顺势而为，站上时代浪尖

1. 战略布局：坚持一二三四五线城市全面发展战略，全国化均衡布局

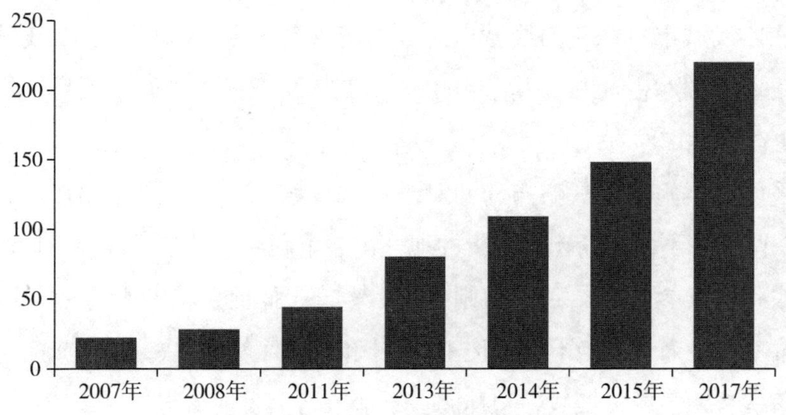

图 3-3　碧桂园进入国内城市数量变化情况

资料来源：企业公告和年报、中指研究院整理。

碧桂园销售业绩的不断突破与其广泛的战略布局息息相关。碧桂园自2008年起启动全国化布局，当年业务范围覆盖全国28个城市，2011年进入44个城市，同时，2012年进军马来西亚开始，海外业务正式拉开序幕。2013年8月，碧桂园在马来西亚新山的金海湾项目热销，开盘后一个月销售额逼近70亿元，超过了新山全市一年的销售金额。在“碧桂园效应”催化下，包括万科、绿地、富力等越来越多内地房企进军海外市场，带动海外投资额不断攀升。

2013年，随着碧桂园跻身千亿军团，企业版图扩张步伐也在加速，成功进驻国内80个城市，2014年进入中国城市数量达109个。到2017年，企业已拥有1468个项目，其中境内1456个，分布于30个省级行政单位，220个市、768个县/镇区，远超恒大和万科。同期，恒大集团储备项目766个，分布于中国的228个城市，万科截至2017年上半年，拥有共计551个项目，城市布局数量约为66个。

聚焦都市圈，一二三四五线全线布局。碧桂园贯彻一二三四五线城市全面发展策略，聚焦城镇化发展红利，在全国“攻城略地”。均衡的城市布局，不仅为企业发展提供了坚实的后盾，更为中国新型城镇化的发展起到重要的推动作用。从2017年各区域销售额贡献来看，碧桂园广东区域销售额贡献率占比最高达30%，广东以外地区销售额贡献达70%，全国化布局效果显著。按城市类型来看，三四线城市仍是碧桂园业绩贡献的主力。位于三四线城市目标三四线城市的合同销售额约占50%，位于二线城市目标二线城市的约占33%，其余占17%。实际位于三四线城市项目销售额贡献率更高，达58%。

采取因城施策的战略布局。对于一二线城市，碧桂园在加强占有率的同时，坚持“不拿面粉比面包贵的地”，注重利润。其中一线核心地段“保持关注和审慎参与”；二线城市则“持续参与”，捕捉大城市外溢的购房需求，拿地策略相对谨慎，绝不会拿地王，更倾向于做潜力板块，挖掘未来预期。在竞争优势明显的三四线，碧桂园在拿地策略上表现出与一二线截然不同的态度，注重规模。碧桂园把三四线城市划分为多个小板块、小区域，在这些板块里，只拿较成熟区域或潜力区域里的核心地段，城市进入的策略为“一城多个碧桂园”，即先进入一个城市，再在这个城市做多个布点，进行深耕。

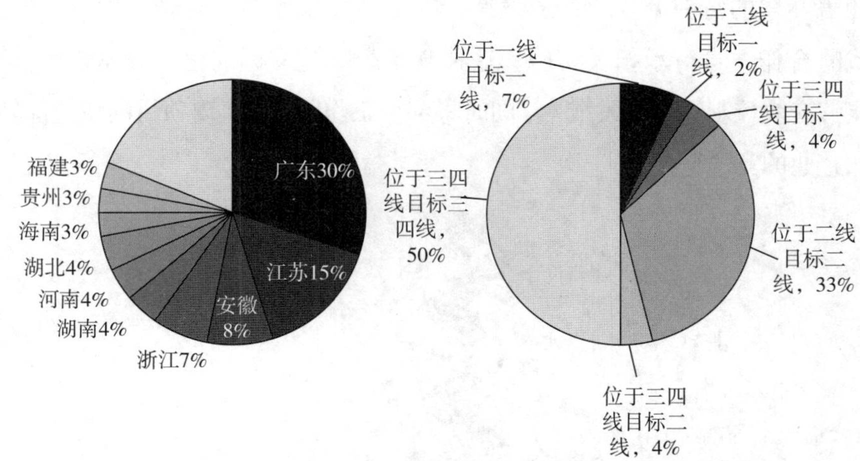

图 3-4　碧桂园 2017 年销售额按区域和城市等级分布

资料来源：企业公告和年报、中指研究院整理。

2. 运营管理：多重机制保障下的“高速马达”

俗话说“无规矩，不成方圆”，对企业而言，良好的运营机制能够充分调动员工工作积极性，提升决策执行力及员工责任感。碧桂园让同行望尘莫及的发展速度主要归因于其与众不同的机制，让其成为一个多齿轮联合作业下的高速马达。

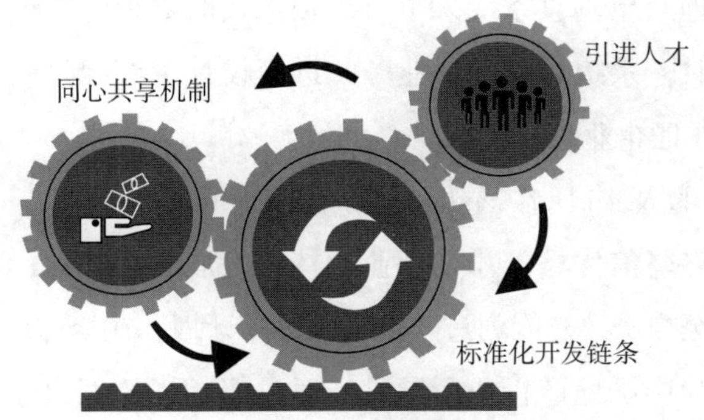

图 3-5　碧桂园内部机制示意图

（1）标准化开发链条：低成本、高周转，提高竞争壁垒

碧桂园从房地产建筑起家，拥有一条成熟自主的房地产开发链条，几乎涵盖开发的每一个环节：从设计、施工到装修和物业管理，均可由公司和战略合作方自行承担及实施。这种基于产业链的标准化、一体化运营方式能够有效控制综合开发成本，同时将部分工作前置，实现项目的快速周转，增加企业的竞争壁垒。

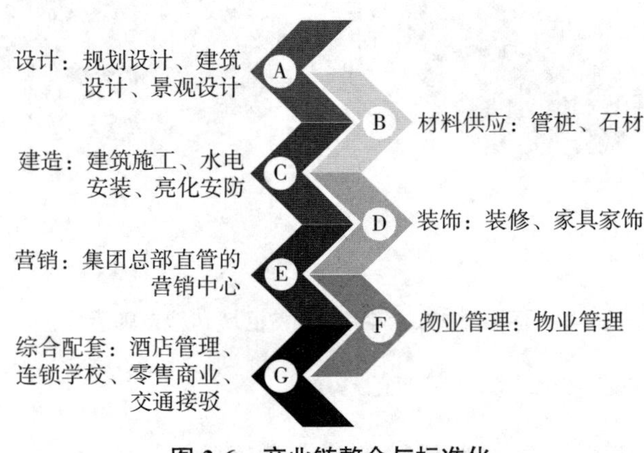

图 3-6　产业链整合与标准化

同时，碧桂园积极完善信息化建设，“把碧桂园装进口袋”，实时监控项目运营，保障高执行力：碧桂园拥有超 2000 个项目、近 20 万员工，为了更好地管理企业，碧桂园进行了信息化建设。碧桂园管理者可实时了解前一天产生的所有数据，如各地投资、售房、收款情况等，方便宏观决策。地方项目总经理乃至垂直条线人员可以根据实时数据，知道自己与考核指标的差距。同时，系统对每一个业务的进度设计了红绿灯的预警时间，强化节点管理，保证企业高执行力。

（2）领先的人才机制：不拘一格，能者居上

碧桂园始终坚信优秀人才是企业可持续发展的原动力，视人才为第一财富。2013 年至今，碧桂园通过“未来领袖”计划，在全球广招名校博士，其力度与广度为中国地产行业所罕见。通过超常规的人力建设，碧桂园建立起一个远超同行的“青年近卫军”，成为拥有博士数量最多的地产商。

截至 2018 年 6 月底，碧桂园累计有 1122 位博士纳入完整的训练计划之中，其中不乏哈佛、牛津、剑桥、清华、北大等全球顶尖高校的博士。已有 16 名未来领袖学员发展成为区域总裁，37 人发展成为区域执行总裁，193 人发展成为区域副总裁、区域总裁助理、项目总经理等核心管理人员，165 人发展成为项目副总、副总监等重要管理人员。

3. 业务发展：踏准节奏，把脉行业发展趋势，多元业务齐头并进

在行业整体盈利水平下降的情况下，碧桂园努力适应市场新形势发展需求。2017 年，在取得业绩快速强劲增长、企业规模不断壮大的基础上，碧桂园顺应房地产存量时代的发展以及国家“房住不炒”“租购并举”宏观政策的需要，积极培育新的利润增长点，完成了产城融合、长租公寓等板块的部署，形成了“一体两翼”的发展战略。一体即住宅板块，两翼分别是产城融合和长租公寓，同时搭配金融、物业、商娱、医疗、教育等多维服务资源满足消费者的多元居住需求和实体经济转型升级的需求。未来，碧桂园将持续推动多元业务转型，培育新的业绩增长点，为企业未来业绩增长保驾护航。

产城融合方面，重点打造科技小镇。2016 年 8 月，碧桂园“产城融合战略”发布会暨“科技小镇”项目启动会举行，力挺中国实体经济，意味着碧桂园正式宣布全面进军产业地产。碧桂园表示，为发挥一线城市临近片区和强二线城市的比较优势，企业推出了科技创新智慧生态小镇计划，将打造全中国全世界独一无二的生态智慧科技小镇，走出创新、协调、绿色、开放、共享的产业持续发展之路。碧桂园将利用自身庞大的产业资源，领先入驻住宅产业化项目、博士后流动站及智慧城市产业群，同时将携手清华大学、思科集团等国内外著名机构，通过龙头企业带动关联企业入驻，专业化、平台化、商业化的招商机制将遴选最有潜力的优质企业进入小镇。科技小镇以“产业先行，产城融合；碧桂园做重资产，入驻企业轻资产”的模式运营，在打造科技创新平台的同时，也为碧桂园在地产存量经济时

代开辟一条有别于传统房产销售的发展路径。

长租公寓方面，身体力行构筑租购并举。在专注房地产开发主业之余，碧桂园也在积极响应政府号召，与主要金融机构合作，发展长租业务。2017年，碧桂园集团在广东顺德总部正式发布长租品牌发展战略，正式成立长租事业部。目前，公司已获批发行100亿规模的租赁住房REITs，并成功发行首期17.17亿元产品。截至2018年8月，在建房间数已超过29000间，已获取项目的总房间数已超过32000间。碧桂园表示，将发挥自身规模优势，围绕中心城市，利用多元化土地储备，打造“长租城市”，力争三年内发展100万间长租公寓。

物业服务方面，打造中国社区服务领导品牌。碧桂园服务控股有限公司（6098.HK）（以下简称“碧桂园服务”）是中国领先的住宅物业服务商，于2018年6月19日在香港上市。其全资子公司广东碧桂园物业服务股份有限公司自1992年成立以来，经过26年稳健发展，目前业务涵盖住宅、商业物业、写字楼、多功能综合楼、政府及其他公共设施、产业园、高速公路服务站、公园及学校等多种业态。截至2017年12月31日，碧桂园服务遍及全国28个省、直辖市、自治区，覆盖240多个城市，近2.4万人的服务团队为约300万业主提供专业细致的社区服务。碧桂园服务作为中国社区服务领导品牌，以业主需求为核心，依托强大的线下服务体系，整合社区商业资源，致力让业主体验社区服务的美好，围绕业主不动产保值增值，提供全生命周期服务。现已逐步在社区引入共享汽车、共享单车、miniK等便利生活新业态，为业主构建1+N社区场景化生态圈。此外，碧桂园服务倡导“温度、精彩、情怀”的和美社区，提出“0.5幸福”社区文化价值主张，通过为业主提供温馨的社区氛围、精彩的社区活动和丰富的社群社交，构建5H特色社区文化体系，让广大业主真切感受社区生活的幸福与美好。现已孵化数百个活跃的业主社群，每年开展超10000场社区活动，业主社群已经成为碧桂园社区一道独特的风景线。

此外，2018年，碧桂园开始进军现代农业。6月15日，碧桂园与人民日报社、《环球时报》社在广东顺德共同举办中国（国际）农业科技创新论坛暨碧桂园现代农业品牌发布会，正式宣布进军现代农业，帮助农民增收，促进农村发展，助力乡村振兴。碧桂园创始人、董事会主席杨国强说："碧桂园发展到了今天，理应能为农民、为社会、为国家做点事情。……我们不与农民争利，不与中小企业争利，希望与拥有土地的农民一起进行科学合理的谋划，走现代化农业发展之路，提升农民生产力，增加农民收入，共同为农村注入新的活力与生机，这也是碧桂园发展现代农业的初衷。"杨国强表示，碧桂园期望为国家农业现代化、科技化贡献应有的力量，以产业兴旺促进乡村振兴、农民富裕，并为社会提供健康、安全、好吃、适价、实惠的食品。据介绍，碧桂园农业将引入世界一流的农业生产技术、设备，采用公司＋农户发展模式，通过进军现代农业助推乡村振兴战略，建设农业博览园，进军先进农机业和种植业，打造农产品质量安全体系。

4. 科技创新：自主研发SSGF高质量建造体系，提质增效

2016年以来，碧桂园自主研发SSGF高质量建造体系，有效提升产品质量、优化流程管理、促进节能环保、助推创新升级，在行业首创"全天候工地开放日"，产生良好品牌效应，支撑业绩增长。截至2018年9月，碧桂园SSGF高质量建造体系已申请441项专利，并联手中国建筑标准设计研究院、清华大学等权威科研机构推进建筑工业化的标准立项工作。碧桂园目前正在400多个项目试点推广全新SSGF新建造技术工法，成熟后将于更大范围内使用。SSGF还设立产业工人培训学校，已经累计培养1117位产业工人。除此之外，SSGF还带动预制模板供应商、卫浴供应商等共同发展，对其扶持培育，推动整个建筑产业链升级进步。

5. 资本运作：紧抓机遇，多管齐下，扩充资金实力

经营规模和绩效提升的同时，碧桂园在财务管控和资本运作方面显示

出更有效的管理。数据显示，截至2017年末，碧桂园现金及银行存款约1484亿元，同比增54%，达上市以来最高水平；另有2298.6亿元银行贷款额度尚未使用；实现净经营性现金流240.8亿元，继2016年后再度为正；加权平均融资成本下降44个基点至5.22%，创历史新低。

图3-8　2012年以来碧桂园加权平均融资成本变动情况

资料来源：企业公告和年报、中指研究院整理。

值得一提的是，2017年碧桂园销售楼款现金回笼5003.3亿元，回款率91%。在拿地规模超4500亿元的情况下第二年实现正的净经营性现金流。此外，2017年，碧桂园发行两笔总额7亿美元年息仅4.75%的美元优先票据置换此前一笔高息债。此外，碧桂园还获得13亿美元四年期的境外银团贷款，年利率仅为Hibor或Libor加2.49%，创下最低成本纪录。

过去几年，碧桂园资本运作水平可圈可点，杠杆水平持续下降，加之经营规模的持续增长、盈利水平的提升，诸多因素显示碧桂园在过去几年的增长呈现“质”与“量”的双丰收。

四、社会责任：授人以渔，坚持践行公益慈善

从1997年，碧桂园集团董事局主席杨国强设立首个大学生助学金开始，碧桂园开启了长达二十多年的公益慈善之旅。以“做有良心、有社会责任感的阳光企业”为核心理念，多年来，碧桂园的公益慈善事业已覆盖到教

育慈善、新农村建设、抗震救灾等多个方面。2013 年，碧桂园成立了广东省国强公益基金会，进一步规划公益事业的管制，努力确保投放资源得到有效利用，持续观察及记录各公益项目的效益和表现以作客观评估。

谈及教育慈善，杨国强始终坚持“教育扶贫，授人以渔；一人成才，全家脱贫”的核心理念，先后创办了国华纪念中学、国良职业培训学校、广东碧桂园职业学院，让全国各地的优秀、贫困学子上得起学，让退伍军人拥有就业技能，走上就业岗位。

同时，碧桂园已在广东、广西、四川、海南、河北、甘肃、江西等地开展帮扶贫困村建设新农村示范村工作。2017 年 10 月，碧桂园集团帮扶广东省清远英德市贫困村创建新农村示范村签约仪式举行，碧桂园整县帮扶英德 78 个贫困村，紧紧围绕助力国家 2020 年全面脱贫的核心目标而奋斗。2018 年 5 月 20 日，碧桂园精准扶贫乡村振兴行动启动会在广东顺德碧桂园总部召开，碧桂园与河北省石家庄市平山县、甘肃省临夏州东乡族自治县、江西省赣州市兴国县等全国 13 县达成结对帮扶协议，惠及 32 万未脱贫建档立卡贫困人口。

截至 2018 年 6 月底，碧桂园集团及其董事局主席杨国强、副主席杨惠妍为全社会捐款累计超过 42 亿元。为了带来真实且持续的精准扶贫成效，从实地了解社区需要、统筹资源到落实和经营项目，大部分都是由碧桂园社会责任部扶贫干部亲自负责。

中国房地产市场历经多轮波动起伏，在激烈的行业竞争中，房企跌宕起伏，碧桂园身处其中，凭借着对时代脉搏的精准把握，对行业变动节奏的敏锐洞察，对企业自身发展战略、运营管理模式的调整与创新，在市场中崭露头角，并快速发展，实现销售规模的成功登顶，不断巩固行业领导者的地位。未来，面对市场的快速迭代和变化，碧桂园将继续优化产品、优化经营、优化管理，跟随时代前进的步伐，引领行业发展，为国内新型城镇化建设继续添砖加瓦。

万科：勇立潮头三十余载，转型创新持续领跑

在经历了楼市跌宕起伏的大潮洗礼后，从“黄金时代”到“白银时代”、从“招保万金”到“碧万恒融”，作为中国地产行业的一面屹立不倒的大旗，万科凭借领先的发展战略、紧抓行业主流需求的产品定位、不断优化的城市布局、审慎的投资策略、先进的管理模式以及稳健的财务状况，成功领跑行业三十载，并连续15年荣获“中国房地产百强企业”。

一、战绩：经营业绩跨越式增长，始终占据行业发展前列

万科企业股份有限公司（股票代码：000002.SZ，下文简称“万科”）成立于1984年5月，历经三十余年的发展，万科始终能把握住市场主流需求、紧抓城镇化机遇，稳扎稳打位居行业第一梯队，同时不断创新转型，引领行业发展方向。

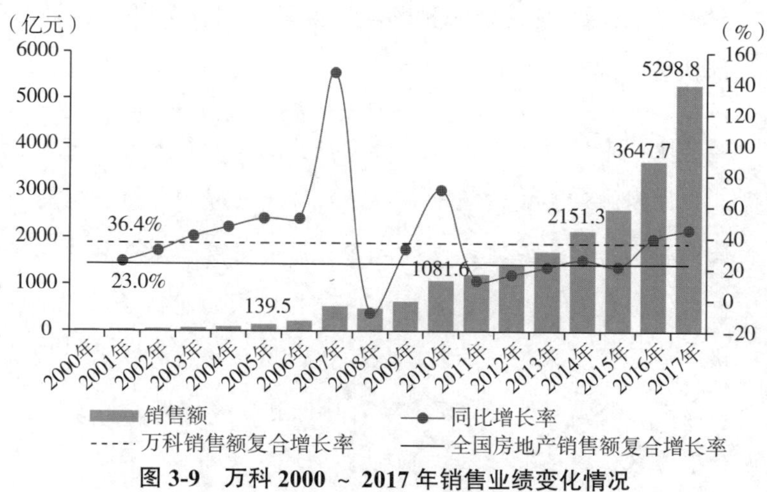

图 3-9　万科 2000 ~ 2017 年销售业绩变化情况

资料来源：企业公告和年报、中指研究院整理。

万科自2000年开始实施市场及规模扩张策略，至2017年规模跨越5000亿销售大关，始终以良好的增长态势跑赢大市。2000 ~ 2017年间销售额复合增长率为36.4%，高于行业13.4个百分点，市场占有率也从2000年的0.7%提升至2018年的4.0%。

从销售规模实现跨越的时间和速度来看，万科亦处于行业领先水平，可谓突飞猛进。万科在2005年销售额突破百亿后，仅用2年时间在2007年完成500亿的规模突破，年均复合增长率高达93.7%；2008年销售规模虽有小幅下滑但随后奋起直追，用3年时间在2010年率先突破千亿大关，年均复合增长率27.4%；自此之后万科用4年时间突破2000亿、2年时间突破3000亿，1年又突破了5000亿。

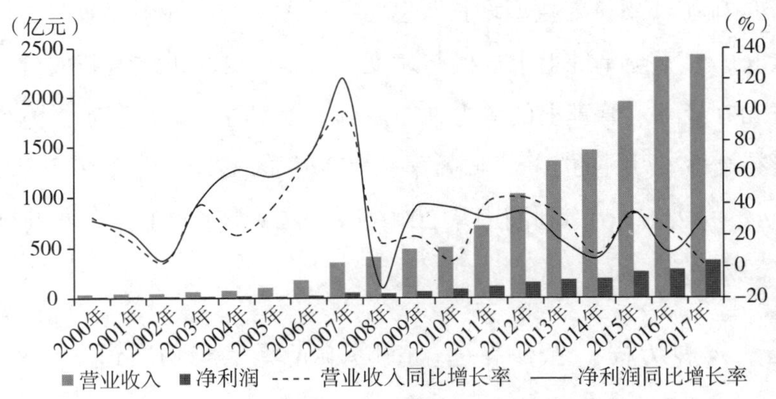

图3-10　万科2000 ~ 2017年营业收入、净利润及其变化

资料来源：企业公告和年报、中指研究院整理。

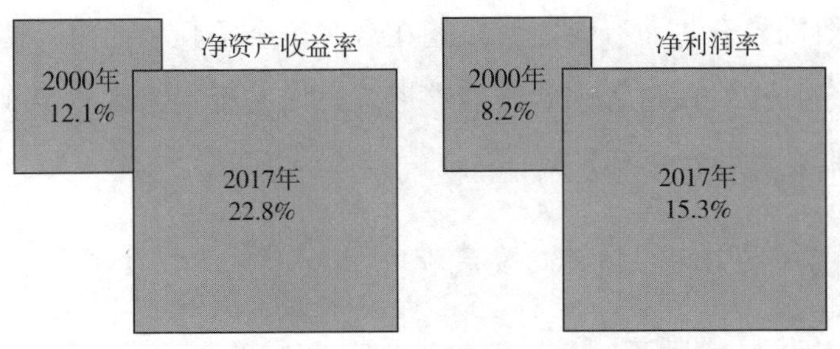

图3-11　万科2000 ~ 2017年盈利及费用指标情况

资料来源：企业公告和年报、中指研究院整理。

万科在规模扩张迎来突破的同时，营业收入和净利润规模持续上涨，盈利能力稳步上升。2000 年，万科营业收入为 37.8 亿元，净利润为 3.1 亿元，到 2017 年，企业营业收入达 2429.0 亿元，净利润 372.1 亿元，分别增长了近 64 倍和 120 倍，盈利规模持续提升。除 2008 ~ 2009 年为应对危机而采取“收缩”战略造成土地储备不足，净利润增速出现下滑外，万科都比较准确地把握了行业发展节奏，并充分受益于房地产业的黄金时代并且利用周期波动逆市扩张，保持了快速周转和稳健增长，同时兼顾增长质量。2007 年盈利规模增长水平达到顶峰，近年来增速向常态回归并趋于稳定。

万科在 2004 年提出以“有质量增长”作为未来十年的战略目标，在 2008 年明确了“质量效益型增长”思路，通过“均好性中提效”实现有质量的增长，并不会单纯追求规模与速度，而是会更注重质量与效益，通过挖掘公司在经营、管理上的潜力，加强成本控制等方式，有效保障盈利增长的可持续性。万科的净资产收益率从 2000 年的 12.1% 增长 10.7 个百分点至 2017 年的 22.8%，净利润率从 2000 年的 8.2% 增长 7.1 个百分点至 2017 年的 15.3%。

二、发展历程：志存高远，战略领先奠定成功之道

万科自 1984 年发展至今，完整走过了 30 余年中国房地产市场的激荡历程，把握住了行业发展主流，充分享受了行业发展红利，实现了企业规模与效益协同提升。而万科之所以能在众多房企中脱颖而出、持续领跑，主要源自于其在发展过程中始终能够把握市场主流制定前瞻性战略。从其发展历程来看，可分为如下 4 个阶段。

1. 1984～1991年：多元化发展阶段

万科以做贸易起家，涉足包含房地产在内的多元化业务，初创阶段抓住了 1988 年全国住房制度改革带来的第一波机遇，成为国内最早进入

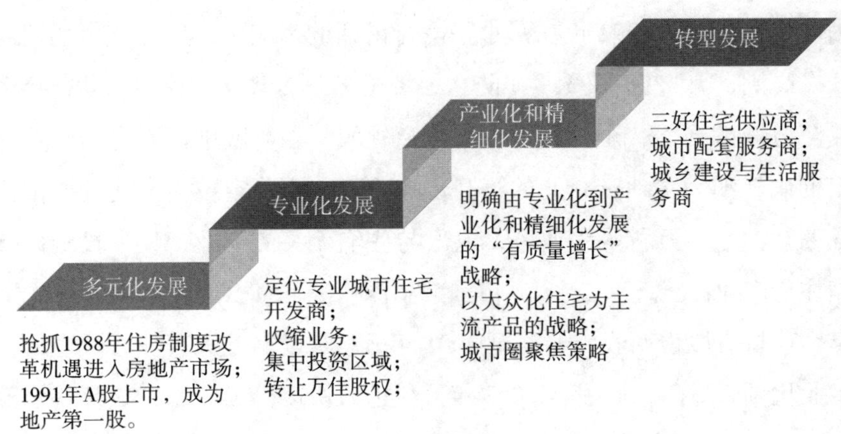

图 3-12　万科发展历程

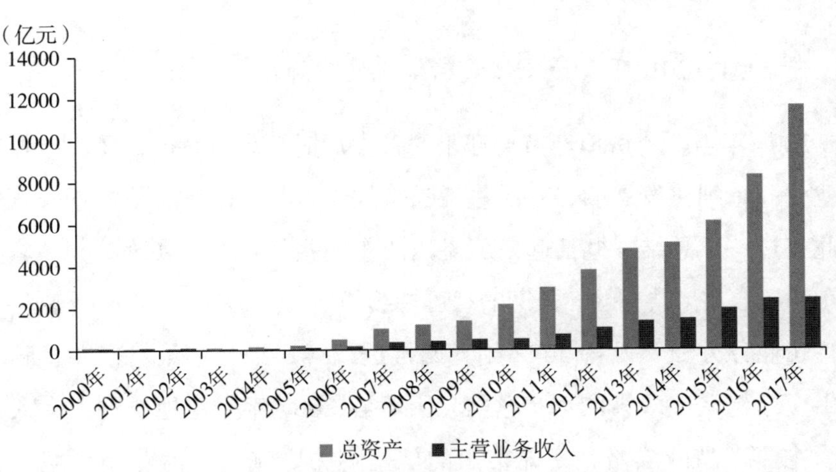

图 3-13　万科总资产、主营业务收入、净利润增长情况

资料来源：企业公告和年报、中指研究院整理。

房地产市场的企业之一；同时，万科也最早嗅到资本市场的发展机遇，1991 年即于 A 股上市，成为中国房地产第一股，奠定了其规范化的体制基础。

2. 1992～2003年：专业化发展阶段

万科的多元化发展虽然有利于企业规模的迅速扩大，却不利于形成最有力的竞争优势。1992 年在邓小平南行讲话的影响下，房地产市场迎来首个开发高潮，万科在 1993 年“防止经济过热”的宏观调控中果断摒弃多元化业务分散的局面，全身心投入到住宅领域，在实践中不断走向专业化，推出彻底转型为房地产企业的第一步战略——明确定位为专业的城市住宅开发商。此后，万科收缩业务，退出与住宅无关的产业；集中投资区域，收缩住宅产业占线，从 13 个城市削减到深、沪、京、津四个城市；转让 30 多家企业持有股份回收资金，至 2001 年万科成功转让万佳股权，全面完成了专业化调整战略。此后至 2003 年万科进入快速扩张期，2003 年销售额突破 50 亿元、总资产破百亿，主营业务收入的年均复合增长率为 22.9%，万科亦发展成为行业的领跑者。

3. 2004～2013年：产业化和精细化发展阶段

2004 年当整个房地产市场迎来繁荣发展时期，万科明确了由专业化到产业化和精细化发展的“有质量增长”战略。什么是有质量的增长？郁亮对此有过一个总结，概括起来就是以股东回报为核心，实现公司、客户、股东和社会共生共赢的、长期的、可持续的增长。

在业务方面，万科 2004 年开始推进“客户细分”策略，并且随着住房供应结构调整政策的逐步落实。万科在 2007 年坚定地执行以大众化住宅为主流产品的战略，率先推出的杭州魅力之城、上海花园小城、上海四季花城二期、深圳金域东郡等“90/70”项目，均取得了良好的市场反应。此后，万科不断进行产品梳理，形成了满足不同人群购房需求的产品系列。

在布局方面，万科 2004 年提出的第二个十年规划中正式提出了城市圈聚焦策略，确立了由“点”（即单个城市）及“面”（即城市圈）的布局调整，以长三角、珠三角、环渤海作为重点发展区域，在区域内实现集约型扩张。

从业绩来看，万科抓住房地产业的“黄金十年”，踏上了高速发展的列车，实现了销售业绩的快速提升。万科在 2010 年销售业绩成功突破千亿大关的基础上，2013 年实现销售额 1354.2 亿元，总资产也突破四千亿至 4792.1 亿元，主营业务收入 1354.2 亿元，2004 ~ 2013 年的复合增长率分别为 38.4%、46.4%、37.6%。

4. 2014年至今：转型发展阶段

2014 年以来，面对房地产市场持续调整的“白银时代”，万科又率先将学习热情转向互联网行业和高端制造行业，以自我改造重构企业生态系统，引爆行业的转型热潮。同时，万科提出新十年战略转型规划——“三好住宅” + “城市配套服务商”，力求以新技术、新手段获取新动力，从而占据未来发展的制高点。

在业务方面，万科在 2014 年提出“城市配套服务商”的定位，加之当时互联网技术对居民生活带来的巨大冲击，探索、发展符合移动互联网时代大趋势的新兴地产业务，以及与万科自身资源、技术等优势存在关联性的延伸业务，拓展地产空间。2015 年，万科以“勇敢探路、坚定转型”为主题，围绕城市配套服务商不断丰富产品服务体系，相继提出了“八爪鱼”“V-LINK”等战略构想，有序开展对长租公寓、社区营地教育、养老机构、产业地产等新业务的探索。2017 年，在核心城市土地供应日益紧缺的背景下，万科携手深圳地铁集团，积极探索包括“轨道 + 物业”、城市产业升级在内的各类资源获取和开发模式，以突破增长瓶颈，挖掘新的盈利增长点，实现持续发展。

在布局方面，万科始终坚持聚焦核心城市圈带的战略，2017 年在深耕现有城市的基础上，新进入了哈尔滨、石家庄、兰州、西昌、宜昌等城市。

从业绩上来看，万科 2017 年销售额突破五千亿元，达 5298.8 亿元，总资产突破万亿，达 11653.5 亿元，主营业务收入为 2429.0 亿元，2014 ~ 2017 年的复合增长率分别为 35.0%、31.9%、18.4%。

房地产市场发展的齿轮从未停歇过，万科也未曾停止过探索的脚步，始终以前瞻性的战略思维守正出奇，引领行业的发展潮流，在取得不俗成绩的同时亦成为行业领跑者。

三、经营策略：守正筑坚、虑远积厚，均好中提效、实现有质量增长

万科通过“均好中提效”实现有质量的增长，而“均好中提效”有五大策略：主流定位、战略纵深、快速周转、组织变革和资本运作。

- 所谓主流定位，就是万科产品面向自住购房者，以中小户型为主，同时致力于产品和服务水平的持续打造，契合主流群体对品牌、绿色、服务等的价值诉求；
- 所谓战略纵深，就是谨慎投资、分散风险，对房地产区域市场进行科学、系统的研究策略，使其对城市发展趋势具有良好的把控能力；
- 所谓快速周转，就是万科秉持不囤地、不捂盘、快速开发、快速销售的策略，但同时也储备充足的土地资源以确保销售业绩的稳定增长；
- 所谓组织变革，就是规模的扩大意味着管理复杂性的提升，随着管理半径的不断扩大，万科不断提升管理能力、创新管理机制和模式，有效提高决策效率；
- 所谓资本运作,就是规模的扩张必然伴随着对资金需求的急剧增长，万科不断强化资本运作能力，增加资金来源。

1. 主流定位：服务普通人，坚持中小户型产品定位

万科于 1992 确立了以房地产为核心业务的发展战略，将居民住宅作为房地产的主导开发方向之后，2004 年开始推进“客户细分”策略，并于 2007 年坚定地执行以大众化住宅为主流产品的战略。自此万科把握主流市场需求，始终坚持以中小户型普通住宅为主的主流产品定位，助力企业销售业绩实现不断突破。

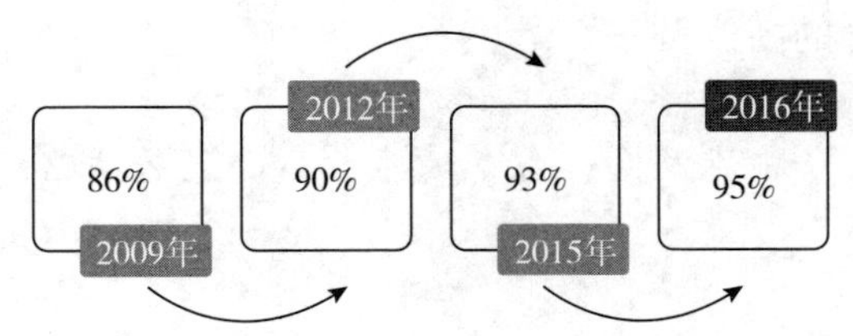

图 3-14　万科 144 平方米以下的中小户型产品占比

资料来源：企业公告和年报、中指研究院整理。

万科在住宅产品结构上始终坚持主流定位，产品以面向自住购房者的中小户型普通商品房为主，占比不断提升。144 平方米以下户型的占比由 2009 年的 86% 不断提高到 2012 年的 90%、2015 年的 93%、并在 2016 年占比达到 95%。与此同时，万科不断进行产品梳理，形成了满足不同人群购房需求的产品系列：城市核心区域产品以“金色系列 Golden”为主、城郊住宅以“城花系列 City”为主、郊区住宅则以“四季系列 Town”为主；商业地产也逐渐形成了购物中心“万科广场”系列、社区商业“万科红”系列以及写字楼“万科大厦”系列。

“万科不仅是在建房子、卖房子，更重要的是在为自己的客户提供细致、周到的物业服务，创造一种新的生活氛围，引领一种新的生活方式。”万科自 1998 年成立“万客会”以来，一直努力以客户为中心、创新服务模式，曾相继提出“一路同行”“6+2”步法“五步一法”等客户服务体系，致力于持续提供超越客户预期的产品和服务。如从客户第一次来电、第一次到访，万科便开始了与客户“一路同行”的服务历程，通过各种渠道收集客户的意见和建议，第一时间协助解决客户遇到的各种问题。参照美国帕尔迪公司客户服务的七步法，结合中国客户需求形成“6+2”触点式客户关系管理步法，以时间轴厘清客户体验的各个阶段，并在每个阶段制定标准化服务动作和沟通渠道。此外，万科是国内第一家聘请第三方机构每年进行全方位客户满意度调查的住宅企业。随着业主入住后对万科产品和服务的体验加深，他们对万科品牌的信任也逐步增强，2017 年，总体客户满意度保持在 87 分的高位。

2. 战略纵深：由点及面，聚焦城市圈带、发挥战略纵深优势

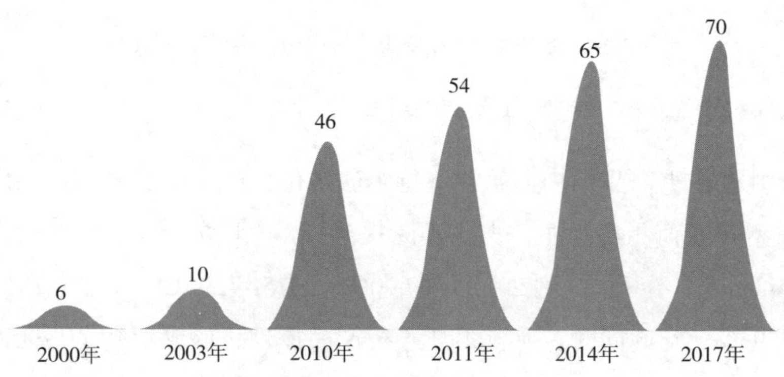

图 3-15 万科进入城市数量变化情况

资料来源：企业公告和年报、中指研究院整理。

万科销售业绩的不断突破与其始终坚持全国化、聚焦城市圈带的战略布局息息相关。万科自 2001 年起启动全国化布局，相继进入武汉、长春、南京、南昌、广州、大连等城市，并在 2004 年提出的第二个十年规划中正式提出了城市圈聚焦策略，确立了由“点”（即单个城市）及“面”（即城市圈）的布局调整，以长三角、珠三角、环渤海作为重点发展区域，在区域内实现集约型扩张。

2011 年万科已进入 54 个城市，基本上覆盖了全国大多数主流核心城市，且在 25 个城市的销售业绩名列当地市场前三甲，旗下销售额在 50 亿元以上的一线公司数量增长至 13 家。随后，万科布局城市数量不断稳中有升，坚持聚焦城市圈带发展战略的同时始终深耕一二线核心城市，致力于在核心城市实现优异的销售业绩。截至 2016 年，已进入中国大陆 65 个城市，分布在以珠三角为核心的广深区域、以长三角为核心的上海区域、以环渤海为核心的北京区域以及由中西部中心城市组成的成都区域，且在北京、上海、

广州、深圳、杭州等14个城市销售金额超过百亿，在40个城市市场销售排名位列当地前三。

万科在增加布局广度的同时，也保持区域纵深，逐渐从早期的专注于珠三角和长三角区域到现在的各区域均衡发展，如此更能有效防范调控风险，降低市场调控影响。从万科的销售金额结构变化来看，截至2017年底，四大区域销售金额占比愈趋平衡。在各区域内部万科采用深耕核心城市加速拓展辐射范围内的二三线城市，在区域内实现品牌联动，有利于企业整体业绩的快速提升。

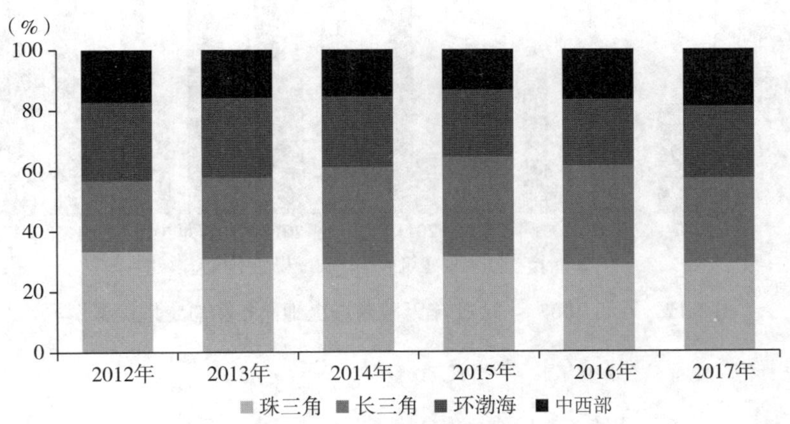

图 3-16　万科 2012 ~ 2017 年销售金额结构变化情况

资料来源：企业公告和年报、中指研究院整理。

万科在国内市场做得风生水起的同时，也在探索房地产开发业务的国际化。2013年万科便尝试海外投资，通过和当地知名开发商合作的方式先后进入旧金山、中国香港、新加坡市场；此后万科以国际化作为长期发展战略，继续推进海外业务探索，积极拓展合作资源，学习借鉴发达国家和地区市场的成熟经验和管理运营模式，并扩大其在海外市场的品牌影响力。截至2017年底，已进入旧金山、中国香港、新加坡、纽约、伦敦、西雅图、吉隆坡等7个城市。

3. 快速周转：不囤地、不捂盘、不拿地王，理性投资促业绩增长

土地资源储备情况显示了企业未来的发展潜力。万科通过不断创新，在土地资源获取方面形成较为成熟的运作体系。除积极通过公开招拍挂市场获取项目外，还通过旧城改造、合作开发等灵活方式低成本获取项目，在销售规模快速提升的基础上能够有效补充可售货源。

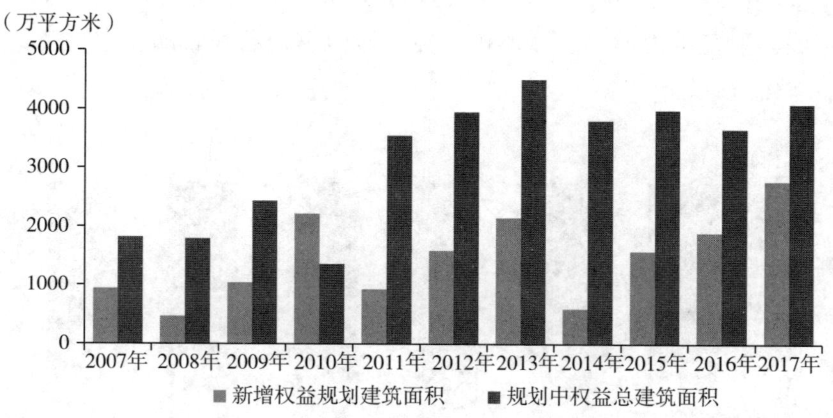

图 3-17　万科 2007 ～ 2017 年万科新增土地储备和总土地储备情况

资料来源：企业公告和年报、中指研究院整理。

万科在投资上始终坚持“不囤地、不捂盘、不拿地王”的原则，坚持审慎的拿地策略，在严格控制风险的前提下，根据实际发展的需要择机补充优质项目资源。2017 年万科获取新项目 216 个，总规划建筑面积 44615.4 万平方米，权益规划建筑面积 2769.1 万平方米；截至 2017 年底，万科规划中项目总建筑面积约 6321.9 万平方米，权益建筑面积约 4077.9 万平方米，拥有的土地资源基本满足未来两年的开发需求。

鉴于核心城市土地资源日益稀缺，主要城市土地竞争激烈，地价成本大幅上升，万科充分发挥自身的品牌、资金、运营优势，积极拓展合作、股权收购等渠道发掘各类潜在的市场机会。从万科近年的新增土地储备规划建筑面积来看：2007 年 41. 0% 是通过收购公司或合作方式取得的；2013

年约有 66% 的项目为合作、联合方式获取；2016 年 59.5% 的新增项目为通过合作方式获取；2017 年 72.3% 的新项目为合作项目。可见，万科近年来新增项目中战略合作占比在不断加大，在降低拿地成本的同时有效分散了企业的运营风险。

一二线城市仍是万科土地储备的重点城市。从万科近年的新增土地储备结构来看，2016 年万科新增项目中 88.3% 位于一二线城市；2017 年随着一二线城市调控政策的不断深入，万科适时增加三四线的土地储备，新增项目中，三四线占比为 25.3%，较 2016 年增长 13.6 个百分点。万科顺应市场发展变化，合理优化土地储备城市分布结构，有利于企业实现销售业绩的持续稳定增长。

4. 组织变革：构建专业团队和高效组织架构，实现对战略决策的高速执行

战略决定方向，组织体系决定执行能力。万科作为在 20 世纪 80 年代成立的一批深圳企业之一，与华为、中兴、平安、招商等企业，一起成为了中国企业市场化、国际化的标杆。其中，万科独创的职业经理人机制使经营管理层掌握了企业经营决策的话语权，行之有效地保障了其战略决策的高度执行力。

万科十分重视人才。从创业期提出“人才是万科的资本”，并启动职业经理人制度，把持续培养专业化、富有激情和创造的职业经理队伍作为企业创立和发展的一项重要使命；到 1995 年底提出“健康丰盛的人生”人才理念；再到 2007 年启动了旨在引进高端管理人才的“社会精英计划”，跨行业招募国际化精英人才，以提高管理的有效性和精细化程度，同时还启动了海外新动力计划，为未来的发展蓄积人力资源。

除了不断挖掘优秀人才外，万科通过将人才的效用充分发挥，通过推行合伙人制度、跟投制度等方式给予人才更大的平台，实现员工价值的同时有效提升企业的管理效率，为企业创造更高的利润。2014 年万科推出了

项目跟投制度，将项目经营成果与员工利益直接挂钩；2016年为进一步强化跟投人员的共创、共担、共享意识，万科对跟投方案进行迭代优化，通过取消追加跟投安排、设置门槛收益率和超额收益率，保障企业优先于跟投人获得门槛收益率对应的收益，鼓励跟投人员为公司和股东创造更大的价值；2017年新获取的项目中跟投认购金额为106.4亿元，截至2017年底，万科已有502个项目引入跟投机制。

表3-1　　万科历次组织变革及影响

阶段	架构模式	组织变革	影响
2000年之前	战略型总部	加强对前期设计、资金、成本和利润的管理	充分放权给项目公司，管理严格
2000 ~ 2004年	专业型总部	配合万科的第一次专业化，调整为专业型集团总部，区域中心对一线公司仍然采用操作型管理	专业化分工，明确权责划分，积累专业知识，专业人才，迅速扩张
2005 ~ 2014年	战略型总部	随着管理层级加大，2005年万科组织架构向战略型总部转型，总部对区域中心从战略操作型转变为战略型，区域中心对一线公司仍然采用操作型管理。形成三层构架：决策、管理与专业、执行	调整后的架构里专业管理重心下移到区域中心，逐渐在区域中心形成自身的专业决策和专业能力
2015 ~ 2017年	扁平化战略型总部	将传统业务回归一线，总部专注新业务发展以及企业转型和发展，逐步向投资型总部转变	层级减少，事业部增多，进一步放权，业务层面落地

在几次规模增长遭遇管理瓶颈的节点，万科适时进行了组织变革，以确保管理体系与规模增长的协调。2008年万科构建总部、区域、一线的三级架构体系，总部对区域本部和子公司的授权和职责划分坚持不相容只能相分离原则：总部专业部门统一制定制度，对一线公司进行专业指导，并通过内部审计、专业检查、监事巡查等手段，检查、监督公司各层级职责的有效履行。2015年为了应对移动互联网时代的“十倍速变化”进行了十分彻底的扁平化调整，将总部原有的战略投资部门转型为事业发展部，并加快筹备各项新业务的事业部；同时，为了充分发挥一线的自主创新能力，

提高组织快速应变能力，设立了区域首席执行官联席会，赋予区域更大的运营管理决策权。此后，万科更加明晰集团总部与业务单位的职责与关系，确立总部的职能属性，将各业务领域分控到各业务单元，并进一步区分商业、物流、物业、海外等业务领域。

5. 资本运作：抢抓机遇、长袖善舞，储备充裕的发展资金

在房地产这样一个资金密集型行业中，资本运作水平一直是影响房地产企业成功经营的重要因素。尤其是随着房地产行业调控政策的力度不断加大，通过不同方式和渠道筹集资金，是企业维持稳健运营、保持竞争力的关键。万科凭借其在品牌和管理上多年积累下来的良好口碑，在公众和资本市场上深受认可，因此万科能够积极探索灵活的多渠道融资方式，为推进企业销售规模的腾飞积蓄了强大的后备力量。同时，2018 年万科聘任祝九胜为公司的 CEO，负责万科整个资金运营中心，其掌管的万科资金部门也将为企业在未来融资、降负债、降杠杆等方面发挥重要的作用。

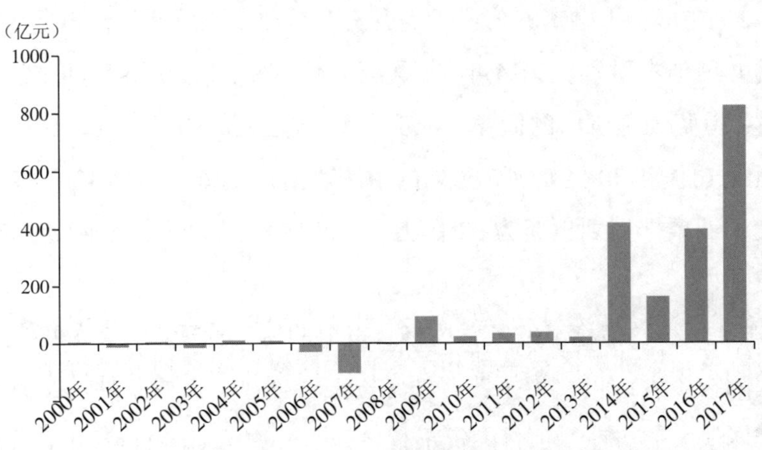

图 3-18　万科 2000 ～ 2017 年经营活动产生的现金流量净额

资料来源：企业公告和年报、中指研究院整理。

在良好销售业绩的带动下，万科经营性现金流一直保持较为充裕。经营活动产生的现金流量净额从 2000 年的 0.86 亿元一路飙升至 2017 年 823.23

亿元。一方面是因为实现规模扩张的同时高了对销售回款速度的管理：万科自 2014 年起以销售回款作为考核标准，郁亮就曾表示“没有回款的销售都是耍流氓”，自 2014 以来的销售回款率均超过 90%，经营活动产生的现金流量净额也在 2014 年实现三位数的突破。

另一方面，为保证现金流的稳定，万科积极拓展融资渠道，通过股权融资、债券融资等方式获取大量的资金：

（1）在万科的发展过程中，股权融资是其最重要的资金渠道。1988 年 12 月，万科首次公开发行股票，募集社会股金 2800 万元，资产及经营规模迅速扩大，为企业快速发展打下了坚实基础；1991 年 1 月 29 日，万科股票正式在深交所上市，由此打开了资本市场的大门；1993 年发行 4500 万股 B 股，募集资金 4.5 亿港元；2006 年发行 4 亿股 A 股，募集资金 42 亿元，创下当时 A 股市场的最高融资记录；2007 年增发 A 股，募集资金 100 亿；2014 年万科 H 股挂牌上市，使得企业能够全面、直接对接国际资本市场。

（2）在房企再融资、公司债等融资工具和渠道放开的窗口期，万科紧抓机遇开展债券融资。2014 年，万科发行了 4 亿美元的 5 年期定息债券、不超过 150 亿元范围内的债务融资工具及 18 亿元的中期票据；2015 年发行 50 亿元公司债和 30 亿元的 5 年期的中期票据；2016 年将 2013 年设立的 20 亿美元中期票据计划更新为 32 亿美元；2017 年成功发行 40 亿元 5 年期的公司债。

（3）万科凭借稳健的经营风格、审慎的财务管理以及良好的信用积累获得国际投资者认可，为拓展海外融资渠道创造了良好条件。2004 年，万科与全球最大的房地产项目融资银行之一——德国 HI 银行签订合作协议，HI 银行出资 3500 万美元，双方共同在中山完成地产项目；2007 年，通用电气商业金融房地产公司把 2000 万美元投向“中信资本·万科中国房地产开发基金”；2013 年万科完成首次境外美元债券发行，此次美元债为 8 亿美元的 5 年期债券，年票息率仅 2.625%。

（4）万科也积极把握融资支持政策，积极盘活存量资产，创新融资渠道。2015 年以前海企业公馆为标的资产设立“鹏华前海万科 REITs”，成为国内首只公募 REITs；2016 年成功发行以供应链为基础的国内首单地产供应链金融 ABS，总金额近 60 亿元；2017 年以深国投广场为标的发起并设立信托收益权资产支持专项计划，实现商业物业资产证券化；成立两只商业基金规模分别为 68.9 亿元、60 亿元，并成立物流基金，规模为 60 亿元。

在波云诡谲的房地产大浪潮中，万科始终占据行业第一梯队并非偶然，而源于其以稳健发展的战略选择，始终保持行业领导者的姿态，在行动上不断创新、不断突破，顺势而为，调整发展战略、创新产品和服务、调整管理模式等，强调“均好”，追求可持续的有质量增长。未来在政策多变的背景下，万科凭借自身经营优势和强大的应变能力必能在波澜起伏中扬帆领航。

保利发展："一主两翼"助多元，业绩辉煌加速度

随着房地产进入高质量发展的新时代，品牌房企把握政策导向并抓住潜力市场机遇，发挥自身优势并整合多方资源，提升专业服务能力，创造品牌影响力。保利发展以稳健的经营业绩和骄人的创新能力，跻身"2018 中国房地产百强企业"前列，并获得"综合实力 TOP10""规模性 TOP10""盈利性 TOP10""融资能力 TOP10""稳健性 TOP10""2017 ~ 2018 中国房地产年度社会责任感企业"等多项殊荣。

一、企业战绩：经营业绩快速增长，盈利能力稳步提升

保利发展控股集团股份有限公司成立于 1992 年，是中国保利集团控股的大型国有房地产上市公司，拥有国家一级房地产开发资质，2002 年成功完成股份制改造，2006 年在上海证券交易所上市。经过 25 年的专业发展，保利发展成长为以房地产开发经营为主、以房地产金融和社区消费服务为翼的"一主两翼"的综合性地产开发企业。

保利发展以合理的战略布局，优质的产品竞争力，2017 年销售规模跨越 3000 亿大关，获得良好的业绩好评。全年实现签约金额 3092 亿元，销售面积 2242 万平方米，同比分别增长 47%、40%。从销售规模实现跨越的时间和速度来看，保利发展 2012 年首次突破千亿大关，销售金额达 1017 亿元；经过四年坚持不懈的努力，2016 年成功冲刺 2000 亿元，销售金额达 2101 亿元；2017 年保利发展不断挖掘市场轮动、板块周期机会，强化差异化投资策略，仅 1 年时间顺利跨越 3000 亿门槛，位居央企销售业绩排行榜第一名。

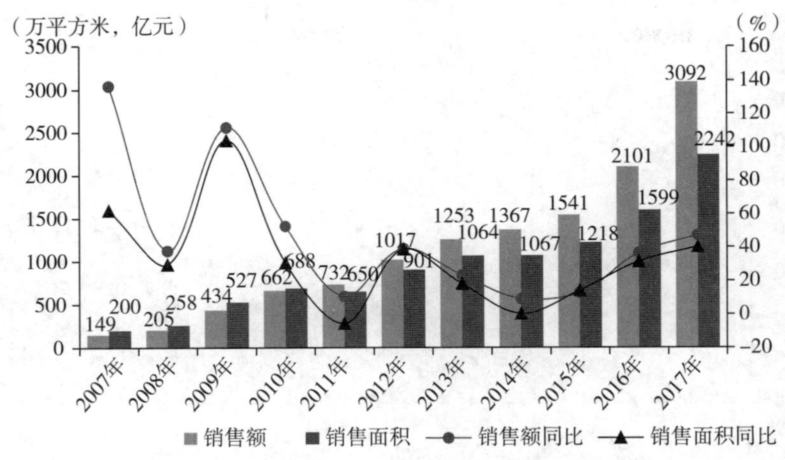

图 3-19　保利 2007 ~ 2017 年销售业绩变化情况

资料来源：企业公告和年报、中指研究院整理。

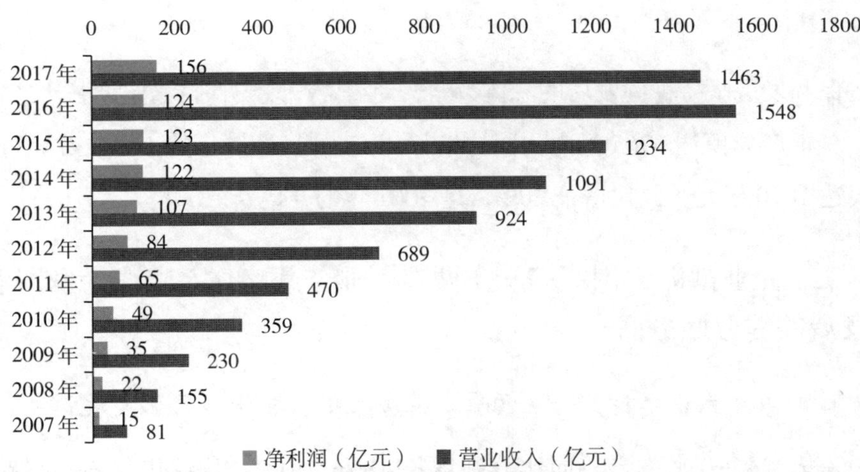

图 3-20　保利 2007 ~ 2017 年营业收入、净利润及其变化

资料来源：企业公告和年报、中指研究院整理。

保利发展在经营业绩不断增长的同时，营业收入和净利润规模持续上涨，盈利能力稳步提升。2007 年，保利发展营业收入为 81 亿元，净利润为 15 亿元，到 2017 年，企业营业收入达 1463 亿元，净利润达 156 亿元，分别增长了近 18 倍和 10 倍，盈利规模持续上升。

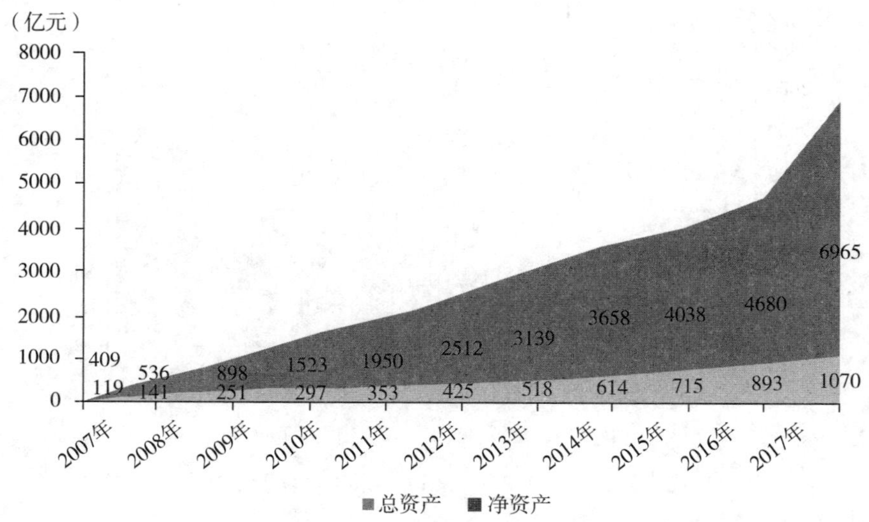

图 3-21　保利 2007 ~ 2017 年总资产、净资产增长情况

资料来源：企业公告和年报、中指研究院整理。

保利发展坚持稳健发展的总体策略，使得资产规模保持稳定增长。2017 年，总资产规模达 6965 亿元，同比增长 49%，是 2007 年的 17 倍；净资产规模达 1070 亿元，同比增长 20%，是 2007 年的 9 倍。

二、企业战略：围绕“一主两翼”业务战略体系，成为全国多元发展的综合服务商

1. 业务体系：坚持“一主两翼”业务策略，推进多元化发展模式

“十三五”期间，保利发展结合行业发展阶段和市场特点，提出了以房地产开发经营为主、以房地产金融和社区消费服务为翼的“一主两翼”战略布局，通过三者协同作用，逐步构建“多元”的利润增长模式。面对房地产行业格局发生的新变化，针对行业新特点，2017 年，保利发展对“一主两翼”业务战略进行了优化升级，保持战略与时俱进，并在房地产金融、养老地产、长租公寓等领域取得新的突破。

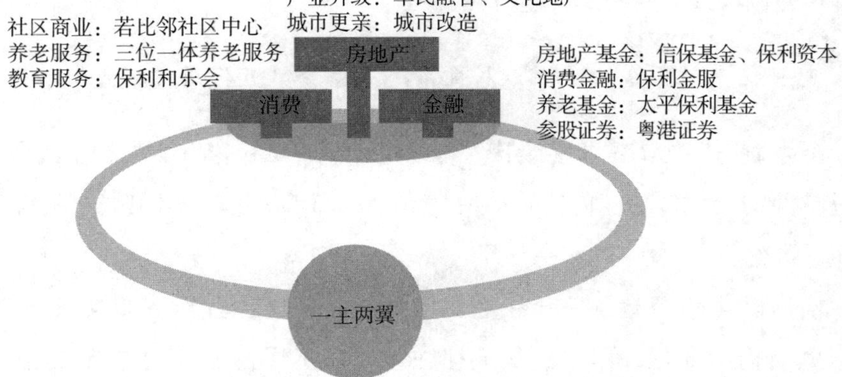

图 3-22　保利发展业务战略体系

房地产开发方面，保利发展坚持以商品住宅开发为主，适度发展持有经营性物业。在住宅开发方面，坚持普通住宅的产品策略，以满足刚需和改善人群居住需求。2017 年，保利发展成交产品中的住宅类产品销售金额占比为 85.5%，其中 144 平方米以下的普通住宅类产品占比达 92.4%。企业形成了康居、善居、逸居、尊居四大产品系列，商业物业囊括写字楼、高端休闲地产、星级酒店、商贸会展、购物中心、城市综合体等，具备多品类物业综合开发实力。

社区消费服务方面，保利发展已全面布局物业管理、代理、社区商业运营、养老、长租公寓等相关产业，充分挖掘业户资源的消费能力和消费需求，致力于打造涵盖物业管理、增值服务、社区商业、长租公寓在内的综合服务商。2017 年，保利发展旗下保利物业顺利登陆新三板，迈出资本运作的第一步，同时，企业围绕社区庞大的客户资源，不断丰富社区消费服务内涵，在社区养老、和乐教育等方面均实现了“由零到一”的突破。

房地产金融方面，保利发展目前形成了信保基金、保利资本、养老基金并驾齐驱的发展模式，通过地产与基金相结合，实现对更多外部资源的撬动，助力企业主业规模扩张及业绩增长。截至 2017 年末，企业累计基金管理规模达到 785 亿元，其中，信保基金累计管理规模 637 亿元，保利资本累计管理规模 148 亿元。此外，保利发展拥有消费金融业务，把握市场机遇参与粤港证券等战略投资。

2. 产品定位：全生命周期居住系统，诠释第五代居住模式

全生命周期住宅本质在于让一栋住宅承载每一位家庭成员的生活所需，通过空间的变化、功能的转化，使住宅可以随着家庭在不同阶段的需求变更而“进化”。

根据以往的经验，一套住宅往往只能满足居住者当下的需求，而随着家庭结构的变化，以往的住宅往往难以满足居住需求的更新。而全生命周期住宅具备更好的适用性和成长性，伴随人口结构变化，契合每一个人生阶段的具体需要，使之拥有更好的居住体验和居住价值。我国家庭结构居住人口变化与老龄化社会不断加剧，全生命周期住房越来越成为趋势。

纵观中国居住时代的变迁，主要历经了四种模式的演变，从最初的生理需求住房逐步过渡到对安全、对服务的需求住房阶段，家居科技的出现推动人们进入智能化的居住模式。但随着家庭人口结构的变化，全生命周期居住系统应运而生，以人的生命周期为主线，满足人们在不同生命阶段的生活需求。

全生命周期居住系统源于美国普尔特公司的客户细分模式，通过客户的生命阶段和收入水平两种因素将客户细分为 11 类，基本上将一个人“从摇篮到坟墓”的生命过程中的家庭状态做了充分提炼。在此基础之上，进行所有 11 类项目的住宅产品开发，满足各类型购房需求。

通过客户细分锁定客户终身，覆盖客户全生命周期，同时又强调各类客户的特性，促使住宅向专业化发展；同时，针对不同客户的差异性需求设计更能迎合市场需求，能提供更具有人性化特征的产品和服务。建立以客户为导向的开发体系，围绕市场需求开展各项工作，对于客户影响大、有价值的环节重点设计；最后通过客户细分做好标准化模块化生产的基础，

根据客户细分的结果来为每一类客户定制产品，做到市场需求和标准化生产的统一。

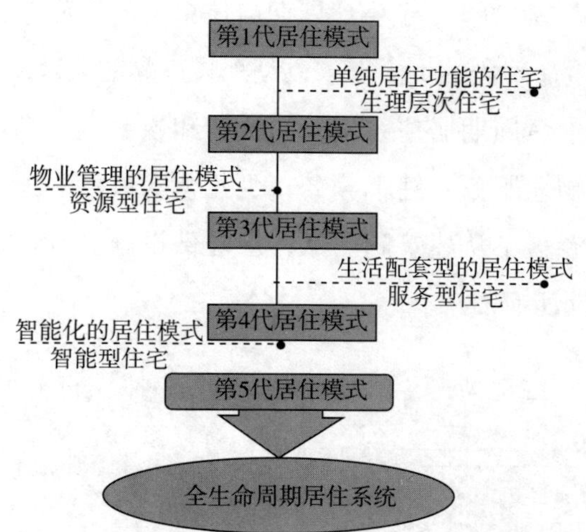

图 3-23　全生命周期居住系统模式发展历程

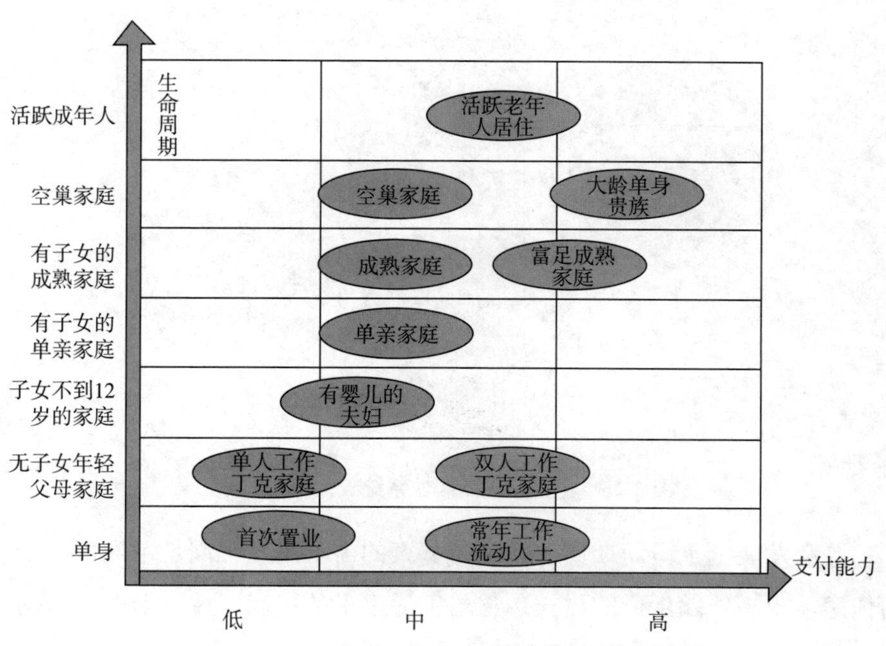

图 3-24　普尔特全生命周期居住客群分类

保利发展以一个“东西融合”理念所创造的“汉字”，拉开2016年地产界的年度大戏。4月6日发布“全生命周期居住系统”，这是继5P战略之后，地产界的又一创新。“全生命周期居住系统”以人的生命周期为主线，满足人们在不同生命阶段的生活需求，是深耕产品的典范。

保利发展全生命周期居住系统，是由“和悦系全生命周期住宅、社区商业服务、社区物业服务、健康养老、少儿艺术教育”五大部分组成的居住生态系统，它涵盖了从建筑到居家，从硬件设施到社区服务，从少儿到老年的全生命周期所有需求。

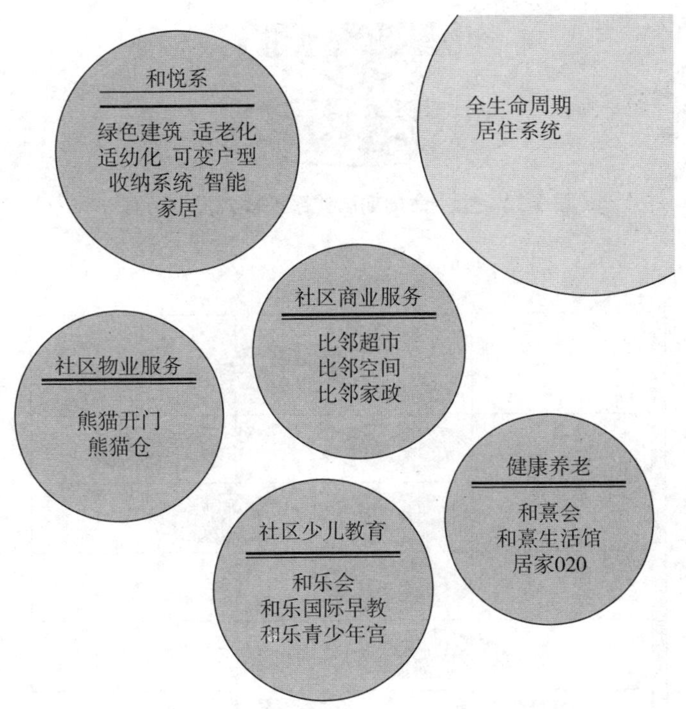

图3-25 全生命周期居住系统五大组成部分

保利发展全生命周期居住系统，从人的需求出发，满足不同生命阶段的住房需求。伴随生命的成长，物质生活水平的提高，住房消费需求的不断升级，全生命周期居住系统应需求变更而进化。

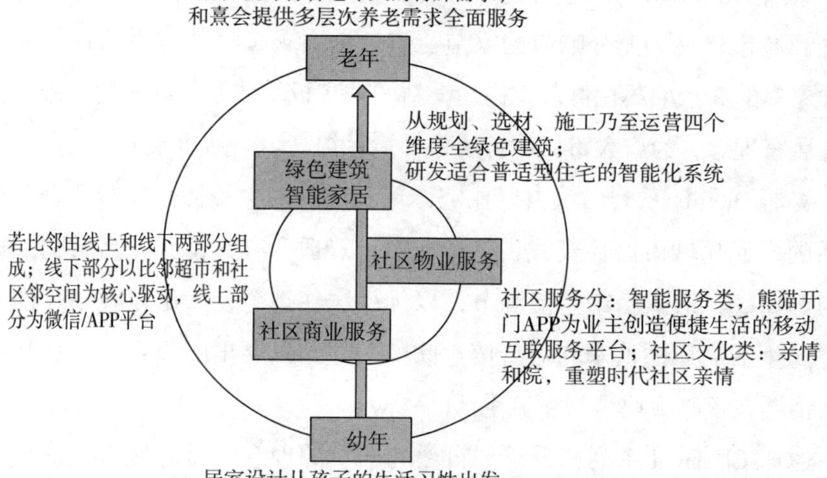

图 3-26 全生命周期居住系统满足全部生活所需

3. 产品体系：形成四大特色产品线，推动生活家系列居住产品升级

保利发展坚持以商品住宅开发为主，适度发展持有经营性物业。在住宅开发方面，保利发展逐渐形成了康居 Health、善居 Quality、逸居 Classical、尊居 Glory 四大产品系列，涵盖花园系、心语系、香槟系、公馆系、林语系、康桥系、十二橡树系等多元化优质住宅物业的先进创新格局，覆盖中高端住宅、公寓、别墅多种物业形态。商业物业囊括商业写字楼、高端休闲地产、星级酒店、商贸会展、购物中心、城市综合体等，具备多品类物业综合开发的实力。

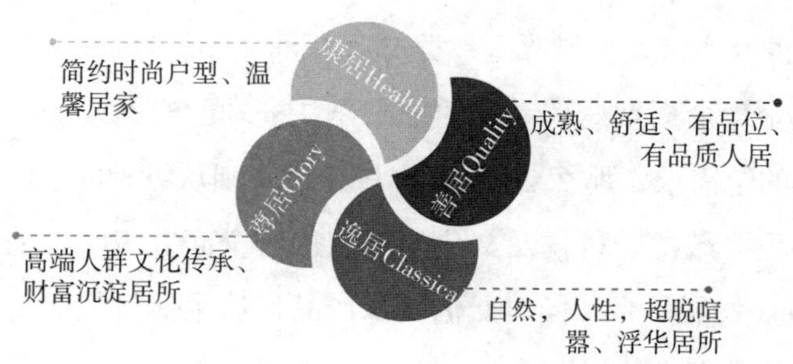

图 3-27 保利发展四大产品系列

康居 Health 系列：以实现“居者有其屋”为宗旨，打破城市固有居住观念和城市格局，充分响应国家节能省地的要求，将城市边缘转化为主流人群聚集的高水准居住群落，构建全新的城市板块体系，以简约时尚户型、温馨居家理念，为广大市民改善居住环境，提高生活品质服务。

善居 Quality 系列：致力以住宅体现和谐的人文关怀，打造适合都市人生活的多元化城市居住模式，营造成熟、舒适、有品位、有品质的人居氛围与归属感，锻造精细生活细节，以优越居住理念，满足自我享受的新富家庭对生活品质的追求和对价值空间的关注，以突出的项目个性和特有的生活情调在核心板块引领主流生活。

逸居 Classical 系列：秉承“自然和美”的理念，反思城市人居模式，以卓越的原件与深度的人文关怀，为智富阶层诠释另一种极致享受的生活体验，尊重自然与人性，打造超脱喧嚣与浮华的居所，建筑超凡脱俗的人居氛围。

尊居 Glory 系列：契合高端人群文化传承和财富沉淀的诉求，解读稀缺景观与城市资源的真正关系，以智慧、意志和知识，在物质与精神之间找寻最富诗意的建筑语言，让思想与心灵交融，品质与品位结合，依附天赋资源，划定与众不同的圈层生活，打造满足顶层人事心灵追求的居住空间。

2017 年，Poly Plus 升级工程正式启动。此次保利发展以全生命周期居住系统为基石，推出生活家系列居住产品，打造九大梦想品质空间、八大设备品质系统和七大文化品质社区。在“一主两翼”的房地产主营业务上，坚持房地产开发为主，社区消费与社区金融为两翼的企业战略，从广阔的视野与细微的匠心出发，雕琢出一类与众不同的产品系。

如果说全生命周期居住系统的推出是从横轴的时间线上，考虑用户从幼年到老年的全需求，那么 2017 年的 Poly Plus 则从纵轴的空间线上，从用户定位、品质、服务、科技及文化的维度进行全面升级。未来，保利计划搭建 Poly Plus 发展平台，同时，倡导以产品创造生活价值的新伙伴与保利一起实现各种形式的资源共享。

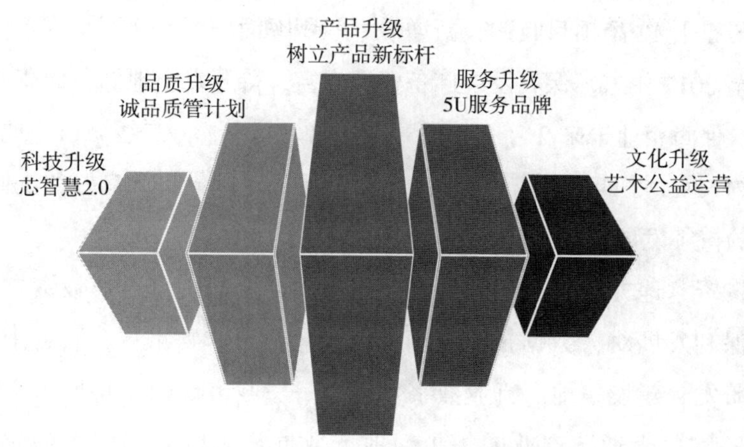

图 3-28 保利发展产品升级特点

4. 战略布局：以一二线城市为核心，向城市群、城市带纵深发展

保利发展始终坚持全国化战略布局，以一二线城市为核心，向城市群、城市带纵深发展。2017 年，保利新进入城市 24 个，全国布局城市增加至 92 个，业绩核心贡献来源仍聚焦一二线城市，占比为 82%，三四线城市销售占比为 18%。同时，继续落实城市群深耕战略，重点区域和重点城市依然表现突出，珠三角、长三角、京津冀三大城市群销售占比近 70%，粤港澳大湾区销售近千亿，从单城表现上看，广州、佛山、武汉、成都、南京、上海、重庆、杭州、合肥等 9 个城市单城销售破百亿元。

在新增土地储备方面，保利实现项目拓展共计 204 个，新增容积率面积 4520 万平方米，总成本 2765 亿元，同比分别增长 88% 和 128%，平均楼面地价 6118 元 / 平方米。保利发展始终聚焦一二线资源补充，一二线城市的拓展面积和金额分别占比 63%、82%；同时，继续落实城市群深耕策略，加大核心城市周边三四线城市的深耕、渗透。除在招拍挂公开市场拿地外，保利发展积极通过合作开发、并购整合等多元化方式灵活补充土地资源。2017 年，保利发展通过并购等合作方式累计获取项目 81 个，新增容积率面积 2190 万平方米，达到总土地拓展面积的 48%，如完成中国航空工业集团有限公司旗下 11 个项目收购，新增规划容积率面积近 538 万平方米。

截至 2017 年末，保利发展储备资源丰富，待开发土地储备面积 9090 万平方米，保障企业未来 2 ~ 3 年的开发需求。其中，一二线城市土地储备面积占比约 63%，三四线城市占比约 37%。充足的土地储备和良好的土储结构，为企业的持续发展奠定坚实基础。

在投资拿地方面，为实现精准战略布局，全面提升企业投资拿地决策水平，保利发展对大数据技术应用和信息化建设非常重视，联合中指研究院合作研发、建设房地产行业数字化平台——城市地图，将城市资源（如学校、医院、交通、产业园等）、地产数据、人口数据、经济数据、规划数据等房地产相关数据资源集中到城市地图平台上，并进行可视化呈现数据结果，利用大数据帮助企业实现科学高效的投资拿地决策，同时将过往企业收集整理的数据资料集合、沉淀下来，积累企业自身特色的数据资源。

5. 品牌建设：奉行“和者筑善”品牌理念，打造自然、建筑、人文交融的和谐人居

保利发展奉行“和者筑善”的品牌理念，将“和谐”提升至企业品牌战略高度，致力于创造自然、建筑、人文交融的和谐人居生活。“和”是其一贯的态度和不懈追求，“善”是其前行的理想，是惠泽社会的标尺。保利发展，以和为道，以善为达，将“和谐”理念始终贯彻于企业的规划设计、开发建设和客户服务全过程，研创节能环保、自然舒适的产品，提升产品品质，通过亲情和院式服务营造良好的社区氛围，赢得了消费者的广泛喜爱，公司品牌价值持续提高。

保利发展尊重大自然的赋予，融合现代人居需求，秉承“自然和美”的理念研发产品，筑造住宅与商业建筑，让人与自然、建筑与自然、人与建筑和谐共生。同时，在物业服务品牌中融入“亲情和院”，以细致入微的服务，倡导亲情回归，呼唤邻里和睦一家，让社区充满浓浓的人文关怀。

此外，保利发展珍视与各方的品牌关系，以“和你成长”为品牌化建设合作伙伴、员工关系的态度与目标。秉承“成长比成功更重要”理念，期待与员工、合作伙伴共同成长。

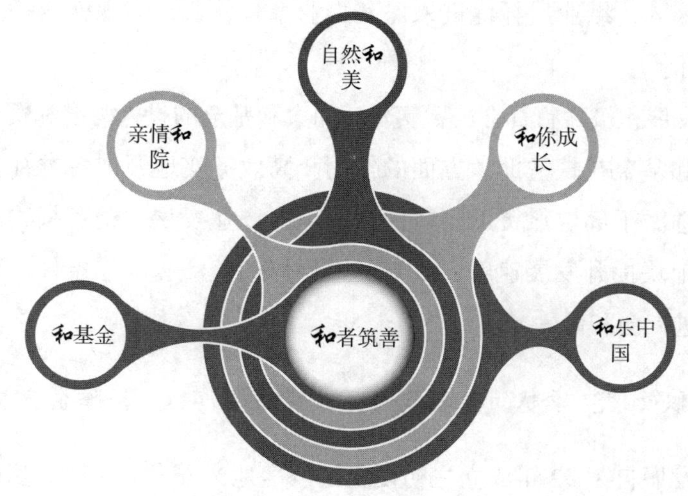

图 3-29 保利发展品牌理念

6. 社会责任：践行社会责任，承担央企使命，投身精准扶贫

保利发展一直致力于从人文、艺术、历史的角度，倡导和谐理念，关怀公众精神生活，传承保利文化血统，整合集团文化资源，以艺术魅力提升文化内涵。从“圆明园国宝展”到每年举办的“和乐中国”系列活动，保利植根文化地产，收到了较好的社会效益和示范效应。

作为央企，保利发展以身作则，积极选派优秀干部深入一线参与扶贫工作，为贫困地区输入有抱负、有能力的优秀人才，同时教育扶贫、文化扶贫两手抓，全力支持精准扶贫事业发展。此外，保利发展积极响应中央、广东省政府关于精准扶贫的号召，连续两年参与广东省慈善总会主办的“广东扶贫济困日活动”，合计捐资 1000 万元用于广东省慈善总会扶贫济困项目，将投向广东省兴宁市双头村定点扶贫项目、保利发展梦想艺术课堂项目、广东慈善总会“美丽乡村”等项目。

7月26日，中国保利集团与山西省五台县签订“保利星火”教育就业扶贫战略合作框架协议，依托保利发展下属物业公司，定向招收五台县贫困毕业生，进行职业教育培训，培养物业服务、安保安防、水电维修、护理看护等人才，结业后择优进入保利物业系统就业，实现就业一人、脱贫一户的目标。

保利发展积极践行社会公益责任，加大和基金的投入力度和覆盖范围，充分发挥和基金在扶贫助学方面的作用。高效务实地开展各类社会公益活动，通过选派干部定点援助、帮助贫困地区产业发展、捐资捐物等形式，帮助贫困地块提升发展速度，改善贫困群体的生活和工作条件，减少贫富差距，促进社会和谐。

7. 组织管理：卓越的管理能力，专业的执行力，保障企业高效发展

保利发展自1992年成立之初便坚定以房地产开发为主业，房地产主业占比始终保持在95%以上。清晰的战略方向使得企业充分把握城镇化快速扩张带来的行业发展机遇，经营规模节节攀升。2017年，保利发展以3092亿元的签约销售规模稳居行业前五。同时，随着房地产行业进入不同发展阶段，以及政策调控的不断影响，行业发展环境也愈加复杂多变。面对行业的复杂性和多样性，在既定战略的基础上，不断微调战略方向，灵活修正经营策略，确保企业持续健康发展。

保利发展以出色的行业地位和优秀的企业文化汇聚了大批房地产专业人才。核心管理团队人员稳定，项目运作经验丰富，确保企业战略的有效实施。同时，保利发展运营团队专业技能突出、学习能力强、人员结构合理，为企业的长远健康发展奠定了坚实基础。此外，保利发展不断完善激励方式，通过股权激励和员工跟投等方式将企业与员工利益高度统一，形成强大的企业凝聚力。保利发展将独特的军旅文化融入现代企业管理，建立了权责明确、科学灵活的决策体系，并通过内部审计、绩效考核、组织监督等机制，打造出雷厉风行、执行高效的团队，保障企业战略高效落地。

8. 企业收并购：积极参与央企整合重组，全面提升综合竞争力

保利集团作为军工背景的大型央企，旗下拥有多个上市平台，其中保利发展规模最大，保利置业紧随其后。为了充分解决潜在同业竞争，同时推动以保利发展为核心的房地产业务进行整合重组，于 2017 年完成保利置业的收购事宜，这将有利于保利发展进一步扩大业务区域，提升经营规模和市场占有率。此外，保利发展于 2016 年收购中国航空工业集团地产业务，积极参与央企整合重组浪潮，从而规避国有资产流失的风险。2018 年，合富辉煌与保利发展的房地产代理业务重组合并，保利发展将拥有合富中国的 43.9% 股权。该公司与保利发展通过合作分工，共同导入优质资源，合力提高合富中国核心竞争力，将合富中国打造成为中国房地产代理服务行业的领军企业。

“十三五”期间，保利发展始终坚持“和者筑善”的品牌理念，围绕以房地产开发经营为主、以房地产金融和社区消费服务为翼的“一主两翼”的战略布局，打造“全生命周期居住系统”业务体系，形成以一二线城市为核心，向城市群、城市带纵深发展的全国格局，发挥央企传统资源获取优势，继续强化兼并收购的资源获取方式，构建全面的多渠道融资保障。在土地、资金、重组等利好因素的加持下，保利发展的发展节奏已经“变守为攻”，未来将迎接高速发展的到来，助力企业再次重回行业前三。

新城控股：二十五载砥砺前行 让幸福变得简单

回顾新城控股25年的驼行之路，是一段高速度、高质量发展的绚丽征途。从楼市的“黄金时代”到“白银时代”，新城的脚步从未停歇，每一步都掷地有声。新城控股紧抓时代、行业的每一次机遇，“顺势而为”地开辟出一条以“住宅＋商业”双轮驱动的特色发展道路，并不断拓展多元化业务板块，在“骆驼精神”的引领下，最终实现了规模和效益的双提升。砥砺前行25载，新城控股连续9年荣获“中国房地产百强企业20强”。

一、战绩：经营业绩跨越式增长，规模和效益双提升

新城控股集团股份有限公司（股票代码：601155.SH，简称“新城控股”）成立于1993年，历经二十五年的发展，新城始终能把握住市场主流需求、紧抓城镇化机遇，同时不断创新转型，在强者林立的中国房地产市场里，实现速度与质量并举，迎来了一次又一次的跨越和突破。

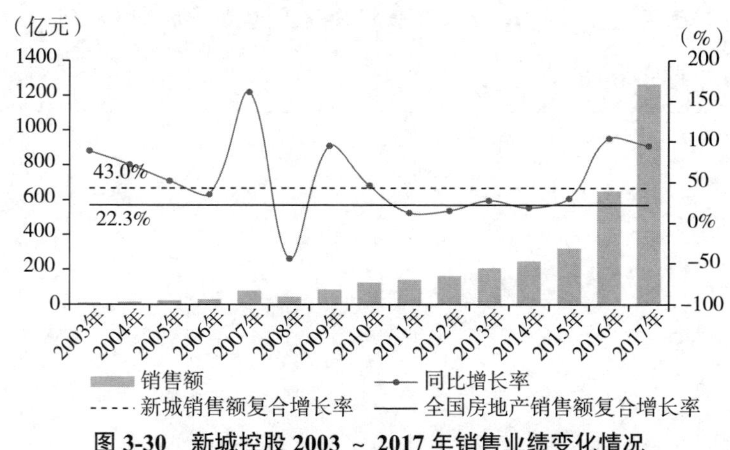

图3-30 新城控股2003～2017年销售业绩变化情况

资料来源：企业公告和年报、中指研究院整理。

新城控股自2003年开始实施市场及规模扩张策略，至2017年规模跨越千亿销售大关，始终以良好的增长态势跑赢大市。2003 ~ 2017年间销售额复合增长率为43%，高于行业20.7个百分点，市场占有率也从2003年的0.1%提升至2018年的0.9%。

回望过去15载，新城控股的销售规模突飞猛进。除了2008年的金融危机影响销售下滑外，从2003 ~ 2009年一直在稳定增长。2010年新城控股销售额首次突破百亿，随后仅用5年时间在2015年完成300亿的规模突破；在2015 ~ 2017年的两年时间内，加速奔跑，迎来了高速增长阶段，仅用2年时间便在2017年突破千亿大关，年均复合增长率高达99.02%，正式跃入全国销售榜前十三。

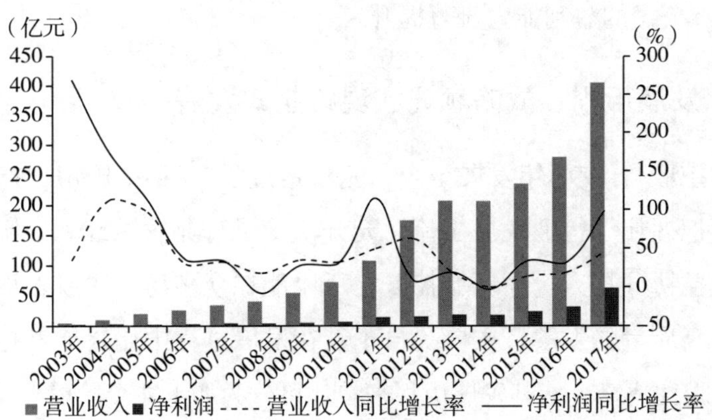

图3-31 新城控股2003 ~ 2017年营业收入、净利润及其变化

资料来源：企业公告和年报、中指研究院整理。

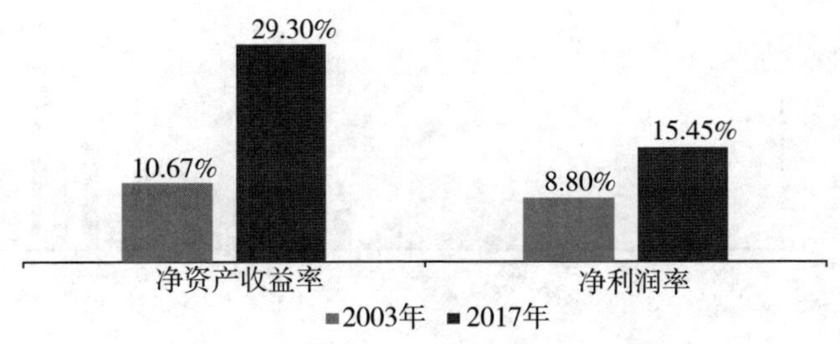

图3-32 新城控股2003 ~ 2017年主要盈利指标情况

资料来源：企业公告和年报、中指研究院整理。

新城控股在规模扩张迎来突破的同时，营业收入和净利润规模持续上涨，盈利能力稳步上升。2003 年，新城控股营业收入为 4.8 亿元，净利润为 0.42 亿元；到 2017 年，企业营业收入达 405.26 亿元，净利润 62.6 亿元，分别增长逾 83 倍和 148 倍，盈利规模大幅提升。

2008 年，由于受国际金融危机影响，以及受国内“抑制过热”政策叠加、住房保障制度推进、经济进入调整期等因素影响，新城控股销售额和净利润双双下滑。自此之后，比较准确地把握了行业发展节奏，顺势而为，保持了快速周转和稳健增长。

新城控股的净资产收益率从 2003 年的 10.67% 增长 18.6 个百分点至 2017 年的 29.3%，净利润率从 2000 年的 8.8% 增长 6.7 个百分点至 2017 年的 15.5%。公司的盈利能力显著提升。

二、发展历程：战略领先实现跨越式发展

新城控股自 1993 年发展至今，完整走过了 25 年中国房地产市场的激荡历程，把握住了行业发展主流，充分享受了行业发展红利，实现了企业规模与效益协同提升。而新城控股之所以能在众多房企中脱颖而出、实现高速度、高质量的发展，主要源自于其在发展过程中始终能够把握市场主流制定前瞻性战略。从其发展历程来看，可分为如下 4 个阶段。

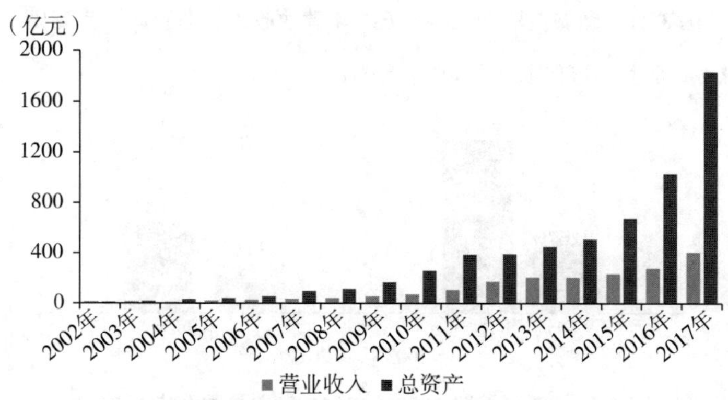

图 3-33　新城控股总资产、主营业务收入增长情况

资料来源：企业公告和年报、中指研究院整理。

1. 1993～2001年，起步阶段：树立品牌形象

1993 年新城房产成立，公司由城郊接合部的经济适用房起步。此阶段完成了资本和经验积累，并培养了一支专业的房地产开发和经营队伍。1997 年起，新城抱着“不追求过高利润，只求精品项目，把品牌打响”的思路，做出了万博花苑等精品楼盘，在常州市场树立了较高的品牌知名度和美誉度。2001 年通过不懈的奋斗，新城地产成功在 B 股上市（900950），成为江苏省最早上市的房地产公司之一。

2. 2002～2008年，成长阶段：区域拓展初见成效

2002 年起，新城地产积极拓展新的市场空间，进入南京、上海等市场。异地城市扩张开始让新城思考规范化的品牌建设，公司品牌管理全面启动。2007 年起提出了布局长三角，深入专业化布局战略，相继进入苏州、无锡、常州等城市。建立了初步的品牌策略体系，并提出了具体的品牌愿景。

3. 2009～2014年，稳定发展阶段：区域聚焦，多元布局

2009 年，集团战略中心转移至上海，“布局长三角、深入专业化，以上海为中心”的企业战略全面实施。之后又逐渐向泛长三角区域进行裂变，同时开始寻求产品的多元化。2011 年，新城控股确立了以住宅开发为主，商业综合体开发为辅的多元化战略模式。2012 年正式开启了吾悦广场的扩张之路。

4. 2015年至今，高速增长阶段：顺势而为，实现跨越式发展

2015 年，新城控股在上交所 A 股上市 (601155.SH)，成为首家成功实现 B 转 A 的民营房企。受益于去库存政策，以及全国化布局进程加速、商业 + 住宅的双轮驱动，新城控股搭上了高速列车，实现了规模、效益的快速增长。

三、经营策略：商住互动、地域扩张，合纵连横、实现多元化发展

1. 商住互动，凸显竞争优势

2011 年，新城控股确立了以住宅开发为主，商业综合体开发为辅的多元化战略模式。2012 年 2 月，新城控股推出其统一的商业地产品牌“吾悦”，以新城吾悦广场取代原新城万博广场。从第一个购物中心常州吾悦广场开业以来，公司发展迅速。截至 2017 年年底，在建和在运营的吾悦广场已达到 68 个。在“有情怀、不复制、具规模”的指引下，2017 年 12 座吾悦广场实现精彩满铺开业。不同于大多数房企，新城控股是地产行业内少有的将商业与住宅置于同等战略地位的房企。住宅开发事业部与商业开发事业部所占比例约为 7：3，即运用住宅人口哺育商业、商业带动社区活力的模式带动片区发展，商业与住宅两者互相协同、取长补短，实现销售物业和自持物业价值双收的效果。

新城控股在商业开发过程中，积累了在当地的品牌影响力，并熟悉了当地的房地产市场，在随后的土地拓展中，商住协同的优势得到发挥，接连拓展居住地块，打造高品质住宅项目水到渠成。商业的贡献不只在于商业综合体中的住宅、小商铺等可售物业，更在于商业与住宅、可售物业与自持大商业之间的紧密互动。新城控股均衡的商、住能力不仅体现在商住之间的协同发展，更体现在前期拿地时，商业综合体可售物业能够覆盖持有物业的现金流。

2. “1+3”战略布局，加速全国化进程

从 2015 年开始，新城控股全国化布局进程突然提升，长三角的区域份额从上年的 97%，下降到 84%。截止到 2017 年年底，长三角份额继续下降到 78.7%。如此更能有效防范调控风险，降低市场调控影响。深耕核心城市加速拓展辐射范围内的二三线城市，在区域内实现品牌联动，有利于企业

整体业绩的快速提升。

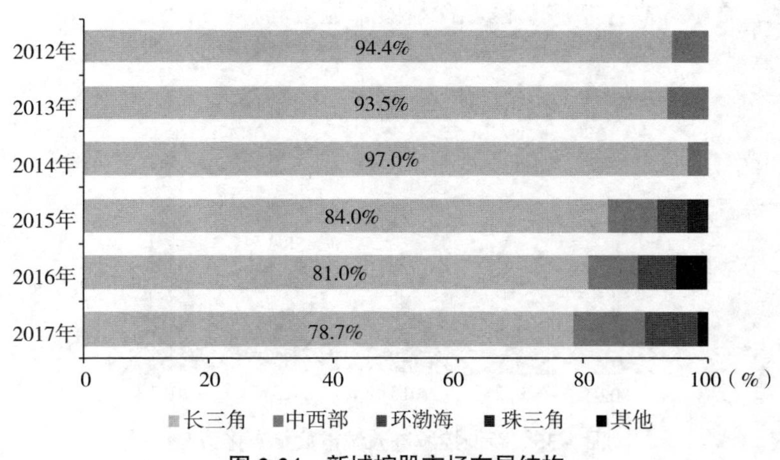

图 3-34　新城控股市场布局结构

资料来源：企业公告和年报、中指研究院整理。

新城控股销售业绩的不断突破与其始终坚持以长三角为核心，进行全国战略布局息息相关。早在 2002 年，新城控股就开始了区域拓展策略，先后进入南京、上海等长三角核心城市。2007 年起公司提出了布局长三角，深入专业化布局战略，相继进入苏州、无锡、常州等城市。2009 年，公司调整了发展战略："布局长三角、深入专业化，以上海为中心"，同年公司总部正式搬迁到上海，设 6 大职能中心，发展战略全面进入实施阶段。2012 年新城控股以"深耕泛长三角地区""多元化发展""通过标准化模式培育竞争力"为发展战略，先后进入了长沙和武汉，"泛长三角"发展战略正在得到有效的执行。2013 年，秉持"布局泛长三角区域、产品多元化"的战略方针，公司先后进入杭州，镇江，南通等三地。

截至 2017 年，新城控股已布局上海、重庆、天津、南京、杭州、成都、西安、武汉、长沙、海口、长春等 80 个国内大、中城市，进一步完善"以上海为中枢，长三角为核心，并向珠三角、环渤海和中西部地区进行全国扩张"的"1+3"战略布局，同时在坚守以长三角为核心的基础上，把握城市深耕布局机会，战略性进驻成都、重庆、西安、郑州等核心城市，实现新城市公司裂变。立足深耕发展策略，去年新城控股在长三角区域销售额近千亿，贡献率高达79%，区域深耕效果显著。

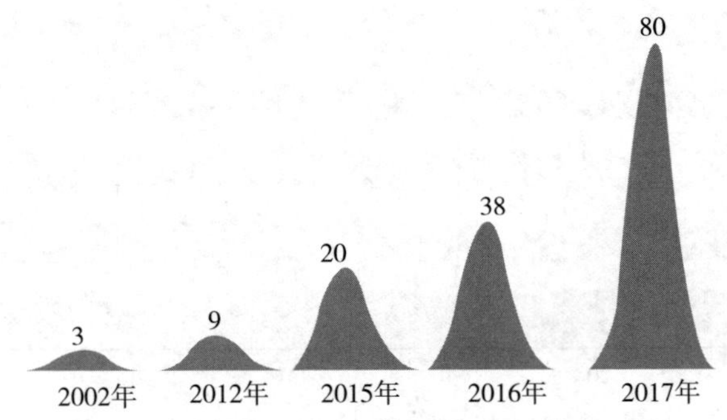

图 3-35 新城控股进入城市数量变化情况

资料来源：企业公告和年报、中指研究院整理。

3. 合纵连横，多元土地拓展渠道和分布结构

土地资源储备情况对企业未来几年的发展至关重要。2017年全年新城控股共计新增土地储备共122幅，总建筑面积3392.80万平方米。其中，住宅地产新增2446.02万平方米，商业地产新增946.77万平方米。拥有的土地资源基本满足未来两年的开发需求。

新城控股坚守“拥抱变化、主动调整”的策略，在招拍挂拿地的同时，大力拓展收并购及合作开发以获取更多优质项目，实现土地获取模式创新，发展更多优质合作伙伴，为后续规模化发展奠定了坚实基础。

随着全国化布局的加速，新城控股的销售规模迅速扩大，其2015～2017年的土储迅速攀升。鉴于核心城市土地资源日益稀缺，主要城市土地竞争激烈，地价成本上升，新城控股充分发挥自身的品牌、资金、运营优势，针对不同目标市场的发展定位和策略，整合内外部资源，综合利用多种方式丰富公司土地拓展渠道，积极拓展合作、股权收购等渠道发掘各类潜在的市场机会，从主要通过招拍挂方式拿地，逐渐变成通过多元化方式拿地。在严格控制风险的前提下，根据实际发展的需要择机补充优质

项目资源。最终使新城控股在降低拿地成本的同时，有效分散了企业的运营风险。

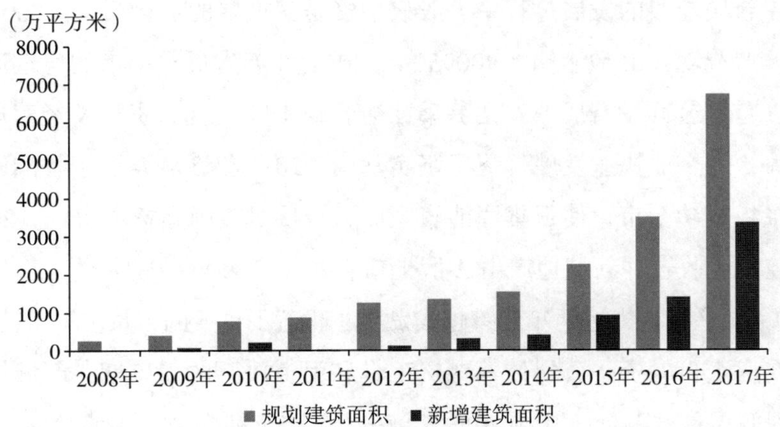

图 3-36　新城控股 2008 ~ 2017 年新增土地储备和总土地储

资料来源：企业公告和年报、中指研究院整理。

近年来一二线城市仍是新城控股土地储备的重点城市，但三四线土储占比逐年提高。2015 年，长三角区域在新城控股拿地金额中占比 93.71%，其中一二线城市占比 65%，三四线城市占比 35%。2016 年新增土地储备中，66% 位于一二线城市，34% 在三四线城市。2017 年新城控股顺应市场发展变化，企业土地储备比例在一二三四线城市分别为 10%、40%、40% 以及 10%，形成了“1441”的布局结构，合理地优化了土地储备城市分布结构。

4. 拓展融资渠道，储备充裕的发展资金

房地产是一个资金密集型行业，融资能力是影响房地产企业成功经营的重要因素。尤其在当下调控政策力度加大的情况下，随着房地产行业“融资集中度”提高，资金在房地产行业越来越重要，多元的、稳定的融资渠道是企业重要的竞争力。

新城控股凭借其在品牌和产品上多年积累下来的良好口碑，在公众和资本市场上深受认可，新城控股积极探索多元的融资方式，为推进企业销售规模的跨越式发展提供了重要的基础。

在新城控股的发展过程中，股权融资是其重要的资金渠道。2001 年，新城地产成功在 B 股上市（900950），成为江苏省最早上市的房地产公司之一。首次公开发行股票，便募集社会股金 4.11 亿元，资产及经营规模迅速扩大，为企业快速发展打下了坚实基础。2012 年新城发展于香港联合交易所主板成功上市，使得集团能够全面、直接对接国际资本市场。2015 年新城控股吸收合并新城地产由 A 股上市。2016 年新城控股通过 A 股定增又募集了 38 亿元，为近两年的跨越式发展，积蓄了重要的力量。

在房企再融资、公司债等融资工具和渠道放开的窗口期，新城控股紧抓机遇开展债券融资。其在 2013 年就发行了 5 年期债券，利率为 8.9%，募集 20 亿元。2015 年 11 月又发行了 5 年期和 3 年期债券，公开和非公开票面年利率分别为 4.50% 和 6%，共募集 60 亿元。2016 年新城控股成功发行 80 亿私募公司债，加权平均成本仅为 4.74%。2017 年公司完成三期中期票据发行，合计募集资金 45 亿元，综合票面利率 5.55%。

新城控股凭借稳健的财务管理、明确的战略规划、快速增长的业绩以及良好的信用积累获得国际投资者认可，为拓展海外融资渠道创造了良好条件。2017 年 8 月 8 日，新城控股以 12 倍的超额认购完成了 2 亿美元、5 年期高级美元债券的发行，最终票面利率锁定在了 5%，在境外资本市场实现了完美首秀，并拔得 A 股民营地产企业美元债头筹。境内外评级机构竞相看好，融资成本继续下行。此次境外债券的成功发行，充分展现了新城控股的行业地位及优质的长期信用，在优化公司资本结构、增强公司综合融资实力的同时，大大提升了新城控股（601155.SH）在境外资本市场的知名度，扩大了新城控股在国际资本市场的影响力。

新城控股也积极把握融资支持政策，积极盘活存量资产，创新融资渠道。2016 年新城控股通过对青浦吾悦广场的出售发行了国内首单商业综合体 REITs 产品，打通了商业地产证券化和投资退出渠道。同年公司债务融资加权平均成本为 5.49%，比上年末降低了 1.69 个百分点。2017 年新城控股完成一期 PPN 发行，募集资金 20 亿元，票面利率 6.3%；完成一期 5 年期高级美元债券发行，募集资金 2 亿美元，票面利率 5%；完成一期 ABN 发行，发行金额 21 亿元，优先 A 票面利率 5.38%，优先 B 票面利率 6.2%。全年公司整体平均融资成本为 5.32%。

5. 深化品牌影响力，践行社会责任

新城控股坚持“新城”核心品牌战略，秉持“诚实、开放、创新、共赢”的核心价值观，不断巩固和提升品牌价值，用人性化的设计、贴心的服务、周全的配套、智能科技与匠心品质，让幸福感从此简单可触达。

新城控股一直非常重视企业品牌的积累，始终坚持卓有成效的品牌体系建设工作。同时，新城控股也非常注重项目品牌的打造，吾悦品牌是新城控股旗下旗舰型城市综合体项目品牌，涵盖吾悦国际广场、新城吾悦广场、吾悦生活广场三大产品线。至 2020 年，新城控股计划开业的吾悦广场将达到 100 座以上。

新城控股自创立以来，始终热心社会公益事业，创造价值的同时也坚持回馈社会，不断深化自身品牌影响力。在社会公益事业上，投入超过 2 亿元，并创立了自己的公益品牌“七色光计划”，旨在为弱势群体提供切实的关怀与援助，号召员工、业主、社会各界携手，共同践行公益。“光彩图书馆”项目旨在消除城市和乡村之间的知识鸿沟，为乡村儿童提供良性的阅读环境，培养他们对阅读、对知识的兴趣。至 2016 年，“光彩图书馆”足迹已遍及 10 个省份、25 所乡村小学，累计行程超 5 万公里，志愿者人数达 130 余人，涵盖近 2000 名学生，捐赠图书共近 6 万余册。

未来，“七色光计划 · 光彩图书馆”将计划捐建 100 座图书馆。公益活动的举办，提升了品牌影响力，同时新城控股也希望利用自身的品牌影响力，推动公益事业的发展。2017 年，新城控股获得“中国房地产公司品牌价值 TOP10（混合所有）”的殊荣，其所坚持的品牌理念和企业价值观获得社会各界及行业的广泛认可。

历经25载砥砺奋斗，在“骆驼精神”的引领下，新城控股坚持发展速度与发展质量并举，顺势而为，开辟出一条以“住宅+商业”双轮驱动的特色发展道路，迎来了一次又一次的跨越和突破。同时，以“让幸福变得简单”为企业使命的新城控股，将社会责任融入企业文化当中，身体力行、践行公益。未来，新城控股将在“地域扩张、合纵连横、运营优先、创新升级”的核心发展战略指导下，“有情怀、不复制、具规模”地继续推动商业地产前行，做好美好生活服务商的角色，助力人居改善和城市升级发展！

世茂房地产：顺势而为，拥梦前行

回顾一路走来的历程，世茂房地产始终以高度的责任感和独特的视野，为企业可持续发展寻觅新的机遇。站在新的起点，企业力求在社会包容性增长中提升核心竞争力，其战略升级、创新精神和责任意识，都将成为催动出旺盛生命力的催化剂，既为中国的城市发展助力，也为企业自身寻找新的动力源。

一、战绩：经营业绩稳步增长，规模和利润并重

世茂房地产控股有限公司（简称“世茂房地产”，股票代码：00813.HK）于2006月7月5日在香港联合交易所有限公司主板上市，隶属于世茂集团旗下，是世茂集团两大核心子公司之一。其始终以“缔造生活品位，成就城市梦想”为使命，实践“成为行业引领者，打造百年世茂”的愿景，投身于推动中国城市化进程的发展。

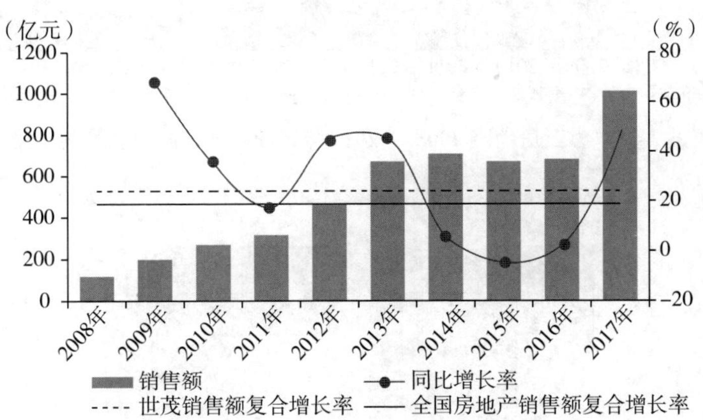

图 3-37　世茂房地产 2008 ~ 2017 年销售业绩变化情况

资料来源：企业公告和年报、中指研究院整理。

上市以来，世茂房地产始终以良好的增长态势跑赢大市，经历黄金高速发展期，到 2013 年已达 670.1 亿销售规模。自 2014 年转入规模和利润并重的两年调整期，开始追求有品质的增长，一方面强调匠心产品品质，另一方面强调现金流管控的投资运营体系。通过两年稳健经营至 2017 年末，公司库存去化效果显著，2017 年度回款及利润均居行业高位，公司获得了利润、客户口碑等品牌方面的双提升。

蓄势之后的世茂房地产在 2017 年的发展突飞猛进，销售额同比增长率 47.9%，销售规模突破千亿大关，达到 1007.7 亿。从销售规模实现跨越的时间和速度来看，近 10 年的销售额复合增长率 23.95%，高于行业复合增长率 5.25 个百分点。未来，世茂房地产将凭借一贯的稳健经营、良好的企业品牌以及强势的商业战略合作伙伴，稳固并进一步提升自身核心竞争优势，为公司经营业绩提升保驾护航，以此应对市场波动造成的经营风险。

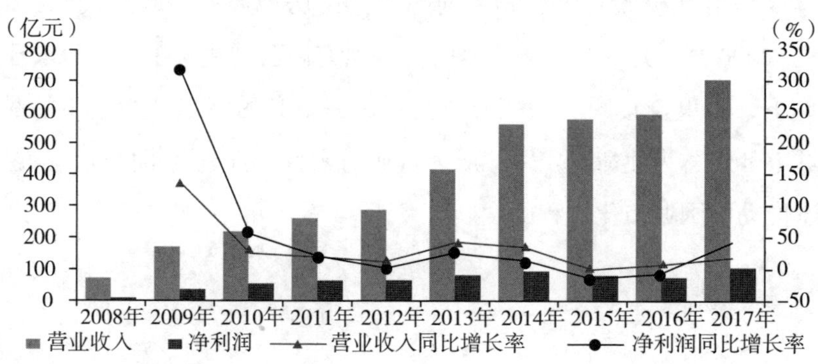

图 3-38 世茂房地产 2008 ~ 2017 年营业收入、净利润及其变化

资料来源：企业公告和年报、中指研究院整理。

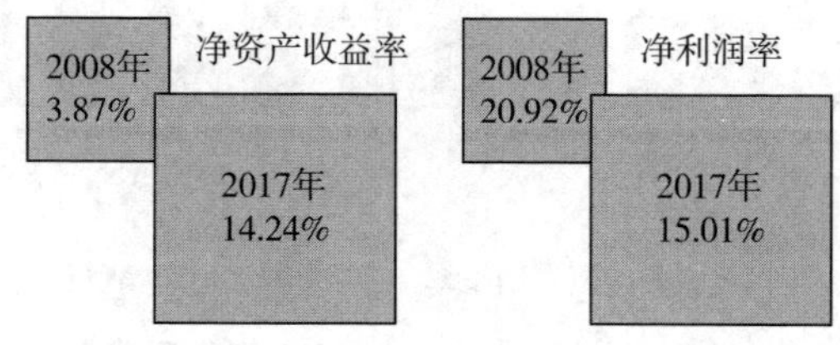

图 3-39 世茂房地产 2008 年及 2017 年主要盈利指标变化情况

资料来源：企业公告和年报、中指研究院整理。

世茂房地产的营业收入和净利润规模近十年来整体保持上升态势。2008年公司营业收入仅为71.96亿、净利润仅为8.6亿，2017年营业收入704.26亿元，净利润105.71亿元，十年间的复合增长率分别达到25.62%和28.52%。世茂房地产非常重视利润和规模并重的发展战略，把净利润及销售回款作为衡量企业经营成果及现金流健康状况的重要指标，通过两年稳健经营调整，至2017年末，公司2017年度营业收入及净利润同比分别增长18.8%、40.7%，净利润增速超越营业收入增速，盈利规模居于行业高位。

从盈利指标来看，2017年世茂房地产的净资产收益率为14.24%，较2008年的3.87%上升了10.37个百分点；净利润率2017年度为15.01%，高于行业平均利润率水平。近年来，房地产行业市场波动大，很多企业选择片面的追求规模与速度，而忽视了质量与利效，世茂房地产的营销策略更注重资产利用效率和高品质增长，通过挖掘公司在经营上的潜力，有效保障盈利增长的可持续性。随着政策调控越来越紧缩，房企去库存和资金压力也越来越大，世茂房地产应通过合理的价格购买土地，以及费用全面预算和动态跟踪，力争实现规模和效益新的跨越。

二、发展历程："一体两翼"战略，多元业务布局

近年来，世茂房地产提出"一体两翼"战略，成就企业核心竞争力。"一体两翼"是指具有匠心生产力的房地产开发为主体，以独具影响力的商业运营和领先竞争力的酒店管理为核心两翼。另有物业管理、主题乐园等业务领域高效助力，稳健并行金融、教育、健康、高科技等创新业务，以上共同构成世茂集团多元化并举的"航母式集群"。

1. 第一阶段：〔进入中国房地产市场，重点布局北京、上海等一线城市〕

1989年，紧跟时代发展进程，进入中国房地产行业。

1994年，进入北京，先后投资多个高端住宅项目，为世茂发展奠定坚

实基础。

1999 年，进入上海，在浦东黄浦江沿岸建造了首个高档住宅——“上海世茂滨江花园”，开创了著名的“滨江模式”。

2. 第二阶段：〔快速布局全国，推动中国城镇化进程〕

2003 年，进入福州，开启了世茂在福建及海西经济区的战略深耕。

2004 年，进入南京，开启长三角发展战略，并相继进入杭州、苏州等城市。

2005 年，进入武汉，开启中西部发展战略，而后陆续进入成都、西安、银川、长沙、重庆等城市。

2006 年，进入青岛，开启环渤海发展战略，随后陆续进入天津、大连、济南等城市。

3. 第三阶段：〔多元战略布局与深耕，培育国际化产业集群〕

2004 年，世茂开始涉足酒店业，先后与万豪、凯悦、洲际、希尔顿等国际知名酒店管理公司缔结战略合作关系。

2004 年，上海世茂广场投入运营，世茂从住宅地产扩展到商业地产。

2005 年，世茂物业成立，继而成为一级资质物业管理服务企业。

2006 年，世茂房地产于香港上市（00813.HK）。

2009 年，世茂股份（600823.SH）成为世茂房地产控股子公司，世茂成为在境内证券交易所 A 股和香港联合交易所有限公司分别上市的双上市公司。

2009 年，世茂酒店及度假村成立，全面负责世茂旗下酒店业务的经营、管理和发展。

2014 年，世茂主题乐园成立，着力于自主 IP 研发与国际 IP 跨界合作。

4. 第四阶段：〔千亿之上，规模化大发展〕

2016 年 9 月，世茂旗下的会员制私人健康管理中心——颐园正式开业。

2017 年，世茂房地产全年合约销售额突破千亿，实现有质量的增长。

2017 年，世茂成为巴萨中国区域合作伙伴，开启“卓越体育战略”。

2017 年，世茂主题乐园与日本三丽鸥合作，打造国内唯一的 Hello Kitty 上海滩室内主题馆，开创行业文化品牌合作先例。

2017 年，世茂酒店及度假村与喜达屋资本强强联手，打造全新合资酒店公司——世茂喜达酒店管理集团，加速自主品牌的轻资产输出。

2017 年，世茂与哈罗国际管理服务有限公司签订关于合作开办哈罗国际学校意向书。

2018 年，世茂入股全球最有价值的 AI 创业企业——商汤科技，布局高科技产业。

2018 年，世茂携手故宫，探索文化传承之路。故宫文创品牌于世茂在上海、厦门、济南、石狮的购物中心落地；紫禁书院福州分院落地福州世茂·云上鼓岭小镇。

三、经营策略：高品质升级、管理架构调整和资源整合

随着房地产大 IP 时代的到来，市场正快速回到产品和资本竞争的时代。世茂房地产在经营策略上不断研究和创新，囊括了高品质升级、管理创新、结构调整和资源整合四大方面。

所谓高品质升级，就是世茂房地产认为场景革命式的营销体验正在改变地产生态圈，居住方式有迭代，人性化是现阶段的始发点，居民应掌控自己的生活方式；

所谓结构调整，就是世茂房地产通过调整管理架构，提出“以销定产”，将销售回款和去库存作为重要指标，同时强调公司化运营效率；

所谓资源整合，就是世茂房地产通过资本竞争和有效运作，跨界资源整合，以社区为美好生活方式的载体，实现品牌多元化增值。

1. 高品质升级：升级生活方式，步入新人居时代

从房地产粗放发展阶段开始，很多企业就已经开始研发产品线，最初

是为了快速复制，提高项目周转率以达到规模扩张的目的。侧重技术、模块等层面的标准化，实现了控成本、降风险的效果，享受了产品线 1.0 时代的红利。随着市场慢慢步入冷静期，客户对产品品质和服务质量的要求越来越高，企业越发注重对产品和服务的打磨，更加注重挖掘客户的真实需求，产品线的制定导向也由单纯的技术标准转向提升品牌溢价与产品价值的营造，2.0 时代的升级是房企对市场环境的新调整。

2017 年，随着房地产大 IP 时代的来临，世茂房地产也与时俱进，进行了产品 3.0 的升级。十九大报告中曾指出，我国社会的主要矛盾已经转换为人民日益增长的美好生活需要和不平衡不充分的发展之间的矛盾。由此，世茂房地产提出匠心回归人本、社区从需要变为想要，以及生活方式从被动变为主动的理念，并给出了 3.0 人居时代的答案。此次产品线的升级，是对原有以“滨江系”见长的整体换代，并非只是实践性、经验性的总结，而是基于从宏观到微观的市场支撑，通过前期大量的数据调研，研究包括各年龄层客户生活习惯、居住满意度、偏好等维度的客户特征，提炼需求共性的前提下进行产品升级，先后打造出云系、璀璨系、天誉系、国风系、龙胤系五大住宅产品体系。

云系、璀璨系为刚需、改善类产品，是为人居需求升级的城市中坚群体，量身打造的人居方案，让客户转化为用户，不负“让生活更加美好”的期许。国风系为中高端特色别墅，对盛世下的经典建筑、文化内涵进行提取、再造、融合，营造出贯通盛世文化精髓与当代审美的意境人居体验。天誉系及龙胤系分别为城市公寓及别墅类的顶豪产品，是基于世茂集团近三十年豪宅打造及运营经验的时代新作，其问世将再塑行业豪宅史新标杆。

通过产品线的不同战略定位，世茂房地产形成了适销中端、高端、顶豪不同层次的产品配比，使产品结构得到了进一步优化。产品线的全面升级除了有利于标准化复制、成本控制、规模化扩张外，也提高了产品溢价的能力。在房地产大 IP 时代的背景下，世茂认为房子并不仅仅是一个空间，更是一种生活方式，而这种生活方式的载体就是社区。随着物质生活的提升，人们对居住要求也从住好房子开始变成住好社区，这也意味着开发商在专注卖房造房的同时，也应该对后期社区服务建设给予越来越多的重视。

2. 结构调整：管理架构调整，“公司化运营”显成效

在追求有品质高速增长的同时，世茂房地产对地区公司进行充分授权，以全独立核算的公司化运作激发团队的活力与动力，以期最大限度地激发生产力，以充分竞争推动公司整体的规模扩张。市场化运作将有效促进地区公司间同台竞技，从而实现产品力、周转、投资、内控以及配套服务等维度的全面提升，最终助力地区公司战略发展和品牌美誉度的塑造，此举可谓是规模化发展的必由之路。

与此同时，内部的管理效能优化早已拉开序幕，而授权后的正向效应迅速得到印证。2017 年，销售回款已超过总销售额的 80%。并且进一步对销售结构进行调整，加大了毛利率相对较高、库存去化风险较低的一二线城市供货比率；三四线城市则是严格按照“以销定产”原则控制供货，避免形成低毛利、高风险的库存。

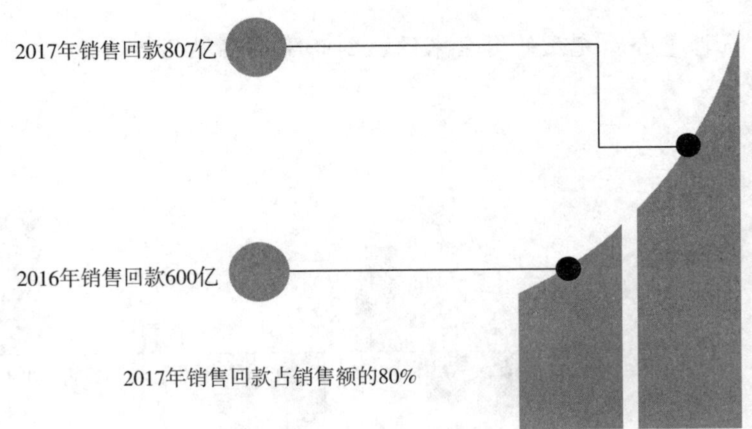

图 3-40　世茂房地产 2016 ~ 2017 年销售回款额

资料来源：企业公告和年报、中指研究院整理。

2017 年，世茂房地产整体可售货值去化率提升 6 个百分点至 65%，新供、

库存去化率较2016年均大幅提升。其中，新供货去化率提升1个百分点至76%，期初库存去化率提升3个百分点至49%。与此同时，世茂房地产调整新增土地投资导向，将90%以上的新增投资放在一二线城市，并且加强对投资性物业的运营管理，降低融资成本，调整债务结构，持续业务、产品和金融方面的多重创新。世茂房地产坚持现金为王，通过多种鼓励措施加强回款，秉承了稳健经营的一贯作风。

经过了两年的调整期，世茂房地产终于迎来了再一次的高增长，成功晋级千亿，未来在充足的货值、优化的布局和完善的结构调整推动下，开始进入新一轮的加速期。2017年，世茂房地产在一二线城市的新增土地建筑面积占比为73%，较2016年略有上升，且在三四线城市选择上也更加谨慎，主要布局昆山、嘉兴、佛山、泉州等城市，这些三四线城市大部分属于长三角和珠三角一二线城市的外溢价值圈。就单个城市业绩来看，主要来自于二线城市，如福州、广州、泉州市销售金额均超过80亿元，南京销售金额超过75亿元，宁波、厦门、杭州、济南及武汉市的单城销售金额均超过45亿元。

3. 资源整合：充足的资金来源，创新跨界实现品牌增值

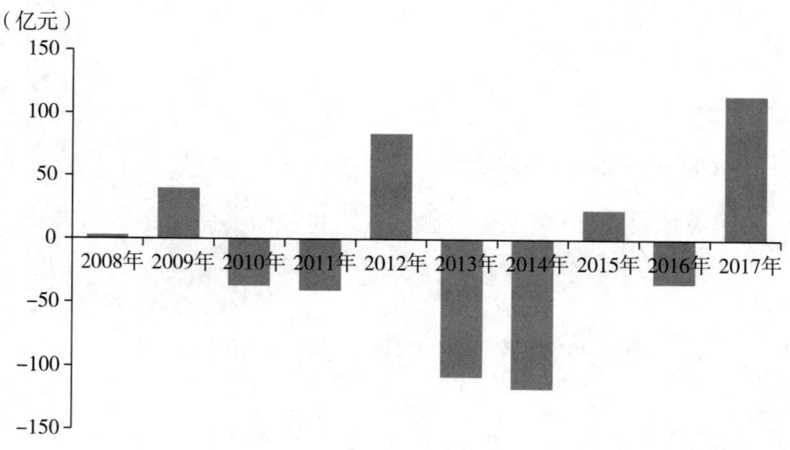

图 3-41 世茂房地产 2008 ~ 2017 年经营活动产生的现金流量净额

资料来源：企业公告和年报、中指研究院整理。

随着房地产调控政策日趋严峻，为支持公司今后的战略投资、优质土地资源获取，世茂房地产一方面通过抓回款回笼资金，另一方面通过多元化渠道融资获取资金。截至2017年末，其年度经营活动产生的现金流量净额高达114.79亿元，主要是由于公司关键业绩指标销售回款率表现非常优异，销售回款高达807亿元，占销售总额的80%。截至2017年末，公司账面现金高达330.07亿元，资金十分充足。与此同时，公司通过多元化融资渠道持续降低融资成本。公司加权平均融资成本从2016年度5.8%进一步下降到2017年度5.3%，净负债率为58.9%，连续6年维持在60%以下，体现了企业良好的经营和财务管理能力。

背靠充足的资金来源，世茂房地产积极进行跨界资源整合，聚焦金融、教育、健康、高科技等领域，努力实现品牌增值、软件超越、社区赋能、产品溢价，通过产品力进化及跨界资源整合实现业绩增长。

（1）世茂房地产在加大销售回款的同时，顺利推进各项重点融资。2017年9月，世茂集团旗下优质商业酒店综合体上海世茂国际广场不动产公募证券化（ABN）成功发行，金额为人民币65亿元，期限20年，综合票面利率为4.8%，同时为全国银行间市场首单商业地产公募资产证券化项目。同时，旗下上海世茂年内发行了13亿元中票及40亿元公司债券。2018年7月，集团发行10亿元全国首单住房租赁储架式租金ABS项目。

（2）金融方面，依托世茂全产业链优势，深化大金融战略，领先行业的多元融资渠道，不断助力世茂优化资本结构，令世茂保持持续上行。自2014年起，集团开始全面部署金融平台搭建，至今已先后在上海、深圳、成都、天津等地设立20余家类金融企业。世茂金融平台依托世茂集团产业链上下游资源，发挥整合和协同效应优势，不断探索，为集团内公司、合作方及客户提供优质的金融服务，涉及银行保险、互联网小贷、商业保理、融资租赁、担保拍卖等多元化经营领域。目前各项金融业务发展日趋成熟，逐渐深入和扩大。

（3）在教育方面，2016年世茂房地产开始推出光合教育社区，实现地产与教育的有机结合，一种全新的“地产 + 教育”的运营模式由此诞生。在世茂光合教育社区，依托社区公共活动空间，聚合优质内外部资源，将形成针对所有业主的教育软硬件平台。即以社区为平台形成教育生态圈，完成孩子、家庭、社区的光合作用，让社区的每一个人都浸润在教育的氛围中。此次跨界融合，不是教育 2.0 而是重新发明教育，通过把更多优质教育引导社区，为家庭的和谐和幸福贡献一份力量，对教育的发展同样具有启发意义。

（4）在健康领域，世茂健康与世茂物业联合，以医养结合中心逐步落地世茂社区，提升具有健康管理品质的物业服务，共同打造世茂健康社区。首个社区嵌入型医养结合中心“世茂颐园”目前已在上海世茂滨江花园落地。作为国内首家践行日式长寿理念的健康管理活力俱乐部。“世茂颐园”提供“医、养、康、乐、护”多维度服务。业主可以健康管理活力俱乐部享受到诸如私人医护、长者日间照料、康复指导等一体化的健康管理服务。

（5）在高科技领域，2018 年世茂房地产与商汤科技在上海签署战略合作协议，双方建立全面战略合作伙伴关系。实现了人工智能领域的率先布局，着力推动城市智能升级，将集团多元化战略布局拓展至又一全新的领域，为“地产 + 人工智能”发展提供新的探索模式。将产业资源与商汤领先的人工智能技术进行深度整合，打造智能化楼宇、智能化酒店、智能化物业管理、智能化商业等，实现全产业的 AI 升级。未来，世茂房地产与商汤还将共同打造全国领先的人工智能产业园区，支持人工智能产业生态建设。

当下，房地产行业内的不断开放、交流、学习和转型，为中国经济的发展做了居功至伟的有益尝试和探索，只有行业的可持续发展，才是每个企业细胞生存发展的根本土壤。世茂房地产本着自身的企业号召力和影响力，寻觅新的责任、价值与方向，引导新的行业潮流，为行业探索新的发展方向。在世茂房地产心中，在这个充满变化和挑战的时代，有更多机会和动力，去拥抱行业变化以及坚守梦想，并引领行业节奏坚定前行。

旭辉集团：十八载励精图治 用心构筑美好生活

> 近十八载励精图治，秉承“用心构筑美好生活”的旭辉人，以超凡的智慧和毅力走出了一条快速发展、稳健前行的成功之路，完成从起步到跨越的“蝶变”！秉承着勤奋、精准、理性的原则，旭辉集团在开疆拓土的道路上阔步前行。意气风发的2017年，旭辉集团一鼓作气兑现“冲击千亿”的承诺，荣耀跻身千亿房企俱乐部，跻身全国TOP15，为“二五”战略元年画下完美的句点。

一、战绩：全面超越，突破千亿

旭辉集团股份有限公司2000年成立于上海，其控股股东旭辉控股集团于2012年在香港主板整体上市(股票代码00884.HK)，是一家以房地产开发为主营业务的综合性大型企业集团。旭辉集团销售规模以2009～2017年九年高达58.7%的年均复合增长率扩张增长，2017年全年销售合同金额突破千亿，跻身全国TOP15。历经十八年的发展，旭辉集团始终能把握住市场主流需求，随着规模及行业地位日益提升，旭辉集团在各个业务层面取得了显著的进步。

旭辉集团自2009年开始实施市场及规模扩张策略，至2017年规模跨越千亿销售大关，始终以良好的增长态势跑赢大市。2009～2017年间销售额复合增长率为58.7%，高于行业43.8个百分点。

从2011～2017年旭辉集团的销售额一直在稳定增长，2012年其销售额首次突破百亿，随后仅用4年时间在2016年完成500亿的规模突破；2014～2017年的三年时间内，旭辉集团加速奔跑，迎来了高速增长阶段，以

200亿规模起步，仅用三年时间便在2017年突破千亿大关，年均复合增长率高达70%。

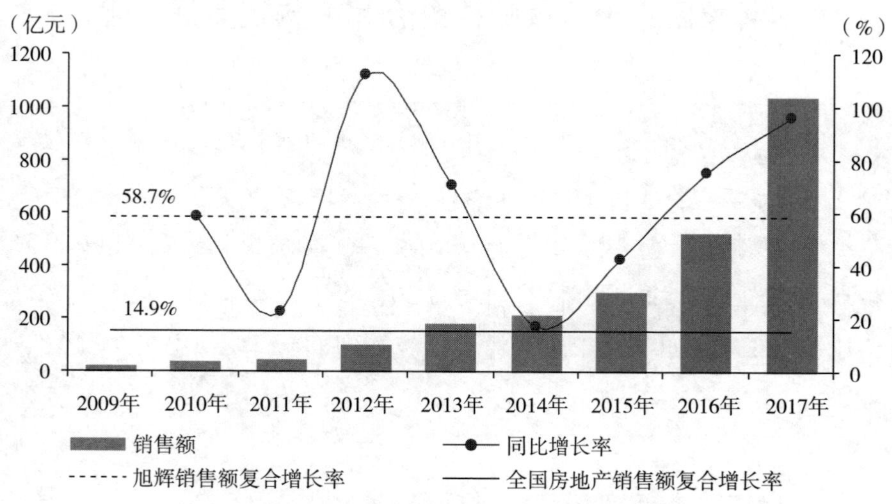

图3-42 旭辉集团2009 ~ 2017年销售业绩变化情况

资料来源：企业公告和年报、中指研究院整理。

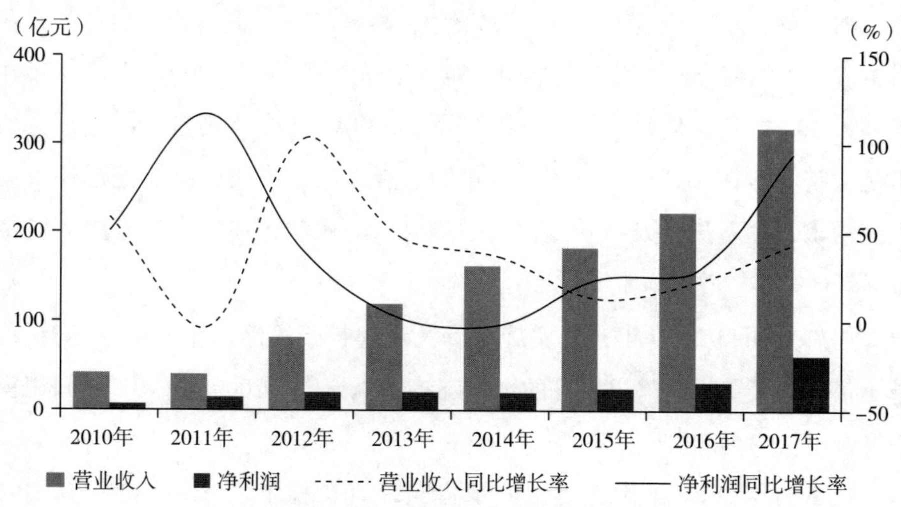

图3-43 旭辉集团2010 ~ 2017年营业收入、净利润及其变化

资料来源：企业公告和年报、中指研究院整理。

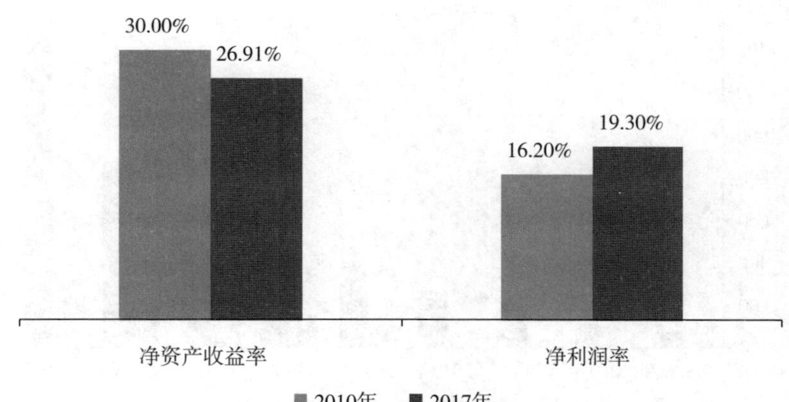

图 3-44　旭辉集团 2010 年与 2017 年主要盈利指标情况

资料来源：企业公告和年报、中指研究院整理。

旭辉集团在规模扩张迎来突破的同时，营业收入和净利润规模持续上涨，盈利能力稳步上升。2010 年，企业营业收入为 41.62 亿元，净利润为 6.75 亿元，到 2017 年，企业营业收入达 318.24 亿元，净利润 61.49 亿元，分别增长逾 6 倍和 8 倍，盈利规模大幅提升。

旭辉集团秉持“稳健、均衡”的经营理念，不单纯追求速度和规模的增长，而是追求“利润优先”，追求更高的产品品质和服务。从 2015 年开始，其利润增速超过了营业收入增速。在 2010 ~ 2017 年间，企业盈利能力保持稳定，加权净资产收益率和净利润率维持在 27% 和 19% 上下，盈利能力表现优异。

二、发展历程：战略领先实现跨越式发展

旭辉集团自 2000 年发展至今，始终把握住了行业发展主流，充分享受了行业发展红利，实现了其规模及行业地位日益提升，旭辉集团在各个业务层面亦取得显著的进步。从其发展历程来看，可分为如下 4 个阶段。

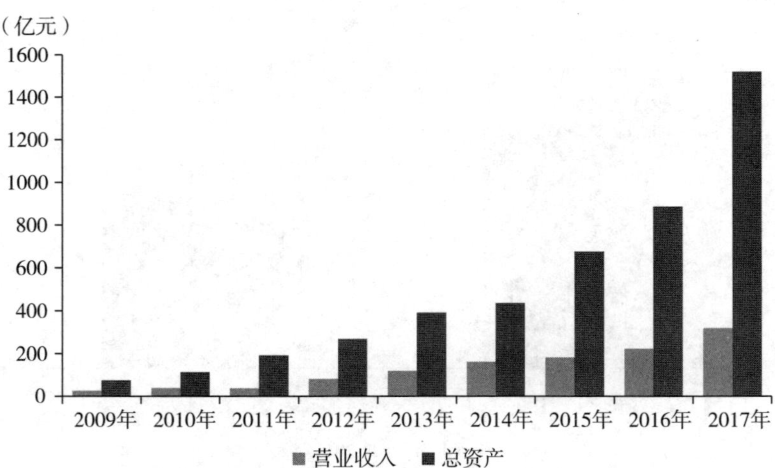

图 3-45　旭辉集团 2009 ~ 2017 年总资产、主营业务收入增长情况

资料来源：企业公告和年报、中指研究院整理。

1. 2000～2005年：起步阶段

旭辉集团有限公司（前身为“上海永升置业有限公司”）于2000年在上海注册成立。2004年9月9日，经国家工商行政管理总局核准，将原来的企业名称“上海永升置业有限公司”变更为“旭辉集团有限公司”。2004年旭辉集团前身上海永升置业有限公司正式更名为旭辉集团有限公司。旭辉集团先后进入上海、北京、厦门、福州等地，成为一家以房地产投资、开发、经营和管理为主业的大型民营企业集团。

2. 2006～2008年：成长阶段

2006年旭辉完成股份制改造，更名为旭辉集团股份有限公司，注册资本人民币两亿元整，企业资质为一级。同年提出“2+X”发展战略，即立足以上海为中心的“长三角区域”和以北京为核心的“环渤海湾区域”，以开发中端精品住宅为主导产品，将主营业务向具有成长潜力的二三线城市扩张，从而优化产品市场的区域布局。

从2006年底至2007年，是旭辉集团的黄金增长期，其先后在上海、北京、福建、浙江、江苏等地获取土地，而后进入长沙、重庆、合肥、廊坊等城市，初步完成了“2+X”大框架的搭建。2007年后开始构建其上市计划，开始把战略提到日程上来，开启全国范围布局。通过把握市场需求的变化，通过差异化的高端定位，使旭辉集团的品牌价值迅速飙升。2008年“旭辉”的品牌价值已达5.47亿元，位列华东区排行榜前十位。

3. 2009～2012年：稳定发展阶段

2009年内旭辉集团通过竞价或项目收购方式取得北京、上海、苏州三地的8个项目，“2+X”区域发展战略得以全面落实，进入2009年，旭辉集团销售收入超过30亿元，离进入全国房地产行业第一方阵的目标只有一步之遥。同年，宣布了其上市计划。2011旭辉控股（集团）有限公司成立。2012年旭辉赴港上市，资本市场打通后，旭辉集团从较为注重自我积累型内生增长转变为外部资本驱动的外跨型增长。2012年公司全年销售面积、销售合约金额突破“双百”。旭辉集团凭借优异的业绩位列“2012中国房地产百强企业”第43名。

4. 2013年至今：高速增长阶段

2014年“以战略为引导”，旭辉集团立足上海布局全国，扎根“长三角”区域、“环渤海湾”区域及“中西部”区域的同时，将主营业务向一线及具有成长潜力的二线城市拓展，开发项目涵盖住宅、商务办公、商业综合体等多种业态。2015年，公司在做好传统业务的基础上，加快产品和服务创新，并开始酝酿“房地产+”战略。2017年公司在“房地产+”战略下的物业管理、长租公寓以及住宅产业化三个方面均得到良好发展，旭辉集团在激烈的市场角逐中全力拼搏，因城施策，积极把握市场窗口期“抢市场”，实现了销售业绩的突飞猛进。2018年3月，旭辉集团获得由中指研究院发布的2018中国房地产百强企业榜单第15位。

三、经营策略：产品升级，业务多元化，均衡布局，开放的合作策略，多元融资渠道

旭辉集团追求“持续、稳健、有质量”的增长，目标是要在业绩和规模持续快速增长的同时，提升盈利能力、控制负债的增长。并始终秉持“稳健、均衡”的经营理念，不单纯追求速度和规模的增长，而是追求“利润优先”，以平衡“量价利”的策略来实现更低的负债率，更好的盈利能力，更高的产品品质和服务。旭辉集团坚持以人文情怀筑就匠心品质，实现产品升级通过全面推进“房地产 +”战略，积极开拓新业务增长点；同时积极推进全国化进程加速，更加注重布局的均衡性；坚持开放的合作战略，利用合营策略进行土地拓展，实现强强联合；积极拓展多元融资渠道，储备充裕的发展资金，降低融资成本。

1. 以人文情怀筑就匠心品质，实现产品升级

旭辉集团秉承“专业匠心、人文情怀”理念，专注产品力，追求建筑与自然的平衡，将人文情怀融入建筑灵魂，让城市不再是钢筋水泥的丛林，而是令人们眷恋的精神家园。在新五年战略中，调整了产品结构策略，大幅增加改善型产品比例。定位品质生活的整体交付商，取消毛坯房选择全精装，包括家装选配和家居的整体提供服务。在产品打造上，力求贴近客户生活，紧跟消费升级潮流不断创新产品，赋予房子“作品 + 商品”的属性，既是市场追逐的商品，又是经得起时间考验的作品；在产品设计上，坚持“三好、四化、五全”的理念，呈现“全龄全景、全精装、全绿色生态、全科技智能、全人车分流”的设计亮点，从不同年龄层客户的生活需求与居住体验考量，专门为孩子和老人打造了专属活动空间，甚至是社区内的宠物也有属于它们的空间和设计细节，进一步提升公共空间的有效利用，让设计打动人心。与此同时，结合智能安防、智能物管、智能户内家居、智能户外、智能户内管线、智能化配套工程系统六大维度，提升安全模块，打造智慧社区。

真正将“科技化、人性化、时尚化、精细化”的特色融入设计，最终打造“销售体验好、交付体验好、交付 3 ~ 5 年体验好”的“三好”产品，在市场上赢得不俗的客户口碑，形成强劲的品牌溢价效应。

凭借卓越的产品理念和人性化的设计，旭辉集团多个项目在国内外获得大奖，其中重庆的铂悦 · 澜庭捧回了素有“全球人居环境界的奥斯卡”美誉的“全球人居环境规划设计奖”，杭州的都会山荣获“全球人居环境示范住区”大奖，御璟 · 湖山和千江凌云两个重庆项目更双双荣膺“2017 ~ 2018 中国百城建筑新地标”称号。2017 年，旭辉集团产品设计共获得 25 项“地产设计大奖 · 中国”与“金盘奖”，得奖数量行业第二，成为引领行业的典范。与此同时，旭辉集团还根据市场需求和客户痛点不断完善产品线，已形成铂悦、江山、赋、府、公元、城六个产品系，以满足不同类型客户的需求。

作为旭辉集团经典产品线之一，铂悦系在 2015 年推出。“铂”象征稀贵的出身，传世的价值，恒久的品质；“悦”蕴涵高端、极致的追求。“铂悦系”产品三大主张为：“演绎现代经典、回归生活本源、追求价值延续”，旨在为城市精英人群提供高品质、高品位的生活方式。铂悦系自问世以来就备受推崇，除了风靡长三角之外，还在 2017 年落地重庆和三亚。目前旭辉集团已在上海、苏州、南京、合肥、三亚、重庆六座城市成功打造 9 个“铂悦系”项目，它们一脉相承又各具特色，成为当地市场上的标杆作品。

2018 年 4 月，旭辉集团正式对外宣布其潜心数年研发的“CIFI–5”第五代产品。CIFI–5 产品的设计理念在于，基于对未来生活趋势的这一理解和研判，以全新视角，从时间、空间、城市、时代四个维度，实现了对住宅产品的更新与重塑。伴随着消费需求的升级，人们对于居住品质的渴求更甚，将“科技化、人性化、时尚化、精细化”的特色融入设计，既能满足客户对舒适、环保、绿色的要求，也同时缔造了时尚、经典的产品特色。未来，旭辉集团将结合对客户生活和城市肌理的深入理解，将 CIFI–5 产品在全国上百座城市延展落地，以“匠心住宅、悦心服务、温度社区”，为数十万业主提供美好生活解决方案！

2. 全面推进“房地产+”战略，积极开拓新业务增长点

随着房地产“白银时代”的到来，旭辉集团抓住时机，快速发展，跟随城市发展轨迹和客户需求升级积极拓展新的商业机会，全面实行“房地产+”战略，积极拓展独立的相关多元化业务，培育新的业务增长点。有机结合“房地产+”、房地产开发与投资业务产生巨大协同效益，同时着力拓展第三方客户，实现快速增长。

2015年，在做好传统业务的基础上，旭辉集团加快产品和服务创新，并开始酝酿和实施“房地产+”战略。“房地产+”是指旭辉集团对与主营房地产业务相关新业务的投资。联营企业包括：提供物业管理服务的上海永升物业管理股份有限公司，提供长租公寓服务的上海领昱公寓管理有限公司，及提供工业化预制建筑服务的上海毅匹玺建筑科技有限公司。

2016年，旭辉集团的“房地产+”业务初具雏形。同年，完成出售其物业管理业70%股权，同时对向房地产行业提供设计、制造及供应预制建筑部件及组件的工业化建设服务以及相关服务（EPC业务）进行投资。物业管理业务及EPC业务成为了旭辉集团“房地产+”战略的核心部分。

2017年除了扩大开发主业的规模外，“房地产+”业务的战略投资已初步取得成功。其联营公司永升物业及领昱公寓已于市场稳占席位。凭借庞大的市场规模，加上房地产服务及住房租赁行业的利好政策，该类业务取得不错的增长。“房地产+”业务通过向其本身提供服务，与核心物业发展、投资业务产生重大协同作用。而另一方面可通过扩展覆盖企业以外的第三方客户，促进业绩迅速的增长。受益于旭辉集团及第三方的新开发项目贡献，永升物业大幅提升营运规模，签约的管理面积达到约4000

万平方米；领昱公寓大幅提升其规模，签约供其管理的公寓规模达到超过20000间，其已成功定位为中国增长最快的长租公寓营运商之一，领昱公寓已作好准备，迎接受惠于政府对住房租赁行业作出大量优惠政策支持所带来的爆发性增长机遇；毅匹玺建筑服务的工业化预制建筑模块已投产，并开始供应予本集团及其他的第三方客户。凭借主业雄厚的资源、强大的平台，旭辉集团将触角伸向商业管理、物业管理、长租公寓、EPC（住宅产业化）、教育、工程建设和基金管理“七小龙”，更为积极地寻找业务的增长点、价值的实现点。

3. 全国化进程加速，更加注重布局的均衡性

旭辉集团从2006年提出“2+X”战略起，以上海（长三角）、北京（渤海湾）两个城市为根据地，并向有潜力的二三线城市进行拓展。截至2011年年末，已经进入了天津、重庆、镇江等近10个二三线城市，在上述城市开发了众多标志性项目并储备了大量土地，中西部19.7%的市场份额也已超越环渤海区域的12.6%。至此旭辉集团项目布局更加均衡，全国布局正在成型。

中西部市场份额自2013年达到高位后逐渐下降，到了2017年略有回升。长三角市场份额则在2015年达到顶峰后，便逐年递减。2017年旭辉集团重新进入珠三角区域，全国化布局进程进一步提升，因而更有利于有效防范调控风险，降低市场调控影响。

在城市进入方面，运用三大策略完成全国战略性布局。从2017年新进入的城市分布及区域发展来看，主要有3种布局策略。首先，选择全国发展潜力巨大的强二线城市，逐步渗透区域；其次，有选择地逐步渗透中西部区域，深耕环渤海区域、稳固长三角热点都市圈及省域渗透；最后，实现在粤港大湾区的布局，同时也完成了在珠三角区域的布局。2017年旭辉集团在珠三角区域实现了5年来零业绩的突破，共完成16亿的合同销售额。

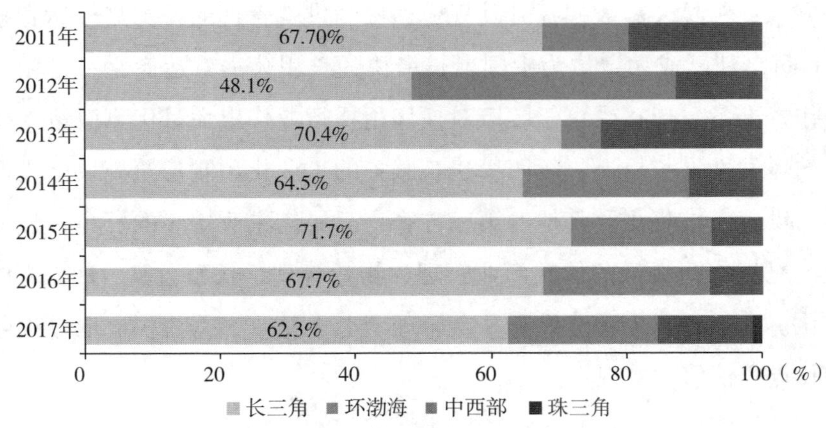

图 3-46 旭辉集团市场布局结构

资料来源：企业公告和年报、中指研究院整理。

从 2006 年底至 2007 年，旭辉集团先后在上海、北京、福建、浙江、江苏等地获取土地，而后进入长沙、重庆、合肥、廊坊等城市，初步完成了“2+X”大框架的搭建。2008 年以北京和上海两大主力市场，并在厦门、苏州、重庆等重点二三线城市布下战略根据地，此外还进入了房地产市场起步较晚但发展潜力大的中小城市，如廊坊、镇江等。至此，旭辉集团“2+X”的区域发展思路基本得到了落实。2012 年旭辉集团已实现全国化布局，并在中国的一线及具有成长潜力的二线和三线城市建立稳固的地位，其拥有的 49 个物业项目，分布在长三角、环渤海及中西部三个主要区域，开发项目覆盖上海、北京、苏州、合肥、天津、重庆、长沙、镇江、嘉兴、廊坊、唐山等 11 个城市。2013 年旭辉集团持续扩张布局现有的一二线城市，战略挺进三个新城市：杭州、武汉及沈阳；2016 年，成功进入宁波、佛山、济南及三亚市场，进一步深入本集团于该区域的布局。

2017 年，旭辉集团战略性新进入 18 个新城市，扩大了其区域覆盖率，并分散至各线城市，从而加强其区域及省域化的渗透率。具体而言，2017 年渗透中西部，新进入郑州、成都及西安；扩展环渤海，新进入青岛、济南、临沂、大连、石家庄；稳固长三角热点都市圈及省域化渗透，新进入无锡、太仓、嘉善、平湖及温州；珠三角重建据点，新进入香港、东莞、中山、南宁，布局粤港大湾区及厦门。2018 年上半年，旭辉集团新进城市 14 个，全国化进程进一步加速。

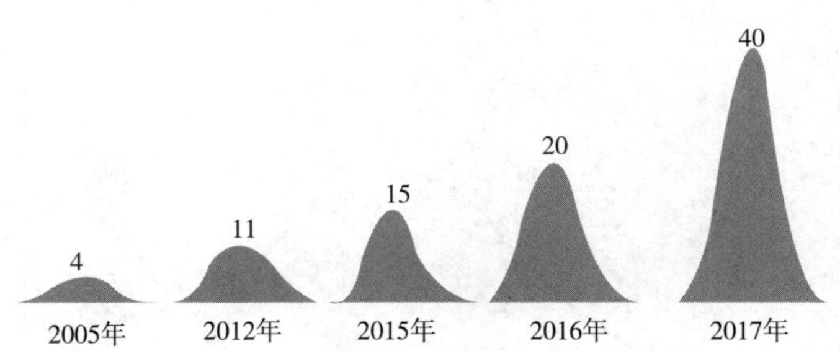

图 3-47　旭辉集团进入城市数量变化情况

资料来源：企业公告和年报、中指研究院整理。

4. 利用合营策略进行土地拓展，实现强强联合

土地资源储备情况显示了企业未来的发展潜力。旭辉集团通过不断创新，在土地资源获取方面形成一套较为成熟的运作体系，在销售规模快速提升的情况下，有效补充了项目资源。2011 ~ 2014 年，旭辉集团土地储备始终维持在 500 万 ~ 1000 万平方米上下的规模，2015 年土地储备总量首次突破 1000 万平方米。在宽松货币政策的影响下，低廉的融资成本给予了房企业绩增长的空间。之后的两年，土地储备总量持续高速增长。截至 2017 年末，土地储备 3100 万平方米，为历年最高规模。旭辉集团拥有的土地资源基本能够满足未来两年的开发需求。2018 年上半年旭辉集团土地储备达 4040 万平方米，货值 6500 亿，为业绩的持续增长提供了有力保障。

2017 年全年，旭辉集团共计新增土地储备共 78 幅，总建筑面积 1320 万平方米，同比翻番。新增土地平均收购成本（不包括香港）约为每平方米 8000 元，是自 2013 年以来新增土地楼板价最高水平，与全年 16530 元 /

平方米平均销售均价相比，接近五成，仍处于正常范围内。2018 年 1 ~ 7 月旭辉集团共收购 72 幅地块，新增面积 955 万平方米，新增货值 1800 亿元，平均土地成本为 6500 元 / 平方米（不包括香港），拿地平均地价占上半年销售均价比例仅为 42.5%，保障了项目未来较高的毛利水平。

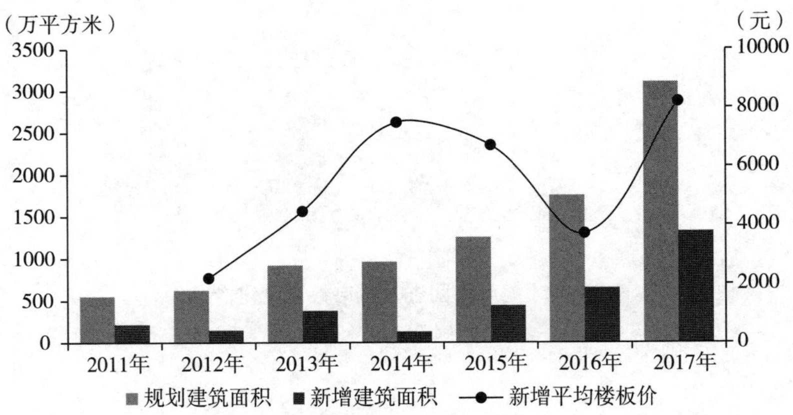

图 3-48　2011 ~ 2017 年旭辉集团新增土地储备和总土地储

资料来源：企业公告和年报、中指研究院整理。

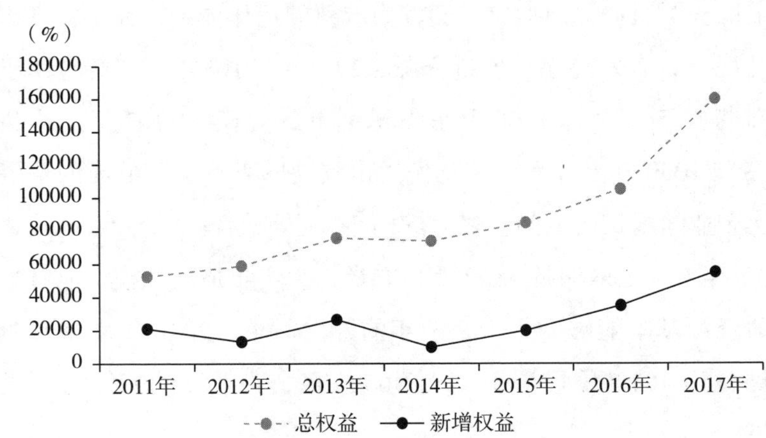

图 3-49　旭辉集团 2011 ~ 2017 年土地储备权益比例变化

资料来源：企业公告和年报、中指研究院整理。

鉴于核心城市土地资源日益稀缺，主要城市土地竞争激烈，地价成本上升。近年来，在招拍挂拿地的同时，旭辉集团大力拓展收并购及合作开发以获取更多优质项目，实现土地获取模式创新，从而降低拿地成本，发展更多优质合作伙伴，在销售规模快速提升的情况下，有效补充项目资源，为后续规模化发展奠定了坚实基础。

旭辉集团坚持开放的合作战略，通过优势互补实现强强联合，合作伙伴遍及外企、民企、央国企、土地资源方、资金方等，力求与每一位合作伙伴实现 1+1>2 的共赢局面。不仅能够分担风险，还有利于提升管理规模和管理水平，促进旭辉在深耕城市快速扩大市场份额，提升品牌知名度和美誉度。2018 年以来，旭辉集团已经和华夏幸福、雅居乐、宝龙、中骏、美的置业、银泰、苏宁等多家企业签订了战略合作协议。

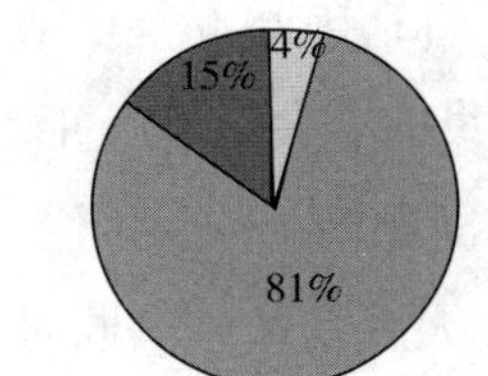

图 3-50　2017 年旭辉集团新增土地建面城市占比情况

资料来源：企业公告和年报、中指研究院整理。

新增土地储备在各大城市能级分布上，以潜力型二线城市为主。从 2017 年的新增土地城市能级分布占比来看，二线城市占比达 81%，其中重庆、合肥、武汉、天津、青岛等 5 个强二线城市的总和即占据了全年新增土地的半壁江山。2018 上半年旭辉集团继续加大了准二线、强三线的城市布局。

5. 拓展多元融资渠道，储备充裕的发展资金

房地产是一个资金密集型行业，融资能力是影响房地产企业成功经营的重要因素。尤其在当下调控政策力度加大的情况下，随着房地产行业“融资集中度”提高，资金在房地产行业越来越重要，多元的、稳定的融资渠

道是企业重要的竞争力。

自从上市以来，旭辉集团境内融资占比由96%下降至54%，而境外融资占比逐年上升，2016年达到46%，境内与境外融资的比例结构已经接近1：1，2017年境外融资比例有所下降。从融资方式上来看，除了传统的销售回款、银行开发贷款之外，旭辉集团自2015年以来充分利用资本市场再融资环境，通过公司债、优先票据等手段为项目开发和新业务的开展提供了较充裕的资金，同时减少成本较高的信托类贷款。旭辉集团在不断优化债务结构、积极拓宽融资渠道的同时，以“新”换“旧”，减少较高成本债务以补充流动资金，有助于进一步优化融资结构和降低融资成本。

（1）股权融资

旭辉集团利用香港上市平台在国际资本市场通过配股等多种股权再融资渠道在资本市场获得较为充足的资金。2015年5月，旭辉集团以每股2.20元配售6亿股新股，配售所得净额约13亿港元，通过配股融资进一步增强股本金、提高股份流动性和扩大股东基础。同时，为了应对股价低于估值预期的问题，旭辉集团于2015年以来，多次回购股票，以期稳定股价，为股东创造资金管理效应。旭辉集团于2017年通过配股引入战投，合共集资超过24.2亿港元，并引入平安人寿成为战略投资者。完成交易后，平安将持有旭辉集团扩大后约9.9%的股份，成为第二大股东。

（2）银行授信

在银行授信领域，旭辉集团算得上是当之无愧的佼佼者。旭辉集团2016年获得的境内银行授信额度高达710亿元，同比增长33.96%。银行授信因其服务范围广、审批时间短等优势，是房企较为青睐但难度更大的融资方式。目前，旭辉集团已建立了同建行、农行、交行、中信银行、平安银行、上海银行、渤海银行、招商银行、中原银行等总行级的战略合作伙伴关系。2017年以来，旭辉集团相继与中原银行和徽商银行达成战略合作。高额度银行信贷使得旭辉集团不仅在贷款方面拥有成本优势，还可以进行个性化金融组合与创新，通过房地产开发基金、并购基金、开发贷款、保理融资、房地产开发贷款、个人按揭贷款等多种方式满足旭辉集团全产业链的金融需求。

表 3-2　　2015 ~ 2017 年旭辉集团的银行授信情况

时间	额度	合作银行
2015 年	100 亿元	上海银行
	70 亿元	中信银行
	50 亿元	农业银行
	50 亿元	平安银行
	80 亿元	交通银行
2016 年	200 亿元	工商银行
	50 亿元	农业银行
	50 亿元	建设银行
	80 亿元	交通银行
	150 亿元	中信银行
2017 年	50 亿元	平安银行
	100 亿元	上海银行
	30 亿元	农商行
	100 亿元	中原银行
	300 亿元	徽商银行

（3）海外银团融资

房地产企业海外银行贷款也较多的采用银团贷款的形式。银团贷款具备规模大、期限长、利率低、无需抵押等优势，因此贷款门槛也较高，需要企业具备优良的信用评级、经营业绩可持续稳定增长、财务管理稳健等条件。2014 年以来，旭辉集团分别获得惠誉、穆迪、标准普尔三大国际评级机构的债务评级上调。经营稳健、资信良好的旭辉集团更好地把握了市场回暖契机，业绩领先、成长性良好、业务转型升级的良好市场表现获得了海外银团贷款等方面的资金支持。2016 年旭辉集团获得 6 亿美元、利率为 4%、期限为 3 年的银团贷款，成为当时内房股获得金额最大的银团贷款。2017

年1月旭辉集团获得5.3亿美元的海外银团贷款，11月又获得一笔期限为2年的3.8亿港元定期贷款融资。

（4）债券融资

旭辉集团自登陆H股后，充分发挥资本市场再融资优势，在银行类融资外通过发行公司债、中期票据等途径获取中长期、大规模、低成本融资，并将其用于补充营运资金偿还借款，以此改变公司负债中的长、短期结构比例，资本结构得到优化，财务弹性增强，为其高速发展提供了充足的现金保障。2017年旭辉集团在资本市场散发“宠儿”的光芒，在资本市场有诸多重大动作：2017年1月旭辉集团发行本金美元2.85亿、5.50%票息、2022年1月到期的美元债；之后又悉数提前赎回本金美元4亿、8.875%票息、2019年到期的美元债；2017年8月成功发行3亿美元永续债，共获得40亿美元认购，总认购倍数高达13倍。2017年12月13日，旭辉集团宣布成功发行3亿美元优先永久资本证券，分派率为每年5.375%。

表3-3　　2015年以来旭辉集团债券融资情况

融资方式	发行总额	上市日期	票面利率	期限
公司债	39.95亿人民币	2015.10 ~ 11	4.95%	5年
			5.96%	5年
	2亿美元	2015.1	8.88%	4年
公司债	4亿美元	2015.5	7.75%	5年
	60亿元人民币	2016.1	4.99%	2年
		2016.9	4.3%和5.5%	5年
公司债	2.85亿美元	2017.1	5.55%	5年
	3亿美元	2017.8	5.375%	永续债
		2017.12		
优先票据	35亿元	2018.3		
	2.85亿美元	2016.12	5.5%	5年
	3亿美元	2018.1	5.5%	5年
	3亿美元	2018.4	6.375%	2年
	4.93亿美元	2018.4	6.875%	3年

（5）创新融资渠道

旭辉集团积极把握融资支持政策，积极盘活存量资产，创新融资渠道。2017 年 12 月 26 日，高和晨曦—中信证券—领昱系列资产支持专项计划（下称“旭辉领寓类 REITs”）获批。旭辉领寓类 REITs 由晨曦基金和高和资本担任管理人，采用储架发行模式，总额度 30 亿元。

旭辉领寓类 REITs 为国内首单长租公寓储架式权益类 REITs，兼具权益型和储架式的开放特性，注册规模 30 亿，涉及 10 ~ 15 个项目，获准在 2 年内分期完成发行。旭辉领寓类 REITs 首期发行底标项目为已实现经营现金流入的旭辉领寓旗下柚米国际社区浦江店与博乐诗服务公寓浦江店，产品发行规模 2.5 亿元。

2018 年 8 月 9 日，旭辉领寓“高和晨曦—中信证券—领昱 1 号资产专项计划”(以下简称“旭辉领寓类 REITs 一期”) 首期发行挂牌仪式在上海证券交易所举行。此次发行的首期产品规模为 2.5 亿元，3+2 年期，优先 A 级 9000 万元，利率 5.9%，优先 B 级 6000 万元，利率 6.5%。投资人为招商银行、中信银行、建信养老保险。至此旭辉领寓类 REITs 是继此前保利发展首单租赁类 REITs 后，在上交所发行的首单民企长租公寓类 REITs。

全国化高速拓展、多元化新兴业务的拓展与投资，必将带来更大的资金缺口，尤其当前房地产融资全面收紧，这些内外部的因素均对旭辉集团的融资质量和金融创新能力提出了新的考验。未来，旭辉集团还需利用自身品牌与区域影响力，把握传统融资渠道优势，加大新型融资方式探索，形成与企业中长期战略规划和业务特色相匹配的融资模式。

步履不停，未来已来。告别硕果累累的“二五”战略元年，勇于进取的旭辉集团人继续踏上“二五”战略后的新征程。旭辉集团将继续坚守“有质量的增长”，积极响应国家“房住不炒”“租购并举”等政策方针的号召，坚定不移地践行“房地产 +”战略，以不断提升的产品和服务兑现“用心构筑美好生活”的承诺，向着更高的山峰，跨越攀登！

荣盛发展：荣起燕赵，盛放华夏

荣盛房地产发展股份有限公司成立于1996年，2007年在深交所挂牌上市，经过20余年的发展，在经营规模、业务领域、市场布局等方面均取得了长足发展。荣盛发展已从最初的普通住宅开发快速成长为集地产开发、康旅打造、金融投资、互联网创新等业务于一体的全国性知名大型多元产业综合集团公司。

一、综合能力：高歌猛进，后劲充足

2018年是荣盛发展“五五”规划的重要一年，凭借前瞻的战略思路、稳健的发展理念，荣盛发展经营业绩持续、快速增长，企业规模及业务领域不断扩大，各项经营指标均实现了稳定较快的增长。从业绩表现、运营能力、盈利能力、土地储备、资本运作能力等五个方面，进行综合评价，财务指标表现优于行业平均水平，且波动小，有益于绝对收益的兑现，荣盛发展潜力较大。

1. 业绩表现：销售规模保持高增速长，有望冲刺千亿阵营

荣盛发展重点布局范围河北省限购政策压力有所减缓，同时其他区域的销售贡献度也在逐步提升。2017年荣盛发展大幅度扩充土储，可售充足之下推动了2018年销售持续高增。具体来看，2017年，在快周转、高去化的背景下，荣盛发展实现销售金额679亿元，同比增长32.61%；销售面积636万平方米，同比增长5.62%。2018年上半年，实现销售额401亿元，同比增长46.8%；实现销售面积385万平方米，同比增长48.22%。

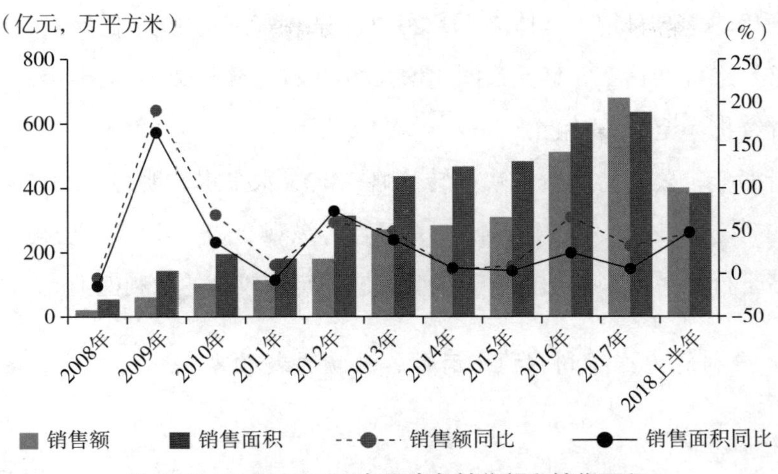

图 3-51　2008 ~ 2018 年上半年销售额和销售面积

资料来源：企业公告和年报、中指研究院整理。

2. 运营能力：总资产和净资产规模加速扩张，ROE提升创新高

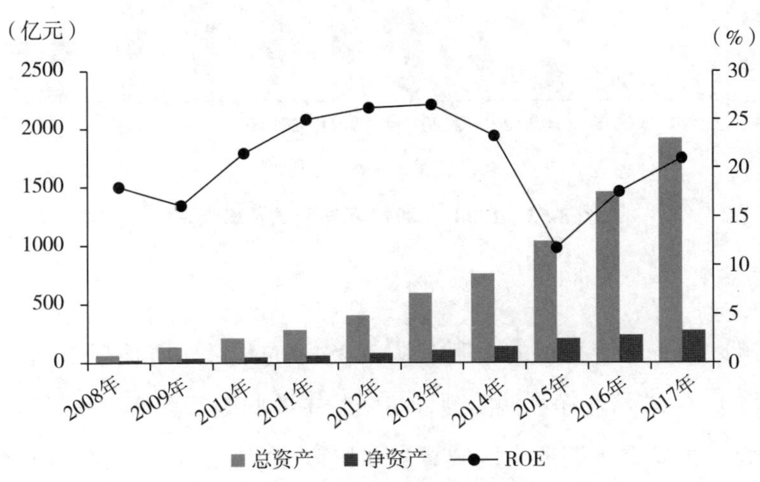

图 3-52　2008 ~ 2017 年总资产和净资产

资料来源：企业公告和年报、中指研究院整理。

荣盛发展近十年来业绩靓丽，总资产和净资产规模稳定增长。公司坚持深耕住宅地产的同时，加速多元领域发展，大力推进产融结合模式，产

业资源优势逐渐显现。具体来看，2017 年末总资产达 1917 亿元，同比增长 31.55%；净资产达 275 亿元，同比增长 16.03%。截至 2018 上半年，公司总资产继续扩大至 2054 亿元。

近两年，公司持续秉承快周转策略，ROE 水平提升明显，2017 年 ROE 为 20.94%，较 2016 年提升 3.41 个百分点。纵观 2008 年以来，公司 ROE 均显著高于行业平均水平，得益于荣盛发展近年来较高的盈利能力。

3. 盈利能力：净利润稳中有升，业绩再超预期

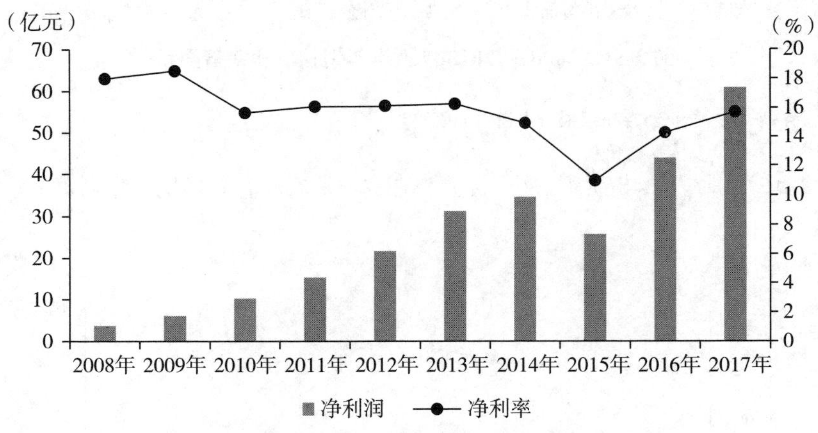

图 3-53 2008 ~ 2017 年净利润及增长率

资料来源：企业公告和年报、中指研究院整理。

上市以来，荣盛发展的净利润从 2008 年的 4 亿元增长至 2017 年的 61 亿元，增加了 16 倍。净利润实现稳步增长主要归因于荣盛发展城市布局战略的影响，布局重点表现为区域聚焦和城市能级提升，公司规模和盈利能力处于稳定上升的过程中。另一方面，得益于园区地产、旅游地产等高毛利产品的开发和此轮销售行情，公司的净利率稳步提升。另外，2017 年预收账款与营收比值 1.73，为未来 2 年的营收增长提供支撑，业绩增长有较高的确定性。

4. 土地储备：高土储+优布局+跟投，三叉戟助力规模扩张

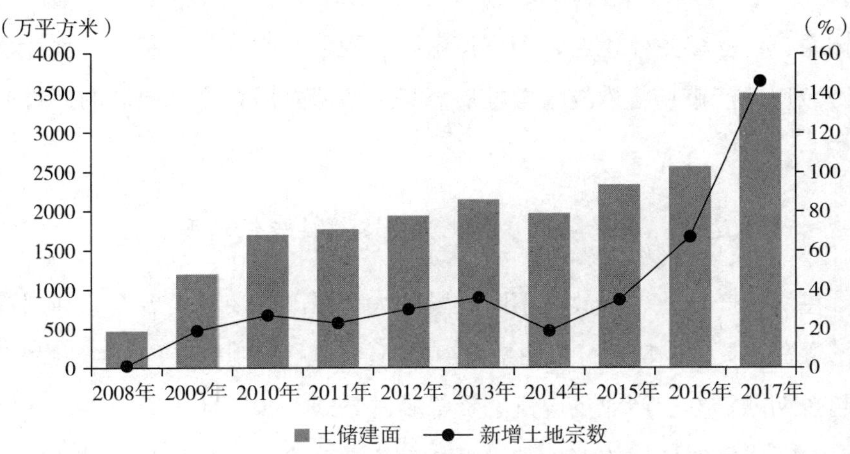

图 3-54 2008 ~ 2017 年土储建面及新增土地宗数

资料来源：企业公告和年报、中指研究院整理。

荣盛发展紧紧围绕“京津冀协同发展”“一带一路”和“长江经济带”等国家重大发展规划，不断拓宽拿地渠道，创新购地模式。充分利用招拍挂、城中村改造、股权收购等方式多管齐下加强土地储备。截至 2017 年末，土储面积达到 3495 万平方米，可满足未来 3 年左右的销售量，也彰显了荣盛发展后续扩张的决心。此外，2017 年“创享计划”跟投制度出台，进一步保证了公司的规模扩张。

荣盛发展土地储备布局均衡，正呈现从三四线升级至二三线、以京津冀为根基逐步扩散至全国布局的良好局面，对环京市场的依赖度持续下降，未来销售持续增长可期。2017 年，公司通过股权收购、招拍挂、产业园区等多种方式新增 146 余宗地块，分布于 32 座城市，其中二线城市 6 个，三四线城市 26 个，新增土储三四线城市占比 67.4%。2018 年上半年，公司总计获取 53 宗土地，规划权益建筑面积 402.76 万平方米，土地投资稳健。

雄安新区规划落地，京津冀区域销售值得期待。2017 年公司受环京区

域调控影响，在此公司传统核心区域内销量较低，占全国比重显著下行。2018 年 4 月《河北雄安新区规划纲要》正式发布，强调建立新型住房保障体系，建立多主体供给、多渠道保障、租购并举的住房制度。预计京津冀区域房地产市场将恢复稳健发展态势，荣盛发展在廊坊地区的销售值得期待。

5. 资本运作：融资渠道多样化，成本维持较低水平

在房地产行业融资政策不断收紧的大背景下，荣盛发展充分利用资本市场融资工具，成功发行中期票据、定向债务融资工具（PPN），并积极探索超短期融资券、产业供应链融资等多种方式。2017 年，新增融资 470.58 亿元，完成年度计划的 109.3%，其中超六成为金融机构贷款，另外四成包含发行公司债券、购房尾款资产证券化、物业收入资产证券化、中期票据、股东借款资、信托产品等。年度平均融资成本 6.5%，在民营房企中处于较低水平。

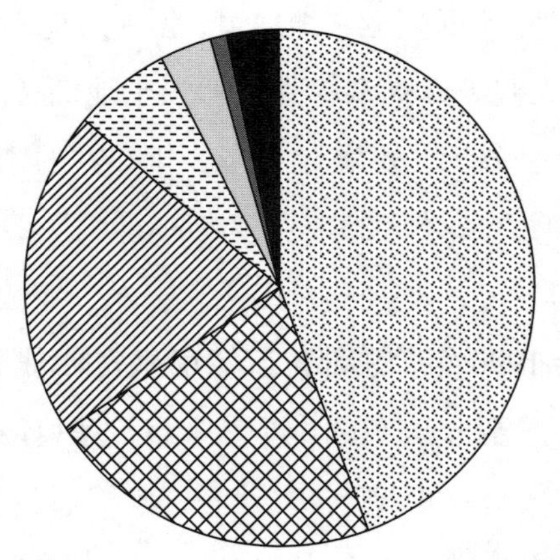

图 3-55 2017 年荣盛发展新增融资结构图

资料来源：企业公告和年报、中指研究院整理。

（1）直接融资

截止到 2018 年 3 月底，荣盛发展股东质押股份约 18 亿股，约占其总股本 41.53%。其中第一大股东荣盛控股股份有限公司质押约 14.6 亿股股份，占其所持股份 94.19%，第二大股东荣盛建设工程有限公司质押 3.3 亿股股份，占其所持股份 55%，第三大股东耿建明质押股份 1.6 亿股，占其所持股份 2.9%。

（2）间接融资

2018 年以来，公司融资积极进取，为扩张储备弹药。1 月 30 日分别公告拟注册发行总额不超过人民币 50 亿元的超短期融资券和 70 亿元中期票据；2 月 12 日公告 2018 年度第一期 PPN 发行完成，金额 5 亿元，期限 2+1 年，票面利率 7.5%。

荣盛发展能够保持销售规模，持续回款，通过融资维持现金流，短期内不存在政策调控以及资本市场融资环境缩紧带来的经营风险。另外，荣盛发展充分利用杠杆扩规模战略思路清晰，同时结合战略转型持续推进，大地产、大健康、大金融以及新兴战略全面发展的“3+X”战略全面突破。

二、发展历程：百舸争流，奋楫者先

荣盛房地产发展股份有限公司（简称“荣盛发展”股票代码：002146,SZ）始创于 1996 年，总部位于“京津冀协同发展”国家战略地位中举足轻重的河北省廊坊市。2007 年 8 月 8 日，荣盛发展成功登陆深圳证券交易所，成为河北省首家通过 IPO 上市的房地产企业。

弱冠之年的荣盛发展风头日劲，成立的 20 余年时间里，完成了从区域性房企到全国多元化集团公司的蜕变，转型升级为“以大地产为主干，以大健康、大金融为两翼，以互联网等新兴产业为辅助”的多产业综合集团，致力成为管理规范、模式领先、运营健康、美誉度高、综合实力突出的生活方式运营商。

2016 ~ 2020年，值荣盛发展“五五”规划期间，公司坚持“以市场为导向，以客户为中心，以品质为基础”，秉承“缔造新型生活”的品牌理念，为消费者缔造快乐、健康、富有的新型生活方式。

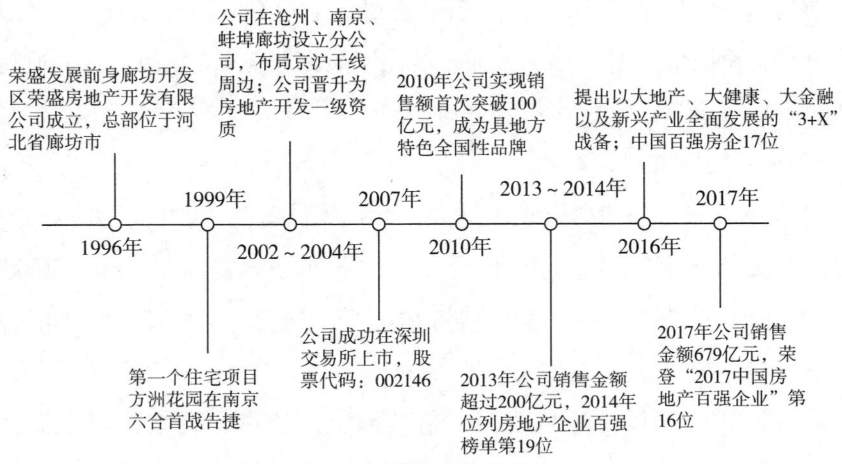

图 3-56　荣盛发展发展历程

三、经营策略：各大板块领域扩张，“3+X”战略持续推进

1. 市场定位：多板块共同推进，欣欣向荣

荣盛发展精于住宅地产的开发，涉足园区地产、文化地产和旅游地产领域，由传统的房地产开发逐渐转型为“大地产、大健康、大金融”以及新型产业全面发展的“3+X”战略格局。自上市以来，荣盛发展已经形成了适合公司长远成长的发展模式，从进军大消费、TMT和医疗等领域，到收购美亚航空，布局通航领域，再到辽宁振兴银行筹建的工作，通过多点、多层次的多元化投资拓展，拓展和深耕“地产 +”多元化这一产业链。

2017年，公司城市地产持续增长，康旅业羽翼渐成，产业新城形成规模，新兴产业亮点纷呈，“3+X”战略持续推进。城市地产：廊坊市区、南京、徐州、石家庄实现销售额单城市均突破70亿的喜人业绩；康旅：荣盛康旅大力推动“6+N”战略布局，初步形成国际度假区业态模式，全年签约 47.61 亿元，回款 37.71 亿元；产业园：荣盛产业新城共完成回款 18.27 亿元，成功实现土地供应 1559.50 亩，完成计划的 132%；金融：振兴银行 2017 年 11 月开业运营，泰发基金新增管理规模 71.96 亿元；幼教：2017 年 7 月合作成立幼教公司，完成了 3 所幼儿园的筹开工作，创造 80 天开园的行业新标。2017 年，公司实现营业收入 387 亿元，其中城市地产板块实现收入 318.54 亿元，产业园板块实现收入 15.73 亿元，康旅、物业等板块实现收入 36.12 亿元，营业收入实现多元化。

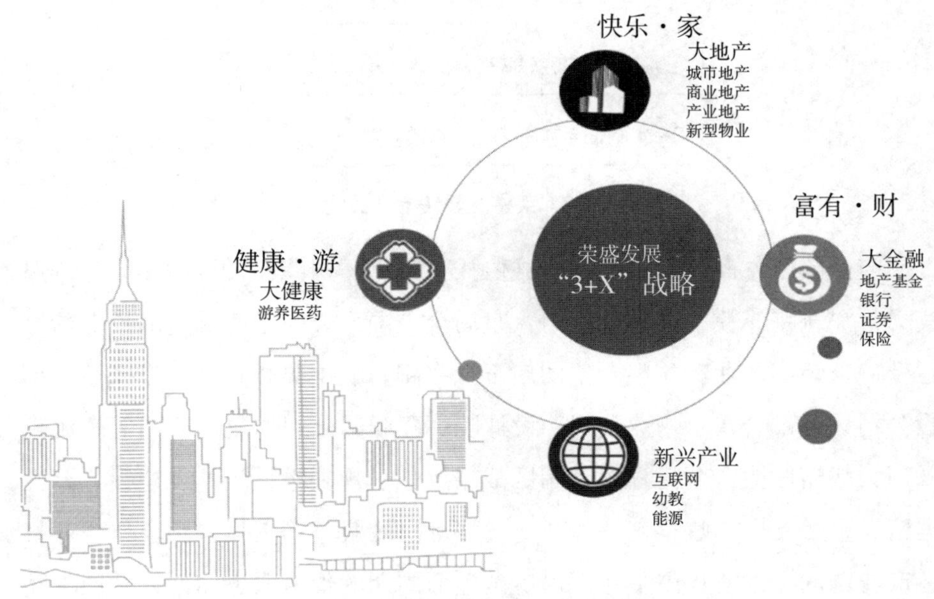

图 3-57　荣盛发展“3+X”战略

（1）大地产：精于住宅地产开发，打造标杆园区，形成新的利润增长点

住宅地产方面，荣盛发展经历多年的市场考验，调整战略，住宅产品已形成四大体系：府邸系列、盛景系列、锦绣系列、花语系列，每个系列在不同的城市根据不同的客群需求也在不断改进，全面演绎从馨居到奢享新生活，以臻品打造精品人居典范。其中府邸系列定位“优雅尊崇的标杆，献给荣耀这座城市的人”，代表项目廊坊塞纳荣府、聊城东昌首府、宜兴岭秀首府等；盛景系列定位“自然生态美宅”，代表项目唐山湖畔郦舍、

湛江南亚郦都、长沙岳麓峰景等；锦绣系列定位“上层生活邀请函”，代表项目常州锦绣天地、临沂锦绣外滩、唐山锦绣观邸等；花语系列定位“浪漫生活代表作”，代表项目常州水岸花语、聊城水岸花语等。荣盛发展始终坚持以优质的产品品质、优异的服务体验为核心竞争力，在京津冀打造多个热销项目，以综合实力彰显品牌影响力，市场认知度不断提升。

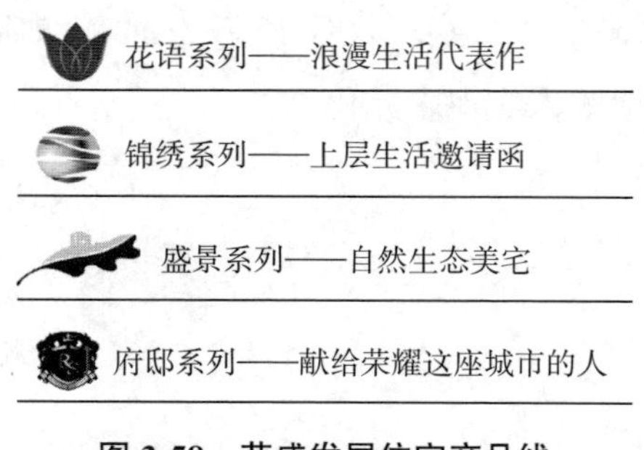

图 3-58　荣盛发展住宅产品线

产业园区方面，荣盛产业新城依托上市母公司荣盛发展的多元化雄厚实力，深耕京津冀，进军长三角，布局全中国，成为迅速崛起的产业新城运营商。荣盛产业新城整合集团旗下振兴银行、中冀投资、泰发基金、创投公司、建设公司、物业公司、设计院、互联网公司、航空公司等资源以及广大战略联盟，全流程参与园区战略定位、规划设计、开发建设、园区运营、金融支撑、政策支持、产业发展、园区服务等工作，为合作企业打造产业链的上下游集聚平台，提供全生命周期的价值服务体系，共同推动城镇化建设与产业发展的有机融合，打造荣盛产业新城为宜居、宜业、宜游的新型城市发展范本。

截至 2018 年 6 月底，荣盛产业新城板块在全国 6 个城市布局了 12 个产业园区，累计规划面积近 400 平方公里，主要分布在环京津冀，在大中原和长江经济带亦有布局，地理位置优越，产业发展空间广大。香河新兴产业示范区和荣盛永清亦庄高新区为成熟园区，已有企业通过招商入园开展经营活动；兴隆、唐山、邢台、蔚县等新的园区目前也正在按照相关协议和公司发展规划快速建设中。未来公司有望在不断深耕现有园区的基础上打造出标杆园区，并进行复制。2017 年，产业形成板块实现营业收入 15.73 亿元，占营业收入比重 4.06%。

（2）大健康：康旅投资成果颇丰，大健康产业遍地开花

大健康板块由荣盛康旅牵头，整合荣盛发展已有旅游地产资源与酒店管理业务，为追求快乐、健康，崇尚有品质、个性化生活方式的消费者倾力打造的集“游、养、医、药”为一体的康旅综合体，是荣盛发展转型的重要产业。

①积极拓展线下资源：荣盛康旅以“让生命更灿烂”为品牌核心主张，甄选“山、海、湖、林”为代表的风景优美或自然资源丰厚地区打造荣盛康旅国际度假区，大力开拓国内外康旅市场。在国内布局“大北京、大上海、大黄山、大华中、大西南、大海南”六大区域，打造多个荣盛康旅国际度假区；在国外旅游市场，已签约了捷克项目，目前正在拓展太平洋、印度洋、澳洲、欧洲、美洲等优质度假胜地，持续进行“6+N”战略布局。

②顺势整合线上资源：2017 年荣盛康旅国际会议中心、温泉中心、童话小镇、西沙岛屿飞行等业态落位并实现运营，呈现出餐饮、健康、航空及生活服务等共计 20 种运营业态。“盛行天下”计划的推出，以“缔造新型度假生活”为核心理念，将旅游地产与公司产业资源进行有机整合，帮客户实现“一处置业、五洲度假、旅居全球”梦想的同时，实现资产升值。值得一提的是，截至 2018 年 5 月，荣盛康旅建设并运营着 33 个康旅国际度假区，1 家超 5 星荣玺庄园、12 家五星级标准度假酒店、7 家荣逸温情酒店、15 家特色公寓 / 民宿，5 个特色小镇，3 个滑雪场，1 家通用航空公司。

③切入通航板块，谋求协同效应：为了扩大康旅板块的业务范围，荣盛发展 2016 年收购美亚航空，切入通用航空领域，成为国内第一家实现“康旅板块 + 通航产业”业务有效串联的房企。美亚航空是国内第一家经中国民航局认证以水陆两栖飞机为主力机型的运营商，业务遍及航空主题观光、游艇、酒店、特色文旅、航空教育培训等产业资源。美亚旅游航空将通用航空与海岛旅游相结合，在海南岛及周边区域拥有 18 条经批准的航线，经

过多年发展已经有了较好的运营基础。荣盛发展介入通用航空产业，积极推进“大健康”板块中的旅游、休闲等产业协同，促进康旅板块的快速成型。

（3）大金融、互联网：拓展多元金融领域，整合互联网平台

国家金融体制改革，为民间资本创造机会。荣盛发展抓住机遇转型金融资本，与房地产开发主业形成协同作用，充分发挥平台优势。一方面，公司积极涉足金融产业，通过“大金融”的战略布局，提供融资便利，降低房地产业务的融资成本。另一方面，公司作为上市地产公司，具有雄厚的资金调度能力和强大的地方影响力，在涉足互联网金融的众多竞争者中，也具有独有的资金和体量优势。

金融添助力，地产待腾飞。荣盛发展积极扩大经营范围，通过设立投资公司和投资基金、涉足保险业和银行业等一系列金融产业动作，将逐步推动公司产业升级，并成为未来发挥企业竞争力的重要保障。2016 年，辽宁振兴银行的筹建是荣盛发展在“大金融”领域布局的重大举措，全面丰富了荣盛发展在金融产业领域的布局，搭建起差异化、多层次金融业务架构，满足社会多方面、多阶段、多层次的金融服务需求，同时也为公司培育新的、更好的利润增长点，大金融板块产业链日趋齐全。大金融板块各领域充分捕捉行业信息，逐步搭建差异化、多层次金融业务架构，通过设立、参股、收购等多种方式，已完成地产基金、产业基金、民营银行、投资平台等金融领域的投资布局。

地产基金	商业银行	产业基金	投资平台
泰发基金：	辽宁振兴银行：	景林璟域基金：	中冀投资：
专注于私募证券投资。股权投资、创业投资、投融资顾问及金融咨询等领域。致力于打造中国房地产行业私募基金第一品牌。截至2017年底累积管理规模大约286.06亿元人民币，投资项目遍及辽宁、安徽、海南等省份	2016年12月19日获得银监会批复同意筹建；2017年9月27日。正式获批；2017年11月24日正式开业	基金投资方向涉及大小非、TMT、医疗建康及新兴领域、标的包括未上市企业、新三板挂牌企业、定增或可转债、符合投资方向的产业基金等	2016年8月诞生，是在河北省政府支持下，在河北省工商联倡导下，河北省九家著名民营企业联合创立的一家股份有限公司。中冀投资是以产业投资（大资产）和财富管理（大财富）为两段，以综合金融服务平台为之称，基金化运作的大型投资集团

图 3-59　荣盛发展多元金融领域项目

互联网板块作为荣盛发展X端首先发力的板块，是整合与改造荣盛发展产业链价值的技术平台，也是企业内部项目孵化的创新平台。荣盛发展将互联网的创新成果深度融合、应用于与生活相关的各个领域，整合开发销售、物业、康旅、金融等资源，打造“互联网+”新经济形态下的企业运营模式。荣盛发展互联网板块立足于现有基础，为新型生活方式运营提供互联网平台和支持，构建起社区服务O2O、盛行天下、社区互联网金融等互联网产业平台。

四众互联：荣盛互联网以探索“互联网+物业”“互联网+金融”“互联网+度假”等新模式为方向，优先依托社区物业管理线下优势，创建新型互联网社区服务生态圈，从服务于产品的升级开始，改变消费者的居住和生活方式，为荣盛发展的业主、消费者提供最方便、最快捷、最人性化的互联网社区服务。四众互联不断升级“米饭公社”服务平台，快速上线社区增值服务，持续推广社区理财产品，探索消费金融模式，开启社区普惠金融通道；“盛行天下”的理想羽翼渐成，为荣盛业主提供“候鸟式”生活的服务平台，开启旅居度假新模式，引领客户新型度假方式，“生活方式运营商”初见雏形。“盛行天下”通过建立“你说走就走，我负责所有”的服务体系，为客户实现“一处置业，四处旅居”的“候鸟式”人生梦想。

2. 全国布局：沿高铁线布局，弱化京津冀比例，提升全国布局能力

荣盛发展确立了自身独特的战略定位：深耕京津冀有发展潜力的市级、县级区域，稳步拓展“长江经济带”“珠三角经济带”沿线区域的较大城市，同时有选择的布局特大城市的周边区域，并将中等城市作为创造利润的中心和谋求发展、连接大城市与小城镇的桥梁。一方面，将大城市作为扩大影响、展示实力，提升技术与管理水平的平台；另一方面，将小城市作为传播理念、控制风险、拓展企业发展的新空间。从公司新增土地储备地区分布来看，除河北、山东、江苏、安徽等传统省份外，公司多点开花，

2015年公司首次涉足海南陵水、万宁进行拿地，2016年新进入惠州、天津、重庆、嘉兴等区域，2017年新进入濮阳、焦作等城市开辟市场。

分区域来看，荣盛发展已在“京津冀”“长江经济带”“珠三角经济带”三大都市圈及中西部重点城市完成了项目的布局，积极增加土地储备，为公司可持续发展奠定基础。截至2017年末，土储面积达到3495万平方米，其中京津冀环渤海地区（河北、天津、山东、辽宁）占比60%；长三角地区（江苏、浙江、安徽）占比17%；珠三角地区（广东）占比5%；其他区域（重庆、江西、湖南、河南、陕西、湖北、四川、海南、内蒙古）占比18%。

分省市来看，荣盛发展正逐步向大中城市扩展，主要聚焦于河北、山东、辽宁、江苏、重庆、安徽、广东、江西、湖南、河南等地区，市场前景理想。截至2017年末，大本营河北省累计土地储备建面达1153.55万平，占比高达33%。从可持续性角度来看，荣盛发展在河北等地区具备充足的储备量，有力地保障了公司在该区域的长期市场份额和潜在发展动力。另外，2017年公司实现营业收入387亿元，其中江苏省实现营收126.08亿元，占比32.58%；河北省实现营收118.35亿元，占比30.58%。截至2018年4月底，荣盛发展业务范围扩大至天津、重庆、河北、海南、辽宁、浙江、四川、广东等省市在内的58个城市，开发项目总数逾200个。

3. 品牌影响力：匠心筑梦，至臻荣盛，以真致胜

荣盛发展这艘地产巨舰正在逐步实现业绩和品牌价值的双丰收，用“生活方式运营商”的品牌理念深入消费者心中，一系列荣盛品牌建筑产品的面市纷纷获得市场好评，荣盛品牌也得以提升。在品牌价值排行榜中排名逐年递进，2017年品牌价值更增长至85.45亿，同比增长25%，位居行业第11位。旗下府邸系列凭借现代的居住观、建筑观和突出的设计感与精准定位荣居“2017中国房地产住宅项目品牌价值TOP10”第7位。

（1）特色小镇：荣盛康旅以精准的发展定位及可复制的经营理念获“2017中国特色小镇运营优秀品牌”荣誉。以“创新、协调、绿色、开放、

共享”的开发理念，荣盛发展的特色小镇项目逐渐运营出配套齐全的可推广、可复制的独特运营模式，基于产业、科技、文化、生态特色、旅游业态、健康养老和社区功能等多业态基础，现已在全国多个康旅国际度假区内设置5座特色小镇项目，输出独具荣盛健康旅游文化特色的小镇品牌，着力打造康旅业态的新标杆。

（2）泰发基金：荣盛泰发基金因专注优质项目投资及超强的管控能力被评为“2017中国房地产基金优秀品牌企业”称号。依托标准化投融管控工作流程及高周转的项目节奏，泰发基金形成募集和项目投资流程的良性循环。截至目前，泰发基金已发起设立了百余支地产基金，管理规模达200多亿。

（3）住宅体系：公司旗下拥有府邸系列、盛景系列、锦绣系列、花语系列四大地产品牌，满足不同层次人群需求。多品牌协同发展，有效地拓展了公司目标客户的范围，利于公司业绩增长的稳定性。长期来看，多品牌全渠道的发展模式也有利于提升公司的知名度与社会影响力。

（4）社会责任：荣盛发展以实业报国的使命感、顽强拼搏的企业精神和强大的责任心，赢得社会、客户、合作伙伴及业内同行的广泛认同和高度赞赏。22年来，荣盛发展参与社会救助、捐款、捐物累计超过13亿元。2017年，荣盛发展响应国家“精准扶贫”号召，在河北承德兴隆县、围场县、滦平县、邢台内丘县、保定涞源县、张家口沽源县、蔚县等全国乡村旅游扶贫县及石家庄西柏坡、保定野三坡等红色文化教育基地加大有效投入和开发，积极探索“旅游+民宿”的产业扶贫模式。在中央电视台的品牌投放、冠名荣盛号高铁列车、捐赠价值900万元的雾炮车、为西藏阿里亚热乡捐款40万元，支持当地医疗、教育设施建设等一系列积极投身社会公益事业的举措，使得荣盛发展的品牌形象得到更大的拓展和丰富。2017～2018年，荣盛发展连续两年荣获“中国房地产百强企业第16位”“中国房地产年度社会责任感企业”荣誉。

2018年，是荣盛发展实现“五五”规划、促进公司转型发展的重要一年，也是荣盛发展应对重大挑战、抢抓重大机遇的关键一年。党的十九大报告指出，“坚持房子是用来住的、不是用来炒的定位，加快建立多主体供给、多渠道保障、租购并举的住房制度”，中央经济工作会议紧扣我国社会矛盾变化，提出高质量发展的要求。今年国家宏观经济层面将出台一系列的政策措施，发展的方向将由高速度变为高质量，并且围绕稳中求进工作总基调、供给侧结构性改革和新发展理念，布局中国经济版图。改革的力度在加大，就意味着公司面临的机遇和挑战不确定性更强，就意味着公司必须针对政策变化、市场变化第一时间作出反应，向速度要效率、以转型提质量，变不利为有利，化风险为机遇，从而实现跨越发展。

金科集团：从雄踞西南到布局全国，以“美好生活服务商”的姿态加速奔跑

1998 ~ 2018 年，经过 20 年蓬勃发展，金科集团从重庆走向全国，已跻身于一线房企行列，具备强大的竞争力。20 年来，金科不断用实际行动印证美好、创造美好，已成为领先城市进程中最坚定的“美好生活服务商”。

一、企业简介

金科地产集团股份有限公司（股票代码：000656.SZ，下文简称“金科”）成立于 1998 年 5 月，历经二十余年的发展，形成了以民生地产开发、科技产业运营、社区综合服务、文化旅游康养等相关多元化产业四位一体协同发展的大型企业集团，具备强大的综合竞争力，是城市发展进程中领先的“美好生活服务商”。截至 2018 年 9 月，金科已进驻全国 23 个省（含自治区、直辖市），完成了“三圈一带”“八大城市群”的全国化战略布局，全国累计开发和在建项目共 240 多个，管理着接近 2.5 亿平方米的物业。

在坚持做好民生地产开发、社区综合服务的同时，金科强力推进科技产业投资运营，致力于成为国内领先的以科技创新、人工智能、互联网、大数据等为特色的科技产业园区投资、建设、孵化、运营平台；积极布局文旅康养产业，紧扣国家乡村振兴战略及文化、健康产业发展战略，持续加大对旅游、健康、养生、教育等相关产业的投入力度。公司不断构建新的盈利增长点，具备领先的可持续发展能力。

金科以“美好你的生活”为使命，秉承创新高效、诚信务实、开放包容、共创共赢的发展理念，坚持团队职业化、管理专业化、经营规范化、

竞争市场化的发展思路，不断创新，不断超越，向世界一流卓越企业集团奋进。

2018 年，金科位列中国房地产百强综合实力第 17 位，这已是金科连续第十四年跻身百强，并获得“商业地产优秀企业”“产业园区运营优秀企业”等殊荣。同时，2009 ~ 2018 年，金科连续十年荣膺“中国房地产公司品牌价值 TOP10（混合所有）”，2018 年品牌价值高达 197.18 亿元。

二、战绩：经营业绩跨越式增长，以绝对优势领军西南

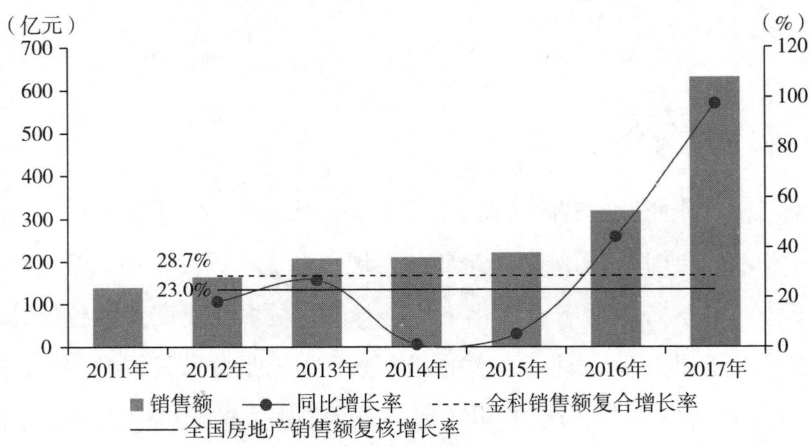

图 3-60 金科 2011 ~ 2017 年销售业绩变化情况

资料来源：企业公告和年报、中指研究院整理。

2011 ~ 2016 年，金科一直保持稳健发展，5 年间的复合增长率为 18.1%。2016 年，金科以 44.3% 的增速实现 300 亿销售额的突破；2017 年金科开始实施跨越式发展战略，地产板块销售额增幅达到 97.5%，几近翻倍；销售面积同比增长率也高达 68.9%。与行业对比来看，2011 ~ 2017 年间金科销售额复合增长率为 28.7%，高于行业 5.7 个百分点。

从金科大本营重庆来看，2018 上半年金科以 180.8 亿元的销售金额和 189.6 万平方米的销售面积，同时登上销售金额和销售面积榜首，领跑重庆市场。金科在重庆主城的在售项目涵盖了住宅、商业、办公等多种产品。

2017 年重庆天元道单盘突破 42 亿元，居重庆第一；西永天宸、集美嘉悦、金科美院等项目均实现单盘超 20 亿元。

除了业绩增长迅猛外，金科的财务状况也颇为稳健。2017 年全年预收账款近 430 亿元，同比增长约 63%，为后期经营业绩提供有力支撑；销售回款 550 亿元，同比增长 66.9%；2017 年金科获得各类金融机构授信金额达 1560 亿元；货币资金余额约 186 亿元，有效覆盖短期有息负债。2018 年 6 月，联合评级、大公国际等主流评估机构继续确定了金科股份的长期信用等级为 AA+，评级展望为“稳定”，中诚信则是将金科的主体信用等级由 AA+ 上调为 AAA；多家券商发布的研报也给予了金科股份“买入”评级。

三、发展历程：审时度势，战略领先奠定成功之道

从 1998 年至今，中国房地产行业历经萌芽、发展、疯狂和理性回归，而事实上，国家和行业的 20 年也正是金科的 20 年。从其创立到深交所上市，再到连续多年“中国房地产百强企业”以及如今转型，乘势国家战略的金科，正在从房地产商蜕变为“美好生活服务商”。从其发展历程来看，可分为如下 4 个阶段。

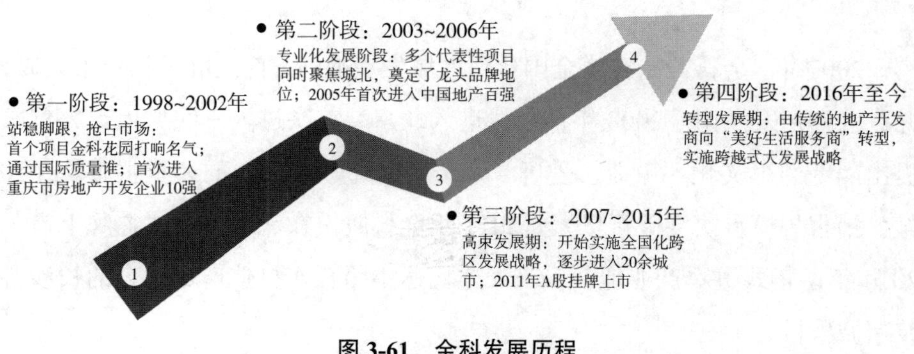

图 3-61　金科发展历程

1. 1998～2002年：站稳脚跟，抢占市场

1999 年，金科第一个项目金科花园横空出世，在重庆地产江湖站下了

脚跟。2000年，金科实业集团组建，首次并被评为重庆市“重合同、守信用”企业。2001年，金科通过ISO9001：2000国际质量认证，在管理上与国际接轨。同年，首次进入重庆市房地产开发企业前10强，并被授予企业信用AAA级。紧接着，2002年金科花园升级作品金科丽苑华丽登场，再次荣获重庆市“重合同、守信用”企业，并被评为十大诚信房地产开发企业。

2. 2003～2006年：量变到质变，专业化发展阶段

2003年，金科文化初步形成，提出了“做好每个细节、创造美好家园”的开发理念。金科专注于产品的创新与升级，2003年首个滨江项目金科·金砂水岸荣获中国十大水景名盘，首个花园洋房项目金科·天籁城惊艳全国，奠定金科“洋房之父”美誉；2004年首个别墅项目金科·中华坊开盘当天售罄，震惊业界；2005年东方王榭以原创中国洋房的建筑精髓，成就金科“民居文化旗手”全国美誉。多个代表性项目同时聚焦于重庆城北，在城北区域奠定了金科核心的龙头品牌地位，同时区域客群聚焦，产生了晕轮效应，金科品牌影响力得以迅速提升。

3. 2007～2015年：全国布局，高速发展

2007年，金科开始实施全国化跨区域发展战略，首次落子长三角无锡，并进入四川及湖南。2008年，金科进入北京，首次进入一线城市。并首次提出隔壁邻里文化“敬老、爱妻、亲子、睦邻、惜己”的邻里主张。2010年，销售规模首次突破百亿元。2011年金科股份在深交所正式挂牌上市。2014年，正式进军产业地产，与大连亿达集团合作打造产城融合的长沙科技新城项目。

4. 2016年至今：转型发展阶段

2016年，金科由传统的地产开发商转型为“美好生活服务商”，开始探索如何在新时代中以提供“美好生活”为己任，实现一个企业助力实现“美

好中国”的跨越式发展。2017年6月，金科提出了跨越式大发展战略，力争2020年冲击2000亿元。2018年，基于跨越式发展的愿景，金科分别以“三圈一带”“三位一体”“三系一核”从企业、用户、产品三大战略维度全面铺开。

四、经营策略：七大策略助推战略转型，构建“美好生活”的发展路径

2016年以前，金科一直坚持稳健式发展，增长速度保持在一个合理的水平。金科清楚地认识到，基于消费的升级，房地产企业提供的产品和服务已经不能满足客户日益增长的消费需求。金科深刻地思考如何应对变化，于2016年启动了新的品牌战略，全国第一个提出了“美好你的生活”的理念，致力于由传统开发商向多元的美好生活服务商转型，以“新地产+新服务”实现终身美好生活服务。

基于“美好生活服务商”的目标，2017年6月，金科股份发布2017~2020年战略规划纲要：力争2020年冲击2000亿；紧密围绕“改革创新、合作共赢”的总体思路；以国家城市群发展战略为导向，紧密围绕“三圈一带”“八大城市群”进行战略布局，坚持聚焦城市群战略，加强城市群研究成果转化落位，深耕省会核心城市。

1. 布局策略：聚焦城市群，不断创新拿地模式

为支撑跨越式发展，金科以国家城市群发展战略为导向，紧密围绕“三圈一带”进行区域战略布局，已进入全国近23省（含自治区、直辖市）。2018年金科首进上海，标志着金科“三圈一带”的全国化布局基本完成。

金科根据城市的不同环境，先后拟定了1.0版和2.0版城市进入清单，力求聚焦一二线城市，发展中心城市，选择性进入优质三四线城市。为避免“大躯干、小头脑”等不协调症状，金科进行组织裂变以匹配区域布局，将原有四大区域拆分成十二大区域，新设华南、深惠、浙沪、京津冀、华中、

中原、山东等区域公司。

如何在短时间内进入这些城市？在聚焦城市群的区域布局目标下，金科选择将从过往的“侧重于内生式增长”向“内生式增长与外延式增长并重”的发展方式转变。在土地获取方面，金科不断地创新拿地模式，土地拓展方式由招拍挂方式向收并购、城中村改造、城市更新、合作开发等多点发力方式转变。

2. 产品策略：持续创新构筑“三系一核”产品战略

金科一直致力成为美好生活服务商，这一目标的实现对产品创新提出了更高要求。金科从用户需求出发，多方位考量，优化房屋设计、景观、空间、功能等要素，不断推进产品线和产品标准化的整体建设，追求建筑品质、客户需求功能设计和园林打造等细节上的完美。在产品创新与标准化研发过程中，金科的做法值得借鉴：

一、在总部成立了专门的产品研究部门，加强产品的研发和储备，完善产品体系建设，形成固化一代、储备一代、研发一代的格局。

二、将项目规划权利上收到集团总部，以保障规划水准、提高设计效率、加快决策速度。

三、成立了金科自己的设计院，确保产品线建设的资源保障。

截至目前，金科产品标准化框架已初步搭建完成，确定了集团标准化产品库36个单体，以及区域标准化产品二级库188个单体。在跨越式发展下，金科产品可以实现60%产品标准化复制，40%体系化创新。

在产品线与产品标准化的建设和研发的基础上，金科把过去对东方人居的实践，从项目战略上升为产品战略，系统打造了琼华、博翠、集美三大产品线。其中，“琼华”系，代言东方的传世大宅；“博翠”系，萃选东方的人文华宅；“集美”系，品味东方的都市美宅。虽然产品的类型不同，面向的消费人群不同，但主张的却是同样的精神内核——东方人居。

金科对于东方建筑美学的执着由来已久。早在2003年，金科就在重庆开发了具有典型中国风格的中华坊。从无锡的东方王榭、到长沙的东方大院，金科在东方人居上的探索从来就没有停止。成立 20 年之际，金科顺应时代审美的市场需求，找到东方人居和现代生活的契合点。

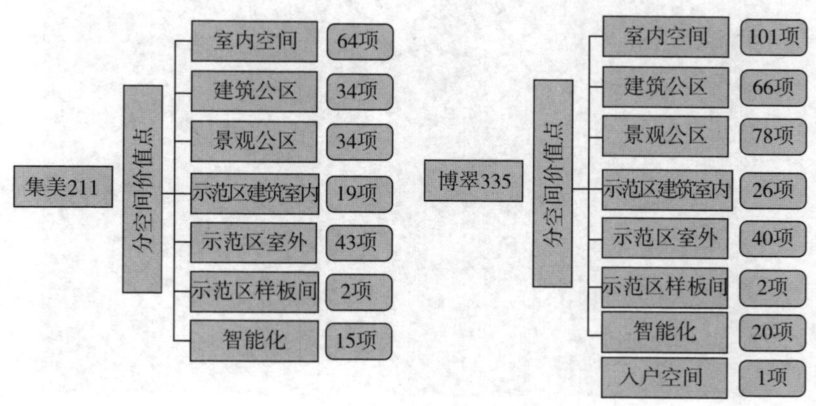

图 3-62　博翠、集美产品线价值点

3. 服务策略：“服务+科技”打造有温度的大社区

金科从传统的房地产开发型企业向“美好生活服务商”转变，服务是支撑转型的关键所在。作为社区服务运营专家，20 年来，金科服务不断在服务领域开拓创新，以精益求精的服务质量和良好的用户体验提升自身品牌，用户满意率保持行业领先水平。

众所周知，金科服务有一套完整成熟的管理、作业标准体系，涵盖了包括服务流程设计、服务沟通体系、园区数字化管理、安全防护管理、园区环境等方面共计 40000 余条标准。金科每年投入超过 5000 万，用于新老社区车库系统整改、道闸更新、安防设备升级、入户大堂翻新、电梯安全改造、门禁监控升级、消防系统定检等。

在优质的基础服务之外，金科致力于打造“邻里文化”，把“陌邻”变成“睦邻”。自 2008 年，金科在全国提出“隔壁邻里文化”以及五大邻里主张后，10 年来，金科先后搭建了 6 大万系活动平台、6 大亲情活动日，在无形中拉近业主与业主之间的距离，同时促进了服务商和业主之间的亲密关系。

图 3-63　金科天启大数据系统大屏

基于对美好生活的思考，金科服务与微软共同打造了天启大数据中心，精准定位并深入分析研究社区里成百上千万用户的需求与服务，不断提升物业的服务品质与效率。基于大数据的智能领导驾驶舱、大管家巡航系统、楼栋管家系统、生活服务平台 APP 等科技化的措施，在提升业主满意度的同时，也大大降低了运营成本。

4. 业务策略：商业+产业多元化驱动

在“产业兴国”战略的不断深化之下，金科针对产业地产的发展与布局，确定了“产业综合运营”的战略发展思路。在产业方面，金科将围绕智慧科技、大健康、文化旅游三大方向，聚焦“健康科技城”“健康文旅城”两条核心产品线，形成可复制的产业运营模式。

2014 年，金科产业集团落址于首都北京，至此拉开了产业综合运营的序幕。四年多来，金科产业不断完善商业模式，悉心打造产品模具，构建出完整的产业生态圈。迄今，在全国完成“七城十园”布局，建成产业物业上百万平方米，入园企业共计 300 多家，实现了产业地产和传统地产共生共荣的目标。

通过对长沙科技新城、重庆两江健康科技城等一系列标杆项目的打造，金科产业收获了当地政府、入园企业和行业机构的良好口碑，在全国产业地产行业中获得了举足轻重的地位。2018 年，金科产业位列中国产业园区运营 20 强。目前，金科产业园区项目已经实现全国化布局，未来将继续发挥品牌优势，与政府机构及国内外产业地产品牌强强联合，共同推进区域经济发展，创造就业机会，打造产城融合发展的新标杆。

在商业发展上，金科坚持社区商业差异化发展战略，立志打造小而美、小而精的社区商业。金科商业系统明确了 2016 ~ 2020 年发展战略及定位目标：成为“社区商业运营及服务旗手”，提升市民的生活便捷度，同时提升城市功能及形象。

2017 年，金科商业正式发布三大社区商业产品线：金科美邻街、金科美邻汇、金科美邻广场，将通过更完善的服务体系、更具体验性的消费场景、以及更贴近社区居民内心需求的业态，打造独具特色的社区商业之路，为国内社区商业格局带来全新力量。

图 3-64　金科社区商业产品线

截至 2018 年 9 月，金科在全国商业体量已达 642 万平方米，拥有 162 个商业项目，并持续保持着每年 5 ~ 8 个商业项目开业的速度稳步上升，2018 年即将开街的项目有：金科美邻汇（重庆大竹林项目）、金科美邻汇（重庆江津、贵州遵义、遂宁仁里水乡）、金科美邻街（重庆璧山、荣昌项目）。

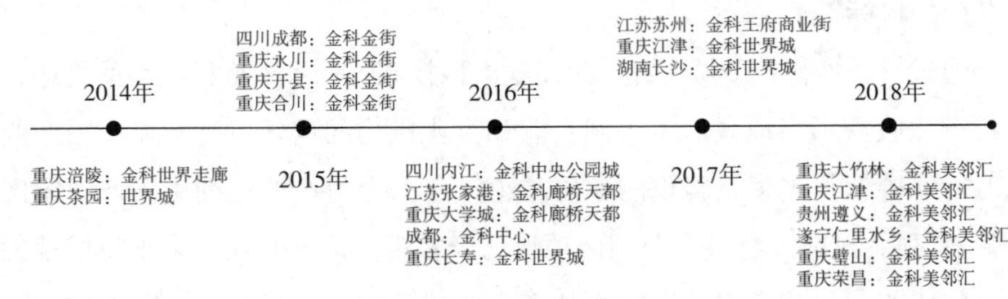

图 3-65　金科社区商业布局

5. 品牌策略：多维度品牌建设与推广

品牌，是一个企业发展道路上重要的一环，更是企业与客户之间的一条精神纽带。金科深谙这一点，经过 20 年的悉心耕耘，金科的产品和服务在消费者中拥有良好口碑，品牌影响力已逐渐成为金科的重要竞争优势和无形资产。

（1）树立品牌标签，邻里文化深入人心

早在 2008 年，金科便在全国率先倡导“中国邻里文化”的居住主张，建立“敬老”“爱妻”“亲子”“睦邻”“惜己”五大体系。历时多年，金科“邻里文化”已由最初的社区发展到城市，从重庆走向了全国，“邻里文化”已然成为金科畅行全国的一个标签、一个符号，具有超高辨识度。

（2）自媒体更新频率高，影响力大

金科股份微信公众号是金科的公众信息平台，解读金科发展的最新动态、讲述金科故事。自上线以来，无论是企业的最新动向，品牌活动，还是企业的业绩解读，金科股份微信号均进行了及时发布与更新。

金科大社区微信公众号主要面向于金科业主，作为金科唯一的线上服务平台，它集成了“金服务”“好生活”等功能，涵盖物业缴费、邻里社交、生活商城、报事报修、物业咨询等与业主生活息息相关的内容，已成为金科所有业主生活密不可分的部分。截至目前，金科大社区粉丝量达 45w+，周阅读量 100000+，这样的影响力与关注度，在房地产行业及物业服务行业，乃至国内其他行业中，都难得一见。

（3）打造企业内刊，金科《美邻》引发广泛关注

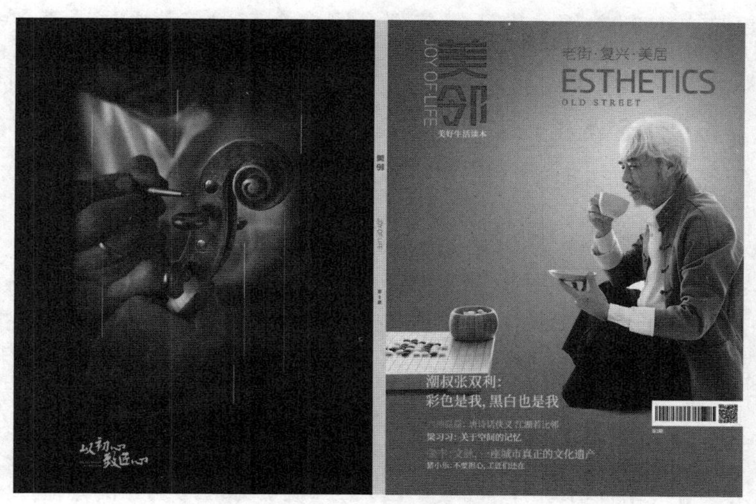

图 3-66　金科《美邻》

《美邻》是金科精心打造的一册企业内刊读本，坚持关注美，关注人文情怀，从“美好邻居”“与美为邻”两个维度，把“美好你的生活”这一使命，从社区生活发散至文化领域。《美邻》一经发布，便引起广泛关注，其成功离不开以下几点：

大咖助阵：《美邻》纳入了中国现代设计重要奠基人王受之、著名音乐人朱哲琴等大家的内容，并特邀《三联生活周刊》副主编李伟担任内容顾问；邀请到国内著名演员、中国潮叔张双利担当封面人物；专栏作家张丰、艺术家包晓更、媒体大咖张文豪、著名自媒体六神磊磊等提供专栏文章。

主题鲜明：首期《美邻》以“有温度的美好生活圈”为主题，为大家带来美学、文艺、生活等领域的具象化展示；第二期《美邻》契合“老街·复兴·美居”主题，构造出一场东方文化新生活场景。

盛大发布：无论是首期《美邻》还是《美邻》新刊，企业都持以足够

的重视，盛大发布，引发业内广泛关注。《美邻》新刊发布，邀请了文艺界大咖，以及全国逾100家媒体代表共同见证了发布。此外，陆续在北京故宫、济南举办《美邻》品鉴会，品牌影响力持续扩大。

广泛宣传：《美邻》广泛覆盖到全国多个高端精英圈层，不仅会分享给金科逾130万户家庭，旗下五星级酒店集群，以及各大项目的销售中心，数万名金科员工，覆盖人次超过1100万。同时，还会在多个城市的书店落地，供读者免费索取阅读。并与全国媒体圈、地产圈高层、记者，以及合作机构等保持联动，共同打造这一美好生活分享平台。

（4）笃行公益，与城市共生共荣

在与城市共生共荣的路上，金科始终与公益同行，坚持回馈社会。对于社会公益，这家去年纳税额超过50亿元的上市公司思路一向明晰且坚定：秉承社会价值大于企业价值的理念，“取之于社会，用之于社会”；公益不仅仅是简单的捐钱捐物，而是要当作一项持续的、坚守的事业，让其成为一种常态。

2009年以来，金科实施“红太阳工程”，先后深入到教育、扶贫、卫生、抗灾等多个领域，举行了包括金科曙光计划、关爱留守儿童、温暖孤寡老人等在内的系列活动，每年定期对贫困大学生、留守儿童、“三无”老人、特困家庭等进行援助。

2016年，金科顺应国家提出的精准扶贫战略部署，在集团内部也启动了一系列“精准扶贫”项目，这被称作“红太阳工程”的升级版。这些项目不再仅仅是捐钱捐物，而是旨在从单纯的“输血”扶贫向培养困难群众自我“造血”功能转变，变“大水漫灌”为“精准滴灌”，实现扶贫供给侧改革。

金科以产业扶贫、就业扶贫、教育扶贫、公益扶贫等创新思路，积极参与“万企帮万村”行动，为帮扶区县危房改造、居民点基础设施建设等，改善居住条件，兴办农家乐、家庭公寓、土特产店等，增加贫困户收入，提高旅游接待能力。

20年来，在公益事业上，金科身体力行，在改善我国贫困地区和贫困人群的生活条件以及推动扶贫事业发展方面做出了巨大贡献。在2018年的中国房地产百强企业研究成果发布会上，金科获得了“2017 ~ 2018中国房地产年度扶贫标杆企业”称号，可谓实至名归。

6.管理策略：鼓励狼性，“双赢计划”提供强大动力

要想企业具有狼性，那就必须培养具有狼性的员工。因为狼文化能大力提升金科领军人才队伍的战斗力、协作力、创新力和执行力，同时还将支撑金科跨越式战略实现。金科“狼行戈壁”活动是“狼文化”深入人心的文化苦旅，通过在徒步过程中员工不断突破身心的极限，互帮互助，提高面临困难时候的团队凝聚力。

而“双赢计划”（“同创共赢”和“同舟共赢”）又是金科全新的并极具竞争力的激励机制，追求投资者与管理者的双赢，既考虑了股东利益，又考虑了管理团队利益。

“同创共赢”计划的核心在于鼓励管理团队超额贡献。该计划为股东设置了一条投资收益的基准线。超过基准收益的部分，管理团队将获得奖励；未达到基准收益则不奖励；若未能给投资者创造收益，则将受到处罚。

“同舟共赢”计划是金科跟投机制的升级版，体现了“同股同权”的合作精神。与原跟投制度相比，主要有几点优化：一是跟投员工范围扩大，集团总部参与跟投，进一步形成上下同心；二是提高了跟投上限、降低了跟投下限，让员工有更大选择空间；三是强化了集团战略导向。

“双赢计划”相互依存、相互补充，极大限度地形成管理团队的内生动力，也为金科广纳贤才提供了有力保障，“以高激励为引擎的双赢计划，打破了原来城市公司、区域公司和集团总部各主体利益博弈的问题，形成了干事业一条心，抓工作一盘棋，谋发展一股劲的生动局面”。

7. 人才策略：多层次人才保障计划

金科一直秉承“人才是金科第一资源”的人才观，提出“团队职业化、管理专业化、经营规范化、竞争市场化”四大主张。金科现有员工超过20000人。

公司特设金科大学作为金科人才的孵化基地。基于领军人才战略，以“三鹰”（雄鹰、精鹰、飞鹰）人才培养工程为载体，建立人才孵化池，推动人才全生命周期关注与发展，保障核心、稀缺、关键人才的精准有效培养输出。培训培养工作充分与员工晋升发展挂钩，明确“先选拔，后培养”，“先认证，后提拔”的原则。2017年全集团人均培训学时突破80小时，荣获“中国房地产最佳学习型企业”称号，同时连续多年蝉联“中国房地产最佳雇主企业”。

2007年，金科还正式实施“金科之星”制度，每年从双一流名校招募大量优秀毕业生作为“金科之星”提前储备，由集团统一组织培训、制定培养方案，各城市公司重点培育、帮扶成长。同时，每年还根据需要引进了不少成熟的中高端人才。“重庆大学—金科星光班”是重庆大学与金科集团联合创新打造的校企合作精英人才培养模式，采用“社会—企业—学校—学生”四位一体的合作机制，经过一系列的探索与实践，取得了阶段性成果。

凭借多年来在品牌打造、战略规划方面的沉淀式爆发，金科在品牌、产品、规模等方面的显著竞争优势有了明显增长。2018年是金科创立20周年，过去20年所取得的成绩，只是金科万里长征迈出的第一步。20年之际，金科将全面进入向人民提供美好生活的新阶段，从成长更好、健康更好、便利更好、居家更好、邻里更好等方面诠释美好生活。

正荣集团：匠心坚守二十年，“改善大师”开启新征程

在 20 年的时间里，经历了楼市跌宕起伏的大潮洗礼，正荣一步步从一个区域深耕的地方性企业，变成了覆盖全国 6 大经济区 30 多个城市的全国性地产企业集团。近几年保持着靓丽的经营业绩和高速的扩张步伐，这得益于企业对于产品品质方面的坚持，以及适时的全国化战略推进。

一、经营业绩持续快速增长，上市提升企业融资能力

近年来，正荣的增长有目共睹，2017 年，房地产市场分化加剧。正荣持续扩大经营规模，在市场地位及合理布局的加持下，公司销售态势良好，实现了销售业绩的快速增长，房屋销售额及销售面积分别为 701.5 亿元、379.5 万平方米，同比分别增长 78.5% 和 102.3%。

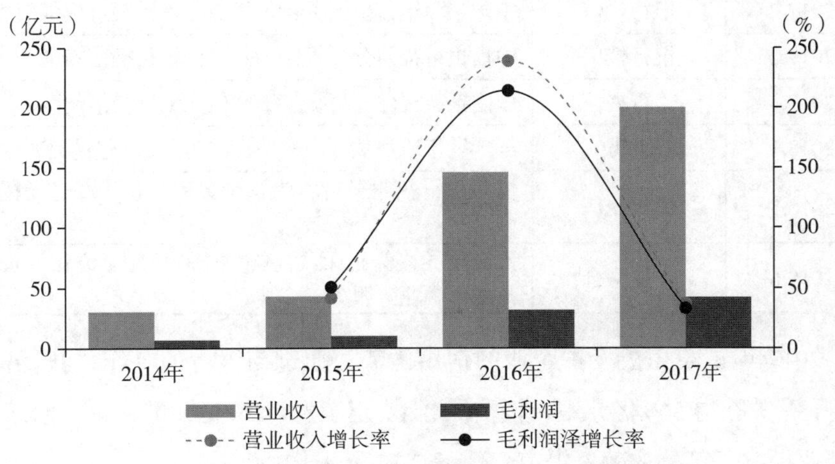

图 3-67　正荣 2014 ~ 2017 年营业收入和利润情况

资料来源：企业公告和年报、中指研究院整理。

正荣快速增长，源自于20年来的积淀。从营业收入和利润规模的数据看，正荣地产持续上涨，盈利能力稳步提升。近几年的营收和利润情况处于稳步快速的增长状态，2017年营业收入近200亿元，毛利润达42.2亿元，同比分别增长37%和33%，毛利率保持在21%以上。由于有部分结转2015年售价较低的项目影响，因此2017年正荣的真实签约毛利率估算达到25%以上。从企业现有项目布局看，位于一二线城市的高售价项目占比有所增加，未来的利润情况将持续提升。

2017年正荣总资产规模达1064亿元，较2016年868亿元增长22.6%，净资产规模达到122.2亿元，同比上涨35.9%。2014～2017年4年间正荣总资产规模复合增长率分为25%，企业整体资产规模稳步快速提升。

在资金状况及融资能力方面，正荣积极拓展融资渠道，扩大企业融资规模，为企业的有质量增长提供资金支持。截至2017年12月，正荣与数家声誉良好的中国商业银行及其他中国金融机构达成战略合作协议，合共获得授信额度人民币1019亿元以应付业务发展的现金需求。

表3-4　　正荣2017～2018年部分融资活动

时间	类型	详情
2017.2	银行授信	中国工商银行上海分行提供200亿元银行授信额度
2017.2	银行授信	中信银行福州分行提供160亿元银行授信额度
2017.4	银行授信	中国银行福建分行提供200亿元银行授信额度
2018.1	上市	全球发售所得款项净额估计约为38.44亿港元
2018.5	银行授信	恒丰银行福州分行将为正荣集团提供100亿元授信额度
2018.6	资本战略合作	天风证券将为正荣集团提供100亿元全方位的资本市场金融业务服务

2017年正荣积极发挥企业的信用优势，通过与银行的合作，获得资金支持，总共获得560亿元银行授信；此外，正荣发行30亿元的无抵押永续债，为企业提供了额外的融资渠道，债务结构进一步优化。

2018年1月16日，正荣在香港联合交易所正式挂牌上市，按发售价每股发售股份 3.99 港元计算，正荣全球发售所得款项净额估计约为 38.44 亿港元。此后正荣地产成功被纳入恒生综合大中型股指数和深港通的港股通股票名单。上市后正荣拓展了融资渠道，为企业的快速发展提供了稳定的资金支持，同时也为以后的多元化融资奠定基础。

上市后正荣已经有完成两笔合计 200 亿元融资。通过上市，正荣拓展了融资渠道，ABS、供应链融资都可以操作；另一方面，发债成本降低，使整体融资成本下降。总体看，上市后，公司的债务结构趋于合理，资金链充裕。

二、区域布局：深耕全国重点核心区域及城市

1. 区域布局策略升级

如今，正荣已经布局了六大核心经济区，分别是长三角经济区、中国中部经济区、西部经济区、环渤海经济区、海峡西岸经济区和珠三角经济区，落子上海、南京、苏州、武汉、长沙、郑州、西安等 30 多座城市。

正荣所进入的区域及城市，采取“深耕一二线城市，但同时伺机在周边卫星城市扩张，机会型投资三四线城市，做环热点城市群布点”的城市进入的主旨。例如以上海为中心，向昆山、嘉兴、太仓等区域拓展；以苏州为中心，向无锡、常州等地拓展；以南京为中心，向合肥、滁州等城市拓展；以天津为中心，向北京、石家庄、济南、青岛等城市拓展；以武汉为中心，向郑州、长沙等区域拓展。步步为营，确保在稳健的基础上，实现快速发展。

一个有趣的现象是，正荣城市深耕布局与国家的高铁战略和城市群发展战略相吻合，这也是正荣地产持续发展的助动力。高铁对于房地产市场有一定的助推作用，同时聚焦产业、人口聚集，发展较快的核心城市群和城市，保证业绩规模的持续健康发展。正荣能够在 3 年之内实现跨越式的

发展与其城市布局思路和前瞻性的考量密不可分。

在“城市深耕”战略思维的引导下，正荣内部树立了明确的目标：一旦进入一个新区域，不会机会型地拿地或撤出，而是深耕式发展，力争3年内成为同区域、同行业的“优等生”。这个思路，被正荣坚定地贯彻落实。每进入一个核心城市，都会战略性布局多个项目，例如2017年进入长三角区域热点城市合肥，在半年时间内获取5个项目，短时间内进行深耕式发展。

2. 土储策略

土地储备方面，正荣注重储备优质土地，大部分土地分布在核心一二线城市，为公司可持续有质量发展奠定基础。2017年通过招拍挂、并购等方式新增土地规划建筑面积713万平方米，新进入郑州、合肥、济南等五个城市。从城市等级来看，正荣继续专注于一二线城市以及具有高增长潜力的城市。正荣土地储备中位于一二线城市占比为78%。截至2017年底，正荣土地储备为1526万平方米，储备货值达2800亿元，充足的土地储备和合理的市场布局为正荣集团未来业绩的持续增长提供了保证。

正荣的土储仍以发展较快的长三角和海峡西岸区域为主，且大部分位于近两年高增长的潜力城市，如福州、合肥、苏州、南京、上海等。未来正荣将重点关注人口吸附能力、经济辐射能力、产业聚集能力都很强，安全系数较高的中西部城市如武汉、西安、成都、重庆等；同时也会考虑进入新的核心城市，例如大湾区的广州，环渤海区域的北京、石家庄等城市。

在拿地方式上看，正荣除了招拍挂拿地外，还会增加收购和合作力度，降低拿地成本和风险，同时还可以增加拿地概率。此外，考虑到平衡长期投资和短期回报的问题，还会加大产业和地产之间的互动，落地一些“压舱”的综合项目，做五六个百万平方米以上的大项目，从而增加长周期项目的比重，然后再从相关区域招拍挂公开市场寻找机会，稳步达成企业千亿的销售目标，并寻求企业规模的持续高速发展。

面对全国房地产产业强调控的政策环境和行业内激烈的规模竞争，除多元化积极拿地外，正荣为摆脱传统投资拿地研究带来的局限，全面提升企业投资拿地决策水平，率先与中指研究院合作研发、建设房地产行业数字化平台——城市地图，在房产和土地数据基础上，融合人口、规划、资源、交通等方面数据，并进行数据结果可视化呈现，利用大数据帮助企业实现科学高效的投资拿地决策，同时将过往企业收集整理的数据资料集合、沉淀下来，积累企业自身特色的数据资源。

三、产品策略

1. 产品定位：改善大师，匠心正荣

在正荣看来，房地产的黄金时代拼的是谁敢拿地谁赢的勇气，白银时代拼的不仅是对营销、土地、资金等资源的整体运营能力，更是产品品质。正荣近几年的飞速发展不仅仅得益于其在一二线城市的土地投资策略，更重要的是其对于产品品质、细节处的极致打造。

2015 年，正荣就已经提出“改善大师，匠心正荣”的品牌定位，在产品上更是推行“匠心品质”，即用心打造人本主义的产品及服务，旨在向富裕的中高端改善型客户推出建筑面积介于 90 ~ 200 平方米的优质住宅。中高端改善型客户拥有相对较高的可支配收入和较强的购买力，在做出购买决策时也更加重视产品的品质。

2. 产品布局：4大产品主线，3大产品品牌

正荣深研东方人居文化和现代生活习性，立足“改善大师”的品牌定位，尊重城市地域文化，以客户为导向，通过专业的产品标准体系和研发能力，从项目选址、生活环境、产品品质、居家体验等多个维度，在价值各异的产品序列中打造人居精品，满足不同层级的人居需求。正荣地产基于“想

得更多一点，做得更好一点”的产品匠心，实现了比同类产品更多的改善提升，并树立起自身的品牌影响力和市场号召力，目前正荣拥有三大产品品牌，建立起“正荣府”“紫阙台”及“云麓”三大住宅标杆产品品牌，通过产品标准化实现了三大产品系列的全国布局，并逐步实现产品品牌的溢价。

3. 产品品质管控模式

匠心品质折射在工程中即无论是产品设计还是施工流程，都要进行精细管理，与其工程管控能力息息相关。正荣建立了一整套完整的体系，以保证其产品品质，整套体系“以客户导向为核心，通过运营体系做保障，在内部统一思路规范标准动作”，三大做法保证整个工程管理体系的正常运转，最终完成正荣“匠心品质”产品的打造。

（1）以客户导向为核心，正视客户需求

随着房地产行业逐渐走向成熟，客户需求为导向的产品策略和服务意识已成为业界共识。正荣认为，客户导向的核心是“要换位思考，不要将心比心”。换位思考即站在客户的角度审视产品，了解客户的真正诉求，用作品和服务满足客户未曾开口的需求。

首先，要重视客户关注点，想客户之所想。工程品质是项目口碑，客户体验是公司品牌的实现基础，正荣面对的富裕的中高端群体敏感度越来越高，因此工程管理要非常重视客户关注点，以客户为导向。对于房屋本身，客户的关注点主要集中在材料、主体、精装修及服务等的质量，正荣根据客户关注点识别工程管理中质量管理的关键事项，在施工阶段清晰描述各专业部门、外部单位间协同合作的业务关系，提高管理效率。如建立材料样板与验收管理流程，规范工程材料设备的质量验收程序，使项目工程所用材料设备质量满足项目高品质的要求。

其次，重视工程品质，为客户创造价值甚至增值。对客户了解得越多，才越能理解客户的价值需求，通过整合内外部资源并提升管理能力，实现为客户创造价值。同等条件下工程品质是创造价值及增值的基础。从工程业务创造及增值角度来看，品质好，驱动价值效益；品质差，价值空间锐减。正荣做的是特色产品而非大众产品，因此确保工程品质，达到软实力与硬性条件同步提升。

最后，需要落到实处，从部门内部推行“工匠精神”。工程管理部门要有“互联网思维+精神”，既跟得上技术创新的步伐，更要守住工匠精神的初心。树立客观创新，不仅仅是埋头苦干，还需抬头看路。在施工过程中不是按图索骥，而要学会实事求是，像景观、装修、光感的差异性需要设计师根据现场进行微调，甚至二次设计。同时严格守住底线，就工程而言，项目结构、地基处理必须严格按图施工；提倡创新，但必须建立在实力基础上保驾护航；不忘创新，笃守底线，也是专业工程师、设计师该有的业务涵养。

（2）以运营体系做保障，严格执行大运营体系

一个地产项目从开始到结束围绕工程施工、营销及复合的资金运作环节，这三个环节环环相扣才能保障项目运行可靠，以及运营管理效率的最大化。正荣的工程管控是以运营体系做保障，以大成本、大运营的数据为依据，严格执行大运营体系。将计划、工程、营销、资金、物业统统纳入一个管理体系架构，量化地将各部门间职能的分工可靠地衔接起来，形成完整的管理序列，而因工程施工贯穿整个过程，因此在管理架构设置上要充分体现其系统的整体性、连续性与相互协调性。在施工过程中，还需要遵循以下两个规律。

①标准工期做基础，双重体系保障计划管控。

标准工期已在不少房企中大力施行，不仅利于优化资源合理调配，也通过对标准工期的长期应用、修正，利于对企业的决策管理。正荣通过标准工期进行工程管理，工程部门内部按照三级节点实现管控。

表 3-5　　　　　　　　正荣工程部门三级节点管控模式

层级	项目计划体系	责任部门
一级	项目总体开发进度计划	运营中心
二级	项目总体工程施工进度计划	项目工程部
三级	内部资源协调计划： 设计计划 招标计划（包括考察、技术标、出图、样板确认计划） 分包 / 甲供材进场计划等 专项实施计划（示范区、样板间市政园林等）	招标计划：成本编制，工程、设计确认 分包 / 材料进场计划：工程部 设计计划：设计管理部 专项实施计划：工程部

一级节点：7 ~ 8 个，由总部运营、工程管理部门主抓。这些节点为项目指出最终进度目标，为各项目均指出明确的开工、预售节点、完工时间、交付时间等，并能反映各分部、分项工程相互间的逻辑制约关系，以及各分部、分项工程中的关键路线。

二级节点：二级节点的制订是为保证一级节点的有效落实，每个项目约设置 22 个二级节点，原则上严控二级节点的完成率。

三级节点：三级节点是按照二级节点进一步细化到日常的施工安排中，由项目主导，若出现大问题，项目必须召开纠偏会，认真分析问题原因。

工程部门仍需要从营销、运营、资金等方面进行每月回顾，并与各业务线开会沟通，如有问题根据实际情况微调。如新政频发，工程部门则要与各业务线讨论是否需要调整推盘节奏、产品类别等。正荣的理念是工程的一切结果是为营销服务，各部门不应各自为政，每月各业务线间的沟通更有利于对市场、项目的精准分析，因此正荣的工程线要服从运营和营销，在范围内实现整体计划管控。

②工程开发分期

在工程开发上，正荣坚持每个项目分期开发，每期开发面积为 10 万 ~ 15 万平方米。如此作法是保证市场变化的情况下，也可随时调整开发面积和开发进度。基本做法是，若一期销量好，二期迅速推盘；若出现滞销或推盘不如意，则多部门联合分析具体原因。如设计存在问题，则针对一期客户的诉求合理调整面积段、户型等，确保二期热销；若整体市场环境不好，也会改变企业的开工策略。正荣在工程开发上的规律正是基于建造过程中对市场和客户的精准把握，也正是遵循这样的规律，正荣始终紧抓市场行情，坚持小步快跑，落袋为安。

（3）内部统一思路，制度辅助规范标准动作

一个好的工程管控体系，必定需要内部统一思路才能正常运转。正荣以制度为基础保障，辅助规范标准动作。正荣的工程管理制度有三大关键词——直接、简单、有效，最直接的体现即是：所有管理制度不超过 5 页；若某项制度超过 5 页，则采用指引的方式，用 PPT 模板来阐述，汇报时的 PPT 以“填空”为主，汇报人员无需做较多处理和过多思考。

除了内部制度，正荣还借助“外力”——第三方机构评判自身的工程质量水平。第三方检测以过程巡检和交付评估两个评估体系为主，主要为过程巡检和交付评估。第三方的检测覆盖面很广，做好这些检查重点基本达到质量管控水平。第三方检测实际是将管理聚焦，将管理层的精力聚焦，更有助于工程管控的集中。通过第三方检测，正荣在实现管理聚焦的同时，对整体工程中影响品质的各个方面均有所提升，引进第三方评分机制，根据正荣集团的实际情况合理调整权重，动态控制，便于提高弱项。

第三方带来更大的品质督导压力的同时，也带来行业内其他房地产公司的优秀做法和案例，借由和第三方人员就工艺工法和技术的探讨和交流，可以快速发现一些容易出现问题的节点，从而进行针对性的工艺改进；也进一步协助施工单位在标准化、规范化的进步。

四、战略发展：三大引擎助力企业未来多元发展

1. 正荣的发展历程

从最初的区域深耕，到逐步推进全国布局，战略转型确立地产、产业、

资本三大业务领域的战略方向，企业实现了快速规模扩张。在正荣的发展历程中，主要可以分为如下 4 个发展阶段。

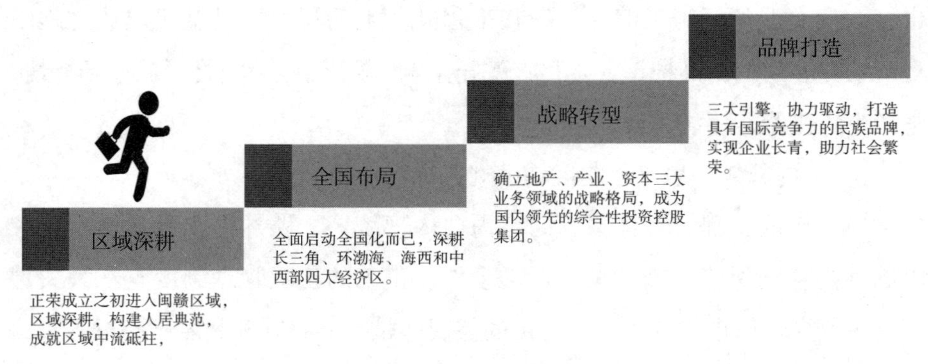

图 3-68 正荣发展历程

（1）1998 ~ 2012 年：区域深耕阶段

正荣最初的房地产项目主要位于江西和福建区域，江西房地产公司为集团的首个区域地产分公司，从 1999 ~ 2007 年，正荣逐步将地产开发业务拓展到江西南昌、福建莆田和福建福州。2002 年投资开发首个千亩生态复合人居标杆项目——南城正荣·大湖之都；2006 年投资建设福建省首个 BOT 高速公路项目——莆秀高速公路；2008 年莆田正荣·时代广场动工，开启正荣商业新时代；2009 年区域深耕成果逐渐显现，初步形成“精品润系、高尚御系”两大人居产品体系；2010 年竞得福州王庄地块，打造海西最大规模的高端城市综合体。通过对于江西、福建区域项目的深耕，对于产品质量和品质的把控，让企业打下坚实的基础和良好的口碑，为企业的全国化发展做了铺垫。

（2）2013 ~ 2015 年：全国布局阶段

自 2013 年正荣开启了全国化布局的战略步伐，首先进入长沙，正荣·财富中心项目打造新一代城市综合体，开始拓展中部经济区。而后先后入驻上海、苏州、南京，进入长三角区域，进行区域深耕。2014 年，正荣首度进入天津，正式进入环渤海经济区，逐步形成了覆盖海峡西岸经济区、长三角经济区、中部经济圈与京津冀地区“四大区域”的布局版图。同时正荣延续其区域深耕的战略思维，一旦进入一个区域，不会机会型地拿地或撤出，取而代之的是深耕式的发展。

（3）2016 ~ 2018 年：战略转型阶段

2016 年，高速发展的正荣志在成为国内领先的综合性集团，成功进入中国房地产综合实力 30 强企业，为进一步展开全国化项目布局，将总部搬迁至上海，同时确立了地产、产业、资本三大业务引擎的战略格局。三大业务引擎构成相关多元化的业务格局，相互呼应、相互支撑，最大程度发挥出战略协同效应，即实现产融协同、产业布局协同与业务协同，由此支撑正荣集团向千亿目标迈进，并为未来的持续发展打下基础。

（4）2018 ~ 2021 年：品牌打造阶段

2018 年 1 月，正荣登陆港交所，港股上市，成功进军资本市场，企业融资渠道拓宽，融资能力增强。同时发债成本降低，整体融资成本下降，使企业未来的债务结构将趋于合理，资金状况持续改善。成功上市，同样会为正荣带来人才引进方面的优势，并在一定程度上提升企业的管理水平及运营效率。获得了资本助力，再坚持企业的三大引擎的战略布局，驱动企业持续健康发展，致力于打造具有国际竞争力的民族品牌。

2. 三大引擎战略布局多元发展

中国房地产转型进入深水区，进入抉择时刻，在史上最严政策调控下，地产企业开始寻求新的发展方向，正荣就是在这种情况下前瞻性的启动了其地产、产业、资本三大引擎的业务布局战略，即“正荣地产 + 正荣产业 + 正荣资本”多元化协同发展战略。

正荣产业致力于成为国内领先的城市运营业务投资、孵化、运营平台，是正荣可持续发展与综合实力提升的核心动力；正荣资本作为以地产基金投资、金融股权投资、产业投资及孵化为主业的专业投资管理机构，是另一个增长极。

正荣产业精心搭建“美好生活城市模型”，创造性提出“七四五”发展模式，即整合七大城市运营产业集群、四大开发模型、五大运营服务，构建城市产业生态链，积极参与到美好生活、幸福城市的建设中去。正荣产业集团目前规划了七大方向：前沿教育、医疗健康、消费升级、品质人居、文化旅游、颐养康复、智慧城市。

正荣切入这七大产业集群的方式，更多的是以资源整合的手法去实现。根据不同产业的特色禀赋和未来发展蓝图，整合在各产业中领先的、拥有前沿技术和理念相同的合作伙伴，逐步推动各产业集群业务发展落地，形成具有正荣特色的产业化发展格局。

未来正荣的发展通过地产、产业、资本三大引擎构成相关多元化的业务格局，相互呼应、相互支撑，最大程度发挥出战略协同效应，即实现产融协同、产业布局协同与业务协同，由此支撑正荣集团在地产后千亿时代走上二次腾飞之路。正荣集团已不再是一家地产公司，而是一家投资控股集团。

阳光城：二十三载风雨兼程，有阳光有梦想

回顾23载风雨路，阳光城书写着“艰苦奋斗”的创业史。沐浴着行业“黄金时代”的春光，阳光城与中国地产业携手共进、茁壮成长。三年十倍增长的火箭式腾飞，铸就了阳光城成长运营双冠王的辉煌荣耀。“三全五圆”战略的稳步推进，吹响了阳光城全国化规模发展的号角。面对新时代的召唤，阳光城历久弥新，不断探索新的增长极，从“以客户为导向”进阶到“以用户为导向”，阳光城正引导着市场消费的转变升级。不顾风雨，踽踽独行，未来的阳光城将在“中国房企百强企业”书写更为浓墨重彩的一笔。有阳光，有梦想。

一、战绩：连续三年获成长性TOP10第一，2018中国房地产百强第20位

阳光城集团股份有限公司（简称“阳光城”）是世界500强阳光控股投资的以房地产开发为主营业务的上市企业（股票代码：000671.SZ）。作为一家业务涵盖房地产开发、物业服务、商业运营的全国化品牌地产开发集团公司，近年来，阳光城通过培育增强“精准投资，高效运营，适销产品”的核心竞争力以及调整整体运营节奏，成功实现了“规模上台阶，品质树标杆”的战略目标。阳光城坚持“缔造品质生活”的企业使命，以“降维战略”为理念推动产品全面升级，2014 ~ 2016年连续3年获得“成长性TOP10第一”，2017年获得“2017中国房地产公司品牌价值TOP10”的殊荣，荣登2018中国房地产百强第20位。

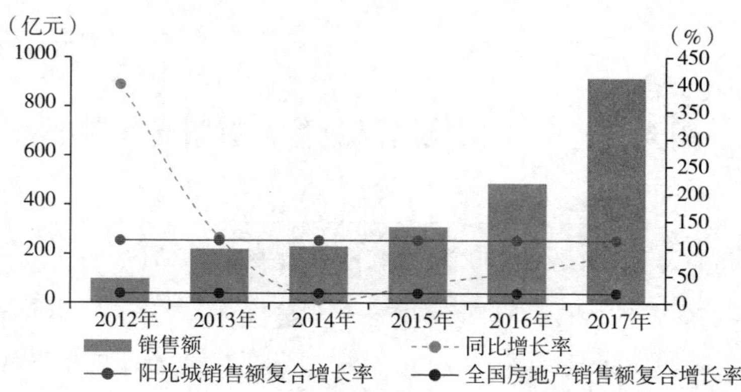

图 3-69　2012 ~ 2017 年阳光城销售业绩变化情况

资料来源：企业公告和年报、中指研究院整理。

在销售业绩方面，阳光城持续保持着较好的增长势头。2012 年，阳光城实现销售额 100 亿元。2013 年，面对复杂的外部环境和激烈的行业竞争，阳光城继续坚持“区域聚焦、深耕发展”的发展战略，同时形成了“一带多点”的企业战略发展布局，通过持续提升“精准投资，高效运营，适销产品”的企业核心竞争力，全年销售额突破 200 亿元大关，达到 220 亿元，同比大幅增长 120%。2017 年销售额增长至 915 亿元，2012 ~ 2017 年度销售额复合增长率高达 114.8%，同期全国房地产销售额复合增长率仅为 17.9%。

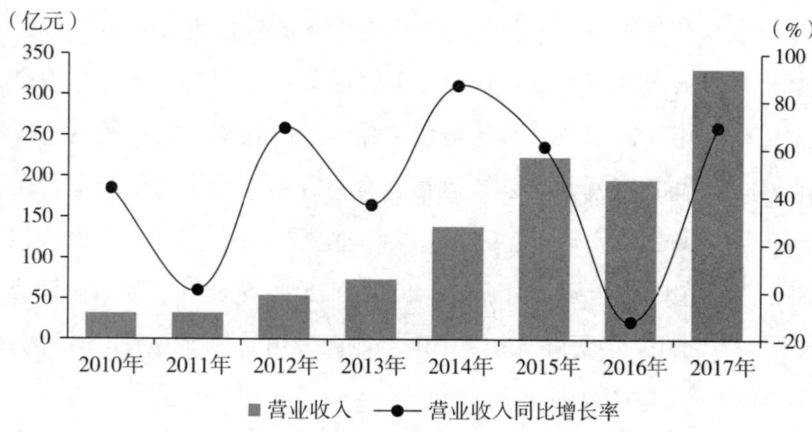

图 3-70　2010 ~ 2017 年阳光城营业收入变化情况

资料来源：企业公告和年报、中指研究院整理。

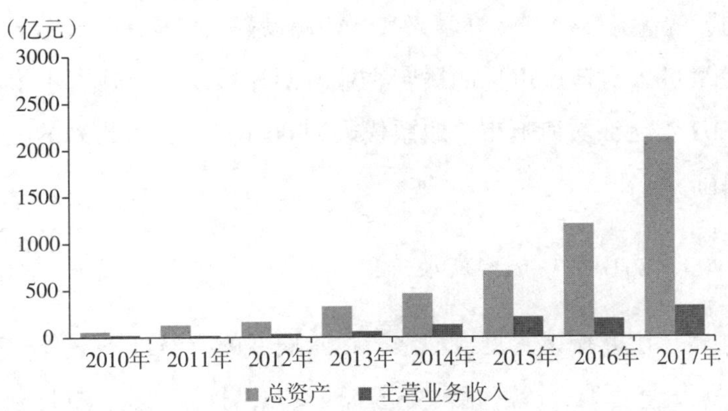

图 3-71 2010 ~ 2017 年阳光城总资产、主营业务收入变化情况

资料来源：企业公告和年报、中指研究院整理。

阳光城在规模扩张迎来突破的同时，营业收入、资产规模自 2010 年整体保持上涨态势，盈利能力逐渐增强。2010 年度，阳光城实现营业收入 32.02 亿元，总资产达 59.04 亿元。2011 年度，受国家及地方政府连续出台的调控政策影响，公司房地产业务经营发展有所放缓，公司全年实现主营业务收入 17.6 亿元，与上一年相比有所下滑。2017 年度，阳光城实现营业收入 331.63 亿元，总资产累计达 2132.5 亿元，资产规模相较 2010 年增长了 35 倍，发展规模持续提升。整体来说，阳光城比较准确地把握了行业发展节奏，保持了快速周转和稳健增长，同时兼顾质量的提升。

二、发展历程：扎根大福建，推进长三角，布局全中国

阳光城自 1995 年发展至今，顺应市场潮流，从其发展历程来看，可分为如下 3 个阶段。

1. 1995～2002年：起步发展阶段

阳光城集团创建于 1995 年，以善谋者的姿态投资中国大陆地产，首进厦门与福州。集团董事局主席林腾蛟先生率领的阳光城，以“做中国最受尊敬的成长性企业”为目标，发扬侨商“艰苦创业，勇于创新，回馈桑梓，

报效祖国”的优秀传统，从办学兴教开始，投资兴建福建阳光假日大酒店，是国内较早进入房地产市场的民营企业。阳光城及时抓住资本市场的发展机遇，2002 年在深交所上市，股票代码为 000671，为其将来的发展打下了坚实的基础。

2. 2003～2010年：探索发展阶段

2004 年，阳光城以“复合型地产运营商”的方略进军上海。2008 年，阳光城以大型复合地产运营商战略进军西安。以打造西安标杆性项目“林隐天下”为蓝本，阳光城在西安相继开发了西西安小镇、林隐天下两个高端住宅区。至此，阳光城复合型国际社区全国战略布局开始逐步展开。2009 年，集团进入江苏常州，上市公司更名为“阳光城集团股份有限公司”，股票简称变更为“阳光城”。2010 年，阳光城已经基本完成了在全国范围内的战略布局，在福建、北京、上海、陕西、江苏、广西、甘肃、山西、海南等省市均有涉及项目，在建建筑面积达 380 万平方米，另有近 2 万亩的土地储备。

3. 2011～2017年：高速发展阶段

2012 年底，阳光城将管理总部迁至上海，正式拉开“2+X”战略布局的大幕。“2+X”的全新区域布局是阳光城近两年来“调结构”的一项重要成果，也最终成为其“稳增长、保利润”的巨大推手和保障。所谓“2+X”，2 是指大福建、长三角两大区域，X 是指多个潜力城市。大福建和长三角区域，既是经济潜力大、市场风险低、相对安全的城市板块，又符合国家政策利好方向。阳光城在这两大区域的进一步战略纵深，为企业后续发展提供了巨大的成长空间。在长三角布局过程中，阳光城将“精准投资”演绎得淋漓尽致。进入上海一年内，阳光城便在上海连拿 7 幅热门地块，并悄然完成环自贸区布局。2013 年底阳光城进入苏州、杭州，迅速抢滩长三角区域。短短两年内，阳光城在上海先后获取 8 幅土地，其土地价值均被行业及市场认可。

2015 年，阳光城首个大型商业综合体西安阳光天地火爆开业，标志着阳光城正式进军商业地产。阳光城承建全国首个青运村，阳光城冠军品质获得国家级认证。良好的成长性也吸引了资本方的关注，同年集团引入中民投 45 亿战略定增，净资产突破百亿，首次发行公司债即获 68 亿优质融资。

2016 年阳光城收并购新发力，14 宗成功并购，新增土储 916 万平方米。这一年是阳光城探索城市更新，新增产业地产等新业务板块的一年。2016 年，阳光城首次进入广州、佛山、东莞、长沙、武汉、南昌、成都、郑州 8 个核心城市，完成“3+1+X”战略布局。首次布局城市更新及存量资产，北京、深圳、上海 3 大城市 20 万平方米开启城市发展新篇章。阳光城业绩再获市场认可，荣获 2018 中国房地产百强第 20 位。

近六年经过快速的发展，阳光城集团已经发展成为一家千亿级企业，2017 年销售额达到 915 亿元，总资产达到 2133 亿元。同时，公司的土储达到 3796 万平方米，储备货值达到 4911 亿元，位列 2017 年销售排名第 19 位。

三、经营战略：推进降维战略、“三全五圆”战略、“引进、发展、激励”人才战略

作为一家高成长性的房地产上市公司，阳光城以“降维战略”为理念推动产品全面升级，引领市场消费转变。2017 年，公司在原有战略布局上进一步深化，全面升级“3+1+X”布局战略，提出“三全五圆”的发展战略，遵循三全投资战略，包括全地域发展、全方式拿地、全业态发展，将一二线城市作为根据地，形成二线城市全覆盖、核心城市辐射周边城市的战略格局，落实五圆模型将公司人员、土地、资金等要素朝着一个良性方向在快车道上循环发展。“三全战略”“五圆模型”的同步推进，是推动公司快速发展的重要举措，助力公司向着更高的目标不断冲刺。在公司治理方面，坚持“精英治理 + 三权分立”的顶层设计和“引进、发展、激励”的

人才战略。在资本运作方面，多种融资手段并举，积极尝试创新融资方式，具体涉及以下五个方面内容。

1. 产品定位：以“降维战略”为理念推动产品全面升级

阳光城主营业务以房地产开发为核心，坚持面向合理自住需求，目前已经形成包括住宅（城市新筑、浪漫城邦、时尚公寓、生态住宅）和商业（商务办公、商业综合体、星级酒店等）两大类产品体系及七大产品线，全面涵盖全方位生活所需。同时全面升级产品核心理念，在行业内首次提出“降维战略”，引领市场消费转变，也让更多客户能尽享阳光精粹品质。

在住宅地产方面，阳光城将新一代产品的核心理念从“以客户为导向”进阶到“以用户为导向”，在行业首次提出降维战略打磨产品，走在地产创新前列，阳光城滨江悦、阳光城檀悦、檀府、丽景湾等明星产品屡获市场好评。阳光城通过产品的升级，引导市场消费的转变，着力打造和提升企业的投资、营运及产品能力，精准把控市场节点，实现了资金的快速周转和产品的高溢价。

在商业地产方面，阳光城已形成独特的商业地产战略及成熟的运营团队，秉承“以精为美，以人为本，以情为鉴”的理念，因地制宜，精准定位，打造精品，已形成“阳光小镇”“阳光天地”及“阳光荟”三大核心产品。目前阳光城已在全国范围内布局22座地标商业，目前上海、西安等城市都已经有开业，尤其西安阳光天地2017年销售业绩达到10亿，排名西安购物中心业绩前五，日均客流量可以达到7万人次。

在产业地产方面，阳光城集团产业中心以产业为核心，充分发挥与控股旗下教育、环保、物产、金融等业务板块的产业协同，抓住消费升级和科技升级的机遇，快速在全国拓展产城融合项目，带来稳定的产业收益。时至今日，阳光城集团已经和各地政府携手打造了延安教育小镇、广东清远天安智谷、力合阳光城云谷等数个大型综合性产业园区项目。

在物业服务方面，阳光城物业是全国知名的物业品牌，已成功布局全国 24 座城市。截至 2017 年底，在管面积超过 1000 万平方米，签约面积逾 2000 万平方米。以“有温度的物业服务运营商”为品牌使命，阳光城物业践行“用心服务，共享阳光”，2013 ~ 2017 年多年蝉联中国物业服务百强企业和中国物业服务百强企业成长性 TOP10。

不吝阳光，温暖共生，阳光城始终不忘造福桑梓，回馈社会，积极参与社会公益、捐资助学、扶贫救灾、支持体育等。截至目前，阳光城直接慈善捐款超 6.3 亿元，累计投入社会公益事业达 13 亿元。

2. 投资战略：推行全地域发展、全方式拿地、全业态发展的“三全”投资战略

阳光城坚定实施“区域聚焦、深耕发展”。2016 年，阳光城升级“3+1+X”战略（长三角、京津冀、珠三角 + 大福建 + 战略城市点）、在继续深耕大福建的基础上，推进长三角、珠三角和京津冀的投资计划，伺机参与城市更新及棚户区改造，并择机进入战略城市。对重点都市圈、经济带进行区域聚焦，深耕发展。

精准的投资决策对于成长型房企极为关键，2017 年，公司在原有战略布局上进一步深化，提出“三全”投资战略，即：全地域发展、全方式拿地、全业态发展，实现有质量的增长。

基于全地域发展，阳光城的发展策略是“根据地、环辐射、点开花”。首先，将根据地定位于一二线城市，例如北京、上海、福州等，形成二线城市全覆盖的战略格局；其次，以中心城市为立足点，向四周辐射发展；再次，在三四线城市寻找体量适中、可快速开发、有利润的双赢项目作为机会型补充资源。

全方式拿地主要是指在土地投资方面不局限于某一种形式，只要通过测算可以盈利的项目都是阳光城的目标，尤其是在产业导入方面，阳光城集团设置产业发展管理中心，进行产业整合，积极发展产业地产。

全业态发展是指在业态布局方面，阳光城不拘泥于住宅开发，商业、产业、经营性物业例如长租公寓等都将成为集团新的规模和利润增长点。目前阳光城集团也和各地政府携手打造了延安教育小镇、广州清远天安智谷等产城项目。

阳光城的精准投资不仅是对投资区域、城市、项目方面的精准把控，也是对经济周期、投资时点的多维度精准考量。一方面优化城市布局，聚焦和深耕经济潜力大、市场风险低、符合国家政策利好方向的城市群，实现全面布局。另一方面，在灵活运用招拍挂、收并购的同时，利用旧改、法拍、城市更新、产城融合等新手段，全方式获取地块特点清晰、盈利可期的优质项目。同时加强现金流管理，审慎稳健地保障公司发展。

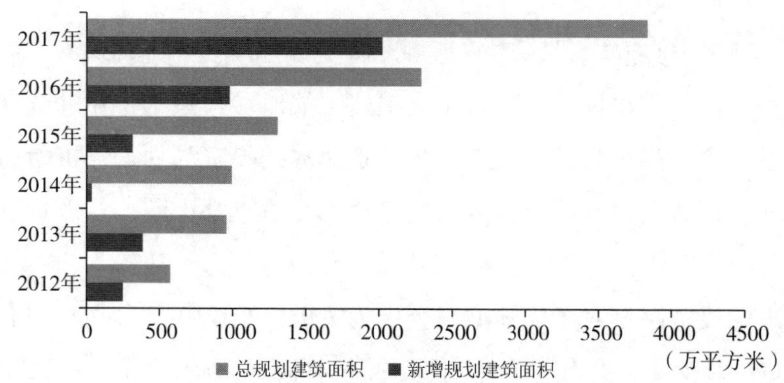

图 3-72　2012 ~ 2017 年阳光城新增土地储备和总土地储备情况

资料来源：企业公告和年报、中指研究院整理。

2012 年，在审慎关注土地价格合理性的基础上，公司通过招拍挂、受让股权等方式获取的土地量有明显提升，新增计容面积达 250.26 万平方米，累计计容面积 572.06 万平方米，为公司实现区域性龙头战略目标奠定了基础。2017 年，通过公开招拍挂、并购、旧改、法拍、城市更新等多种方式继续大力拓展土地市场，一共获得了 120 个土地项目，新增计容面积 2021.63 万平方米，新增权益货值 1407.12 亿元。截至 2017 年底，阳光城累计土储规模已达 3796 万平方米，拥有在手货值达 4911 亿元，在大福建、长三角、珠三角、京津冀、战略城市均有分布，足够支撑未来三年开发使用。

3. 运营策略：坚持“五圆”快速发展模型

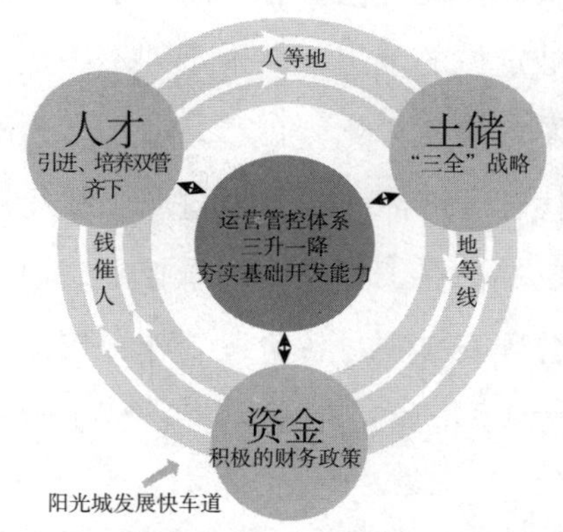

图 3-73 阳光城快速发展战略——五圆模型

“三全”投资战略的落实需要强有力的支撑，而“五圆”模型就是运营上有效的管理支撑。“五圆”模型是阳光城的快速发展战略。首先内环三个小圆，象征企业快速发展的三大重要因素——人才、土储和资金，要充分保障人才的培养和引进、充足的土地储备和稳健的财务政策；其次，内环中间的圆象征运营管控体系，这是企业的神经中枢，运营的综合整合能保障人、财、地三要素的有机结合和高效发挥；最终形成一个大圆，以上的人才、土地、资金等要素朝着一个良性方向在阳光快车道上循环发展。同时，公司继续坚持“高周转、低成本、轻资产”的运营策略，在“简单透明、结果导向、合作共赢”的企业文化和运作机制下，全面提升运营管理能力。

阳光城围绕项目管理的需要，进一步整合内部职能资源，控制好里程碑节点，发挥板块之间的协同效应。建立全过程管控机制，通过提前预警，过程参与，灵活调整等管理动作，抓落实，保供货。保证去化率，保证回款率，最终达到“三保一不”目标，即保证里程碑节点的实现、保证供货量的实现、保证去化率的实现，不失管控，由此建立及推动强控型运营，建立大运营管理体系。

通过强有力管控的手段，阳光城不断提升项目品质、提升项目开发效率、提升规模效益，降低无效成本。这就是所谓的三升一降，通过向产业链要成本等方式降本增效，提升在行业内的竞争力。在项目开发周期把控上，在城市解读、精准定位的前提下，秉承“不囤地、不捂盘”的原则，取得项目后，快速开发，快速去化；在产品结构上，已形成成熟的产品体系及具有代表性的二代轻奢产品线，并通过产品线复制，进一步提高工作效率，有效降低开发成本；在工程进度的管控上，通过标准化、系统化的线上全景计划管理，合理安排项目各阶段工作，快速实现开工，并通过一整套严格高效的生产管理系统和完善的业务流程，严格控制主要生产节点，缩短项目开发周期。

4. 团队建设：坚持“精英治理+三权分立”的顶层设计和“引进、发展、激励”的人才战略

“三全五圆”战略能够快速落地与公司治理结构是分不开的。阳光城集团的顶层设计是精英治理和三权分立。三权分立指董事会、监事会和经营层授权充分，权责清晰，管理透明，激励到位，董事会负责战略方向决策，经营层负责日常经营管理，而监事会负责审计监察风控。

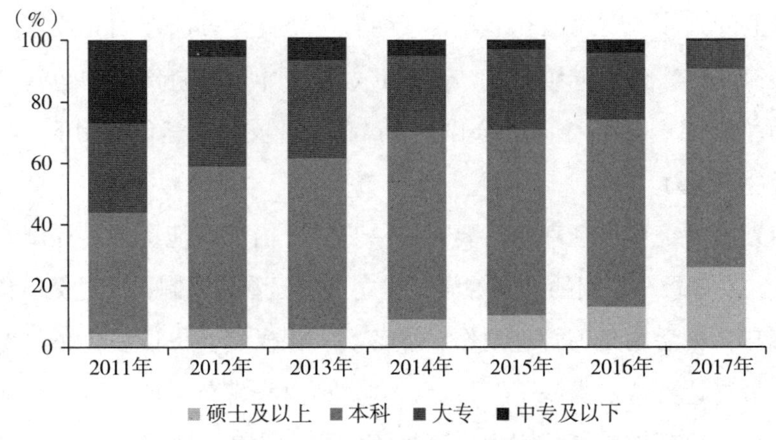

图 3-74　2011 ~ 2017 年阳光城各学历员工占比情况

资料来源：企业公告和年报、中指研究院整理。

在人才引进方面，阳光城坚持“引进、发展、激励”的人才战略，外引精兵强将、内建人才梯队，打造出一支从拿地到设计、成本、工程、营销、财务的系统性运营的专业团队，同时为员工提供优越的发展空间。2017年底，阳光城拥有硕士及以上学历员工1335人，占比26%，比2016年增加1092人；本科学历员工3321人，占比64.7%，比2016年增加2179人；本科以上学历员工占比高达90.7%。

在外引精兵强将的同时，公司实施了一系列人才发展计划。2012年，公司建立了员工培训制度，按照年度培训计划组织实施培训工作。公司通过网络培训、内部培训、派出培训、业内交流参观等内外结合的培训方式，组织开展新员工培训、人力资源操作法律务实培训、商务礼仪培训、管理规范标准化培训、内控规范专题培训等，通过培训，使员工从知识、技能、工作方法等方面得到提高，从而发挥出更大的潜力，推动公司和个人不断进步，实现公司和个人双赢。

2013年，公司建立项目负责人、营销精英团队、以优秀应届毕业生为主的“光之子”、高管商学院、内部讲师队伍、内部导师队伍的培训体系，完善了员工培训制度。

2014年，公司建立提升经理级员工领导力的“光之翼”创新培训体系。

2015年，公司建立“土星计划”“木星计划”“火星计划”“金星计划”的创新培训体系。

2017年，公司建立了覆盖项目总及职能总两大管理人员“光之耀”，以十大专业线条为主的百课计划，以新员工融入为主的向阳花计划，以博士为主的博士领航计划等。

阳光城积极学习优秀企业跟投机制，顺应市场要求，在原有战略评价体系进一步完善的基础上，于2017年初开始推行“双赢机制”，从公司上下调动全体员工积极性，实现股东和员工共赢。该机制运行一年，已覆盖了公司原有部分项目及全部新投项目达39个，2017年双赢项目的平均年化收益率达到了45%，不仅公司获得了稳定收益，管理得到有效改善，公司员工也获得了良好收益。

5. 资本运作：多种融资手段并举，积极尝试创新融资方式

阳光城在发展房地产主业的同时，积极利用资本市场融资工具，显著优化了公司的资本结构和财务指标，进一步降低了融资成本，为企业后续发展提供了巨大的成长空间，成为公司实现“稳增长、保利润”的重要推手和有力保障。

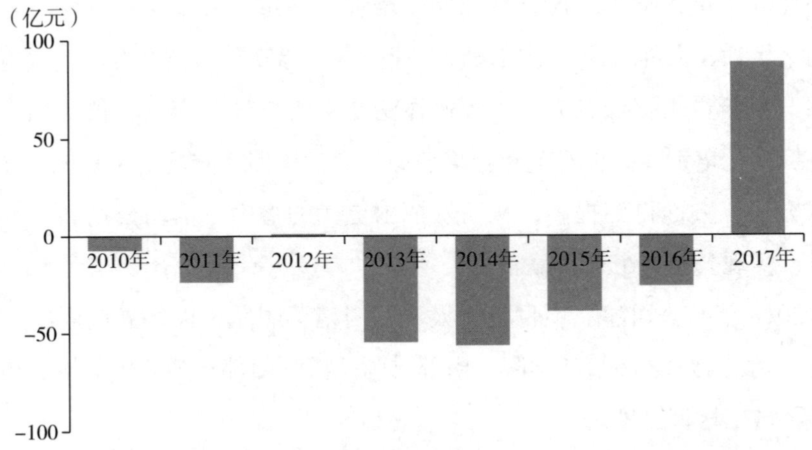

图 3-75 阳光城 2010 ~ 2017 年经营活动产生的现金流量净额

资料来源：企业公告和年报、中指研究院整理。

2014 年，阳光城经营活动产生的现金流量净额为 -56.41 亿元，主要原因系公司正处于房地产业务快速发展阶段，增加土地储备需要大量的资金投入，从而导致经营性支出大幅增加，公司资金主要通过举债融资的方式筹集。2016 年，阳光城充分利用资本市场直接融资工具，积极尝试并购基金、资产证券化、中期票据等多种创新融资方式。此外，阳光城通过与其他机构达成战略合作，探索新型融资模式及金融业务模式，相继与光大集团和陆家嘴国际信托合伙。其中，阳光城与陆家嘴国际信托在内一系列合伙人共同出资，为深圳罗湖旧改项目筹集资金 13 亿元。

2017年，阳光城经营活动产生的现金流量净额为88.19亿元，同比增长441.66%，公司经营活动现金流状况得到显著改善，主要原因系一方面公司当前正处于高速发展期，销售呈现快速上升趋势，另一方面公司当前项目运营效率提升、运营周期较短，经营回款较快。

2017年，阳光城在夯实传统金融机构融资的基础上，充分利用资本市场的各类融资工具，积极尝试并购基金、商业地产抵押贷款、购房尾款资产证券化等，通过发行44亿中期票据、10亿永续中票、7.5亿美元海外债等多种创新融资方式，进一步扩大了融资渠道，全年累计融资千亿以上，为企业后续发展提供了巨大的财务支持，成为公司实现“稳增长、保利润”的有力保障。

截至2017年末，阳光城融资余额达到1134.89亿元，其中1年以内321.43亿元，3年以上334.35亿元，融资期限结构得到优化。2017年，阳光城融资成本进一步降低，整体平均融资成本为7.08%，较上年同期降低1.34个百分点。年内，中诚信评级多次给予阳光城增持评级，大公国际也上调了阳光城长期信用等级至AA+，展望为稳定。

阳光城始终坚持稳健发展，尊重市场规则，积极打造多元融资，优化整体财务结构，有效降低资金成本。2018年发行了全国首单ABN、西部首单CMBS、ABS、海外债、储架式长租公寓REITs等，为公司未来稳健高速发展保驾护航。

未来阳光城将以开发理念的升级推动地产开发迈向高效化，以资本运作的升级推动资本价值实现最大化，以管理能力的升级增强企业内生动力，上规模、树标杆、立典范，坚守战略，孜孜不倦。在实现“规模上台阶，品质树标杆”的发展目标的同时，始终不忘造福桑梓，回馈社会，向着“有理想、有信念、有口碑、可传承、可持续发展的、受尊敬的典范企业”的发展愿景持续迈进！

融信中国："聚焦、平衡、轻资产"备战下一轮稳成长

2018 年，房地产市场进入新一轮的休整期，房企面临的生态环境更加复杂多变，未来的房地产市场将在调整中逐步回归理性。融信积极布局全国八大核心城市群，实施区域聚焦深耕战略，并积极拓展卫星城市，形成多个"1+N"布局；并以高品质产品立世，实现业绩托举；在高增长的基础上将平衡发展作为公司的重中之重，持续根据市场环境和金融周期来灵活调整和实施发展策略。融信集团凭借高品质的产品、优异的经营业绩、优质充足的土地储备、稳健可持续的发展定力和长期向好的趋势荣获"中国房地产百强企业"，同时获评"中国房地产百强企业——成长性 TOP10"。

一、战绩：坚持中高端精品战略，经营业绩稳步增长

融信中国控股有限公司（股票代码：3301.HK）创立于 2003 年，是一家于香港联交所上市、专注于中高端住宅开发的大型现代化企业集团，拥有国家一级开发资质。15 年来，融信紧抓机遇，战略布局全国 8 大核心城市群，坚持中高端精品路线，不断创新产品和打造城市标杆产品，适时灵活调整发展战略，以规模、利润和杠杆的平衡策略实现了有质量的增长。

1. 销售业绩

2018 年上半年，融信集团实现合约销售额 545.31 亿元，合约建筑面积约为 253.71 万平方米，其中合约销售额是 2018 年融信全年 1200 亿合约销

售目标的 45.44%。2018 年 5 月单月合约销售额超过人民币 122 亿元，同比劲升超 3 倍，位列全国规模以上房企排行榜首位，引得行业瞩目。据中指研究院数据统计，融信集团位列 2018 年 1 ~ 7 月销售排行榜第 25 位。2017 年，融信集团实现销售额 502.35 亿元，同比增长 103.88%，连续三年保持快速增长，企业规模迅速扩大。从近三年的销售额和销售面积的增长率来看，融信集团的销售额和销售面积增长率远远高于全国房地产商品房销售额增长率和销售面积增长率，2018 年以来更是保持了强劲的发展势头，以良好的增长态势跑赢大市。市场占有率也从 2014 年的 0.12% 提升至 2017 年的 0.38%。

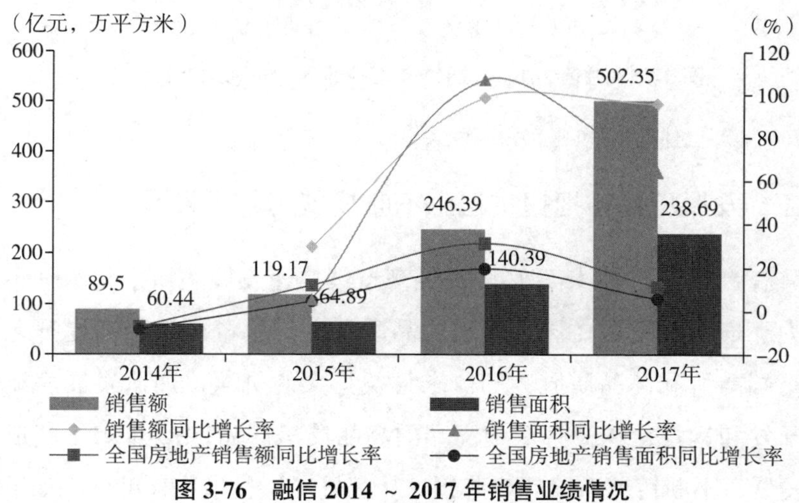

图 3-76　融信 2014 ~ 2017 年销售业绩情况

资料来源：企业公告和年报、中指研究院整理。

2. 盈利性

融信集团在规模扩张迎来突破的同时，营业收入规模持续快速上涨，盈利能力稳步上升。2014 年，融信集团营业收入 40.99 亿元，净利润 5.02 亿元，到 2017 年，融信集团实现营收与盈利快速增长，同比增幅均超五成，营业收入和净利润分别是 2014 年的 7.4 倍和 5.27 倍。其中，实现营业收入 303.41 亿元，同比增长 166.80%，企业实现快速规模化发展；2017 年净利润为 26.46 亿元，同比增长 55.37%。

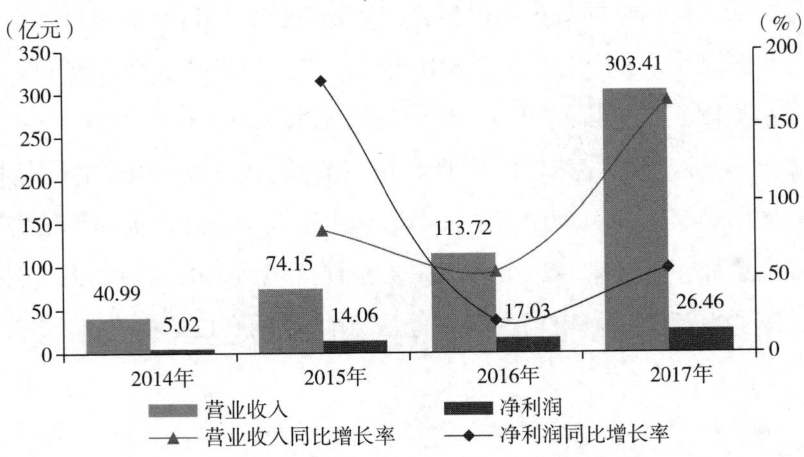

图 3-77　融信 2014 ~ 2017 年营业收入、净利润及其变化

资料来源：企业公告和年报、中指研究院整理。

二、发展历程：把握机遇，不断成就跨越式发展

融信始创于 2003 年，在国民经济持续快速发展和城市化水平不断提高的大环境下，把握住居民对居住品质和生活质量要求不断提升尤其是对中高端寓所和高品质服务的需求日益扩大的机遇，加速发展房地产投资、开发和运营，积极打造中高端的高品质房产品，15 年来不断成就跨越式发展，不断铸就新的辉煌荣耀。从其发展历程来看，可分为如下 4 个阶段。

1. 2003～2008年：深耕福州，城市标杆

创立伊始，融信领军福州，成功打造融信 · 第一城、世欧 · 王庄等标杆项目，注重客户关怀，首创“社区邻里节”，荣获多项荣誉。

2. 2009年～2012年：进驻闽南，扬帆击水

2009 年，融信成功进入漳州、厦门，成功打造融信 · 澜园、融信 · 海

上城等标杆项目。精工细作注重客户体验，荣获“典范中国房地产品牌企业”“中国房地产百强之星”“中国最佳雇主”等荣誉。

3. 2013～2015年：挺进华东，跨越增长

2013 年，融信第一次迈出了福建市场，将业务拓展至上海、杭州等市场，开始聚焦一二线城市核心区域，打造城市标杆精品，实现跨区域发展。

4. 2016年至今：立足上海，布局全国

2016 年 1 月，融信中国在香港联交所主板上市，正式登陆资本市场。借力于上市契机，融信中国步入高速发展的第二个阶段。2016 年 2 月，融信从战略发展出发将总部搬迁至上海，以上海为中心辐射全国一二线城市，全国战略全面升级，融信迎来新一轮快速发展。2017 年，融信中国以具备吸引力的价格收购宁波海亮及安徽海亮各 55% 股权，新增可售面积逾 500 万平方米，进一步拓展中西部市场，增加省会城市的布局，加强盈利增长，完成全国化八大核心城市群布局。

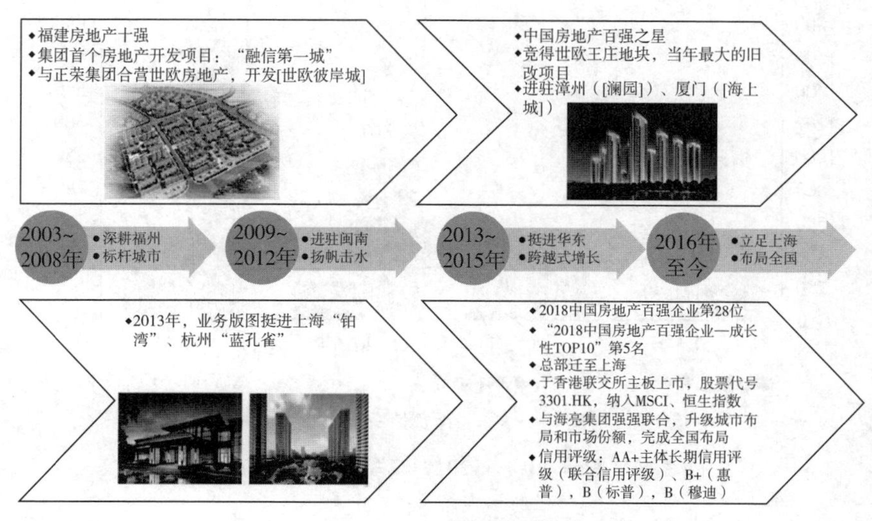

图 3-78　融信发展历程

三、经营策略：平衡发展、全国化布局、聚焦高品质、大爱情怀

目前，融信中国将未来公司的发展战略概括为三个关键词：三个聚焦、两个平衡、两种轻资产措施。三个聚焦即聚焦住宅、聚焦改善、聚焦高品质；两个平衡指的是，做好规模、利润、杠杆之间的平衡，做到稳中求进。就行业来讲，做好增量与存量之间的长期平衡趋势，短期内聚焦增量、适度参与存量。两种轻资产方式，包括强强联合、优势互补；管理输出，打造新的利润增长点。

1. 资本运作：务实稳健，做好规模、利润、杠杆之间的平衡

充裕的资金是企业规模发展、拓展资源的重要前提。2016 年，融信中国在香港联交所主板上市，正式登陆资本市场，2016 年全年筹资活动产生的现金流入大幅增长，达到 337.24 亿元；2017 年融信集团筹资活动产生的现金流入为 241.65 亿元，同比下降 28%。2018 年，融信发行 35.61 亿元的优先票据，并通过股权融资方式向社会融资 8.99 亿元。

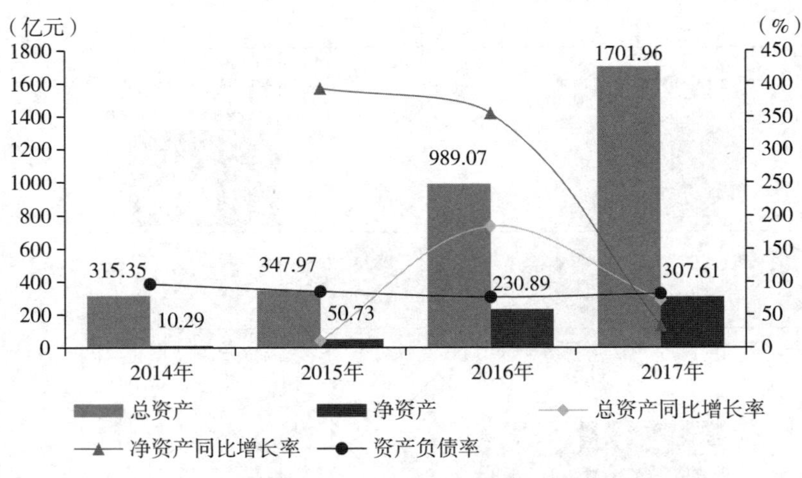

图 3-79　融信 2014 ~ 2017 年总资产、净资产情况

资料来源：企业公告和年报、中指研究院整理。

近两年融信销售回笼大幅增长，融信的资产负债率已回落至82%，且债务结构持续优化，公司短期贷款占总有息负债比例不断降低，公司短期还贷压力较小、流动性很充裕。未来，融信会持续把负债率控制在行业合理水平。整体来看，融信采取务实稳健的财务政策，资产结构较为合理，企业的短期偿债能力较强。

2018年，融信积极审视行业发展及市场状况，将以保持盈利和降低杠杆为首要目标，实现有质量的增长和稳健的发展。未来，强强联合的轻资产模式是融信促增长提效益的核心战略。

从与绿地、万科、碧桂园、保利等一线开发商进行的成功项目合作中，融信已经成功验证了轻资产1.0战略合作带来的共赢发展。2017年，融信与海亮联姻，此次融信受让股权占比55%，融信并未采用全比例持股以母公司身份全面接盘上述海亮公司的方式，而是以相对更轻的资产投入方式参与项目。在土地价格日趋高涨的情况下，融信收购海亮地产部分股权而非100%控股，也利用较少的资金获得较为优越的土地资源，再一次在合作道路上探索轻资产2.0模式。伴随稳健的财务表现、优化的企业运营和严苛的风控要求，融信在资本市场的预期展望或更加稳定。

基于良好的业绩表现和发展潜力，融信中国的投资价值获得众多专业机构的认可。2018年以来，融信中国先后获得中投证券（香港）、海通国际、巴克莱、国际投行花旗等多家机构的首次覆盖，给予“买入”评级。6月，中投证券发布年内关于融信中国的第三份研报，维持“强烈买入”评级，认为“销售回款将为融信降债的主要驱动力，随着更多项目推出，预料销售将持续强劲，有望协助融信负债率于2019年达致行业平均水平”。8月，国泰君安发表题为“一家快速增长的地产开发商，首予‘买入’”的首发研报，给予融信中国（3301.HK）“买入”评级，认为“公司股票配售和优先票据的发行显示了稳定的融资渠道。由于强劲的合约销售增长和稳定的融资渠道，相信融信中国偿付风险有限”。

2. 全国化布局战略：8大核心城市群，“1+N”扩张

融信深耕福建地区，自2013年起开始全国性战略布局，拓展一二线核心城市，扩展中西部地区布局。目前，融信已形成海峡西岸、长三角、长江中游、大湾区、京津冀、中原、成渝、西北城市群全国八大核心城市群的战略布局。融信在实施区域聚焦深耕市场、推行全国化战略布局的同时，还坚持平衡发展战略，扎根一二线核心城市核心地段，积极拓展原有入驻城市周边具有明显外溢需求、净人口流入及有新兴产业规划的卫星城市，形成了多个“1+N”布局。

从具体城市来看，目前融信已进入35个城市，2018年新进入武汉和长沙2个城市。从企业布局城市的等级来看，融信进入的35个城市中，一线城市共进入了2个，分别为上海和广州，二线城市共17个，主要位于长三角区域、中西部区域以及海西区域；三四线城市大都为核心城市周边卫星城。截至2017年12月31日，融信总土储2315万平方米，福州、杭州、郑州三座城市为集团重仓布局区域，这些高质量的土地储备足够支撑公司未来3年的稳健发展。

3. 产品策略：聚焦住宅，聚焦改善，聚焦高品质

融信始终将“品质”视作赖以生存和永续发展的核心基石，坚持产品力就是生命力、产品力就是核心竞争力，坚持中高端精品战略，同时注重产品创新，不断以专业、专心、专注的精神打造高品质地产产品；同时善于用最专业的眼光发掘区域潜力、挖掘土地文脉、调配最优资源为业主打造舒适温馨的居所，不懈追求细节和服务。融信集团一直致力于成长为中国最具竞争力的开发商之一，在对待每一块土地的时候，集国际一流建筑师、设计师智慧，联合知名承建商倾力打造符合本地文化的一线标杆产品，以高品质标杆产品影响城市。

从海西到长三角，融信以创新为传统，通过产品的不断迭代进化，融信已形成公馆、世纪、中心、小镇以及墅府澜城等8种多元的产品系。

在全国，融信执着于品质改善型住宅产品的定位。从2010年在厦门、福州开始尝试，到2013年福州白宫、后海逐渐成熟，随后，在首入杭州的蓝孔雀、学院府项目中，融信凭借“三件套——幕墙、铝板和曲线”赢得挑剔的杭州市场的认可。2016年，从杭州神盘创世纪开始，融信进一步迭代了这种“全金属幕墙+大开窗体系+流动的曲线”，世纪系等二代产品全系亮相，下沉式庭院、全区风雨连廊、全架空层空间、全装修配置等等产品细节的迭代升级，共同造就了澜天、创世纪、江南学府、永兴首府、萧山公馆等一系列红盘“屡开屡罄”。融信对于品质的高要求，使得打造的每个项目都成为城市的地标性楼盘，很多融信项目在区域内均有较高溢价。

同样有着“三件套”基因的，还有融信的高阶商办产品系“中心系”，项目大多是各自所在城市的地标，比如厦门融信中心和上海虹桥世界中心。厦门融信中心，由英国设计师阿特金斯亲自操刀，犹如一只展开翅膀的白鹭，是厦门岛望向海沧湾的第一道天际线，物业形态包括写字楼、五星级酒店、海景公寓和滨海商业街等。上海虹桥世界中心，则是一个向阳花的造型，与一街之隔的“四叶草”（国家会展中心）两相呼应。虹桥世界中心用8949块曲面玻璃，构成了一个绿色、共享、智能的办公和酒店综合体。

融信还精心打造集办公、公寓、商业多种业态为一体的大型都会综合体——“城市之窗系”。从项目外表的设计来看，其建筑追求美学之感，彰显了现代都市感的国际流行色彩，而在产品的设计上，融信突破了传统的高挑开敞开放式的空间，利用极具流动性、透明性和艺术性，满足现代都市人的商务需求。便捷的交通和周边各种商圈配套及生活配套是“城市之窗系”项目的突出优势。2018年，融信集团将在上海、南京和郑州等地亮相城市之窗项目。

4. 品牌与企业责任：打造更美社群，关注少年成长，探索特色公益之路

“融信发展的要义，第一是讲信誉；第二是做好产品，以品质树立品牌；

第三要承担社会责任。”融信中国董事局主席欧宗洪强调。作为城市、空间、美丽生活的推动者，融信已在主营业务和创新业务都积累了相应的能力，并付诸产品实践。在追求商业理想的过程中，融信希望利用企业的资源，搭建有效的社会公益平台，承担更多的社会责任。

在更美丽的产品之外，融信中国近年来陆续推出了“融信国学堂”“融信邻里节”等社群活动，并投入资金开展“美丽家园计划”，对已过保修期的项目予以进行修缮，包括已交付 11 年的项目。另外，也正请知名艺术家担任顾问，落实“艺术社区计划”，致力于更美社群的打造。

公益方面，融信中国自成立之初就投身公益事业，并于 2014 年 5 月成立融信公益基金会，先后向赈灾救济、公益联盟、城市运营、爱心助学等公益事业捐款逾 2 亿元人民币。2017 年，融信公益基金会携手中国青少年发展基金会和北京天使妈妈基金会，共同打造了大型平台性公益项目“少年中国计划”，聚焦于青少年群体，包括教育、健康和资助三个方面的项目。2018 年 6 月 26 日，“少年中国计划”第二季正式开启，在精准扶贫政策的指引下，将聚焦三区三州等贫困地区，首站走进新疆，为孩子们带去更多的希望和阳光。2018 年 7 月，融信荣获“精准扶贫年度创新企业”奖。未来，融信将持续关注少年成长，践行精准扶贫，让企业公益更精准，让救助更有效，积极探索民企特色公益之路。

房地产市场在分类调控、因城因地差异性调控措施中，有望实现关键突破，踏入高质量发展时代。融信在高增长的基础上将平衡发展作为公司的重中之重，持续根据市场环境和金融周期来灵活调整和实施发展策略，未来将以“三个聚焦、两个平衡、两种轻资产措施”为发展战略，继续深耕核心城市，落地全国性战略布局，坚持中高端精品战略，全速迈进千亿房企梯队，并做好规模、利润、杠杆之间的平衡，实现有质量和稳健的发展。

祥生地产：厚积薄发三连跳，劲松渐成百尺条

30 多年来，祥生勇立潮头，从诸暨进军杭州生辉上海覆盖苏浙皖，实现全国布局，以高成长的身姿实现行业瞩目的蜕变。在企业的稳步发展中，祥生精研产品体系和标准化建设，深谙城市发展之道的“根据地策略”，以深耕战术厚积薄发，以“幸福生活运营商”的品牌定位点亮未来幸福生活，祥生连续 9 年荣获“中国房地产百强企业”并以披靡之势跻身前列，实现了自我的突破，也迎来美好的未来。

一、战绩：华丽“三连跳”，剑指千亿

祥生地产集团（以下简称祥生地产）成立于 1995 年，隶属于祥生实业集团，系当前集团最核心业务之一。作为集团的龙头子公司，祥生地产砥砺前行三十余载，不断扩充城市版图，持续加强产品竞争力，顺势而为，以磅礴之势，实现跨越赶超，逐渐向行业前列迈步，以傲人战绩赢得业内与市场的认可。

以“立足杭州，生辉上海，深耕苏浙皖，辐射全国”的战略为布局指引，以城市深耕为运营方略，祥生地产完成了全国范围内 20 余省市 50 余城的布局，实现了销售业绩的飞速提升。

在过去的 5 年里，祥生地产无疑是房地产行业的领航者之一，销售业绩实现远超行业平均水平的增长，尤其是在 2015 ~ 2017 年间，祥生地产销售额复合增长率超 100%。从销售规模的时间和跨度来看，祥生地产在近三年间实现华丽的“三连跳”：2015 年，其销售额突破 100 亿，同比增长 72.22%；仅一年时间，祥生地产把握市场主流需求，便于 2016 年冲破 300 亿关卡，同比增长超过 100%；随后，祥生紧跟行业大势，再度发力，于

2017 年跨进 600 亿阵营，同比增长 90.66%，高出同期房产百强平均增长率 57.86 个百分点。在前两年打下坚实的基础下，祥生地产在 2018 年的销售额将突破千亿，欲向更高的山峰攀登。

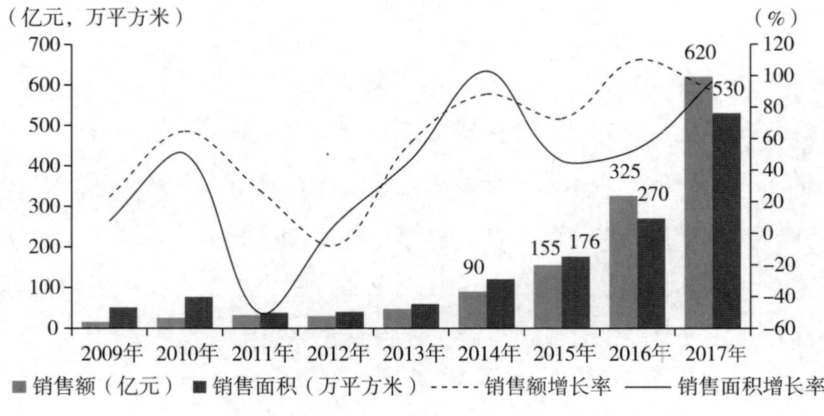

图 3-80 祥生地产 2009 ~ 2017 年销售业绩变化情况

资料来源：企业公告和年报、中指研究院整理。

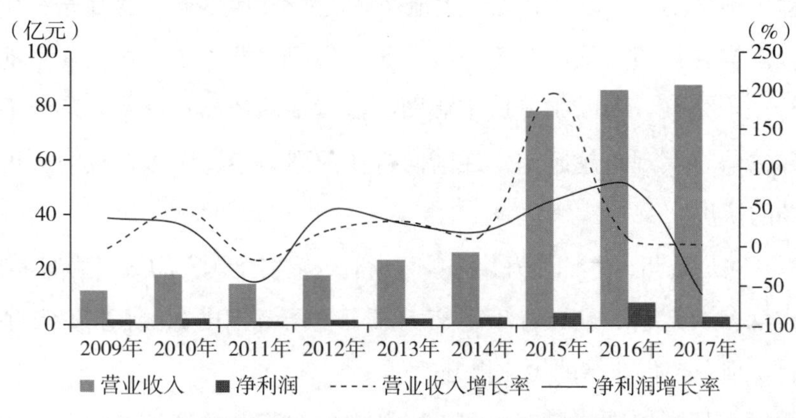

图 3-81 祥生 2013 ~ 2017 年营业收入及净利润变化情况

资料来源：企业公告和年报、中指研究院整理。

在规模快速扩张的同时，伴随的是祥生地产营业收入的稳步增长。2013 ~ 2017 年间，营业收入五年间的复合增长率为 38.9%，创收能力持续提升。特别是 2015 年，祥生地产营业收入井喷式增长，该年营业收入达到

78.14 亿元，同比增长 196.49%，增长近两倍。而后祥生地产保持其营收成绩，并稳健向上增长。

二、发展历程：拓疆土，精战略，一鸣惊人，蓬勃之树已成林

祥生地产自集团成立至今，一路伴随中国房地产市场走过跌宕起伏的历程，历经三十余年蜕变，在不断变迁的浪潮中把握着发展的脉搏，从创立之初的行业新秀逐步发展成为如今拥有地产开发一级资质，涉猎住宅、小镇商业、产业等多元化地产业态的中国房地产行业领先者。回首祥生地产走过的点点滴滴，其成长的经历大致可为如下 5 个阶段。

图 3-82 祥生地产发展历程

1. 20世纪80年代初至1993年：集团成立·生根

越国故地、西施故里，于这历史悠久、人文荟萃的诸暨，祥生地产的雏形开始显现。20 世纪 80 年代，初代祥生人迈出了创业的第一步，开始了艰辛的创业过程。在创业伊始，祥生人开始探索发展方向、整合自身资源，不断摸索、改进运营模式，韬光养晦，厚积薄发，终于 1993 年正式成立诸暨市祥生实业开发总公司，祥生的名字正式走上房地产行业舞台，在全国房地产行业的沃土中萌发了属于祥生的根须。

2. 1993～2003年：飞速发展·聚力

祥生实业开发总公司成立次年，诸暨市祥生房地产开发有限公司成立。而后，1995 年浙江祥生实业集团有限公司与浙江祥生房地产开发有限公司成立，拉开了祥生茁壮成长的序章。起步诸暨，祥生地产开始通过住宅开发业务，累积宝贵经验，同时通过承建不同业态的开发项目，不断修炼自身内功，快速地成长、壮大。

在此阶段，祥生地产逐渐拓宽了业务范畴，从公建到住宅，从酒店到商业，地产开发多种业态下都留下了祥生的行迹。此外，诸暨市祥生广告发展有限公司、祥生物资有限公司、祥生大酒店有限公司、祥生物业管理有限公司等相继成立，进一步整合行业横向资源，融通行业纵向价值链，为祥生未来的腾飞打下了坚实的基础，集聚了力量。

期间，祥生地产集团各项目广受社会好评，各业务领域获得行业认可。2002 年祥生地产集团祥生房地产公司荣获“诸暨市质量管理先进企业”称号，定级“信用等级 AAA 级”，评为首批信用示范企业；集团荣膺市级规模企业、纳税大户，成为首批浙江省百家消费者放心满意单位；祥生大酒店被评为消费者信得过单位，“优秀经营单位”，定为绍兴市旅游涉外饭店；祥生建设所承建的多个项目也屡次获得各地优质工程奖项，其中祥生·新世纪花园被认同为国际级的“绿色名片”。

3. 2003～2010年：布局全国·拓土

经过十年的潜心历练，祥生地产整装待发，为自身的再次进步做足了充分的准备。2003 年，祥生地产迈进新时代，开启新征程。集团发展进一步拓宽，开始走出诸暨，积极向全国市场进军，实施全国化布局战略。这一年，祥生地产首先进军上海，标志着祥生地产从此走向中国房地产行业舞台最闪亮的中心。2004 年后，整个中国房地产市场迎来又一轮繁荣发展时期，祥生地产随波扬帆，继续扩宽其业务覆盖领域，相继落子浙江、江苏、安徽、山东、江西、湖北、福建等多个省份，初步形成全国化的发展格局，让祥生地产的影响力传播至全国。

毋庸置疑，这段时间里，祥生地产的房地产开发业务得到了极大的成长，规模得到了持续的增长，真正成长为祥生最核心业务。同时，祥生地产全国布局不仅仅是简单地开疆拓土，更是自身开发能力的快速进步。2004 年，祥生地产晋升为国家房地产开发一级资质企业，房地产开发能力进入全国开发企业第一方阵。2010 年，在质与量的齐头并进下，祥生地产被评为浙江省十大住宅产业领军企业。祥生地产在拓土阶段，凭借其综合实力的提高和品牌价值的提升，于 2010 年首次入选中国房地产百强企业。

4. 2010～2015年：战略升级·繁枝

伴随祥生全国化布局战略的深入开展，在 2011 ~ 2015 年期间，祥生地产开始积极寻求新的发展机遇，主动发掘新的增长支点，同时对不同业务领域进行深层次地改进与完善，令其枝叶更加繁茂。身处房地产的白银时代，祥生地产对自身战略进行了全面性、系统性的调整，为未来的发展绘制了一幅更精细的蓝图。

祥生地产以房地产行业为根基，衍生出地产开发、小镇开发、建筑安装、物业服务、酒店旅游 5 大业务板块，构建“五位一体”的多元发展体系。各板块紧密结合，共同发展，优势互补，相得益彰。

5 年时间，在房地产行业的更迭期，也在祥生地产自身发展的转型期，祥生地产做出了诸多战略层次的转变，明确了未来的发展方向和模式。这一时期，祥生逐步梳理标准化体系，秉持聚焦和深耕战略，厚积薄发，不断提升企业业绩，2015 年销售额成功突破百亿。

在此期间，祥生地产蝉联中国房地产百强企业称号，旗下御江湾系列在 2014 年荣膺中国房地产住宅项目品牌价值 TOP10。成功的战略升级令祥生地产开枝散叶，奠定了后期的远播。

5. 2015年至今：跨越千亿·远播

近3年，无疑是祥生地产绽放光芒的时代，在30余年的沉淀之后，祥生厚积薄发，以磅礴发展态势站在世人面前。

2015年，祥生地产销售规模突破百亿；仅用一年时间便攻破300亿大关；2017年，祥生地产更是跨越600亿门槛；三年来，复合增长率超过100%，如此惊人的“三级跳”，令原本旗鼓相当的企业难以望其项背，也让祥生一路高歌猛进，实现对行业内诸多实力雄厚企业的超越，越发接近行业第一方阵。

连续9年荣居中国房地产开发企业百强，从2015年百强第69位，到2017年跨过50位分水岭，再到2018年位居35强；从中国房地产百强企业运营效率TOP10，到荣获中国房地产社会责任感企业称号，再到中国房地产土储增速领先企业。祥生地产正全方面、多维度地展现着自己的综合实力，迈着既快又稳的步伐，向未来前进。

2018年，祥生地产将目标再次提升，剑指千亿，对跻身房企第一梯队充满信心。

三、经营策略：匠心创新、高效运营，精准布局，进击千亿阵营

2018年，祥生正式向千亿发起冲锋，其成长的背后有四大策略支撑：产品策略、战略布局、运营策略、品牌策略。

- 所谓产品策略，就是祥生地产集团根据不同客户需求，不断创新发展，打造六大标准产品体系，坚持做“一二线城市（大都市圈）周边和三四线城市改善者”；
- 所谓战略布局，就是祥生地产集团在千亿目标下，以“立足杭州，生辉上海，深耕苏浙皖，辐射全国”为投资方向，布局长三角优质城市，坚持“根据地”策略，同时升级产业战略布局，积极开拓特色小镇业务；
- 所谓运营策略，就是祥生持续坚持的深耕战略，以“四全打法”为指导，

管理前置、严控节点、重视细节管理，通过厚积薄发完成规模成长；

● 所谓品牌策略，就是祥生通过“趣生活”主张，构建全年龄社区服务体系，打造幸福生活运营商名片，持续提升品牌价值。

1. 产品方面：匠心品质，持续创新，打造“美好生活”人居产品

祥生地产集团经过三十多年的发展，积累了从小众臻品到大众精品全面涵盖，可满足不同层次消费者需求的众多产品经验。祥生地产根据目标客户层次，对成熟产品进行细化研究，形成“大城春晓、悦说新语、府樾同辉”六大产品系列，包括针对刚需客户的春晓系、城系产品；面向刚改客户的悦系、新语系产品；满足改善型需求的府系、樾系产品。

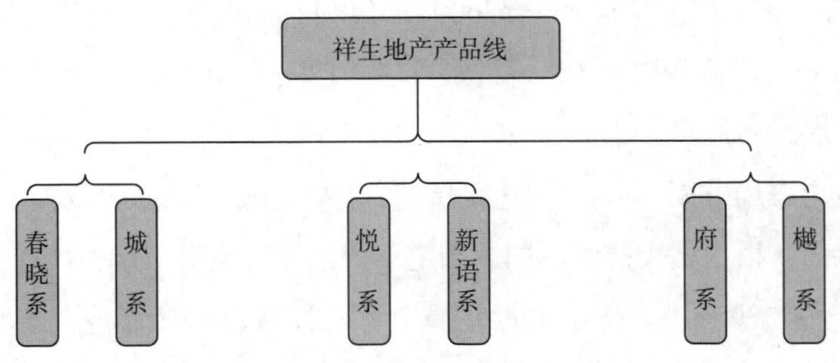

图 3-83　祥生地产集团的产品线

作为浙系房企代表之一的祥生，其产品具有浓厚的浙系基因，以“匠心质造”为研发精髓，不断研创符合“美好生活”定义的人居产品。对于落地项目，祥生地产凭借自身的产品创新体系和能力，坚持“七分标准化、三分创新”的理念，根据不同城市人文特性及周边竞品特点，采取“同样产品比功能、同样功能比配套、同样配套比品牌”的竞争策略，比如同等面积的产品，别人做到南北通透，祥生则能达成三面朝南，或者比竞品多一个功能房等更丰富的功能体验；当户型、功能相差无几时，祥生在园区景观营造或园区智能设施等硬件配置上，一定要胜出一筹。

祥生地产将自己定位为“一二线城市（大都市圈）周边及三四线城市”改善者，坚持与城市共生长。企业从客户角度出发，坚信不同等级城市的业主有着同样品质需求，积极将一二线发达城市的品质产品引入三四线城市，为客户带来持续的惊喜感。早在2003年，当品质住宅刚刚在一线城市兴起时，祥生就已将这一理念引入县级市的诸暨，打造了当地首个山水墅质住区，一举奠定其高端品质形象。近几年，随着全国化布局的加速，祥生不断将高能级城市的高等级产品向三四线城市落地，引爆当地市场，杭州、台州、衢州、温州、泰州、宣城等多个城市持续出现火爆热销的“祥生现象”，是祥生品质的有力证明。

2. 战略布局：坚持聚焦，布局特色小镇，冲刺千亿目标

2017年底，祥生在超额完成600亿年度目标的同时，提出2018年冲击千亿的口号。为实现这一战略目标，祥生在聚焦城市布局的同时，积极创新业务发展，布局特色小镇领域。

在城市布局方面，祥生以“立足杭州，生辉上海，深耕苏浙皖，辐射全国”为投资方向，根据城市能级不同，制定不同的城市投资策略：

对于一二线城市，祥生重点布局上海、杭州、武汉等重点核心城市，保持积极进入的态度，但并不盲目投资高价地，而是着重选择有发展潜力的区域，让祥生能够充分享受大城市的发展红利。以杭州市场为例，从2015年至今祥生实现了“十余盘”的战略格局，云溪新语、云浦新语、群贤府等都是领跑全城的热销项目。

对于三四线城市，祥生则选择“高铁+轻轨”可达的卫星城市群，坚持“根据地”战略，做透小城市。对于祥生来说，每一个进驻的三四线城市，就像是一个“根据地”，祥生要做的不仅是深耕，而是要真正地把根据地做热、做深、做透、做大做强。

战略目标明确的祥生，敢于逆势、逆周期在三四线城市持续深耕。2017年祥生销售额突破600亿，其中祥生根据地战略成果显著，在长期

深耕的诸暨、泰兴、湖州三城，祥生销售额在当地市场均排名第一。进入2018年，祥生持续发力，上半年销售额已突破500亿，超越去年全年销售额的80%。

在销售额创新高的同时，祥生秉承“聚焦”的战略，加速土储布局。2017年企业拿地金额近400亿元，新增土地储备面积逾700万方，同比增长超200%，其中作为重点布局的浙江，累计规划建筑面积368.3万方，占据土储总面积的近六成份额。目前，祥生布局上海、浙江、江苏、安徽、山东、湖北、湖南、江西、福建、辽宁、内蒙古等20余省市50余城，在开发项目超百个，累计待开发土地储备超千万平方米。

在业务布局方面，2016年为响应国家大力发展特色小镇建设，祥生集团从战略高度确定集团未来发展方向，成立“祥生小镇”，进军特色小镇建设。

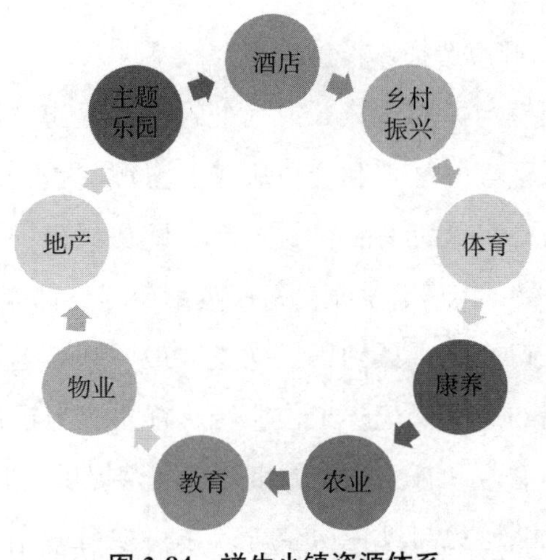

图 3-84　祥生小镇资源体系

在小镇开发领域，祥生从推进城乡一体化发展到落实乡村振兴战略，围绕“宜居、宜业、宜游、宜养”核心理念，定位打造田园牧歌式的新型卫星城镇，目前已在全国16个城市布局30余个小镇。其中，诸暨春风十里休闲小镇、衢州楼云体育小镇、东乡佛岭国际小镇等多个项目已落地运营。

3. 运营策略：深耕战略，精细管理，厚积薄发，实现企业规模成长

三年时间，祥生完成了100亿到600亿的华丽跨越，其发展的背后，是“深耕战略”的厚积薄发。

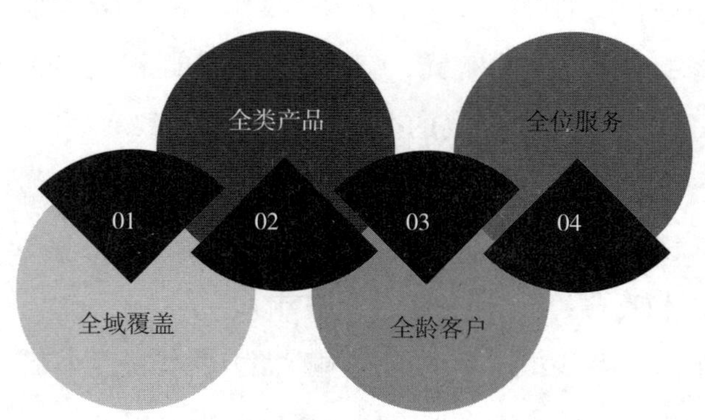

图 3-85 祥生“四全打法”

对三四线城市，大多数房企秉承“机会型”投资理念，而祥生则坚持“深耕战略”。对于城市选择，祥生认为要么不进入，进入了就不轻易离开，要做深、做透，坚持与城市共成长。为此，祥生提出“四全打法”，即全域覆盖、全类产品、全龄客户和全位服务。全域覆盖，即城市不同区域都有项目，甚至上山下乡全都有；全类产品，即在城市中，业态和产品种类要齐全，公寓、高层、洋房、别墅，每一类细分客户都能满足；全龄客户，即从两口之家到三口家庭，再到三代同堂，最后到养老居所，祥生提供全年龄、全生命周期的产品供应；全位服务，祥生有自己的物业、酒店、综合体、养老、文旅小镇等，祥生围绕城市开发运营提供全服务体系。凭借“四全打法”，祥生能够避免与其他房企进入单一项目的竞争，从战略上建立系统的根据地打法，形成长期稳定的发展优势。

对于项目开发，祥生有着精细的管理要求。在投资拿地前，祥生提出了“五前置”理念，每到一座城市都必须实现：融资前置、采招前置、团队前置、设计前置、营销前置。祥生要求在拿地之前，把产品报批方案全部做好，甚至基础部分的图纸全部设计完毕，做好“拿地就开工”的准备。

在拿地后的建设时，要求对“开工、正负零、开盘、封顶、交付”五大关键节点制定精细的排产计划，要求具体到单元楼栋的节点进度。

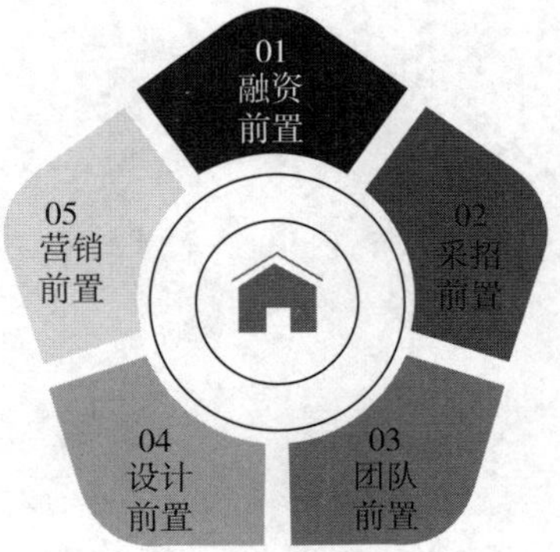

01
融资
前置

02
采招
前置

03
团队
前置

04
设计
前置

05
营销
前置

图 3-86　祥生“五前置”

4. 品牌策略：转型“幸福生活运营商”，构建“趣生活”全龄服务体系，提升品牌价值

祥生地产自成立以来就秉承“祥和乐居，卓越服务”的品牌理念，坚持“以人为本”的原则，做业主所想、所需、所爱的产品，致力于从城市品质住宅筑造商，真正地转型为一家“幸福生活运营商”。

祥生历经 30 多年的沉淀，在不断研究城市发展规律与居民生活习惯的基础上，研创出祥生专属的服务体系——“趣生活”，这一全新理念的诞生，进一步丰富及完善了祥生地产的品牌内涵。

2016 年，祥生打造了“趣生活 1.0”体系，主要包括两大块，一块是 i3 趣城计划，一块是幸福派。“幸福派”祥生已经实施了几年时间，以为业主提供全生命周期服务为主。“趣城计划”则是将生活的社区打造得更加有趣，其涵盖了“趣园、趣家、趣街”3 大主题，落地主要是趣园为主，从社区景观入手，让景观从可看到可参与，增加邻里间的交互活动的空间，通过活动让邻里之间互相交流的机会增加，从而打造社区愉悦的生活氛围。

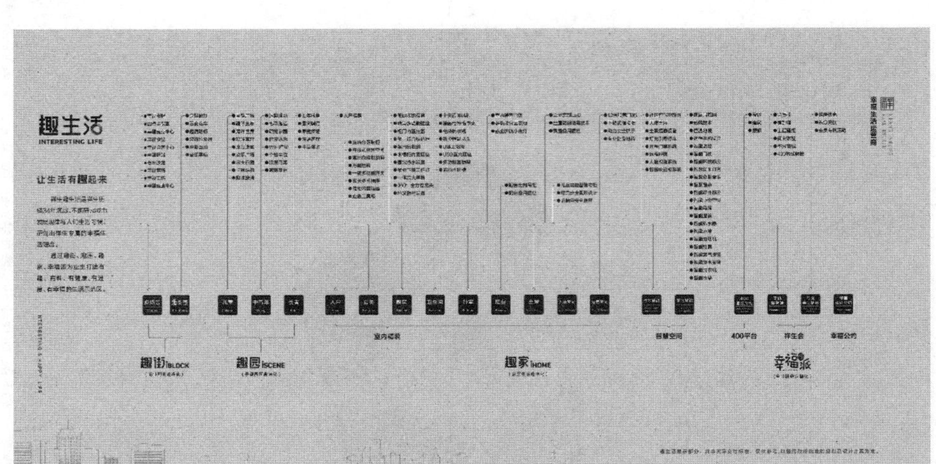

图 3-87　祥生“趣生活 2.0”

2017 年，祥生提出“趣生活 2.0”版，进一步丰富、扩展了“趣生活”内涵。在“i3 趣城”方面，祥生全面落实“趣街、趣园、趣家”三大生活场景设置，升级“趣场景”“趣街景”“智慧空间”等几十类趣味元素以及数百项趣味生活细节，围绕社区商业趣味风格营造，园区趣味乐园打造，居家空间趣味生活体验展开。“i3 趣城”，从全年龄业主需求出发，设置了满足不同喜好的个性运动场地，游乐场所，休闲空间；从不同时间周期考量，在社区内各个关键节点上营造趣味空间，实现业主可玩、可交流、可感知的功能等。在“幸福派”方面，祥生升级为全龄服务定制化，通过 400 客服热线平台、祥生会、幸福公约三大模块，建立客户需求定制、服务跟踪、福利专享等多种品质服务管理，打造和睦便利的幸福社区。

发展至今，祥生地产从最基础的产品和服务做起，一砖一瓦构筑起品牌基石，逐步从一个新品牌发展成行业知名品牌，获得了社会各界及客户的广泛肯定。2014 年，祥生地产以品牌价值 14.09 亿元荣获“中国华东房地产公司品牌价值 TOP10”奖项；仅 4 年时间，祥生地产品牌价值增长 3.7 倍，2018 年攀升至 65.58 亿元。未来，祥生地产品牌价值和影响力的持续累积将继续驱动企业实现健康、稳健发展。

祥生地产怀抱成为优质城市运营服务商的理想，从社会基础、城市成长、行业发展、人性需求等多个层面审视自己的企业使命，积极投身城市人居建设。近几年，在前瞻性战略布局、优质创新的产品力、高效的执行力和深耕力等多元合力下，祥生实现不断成长。祥生坚信“成就源于梦想”，即将达成的“千亿”梦想将成为企业发展的新起点，未来的祥生必将蓬勃发展，勇攀高峰。

福晟集团：美好生活，专筑为你

砥砺前行25载，福晟集团现已成为一家在地产、建筑等领域多元产业发展的大型综合性集团，拥有福建福晟集团、福建六建集团、深圳福晟集团等百余家下属子公司。“地产＋建筑”双轮驱动，福晟集团在冲向千亿军团的路上，奋勇奔跑着……

一、规模跨越式发展 房企黑马异军突起

2013 ~ 2017年，福晟集团实现跨越式发展，从不足百亿跃升至418亿。五年间，福晟集团销售额和销售面积复合增长率分别达49.1%和36.8%。2017年，福晟集团紧抓市场上行机遇，土地储备和市场规模化扩张成效凸显，销售规模再次高速增长，其中销售额同比增长85.1%，销售面积同比增长79.6%。

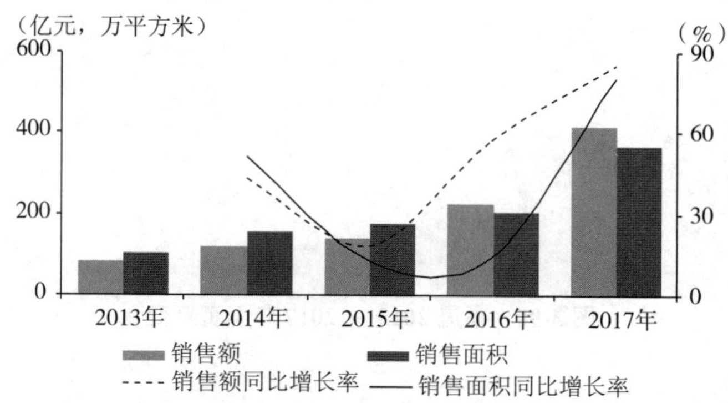

图3-88 福晟2013 ~ 2017年销售额及变化情况

资料来源：企业公告和年报、中指研究院整理。

伴随销售规模的快速增长，2013 ~ 2017年，福晟集团的营业收入及净利润复合增长率分别为16%和18.3%。

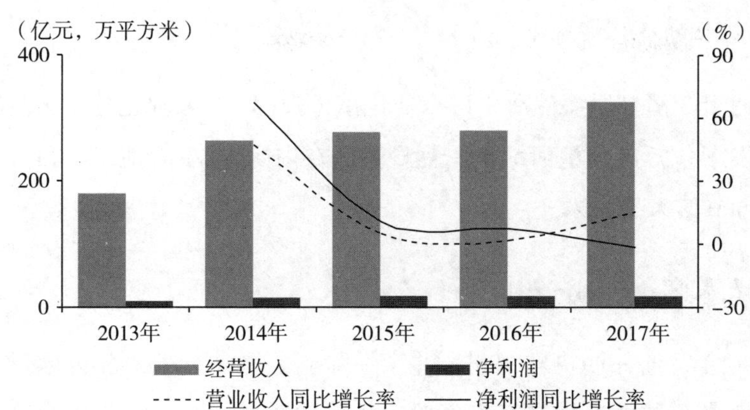

图 3-89 福晟 2013 ~ 2017 年营业收入及变化情况

资料来源：企业公告和年报、中指研究院整理。

福晟集团凭借有效的运营和管理方式，使其规模加速扩张，从 2013 年总资产不足 200 亿元，到如今发展成为总资产近 600 亿元的企业，成为行业黑马，闯进大众的视野。

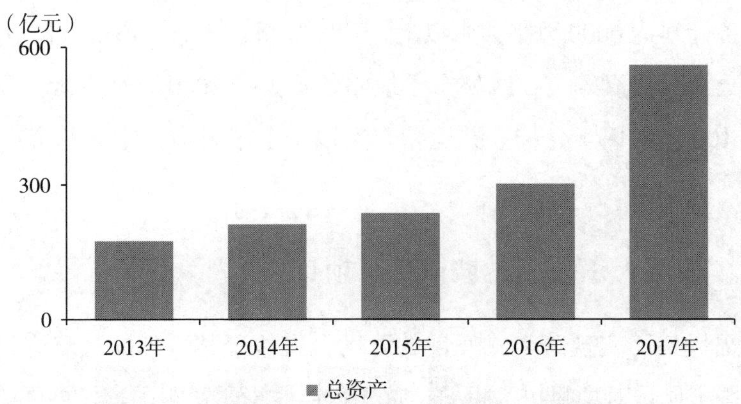

图 3-90 福晟 2013 ~ 2017 年总资产变化

资料来源：企业公告和年报、中指研究院整理。

二、适应新常态，谋求新发展

历经 25 年，福晟集团把握行业发展主流，凭借其前瞻性的战略，实现集团跨越式发展。从其发展历程来看，可分为如下三个阶段。

1. 创业期：1993～2003年

1993 年，潘伟明毅然辞去广东从化镇长公职，与其兄创建了云星集团，先后开发了包括广州星河绿洲、夏日港湾在内的 30 多个地产项目，总开发面积达 500 多万平方米。

2. 发展期：2004～2015年

2004 年，潘伟明进驻福州，并亲手缔造了福晟。2006 年并购重组六建集团，凭借深厚的房地产开发经验，积累 500 多亿资产，业务横跨中国八省十市，开发了 100 多个钱隆系列精品项目。

3. 腾飞期：2016～2025年

2016 年，集团发布未来十年的战略计划：2016 ~ 2025 年目标累计总收入 1.68 万亿元，其中地产板块收入 8800 亿元，建筑板块收入 8000 亿元。土地储备计划达 6000 万平方米以上，其中福州、深圳、郑州、长沙、广州、上海、天津、武汉等一二线城市土地储备不少于 3000 万平方米。品牌价值计划达 100 亿元以上，控股并运营二家以上上市公司，企业总资产达 1000 亿元。

三、战略大于战术，城市优于项目

在福晟集团实现跨越式发展的背后，得益于其清晰的战略方针，并强调选对城市比选对项目更为重要。首先，福晟集团紧跟国家发展战略方向，明确了“H+4”（一区两湾四核心）聚集、深耕的城市布局战略，以粤港澳大湾区和环杭州湾大湾区为战略支撑、以海西城市群为战略衔接，以郑州、长沙、武汉、天津等中国中线交通动脉沿线城市为战略支点。其次，福晟集团对城市进行聚焦。例如在其当下规模量级，更多是在战略圈定的区域深耕，短期内不会进入东北、西北，而且不会轻易进入新的三四线城市。

但类似珠三角的惠州、东莞、中山、佛山，福建的漳州、宁德，长三角优质一二线及环上海、杭州周边的三四线城市，福晟集团洞察先机，积极抢占市场。截至目前，福晟业务横跨福州、深圳、郑州、长沙、天津、武汉、漳州、宁德、厦门、广州、佛山、中山、惠州、上海、淮安、成都、珠海、湖州等城市。

四、千亿之路，始于土储

优质土储是保证企业规模化发展先行条件。2015 年以后，中国房地产拿地的方式在发生较大的变化，通过招拍挂拿地的难度越来越大。为此，同年 9 月，福晟集团成立了拿地“王牌军”——飞虎队，董事局主席亲自挂帅，依托对土地市场的敏锐洞察力，坚持因城施策抢占未来发展高地，通过并购等方式获取大量优质土地资源，助力进入新区域、新城市，实现规模化扩张。福晟飞虎队成立了 10 个大队，包括 8 个区域大队，以及集团层面成立的支援大队、机动大队。这些大队各司其职，快速反应，并设置好清晰规则，一旦项目抛头露面，能快速行动和决策。

福晟集团正是通过飞虎队的专业化分工和快速决策，保证其并购的高效性。截至目前，福晟集团共签下 123 个项目，总占地面积约 2100 万平方米，总建筑面积约 6000 万平方米，项目货值达 8800 亿。手中有粮，心中不慌，手中有粮，未来可期。在 2017 年中国百强房企拿地排行榜中，福晟集团凭借 1786.9 万平方米的新增土地储备排在全国第 7 名，位列融创、恒大、碧桂园、万科等龙头房企之后。

五、建筑加码，助力集团双驱动发展

在建筑领域，福晟集团于 2006 年 12 月整体收购原福建六建集团国有产权，此后进行改制重组。福建六建集团成立于 1950 年，现辖有建筑工程、工程设计及勘查，机电安装、钢结构、地基与基础、装修装饰等 20 多个经济实体，施工项目遍及福建、北京、河南、天津、湖南、湖北、浙江、江苏、广东、新疆、内蒙古等25个省市。建筑板块除了给福晟集团带来业绩的直接贡献之外，还给地产业务带来强有力的支持。首先，从设计到施工的产业链一体化，可以加快整体开发进度，促进高周转运营；其次，一体化的运作下，能更好地确保工程质量和进行成本控制；此外，在目前行业集中度不断提升的情况下，凭借福建六建集团的优势，将给福晟集团带来更多的并购与发展机会。同时，建筑能够和地产行业形成行业周期的互补，弱化风险，让福晟集团走得更为稳健。

福建六建集团作为国家建筑工程总承包特级企业和建筑行业设计甲级企业，连续5年位列福建省建筑企业前三甲。近五年来，共承建了300多项重点工程和大型项目，承建的工程屡获殊荣，曾四度获得“鲁班奖”和“国家优质工程奖”。2017年集团营业额为370亿，年施工面积2000万平方米以上，目前已位居中国建筑行业22强、中国建筑业民营10强、中国建筑业竞争力百强，是国家AAA级信用等级企业和大公国际评定的AA级信用企业。

六、五福临门，五子齐辉

福晟集团以地产和建筑为核心业务板块，并围绕核心业务，拓展完善上下游产业链条，业务涉及设计、贸易、园林、装饰、物业等多元板块。

住宅——在住宅产品开发上，优化房屋设计、景观、空间、功能等要素，研发出“五福”系列八大产品线，全方位为客户创造更人性化的居住体验。

商业——福晟商业集团致力于成为国内领先社区商业“福晟MALL”、年轻时尚潮流街区商业“福晟里”和城市文化旅游商圈“福街”共同构成了福晟商业的“五福产品系”。目前，福晟商业集团运营的自持商办物业面积达150万平方米，计划未来五年在重点城市新增运营物业面积约200万平方米。

为提升运营服务水平，福晟商业集团重磅打造福晟商务智慧体——

Officetree，它以“智慧、连接、共享、生长”为理念，激发商务生活的新场景和新可能。它凭借福晟品牌、平台、产品、运营的影响力，依托于福晟商业集团丰富的运营经验、强大的资源整合能力，以写字楼项目为承载基础，打通写字楼与写字楼之间、写字楼与商场之间、商务区之间的资源，打造企业、商家、白领、业主形成共生共赢的商务生态圈。

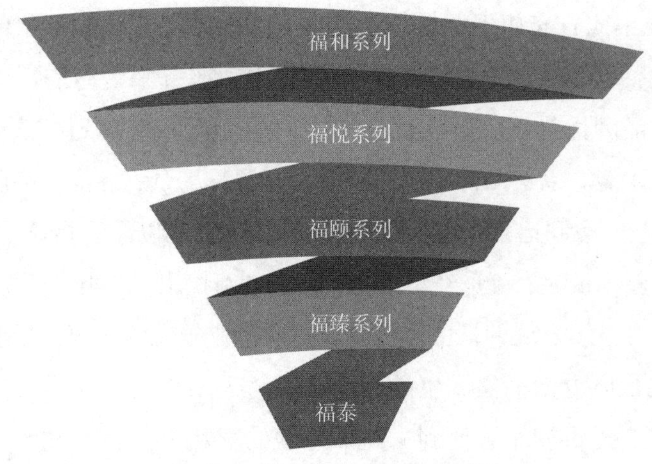

图 3-91　福晟集团住宅产品系列

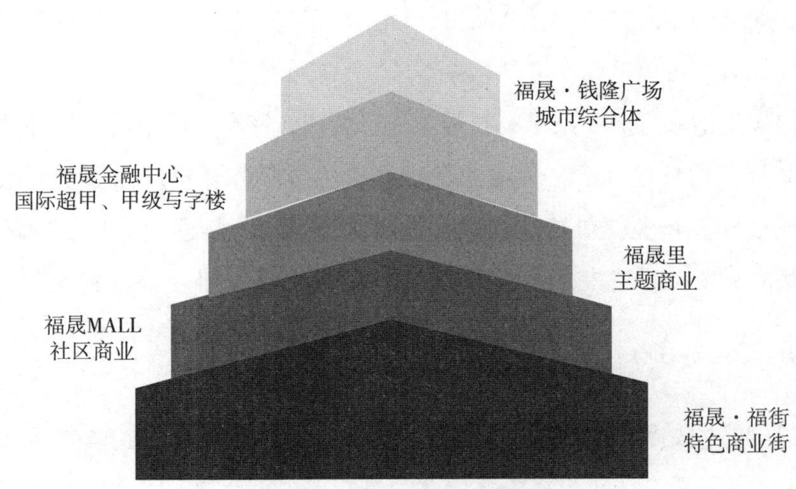

图 3-92　福晟集团商业产品体系

七、逐鹿物业服务蓝海，打造幸福新平台

福晟物业成立于2006年，系中国物业管理协会会员单位、福建省物业管理协会副会长单位、福州市物业管理协会副会长单位，管理区域包括福建、广东、天津、江苏、湖南、河南、上海等10省18市。在继地产、商业之后，福晟集团将发力物业服务，致力于成长为社区新经济领先者。2018年6月27日，福晟集团宣布旗下福晟物业全面升级为福晟生活服务集团，以提高业主智慧生活体验为主线，创新打造智慧生活服务平台，依托福晟集团的资源优势和品牌优势，前瞻性提出“5+4+3+2+1”战略规划，推动科技与物业服务相互赋能。以集团价值链为核心，资源、平台、标准、品牌为导向，立足资源运营、空间运营、物业管理三大业务板块，以品质物业服务为基础，空间价值创新为链接，流量经纪人为手段，创新提出“三类九化”业务策略，建立高价值可持续发展的社区经济体，打造行业领先的幸福生活服务平台。在科技赋能社区方面，福晟生活服务集团将采用移动互联网、物联网、人工智能为客户提供安全、便利、高体验度的智慧生活，通过大数据、人工智能、区块链等新技术重构智慧社区场景，真正带给业主无负担，且有交互感、参与感的完美体验，从而引领行业，完成智慧社区最终标准的制定，实现现代服务价值链的多方共赢。

福晟生活服务集团秉承“技术领先、客户亲密、规模卓越、人才顶尖、事业共赢”的核心理念，为业主提供尊崇生活服务和资产保值增值服务，为房地产开发企业提供智慧社区建设解决方案，为物业企业提供智慧物业服务解决方案，打造多方共赢的“幸福物业、红色物业、靠谱物业”。

八、合伙共赢，事业共享

福晟集团始终坚持“人才是第一资源”的理念，人才战略高于土地战略，人才储备重于土地储备。集团倾力打造“福星计划”“福鹰计划”“福相计划”“福将计划”“福帅计划”五福人才体系，功以才成，业由才广，

缔造了一条“立体化、高运转、多层次、全体系”的人才链。

福星计划——重在培养

“福星计划”作为集团面向国内外一流高校精英学子开展的管理培训生专项招聘培养计划，旨在通过3年重点培养与经验积累，以三级导师制为保障，以丰富定制化课程为养分，助力“福星”们在短期内迅速走上中层管理岗或专业岗。

福鹰计划——稳定中流砥柱

针对中层管理，提出“福鹰”计划，除了提供优惠购买改善性住房外，还提供热点城市的资产投资给予固定回报。相比其他企业，福晟集团的固定资产投资的回报更稳定，且回报率也远高于市场上理财产品。这一计划，不仅满足了福晟集团部分项目的资金需求，同时也完成了对企业中流砥柱的稳定激励，在一定程度上避免人才流失。

福相计划——储蓄后备人才

“福相计划”针对于福晟的中高层管理者，除了一些重磅激励举措外，同时更将福相作为“福将计划”的后备人才，予以丰富的内外培训学习机会，精心培养，共求卓越。

福将计划——吸纳复合型将才

“福将计划”主要针对企业的高层管理，除了丰富的奖励外，企业资本运营之后的期权激励方案以及项目跟投福利也备受青睐。通过期权激励制度，与高层管理员工形成一个利益共同体，既吸纳人才，同时也利于福晟长远发展。

福帅计划——与帅才共享硕果

针对稀缺帅才，推出的“福帅计划”采取送干股的合伙人制。以与优秀帅才共享硕果的胸怀吸引地产精英，同心同德同成长。

福晟集团以识才的慧眼、爱才的诚意、用才的胆识、容才的雅量、聚才的良方，广开进贤之路，把优秀人才吸引过来、凝聚起来，在福晟上下形成人人渴望成才、人人努力成才、人人皆可成才、人人尽展其才的良好局面。

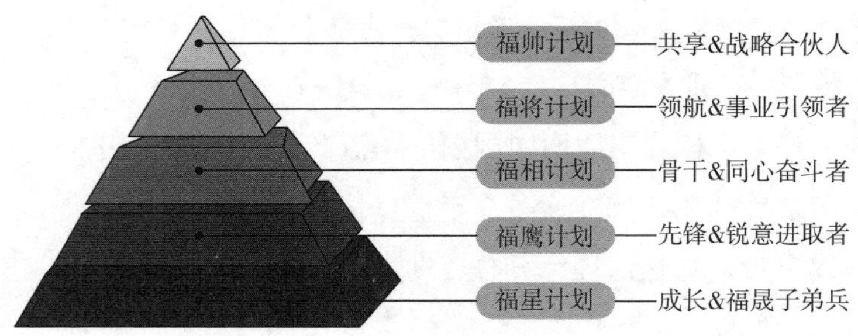

图 3-93　福晟五福人才体系

2018 年 6 月，福晟集团正式推出事业合伙人机制。这是一项在现有的薪酬体系及跟投制度下创新的长期共享激励制度，与薪酬及跟投并举而行、叠加运行，是一项更具体、更具落地性的共赢共享措施。启动福晟事业合伙人机制，搭建更完善的架构与人力资源体系，未来，将吸引更多优秀人才加入福晟事业。到 2025 年，福晟集团将有超过 30 位事业合伙人，一大批福晟事业奋斗者和战略伙伴成为福晟的股东，共享价值成果。

二十五年披荆斩棘，福晟集团参与并见证了中国最伟大的城市化进程，并在大浪淘沙中逐渐脱颖而出。以“打造最具幸福感的企业和受人尊敬的百年老店”为愿景，以“美好生活，专筑为你”作为品牌理念，福晟集团全面铺开“H+4”（一区两湾四核心）聚集、深耕战略，凭借其收并购的优势，加大土地储备量，坚持“与战略伙伴共赢、与优秀员工共享”原则，通过“地产＋建筑”双轮驱动在未来实现跨越式发展。福晟集团以成熟企业的稳重、豁达、敏锐，怀抱着在中国做大、做强的坚实信念，向着千亿目标，谱写百年基业的新篇章。

新力地产：八年布局二十二城，发展时代下的新力

在十九大后，在“房住不炒”，调控手段不见放松，租赁、房地产税等长效机制紧锣密鼓推进的背景下，房地产行业正在发生巨大的变革。“越大越强，强者恒强”的竞争法则已经成为共识，格局分化加剧，要想在房地产行业发展的下半场有所作为，就必须不断扩大企业规模，不断抢占市场份额。面对快速变化的行业环境，大量的小型房地产开发企业慌乱、迷茫、犹豫、不知所措。但是，新力在这个阶段中并未迷失自己，从2010～2018年，经历8年的耕耘，新力地产在百强榜上节节攀升，由当初的籍籍无名迈入中国房企第二梯队，2017年以全年销售额超400亿跻身“2017年中国房地产销售额百亿榜”，位居第42位，2018年荣获“中国房地产百强企业”。

一、战绩：市场份额不断提升

新力地产集团有限公司（下文简称“新力”）总部位于上海，是一家以房地产开发为主营业务的集团公司。为匹配地产业务发展，外延出独立的物业、商管、教育、便利等产业，共同打造全生命周期的生活配套服务。历经8年耕耘，布局全国四大区域中心，进驻22个城市。新力俨然已经形成了属于自己的一套发展路径，在既快又稳发展的同时，不断实现前进与突破。

新力自2015年开始实施城市布局策略后，加快了发展步伐，至2017年房产销售额突破400亿，以良好的增长态势跑赢市场。2013～2017年间销售额复合增长率远高于行业增长率，市场占有率不断攀升。

从销售规模实现增速的时间和速度来看，新力处于行业前列。从2013

年的销售额为7.1亿，到2017年完成超400亿的销售额，年均复合增长率超过200%。

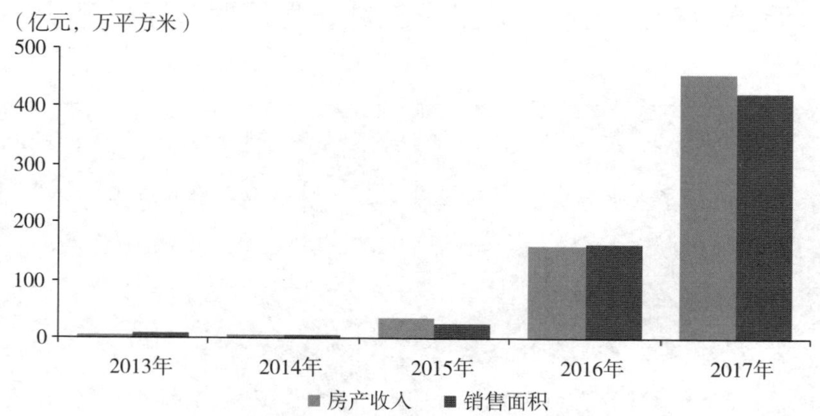

图3-94　新力2013～2017年销售业绩变化情况

资料来源：企业公告和年报、中指研究院整理。

二、发展历程：志存高远，稳当有力

在新力8年的历程中，从未停止过发展的脚步。2010年3月起步江西，2011～2015年打造产品线巩固自身实力，2016年开启全国化布局，2017年“迁都”上海，以上海为中心，辐射长三角区域，以超400亿销售额迅速跻身并站稳中国房企50强。从其发展历程来看，可分为如下4个阶段。

1. 2010～2011年：创业起步，夯实基础。

2010年，新力注册成立，同年8月，新力拍得经开区新力·帝泊湾首宗地块，打造全南昌的居住标杆项目；次年6月，新力拿下朝阳新城地块，打造首个豪宅项目新力·洲悦。

2. 2012～2013年：定位精品，静水流深

2012年11月，南昌新力·帝泊湾项目营销中心正式对外开放，并于

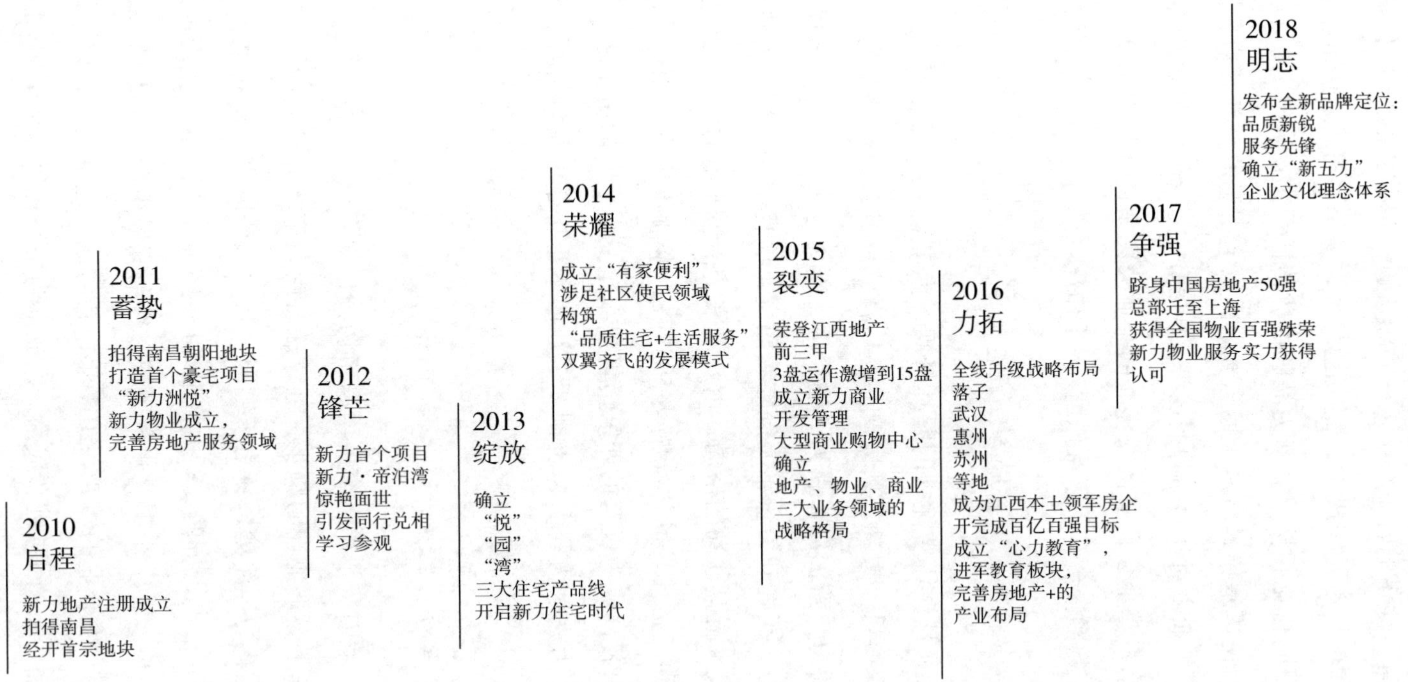

2010
启程
新力地产注册成立
拍得南昌
经开首宗地块

2011
蓄势
拍得南昌朝阳地块
打造首个豪宅项目
“新力洲悦”
新力物业成立，
完善房地产服务领域

2012
锋芒
新力首个项目
新力·帝泊湾
惊艳面世
引发同行兑相
学习参观

2013
绽放
确立
“悦”
“园”
“湾”
三大住宅产品线
开启新力住宅时代

2014
荣耀
成立“有家便利”
涉足社区使民领域
构筑
“品质住宅+生活服务”
双翼齐飞的发展模式

2015
裂变
荣登江西地产
前三甲
3盘运作激增到15盘
成立新力商业
开发管理
大型商业购物中心
确立
地产、物业、商业
三大业务领域的
战略格局

2016
力拓
全线升级战略布局
落子
武汉
惠州
苏州
等地
成为江西本土领军房企
开完成百亿百强目标
成立“心力教育”，
进军教育板块，
完善房地产+的
产业布局

2017
争强
跻身中国房地产50强
总部迁至上海
获得全国物业百强殊荣
新力物业服务实力获得
认可

2018
明志
发布全新品牌定位：
品质新锐
服务先锋
确立“新五力”
企业文化理念体系

图 3-95　新力发展历程

12 月正式销售，凭借贴合市场需求的户型设计、提前式的绿化体验和优秀的物业服务，项目单月完成 1.29 亿元销售额，拿下经开区当月销售额冠军头衔，并引得同行竞相学习，新力品牌由此传播；2013 年 5 月，首个豪宅项目新力 · 洲悦奠基仪式启幕，标志着南昌豪宅市场的全新开启；同年 12 月，为感谢广大业主对新力品牌的认可，成功举办了新力首届客户答谢会，成立了新力慈善基金会，坚持以优秀的企业公民角色自觉承担社会责任，每年投入固定数额资金，用于扶孤助残，回馈社会。

3. 2014～2015年：深耕城市，冠绝华中

2014 年 10 月，凭借优秀的园林景观，南昌新力 · 帝泊湾荣获“全国风景园林工程项目”银奖。新力产品品质得到广泛认可后，新力进入扩张阶段，丰城新力 · 帝泊湾、新力 · 愉景湾、新力 · 方、新力 · 钰珑湾、新力中心、新力 · 范、新力 · 雅园等陆续面世，项目覆盖南昌各大热点片区及丰城，形成十五盘联动的格局，由此带来了销售业绩的增长。2015 年新力销售额为 34.7 亿元，同比涨幅达 595.5%，企业排名升至南昌房企成交金额榜单第四名，成为仅有的四家销售金额超三十亿元的房企之一（其他三家为绿地、万达和万科），也刷新了江西本土房企的最好成绩，市场占有率达 4.1%。

4. 2016年至今：品牌升级，布局全国

2016 年，新力拿下第一季度南昌市场销量、面积、金额三冠王。尽管如此，新力并未停下前进的脚步，继续深耕南昌市场并扩大区域布局，新力 · 琥珀园、新力 · 龍湾、新力 · 铂园、新力 · 公园壹号也相继入市，形成多点开花格局；与此同时，新力将眼光投向全国，城市布局拓展至苏州、无锡、惠州、长沙、广州、赣州等区域，逐渐完成由区域型地产开发企业向全国性地产开发企业的转变。2017 年，新力地产迁都上海，以上海为中心辐射长三角区域，同时进军成都，以成都为中心辐射西部区域。2017 年

新力销售金额超400亿，销售面积超400万平方米。2017年销售业绩同比增长超180%，同时从全国房企百强跃入房企TOP50，一路上升至TOP42。截至2018年8月，新力的项目分布在南昌、武汉、长沙、成都、惠州、广州、中山、珠海、无锡、苏州等22个城市，现已形成中部、珠三角、长三角及西部四大区域齐发态势。

房地产市场发展的齿轮从未停歇过，新力也未曾停止过探索的脚步，当今房地产早已过了跑马圈地的蛮荒时代，必须始终以前瞻性的战略思维守正出奇，引领行业的发展潮流，才能取得不俗成绩的同时亦成为行业领跑者。

三、企业理念

1. 企业愿景

致力成为城市高品质生活运营商。

2. 企业使命

成为卓越的企业，并持续超越客户不断增长的期望，进而创见幸福。

3. 核心竞争力

稳健增长、精准战略、快速决策。

稳——稳健增长保发展

新力秉承“务实、稳健”的经营理念，不断优化内部业务结构，采用标准化的集团运营管控模式、合理的成本管控体系、谨慎的财务政策，坚持城市深耕、稳扎稳打，以使集团持续保持业绩的稳步增长。

准——精准战略保规模

企业要做大做强，离不开精准的战略布局。新力始终坚持城市深耕战略，着力实行“4+X”城市布局，即“以南昌为中心的中部区域、以上海为中心的长三角区域、以深圳为中心的珠三角区域、以成都为中心的西部区域”

四大区域为核心，并通过对区域与地块预见性的精准判断，助力了新力近几年的规模化发展。

快——快速决策保效率

回顾新力的发展历程，特别是2015年之后的快速增长，让行业内外为之刮目相看。深究其原因，正是运营决策上的“高效”造就了外人眼中的发展“快”。

没有冗长的审批程序，扁平化管理，紧急情况在微信群报备即可执行，这些管理上的创新举措让新力在每一个关键时刻抓住了机遇。

一切以结果为导向，年轻活力的团队造就了高效的执行力，从总部职能部门到城市公司，再到一线工作人员形成“不断探索的进取型组织”。

4. 品牌定位：品质新锐服务先锋

对于行业来说，新力虽然是一个后起之秀。但是，新力自创始之初，就把“高品质”作为品牌的DNA。从户型设计到品质施工，从选材用料到工艺工法，每个环节都要做到零失误，每个细节都要追求极致，用超越市场标准的产品力让客户感受新力对品质的用心，使新力成为品质地产中的“新锐”。未来，新力将进一步规范产品的标准化管理，在快速复制的同时，既保证产品品质又不失区域特色。

“客户价值”是新力持续关注的重点，新力坚信品牌的传递来自客户的口碑。所以新力开创性地打造行业领先的客户服务保障体系即“360悦服务”，针对客户“购房、交房、居住”全过程的所忧、所想、所需，提供全方位的服务解决方案。“永远比对手多做一步”和“超越对手的专业服务能力”都是新力践行服务的宗旨，在通往服务领域的先锋之路上，新力从未停歇脚步。

5. 品牌精神标语

创见幸福无限。

6. 品牌个性

活力、果敢、务实、高效。

四、发展战略

1. 城市深耕战略

“城市深耕战略”为新力发展战略之一。新力以深耕城市为基准，着力实行“4+X”城市布局。其中深耕城市表现为覆盖性的城市布局，从而达到多项目联动，合力提高品牌知名度。“4+X”城市布局即“以南昌为中心的中部区域、以上海为中心的长三角区域、以深圳为中心的珠三角区域”，以成都为中心的西部区域四大区域为核心，针对具有潜力的区域市场做机会性拿地，助力新力稳健发展。

历经八年耕耘，立足上海大本营，新力已形成“中部”“长三角”“珠三角”及“西部”四大区域全国化布局，进入及深耕 22 个城市。未来，新力将持续推行全国化战略布局，全面升级为“中国新力”。

2. 品质坚守战略

“品质坚守战略”是新力发展的基石。新力在每个项目中都设置了前介工程管理，全程质量监控。在设计图纸方面，不断完善装饰、景观、建筑标准化。在工程管理方面，做到四个“零容忍”：材料造假零容忍、工艺造假零容忍、品牌造假零容忍、管理渎职零容忍。在产品建造方面，做到“四化管理”：材料使用品牌化、工艺标准精细化、品质管理全员化、交付品质全优化。同时，通过集团定期巡检、第三方月检以及移动 APP 质检等评估，建立风险反馈机制，为产品品质保驾护航。

3. 服务产品化战略

新力以“360 悦服务”体系为核心，打造服务产品化战略，针对客户“购房、收房、居住”全过程的所忧、所想、所需，提供全方位的服务解决方案，致力于开创性地打造行业领先的客户服务保障体系。

五、人才体系

1. 人才引进

新力建立了先进的标准化人才引入机制，开辟了校园招聘、社会招聘、内部推荐等渠道，打破行业局限，不拘一格、广纳贤才。

2. 人才发展

新力建立了完善的人才发展战略，培训全面涵盖新人融入、全能提升、专业培养、干部培养，并形成重点聚焦；清晰的职业发展双通道，帮助员工追求卓越。

3. 人才激励

新力的快速发展，为每一位新力人提供了广阔的发展平台。能者上、平者让、庸者下，员工的主观能动性能够得到最大限度地发挥，潜力得到最大程度地挖掘。

平台 + 赛道，让新力这艘巨轮得以破浪前行，在行业的星辰大海里熠熠夺目。清晰的定位和目标、先进的人力资源管理体系、科学的激励体制，铸就了一支能打硬仗、无往不胜的新力战队。新力荣获 2017 年中国房地产最佳雇主，同时也凭借优质福利和人文关怀活动荣获 2017 中国房地产优质福利企业。

六、产品理念

新力始终以匠人精神为己任，回归建筑本质，专注产品力。新力将品牌核心精神“创见幸福无限”融入产品研发之中，让建筑与自然和谐共存，打造高品质、充满幸福感的社区。

历经 8 年淬炼，新力逐渐形成了全产品线综合型地产开发体系，发展出“悦”“园”“湾”三大面对不同层次需求的住宅产品线。同时积极拓展城市综合体即“社区型商业体”“区域级商业购物中心”“城市级商业综合体”，和商业创新项目即“多功能精品公寓”和“超甲级写字楼”，共同构成地产三大体系，八大产品线，为客户提供城市高品质居家生活的解决方案。

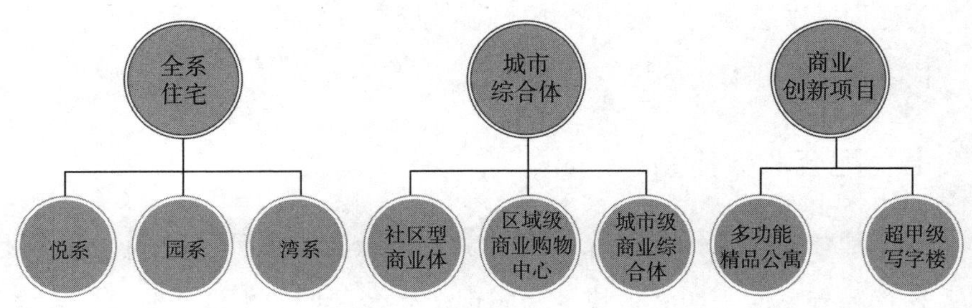

图 3-96　新力产品体系

湾系列——改善型的刚需

产品选址：多位于城市核心城区周边，多处在普通居住区。

产品描述：以精装小三房、三房住宅为核心产品，打造超刚需的高品质住宅项目。以精致的室内装饰，舒适的居住环境，优美的景观设计，完善的配套设施，便利的交通道路，成为受市场欢迎的刚需产品。

关键词：超刚需、三房、精装、景观优美、配套完善。

代表作品：新力 · 帝泊湾。

园系列——品质 + 的改善

产品选址：多位于城市核心生活区及城市发展核心区，区位优势明显，交通便利

产品描述：精装大三房为核心产品，或以四房洋房、叠墅为主推产品。“园”系项目套内装饰高尚美观，园区绿化层次鲜明、造景丰富，打造精品社区花园，完善的配套设施，便利的交通道路，成为受业主追捧的住宅项目。

关键词：生活改善、精工品质、景观优美、一站式幸福生活。

代表作品：新力·琥珀园。

悦系列——奢享式的豪居

产品选址：城市核心高端生活区，区位优势明显，交通便利。

产品描述：以 300 ~ 600 平方米区间大平层豪宅为核心产品，整合一线全球全方位的最佳资源，城市塔尖阶层高端居住生活的终极体验，极致精工的态度与追求，于经典之上精心研磨雕琢。

关键词：平层豪宅、精工奢华、高端居住、塔尖阶层极致之悦。

代表作品：新力·洲悦。

七、配套业务体系

随着新力自身的不断发展，延伸出独立的配套产业新力商管、新力物业、心力教育和有家便利四大板块，为实现全生命周期的生活配套服务奠定了良好的基础。与此同时，新力勇于承担社会责任，发展慈善事业。

在新力商管方面——江西新力商业管理有限公司（简称新力商管），经过 3 年的发展，已形成 5 大服务体系、4 大核心竞争力、3 大产品的标准化体系。新力商管目前已与华润万家、必胜客、肯德基、星巴克、迪卡侬等国内外 100 余家知名品牌形成战略合作伙伴，并与洲际、万豪、喜达屋集团签署战略联盟。2018 年新力商管将依托新力品牌在江西区域的影响力，重点开发社区邻里商业“1+N”模式，同时新力都荟广场（高新店）也即将开业。未来 3 年，新力商管将以“内部委托 + 外部承接”相结合的模式，形成品牌效应，向专业的技术输出公司方向发展，实现“走出去”的战略。

在新力物业方面——新力物业集团有限公司（简称新力物业），成立于 2011 年，是国内新锐的高端精细化物业管理服务提供商，致力于为地产的营销、招商和资产及产业运营提供极致服务产品。截至 2018 年 5 月，业务已布局江西、江苏、浙江、湖北、湖南、广东、四川等 7 省 21 座城市

140 余个项目，团队规模 4200 余人。新力物业承接新力地产及第三方合作企业楼盘，以高起点，高品质作为企业目标，致力于成为受人尊敬的、诚信高端精细化服务领跑者，立足在短时间内打造成江西省高标准、高服务的一线品牌物业公司。

新力物业荣获“中国物业服务百强企业”“中国特色物业服务领先企业——精致园林景观维护专家”等多项殊荣，是江西首家荣获中国金钥匙“中国服务示范企业”称号的企业，并成为江西首家 BOMA 中国白金会员单位。

在心力教育方面——上海心力教育科技有限公司（简称心力教育），总部设于上海，是由一群以“培养一代改变世界的中国精英”为使命的跨界企业家、管理咨询顾问和教育工作者共同投资 1 亿元人民币创立的创新型素质教育企业。心力教育致力于成为中国素质教育和社区教育领域“数一数二”的教育机构，成为具有中国特色的素质教育领军品牌。

心力教育以新力地产的项目为依托，立足南昌，辐射周边城市，并逐步向全国扩张。待企业形成规模效应后，启动幼儿园上下游客户及产品服务输出。

在有家便利方面——有家实业有限公司（简称有家便利）是专业品牌连锁便利店，创立于 2014 年 12 月，是新力集团建立“幸福社区”的重要产业平台，也是“抢占最后一公里”的重要战略布局。秉承“创见幸福无限”的品牌核心精神，凭借住宅开发的成功优势与团队的专业能力，有家实业希望能为客户提供更轻松便捷的生活方式。有家实业希望在集团战略的带动下，在继续为地产平台配套服务的同时，能够成为集团的第二航母，成为百亿企业。

截止目前，有家便利店已开门店数量达 310 家，总会员数量已超 70 万，覆盖南昌、武汉、长沙、广州、深圳，预计 2018 年年销售额突破 4 亿。

在社会责任方面——2013 年，新力慈善基金会成立。2017 年，新力公益基金会为肩负新力的企业社会责任使命，践行新力的公益约定，应运而生。新力公益基金会以“创见幸福无限”为基石，以“让无助者有力，伴年幼者成长，助不屈者坚韧，促善行者前行”为公益宗旨。

“让无助者有力”——“紧急救灾”项目

新力与壹基金合作“新力—九寨沟灾区灾后重建项目”，预计帮助4所震区学校建立备灾体系，120名工匠获得修缮房屋的能力；同时，与壹基金合作的首支“新力—壹基金备灾基金”，预计让21000名灾民在第一时间得到救助。此外，新力公益基金会也关注国际救灾事业，于2017年向索马里灾区完成首笔国际人道主义援助，建立了“索马里之井”帮助800名灾民获得清洁的水源。

“伴年幼者成长”——“儿童福利”项目

孩子希望实现简单的小梦想，而恶劣的环境往往让他们从希望变成失望。“新力—童声飞扬项目”让4所学校，预计1200名乡村儿童唱出了天籁般的声音；“新力—壹乐园运动汇项目”让8所学校，预计2400名乡村儿童拥有自在奔跑的操场。

“助不屈者前行”——“边缘救助”项目

帮助努力生活的人，让他们因为坚韧而不屈。“家有所教”–社区家庭教育发展计划，帮助2000名困境母亲获得了正面管教子女的自信；“新力–百童计划项目”资助无赡养能力的监护人养育100名事实孤儿；“四川凉山儿童基础医疗项目”资助贫困的村医，助其在25个村子为500名儿童行医问诊。

“促善行者前行”——“行业促进”项目

协同政府、学术机构、社会组织，公众等利益相关方，共创有爱社会。其中“新力杯”首届上海社区基金会公益创投大赛在上海市政府的支持下，携手上海交通大学，仁德公益基金会等机构，在全上海14个区落地该项目，在过程中探索出有效的培育模式，激活社区基金会的应有功能，促进公益行业发展。

在波云诡谲的房地产大浪潮中，大量的小型房地产开发企业，面对快速变化的行业环境，慌乱、迷茫、犹豫、不知所措，新力在短短两三年时间，通过战略布局、机制改革、团队建设、体系搭建，做到了“心中运筹帷幄，手中三尺青峰”，解决了中小房企发展难的问题，已经从小型房企快速步入中型房企的行列。未来在政策多变的背景下，新力将凭借着对市场的精准把握、对产品的精益求精，以及强大的执行力，在波澜起伏中继续杨帆前行。

俊发集团：二十年锐意奋发，从屹立西南到走向全国

从偏居云南一隅到强势进军全国 50 强，云南俊发已欣然变身为中国俊发。二十年的厚积薄发，俊发凭借独特的城市更新“俊发模式”、紧跟业主需求的高品质产品与服务、稳健审慎的投资布局策略以及科学先进的管理哲学，成长为连续十年蝉联昆明市场占有率第一的云南知名房企，并且将业务拓展到全国十余个城市，连续九年荣获“中国房地产百强企业”奖项，并于 2018 年进入全国 50 强。

一、二十年蜕变式发展，俊发与时代共成长

二十年，一颗种子，可以从生根、发芽长成能够遮阳避雨的参天大树；二十年，一个人，可以从嗷嗷待哺、蹒跚学步成长为朝气蓬勃、风华正茂的青年；二十年，一座城市，可以从遍地低矮的分散小楼，变成处处高楼林立、灯火通明的现代都市……

二十年，一个企业，会有怎样的变化？

1998 年 12 月 15 日，经过云南省体改委的批准，云南俊发房地产股份有限公司正式成立；几经更名后，2018 年 4 月 10 日，俊发在云南工商局完成变更，更名后公司名称为俊发集团有限公司。

1998 ~ 2018 年，在二十年的探索实践中，俊发集团从初出茅庐，到如今的全国众多城市联动，走出了一座企业的宏伟蓝图，写下了回应时代的美好诗篇，打开了全国楼市属于俊发的一片天地。

对于中国的房地产行业来说，1998 年，因为“98 房改”的实施而具有重要的历史意义。从这一年起，福利分房成为历史，“市场化”成为住房制度与房地产行业的主题词。成立于 1998 年的俊发，抓住行业市场化的历

史机遇，深耕云南市场，并踩准我国经济发展的鼓点，迅速找准自身定位——城市更新综合服务商，将城市改造和更新发展成为企业的核心竞争力。

二十年过去，到 2018 年，正值弱冠之年的俊发集团，已发展成为集房地产开发、房建工程、市政道路、物业服务、商业及酒店运营及其他多元板块为一体的全国性综合集团公司，连续 10 年蝉联昆明市场占有率第一名，连续四年位列云南省非公企业百强第一名。此外，俊发旗下的俊发物业也同样表现优秀，位列中国物业服务企业 30 强。

在二十年的发展历程中，俊发坚持“城市更新综合服务商”的企业定位，以“品质筑就生活”为核心理念，在“深耕云南、布局全国四大区域”的战略下，目前已在昆明、大理、丽江、西双版纳、成都、贵阳、上海、无锡、郑州、西安、重庆、深圳、佛山、海南万宁、泰国普吉、柬埔寨西哈努克港 16 个城市。开发建设百余个项目，为 15 万户家庭打造了品质幸福人居。

经营业绩方面，2017 年，俊发集团实现 471 亿元营业额，其中地产板块完成 381 亿销售额，排名全国销售排行榜前 50 名；在 2018 上半年，俊发集团地产板块完成销售金额 218.4 亿，销售面积 200.2 万平方米，与 2017 年同期相比分别上涨了 55.5%、51.9%，继续保持快速增长态势。

二、发展历程：守正出奇，战略前瞻决定发展成就

俊发集团的二十年发展历程，同样也是中国房地产行业的市场化高速发展的历程，俊发抓住了行业发展机遇，同时充分享受了中国经济社会发展的红利，实现了自身的跨越式发展。当然，这也离不开俊发自身在发展过程中始终能够把握市场发展主流、及时制定前瞻性战略规划。从其发展历程来看，可分为如下 4 个阶段。

1. 1998～2005年：创业起步阶段

俊发在 1998 年创业初期，抓住了全国房地产市场化改革的机遇，提出了“单项目单业态开发，做市场先锋，走品牌之路”的发展路径。俊发开

发的第一个项目翠湖俊园，成为昆明自1998年住房实物分配制度结束之后，市场上最早的一批商品房住宅，树立了昆明楼市高端楼盘的新标杆。其后，俊发开发了水晶俊园、世纪俊园等项目，完成了原始资本积累。

2. 2006～2010年：稳步发展阶段

2006年正是全国房地产市场繁荣发展时期，俊发提出了“多项目单业态开发，创建品牌，修炼团队，迈上平台，以快胜慢”的发展路径。在这一阶段，俊发先后于昆明主城中心开发时光俊园、星雅俊园、SOHO俊园、香樟俊园、七彩之门等精品项目，实现本土前三、市场份额15%的目标，并开始尝试低密度产品的开发。

此外，2007年，俊发先后成立了品牌建设小组、标准化小组、品牌的打造直接提升了俊发的品牌知名度与企业竞争力，标准化、规范化的管理变革则促进了俊发的管理现代化，俊发开始向一家行业领先的现代化大型房地产企业迈进。2010年，俊发首次跨入“中国房地产百强企业”之列，并在此后连年登陆百强榜单。

3. 2011～2014年：区域扩张阶段

在稳固了云南市场优势的基础上，俊发开始谋划区域扩张，提出“多项目多业态开发，立足本土，辐射西南，精耕细作”的战略，开始向多业态发展迈进，开发项目涵盖了高层、别墅、写字楼、酒店、商业等。2012年，俊发·滇池ONE获“2012中国房地产住宅项目品牌价值TOP10——豪宅别墅”称号，当年俊发地产销售额首次突破100亿，并且成功辐射西南区域，布局贵阳、成都等城市。

在这一阶段，俊发凭借自身在城市更新方面的经验与优势，通过产品的丰富与升级、区域战略布局，实现了业绩的快速增长，2013年，俊发地产销售额达181亿元，全国排名41位；2014年，俊发首次跻身全国房地产TOP50企业，名列第42位，俊发成功进入国内大型开发商阵营。

4. 2015年至今：转型全国发展阶段

2015 年，俊发进一步明确了自身“城市更新综合服务商”的定位，并正式提出了“深耕云南，布局全国四大区域”的全国发展战略。2015 年以来，俊发在全国陆续进入了西双版纳、上海、无锡、郑州、西安、重庆、深圳、佛山、海南万宁等城市，并成功落子泰国普吉、柬埔寨西哈努克港，开启海外战略布局。值得一提的是，2017 年 11 月，俊发的城市更新模式成功复制到上海，签约上海徐泾镇 530 亩“城中村”改造项目，成为在上海进行旧城改造项目的为数不多的外来房企。

在房地产市场发展的浪潮中，俊发从未停止探索的脚步，始终用前瞻性的战略思维谋划全局，并发挥自身优势，实现稳步健康发展。未来，俊发提出将以“城市更新 + 全产业链”为核心竞争力，为城市、为客户提供更加丰富多样、更加有品质的产品及服务，实现从传统房地产开发企业到技术服务型企业的转型。

三、经营策略：坚守城市更新定位，内提效率、外塑品牌

“不善弈者谋子，善弈者谋局”。俊发自诞生之初，就以不落窠臼的发展战略，超脱于企业之外的历史使命感来经营地产。20 年来，俊发坚持“城市更新综合服务商”的定位，以城市运营者的角度，结合城市生态环境改善、历史文化保护、公共设施配套完善 、产业结构调整等多种方式不断创新和变革，构筑起一个又一个集居住、教育、健康、道路交通、医疗养生、购物休闲、文化娱乐为一体的理想城市生活空间，满足“人民对美好生活的需要”。

伴随俊发高质量、快速度发展的，是涉及俊发的企业定位、土储、品质、服务、品牌、管理、人才等七大方面的经营策略。

1. 坚守定位：独树一帜，创立城市更新的“俊发模式”

随着我国城市化进程加快，城市更新正成为越来越多城市不可回避的

问题。简单来说，城市更新，是指将城市中已经不适应现代化城市社会生活的地区进行必要、有计划的改建。但是，由于城市更新项目涉及旧房拆迁、居民安置等多个环节，操作复杂且周期较长，参与并成功操盘一二级联动项目的房企并不多。

在多数人印象中，“拆迁”就是城市更新的代名词。不过在俊发看来，这是个误解。二十年来，俊发集团不仅大力推进城市更新项目，更将自身定位为“城市更新综合服务商”，将其打造成为集团的核心竞争力，这一不同寻常的选择究竟基于哪些考虑?

在俊发集团看来，城市更新绝不是简单地一拆了之，而是从城市运营的角度，按照完善城市功能布局的要求，构筑宜居生活环境、传承当地历史文化，改善城市生态、提高城市品位，不仅如此，城市更新的内涵还包括解决拆迁农民工作难题、安置破产企业员工再就业等。这些都是俊发在20年中不断探索、努力践行的一项事业。

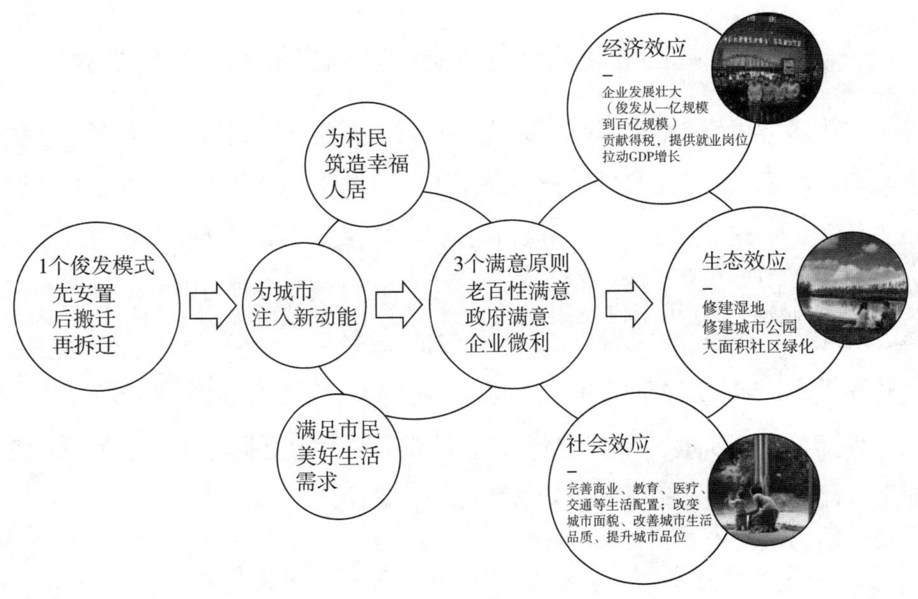

图 3-97 俊发城市更新模式

深耕其中20年，俊发集团独辟蹊径，探索出“先安置、后搬迁、再拆迁”

的开发模式，且既解决了城市发展用地问题，提升了土地价值，又实现了和谐拆迁。

2005年9月，曾对昆明经济起到举足轻重作用的昆明纺织厂宣告破产。2006年底，俊发集团担当城市更新重任，公开买受了原昆纺破产资产，并成立俊兴公司，解决原昆纺职工的就业问题；同时着手建设金昙花园和星光俊园，用于原昆纺职工的回迁安置。引入三大省级银行总部联合数家银行网点全面入驻，40余家国际知名品牌签约集中商业，共构昆明首个“超5A顶尖商务集群”的面貌。在共享得天独厚的资源配套的同时，更有推进片区升级之势，使昆纺完成了从“旧厂”到“金融CBD”的蜕变。

重开发更重保护，这是俊发集团城市更新的又一大理念。昆明滇池北岸的西亮塘片区，曾经是一片荒芜的湿地，杂草丛生、难见鱼鸟。俊发集团通过开发生态半岛项目，共拆迁农户1300多户，优先建设湿地公园3000余亩，并免费向市民开放。尤其值得一提的是，俊发还特意聘请原住农户为生态半岛湿地日常维护的工作人员，在解决住房问题的基础上又为他们提供了就业岗位。

俊发的城市更新模式有几个特点：一二级联动、原地回迁安置、片区滚动开发，这也是其优势所在。一二级联动保证了俊发能够获取丰富的土地储备；原地回迁安置解决了城市更新过程中最难解决的拆迁问题；而片区滚动式开发，则保证了城市更新住宅项目的资金回流。

数据显示，20年来俊发集团共计开发了19个城市更新项目，拆迁面积达554万平方米，新建面积达1885万平方米，安置户数达14045户，目前还有8个项目待开发。

作为20年城市更新的践行者，俊发为政府、为百姓、为行业创造了一整套城市更新的案例和经验，这种独特的城市更新模式正在逐步受到各地的青睐，目前已成功复制到贵阳、上海两地。2017年11月份，俊发签约上海青浦区徐泾镇530亩“城中村”改造项目，成为了在上海做旧城改造项目的为数不多外地房企，这也成为俊发的城市更新模式迈向全国的关键一步。

2. 土储策略：大规模储备土地，支撑企业快速发展“后劲”

在地产界有一句话颇得业界认可——“当前看销售，未来看土储”。土地储备直接关系到房企未来的发展机会与成长可能性，俊发集团显然深谙此道。从 2015 开始，俊发便开始大幅增加拿地力度，尤其在 2017 年，俊发集团通过拍地、收并购等各种方式直接提升了土地储备的量级。

在俊发的大本营昆明，2017 年俊发集团的拿地面积在所有房企中排名第三位，在云南本土房企中是第一位，也超过绝大多数外来房企。此外，俊发在去年还推进多个城改项目，这些项目的土地未来也将成为俊发长期土地储备的一部分，同时，俊发在昆明开发的若干大项目后续还有不少土地供应，而这一部分属于俊发“囊中之物”的土地，还没有计算在去年拿地的面积中。就土地储备而言，俊发集团在昆明的发展势头没有丝毫减缓的迹象，短期内很难有哪家企业可以撼动俊发在昆明乃至云南的优势地位。

在全国市场，俊发在土地储备方面也有着令人惊叹的表现。据中指研究院发布的《2017 年 1 ~ 12 月全国房地产企业拿地 TOP50 排行榜》，俊发集团在 2017 年拿地面积 464 万平方米（约 6959 亩）[①]，在全国房企中排名第 30 位，拿地金额 305 亿元，全国排名 26 位。俊发拿地的名次比销售面积所占名次还要高，这意味着俊发集团在今后几年的销售面积排行榜上，名次还要往上提升，与国内一线房企的差距进一步缩小。

俊发在土地储备上能够取得如此惊人的成绩，除了因为在昆明主场继续扩大优势之外，还在于俊发的全国发展战略也有了重大突破。目前，俊发集团在云南本地已经进入西双版纳市场，而在全国，除了已经拥有的贵阳、成都项目外，俊发的上海项目也有了重要进展。2017 年 11 月 22 日，俊发集团正式签约上海市徐泾镇老集镇“城中村”改造项目。这个项目占地面积高达 530 亩，在上海属于大型开发项目。另外，俊发集团在海南万宁的旅游地产项目，去年也开始积极推进，该项目占地面积

① 数据范围为招拍挂权益土地及收并购土地。

达 309 亩。今年 11 月 16 日，俊发集团与佛山市顺德区勒流街道三元股份社签订项目合作框架协议，总改造范围约 1100 余亩。该项目的落地预示着俊发正式落子佛山，为俊发集团战略版图中的大湾区版块增添了坚实的力量，成为稳步推进俊发集团拓展全国四大区域战略布局的重要组成部分。

俗话说“手中有粮，心中不慌”，全国性房企要想做大做强，在房地产市场确立长期优势，迅速拉开与竞争对手之间的差距，大规模储备土地是必须要走的第一步棋。2017 年，俊发在土地储备方面斩获颇丰，确保了企业在未来几年的发展后劲，为俊发业绩的持续增长提供了保障。

3. 品质提升：从拿地到设计、施工、管理，全流程把控品质

随着社会经济的发展，购房者对居住品质的追求也在不断提升，只有品质过硬才能赢得客户，各房企也不再盲目追求速度或规模，而是更关注品质发展。而俊发集团一直把“品质筑就生活”作为自己的品牌 Slogan，并将之确定为企业核心理念。在产品品质提升方面，俊发可谓是下足了功夫，从拿地到设计、从施工到管理，全流程把控产品品质，为业主带来更细致舒心的居住体验。

拿地决策，宜居是唯一标准。地块的品质是房子品质的基础。俊发集团在拓展拿地时，并没有产品业态、高周转等的限制，而是以“将房子盖在宜居的区域”为终极目标。据一位集团高层介绍，只要是适合居住的地方，如果有合适机会，俊发都很乐意去开发，相反，即使有地块各方面都好，但只要有不宜居的因素，就不会去投资。

设计研发，充分调研客群需求。在宜居地块建的房子自然卖得好，以 2017 年为例，俊发在昆明的销售额是第二名万科的 3.7 倍，为什么？除了地块好之外，还是房子本身好。房子好源于俊发在设计研发阶段，就已经充分调研分析客群偏好，摸清了不同业主的多样化需求。早在 2010 年，俊发集团便建立“俊发产品研发基地”，不仅在低碳、绿色住宅等方面进行探索，还根据不同城市特征对于产品需求进行精准的调研设计，建立了多元产品

线，为不同城市、不同客群提供个性化的全系产品。

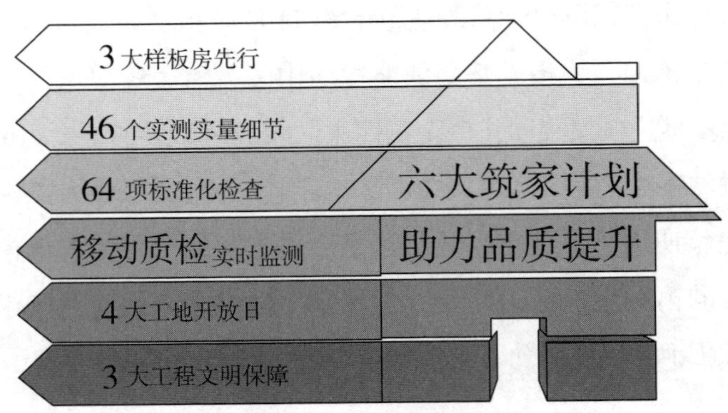

图 3-105　俊发产品标准化体系

工程标准化，助力品质提升。在工程质量方面，俊发集团做了大量的投入，2017 年初，俊发集团发布了《产品标准化 1.0 版》，并在此基础上逐渐总结、完善为俊发“6 大筑家计划”体系。通过对样板房、实测实量合格率、标准化检查等六大筑家计划的梳理，将日常工作体系化制度化。其中，实测实量环节，对于钢筋工程、主体工程、砌筑工程、水电安装工程、抹灰工程、铝合金门窗工程等 6 大环节及其中的 46 项细节进行每月实测实量，最大程度地保证工程施工的精准度。

同时，工程管理中心还开展了“10 个工程主题月活动”，每月开展一次集中专项整治，与 6 大筑家计划相辅相成，进一步践行、强化品质提升。此外，俊发还全线推行铝模、外墙全现浇、PC 装配式施工等新工艺，工程质量得到大幅的提升。2017 年，俊发交付整改得到大幅度改善，交付整改完成率达 95%，交付客户满意度达到 94.82%。

4. 服务有温度：从业主需求出发，把服务品质做极致

精细的产品品质吸引客户，周到的物业服务则留住客户。与盖房子相同，俊发物业同样从业主的实际需求出发，推出了一系列有温度的品质服务，满足客户的多元化需求，为业主带来更加贴心的服务和更加美好的生活。

物业管家，一对一沟通提高服务效率。为了更好地服务业主，俊发物业设立了专职物业管家，通过管家终端统筹管理业主资源，及时了解业主需求，提供一对一的贴心服务，并征集业主的意见建议，形成了《俊发物业管家服务管理办法》。业主遇到问题可以第一时间联系俊发物业管家，与管家保持零距离沟通，及时反映、解决问题，并获悉社区最新信息。物业管家服务，拉进了物业与业主之间的距离，做到周到服务无死角，为业主打造更个性化的温暖服务，让业主满意。

“心行动”，全面升级社区配套设施。“心行动”是俊发集团的一大品牌活动，始于 2012 年，当年俊发设立了 7000 万幸福基金，在不动用业主维修基金的前提下，对旗下社区所有老旧设施进行升级改造，赢得了业主的普遍好评。随后的几年里，俊发不断丰富“心行动”活动的内容，先后推出了“化蝶计划”“向日葵”金服务等一系列品质服务。

在 2018 年，俊发“心行动”将从更多维度对 26 个已交付社区内的智能社区系统、健康系统、童乐系统、园林系统、护家系统、泊车系统、公建系统、休闲系统、照明系统、电梯系统等 10 大方面、80000 余个细节进行再升级，此外，活动关注的重点从满足物质需要到满足精神需要，比如在早已交付的社区增加健身房、休闲桌椅、活动中心等配套设施，更加关注业主对美好生活的追求。

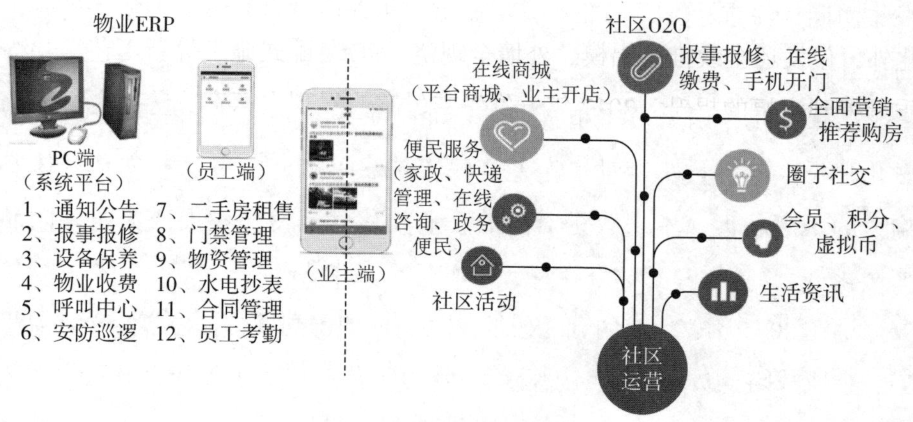

图 3-99　俊发智能社区

智慧社区，一站式服务资源搬上手机。随着互联网时代的深入发展，科技正改变着传统的物业管理模式，智慧平台成为现代物业管理中的一个重要角色。2017 年底，俊发物业与科技公司合作共同打造智慧社区，建立物业 ERP+ 社区 O2O 平台，通过物业 APP 和业主 APP 两端的开通，建立大数据云服务平台，打通物业、商家、业主的信息鸿沟，既提升了物业管理效率，又能在整合物业服务、交通出行、商业消费、文化教育、旅游休闲、医疗健康等配套资源的基础上，为业主打造一站式综合服务平台，更加快速、方便地为业主提供更加优质、完善的服务。

引入第三方调研，确保服务品质。在为业主提供丰富服务资源的同时，如何保证服务质量，也是俊发关注的重点。俊发集团与中指研究院进行合作，每月开展一次业主满意度节点调查、每季度一次物业暗访调查、每年两次集团顾客满意度调研活动，通过这些调研，能够及时了解业主的服务诉求，并调整改进服务种类与水平，保证服务质量。对于面向潜在客户的案场销售服务，俊发集团同样每月进行神秘客暗访调查，并根据暗访报告，及时优化调整服务，提升服务水平。

5. 打造品牌："好酒也怕巷子深"，品牌建设提升俊发影响力

先练内功，再修外功。在做好品质提升这一内在基本功的基础上，俊发集团同样注重品牌文化的塑造与输出，品牌传播力和影响力得到进一步的提升。

品牌文化，内聚员工精神，外塑企业形象。俊发集团一贯注重企业文化建设，各种员工活动、企业刊物等层出不穷，随着这些文化载体影响力的不断壮大，本来只是对内的企业文化已经慢慢发展成为对外的品牌文化。

早在 2005 年，俊发内刊《俊发 VOICE》即创刊发行，内容涵盖行业趋势、企业战略、员工访谈与投稿等，致力于营造"快乐工作、健康生活"

的企业文化，原本只是作为内刊，却因为广受业主、客户、战略伙伴的喜爱而开始对外发布，至今发行130余期。《俊发VOICE》曾连续5年荣获“中国企业报刊金纽带奖”“中国优秀企业文化建设传播奖”，这正是因为它传递了企业的品牌精神，让俊发的30万业主和客户、伙伴，在建筑之外能够看到一个有血有肉、有感情、有理想、有斗志的企业形象。

品牌宣传，多渠道持续品牌发声。当前，房地产行业的竞争趋势，已经由最初的价格竞争、产品竞争、规模竞争，转变为品牌的竞争，品牌的传播力与影响力对于企业实现可持续发展具有关键作用。在做好产品与服务品质的同时，俊发集团还以画册、宣传片、微信、微博、今日头条等多渠道、多形式进行品牌价值输出。

以2017年在部分新媒体渠道的品牌发声为例，俊发集团在微信公众号及今日头条上共推送资讯250余条，工作日日均一条，微信公众号2017年粉丝增长率达52.2%。这些都对俊发集团的战略扩张、品牌落地、口碑建立等发挥了重要作用，提升了俊发品牌的传播力与影响力。截至2017年，俊发已连续四年蝉联“中国西部房地产公司品牌价值TOP10”第一的桂冠。

品牌落地，以品牌促进业务发展。品牌宣传如何有效推动业务发展，是众多房企面临的问题。俊发通过制定《俊发集团品牌标准化手册》，让品牌宣传更加专业、全面、接地气。品牌标准既统一输出品牌形象，又统一宣传标准流程，大到城市扩张战略落地标准、品牌营销标准、年度主题推广标准，小到售楼部体验区、城市品牌生活馆等等，涵盖各个房地产开发业务板块。在具体项目品牌宣传上，俊发设定了“项目品牌宣传五步走”，严控项目节点，确保集团品牌输出能及时有效，此外，在具体落地城市，结合当地市场特点、市民偏好等，实行差异化品牌推广策略，更加有效地推动当地市场业务发展。

图 3-100　俊发品牌手册

践行公益，彰显俊发品牌责任。在 20 年的发展历程中，俊发集团始终以实际行动积极践行企业公民的社会责任，致力于精准扶贫、教育扶贫、环境保护等公益事业，累积为社会捐助善款 3.54 亿元。2007 年，俊发成立了“云南省俊发教育扶贫基金会”，十多年来累计修建了 5 所希望小学，并出资为山区学生打造营养保障工程；多次举办“俊发扬帆”贫困大学生帮扶活动，累计为近300名贫困生提供助学基金。此外，俊发集团还发起了“178公益”项目，包括一对一帮扶、俊·悦读、俊·视界等，累计召集300余名志愿者，对口帮助山区学生，已成为一项名声响亮的品牌公益活动。

6. 管理提效：动车哲学提升动能、管理标准化提升效率

好的管理体系是一个企业尤其是现代大型企业成功的一半，作为一家成立20年的集团公司，俊发在长期的发展实践中摸索出了一套自己的管理哲学——“动车哲学”。动车与普通列车不同之处在于，普通列车全靠火车头拖动，而动车的每一节车厢都有独立的动力系统，提速更快。俊发的“动车哲学”意即每一个团队、每一位员工，就是动车里的一节车厢，都有自身的动力系统，每节车厢都在发力，车厢越多，跑得越快，实现由内到外的驱动转变。个人与组织形成合力，才能实现俊发的跨越式发展。

2017年，俊发的管理体系朝着更完善的标准化方向发展，核心运营工具POM卡片系统全面上线，极大地提升了管理品质和运营效率，助力业务“数据化”“系统化”管理目标的实现。OA协同办公平台的上线，进一步实现了办公流程规范化、便捷化，企业管理标准化。大量简化跨区域、部门、层级的审批流程，提高日常办公效率，助力公司精准决策。

此外，有着俊发“六库全书”之称的品质机能保证体系，涉及管理文件库、项目资料库、规范标准库、经验案例库、外部信息库和培训学习库等六大管理库6万多条制度，助推集团实现标准化战略，保证了经营业绩和经营规模的长期稳定发展；管理制度汇编，收录汇聚了战投、融资、核算、工程、设计、人资等14个管理中心近200条制度。一系列管理制度体系的上线，为俊发集团长远稳健的发展，奠定了坚实的基础。

7. 人才策略：引进+培养，打造专业高效狼性团队

人才是企业发展的核心要素，对于房企来说，从拿地到开发、从营销

到投拓、从融资到并购，无一不需要专业的高素质人才，要想实现企业的长远发展，就必须赢得与其他企业的人才竞争。

俊发集团清楚地认识到了这一点，俊发的人才观可以用李俊董事长的一句话来形容："人才是俊发未来最有价值的资产。"识才有眼，用才有胆，爱才如命，惜才如金，俊发对人才的培养，已上升为俊发的企业战略。2017年，俊发集团再次荣获"中国年度城市最佳雇主"，即是市场对俊发集团人才理念与整体实力的肯定和认可。

在人才引入方面，俊发从2006年即启动"新动力"校园招聘培养体系，成为俊发选拔人才、发展人才、晋升人才的重要举措之一，历经十余年的发展，新动力已为俊发输送了大批专业骨干和企业中坚力量。2018年夏天，俊发又吸纳了多所211、985重点高校的265位"新动力"学生兵，为俊发未来的发展与变革注入新的血液和力量。

在培训人才方面，俊发建立了全方位、系统化的培训体系：针对新动力学生兵，采用"系统培养＋动态管理"模式，有专门的师傅"传、帮、带"，培养成为年轻、创新的重要先锋力量；对于其他员工，则采用"培训＋考试"的模式，增强全产业链的业务学习，提升专业技能；通过系列精品课程，为集团各阶段发展人才提供定制培训；通过高管大讲堂，集成多年的专业经验，与员工共同分享，共同进步……

高效的人才引入机制和完善的内部培养机制，为俊发储备了大量优秀人才，也为俊发进军全国、实现跨越式发展奠定了厚实的人才基础。

在风云激荡的房地产二十年发展浪潮中，俊发集团在城市更新服务领域积累了丰富的实践和理论经验，引领行业的发展潮流，并且凭借特有的"城市更新"模式成功走向全国。未来，随着俊发集团"深耕云南、布局全国四大区域"战略的逐步铺开，依靠其"城市更新＋全产业链"的核心竞争力，相信俊发必能实现从传统房地产开发企业到技术服务型企业的转型，为人民的美好生活助力。

第二节　品质篇：坚守工匠精神，缔造品质生活

随着房地产市场进入“高质量发展”的新时代，部分中国房地产百强企业“品质经营”优势逐步凸显，此类企业坚守品质战略，持续专注于高端精品项目的铸造，以优质的产品品质和服务品质引领行业。绿城始终坚持精诚之心、精致之道、精湛之术，不断满足人们对理想生活的追求，营造美丽建筑，创造美好生活；金茂以释放城市未来生命力为己任，始终坚持高端定位和精品路线，并在行业中不断重新定义高端和品质。

中海地产：红筹浪中树战旗，炼就行业领军人

> 在波云诡谲的房地产大浪潮中，中海始终保持高度的风险管控和防范意识，注重全国性均衡布局，审慎吸纳优质土地资源，强化项目成本管控；同时，坚持精品战略方针，紧抓行业发展主流，持续升级创新产品和服务，充分享受行业发展红利，实现企业规模与效益协同提升，巩固了中海在内陆的行业领军地位。

一、企业战绩：经营业绩持续稳步增长，净利润保持行业第一

中海地产（股票代码：00688.HK，简称“中国海外发展”）隶属于中国建筑集团有限公司，1979 年创立于香港。历经近 40 年的发展，中海始终坚持“选择主流城市、锁定主流地段、关注主流人群、建筑主流产品、传播主流价值”的开发价值观，把握住市场主流需求、紧抓城镇化机遇，以卓越的产品品质、扎实稳健的运营管理及全国性均衡布局，在行业第一梯队的道路上稳步前行，引领行业发展方向。

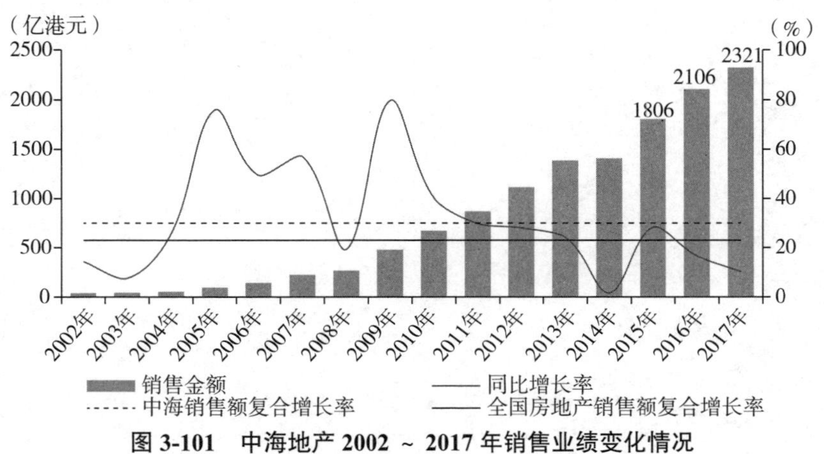

图 3-101 中海地产 2002 ~ 2017 年销售业绩变化情况

资料来源：企业公告和年报、中指研究院整理。

从业绩来看，中海抓住房地产业的“黄金十年”，顺应市场发展趋势，实现了销售业绩稳步增长。中海地产自 1998 年开始转战内陆市场并展开有序的规模扩张，至 2016 年规模跨越两千亿港币销售大关，始终以良好的增长态势领跑行业。2002 ~ 2017 年间销售额复合增长率为 30.0%，高于行业 7 个百分点。从销售规模实现跨越的时间和速度来看，中海地产亦处于行业领先水平。中海地产在 2006 年销售额突破百亿港币大关后，仅用 4 年时间在 2010 年完成 600 亿港币的规模突破，年均复合增长率高达 47.7%；2 年后 2012 年中海地产突破千亿港币大关，年均复合增长率 28.9%；短短四年后（2016 年），中海地产突破两千亿港币大关，实现销售额 2106 亿港币，净资产总额 2274 亿港币，主营业务收入 1641 亿港币。

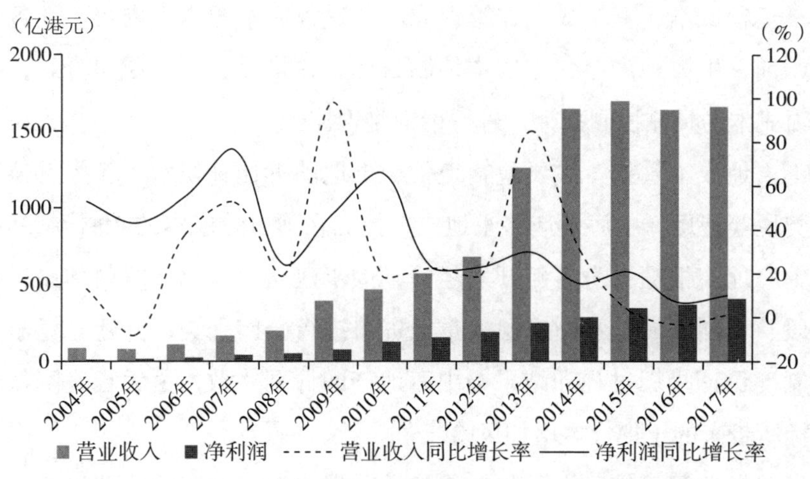

图 3-102　中海地产 2004-2017 年营业收入、净利润及其变化

资料来源：企业公告和年报、中指研究院整理。

中海地产始终坚持稳健而审慎原则，在追求规模扩张的同时，也非常注重风险防范和成本管控，得益于其精品战略及较强的成本管控能力，其营业收入和净利润规模持续上涨，盈利能力稳步上升。2002 年中海地产净利润为 0.5 亿港币，经过 15 年的发展，至 2017 年，中海地产净利润达 407.7 亿港币，较 2002 年增长了 815 倍，利润总额连续 14 年保持行业第一，盈利规模持续提升。净利润率从2002年的0.8%增长23.8个百分点至2017年的24.6%。其中，2005～2017年净利润率一直保持在20%以上，稳居行业第一，因此也获得房地产行业“利润王”的称号。

二、管控模式：强化成本管控，成就“利润之王”地位

在房地产行业中，中海地产的成本管控一直为业界称道，得益于其强大的成本管控能力和精细化运营管理，中海地产过去十年年均净利润复合增长率超过26%，利润总额连续14年保持行业第一，成就中海地产“利润之王”地位。

在具体实施过程中，中海地产项目成本管控主要包括土地成本、前期费用、工程成本、营销成本、管理成本及财务成本等六大内容。在各个项目开始前，中海地产会建立成本控制目标，并将目标进行层层分解，制定出各项成本的具体控制指标，进行精细化管控：

①土地成本管控：主要包括地价、土地动拆迁补偿费、各类补偿费、土地契税等费用，中海地产将土地成本控制在项目总成本的30%～35%左右。中海地产根据自身多年开发经验，逐步建立土地储备资料体系，对不同时段、不同区域、不同来源的土地资料进行分门别类，并建立竞争对手调研制度保证投标过程和结果与中海地产的计划一致，最大程度降低了分开招标所带来的土地成本增加风险。

②前期费用管控：主要包括设计费、报建费、勘察测绘费以及可研费用，中海地产将前期费用控制在项目总成本的2%～3%左右。中海地产对前期费用的管控主要体现在四个方面：一是多单位多轮次招标，选择最佳性价比设计单位，降低成本；二是前期尽可能确定有关技术经济指标参数，严控设计质量，避免设计阶段增加成本；三是不同类型项目设定设计费限额标准，并进行严控；四是在满足建筑效果的前提下，控制材料用量，避免不必要的成本浪费。

③工程成本管控：主要包括由分包工程及甲供物资成本、配套成本等

成本。中海地产将工程成本控制在项目总成本的 50% ~ 55% 左右。在工程分包和材料采购过程中，中海地产一方面坚持“货比三家”的原则和方式确定造价，另一方面对建材市场进行充分调研，尽可能实现有关材料的替代、有关施工方案的替代，降低工程成本。与此同时，公司加强过程中成本监测和评估分析，完善成本变更评审制度，建立成本分析预警制度，及时调整、消除造成成本异常波动的不合理因素。

④营销成本管控：主要包括广告费、推广费、售楼处费用等费用，中海地产将营销成本控制在项目总成本的 2% ~ 6% 左右。在营销成本控制方面，中海地产建立各项广告及市场推广计划、预算的执行及监督体制，完善各项广告制作操作流程，减少媒体发布的折扣点。与此同时，中海地产自建营销团队，减少销售代理佣金支出；注重提高案场建设的空间利用率，降低售楼处费用。

⑤管理成本控制：主要包括人力资源成本及行政成本，中海地产将管理成本控制在项目总成本的 2% ~ 3% 左右。中海地产一方面加强全员树立降低成本、增加效益的观念，另一方面重视信息化建设，率先引进 H3BPM 流程管理体系，将原有业务环节进行高度整合，实现不同业务系统之间的转换，提高管理工作效率，降低管理费用支出。

⑥财务成本控制：主要包括资金成本和税务成本，中海地产将财务成本控制在项目总成本的 6% ~ 8% 左右。中海地产一方面根据项目发展提前做好与政府部门的沟通，争取税收优惠，在可控范围内最大限度降低税金成本；另一方面根据公司项目文件合理安排资金计划，发挥集团资金统筹的优势最大限度降低项目资金成本。

中海地产重点关注营销费用、财务费用、管理费用等三项费用，并对其进行严格管控，实现历年三费费用率均在 5% 以下的成绩。2017 年中海地产三费占比为 4.39%，而 57% 的房企三费比例在 10% 以上。其中管理费用率 2017 年中海地产地产仅为 1.74%，远低于千亿级房企平均管理费率 2.91%。

建立成本管控目标

• 中海在各项目开始前建立成本管控目标，并将目标分解，制订出各项成本的具体控制指标，落实到具体部门。

定期监测评估

• 成立成本管控小组，定期对各项目进行监测、分析和评估，对异常变动情况及时预警并提出解决方案。

普及成本管控意识

• 加强对设计部门人员的成本意识普及，在保证设计质量的前提下尽可能做到限额设计。

成本变更评审

• 完善变更前的成本评审制度，变更金额超过指定的额度需经上级讨论决定，明确具体实施方案并经各级领导签字确认后方可

严控三费费用

• 严格管控销售费用、财务费用、管理费用三项费用支出。

图 3-103　中海地产成本管控总体思路

三、投资布局：均衡性投资布局，实现有质量增长

中海地产坚持理性投资策略，在确保风险可控的前提下，通过多元化手段积极吸纳优质土地资源，为中海地产规模持续增长和维持“利润之王”的地位奠定良好基础；同时中海地产一直进行全国性均衡布局，不把资源过分集中于某一城市或地域，以平衡经济和市场波动带来的风险。

1. 土储策略：多元化吸纳优质土地资源，为企业规模持续增长奠定良好基础

土地资源储备情况显示了企业未来的发展潜力。中海地产坚持理性投资策略，在确保风险可控的前提下，通过公开市场、战略合作、收购兼并、一二级土地联动开发等多元化手段积极吸纳优质地块，为企业规模持续增长奠定良好基础。

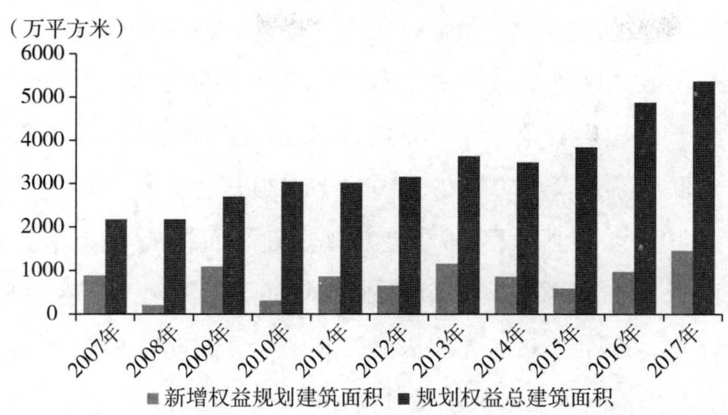

图 3-104 中海地产 2007 ~ 2017 年新增土地储备和总土地储备情况

资料来源：企业公告和年报、中指研究院整理。

（1）并购优质土地资源，为延续“利润之王”地位奠定基础

2010 ~ 2016 年期间，中海地产通过收购兼并的方式完成了对中国海外宏洋、母公司中国建筑股份和中信地产的三场整合并购，直接获得了超过 3700 万平方米的土地储备，总资产价值超过 2000 亿元，为中海地产规模持续增长和维持“利润之王”的地位打下了基础。

2010 年，中海地产收购蚬壳电器 50.1% 股权，获得了蚬壳电器在国内 6 个城市拥有的约 230 万平方米土地储备。通过这次收购，中海地产在北京、广州的核心城区拥有优质项目与土地储备，并首次进入桂林、呼和浩特和合肥，扩展了中海地产城市布局版图。

2015 年，中海地产完成中建系房地产业务收购整合，获得了中建地产直营业务约 1100 万平方米的土地资源，并将中建持有的中国北京、上海、天津等 27 个物业及英国伦敦 3 个物业纳入囊中，增加了中海地产在核心城市土地储备，巩固其市场地位。

2016 年，中海地产发布公告收购中信旗下完成整合后的中信公司及中信泰富持有的绝大部分住宅业务，直接获得中信分布在国内 24 个城市的 126 个项目，总建筑面积 2352 万平方米的土地储备，进一步加速了中海地产在全国的布局。

（2）审慎吸纳优质土地资源，巩固和提升市场占有率

除大规模收并购外，近年来中海地产也适当参与棚改以及一二级联动获取更多优质的项目资源。同时，随着拿地成本和运营风险不断增加，中海地产采用联合拿地开发方式，多次与TOP20房企合作拿地来扩充疆土。2017年中海地产获取新项目76个，总规划建筑面积1741万平方米，权益规划建筑面积1463万平方米。截至2017年底，中海地产在内地38个城市及港澳拥有土地储备约6375万平方米，其中权益部分为5378万平方米，拥有的土地资源基本满足未来两年的开发需求。

（3）建设大数据投资平台，为投资拿地科学决策提供参考

除多元化积极拿地外，中海地产对大数据技术应用和信息化建设也非常重视。为摆脱传统投资拿地研究带来的局限，全面提升企业投资拿地决策水平，中海地产率先与中指研究院合作研发、建设房地产行业数字化平台——城市地图，将城市资源（如：学校、医院、交通、产业园等）、地产数据、人口数据、经济数据、规划数据等房地产相关数据资源集中到城市地图平台上，并进行可视化呈现数据结果，利用大数据帮助企业实现科学高效的投资拿地决策，同时将过往企业收集整理的数据资料集合、沉淀下来，积累企业自身特色的数据资源。

2. 布局战略：坚持全国性均衡布局，平衡投资经营风险

中海地产全国性布局战略大致分为两条线：一条线是坚持以珠三角、长三角、环渤海经济圈作为重点发展区域，确保中海地产持续高利润增长；另一条线是以内地区位中心城市为点状支持进行布局，在平衡投资风险的同时保障公司可持续发展，并将一线城市成熟产品克隆至二线城市，赢得二线城市市场发展机遇。

自1988年进驻深圳后，相继进入上海、广州、北京等城市，牢牢占据珠三角、长三角、环渤海等经济发达地区中心城市。在此基础上，开始向成都、长春、西安等内陆城市挺进，于2004年完成了对西南、东北、西北的完全

进驻。完成以上布局后，中海地产开始在国内外开展有秩序的规模扩张。截至 2017 年底，中海地产业务已遍布英国伦敦、美国纽约、澳大利亚悉尼、港澳以及内地 60 余个城市。

四、产品策略：秉承精品战略方针，打造全周期精品住宅

中海地产于 1996 年确立了以中高端住宅为开发重点的发展战略，并将“精耕细作，品牌经营”作为产品长期发展战略方针，以精耕细作的方式从产品定位到配套服务，打造全周期精品住宅，助力企业销售业绩实现不断突破。

1. 明确中高端产品定位，多维度打造中高端品质形象

中海地产基于前期以中高端精品征服市场的经验以及对中高端住宅市场前景的判断，明确以中高端住宅开发为主的产品定位，并坚持“选择主流城市、锁定主流地段、关注主流人群、建筑主流产品、传播主流价值”的开发价值观。在此基础上，中海地产从位置选择、产品设计、产品质量、经营理念等方面打造中高端精品住宅。

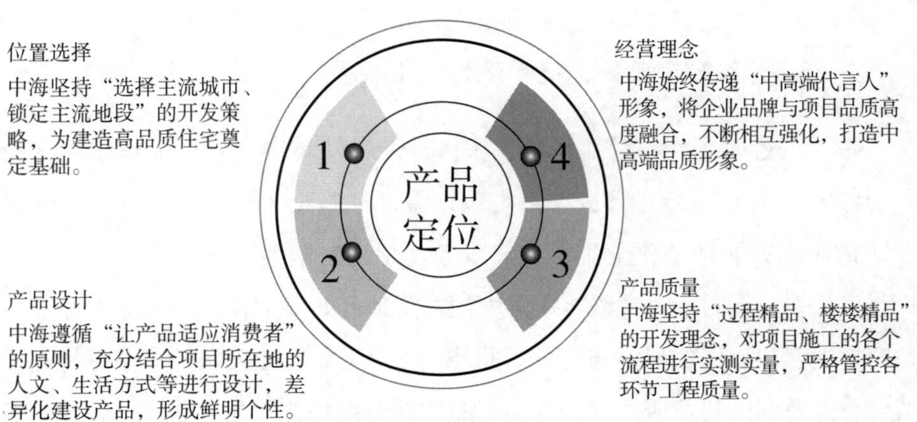

图 3-105　中海地产中高端产品定位

2. 持续保持产品创新，更新迭代打造五代精品

中海地产很注重产品创新，在“过程精品、楼楼精品”开发理念的指导下，结合港澳及中国内地丰富的市场经验，持续、独立研发了逐级递进的五代精品住宅产品体系，每一代精品住宅的研发都力争在对区域居住文化和区域发展方向的深刻理解之上，切实顺应不同时代下中国人居的需求特点。通过五代产品的不断创新实践与长期品牌积淀，铸就了众多城市地标，为近百万计的民众提供了优越的居住选择和满意的消费体验，巩固了“中国中高端精品物业市场引领者”品牌形象。

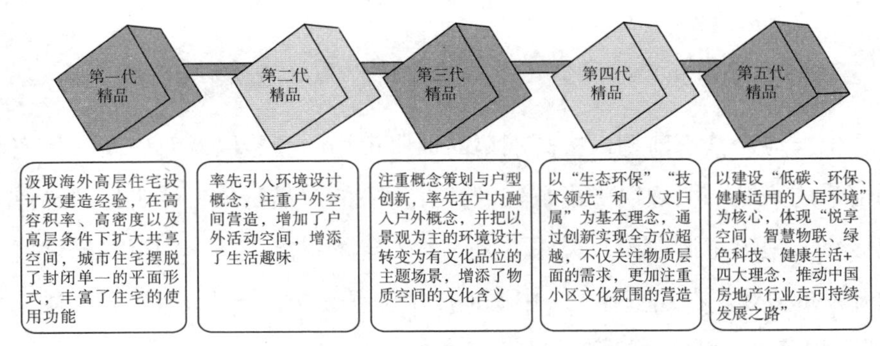

图 3-106　中海地产“五代住宅精品”

3. 创新升级配套服务，持续强化服务品质

除了筑造中高档精品住宅外，中海地产也注重客户对产品后续配套服务的体验，中海地产实行从项目定位、设计、施工、销售、验房、入伙到后期物业服务的精细化全流程客户服务理念，根据类别详细分为十一大客户服务板块。同时，秉持以客户角度检视房地产开发运营的整个业务环节，高度重视客户反馈的建议与意见。此外，中海下属物业公司——中海物业，结合香港及国际物业服务管理经验不断创新升级物业服务，并将地区公司客户满意度指标考核列入其绩效考核范畴。针对老业主，中海物业定期采取深入业主家中了解业主真实的想法及入住后的感受，全面从客户利益出发，

持续改进产品和服务。通过优质的物业服务有效保持客户满意度和忠诚度，形成重复购买与熟人营销，助推销售业绩稳步提升。

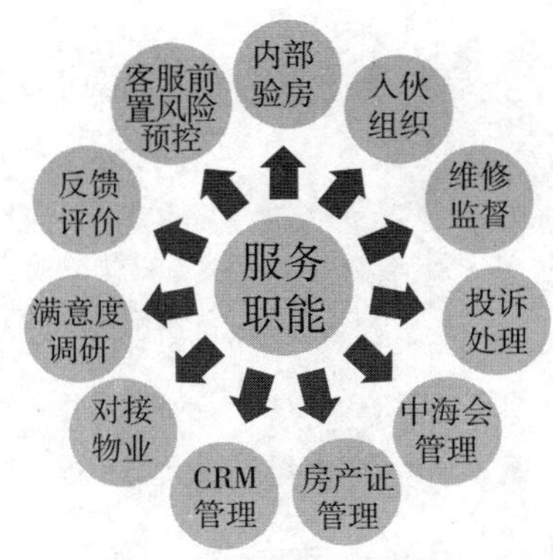

图 3-107 中海地产全流程客服体系

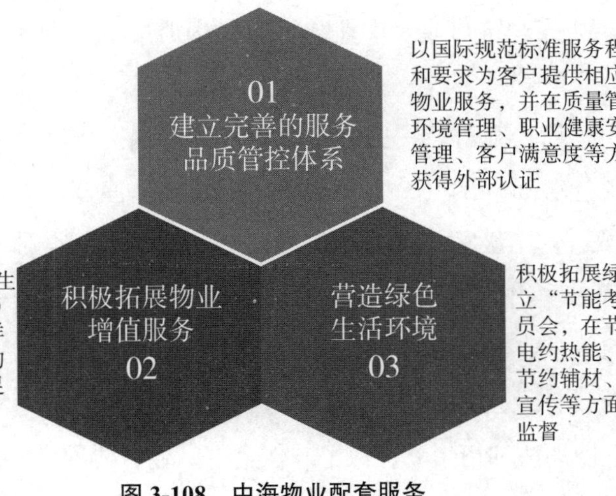

图 3-108 中海物业配套服务

五、“利润王”构建三大产业群，为下半场做好准备

中海地产这么多年能够卫冕利润王的称号，除了成本管控、全国性均衡布局外，还得益于其自我定位、发展路径设计。在“房住不炒”定调、住房保障长效机制加快建设背景下，中海地产加速发展“住宅开发产业群”主业的同时，也将以“城市运营产业群”及“创意设计及现代服务产业群”

为升级战略方向，营造更美好的城市生活。

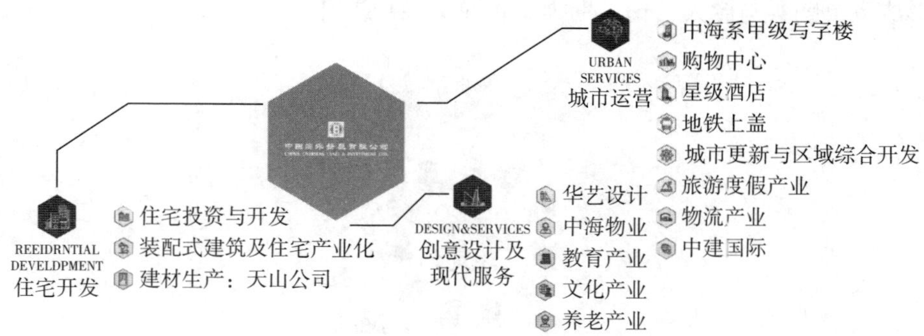

图 3-109 中海地产三大产业群

①住宅开发产业群——继续追求规模的保障。住宅开发产业群继续坚持“过程精品楼楼精品”理念，专注中高端住宅精品开发，同时，积极推动与实践装配式建筑与住宅产业化，布局房地产上游产业链建材门业的生产制造。

②城市运营产业群——强现金流业务的布局。中海商业是中海地产加大强现金流业务布局的一个重要板块。公司在港澳及国内一二线城市投资数百亿建设运营甲级写字楼、星级酒店、购物中心综合体。目前，在全国已投入运营 39 栋中海系甲级写字楼，运营面积超过 200 万平方米，是中国内地最大的单一业权写字楼发展商之一。

③创意设计及现代服务产业群——立足于未来。中海地产在现有地产业务基础上做加法和衍生，进入了与住宅主营业务协同、联动发展的文化、教育、养老等创新业务。

在近 40 年楼市跌宕起伏的大浪潮中，中海地产始终保持稳健而审慎的原则来思考问题，保持敏锐的洞察力来观察行业发展机遇，并紧跟时代潮流调整发展战略、持续升级创新产品和服务、强化成本管控，利润总额连续 14 年保持行业第一，被认为是“国内最赚钱的房企”。

在房地产行业调整和央企重组的大潮中，中海地产利用自身稳健的财务和强大的并购整合能力对中国海外宏洋、母公司中国建筑股份旗下中建地产，以及中信地产进行整合并购，不仅获得了丰富的土地储备资源，更展示了中海地产出色的资金成本控制能力和高超的并购财技。历经三次并购，中海地产不仅把握住了2009年四万亿刺激政策出台后三线城市的阶段性机遇，加快了中海地产在全国各线城市的布局，同时也解决了中建系内部房地产同业竞争的问题，并开启了央企房地产并购整合的大幕。在国企改革日趋深化的背景下，中海地产的并购之路也为此次央企重组和整合提供了重要参照系。

历经三次大规模并购后，中海地产蓄势待发，于2017年明确提出"一三五"战略和"三一五"目标。第一次明确提出规模增长目标（即：2020年规模要翻一番，2020年要达到4000亿元的销售目标），第一次对其布局的城市提出了具体销售目标的要求（即：在四大一线城市群中，年度销售目标都要达到三百亿元以上，重点城市要完成一百亿元，一般城市要完成五十亿元的销售目标）。此外，中海地产也表明除了在传统住宅业务及商业地产方面发力，未来在长租办公、教育地产、养老地产等方面都会全新试水。

历经39年的稳健发展，中海地产已悄然进入城市更新、文旅、物流、教育、养老等诸多领域。未来在更为复杂的市场变化中，中海地产凭借自身经营优势、产品优势、超前的发展战略定位和强大的应变能力必能在波澜起伏中以崭新的面貌，继续扬帆领航。

绿城中国：二十四载峥嵘路，千亿绿城的坚守与变革

房地产行业数十载的沧海桑田，由黄金时代进入白银时代，绿城在其中留下了浓墨重彩的一笔。二十多年的发展中，绿城把品质上升到企业终极理想的高度，一直力图呈现房产品的“品质之美”，同时引领了房地产行业的品质时代。在行业转型升级、多元化发展的今天，绿城凭借着引领行业的精品营造能力、“服务平台化、资产金融化、开发专业化”的发展战略，“轻重并举”的发展导向，以及稳健的财务状况和与时俱进的品牌理念，成功领跑行业，并连续15年荣获“中国房地产百强企业”。

一、战绩：经营业绩扶摇直上，践行有质增长

绿城中国控股有限公司（股票代码：03900.HK，下文简称“绿城中国”）成立于1995年1月，历经二十余年的发展，绿城中国从杭州走向全国，跻身中国房地产企业前十名。并已形成完整的全生命周期产业链，从房产专业开发、全程管理服务到物业服务，再到医疗、教育、足球、金融等等，不仅营造房子，更创造生活，致力于成为“理想生活综合服务商第一品牌”。

成立于1995年的绿城，2002年迈出杭州，开始向全国市场进发；自2005年起，就已稳居全国前10强，在2007年，绿城中国首次进入中国房地产企业“百亿俱乐部”之列，2009年这一年，绿城中国不断刷新业绩，最终突破500亿大关，2016年，绿城中国首次突破千亿，2017年，绿城中国扶摇直上，践行“有质增长”，实现销售金额1463亿元，比上年增长28.45%，合约销售面积约827万平方米，比上年增长32.11%，创历史新高。

在中指研究院权威发布的 2017 年中国房地产销售额百亿企业排行榜中位居第十。

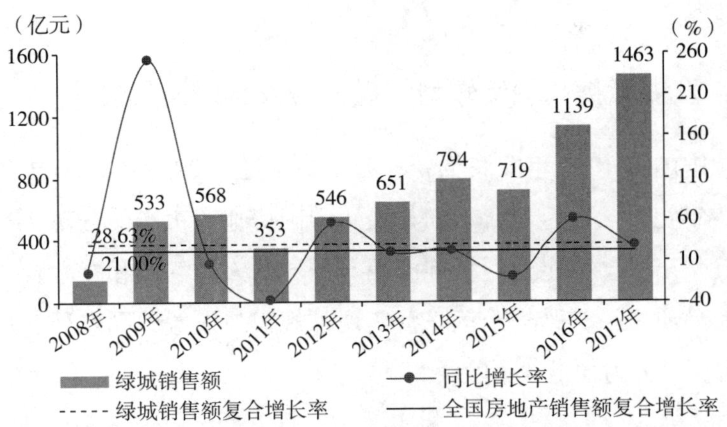

图 3-110 绿城中国 2008 ~ 2017 年销售业绩变化情况

资料来源：企业公告和年报、中指研究院整理。

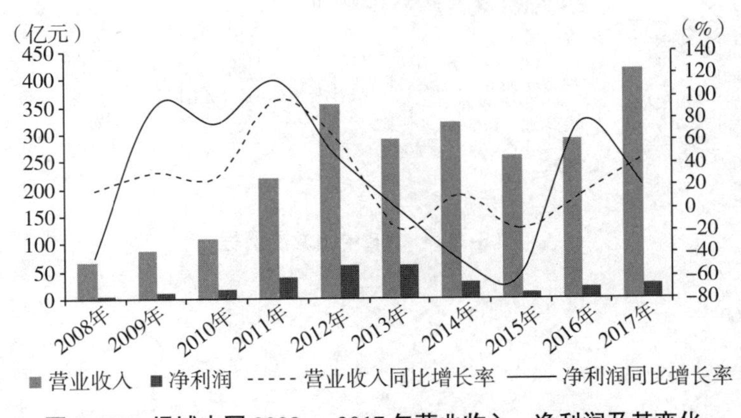

图 3-111 绿城中国 2008 ~ 2017 年营业收入、净利润及其变化

资料来源：企业公告和年报、中指研究院整理。

整体来看，绿城中国在规模扩张的同时，营业收入波动上涨，近三年净利润回升明显，盈利能力逐步增强。这主要得益于绿城中国去库存策略。2017 年，绿城中国投资项目整体去化率达 72%，其中一线城市房源去化率为 75%。投资项目新增房源约 774 亿元，全年贡献销售额 579

亿元，去化率高达78%。绿城中国在各线城市的库存去化情况比较理想，基本甩掉了历史包袱，在未来的发展中得以轻装上阵，有助于盈利能力的进一步拉升。

二、发展历程：加快转型，规模与效益协同发展

绿城中国自1995年发展至今，已完整走过了20余年，20出头正是少年勃发的年纪，于房企而言却已是经历中国房地产市场的激荡历程。绿城中国从杭州出发，将企业的精神内涵与杭城的人文气质相互融合，走出属于绿城的品质之路，踏进千亿阵营实现了规模与效益共同发展。从其发展历程来看，可分为如下4个阶段。

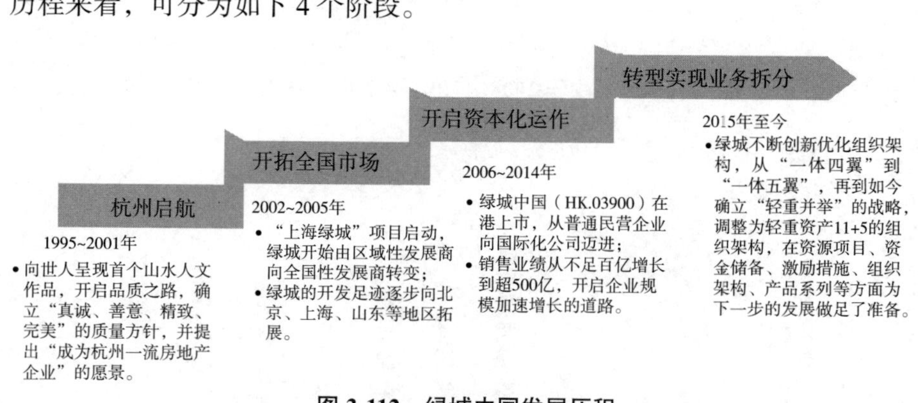

图 3-112　绿城中国发展历程

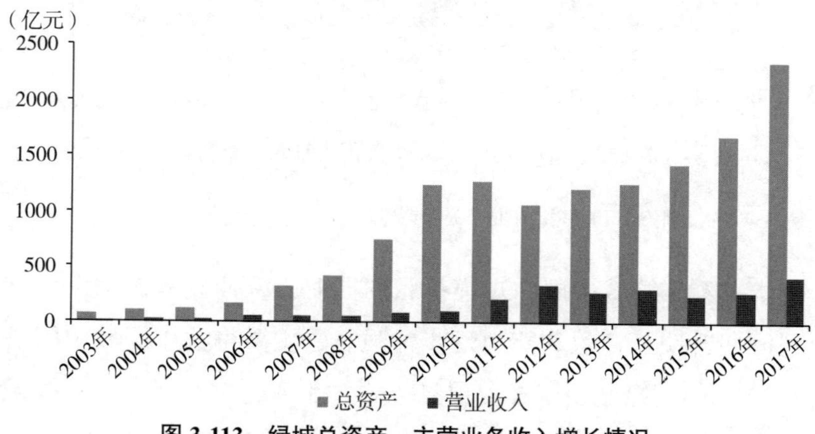

图 3-113　绿城总资产、主营业务收入增长情况

资料来源：企业公告和年报、中指研究院整理。

1. 1995～2001年：立足杭州，奠定品牌基础

1995 年：浙江绿城房地产有限责任公司正式注册成立，绿城·丹桂公寓成为绿城中国开山之作；

1998 年：浙江绿城园林园艺工程有限公司、浙江绿城酒店有限公司、浙江绿城保险咨询有限责任公司、浙江绿城广告策划有限公司先后成立，绿城房产一体化经营框架基本确定；

2000 年：绿城首次在浙江省外设立新项目公司——上海绿宇房地产开发有限公司，同时建设部批准绿城房产开发资质升为一级；

2001 年：组建浙江绿城房地产集团有限公司；

2002 年：绿城·春江花月开盘 35 天销售额突破 6 亿，成为杭州楼市的销售奇迹。

2. 2002～2005年：走向京沪，开拓全国市场

2002 年：上海绿城、北京百合公寓分别成为绿城进入上海、北京的地产项目；

2003 年：绿城中国“全国品牌战略”全面展开，形成以杭州、上海、北京为基点，向全国辐射的发展格局；

2004 年：进入长沙、郑州、乌鲁木齐、德清、宁波。

3. 2006～2014年：资本化运作，加速发展

2006 年：绿城中国控股有限公司 (HK.03900) 在香港联交所挂牌上市，成为浙江省第一家在香港主板成功上市的房地产企业；同时进入青岛、桐庐、新昌、南京、温州；

2007 年：以绿城·杭州蓝庭为试点的绿城园区生活服务体系正式向社会推出；

2009 年：经营管理年，实现全面预算管理，销售业绩达 517 亿元；

2010 年：绿城建设成立，全国首创规模化代建业务；

2011 年：建设管理年，绿城建设取得全国 65 个代建项目，进入 30 多个城市；

2013 年："绿城房产（GREENTOWN）"荣获由国家工商行政管理总局颁发的"中国驰名商标"称号；香港恒生指数于 2013 年 12 月 9 日开始把绿城中国纳入"恒生中国内地 100 指数"。

4. 2015年至今：加快转型，实现业务重整

2015 年：绿城宣布将 80 后、90 后作为开发的主体，启动"YOUNG"时代；

2016 年：绿城形成"一体四翼"的格局，下属绿城房产、绿城管理、绿城资产和绿城小镇四大全资子集团；

2017 年：绿城进一步优化组织架构设立理想生活集团，形成"一体五翼"的格局，即以绿城中国为主体，构建绿城房产、绿城管理、绿城资产、绿城小镇、绿城生活五大业务板块；

2018 年：绿城中国确立"轻重并举"的发展导向，创新优化组织架构；

2018 年，绿城中国积极响应市场需求，加快向"理想生活综合服务商"转型发展，贯彻执行"服务平台化、资产金融化、开发专业化"的发展战略，形成"轻重结合"（轻资产与重资产相结合）的业务发展格局，持续提升核心竞争力。

伴随着企业的发展，绿城中国经历了从无到有、从起步到逐步完善到探索制度化管理的发展过程。在此期间，绿城中国秉承"为员工创造平台，为客户创造价值，为城市创造美丽，为社会创造财富"的企业使命，为城市和历史留下了众多优秀的建筑作品，也为社会创造了文明、和谐、温馨、优雅的居住文化及人文环境，充分体现了绿城中国"营造精品"的开发理念，凭借优秀的项目资源获得了全国市场和客户的高度认可。

三、经营策略：守基业开新花，轻重并举气势恢宏

绿城中国在“服务平台化、资产金融化、开发专业化”的发展战略指引下，致力于打造“理想生活综合服务商第一品牌”。

在管理体制方面，绿城中国根据“轻重并举”发展导向优化组织架构和管理体系。重资产领域，包括绿城理想小镇集团、绿城杨柳郡集团两大特色开发平台和直管的杭州亚运村项目，以及浙江、北京、上海、济南、成都、广州、武汉、海外等 8 个城市公司。轻资产领域，包括绿城管理集团、绿城资产集团、绿城理想生活集团、绿城房屋科技集团和绿城雄安公司五大板块。

在产品打造方面，以产品质量、服务质量、性价比“三个第一”为原则，不断提升产品创新能力和人性化、智能化水平，突显安全、功能、美观等客户需求，进一步提升绿色、环保、装配式建筑等新材料、新工艺的应用，保持质量领先地位，力图从“造房子”向“造生活”转变，为不同类别客户营造尊贵、享乐或田园式的理想生活方式。

在投资策略方面，坚持“规模适度、流动优先”的投资原则，围绕核心城市群，综合战略合作、公开竞拍、混合所有制改革、收并购等方式，加大优质二、三线城市投资力度，同时借助第一大股东中交集团的全球资源，实施“走出去”战略，以“聚焦战略城市、高周转资金项目”为导向，组建绿城海外房地产有限公司，启动海外战略。

在融资策略方面，绿城持续优化债务结构，并持续创新融资模式，扩大资金来源，提升销售回款比率，加强现金流统筹管理，以稳健的财务杠杆及充沛的现金流有力支撑公司的战略发展。

在品牌战略方面，绿城 20 余年一路走来，缔造的每一座园区、构筑的每一个生活场景，都倾注了绿城人对美好生活的理想追求。在这个忙着证明自己市场地位的社会里，绿城一步一个脚印打磨着自身品牌，正是这种坚持让绿城品牌与品质画上等号，带动绿城品牌价值的持续提升。

1. 管理体制：轻重并举，管理体制焕发生机

以往的绿城，一直是以“重”著称，遇到调控之年，资金状况会有所波动。但如今的绿城，走得非常稳妥。因为绿城已不再是传统的“地产开发商”，它在逐渐变“轻”，成为一个“生活服务商”。

2017 年绿城中国在“一体四翼”架构基础上，把“生活服务”放在了企业的战略重要位置，形成“一体五翼”的新格局，进一步强调人文理想主义企业精神，同时让绿城中国结构更轻。

2018 年，“一体五翼”的管理架构进一步蝶变，绿城中国根据“轻重并举”发展导向优化组织架构和管理体系，演化为“11+5”的新形态。重资产领域，包括绿城理想小镇集团、绿城杨柳郡集团两大特色开发平台和直管的杭州亚运村项目，以及浙江、北京、上海、济南、成都、广州、武汉、海外等 8 个城市公司。轻资产领域，包括绿城管理集团、绿城资产集团、绿城理想生活集团、绿城房屋科技集团和绿城雄安公司五大板块。

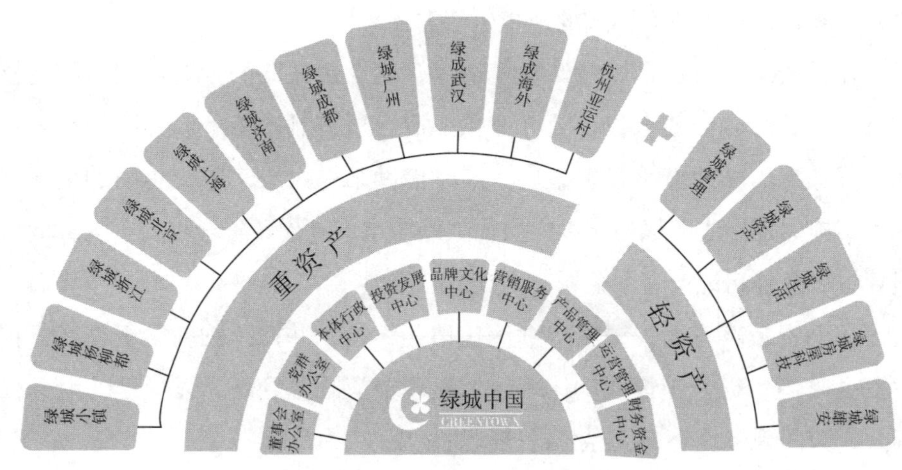

图 3-114 绿城“11+5”管理架构

未来，绿城将逐步加大轻资产权重，推动公司发展动能从对资源、资金的高度依赖向依靠团队、品牌、专业能力转变，同时不断提升绿城的风险管控能力。重资产方面则导向整体质量及盈利水平。

在轻资产领域，绿城管理、绿城资产和生活集团已取得了突出的成绩。

（1）绿城管理

缘起于2008年9月绿城创始人宋卫平提出的依托“绿城品牌和团队”实现业务创新的理念，2010年9月，绿城房产建设管理有限公司正式成立，标志着国内首家轻资产模式的房地产开发管理型公司就此诞生。2015年9月23日，绿城房地产建设管理集团正式挂牌成立，成为绿城对外实施品牌输出和管理输出的主体，也是绿城轻资产模式从平台化走向集团化发展的里程碑。而在绿城管理之后，国内具有品牌影响力的滨江集团、建业、绿地、阳光城等企业纷纷落子代建模式。

2017年代建项目带来的合约销售额约为430亿元，占整个绿城合约销售额的29%，同比增长了138%。在房地产投资与开发相分离的行业趋势下，绿城轻资产模式快人一步，逐步引导整个绿城集团资产轻型化发展。目前绿城管理是全国规模最大、专业能力最强的房地产轻资产运营集团公司，截至2017年底，其项目总数已达190个。

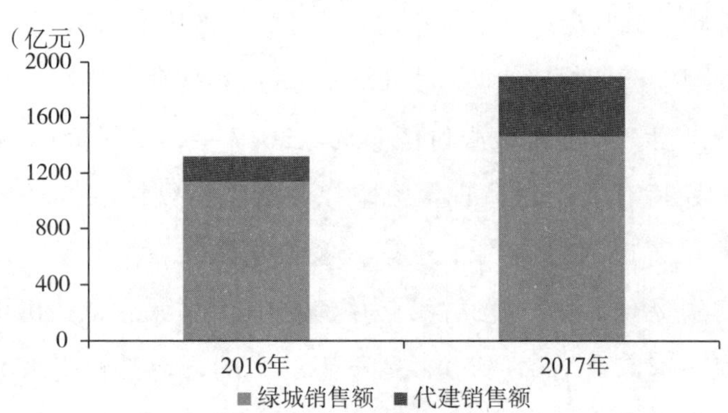

图3-115　2016～2017年绿城代建销售额占比情况

资料来源：企业公告和年报、中指研究院整理。

2016年4月，绿城管理提出了“代建4.0”的概念，试图引导行业向更高标准、更优体系化的方向前进。绿城管理代建4.0模式旨在最大化整合全产业链优秀资源的基础上，以平台实现海量需求与海量资源的对接，通过

“按需定制、分级认证、优质优价、品保基金”的方式，打造一个“委托方、供应商、购房者”多方共赢的平台体系。

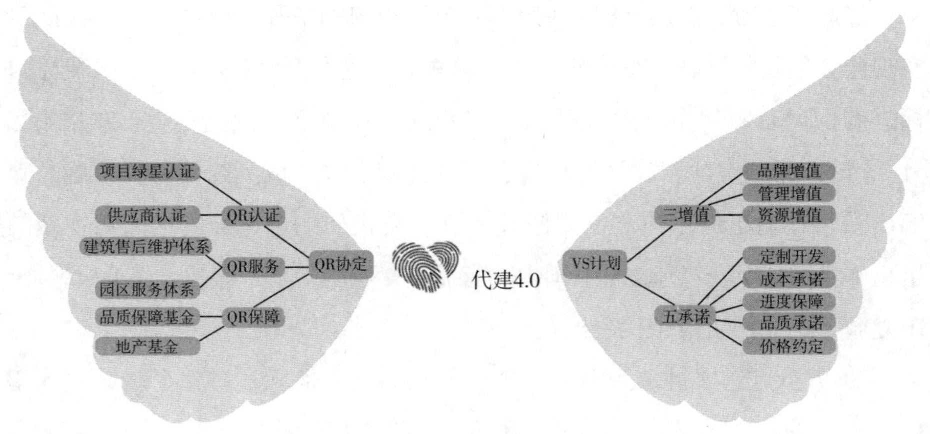

图 3-116 绿城管理代建 4.0

（2）绿城资产

2017 年，根据绿城中国布局“资产金融化”的战略规划，绿城资产集团（以下简称“绿城资产”）应势而生。绿城资产围绕持有资产投资管理、金融投资管理、产业投资管理三大板块，重点实现存量资产流动性，多元化地产融资渠道，产业链核心价值布局。2017 年，绿城资产集团突破 11 亿利润指标，持有资产创造现金流，在金融创新领域取得开拓性成就，战略性产业培育也取得实质性进展。通过对酒店、商业等持有物业资产的优化，切实提升了资产流通性，为绿城中国及各平台创造出更多金融发展渠道，集团资产盘活率从 50% 提升至 85% 的行业内较高水准。在探索金融投资及管理模式方面，通过引入优质资金资源，搭建高效资金流通道，打破房企依托于现有金融结构，全方位对地产业务形成金融支持。

（3）生活集团

抢滩“后房产市场”。绿城依托大数据平台，整合专业服务资源，围绕客户全生活链、房屋全生命链，整合置业绿城、美好生活 BOX 等生活服务资源，为业主创造更美好的生活。

（4）房屋科技集团

目前下辖绿城装饰集团和绿城房屋 4S 公司，负责构建完整的研发（新产品、新技术、新材料）、设计（建筑设计、精装修设计、装配式建筑设计）、施工（工程总承包、机电施工、装配式建筑施工、装饰施工）、咨询（工程咨询）、房屋 4S、检测、配套产业（建筑材料与设备，如 PC）等全产业链业务。绿城的一项调研数据显示，业主服务需求中最为迫切的就是房屋维修。而所有房屋的更新、零件的更换，所有的二次装修和维修，都需要专业化的队伍。于是，房屋 4S 公司应运而生，从 7 月 3 日首个房屋 4S 服务站——翡翠城服务站正式开业以来，已有 35 个服务门店在杭州、济南、青岛、沈阳、三亚等重点城市落地运营。计划到 2020 年底，4S 服务站将超过 150 家，覆盖中国 4 大城市群、12 个省、逾 50 个城市，服务数十万居民。

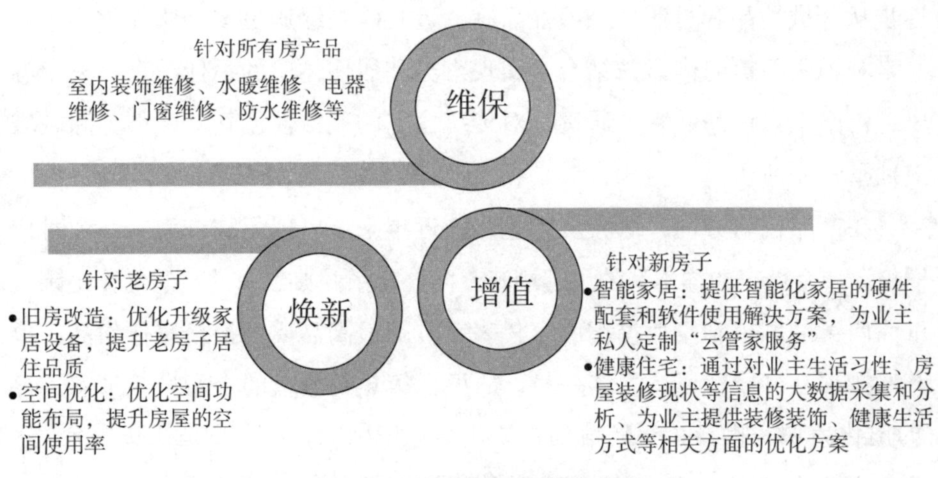

图 3-117　绿城房屋 4S 服务内容

2. 产品打造：强创新、重研发，营造行业精品样本

产品始终是绿城的灵魂，是绿城致敬家人、回应市场的金石。二十多年来，绿城不断推陈出新，不断满足人们对美好生活的向往和期待。

绿城中国专注于高品质物业开发，致力于营造理想人居生活，产品标准化系列经过 24 年不断丰富和完善，已形成居住物业、商用物业、城市综合体、公用物业、理想小镇、保障物业、运动系列和杨柳郡系列等 8 种业态类型。绿城的产品与其他大型房企最大的不同在于从“造房子”转向了“造生活”，不仅仅从产品业态、建造形态等区分产品类别，更倾向于为不同类别客户营造尊贵、享乐或田园式的理想生活方式。

作为中国高端物业营造专家，绿城一直坚持创新，不断探索人居关系，在低层住宅、多层住宅和高层住宅等居住物业营造上颇有造诣。早在 1997 年，绿城开发项目的总销售额便高居浙江榜首，成为浙江房产第一品牌。这一阶段绿城产品的典型产品系列为桂花园系，可居可游可赏的人居特色重新定义了这一时期的人居概念，也奠定了绿城注重产品品质的品牌基调。2002 ~ 2008 年，绿城品牌处于迅速上升期，匠心品质赢来一众拥趸，此时的绿城推出了绿城 · 北京御园，成为绿城品牌全国化的重要标志，绿城逐步从区域性品牌过渡到全国性品牌。近几年，绿城更多品质住宅将东方元素和国际主流时尚碰撞结合，实现审美和居住体验的最佳契合。桃李春风、江南里等产品品牌，通过其对传统住宅的颠覆性创新，开创了绿城城市别墅的先河。

在产品创新方面，绿城从未止步。近年来，出现了被誉为“一个时代样板、一个城市的样本”的凤起潮鸣、向桂花系经典致敬的水润之作沁园、重回西溪的城市隐墅西溪雲庐等代表了杭州最高品质的最新居住作品，也有杨柳郡、柳岸晓风、之江一号、梧桐郡等热销楼盘的全新产品形态，都是对绿城创新能力的诠释。

在维持行业品质地位的同时，绿城也在不断加强产品研发，创新工程管理。近年来，绿城一方面对装配式住宅、绿色建筑和收纳研发等方面的课题不断深入研究，及时转化研发成果，另一方面积极落实日式管理、BIM 技术等先进经验，在项目营造过程中得以应用和实施。

在建筑产业化方面，目前绿城已有 32 个项目实施装配式建筑，其中采用钢结构体系的单体总建筑面积约合 10.91 万平方米，采用 PC 体系的单体总建筑面积约合 199.46 万平方米。此外，绿城还在北京西山燕庐、杭州凤起潮鸣等项目试点推进铝模工艺、爬架体系、穿插施工等工业化新技术，提高工程质量，提升作业效率，缩短施工周期。在海南蓝湾小镇，为适应滨海特殊的环境，还创新性地采用铝合金替代传统木材，进行中式别墅的营造。

3. 投资策略：围绕核心城市群，上演反周期拿地

在投资策略方面，绿城坚持“规模适度、流动优先”的投资原则，围绕核心城市群，高调反周期拿地，采用综合战略合作、公开竞拍、混合所有制改革、收并购等方式，加大优质二、三线城市投资力度，在巩固国内版图的同时，扬帆出海，迈向全球。

从新增土地储备分布情况看，绿城继续聚焦核心城市、核心地段，继续深耕杭州、南京、无锡、宁波等地区，进一步巩固在长三角的市场影响力，重点布局了北京、上海、广州三大一线城市，巩固其在高端物业营造领域的领先地位，一二线土地储备总建面 674.22 万平方米，占比高达 78.5%。而三年前，绿城在一二线城市土地储备的占比才 30% 有余。未来绿城将继续聚焦一二线城市，而将三四线城市项目机会更多留给代建。

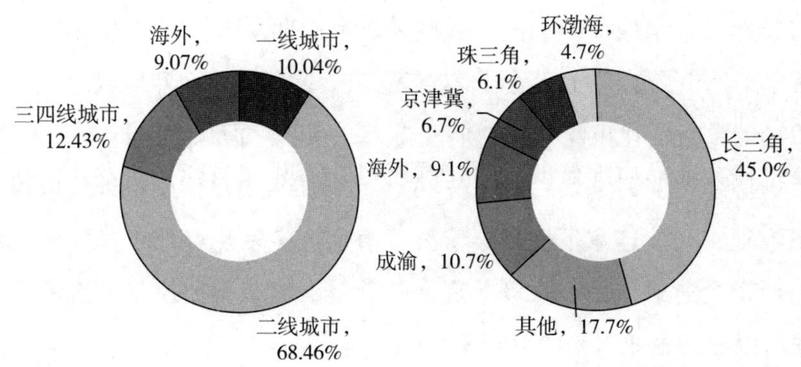

图 3-118　2017 年绿城新增土地储备城市及区域分布情况

资料来源：企业公告和年报、中指研究院整理。

2017年，绿城新增土储聚焦长三角、珠三角、京津冀等三大城市群及北上广深四大都市圈，成功实现在广州、重庆、武汉、成都等核心城市的首次战略性落地，实现西南、华南战略布局。绿城重点倾向于高毛利率、高周转率的短平快项目，总建筑面积超过600万平方米，总土地款近600亿元，新增可售货值超过1300亿元，新增项目个数超过过去三年总和，投资规模创历年同期新高。

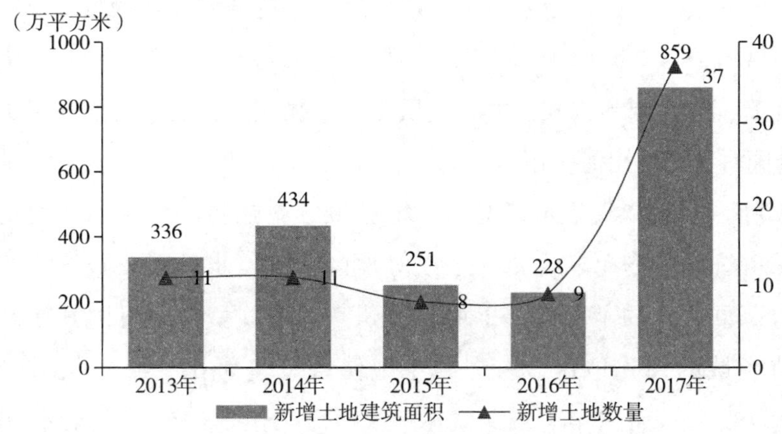

图3-119 近五年绿城新增土地储备面积及数量

资料来源：企业公告和年报、中指研究院整理。

与其他房企拿地节奏不同，绿城采取反周期拿地。2017年年底，多数房企对于土地市场的态度已经显得比较保守，除了各房企年底收缩战略外，土地市场的政策变化也让开发商们变得束手束脚。但从10月以来，绿城在土地市场持续大手笔投入，先是以86亿元绿城年内总价最贵地价取得北京石景山宅地，又接连拿下杭州、宁波、南京等多宗热点地块。反周期拿地的策略要求企业对市场、政策、资金有着精准的节奏把控，灵活运用反周期拿地可以保证企业未来的毛利率。

4. 融资策略：优化债务结构，持续创新融资模式

在融资策略方面，绿城持续优化债务结构，并持续创新融资模式，扩

大资金来源，提升销售回款比率，加强现金流统筹管理，以稳健的财务杠杆及充沛的现金有力支撑公司的战略发展。

在国内融资环境趋紧的背景下，绿城持续优化债务结构，2017 年现金及银行余额约为人民币 359.8 亿元，创下公司历史峰值。2017 年绿城积极拓展融资渠道和创新融资模式，绿城资产集团稳步推进融资租赁、商业保理等业务，并于 2017 年 7 月成功发行三年期人民币 16 亿元应收购房尾款 ABS，利率 5.29%。2017 年绿城融资现金流量 188.82 亿元，加权平均利息成本为 5.4%，较 2016 年 5.9% 进一步下降。自 2015 年起，绿城有效资产负债率逐年下降，2017 年低于同期百强企业均值 6 个百分点，保持了较为合理的负债水平，稳健性较好。

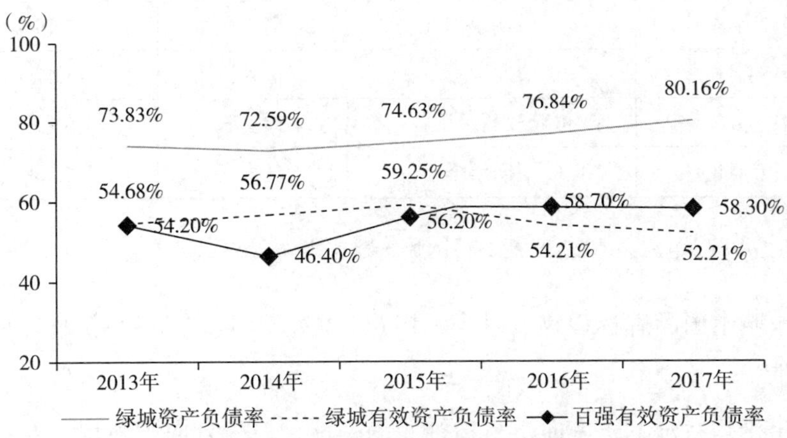

图 3-120　历年绿城的资产负债率与有效资产负债率与百强均值对比情况

资料来源：企业公告和年报、中指研究院整理。

大额授信为未来发展提供资金支持。依靠中交的强大背书，绿城授信额度进一步拉升。2017 年报显示绿城取得金融机构授信人民币 1897 亿元，截至 2017 年底，尚有可使用额度约 1327 亿元，第一大股东中交集团的资信支持及公司整体经营情况的向好将为绿城的未来发展引入更多的资金。

表 3-6　　绿城近年来主要融资统计

时间	类别	金额	利率
2014 年 1 月	永久资本证券	5 亿美元	9%
2015 年 2 月	优先票据	2 亿美元	8%
2015 年 8 月	优先票据	5 亿美元	5.88%
2015 年 8 月	境内公司债	30 亿人民币	4.70%
2015 年 9 月	境内公司债	40 亿人民币	4.40%、5.16%
2016 年 3 月	贷款	7.2 亿美元	3.13%
2016 年 4 月	永久资本证券	4 亿美元	5.50%
2016 年 4 月	贷款	3 亿美元	3%
2017 年 3 月	中期票据	30 亿人民币	5.50%
2017 年 4 月	中期票据	20 亿人民币	5.19%
2017 年 6 月	中期票据	25 亿人民币	5.47%
2017 年 7 月	可赎回高级证券	4.5 亿美元	5.25%
2017 年 8 月	中期票据	14 亿人民币	5.30%

5. 品牌战略：人文理想，引领美好生活

绿城中国品牌标识物以月亮·桂花为创意蓝本，“一弯新月”和“一朵桂花”。

桂花和新月，一方面是自然纯美的象征，另一方面则体现了安定、美好的居住理想。桂与月的组合融合了桂花的芬芳和新月的光辉，传达出中国传统的人文意境，寓意着对家园的美好记忆，对安定、幸福生活的追求，绿城正是通过它们来寄托人们对美好事物和理想永无止境的追求。

作为理想主义者，绿城中国在开发过程中，不仅有对生活内容进行有形的界定，对无形的境界也有自己的理解和追求。绿城希望能把这种理想和追求，经过一砖一瓦的营造，如同桂花的清香一样，融合并展现在绿城的园区里。

同时，品牌标识色以绿色为主，展示了建筑主体工程（混凝土）的凝重，给消费者以安全感，同时也暗示着绿城中国“创造城市的美丽”的品牌主张，符合绿城中国“城市精品”的品牌定位。

从2015年“绿城常新(FOREVER YOUNG)”到2016年“惟有生活最珍贵”再到2018年的“美好，恰逢其时”品牌口号的推出，绿城其实只专注于一件事，就是对美好生活的实践和探索。

经过二十多年的发展，绿城中国已经形成了一套相对完善的品牌理念系统，涵盖实践理念、战略理念和价值理念，从内涵到外延完整勾勒出企业品牌的建设思路。绿城中国始终坚持讲道义、走正道、得正果的企业宗旨，在以“真诚、善意、精致、完美”的核心价值观指引下，向“理想生活综合服务商”第一品牌的愿景不断迈进。

2017年，绿城实施“轻重并举”发展导向。在原有的重资产领域，绿城重新梳理经典产品品牌，杨柳郡、留香园、江南里、凤起潮鸣、柳岸晓风、雲庐等新一代产品品牌赢得了市场的广泛认可。在轻资产领域，代建输出品牌和管理，绿城通过对自持酒店、物业、商业中心的服务化，导入养老、物业、酒店服务，逐步实现地产金融化和资产证券化，增加流动性。同时绿城认为美好生活必须要有物业这一服务的载体，必须像汽车4S店一样，为房屋、业主提供后开发服务。绿城在轻资产方向的努力，打造的房屋4S品牌、尊蓝酒店品牌、大爱天下养老品牌等开始闪烁光芒。

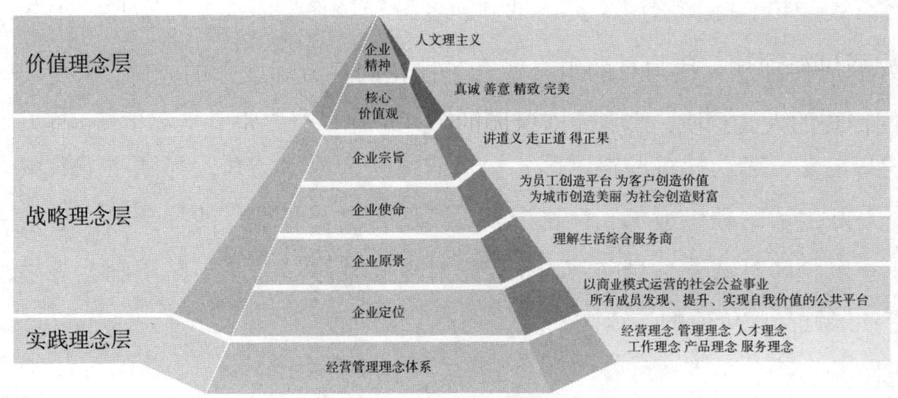

图 3-121 绿城中国品牌内涵

品牌是标签，也是一种资产，它可以让房价上涨，但这些只是品牌最基本的部分，更重要的还是责任。首先，产品是给人住的，要安全、稳定、美好、温馨，让消费者产生对世界更多的依赖。其次，在产品之外，绿城1998年进入足球领域，2003年开始投入医院、学校、养老产业。绿城在最困难的时候，建造了曲阜博物馆，给政府以很大的支持，这些都是社会责任。

初心就是社会责任。绿城创始人宋卫平是历史专业学者出身，最开始缔造绿城的过程中，即便在最艰难的时刻，他都没有忘记让产品拥有自身价值，使居住变得美好，这些都是责任。

在国家经济新常态、供给侧改革、新型城镇化等大背景下，市场量价增速趋于平缓，绿城认为房地产行业竞争进一步回归品质、品牌、金融、资本等综合因素的竞争，因此，将紧紧围绕“理想生活综合服务商”的愿景，在稳定的大股东结构性支持下，充分发挥混合所有制企业优势，深化实施“高性价比”发展策略，品质持续领航行业，投资继续回归核心城市、核心地块，产品回归居住本质功能，服务回归客户内心需求，成本回到市场领先程度，价格回到大众心理水平，坚持“绿城房产”第一品级产品建设，规模化发展“绿城管理”代建业务，创新“绿城小镇”新型城镇化建设业务，突破式开拓“绿城资产”资产经营和金融领域，整体提升对宏观政策和行业周期的应对能力。

品牌发展注匠心，品牌价值持续提升，溢价水平创新高。绿城20余年一路走来，缔造的每一座园区、构筑的每一个生活场景，都倾注了绿城人对美好生活的理想追求。在这个忙着证明自己市场地位的社会里，绿城一步一个脚印打磨着自身品牌，正是这种坚持让绿城品牌与品质画上等号，带动绿城品牌价值的持续提升。

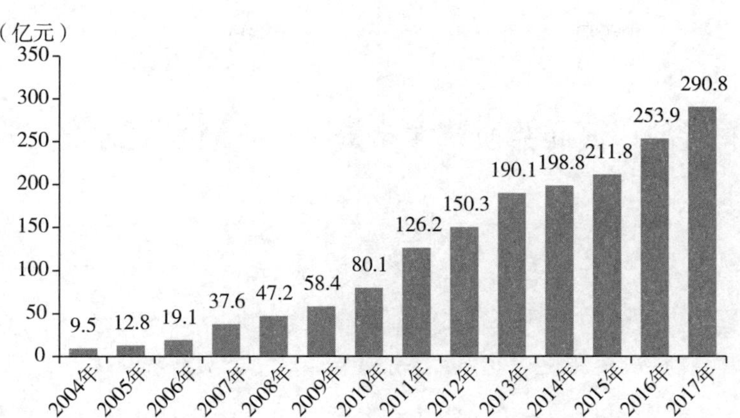

图 3-122　2004 年以来绿城集团品牌价值变化

资料来源：企业公告和年报、中指研究院整理。

绿城一直是房地产界气质颇为独特的一家房企，与生俱来的浪漫气质与匠心精神为其带来一众拥趸，追求规模并非绿城唯一目标，未来绿城将继续实现有质增长，以品牌综合实力为背书，以高端客户资源为依托，以品质生活服务为载体，打造中国理想生活综合服务商第一品牌。

华润置地：匠心品质筑城市繁荣，创新发展迎时代洪流

房地产市场化二十年来，解决了亿万城镇家庭的基本居住需求。华润置地紧抓城镇化发展机遇，坚持高品质战略、优化城市布局、审慎投资策略，销售规模实现跨越式发展。展望未来，市场规模化扩张达到顶峰，行业变革近在咫尺，华润置地在继续坚持销售物业及投资物业两大主营业务基础上，积极拓宽康养、产业、长租公寓等创新业务的发展，培育新的价值增长点，致力于成为行业领先的城市综合投资开发运营商。

一、战绩：经营业绩跨越式增长，始终位居行业前列

华润置地有限公司（公司简称：华润置地，股票代码 HK1109）成立于 1994 年，是财富 500 强企业华润集团旗下的地产业务旗舰，1996 年在香港联交所上市，2010 年纳入恒生指数成分股。历经二十余年的发展，华润置地坚持高品质战略、持续关注和提升产品与服务品质，经营业绩始终位居行业前列，同时不断创新发展，适应市场变革，引领行业发展方向。

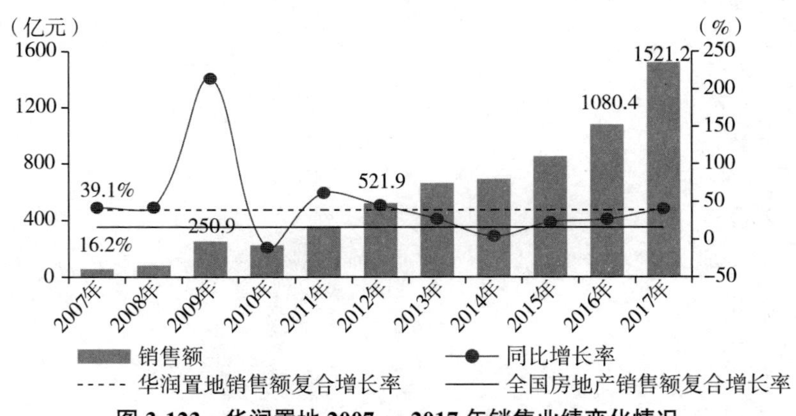

图 3-123 华润置地 2007 ~ 2017 年销售业绩变化情况

资料来源：企业公告和年报、中指研究院整理。

华润置地销售业绩2012年突破500亿大关，2016年实现跨越千亿，2017年更是站上1500亿的新高度，继续保持行业规模前十位。2007 ~ 2017十年间销售额复合增长率为39.1%，高于行业平均增速22.9个百分点，以良好的增长态势跑赢大市，市场占有率也从2007年的0.2%提升至2017年的1.1%。

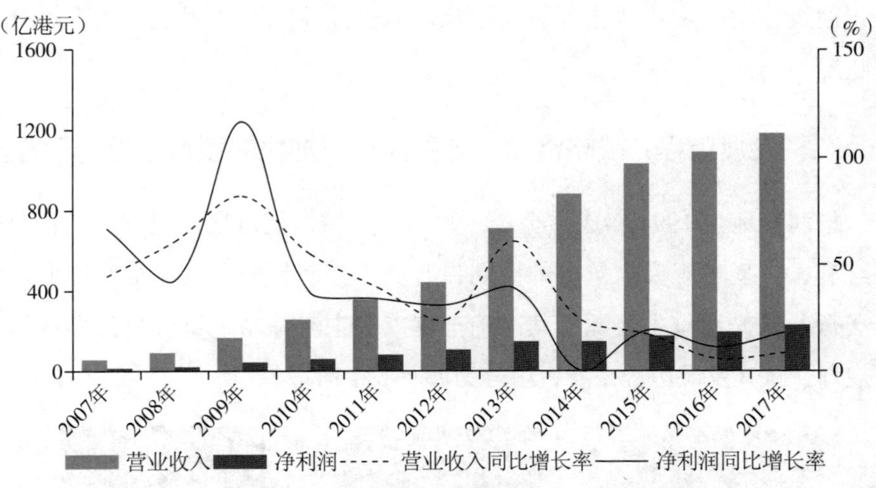

图 3-124 华润置地 2007-2017 年营业收入、净利润及其变化

资料来源：企业公告和年报、中指研究院整理。

图 3-125 华润置地近三年盈利及费用指标情况

资料来源：企业公告和年报、中指研究院整理。

华润置地在规模化扩张接连突破的同时，营业收入和净利润规模持续上涨，盈利能力稳步上升。2007年华润置地营业收入为56.81亿港元，净利润为14.31亿港元，到2017年，营业收入达1185.9亿港元，净利润为230.2

亿港元，分别增长了近21倍和16倍。近十年华润置地营业收入和净利润大幅增加的关键在于比较准确地把握了行业发展节奏，受益于房地产的黄金时代并利用周期波动逆市扩张，保持了销售规模快速增长，同时与其产品定位和业务模式有关，华润置地始终坚持高品质战略，产品线属于改善和高端类，溢价较高，并且华润置地坚持“开发＋投资”双轮驱动的战略，通过住宅开发快速实现规模增长，通过商业地产的租金收入来提升收益状况。

二、发展历程：战略清晰，砥砺前行，加快转型城市综合运营商

华润置地自1994年成立至今，紧抓中国城镇化机遇，充分享受行业发展红利，实现了规模与效益的协同提升。二十多年的发展，华润置地始终位居行业领先地位主要源于其准确把握市场主流并制定符合自身发展的战略规划。从其发展历程来看，可分为如下5个阶段。

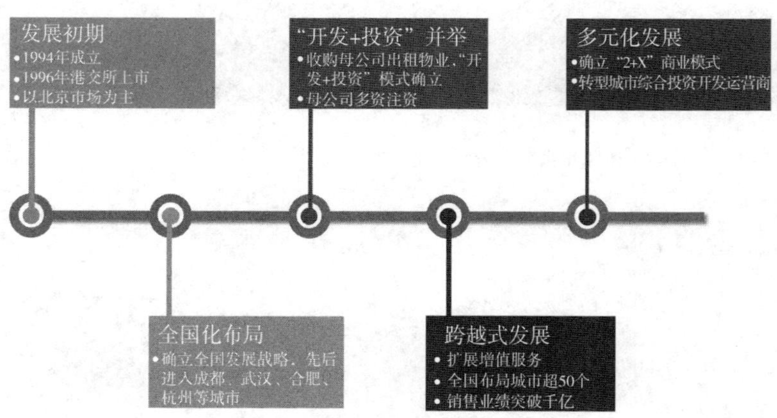

图3-126 华润置地发展历程

1. 1994～2002年：发展初期阶段

华润置地1994年成立于北京，系央企华润集团的子公司，1996年在香港联合交易所上市。发展初期华润置地立足于北京，坚持住宅开发商定位，

先后开发华亭嘉园、橡树湾、凤凰城、翡翠城等项目。

2. 2002～2005年：全国化布局阶段

2002年华润置地确立全国化发展战略，成都翡翠城项目启动，2004年进入武汉、合肥、杭州、无锡等二线城市。到2009年基本完成所有一线城市和热点二线城市的全覆盖，全国化布局完成。截至2017年底，开发物业布局城市达59个，销售业绩突破1500亿元。

3. 2005～2007年："开发+投资"并举阶段

华润置地2005年收购母公司北京华润大厦、上海华润时代广场及深圳华润中心等出租业务，收购完成后华润置地由住宅发展商转变为综合型地产商，"开发+投资"并举的商业模式确立。

4. 2007～2016年：跨越式发展阶段

2007年以来，华润置地紧抓地产行业的黄金发展期，销售业绩及利润均实现大幅增长，签约额由2007年的56亿元增加至2016年的1080亿元，净利润由14亿港元提升至195亿港元，公司规模实现跨越式发展。2007年华润置地收购母公司建筑和装修业务，商业模式由"住宅开发+投资物业"转变为"开发物业+投资物业+客户增值服务"，其差异化的竞争优势得到进一步强化。

5. 2016年至今：多元化发展阶段

2016年，华润置地确立了"销售物业+投资物业+X"的商业模式，坚持开发+投资主营业务的同时，积极拓宽其他业务模式，实现多元化发展。近两年，华润置地坚持"精准投资""卓越运营""变革创新"三大战略举措，积极进行创新业务的拓展，在产业创新、长租公寓、康养地产、文化体育等领域不断尝试，为企业的长远业绩增长孵化新动能，加快向"城市综合投资开发运营商”转型。

三、经营策略：品质为先，多元发展，实现有质量、有效益增长

华润置地秉承“品质给城市更多改变”，以品质提升为出发点，持续关注和提升产品与服务品质。“十三五”期间，华润置地确立了“销售物业 + 投资物业 +X”的商业模式，即在继续坚持销售物业及投资物业两大主营业务基础上，积极寻求转型，努力探索经营创新、业务创新，培育新的价值增长点，实现有质量、有效益增长。

1. 住宅开发：发扬工匠精神，铸就“品质华润”

早在 2009 年 9 月，华润置地树立“高品质战略”，从产品的各个环节向社会公开承诺：产品设计方面，以前瞻性的眼光提出设计的精细准则，体现改变生活方式的产品设计能力，为城市生活注入宜居理念；工程建设方面，以专业化的管理流程、高标准的质量要求和先进的施工技术确保建设过程的精细严谨，以实现“毫厘工程标准”为原则不断铸造出城市的精工地标；服务体验方面，创建“情感悉心服务体系”，提供整个开发周期及后期物业管理的优质服务，让城市生活的细节体验不断升级。

近十年来，华润置地一直努力践行着“品质至上”的企业发展理念，运用各种管理和技术手段，从客户质量需求出发，通过推行全面质量管理，培育置地工匠精神，实现产品品质、管理能力的持续提升，力争为客户交出超出质量期望的优异产品。眼下，华润置地确立了质量管理的“十三五”战略规划目标——“为客户提供有品位、高品质的产品，成为行业品质引领者”。

在住宅开发领域，华润置地目前已形成包括“万象高端系列”“城市高端系列”“郊区高端系列”“城市品质系列”“城郊品质系列”“城市改善系列”“郊区改善系列”“旅游度假系列”八大产品线，全方位覆盖了居住改善、品质追求和高端置业的不同客户需求，产品灵活度较大。2017 年，

华润置地完成签约额 1521.2 亿元，签约面积 954.3 万平方米，分别较去年同期增长 40.8% 和 23.0%，继续保持行业规模前十。值得一提的是，2017年华润置地开发物业的结算毛利率高达39.8%，同比大幅增长7.5个百分点，处于行业领先地位，高毛利率正是华润置地坚持“高品质战略”的成果。

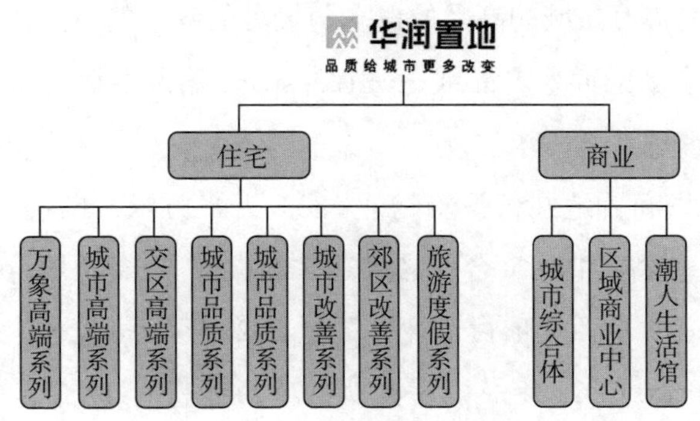

图 3-127 华润置地主管业务产品线

2. 商业地产：规模持续扩张，争做商业地产领导者

华润置地于 2005 确立了以“开发物业 + 投资物业”为核心业务的双轮驱动发展战略，通过住宅开发带来近期增长动力，通过投资物业的租金收入带来相对稳定的利润收益，实现长短期回报平衡、盈利增长持续性、业务稳定性等，降低地产政策及市场影响的盈利波动。

在华润置地的业务谱系中，作为投资物业的商业地产业务正变得越来越重要。2017 年，为进一步优化组织架构及管控模式，提升市场竞争力，华润置地将旗下的商业地产事业部调整为一级组织机构，从此商业地产的发展逻辑便不再依附于地产开发，有利于提升业务管理专业性、有利于优化商业地产业务组织能力，有利于促进资产价值提升。与此同时，华润置地商业地产也搭乘上互联网的快车，自建购物 APP“一点万象”，将线上线下购物场景进行结合。

在商业地产领域，华润置地发展了包含“万象城购物中心的城市综合体”“区域商业中心万象汇/五彩城”和“体验式时尚潮人生活馆万象空间”三种模式。其中，万象城作为高端商业产品线，重点布局一二线城市核心地段，已成为中国最具示范效应的购物中心；万象汇（五彩城）系列定位为区域商业中心，立足于一二线城市的区域中心或三线城市的核心地段；另外，华润置地将万象城的高品质概念与轻奢的潮人的时尚理念有机结合，探索出另一条全新的商业产品线——1234space 潮人生活一站式体验馆，满足年轻、时尚消费者的需求。

2017 年，华润置地在营投资物业 688.8 万平方米，已进入全国 44 个城市，年营业额 87.8 亿港元，合作品牌达 3230 个，规模位居行业前列。2018 年华润置地将有 9 个商业项目开业，截至 2020 年华润置地计划投入运营的商业项目达 54 个，2021 年及以后开业的项目还将有 17 个，加上华润集团委托管理的项目，预计 5 年之后，华润置地投入运营的购物中心将达到 90 个，加速向“中国商业地产领导者”目标迈进。

3. 多元化发展：创新发展，培育新的价值增长点

在房地产行业中，单纯的开发业务天花板已经显现，行业中的龙头房企都不再只着眼于规模扩张，而是更加重视多元化产业的协同发展。“十三五”期间，华润置地确立“销售物业 + 投资物业 +X”商业模式，在坚持销售物业、投资物业双轮驱动的同时积极寻求转型，努力探索经营创新、业务创新。2017 年，华润置地在多元化发展方向上动作频频、不断深入，其中产业创新、文化体育、长租公寓、大健康产业等方面均有项目落地。

华润置地的多元化发展之路始于 2007 年并购大股东华润集团的建筑和装修业务，随着“2+X”商业模式的确立，多元化发展明显进入快车道。在产业创新这条赛道上，华润置地称要做中国的“产业之王”，进军智能、健康、空港航城、文旅、时尚、田园综合体等六大产业，目前华润置地已在深圳、海南、杭州、兰州布局了 4 大产业项目。体育产业也正成为华润置地“X”里的其中一元，凭借独特的运营模式，华润深圳湾体育中心“春茧”在首

年便实现盈利，华润置地正试图在全国范围内复制“春茧”的成功模式，西安奥体中心、杭州奥体中心等项目也相继签约落地。在“租购并举”的政策背景下，长租公寓已成为房企新业务的风口，2018 年 6 月，华润置地正式推出长租公寓品牌“有巢”，预计将在 23 个城市开设 4 万间，目前，部分城市门店陆续筹备开业中。而在大健康领域也可以看到华润置地的身影，2017 年 9 月，华润置地与同属华润集团旗下的凤凰医疗签订战略合作协议，大规模布局医疗、养老和大健康产业。如今，华润置地的“X”战略已初具规模，在不久的将来，这些或将成为新的价值增长点。

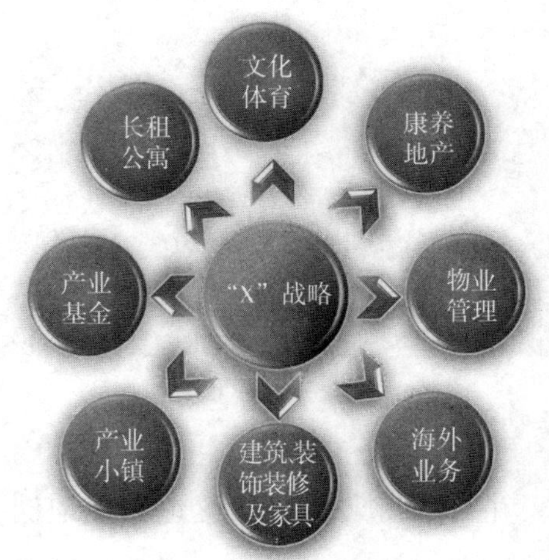

图 3-128　华润置地“X”战略布局业务领域

4. 布局及土储：聚焦核心城市，精准投资促业绩增长

华润置地起步于北京，自 2002 年起确立全国化布局战略，深圳、成都项目相继启动，到 2009 年布局城市达 21 个，覆盖了所有一线城市及主要二线城市，全国化战略布局基本完成，同年，营业收入突破百亿港币。自 2010 年开始，华润置地有计划、有区别的进驻了常州、盐城、惠州、威海、秦皇岛、日照等三四线城市，全国布局城市快速增加，2013 年底突破 50 个，该阶段销售额突破 500 亿元。为提升毛利率，2013 年华润置地开始调整布

局战略，重回一二线城市，加强区域深耕，将资源集中在大都市核心城市、区域核心城市、省会城市。截至 2017 年底，华润置地开发物业布局城市达 59 个，项目总计 181 个，投资物业布局城市 44 个，项目总计 66 个（包含 39 个在建项目），形成包含华北、华东、华南、华中、华西和东北在内的六大区域。

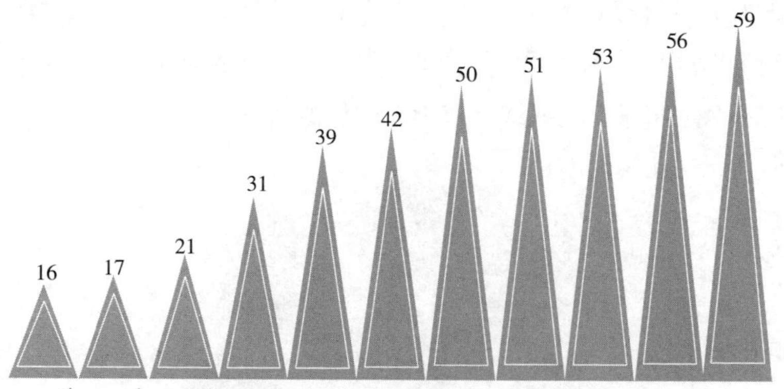

图 3-129　华润置地进入城市数量变化情况

资料来源：企业公告和年报、中指研究院整理。

土地是房企的“生存命脉”，华润置地在土地储备上从未停歇。除积极通过公开招拍挂市场获取项目外，还通过旧城改造、合作开发等灵活方式低成本获取项目，在销售规模快速提升的基础上能够有效补充可售货源。

华润置地在投资上始终坚持“精准投资”的原则，坚持审慎的拿地策略，在保证财务稳健的前提下，根据业务发展需要，有选择性的增持符合企业战略及商业模式的低成本土地。2017 年华润获取新项目 64 个，新增土地储备规划建筑面积 1196.6 万平方米，其中开发物业 1005.5 万平方米，持有物业 191.1 万平方米。截至 2017 年底，华润置地总土地储备面积达 4897.8 万平方米，其中开发物业 4081.8 万平方米，持有物业 816.0 万平方米，与华润置地的“开发 + 投资 +X”商业模式相匹配。2017 年，华润置地实现签约面积954.3万平方米，同比增长23.0%，据此估算，其土地储备可满足未来三年的发展需求。

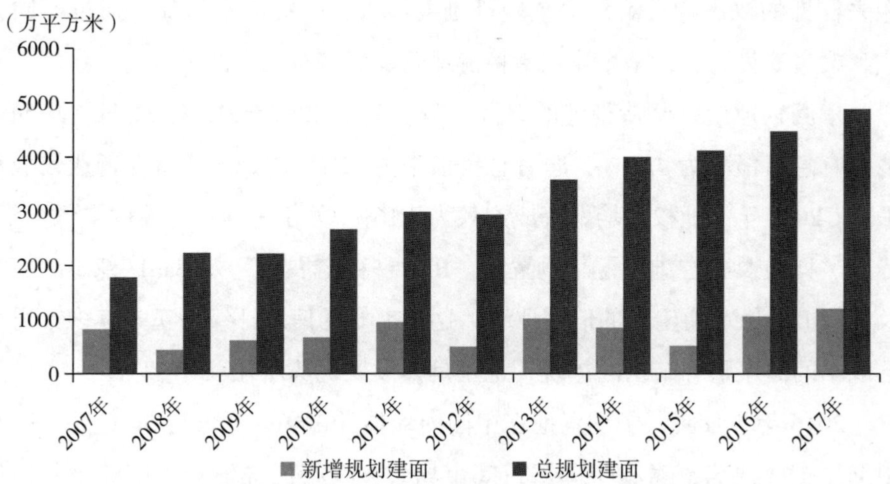

图3-130　华润置地2007～2017年新增土地储备和总土地储备情况

资料来源：企业公告和年报、中指研究院整理。

从2014年开始，华润置地的拿地策略从二三线转变为一二线核心城市，近两年新增的土地储备75.0%位于一二线核心城市。合理的土地储备城市分布结构，有利于其实现销售业绩的持续稳定增长，同时保证毛利率维持在行业较高水平。

目前核心城市土地资源日益稀缺，地价成本大幅上升，且市场调控趋紧，为有效分散投资运营风险，华润置地2017年在核心城市的新增储备项目多通过战略合作方式获得。同时华润置地充分发挥自身央企背景优势，通过旧城改造等渠道发掘市场机会，据统计，其在深圳的旧改项目多达8个，大冲旧改项目（华润城）已成为城市更新典范，目前，武汉、济南、南宁等多地的旧城改造项目均有华润置地参与。

5. 资本运作：坚持稳健财务，品牌优势明显，融资成本行业最低房地产是典型的资金密集型行业，2016年以来，房地产市场持续调控，各大部多次发声要求规范房地产市场交易、融资等行为，在楼市调控和金融去杠杆的双重背景下，房企融资难度增大，融资成本增加，通过不同方式和渠道筹集资金，是企业维持稳健运营、保持竞争力的关键。

华润置地始终坚持稳健的财务政策。截至2017年12月31日，华润置地总有息负债率为42.3%，净有息负债率为35.9%，始终维持在行业较低水平，其2017年的加权平均融资成本仅为4.16%，处于房地产行业内最低水平。标普、穆迪及惠誉维持了华润置地“BBB+/稳定展望”“Baa1/稳定展望”及“BBB+/稳定展望”的信用评级，这一良好的信用评级，正是其多渠道、低成本的健康财务结构的体现，也正是其发展优势所在。

2016年5月底，华润置地在中国内地债券市场成功发行50亿元人民币中期票据，成为首家在中国银行间市场公开发行熊猫债券（境外企业在华发行的人民币债券）的房企。熊猫债券的成功发行有效拓宽了低成本人民币融资渠道，对华润置地继续保持融资成本优势及进一步优化有息负债结构均具有重要意义。

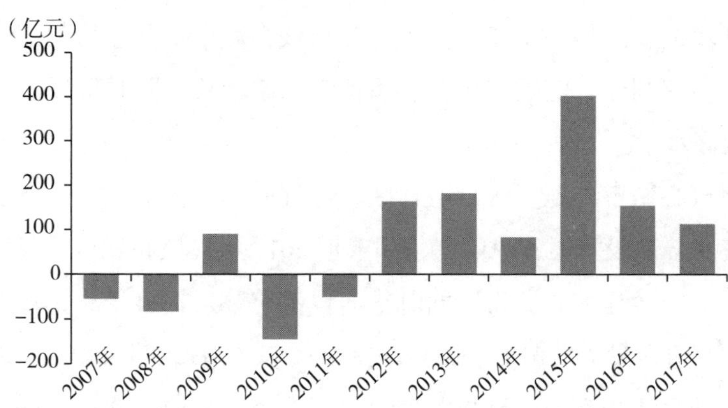

图3-131　华润置地2007～2017年经营活动产生的现金流量净额

资料来源：企业公告和年报、中指研究院整理。

在良好销售业绩的带动下，华润置地经营性现金流一直保持较为充裕，经营活动产生的现金流量净额连续六年保持为正。截至2017年底，华润置地持有货币资金643.22亿港元，相对充裕的资金状况确保了公司现金流的安全和平衡，有利于企业灵活把握市场机遇，有效支持公司的战略发展。

中国房地产市场化二十年来，华润置地始终位居行业前列，源于其对产品和服务品质的不断追求，源于其对房地产市场发展规律的准确把控和建立在此基础上的精准布局，源于其能够紧跟时代潮流调整发展战略，创新业务模式，提升运营管理能力。随着房地产行业进入新的发展周期，华润置地将继续坚持“精准投资”“卓越运营”“变革创新”三大战略举措，深化“十三五”确立的“销售物业＋投资物业+X”商业模式，更加注重业态之间的有机联系，更加注重投资、开发、运营的有效衔接，提供城市综合投资、开放与运营一揽子解决方案，多元协同，协调发展，加快向“城市综合投资开发运营商”转型。

龙湖集团：左手规模，右手服务，做好人与空间的连接

2018年中国房地产市场将延续“房住不炒”的决策逻辑，差别化调控，并进一步建立健全调控长效机制，行业正面临变革。龙湖集团秉承“善待你一生”的经营理念，提出“空间即服务”战略，以客户视角，以技术驱动，以四大主航道业务（住宅、物业、商业、长租）为支撑，致力于城市空间营造与服务，通过数据化、智能化，连接人与空间。

一、战绩：经营业绩稳健提速，创历史新高

2009年，龙湖集团（股份代码：00960）于香港联交所主板上市。截至目前，集团拥有雇员19000余人，业务遍布中国长三角、西部、环渤海、华南和华中40个城市，累计已开发项目超过200个，已开发面积超过7700万平方米，待开发土地储备超5000万平方米。2017全年合同销售额1560.8亿元人民币，经营规模和综合实力居中国房地产行业前列。

图3-132　龙湖集团2010～2017年销售业绩变化情况

资料来源：企业公告和年报、中指研究院整理。

自2009年上市以来，龙湖集团企业文化中的差异化创新基因，以及稳健卓越的财务表现，赋予了公司不断开拓进取的勇气与主动变革的底气。2017年全年，集团累计实现签约金额1560.8亿元，同比增长77%，完成调高后全年销售目标的104%，签约面积1016.7万平方米，同比增长69%，两项数据均创历史新高。2010～2017年间销售额复合增长率为21%，实现销售业绩稳健增长态势。

2017年全年，龙湖集团在全国25个城市实现销售，分区域看，西部、环渤海、长三角、华南以及华中区域签约金额占全集团总签约金额比例分别为23.5%、32.2%、31.8%、10.6%及1.9%。其中，西部、环渤海、长三角区域签约金额超300亿元。集团全国化布局更为均衡，业绩实现大幅提升，得益于对主要城市群市场的持续深耕，龙湖集团在14个城市的销售额位居当地市场前十，其中10个城市的销售额进入当地市场前五，5个城市销售额破百亿。

图3-133 龙湖集团2017年分区域销售额

资料来源：企业公告和年报、中指研究院整理。

龙湖集团在规模扩张迎来突破的同时，营业收入和净利润规模持续上涨，盈利能力稳步上升。2007年，龙湖集团营业收入为35.2亿元，净利润为7.5亿元，到2017年，企业营业收入达723.2亿元，净利润126.0亿元，

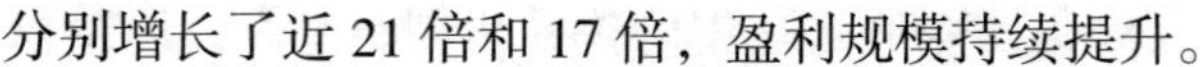
分别增长了近21倍和17倍，盈利规模持续提升。

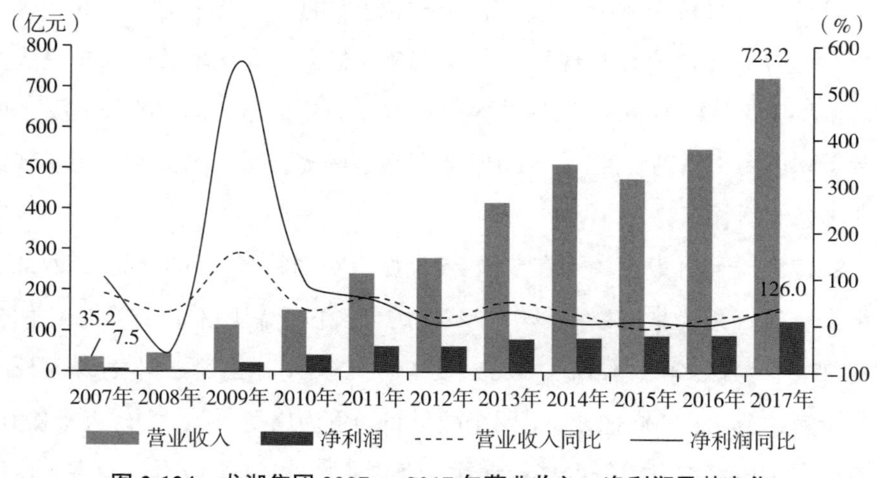

图 3-134 龙湖集团 2007 ~ 2017 年营业收入、净利润及其变化

资料来源：企业公告和年报、中指研究院整理。

面对2018年市场的不确定性挑战，龙湖集团将坚定战略执行，精准投资布局，提升运营效率，通过大客储、强体验、高转化，把握市场机会，积极促进新盘销售与库存去化。同时，集团也将保持稳健的财务状况和负债率水平，优化债务结构，拓展融资渠道，继续追求优质健康的盘面与稳定可期的增长。

二、区域布局：加大区域纵深，坚持聚焦高潜力城市群

从2005年起，龙湖集团秉承“区域聚焦、多业态”战略，开启了全国化发展，开始由西向东、由北向南，从核心经济圈的中心城市辐射到周边城市，利用业态和区域的双重平衡来实现可持续发展。在持续深耕已布局的市场基础上，龙湖集团依托城市群的发展，保持稳健的拿地节奏，为其全国市场的布局打下了坚实的基础。集团秉承态度积极、决策审慎的投资风格。同时，顺应物理距离迅速缩短的都市圈、城市群发展逻辑，积极部署。2017年以合理价格成功新增76幅土地，拓展7个新城市，既覆盖深圳、香

港等一线重镇，亦拓展至合肥、保定、福州、嘉兴、珠海这类环都市圈主力城市。

至此，集团覆盖城市增至 33 个，全国化布局进一步拓展。项目获取的区位既聚焦一二线城市，也围绕都市圈内城市群适度下沉布局，单项目的开发规模也控制在适当水平，为提升集团可售物业的周转水平奠定良好基础。

从区域布局来看，龙湖集团依旧坚持重点关注城市群的发展模式，在深耕现有布局的基础上，聚焦高铁节点形成的五大区域城市群，以及环超大型城市周边的卫星城市。新增土地主要集中在环渤海地区、长三角地区和西部地区。

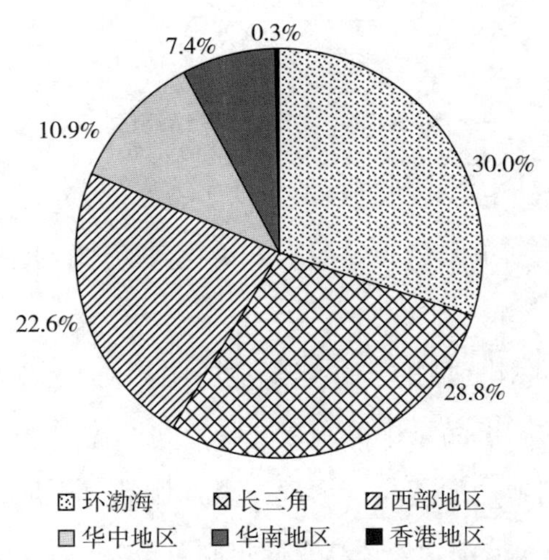

图 3-135　龙湖集团 2017 年新增土储各区域分布情况

资料来源：企业公告和年报、中指研究院整理。

2017 年，集团新增收购土地储备总建筑面积为 2023 万平方米，权益面积 1149 万平方米，平均权益收购成本每平方米 6445 元。按地区分析，环渤海地区、长三角地区、西部地区、华中地区、华南地区及香港地区的面积，分别占新增收购土地储备总建筑面积的 30.0%、28.8%、22.6%、10.9%、7.4%、0.3%。截至 2017 年末，集团土储合计 5458 万平方米，权益面积 3900 万平方米。

三、坚持“专业良心、专注品质”的理念，打造高端产品体系

龙湖发展二十多年以来，以制造精美别墅产品而树立鲜明风格，被业内称为“别墅专家”；龙湖“专业良心、专注品质”为住宅产品开发核心价值，做客户心中的好产品，目前住宅产品主要包括高层、洋房、别墅、超高层豪宅四条产品系列，每条产品系列下划分不同产品线。

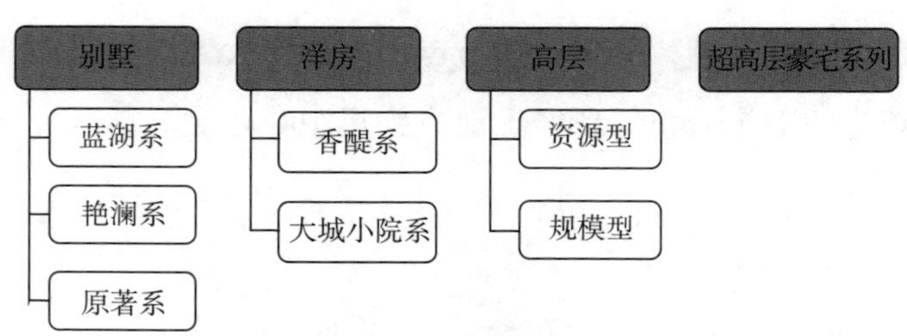

图 3-136　龙湖住宅产品系列

蓝湖系：是稀缺资源别墅社区。以“生态·健康·交融·人文·精筑”五维景观规制，规划组团景观体系。升级主景观轴，提升归家体验感；打造社区水系。

艳澜系：是国际化别墅区。追求舒适居住、关注景观资源。

原著系：是龙湖产品系中的顶级之作。每一席原著的打造，都负载着大地的委托与龙湖地产的使命。体现原著系作品对土地、对自然资源的敬畏之心。渗透着对人群深切关怀与专属定制意识。

香醍系：是高档花园洋房社区。考量土地基因和产品基因契合度的基础之上，别具匠心，倾力打造最具人居价值的住宅。

大城小院系：在享受城市生活乐趣和便利的同时，也拥有花园洋房低密度带来的更舒适的感觉。

龙湖本着“品质第一、管理精细”的理念，致力于打造客户心中的好产品，在国内外屡获业界殊荣；先后有 5 个项目荣获中国房地产综合开发行业最高奖项“广厦奖”，12 个项目荣获中国土木工程最高奖项“詹天佑奖”；顶级别墅颐和原著项目荣获全美住宅建筑商协会（NAHB）“最佳

国际建筑设计奖”，春森彼岸项目荣获美国建筑师学会（AIA）“优秀城市设计大奖”。

1. 品质：较高的质量标准，全面的质保体系，严格的管理过程

龙湖对品质的塑造源于对自身的严苛要求，龙湖在经营管理原则中，要求企业质量标准应略高于行业标准、国家标准以及市场期许标准，同时不断寻找更好（更方便、更人性、更好看、更环保、更有效、更时尚、更舒适、更可靠）的产品或服务替代目前的产品或服务。

龙湖严格进行精细化 + 标准化的产品线运作，以模块化 + 外立面 = 复制 + 部分创新（聚焦于“亲地”的产品系列），其中标准化模块包括立面风格、园林景观、户型、售楼处和部品五大项，不同标准间风格统一，延续性好，不同城市坚持 90% 复制、10% 创新，保障整体品质，也可实现快速复制。

为实现更高品质，龙湖在一般房企施工质量检验和检验标准之外，强调全过程预防和零缺陷管理，以更严格的要求保障质量；形成四级质保体系。

级别	主要内容
第一级	施工质量检验
第二级	工程质量检验的同时，更开始规范统一的施工工艺标准，施工质量检验行为和施工质量检验标准
第三级	工程质量预防，从设计、招标、采购、成本、合约等各个业务环节均全面事先规范标准并进行控制
第四级	零缺陷管理，形成质量文化氛围，每位员工都意识到工程质量对企业的重要性

图 3-137　龙湖四级质保体系

企业秉持工程精细化理念，通过各环节关键控制点的严格审核和把控，有效保障产品品质；形成施工前—施工过程—交房全过程质量管控流程。

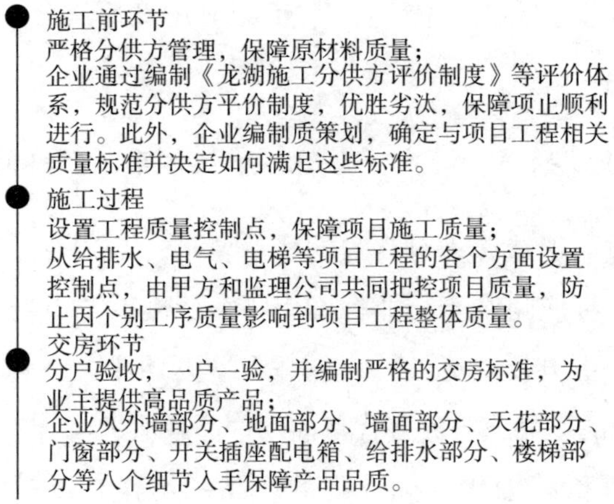

施工前环节
严格分供方管理，保障原材料质量；
企业通过编制《龙湖施工分供方评价制度》等评价体系，规范分供方平价制度，优胜劣汰，保障项止顺利进行。此外，企业编制质策划，确定与项目工程相关质量标准并决定如何满足这些标准。

施工过程
设置工程质量控制点，保障项目施工质量；
从给排水、电气、电梯等项目工程的各个方面设置控制点，由甲方和监理公司共同把控项目质量，防止因个别工序质量影响到项目工程整体质量。

交房环节
分户验收，一户一验，并编制严格的交房标准，为业主提供高品质产品；
企业从外墙部分、地面部分、墙面部分、天花部分、门窗部分、开关插座配电箱、给排水部分、楼梯部分等八个细节入手保障产品品质。

图 3-138　龙湖质量管控流程

2. 服务：以“满意”+“惊喜”的高品质服务赢得客户，成为无处不在的“微刻度”管家

龙湖物业服务集团有限公司（以下简称龙湖物业），成立于 1997 年。四大业务线中，物业是离客户最近的服务，直接关系到用户每天的居住感受。龙湖物业早在 1997 年成立之初，就确定了“服务”而非“管理”的自我定位。从 2015 年起，龙湖物业着力打造科技物业，引领公司实现“劳动密集型向知识密集型”的转型，提升管控效率。

“满意”+“惊喜”的服务品质，丰富 + 创新的社区活动

物业管理对品质居住的影响举足轻重，龙湖物业一直在做的就是针对每一个地区、城市、社区甚至是每一个业主，洞察环境及人群需求的差异，针对性进行服务设计。龙湖集团秉承“善待你一生”的服务理念，用“满意”+“惊喜”的高品质服务赢得客户的广泛认可。截至 2017 年底，服务近 173 万户业主，合约面积 2.08 亿方，分布于重庆、成都、北京、西安、上海等 50 余个城市。

自 2003 年起，物业管理行业里关于园区安全防护、环境清洁、工程维护等标准陆续出台。在这些行业标准的基础上，龙湖物业渐次提出了“满意”“满意”+“惊喜”“满意 + 惊喜 + 幽默 + 乐趣”的服务模式，将物业服务

体系通过龙湖式再造，营造得更加有内涵、有乐趣。特别是为了满足业主“回家就是度假”的生活感受，龙湖物业针对性地设计了很多服务流程和环节，如成立了老年艺术团、举办园区亲子运动会，因地制宜的推出“捕鱼节”“晒北节” “金婚日” “踏青季” “便民日”等社区活动，在提升业主生活乐趣的同时，营造和谐的社区氛围和邻里关系。

用科技解放人力，以温度服务和万物互联打通行业

物业管理普遍存在靠人管理、管理项目分散、项目灰色空间等管理难题。龙湖物业用科技解放人力，以温度服务和万物互联打通行业任督二脉。FM设施设备管理系统将每一台设施设备、每一个触点用户化、数字化，安装“身份识别”系统，赋予每台设施设备唯一的ID号码，帮助后台数据系统识别设立完整的设备设施“健康记录”，不漏过“生老病死”过程中任何一个细节。同时，RBA设备运行远程监控系统则给每一个设施设备安装上传感器，实时读取如电压、水压、设备温度等关键数据，让设备自动生成运行记录。RBA像“贴身管家”全覆盖高稳定设施设备实现秒级监控，自动生成工单、故障分级、逻辑报警能自主运行，开启设备自查报事模式，让故障无处遁形。从传统人工巡检到异动报警实时监控，大幅提升管理效率。一张由大数据织就的物联网已经形成，它使龙湖物业对物的管理保持了高质和高效，但这远不是龙湖科技物业的全部。

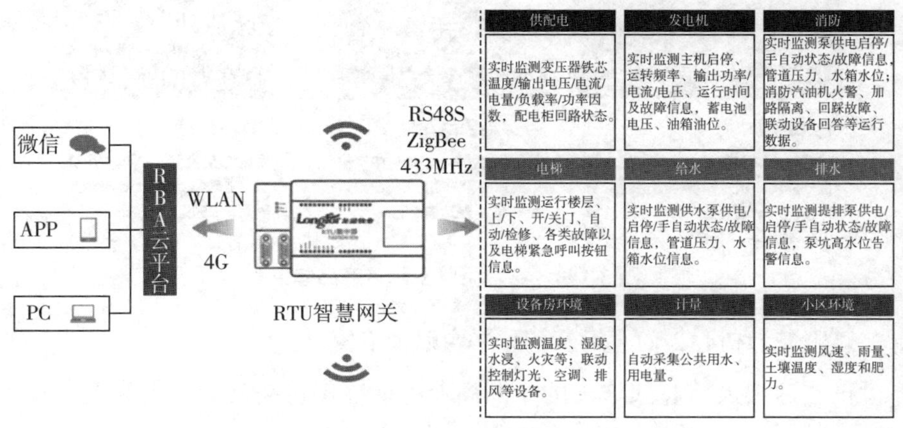

图 3-139 覆盖九大类 18 种设备系统

借助科技与互联网等技术手段，龙湖物业实现了自主运作的科技创新。居住空间被服务连接起来，因而重构，也大大抬高了居住体验。2017 年，龙湖物业全年服务满意度 93.16%，连续 9 年保持在 90% 以上。同时，随着业务触角的扩展，龙湖物业实现了在住宅、写字楼、航空物业等服务空间的外拓。

3. 商业运营：商业运营智慧平台赋能商家，多元体验连接人与空间

作为中国最早的购物中心开发商之一，龙湖集团从事商业地产运营已 18 年，先后发展出都市型购物中心“天街”、社区型购物中心“星悦荟”和中高端家居生活购物中心“家悦荟”三个业态品牌。截至 2017 年底，龙湖集团商业成功布局环渤海、华东、华西、华中、华南五大板块，在北京、上海、重庆、成都、杭州、苏州、西安等城市累计开业商场数量 26 个，开业商场面积近 260 万平方米，已合作商户 3800 家，战略合作品牌近 200 家，开业商场总客流量达 3.15 亿人次。

图 3-140　龙湖商业多元化产品体系

以服务为初心，商业运营智慧平台赋能商家

正在迎来大跨越式增长的龙湖商业，始终保持初心，力求为租户提供最优质的空间与服务。除了及时响应日常物业服务为租户解除后顾之忧，

龙湖商业还不断地提升智慧服务能力及环境友好度，让租户真正在龙湖所构建的商业空间里“安居乐业”。

在龙湖商业构建的智慧运营体系中，商业一体化、大数据双平台运转流畅，已形成集团统筹，各地区、各项目联动的运作模式。每一个商场则通过完善商业软硬件搭建（Wi-Fi、探针、智能停车、人脸识别等）、自有业务生态化及外部资源打通等方式构筑项目数据端口，实现数据通达。依托于此，商场运营人员一方面以线上平台、粉丝社群等方式与消费者进行深度沟通，为其提供更为贴心便捷的服务体验；另一方面，则与租户每天高频深度互动，及时洞察新消费趋势，并分享先进管理经验，而从租户处收集的信息，也将返回平台影响运营决策，进而实现经营管控及运营协同。此次初次亮相的“小天 APP”将成为龙湖商业日常运营的有力抓手，这个可以“装进口袋的好管家”，不仅能帮助商家实现更为便捷的服务响应流程，更可以为商家提供更加细致有据的经营洞察和运营服务。

以超级 IP 集群创新践行，多元体验连接人与空间

龙湖商业着力于构建人与空间的连接，在空间运营方面的探索亦日渐成熟，以效率化、叠品化、智能化、IP 化等运营法则，赋予了购物中心空间更多的服务内涵。

在龙湖的理解中，购物中心不仅仅是一个建筑载体，更是一个有温度有情感的空间。龙湖商业将以超级 IP 集群的创新理念来运营每一个天街，不断的创造内容、迭代内容，吸引消费者沉浸在天街营造的故事场景中。基于此，每一个天街都有自己的剧本，每一个天街都是一个超级 IP，围绕剧本在空间打造、业态引入、场景营造、客户服务等各个环节创新精进，以独特的 IP 人格属性与消费者建立情感连接，并在天街空间中持续营造 IP 化场景，融入社交、艺术、公益、人文等元素，为消费者带来极致差异化的欢乐体验。

随着龙湖商业的网格化布局，天街将成为越来越多城市的欢乐入口，龙湖商业将持续以空间力及服务力凝聚租户，携手租户同心同行，不断升级商业空间运营方案，全力为消费者打造多元化的欢乐体验。未来，在城市进入和选址布局方面，龙湖商业仍将始终坚守核心一二线城市，依托于城市地图研究体系，持续提升空间布局能力，并以 TOD 模式为主要方向，优选便捷的轨道交通节点，通过高效的交通接驳，实现消费者与商业空间的完美连接。

四、经营策略：坚持多元化创新发展，提出“空间即服务”战略

自 2009 年上市以来，龙湖集团企业文化中的差异化创新基因，以及稳健卓越的财务表现，赋予了公司不断开拓进取的勇气与主动变革的底气。近十年的时间，集团已由地产开发单一的主航道业务，演进为地产开发、商业运营、长租公寓、物业服务四大主航道并进，并不断尝试一些“点心”业务，例如联合办公、养老、金融等。

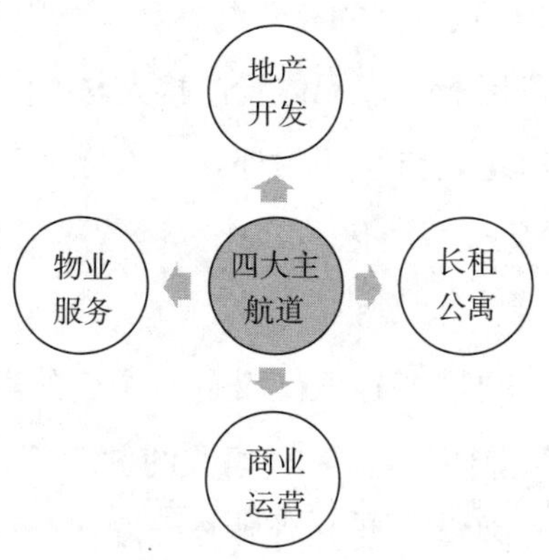

图 3-141　龙湖集团四大主航业务

当大部分房企还在关注速度的时候，龙湖集团已经开始提升自己的软实力，思索规模扩张老路以外的新形态成长路径，站在更高的维度设计地产下半场的未来。

2018 年初，龙湖集团 CEO 邵明晓提出了“空间即服务”（SAAS，Space As A Service）的战略，龙湖集团要做人与空间的连接。龙湖集团的空间即服务，就是以客户视角，以技术驱动，以四大主航道业务（住宅、

物业、商业、长租）为支撑，致力于城市空间营造与服务，通过数据化、智能化，连接人与空间。

- 洞见客户未来生活、工作、社交场景，在产品和服务层面持续创新。
- 参与城市空间、服务重构，尤其是在城市、商区、社区、住区的机会。
- 聚焦于大流量、大容量的客户。占据城市及交通的重要节点。打造生活圈消费地。
- 把握人工智能、大数据等新技术趋势。创新业务模式，提升数字化竞争力。

图 3-142　龙湖集团“空间即服务”的内涵

1. 长租公寓：体验租住新生活，最新被纳入主航道的战略业务

2017 年，为响应党中央提出加快建立租购并举的住房制度。龙湖依托自身在空间获取、建造以及运营方面的能力，针对 20 至 35 岁这一年轻群体的租住需求，研发出以“冠寓”为代表的长租公寓，秉承“我家我自在”的品牌主张，以及 CityHub 理念，将“住、商、办公、社交、服务”生态化联动一体，并持续丰富产品和服务的多样性，成为一个将长租公寓作为战略业务的公司。

冠寓由龙湖集团倾力打造，专为 20 至 35 岁青年白领人群打造品牌长租公寓，以满足青年群体的租房需求。龙湖冠寓分为“松果”“豆豆”“核桃”三个产品系，根据产品不同定位及配置配比差异，适应不同客群的需求。

冠寓 核桃 我家我自在	冠寓 松果 我家我自在	冠寓 豆豆 我家我自在
轻奢化+BIM	标准化	选配化+功能
服务式公寓	增值服务	轻客Just right只够不过
大户型+小公区	青年社区（社交+商业）	小房间+大公区
品牌配套+智能	设计+配套	Light+Quality配套
龙湖生态VIP资源	龙湖生态资源	第三方O2O服务
40% 产品 60% 服务	70% 产品 30% 服务	30% 产品 70% 服务

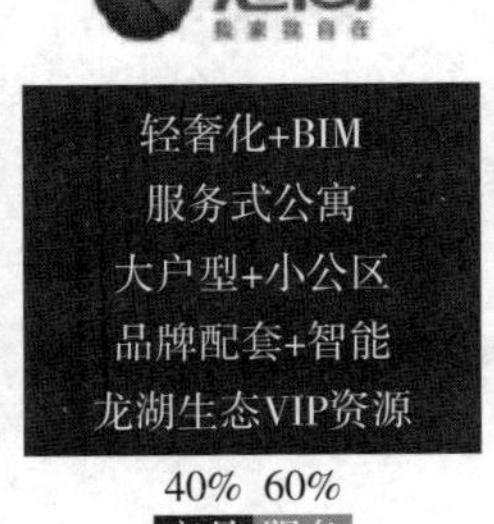

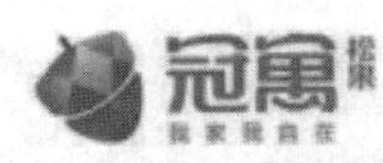

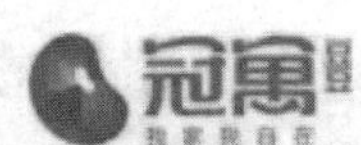

图 3-143　龙湖冠寓三个产品系

公寓是一个个单独的空间，彼此之间是割裂远离的。而龙湖“冠寓”以 CityHub 为理念，在让租住空间跳脱出单一居住功能，倡导“去孤岛化”的租住生态，配套公共活动区域，配置娱乐、阅读、影音、健身、办公、商业等各种功能。

2. 联合办公：创“一展空间”品牌，打造新时代“综合体+众创空间”商业新生态

在 2016 年 8 月的中期业绩会上，龙湖集团董事长吴亚军正式推出了龙湖集团新业务板块的联合办公品牌“一展空间”。同年的 11 月 15 日，“一展空间”首家店面北京长楹天街店开业，出租率已达 95% 以上；目前已成功落子北京、成都、上海 3 个城市。

龙湖集团“一展空间”定位为商业综合体中的联合办公空间，集成办公、零售、餐饮、娱乐、休闲、体验、展示、社交和综合服务功能，实现办公与消费、办公与交通枢纽、办公与科技智库的零距离链接融合。以上海虹桥天街店为例，坐落在龙湖天街 Shopping Mall 的四、五、六楼，办公区域可以零距离连接商业中心，方便租户去商场吃饭消费，节约时间成本。未来在商场的南侧将有一个酒店开业，对商务办公需求的人来说也是非常便利的。

3. 养老：打造专业养老机构，以高品质养老服务辐射养老市场

自 2017 年 9 月，龙湖集团开始酝酿进入养老产业，目前首个养老项目已落地重庆，新壹城养老公寓是龙湖集团养老产业全国布局的开端。接下来，龙湖集团养老业务将优先布局北京、上海、重庆、成都等核心城市，打造专业养老机构，以高品质养老服务辐射养老市场，致力于成为中国最受信赖的健康服务领导者。

4. 金融：成立投资基金，瞄准创新业务

在金融方面，龙湖集团于 2017 年 10 月与清科集团旗下清科资管发起

设立了“清科集团—龙湖集团产业基金”，基金总规模拟定人民币100亿元，首期基金规模人民币5亿元。据了解，该基金设立后，将对教育、医疗健康、文化娱乐、消费升级、人工智能、智能家居等领域的成长期企业进行股权投资，以为未来的地产项目引入产业合作资源。

五、资本运作：拓展多元化融资渠道，平均借贷成本再创新低

龙湖集团潜心打造扎实财务盘面，坚守高回款率，愈加纯熟的多渠道、低成本融资能力更进一步凸显优势，为集团在行业波动中始终掌握主动奠定基础。

2017年穆迪调增公司主体评级至Baa3，龙湖集团成为境内外评级机构一致授予投资级的民营房企。之后，惠誉将公司的长期发行人违约评级、高级无抵押债券评级及未到期高级票据评级由“BBB–”上调至“BBB”，公司实力再受资本市场认可。

2017年7月，集团成功发行投资级美元债券，融资规模4.5亿美元2022年到期，3.875%的票面利率创龙湖集团地产海外发债新低。境内，集团也积极利用多渠道优势，发行40.4亿元绿色债，固定利率为4.4%～4.75%，期限为5～7年；发行中期票据20亿元，固定利率为4.8%～5.0%，期限为3～5年。

借此，集团的平均借贷成本进一步降低至年利率4.5%，平均贷款年限5.92年，达到历史最优水平。集团综合借贷总额774.0亿元，净负债率47.7%，在手现金267.6亿元。

2018年1月，集团成功发行8亿美元投资级优先票据。其中，3亿美元，5.25年期，票息3.9%；5亿美元，10年期，票息4.5%。3月，集团成功发行全国首单住房租赁专项公募债券，总金额30亿元五年期，产品票面利率定为5.6%，融资渠道进一步拓宽。

在行业集中度进一步提高，竞争多元化的市场格局中，龙湖集团坚持稳健的财务管理策略，继续保持公司优质的财务状况和负债率水平，通过

外部合作及二级市场收购等方式，控制拿地成本、减少资金占压。同时，拓展多元化融资渠道，优化债务结构，拉长账期和降低成本，令集团财务结构更加安全和稳健。

面对2018年市场的不确定性挑战，龙湖集团将坚定战略执行，精准投资布局，提升运营效率，通过大客储、强体验、高转化，把握市场机会，积极促进新盘销售与库存去化。2018年，龙湖集团提出“空间即服务”的战略构想，集团将以客户为中心，以技术为驱动，构建以优质城市空间连接融合、覆盖中坚力量全龄周期客户的智慧服务网络，成为连接人与空间的未来企业。

中南置地：匠心三十载，健康营造美好

历经三十载风风雨雨，中南置地脚踏实地，步步为营。凭借其深厚的企业文化底蕴、奋力进取的创新精神，以及一切以消费者需求为导向的贯彻执行，为消费者打造出了多元、完善、务实的全生命周期产品体系。有着先进管理模式的中南置地，在过去的一年里，展现给社会大众的是稳健的财务状况、成熟房企的审慎投资策略，以及不断优化的城市布局，凭借其卓越的市场表现，中南置地位列 2018 中国房地产企业 18 强，当之无愧！

一、战绩：经营业绩跨越式增长，2018有望实现销售额千亿突破

中南置地为江苏中南建设集团股份有限公司（股票代码：000961.SZ）旗下房地产旗舰品牌（以下简称“中南”）。公司起步于 1988 年，历经三十年的发展，在集团母公司多产业链融合联动的支持下，发展迅速。在快速发展的同时，公司不断创新转型，逐步实现了从实业经营向“产融”结合升级，为中国城镇化的发展增添了一份助力。

中南自 2009 年正式在深交所挂牌上市以来，始终以良好的增长态势跑赢大市。2009 ~ 2017 年间销售额复合增长率为 39.95%，中南高于行业 25.04 个百分点。2009 年的全国房地产销售总额约为 4.4 万亿，到 2017 年销售规模已经突破 13 万亿，中南也一直稳步增长，2016 年跨越 500 亿大关，至 2017 年规模几近突破千亿。

从销售规模实现跨越的时间和速度来看，中南近两年来可谓突飞猛进。2016 年和 2017 年的同比增长率分别达到 143.23% 和 72.93%，年均复合增

长率高达 105.09%；销售规模从 2015 年的 229 亿，仅用 1 年时间在 2016 年实现突破 500 亿大关，再用 1 年时间在 2017 年达到 963.2 亿逼近千亿大关，2018 年前半年销售额为 652.1 亿，同比上涨 45%，预计今年的目标可达 1400 亿，如若实现，近 3 年复合增长率可达 82.85%。

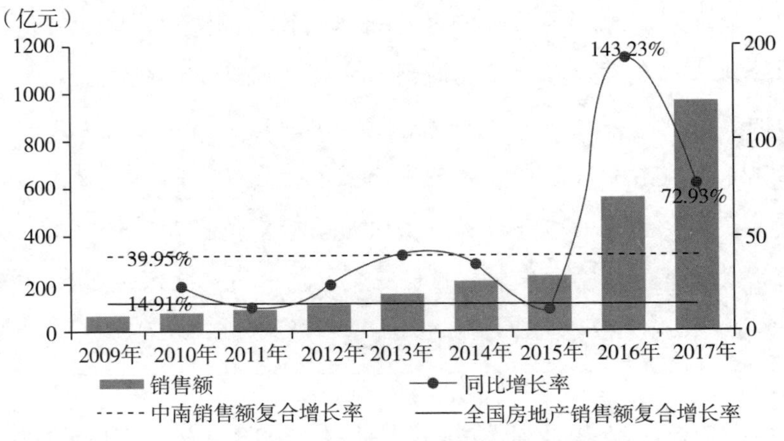

图 3-144　中南 2009 ~ 2017 年销售业绩变化情况

资料来源：企业公告和年报、中指研究院整理。

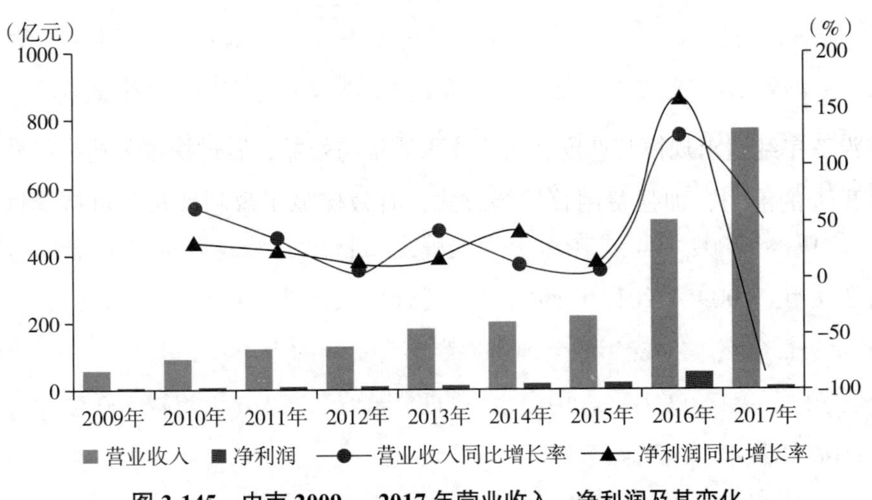

图 3-145　中南 2009 ~ 2017 年营业收入、净利润及其变化

资料来源：企业公告和年报、中指研究院整理。

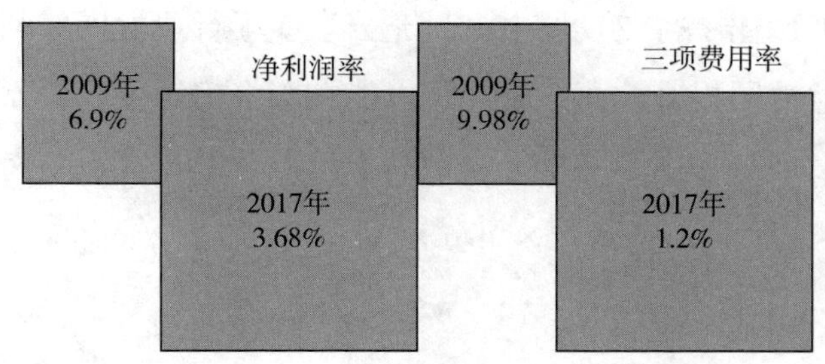

图 3-146 中南 2009 ~ 2017 年盈利及费用指标情况

资料来源：企业公告和年报、中指研究院整理。

中南在规模扩张迎来不断突破的同时，营业收入和净利润规模近年来呈持续上涨态势，盈利能力稳步上升，2016 年净利润规模同比增长水平更是达到顶峰。不过去年净利润同比下降了 82.3%，从 2016 年的 51.4 亿降到 2017 年的 9.1 亿。这主要是由于中南加大一二线核心城市投入，拿地成本增高，再加上行业景气时的加大投入往往效率会不高，很可能导致利润率同比下降。2009 年，中南营业收入为 56.84 亿元，到 2017 年已达到 772 亿元，年复合增长率为 38.55%，企业规模持续提升并稳健增长，2016 年盈利规模增长水平达到顶峰，去年增速向常态回归并趋于稳定。

另外，2017 年中南的三项费用率仅为 3.68%，较 2009 年的 6.9% 下降了 3.22 个百分点。在营业收入和销售额依旧处于高位发展的情形下，中南并没有单纯追求规模与速度，而是注重质量与效益，通过挖掘公司在经营、管理上的潜力，加强费用管控等方式，有效保障了盈利增长的可持续性。未来，中南应继续加强管理水平，合理控制期间费用，进而提升盈利水平，也为净利润率的提升创造了好的条件。随着政策调控越来越紧缩，房企销售压力和资金压力也越来越大，力争改变传统的成本管控方式进而提高成本利润统筹能力。

二、发展历程：三轮驱动，建立全集团发展生态圈

中南集团自 1988 年发展至今，完整走过了 30 年中国房地产市场的激

荡历程，把握住了行业发展主流，充分享受了行业发展红利，实现了企业规模与效益协同提升。而中南之所以能在众多房企中脱颖而出，这主要源自于其在发展过程中不断推进向中高端精品升级，打造中南新的产业链与生态圈。从其发展历程来看，可分为如下 5 个阶段。

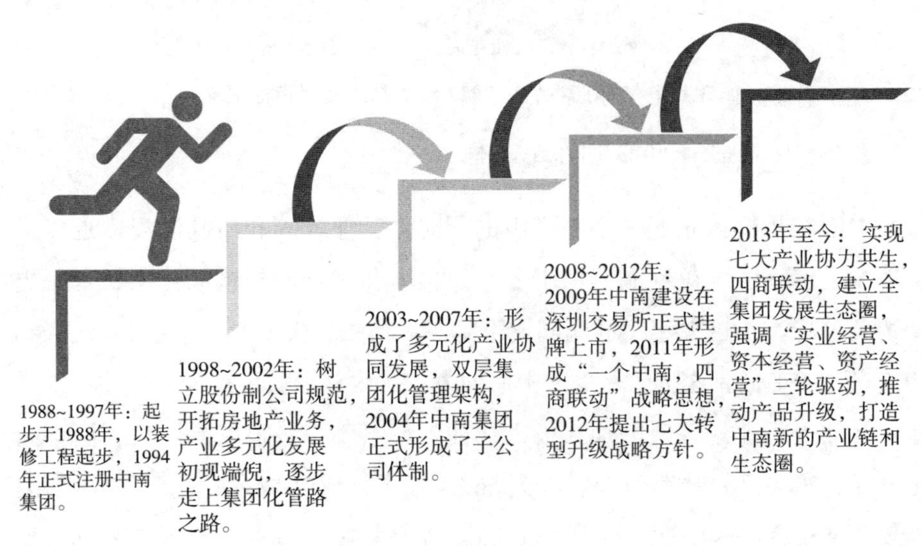

图 3-147 中南发展历程

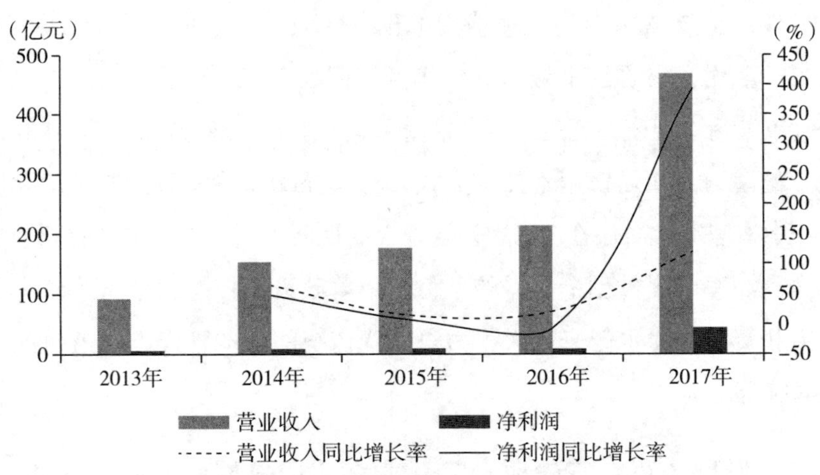

图 3-148 中南总资产、主营业务收入近年增长情况

资料来源：企业公告和年报、中指研究院整理。

1. 1988～1997年：艰苦创业，规范运营

中南集团以做装修工程起家，初创阶段抓住了全国住房制度改革带来的历史机遇，市场逐渐打开，公司进入快速发展期；同时，公司开始寻求管理上的突破，1993年首次制定132条规章制度，标志着公司对制度化建设、规范化管理的探索与尝试。随后，1996～1997年，公司第一次以独立法人的身份登上历史舞台。

2. 1998～2002年：发展突围，破冰前行

1998年，随着中南的队伍不断壮大，业务不断增加，在房地产行业逐步兴起的同时，中南也面临着外部合作单位大量资金不到账的情况。为了改变现状，让公司得到更好的发展，管理层决定开发房地产，进军房地产领域。1999～2001年，公司发展速度明显放缓。面对接踵而至的各种矛盾，中南采取一系列改革措施，明确了"一切以发展为中心"的指导思想，树立了股份制公司规范的发展意识，安装、装潢、配套机械独立发展，并开拓了房地产业务。中南的产业多元化发展出现端倪，逐步走上了集团化的管理之路。

3. 2003～2007年：联动跨越，多元整合

2003年中南集团现代化管理迎来了新的开端，通过不断实践、学习、总结与摸索，中南明确了以"产业化与多元化有机结合""产业经营与资本经营有机结合"等发展思路，形成了多元化产业协同发展、双层集团化的管理架构。与此同时，房地产业也得到了加速发展，中南房地产开发步入大盘时代，开发了300万平方米的南通CBD项目，"中南世纪城"品牌效应凸显，"软投资"、联动开发模式连战连捷。通过整合产业链，中南的产业逐步形成了大市场、大项目、大业主的核心竞争力，并成功引进澳洲NPC技术，信息化管理在国内同行中处于领先水平。

4. 2008～2012年：转型升级，改革增效

2008 年，房地产市场出现断崖式下跌，对中南的主营业务造成巨大影响，并由此引发了公司的第四大发展瓶颈，如果不转型升级，将可能跌入万丈深渊。为了改变现状，2008 年 7 月 9 日至 17 日，公司在井冈山召开了为期 9 天的中高层“改革整顿暨战略研讨会”，并将 2008 年确定为中南“管理改革年”，由此拉开中南三年改革整顿的号角。

2009 年 7 月 15 日，中南建设在深圳交易所正式挂牌上市，开启了全新的发展征程。2011 年，中南与国家“十二五”战略同步，提出了未来五年转型升级的总体发展规划，形成了“一个中南、四商联动”等一系列战略思想，金石国际大酒店、中南城购物中心相继开业。2012 年，中南再次提出七大转型升级的战略方针，成为指导公司未来发展的核心政策，并被授予建筑工程施工总承包特级、建筑行业甲级设计资质。

5. 2013至今：三轮驱动，全面升级

2015 年 11 月，中南提出了“三化政策”“三轮驱动”“六大板块协同发展”“七大联动”等新的改革举措与发展战略，并调整战略布局，房地产向一二线城市集中，产品向中高端精品升级，打造中南新的产业链与生态圈。2016 年，总部迁往上海，布局从三四线转向一二线，销售额实现翻番发展，2017 年跃居全国房地产企业销售榜第十八位。

在业务方面，中南以生活方式服务商身份运营城市，业务体系涵盖精品住宅、商业地产、特色小镇、旅游养生、产业园区等五大业态，致力于将城市中的一切美好融汇其中，为都市多样化的生活提供更好的服务，从而为客户开启更加美好的未来生活。将健康理念与地产相结合，围绕健康、绿色、科技、品质、服务，建立了系统化的产品体系，发展出了上海中南君悦府、杭州中南樾府、天津中南君悦府、南京熙悦等一批极具专业影响力的精品住宅品牌项目。并于 2017 年推出国内领先的健康住宅标准，

梳理的六大板块制定标准量化评级分别包括空气环境、整体水质、舒适环境、套型设计、住宅配套以及智能管理。为健康住宅提供全面而权威的量化评级。

在布局方面，中南紧跟国家和时代的发展步伐，在“城市群”战略的发展思路下，优化城市布局，通过“一二线城市为主、三四线热点城市为辅，依托一二线、辐射三四线”的战略布局。2017 年，中南已经成功进驻上海、北京、深圳、南京、苏州等 100 个城市，开发项目达 300 个，土地储备约 4200 万平方米。初步形成了五大产品线，其中就包括针对一二线城市改善的樾府系、针对一二线刚需的海棠集系以及针对三四线改善的佳期漫系等。

从业绩来看，中南近年来发展迅速，行业地位不断提升。销售额及销售面积实现了持续快速增长，2014 ~ 2017 年，4 年间销售额和销售面积的复合增长率分别达 46.7% 和 34.2%。2016 年，中南以 143.23% 的增长率实现了销售额 500 亿的突破。紧接着坚持区域深耕，推进战略纵深和多业态协同发展的三大发展战略，并创新性首次提出“健康 TED 社区”，进一步扩大营销规模。2017 年，中南实现销售金额达 963.2 亿元，销售面积 855.3 万平方米，同比分别增长 72.93% 和 83.44%，预计今年将实现突破千亿的目标。

房地产市场发展的齿轮从未停歇过，中南凭借良好的全国布局、多样化的产品住宅、住宅地产和商业地产协同发展，在 2017 年迎来了跨越式发展，全年销售额近千亿，实现了有质量的增长。未来，中南将从实业经营向“产融”结合升级，发挥产业链优势，为中国城镇化的发展助力。

三、经营策略：产品差异化、均衡布局、组织变革和资本运作

中南时刻关注核心竞争力提升，坚持有质量的增长，不断挖掘自身潜力，包括产品差异化、均衡布局、组织变革和资本运作四大方面，向质量效益和品牌经营转型。

● 所谓产品差异化，就是中南高速前进过程中的产品应对，助力中南实现规模与品质的有效平衡，加快企业高质量发展，与客户共筑美好生活；

● 所谓均衡布局，就是中南对房地产区域市场进行科学、系统的研究，对城市发展趋势具有良好的研判能力，享受战略组合带来的外溢红利；

● 所谓组织变革，就是随着企业规模的扩大，资源不断整合与变动，中南不断提升管理能力、创新管理机制和模式，有效提高决策效率；

● 所谓资本运作，就是随着企业规模的扩张，对资金的需求也急剧增长，中南不断强化资本运作能力，拓展资金来源多元化。

1. 产品差异化：打造健康TED社区，成为中国人居健康领域的先行者

中南从土地、客户、市场的三维辩证关系出发，密切关注客户各层次需求，提出全体系化产品价值，从建筑、室内、景观、产品适配等方面梳理出专业标准化模块，贯通五大业态，构建网状化的大产品体系。并且孜孜不倦地探索智慧科技在健康住宅领域的应用，携手共同为构建“健康 TED 社区”奠定科技基础。标准化的落实，意味着中南形象上的转变，不仅是技术层面的极致匠心，更是中南全力准备，迈向行业第一梯队的决心。

2016 年，中南将其品牌理念定义为“美好，就现在”。在此品牌理念的指导下，2017 年，中南联合中国建筑科学研究院，宣布发布国内首个量化健康住宅标准，其中明确规范评定健康住宅的 6 大体系、39 个二级指标、138 项标准条文子项。2018 年，健康 TED 社区的全新产品定位应运而生，这是中南致力于成为中国人居健康领域专家的行动，也是让健康生活走进每一个中南社区家庭的愿景。

通过“健康住宅”引导行业变革，打造特色差异化产品，形成核心竞争力，将会成为中南在未来冲击行业前十赢得先机的有力武器。犹如绿色建筑一样，国家在“十二五”规划时曾提出城镇新建建筑中，绿色建筑比重达到30%，而在“十三五”规划时，这一比例被提高到 50%。而未来，随着“健康中国 2030”战略的进一步实施，以及全民对健康的关注度的进一步提升，

健康住宅一定会成为行业趋势和时代趋势，而健康住宅标准也将逐渐普及，其市场容量也将足够大。随着新时代社会矛盾转化为人民日益增长的美好生活需要和不平衡不充分发展之间的矛盾，仅仅靠规模，房企很难笑到最后。中南的产品差异化，并设立前瞻的健康标准化，必将成为未来行业领域的先行者和领导者。

2. 均衡布局：从重仓三四线，到聚焦城市群，再到优化三四线、加强一二线

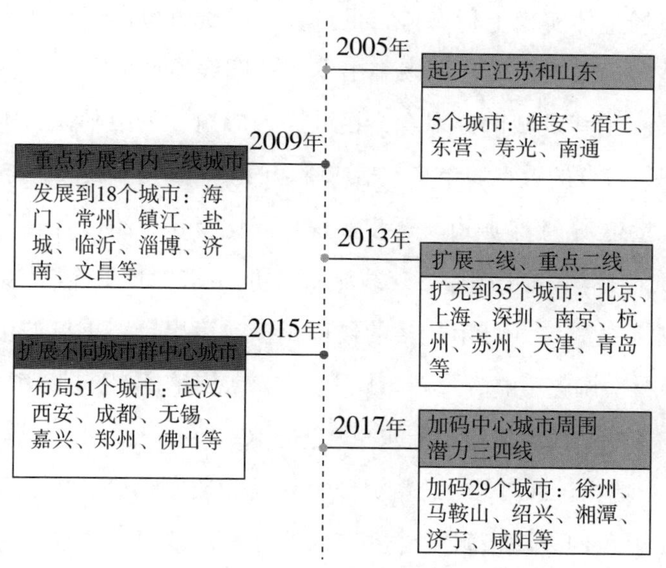

图 3-149　中南进入城市数量变化情况

自 2005 年以来，中南虽被誉为造城专家，但业务多年一直聚焦于江苏省内三四线城市，规模和全国影响力十分有限。2005 ~ 2013 年，由 5 个城市发展到 35 个城市，不过大多数都是江苏和山东的三四线城市，如南通、淮安、宿迁、海门、常熟、镇江、盐城、常州、淄博、临沂、寿光、菏泽、东营、文昌、营口等。但中南并不是一家小富即安的房企，并没有裹足不前，而相反是有更大的梦想和格局。

作为此前一直专注三四线城市的企业，在 2013 年、2014 年忽然意识到

中国城市大分化时代下的三四线均价之地，空间有限，且面临严峻的库存压力。尽管中南在三四线早已轻车熟路，但如此继续重仓三四线，偏安一隅，中南将与城市大发展绝缘，与未来地产江湖渐行渐远。2013 年以后，中南遂而发起进军一二线的布局调整，到 2015 年已经布局了 51 个城市，其中包括上海、北京、深圳、南京、苏州、杭州、天津、沈阳、无锡、青岛等。从城市群来看，继续深耕长三角大本营，从江苏的中南走向长三角的中南，并加码山东半岛和京津冀城市群的核心城市，走出了全国化布局的第一步。

2015 年以后的中南，实现了从长三角的中南到全国的中南转变，2016 年房地产市场整体实现上行态势，重点一二线城市楼市更是狂进飙升。中南适时调整布局策略，转移原来集中发展三四线城市的重心，并向重点城市继续拓展。尤其以城市群来看，相继进入成渝、关中平原、中原地区、珠江三角洲城市群的重点城市，包括成都、西安、郑州、武汉、合肥、宁波、佛山等，总量达到 51 个城市，逐步实现全国化布局。2016 年伴随核心一二线房价上涨，中南享受了核心一二线城市房价上涨的红利，销售额破 500 亿。2017 年，随着各一二线城市严格的楼市调控政策出台，重点城市楼市逐渐降温。中南再次调整策略，重新布局重点城市周围的环卫星城市，包括一些发展较为均衡的三四线城市，例如湘潭、嘉兴、绍兴、徐州、马鞍山、潍坊、咸阳、烟台、唐山、许昌等，总量突破 100 城。伴随城市行情向三四线转移，中南又享受了三四线城市政策外溢需求的红利，销售额直逼千亿。均衡的布局可以规避可能造成的单一风险，一方面通过一二线城市的大容量市场来稳定三四线城市可能带来的过剩和需求难持续的危机，另一方面又能规避未来一二线城市政策调控的风险。

2016 年 8 月，中南把总部从南通迁到上海，从深耕江南一隅到覆盖半壁江山，从单一产品生产线到全产业生态链，从传统造房到面向客户做“美好生活方式服务商”，以及因为战略目标、城市调整、运营策略和产品业态调整所带来的一系列组织阵痛、人才流失的风险，这是一场自上而下的战略大变革。中南很清楚地认识到，要迅速做大规模，没有合理的城市布局调整，没有抓住政策的红利和规避单一布局的风险，很难短期实现规模提升，而这调整的背后需要一系列人才、资源，商业模式等的支撑。

3. 组织变革：建立健全现代企业制度、优化组织结构，加强企业文化建设

战略决定方向，组织体系决定执行能力。中南在20世纪90年代第一次以独立法人登上历史舞台以来，逐步完善法人治理结构，严格按照股份制的要求办事，形成了制衡、激励、约束体制的雏形。通过进一步深化企业产权改革，理顺政府与企业关系，中南建立起了经营层持大股、主要经营者持特大股的产权主体多元化的股份制企业。

2004年，中南集团正式形成子公司体制，建立起了层次清楚、职责明确、无空白无重叠、集权与分权相结合、科学的组织结构。子公司体制明确界定了集团公司、子公司、分公司及项目部的权力与义务，实现了集团公司对各子、分公司及项目部的有效控制，形成了“统而不死，活而不乱”的组织体系，有效支撑了多元化产业的协同发展，双层集团化管理架构的架设。按照先进性、适用性、系统性、可操作性、有效性的原则，对企业各项规章制度的健全和完善，有助于全面实现公司管理的制度化和规范化。

中南十分重视人才和创新。一方面不断加强人力资源管理，建立有效的激励和约束机制。通过建立培训制度、人才良性竞争制度、沟通体系，提高员工素质；逐步完善员工薪资福利制度，不断优化公司人才结构，以人员素质的提高提升公司竞争力。另一方面坚持技术创新，以技术创新打造企业核心竞争力。时间进入二十一世纪以后，中国加入WTO，市场经济逐步健全，经营管理由“橄榄型”向“哑铃型”转变是企业保持生命力的必然趋势。即牢固树立技术创新理念，建立技术创新机制，以技术创新和市场营销带动生产管理，实现产业多元化运营，逐步走上集团化管理之路。

在几次规模增长遭遇管理瓶颈，中南适时进行了组织变革，以确保管理体系与规模增长的协调，且一直伴随着良好的企业文化建设。经历了“一

个中南、双主业、三轮驱动、四商联动、六大板块、七大联动”的协同发展，企业已走过原始积累阶段，度过资本运营的初级之路，已具备采取滚动发展的模式扩大规模的相应条件。为了实现真正意义上的规模优势，除了市场资源上的硬实力规模扩大，兼具软实力上的企业文化建设同样重要，这不仅包括“去家族化”的改革，“扁平化 + 青年近卫军”的团队建设策略，同时要着重培育员工共同价值观、责任感，通过一个长期的培养过程，使每位员工都懂得相互沟通与合作，在和谐中为企业的辉煌共同奋斗。

4. 资本运作：广存粮、缓称王，储备充裕的发展资金

在房地产这样一个资金密集型行业中，资本运作水平一直是影响房地产企业成功经营的重要因素。尤其是随着房地产行业调控政策的力度不断加大，通过不同方式和渠道筹集资金，是企业维持稳健运营、保持竞争力的关键。中南近两年来积极探索灵活的多渠道融资方式，为推进企业销售规模的腾飞积蓄了强大的后备力量。

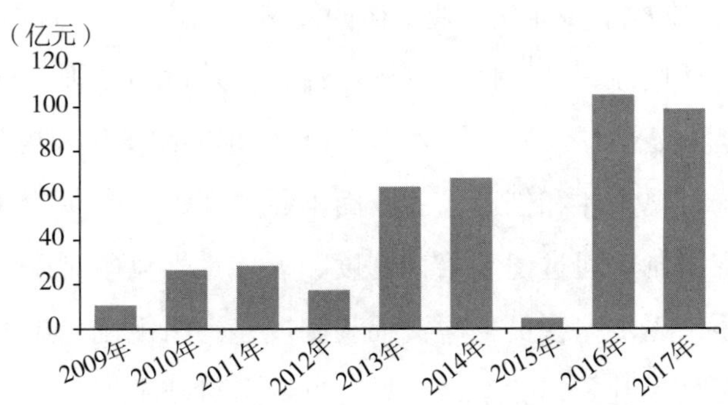

图 3-150　中南 2009 ~ 2017 年筹资活动产生的现金流量净额

资料来源：企业公告和年报、中指研究院整理。

作为一家现阶段把冲击规模摆在首位的房地产开发企业，做大规模必然对资金存在重度依赖，这同时也对中南融资能力提出较大挑战。每次的转型改革，或者是战略的调整，都是对企业稳定现金流能力的检验，对销售业绩的考核。2015 年，一直以来都注重在三四线发展的中南，开始转向

一二线布局，大幅增加了一二线城市土地的购置力度。与此同时，为支持公司的战略布局，中南加大了自身筹资力度，筹资活动产生的现金流量净额于近两年大幅增加。未来，中南喊出到 2020“3 年 3000 亿”的口号，为实现该经营目标，需进一步积极拓展融资渠道，通过股权融资、合作收购兼并等方式实现多元化融资，以保证满足公司业务规模快速扩张的资金缺口。

（1）房企冲击规模的背后离不开资金的支撑。2017 年末中南有息负债达 536 亿元，占总资产的比例为 31%，净负债率增加至 233%。从债务结构来看，银行贷款为 252 亿元，占比 47%；债券类为 144 亿元，占比 27%；金融机构贷款 139 亿元，占比 26%。期末，中南的现金短债比为 1.09，长短期债务比为 3.04，债务结构良好。中南在资本市场积极布局，融资方式已涵盖公司债、海外债、ABS 和中期票据，多元化的融资渠道，为中南带来充沛的货币资金，进一步助推其战略布局，同时还改善了公司的财务状况，提升了抗风险能力，2017 年中南的综合借贷成本继续下降 0.83 个百分点至 7.63%。

（2）2018 年 7 月 15 日，中南、中梁、碧桂园联袂开发的天韵项目在安宁举办开发商战略合作伙伴签约品牌发布会。发布会邀请了与天韵项目合作签约的 7 家单位，向客户传递了项目先进的运营管理理念。天韵项目作为三强合作的处女之作，是中南、中梁及碧桂园进驻安宁的首个项目，也是三大集团通过股权融资的联合开发，其雄厚的资金实力、丰富的建筑经验等将使建筑品质大大升级。

（3）2018 年 6 月 20 日，基于此前与平安信托 45 亿元存量合作规模的基础，中南与平安信托加深合作关系，在上海签署了战略合作框架协议，构建全面战略伙伴关系。此次合作双方进一步打开合作局面，双方发挥各自优势，对完成 100 亿元战略合作规模的展望达成一致共识。此次合作将发挥各自优势构建从项目到股权、从地产到产业的全方位的合作空间，在顺应目前去杠杆的监管要求的同时为中南“深耕长三角、拓展珠三角、进军京津冀”的城市群区域战略布局提供了更加坚实的资金支持，拓宽了融资渠道。

中南用一份令人满意的成绩单赢得了一片掌声。房地产大潮，波云诡谲，中南人初心不改，每一个中南人用心和行动传递着中南文化。中南团队相扶相依奋战到底，紧跟时代潮流，不断调整发展战略，不断创新突破，中南的持续增长无处不彰显着每一个中南人对质量以及效率的追求。未来，中南笃行致远，无问西东，必能在波澜之中继续乘风破浪扬帆起航！

中国金茂：坚持高品质增长，聚焦城市运营商

中国金茂以“释放城市未来生命力”为己任，始终坚持高端定位和精品路线，在以品质领先为核心的“双轮两翼”战略基础上，聚焦“两驱动、两升级”的城市运营模式，致力于成为中国领先的城市运营商。

一、战绩：坚持品质领先，进入发展快车道

中国金茂控股集团有限公司（简称“中国金茂”）成立于1998年，于2007年8月17日在香港联合交易所主板上市（股票代码：HK.00817），是香港恒生综合指数成分股之一。上市十年时间里，中国金茂凭借其对市场的敏感把握以及自身强有力的产品能力，2018年成功跻身中国房企25强俱乐部，足迹也从刚开始的上海一城遍至全国33个城市。

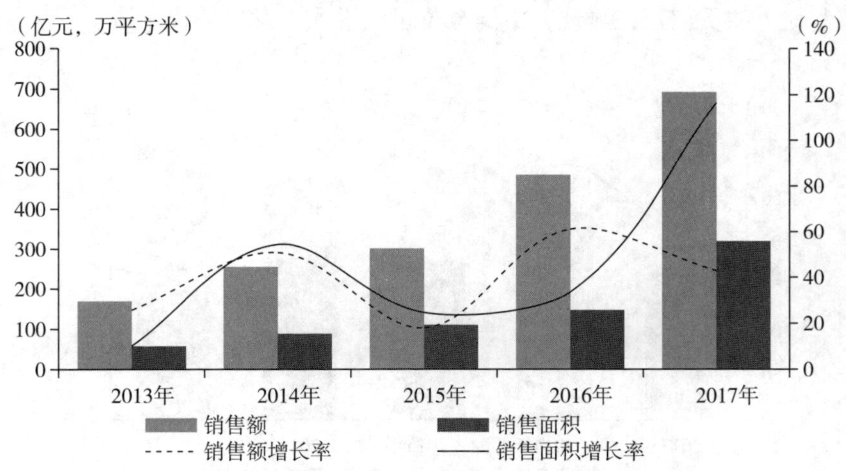

图 3-151　中国金茂 2013 ~ 2017 年销售业绩变化情况

资料来源：企业公告和年报、中指研究院整理。

在过去的10年里，中国金茂坚持品质领先，持续精研中国人群的改善性需求。中国金茂在2015年崭露头角：当年中国金茂的物业开发签约销售额及土地一级开发销售额合计301亿元，实现了约39.5%的增长。2016年，中国楼市在去库存的大背景下，房地产市场整体量价齐涨，中国金茂表现出色，实现了61%的增长。2017年，中国金茂在销售额、回款额、结转收入、净利润、土地储备这五大类核心指标上，均达到历史新高。签约规模同比增长43%达到693亿，且达成了净利润89%的高增长。

2015 ~ 2017年中国金茂复合增长率高达52%。在业绩发布会上，中国金茂执行董事兼首席执行官李从瑞表示，未来的3年，中国金茂在销售方面的增长还将保持50%的复合增长率。“那就意味，3年以后，中国金茂的目标要达到2000亿的销售签约额。”李从瑞如是说。

截至2018年6月30日，中国金茂累计取得签约及成交销售金额717.6亿元，同比增长197.6%。成熟的城市运营模式、执着的品质追求，让中国金茂在2018年上半程实现了业绩的飞速增长，仅用半年时间，中国金茂就超过了去年全年693亿元的签约及成交销售金额。这意味着，城市运营战略在业绩上的贡献正在显现，中国金茂正式进入了发展的快车道。

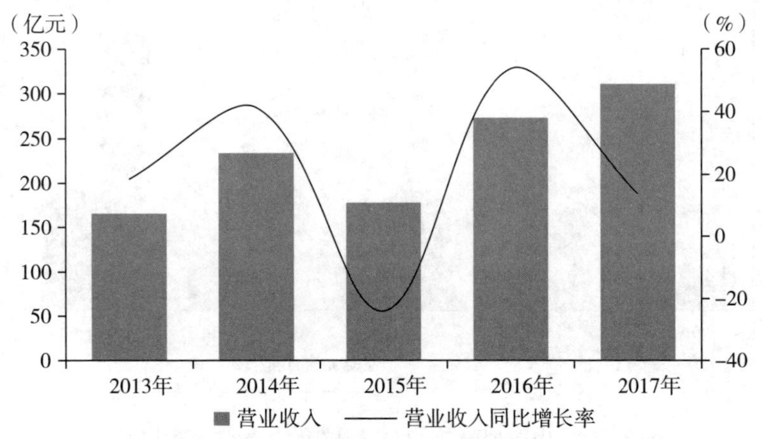

图 3-152　中国金茂 2013 ~ 2017 年营业收入及其变化

资料来源：企业公告和年报、中指研究院整理。

中国金茂在规模扩张迎来突破的同时，营业收入规模持续上涨，盈利能力稳步上升。2013 年，中国金茂营业收入为 178 亿元，到 2017 年，企业营业收入达 311 亿元。中国金茂在企业的发展中，一直坚持有品质的增长。有品质的增长首先体现为稳健财务带来的健康增长。稳健的财务策略是中国金茂一贯的坚持。中国金茂的财务状况稳健，现金流充裕，净负债率长期保持在行业中低位。2017 年中国金茂在大幅扩张版图的前提下，净负债率也仅有 69%，仍低于大部分同行。

有品质的增长也体现为优质实力增长和融资优势增长之间的优质正循环。2017 年业绩报告显示，中国金茂 2017 年的加权平均融资成本仅为 4.83%，在行业内有极大的融资优势。能持续保持这样的融资优势，源于金茂持续增长的综合实力与优质背景：

首先，因为中国金茂的央企背景，在目前去杠杆的大环境中，信贷额度收紧的情况下，银行等机构会对中国金茂这种资质较好的国企具有倾向性。

第二，得益于公司优质的实力与背景，中国金茂有良好的国内外信用评级，在国际和境内分别获得“BBB-”“AAA”级的信贷评级。

第三，除了国内外常见的融资方式，中国金茂在其他融资渠道上也颇具优势，有海外发债、熊猫债、永续债等对发行主体要求较高的次级永续债和资产证券化等多种渠道。在今年去杠杆、信贷环境收紧的情况下，公司信用额度充足。

可以预见，不断精进的高品质，也将成为中国金茂未来保障高品质增长的关键基点。

二、发展历程：模式创新，释放城市未来生命力

中国金茂的历史可以追溯到 20 世纪 90 年代开发建设上海浦东标志性建筑金茂大厦，随即开发的上海港国际客运中心和上海国际航运服务中心两大项目构成了上海北外滩的主体。如今在上海城市核心区，在以东方明

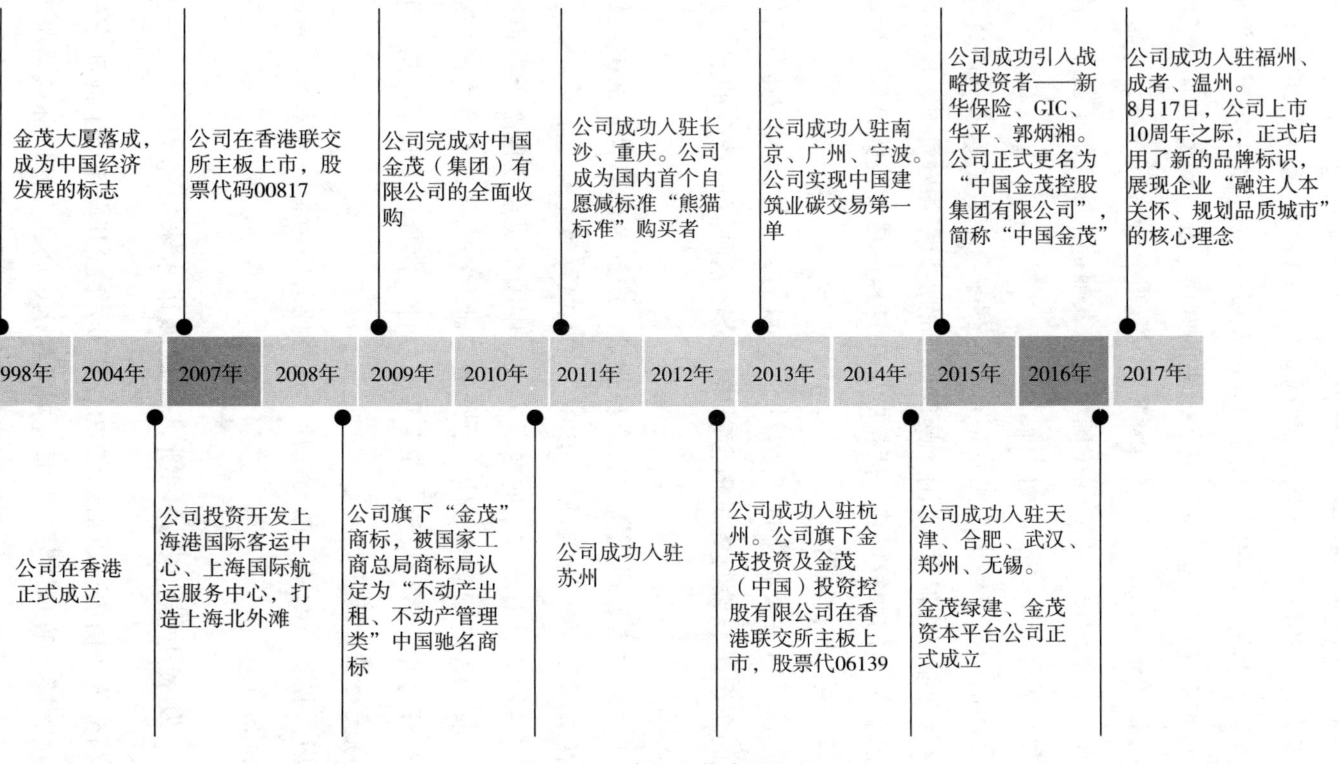

图 3-153　中国金茂发展历程

珠为中心 2 公里的半径范围内，坐落着近 150 栋优秀商办建筑，其中由中国金茂开发建设的多达 45 栋。

中国金茂前身方兴地产成立于 2004 年，于 2007 年 8 月份在港交所上市，物业销售、物业租赁和酒店是其三大主要业务，不过，随着公司业务规模增长和不断拓展，其营收构成也逐渐丰富。

转变发生在 2015 年 10 月份，当时正值房地产企业转型的关键时期，为了适应新时期的发展需要和自身发展需求，方兴地产正式更名为中国金茂，为未来进一步发展奠定了基础。

在更名的前后，中国金茂也积极对自身定位和业务构架进行调整，在房地产行业从黄金时代向白银时代过渡的背景下，这一调整不仅让中国金茂进一步降低对房地产依赖，同时也为白银时代开疆拓土打下了基础。

首先，中国金茂整体转型，推出“释放城市未来生命力”的新兴使命，充分发挥在地产综合开发和运营方面的优势，聚焦城市运营，通过规划驱动推动城市升级，通过资本驱动带动产业升级，打造城市新核心。

这意味着中国金茂正式从以房地产开发为主的开发商角色，向以城市综合服务为主的城市运营商转变，一方面使得公司自身通过业务转型升级获得新的生命力，另一方面，也践行央企承担振兴城市产业的神圣使命。

其次，重构业务体系，在原来物业销售、物业租赁和酒店服务的基础上，重新构建起城市开发、物业开发、金融与服务、商业运营、商务租赁和酒店经营五大业务框架。

其中以土地一级开发和产业发展为主的城市开发业务以及金融与服务业务，使得中国金茂打通了传统房地产与城市、金融的通道，业务重心从开发销售转向产业运营。

最后，重构公司战略，树立起以规划驱动为牵引、以资本驱动为基石，坚持城市运营商战略定位，推动双轮两翼战略升级。业务体系和公司战略调整，为中国金茂未来发展开辟一片广阔的空间，也奠定了下一个十年发展基调。

三、城市运营：坚持高端定位路线，将绿色战略作为主战略之一

打造理想城市，中国金茂始终坚持的战略和方向就是“城市运营”。从金茂大厦开始，中国金茂就踏上了一条从地产开发向城市运营商转变的探索道路，并在长期的摸索中积累了丰富的经验。

中国金茂的“城市运营”有三个维度：从时间来看，城市运营商将经历规划、拆迁、建设、持有、销售、运营全部过程；从空间来看，城市运营项目土地面积在 1000 亩以上，建筑体量超过 500 万平方米；从内涵来看，城市运营商要建设的是多业态、多配套、产城融合的城市。

中国金茂充分发挥在地产综合开发与运营方面的优势，通过规划驱动和资本驱动，打造城市新核心。以规划驱动为牵引：利用在规划引导和资源整合方面的经验，在城市规划阶段，推动城市升级。以资本驱动为基石：发挥在撬动资金和资源方面的优势，通过高强度的地产综合开发和高质量的客户服务，带动产业升级。

在城市运营的过程中，中国金茂仍始终坚持“品质地产引领者”的高端定位路线，并开始将绿色战略作为主战略之一，始终积极响应国家节能减排的相关政策要求。

在环保生态方面，中国金茂的大多数建筑都获得了国际标准的绿色认证。截至 2017 年 12 月底，中国金茂获得各类绿色建筑标识共计 109 个，占总开发项目 90% 以上，占比在同行内位居全国第一；另外，已满足绿色标识设计要求的项目总建筑面积高达 1206 万平方米；还开发了 3 个生态城、共计 13.22 平方公里。

2017 年中国金茂在上市十周年之际，提出了“臻绿品质”的绿色新模式，以树立中国城市运营绿色典范为目标，并重新梳理了生态城市、生命建筑、“零碳”运营三个战略定位方向。

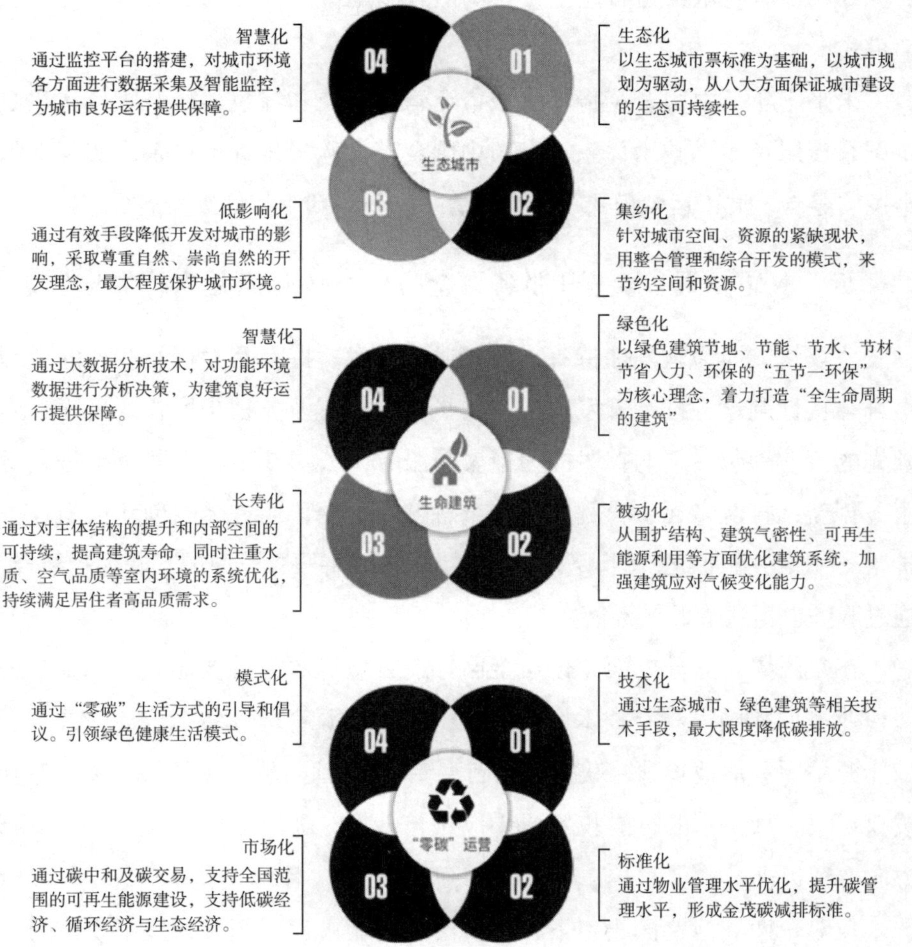

智慧化
通过监控平台的搭建，对城市环境各方面进行数据采集及智能监控，为城市良好运行提供保障。

04 01 03 02 生态城市

生态化
以生态城市票标准为基础，以城市规划为驱动，从八大方面保证城市建设的生态可持续性。

低影响化
通过有效手段降低开发对城市的影响，采取尊重自然、崇尚自然的开发理念，最大程度保护城市环境。

集约化
针对城市空间、资源的紧缺现状，用整合管理和综合开发的模式，来节约空间和资源。

智慧化
通过大数据分析技术，对功能环境数据进行分析决策，为建筑良好运行提供保障。

绿色化
以绿色建筑节地、节能、节水、节材、节省人力、环保的“五节一环保”为核心理念，着力打造“全生命周期的建筑”

04 01 03 02 生命建筑

长寿化
通过对主体结构的提升和内部空间的可持续，提高建筑寿命，同时注重水质、空气品质等室内环境的系统优化，持续满足居住者高品质需求。

被动化
从围护结构、建筑气密性、可再生能源利用等方面优化建筑系统，加强建筑应对气候变化能力。

模式化
通过“零碳”生活方式的引导和倡议。引领绿色健康生活模式。

技术化
通过生态城市、绿色建筑等相关技术手段，最大限度降低碳排放。

04 01 03 02 “零碳”运营

市场化
通过碳中和及碳交易，支持全国范围的可再生能源建设，支持低碳经济、循环经济与生态经济。

标准化
通过物业管理水平优化，提升碳管理水平，形成金茂碳减排标准。

图 3-154　“臻绿品质”新模式

①生态城市是以生态城市标准为基础，以城市规划为驱动，注重城市综合开发和整合管理，最大可能的尊重自然，同时通过城市监控平台的搭建保证城市建设、运营的生态化和可持续性。

②生命建筑是以绿色建筑为基础，加强建筑应对气候变化的能力，同时确保建筑内外部拥有高品质环境。

③“零碳”运营是希望全方位的引领中国金茂运营项目的绿色健康生活模式。

未来十年，中国金茂将聚焦城市运营商定位和绿色战略升级，从建立中国金茂绿色生态技术体系，发布中国金茂低碳减排标准体系，实现中国金茂“零碳”城市运营模式三个方面着手，开启新十年低碳发展之路。

四、双轮两翼：金融+服务，全方位立体化满足客户导向需求

“双轮”即为开发加持有，公司通过开发、持有两大核心业务的合理组合与良性互动，推动开发业务持续扩张，持有业务稳步增长，巩固品质领先的行业地位；“两翼”即为金融与服务，公司在金融方面将推进金融服务创新，打造多元、稳健的地产金融创新平台，通过金融创新助力业务扩张；在服务方面，公司将坚持以客户为导向，将服务资源与互联网相结合，通过服务创新塑造发展特色。

在“两翼”业务方面，公司全面打造智慧能源与科技地产生态平台，绿建业务取得国家高新技术企业资质，通过能源管理等体系认证，首个区域能源站顺利落地长沙，获得实用新型专利22项、软件著作权3项、专利授权证书1项，不断推进技术成果应用与转换，加速向创新发展的新引擎方向持续迈进。

在双轮两翼战略的指引下，中国金茂在城市运营领域开展了积极的探索与实践，成功打造了以城市核心综合体、城市新城以及特色小镇为代表的城市运营作品。

中国金茂将坚持以城市运营为核心的业务模式，持续推进“双轮两翼”战略升级，加快夯实核心业务发展基础，不断推进金融与服务创新，秉承“规模适度、效益优良、品质领先、服务突出”的发展要求，以资本市场为导向，坚持有质量的发展道路，加快实现综合实力挺入行业第一梯队的目标。

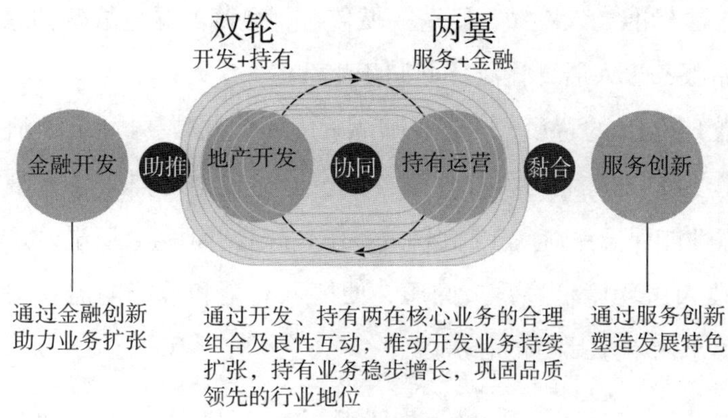

图 3-155　中国金茂战略

五、三大人居样本：高端绿色科技住宅的领跑者

在住宅升级领域，中国金茂以“府、悦、墅”三大产品线领跑中国高端住宅市场，践行不断超越的城市人居梦想。

金茂府：作为绿色智慧住宅的开创引领者，金茂府从“温度、湿度、空气、阳光、噪音、水”六大基本生命元素出发，通过打造十二大科技系统，为人们提供了安放身心的美好空间。

在日常使用方面，金茂府通过舒适、健康和节能三个维度满足人们对个性化人居的需求；在基础设施方面，金茂府在能源中心、输配系统等领域全面使用绿色能源。金茂府获得的绿色认证包括 LEED、BREEAM 等国际认证，也包括健康建筑等国内新兴的高标准认证。其中，无锡蠡湖金茂府获得了中国健康建筑二星级设计标识。

近年来，以上海大宁金茂府、苏州姑苏金茂府、首开杭州金茂府、杭州滨江金茂府等项目为代表，金茂府系列产品凭借一脉相承的绿金品质，在各地频频创下热销纪录，形成这样一种现象——金茂府的进驻，成为区域板块价值爆发的分水岭。

金茂府系产品的高端住宅基因，不仅源自英国 BREEAM 认证的科技住宅，不仅源自中国绿色建筑最高级别的绿建三星住宅，更源自真正的绿色科技高端人居标准。入一城，则造一城传奇，金茂的绿色战略和绿色实践，正在让产品服务于人居，让居住回归于生活。

“金茂府”IP 的背后，是匠心产品的胜利，是人居升级和消费个性化的凸显。作为领先行业的科技住宅，金茂府通过地源热泵、毛细管网、新风系统、高性能保温系统等 12 大科技系统，打造出恒温、恒湿、恒氧、低噪、适光的科技人居环境。将一个健康、便捷、安全和节能的居住空间，不偏不倚嵌入追求高端生活者的心房。

图 3-156　金茂府十二大科技系统

金茂悦：通常择址于城市潜力区域，多维交通路网，近距主城核芯。优质的商业、医疗、教育等资源配套，一线城市的精彩生活举步即享。

从区位上看，“悦”系产品考虑到客户的需求，都选择城市发展的潜力区域，非常注重规划和商业、交通、教育、医疗、景观等配套设施，致力于打造宜居之所。

在产品设计上，“悦”系产品非常注重功能性和舒适性。户型全部设计成南北通透，通风采光效果非常好。衣帽间、玄关等十大收纳体系的设计大大提高了房屋的实用性，满足家庭全方位的收纳需求。

在装修方面，“悦”系产品从客户的角度出发，不讲究奢华，但每一个细节都追求品质，不以追求利润为目的，在选材过程中严格把控品质。

金茂墅：为城市人创造低密居所，还生活以更多空间和绿色。宽阔楼间距，楼与楼之间不显拥挤；采光通风俱佳，私享无限阳光与清风；喧嚣纷扰不烦于心，静谧享受绿意盎然的居住环境。

六、拿地策略：掌控核心优质地块，拓展多渠道资金筹集

土地资源储备情况显示了企业未来的发展潜力。中国金茂对核心优质地块的绝对掌控，用城市运营模式改变城市肌理，同时，打造“金茂府”系列王牌产品，实现全国各区域全面开花。

2017 年积极拿地的中国金茂，共收购 36 幅地块，新增面积 932 万平方米。坚持城市深耕策略的中国金茂，在这一年进入了成都、温州、福州、厦门、嘉兴、南昌 6 个新的核心城市，成功布局华北、华中、华东、华南、西南、西北 6 大区域。目前，中国金茂总土储达到 4616 万平方米，已在 30 多个城市拥有 130 余个项目。

除了今年明确拿下的地块，在上市十周年的活动上，中国金茂又分别与青岛、济南、泉州、温州、武汉、长沙等城市政府及平台公司签署 6 个城市运营项目的开发战略合作协议，这将为中国金茂增加超过 5000 万平方米的潜在土地储备。

而在拿地成本和地块价值上，金茂 2017 年的新增土地也极具看头。在中国金茂的 2017 年新增土地储备中，17 个地块实现了底价或近乎底价获取，占总拿地数量的 47%。此外，中国金茂目前所入驻深耕的城市，均是中国当前重点发展的城市群中的核心城市、高潜力城市，未来发展可期。

七、积极参与社会公益事业，切实履行企业社会责任

中国金茂以“扶助贫困，积极参与慈善事业，促进社会和谐与发展”为宗旨，多年来积极参与社会公益事业，切实履行企业社会责任。自 2007 年起，公司累计公益投入约 6000 万元，合并教育、医疗等准公益累计投入逾 18 亿元。

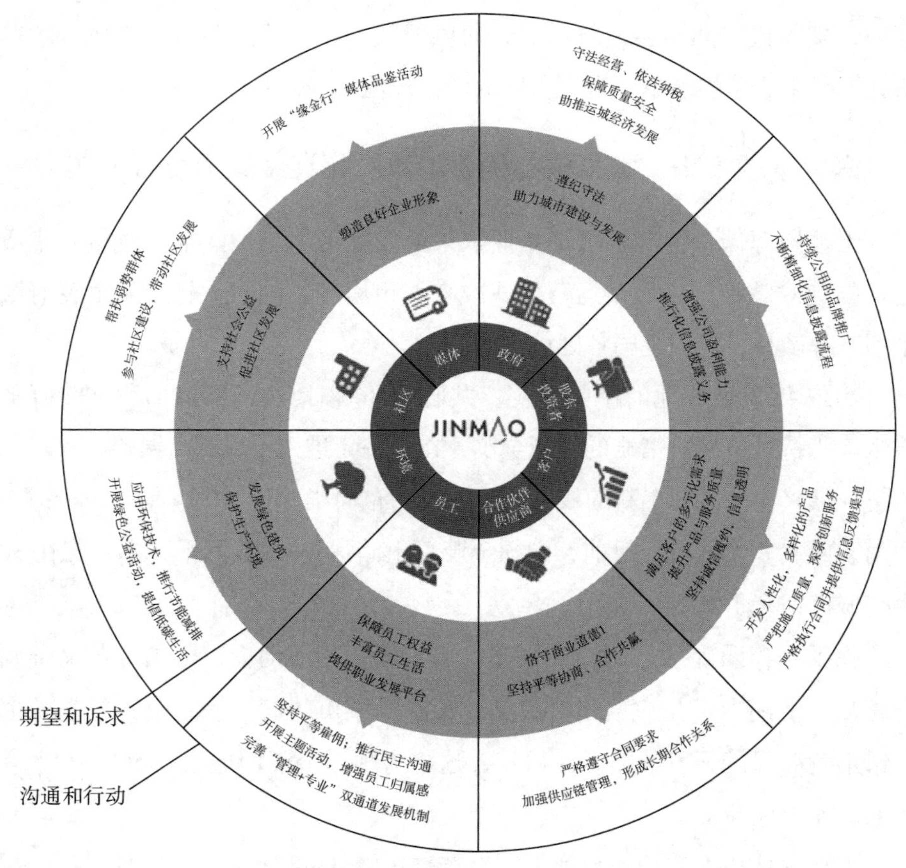

图 3-157　中国金茂社会责任管理模型

2015 年 7 月在湖南省长沙市民政局注册登记成“长沙市金茂公益教育基金会”，原始基金人民币 200 万元。以“支持公益、慈善、教育事业，促进社会和谐与发展”为宗旨，重点为长沙梅溪湖片区 14 所学校提供帮扶

援助。

2016 年 7 月在香港注册成立“中国金茂慈善基金会”，以救助贫困、促进教育、绿色环保、医疗卫生等为重点，整合中国金茂旗下各公司资源，统筹开展支教助学、扶贫济困、抗震救灾等系列慈善公益项目，帮助弱势群体改善生活环境、提高生活水平、接受教育继续学业。

2017 年 4 月，金茂上海及金茂酒店组织孤残儿童参观金茂大厦；4 月，金茂上海在本年度“绿跑中国”活动中，向上海市慈善基金会捐款，用以帮助自闭症儿童；金茂长沙也曾向特殊教育学校捐赠善款……

公益慈善需要长期不懈的努力，中国金茂期望携手更多的爱心人士共同努力，成为公益慈善事业的实践者、推动者和倡导者，共同促进社会和谐进步。

随着十三五期间碳排放进一步降低的要求和能源转型发展的需求，以建筑节能为核心的绿建行业，正迎来井喷式增长。另一方面，2015 年 10 月，方兴地产正式更名为“中国金茂控股集团有限公司”，宣布在原有“销售 + 持有”的战略基础上，增加“服务”和“金融”两大业务平台。绿色服务作为中国金茂业务升级的重要组成部分，不仅为中国金茂快速发展提供支撑和动力，还为其在绿色建筑领域增加了社会责任担当。

中国金茂秉持中化集团“创造价值，追求卓越”的核心理念，始终坚持高端定位和精品路线，加快推进金融与服务创新，通过整合产业、旅游、文化、服务等各类资源，向成为中国领先的城市综合开发商与运营商的目标奋勇前进。

蓝光发展：专注客户核心需求，实现高质量的增长

在“人居蓝光 + 生命蓝光”双擎驱动战略引领下，蓝光发展以新经济逻辑和互联网思维，构建同心多元化产业生态链，坚持规模与利润并重，实现高质量的增长。清晰的发展战略、全系产品线的不断完善、品牌影响力的持续提升、全方位激励机制的践行，令企业的成长性全方位凸显，核心竞争力进一步加强。

一、企业简介：双擎驱动，创新关照人生

蓝光投资控股集团有限公司（以下简称蓝光控股集团）成立于 1990 年。2015 年 4 月 16 日，蓝光控股集团旗下四川蓝光发展股份有限公司（以下简称蓝光发展，证券代码：600466.SH）在上海证券交易所完成重组上市。蓝光发展，专注于人类生活的核心需求，提供从生活到生命的创新解决方案，为大众创造幸福生活。

蓝光发展以“人居蓝光 + 生命蓝光”为双擎驱动的战略顶层设计，其中，人居蓝光以“地产金融 + 文化旅游 + 现代服务业”为核心基础产业；生命蓝光以“3D 生物打印 + 生物医药”为创新支柱产业。通过“人居 + 生命”完成人类需求的闭环构架，成为蓝光的核心战略。前者是以传统房地产行业为核心原点做人居领域的探索，具备现实意义的强劲商业价值；后者以健康医学前沿创新行业为原点做生命领域的拓展，满足人类长久性的根本需要，二者形成互补之势。同时，蓝光发展积极探索互联网科技，并形成以“蓝裔科技”为业务模型的新生态。

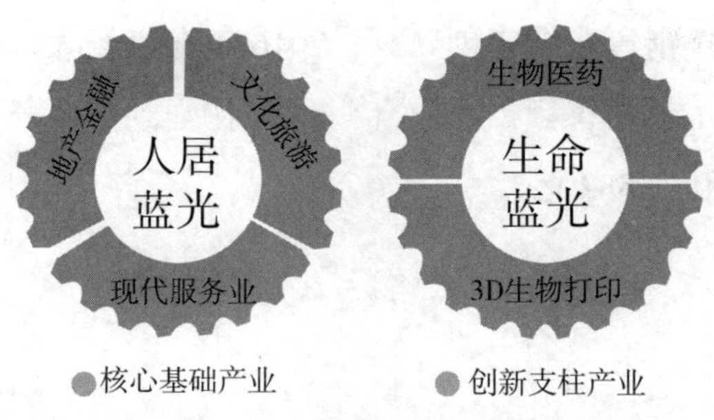

图 3-158　蓝光双擎驱动战略顶层设计

地产金融是蓝光发展的核心优势产业，投资布局与国家城市群建设规划高度契合，坚持实施“聚焦高价值区域投资、聚焦改善型住宅产品”的发展战略，以推动地产基金化、地产证券化为发展方向。

2018 年，蓝光发展位列中国房地产百强综合实力第 22 位，在百强房企成长性 TOP10 中高居第 3 位。同时，蓝光发展 2015 年、2016 年、2017 年、2018 年连续四年荣膺中国十大最具投资价值的上市房企，2018 年高居 TOP4，2018 年，蓝光发展荣获“中国房地产公司品牌价值 TOP10（混合所有）”殊荣，排名第 6 位，品牌价值达 155.07 亿元。

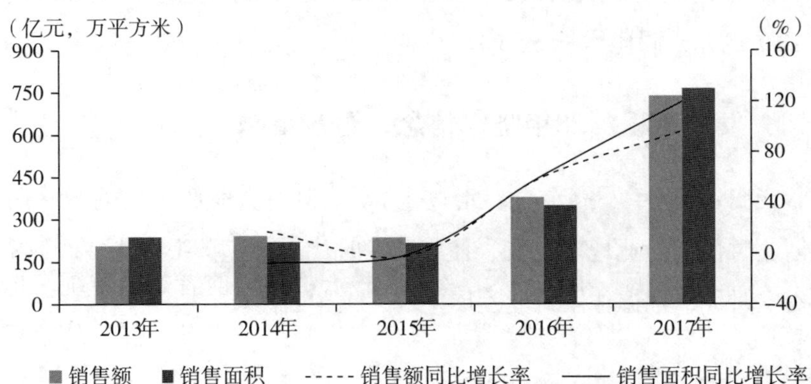

图 3-159　蓝光发展 2013 ~ 2017 年销售额、销售面积及增长率

资料来源：企业公告和年报、中指研究院整理。

蓝光发展集中资源和精力聚焦于房地产主业的发展，用金融创新和互联网创新变革传统地产业务运作模式，实现规模效益的同步增长。2016 年开始发力，近2年销售业绩屡创新高，2016年在市场大好的背景下以65%的增速实现近301亿销售额，2017年继续保持强劲的增长势头，销售增速高达93%，销售额为582亿元。

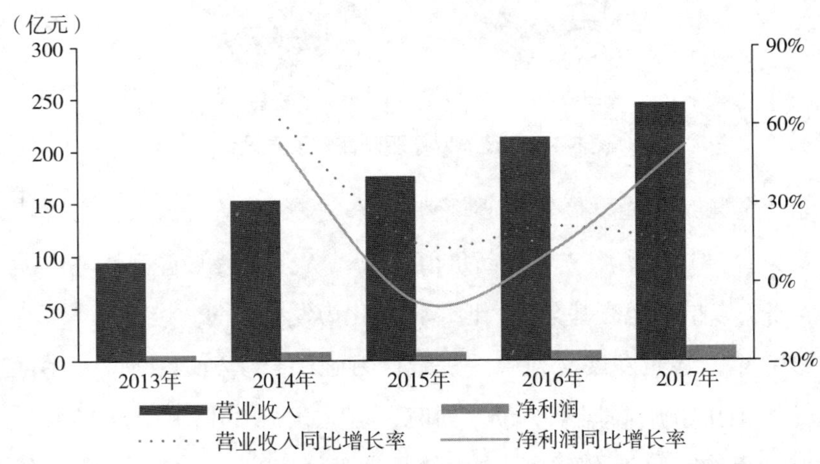

图3-160 蓝光发展2013 ~ 2017年盈利指标

资料来源：企业公告和年报、中指研究院整理。

2017年，蓝光发展实现营业收入245.5亿元，同比增长15%，实现净利润13.7亿元，同比增长52.5%。

二、发展历程：28年坚守信念，迈步卓越

蓝光自1990年发展至今，走过了28年中国房地产市场的激荡历程，经历创业时代、商业地产时代、住宅开发时代、产业扩张时代、产业资本+金融资本时代，把握住了行业发展主流，领跑西南。

1. 创业时代：1990～1999年

1989年10月8日，蓝光投资控股集团有限公司的前身——成都市西城区兰光汽车零配件厂成立。1992年9月12日，“成都兰光房屋开发公司”成立。1994年底，蓝光总部迁往西京大厦，也是在这一年，“兰光”正式改名为“蓝光”，下属公司全部改制。1993年6月12日，“蓝光大厦”正

式开工。1994 年 5 月，时任国务院副总理兼外交部长钱其琛到成都视察，并为“蓝光大厦”题字书名。1995 年 8 月 31 日，蓝光大厦竣工。1996 年，成立四川蓝光美尚饮品股份有限公司，公司专注于纯天然矿泉水饮品研发、生产、销售和服务。

2. 商业地产时代：2000～2004年

2001 年 9 月 15 日，蓝光创始人杨铿结合多年企业经营的实践，前瞻蓝光发展方向，提出了蓝光集团核心理念：客户满意是我们的第一目标，尊重和关心员工的个人利益。2002 年 8 月 6 日，蓝光首次参加成都市土地拍卖，首拍地块位于青羊区长顺下街和八宝街交叉口，总用地面积约 7.75 亩，以及位于青羊区西大街、长顺大街交叉口的 2 号地块，史称“阳光第一拍”。2000 ~ 2004 年间，是成都商业地产的蓝光时代，无论是从开发规模、市场份额、投资收益率、商业活力或对城市的推动力来考量，蓝光都在这个时期奠定了自己第一商业品牌的地位。2002 年末竣工的蓝色加勒比，至今其商铺价值增长了 7.3 倍。2004 年 1 月 9 日，20 万平方米的“蓝光 · 金荷花国际时装城”正式破土动工，2005 年 9 月 26 日，蓝光金荷花正式试营业。2005 年就已营业的耍都，一直是成都人乐于消遣的地方。2005 年 7 月 1 日竣工的香槟广场，如今的商铺价值已上涨近 10 倍。

3. 住宅开发时代：2004～2008年

2004 年，蓝光率行业之先导入 CRM 理念，集团总部 3000 平方米的 CRM 大楼落成，打造了中国地产界第一个 CRM 中心。同年 12 月，蓝光客户俱乐部成立。随即开展了第一次大规模客户满意度年度调查，同时 CRM 系统正式上线试运行。这标志着蓝光对客户价值有了更清晰的认识。2004 年 12 月 15 日，蓝光集团首个住宅地产项目——御府花都开盘，这个位于人民南路延线，占地 38 亩的花园电梯住宅的出现，标志着蓝光正式规模化地进入住宅地产领域。

2005年开始，蓝光陆续开发了富丽城、富丽锦城、富丽花城、富丽碧蔓汀等以“富丽”冠名的系列产品。富丽系列的亮相可谓是蓝光在刚需住宅市场的一次大动作，几年间，似乎成都整个城北刚需市场都被蓝光占领。2006年3月，成都金沙片区，蓝光雍锦湾以叠拼别墅的物业形态登场，成为蓝光旗下第一个高端别墅项目。雍锦湾打造的新中式会所，既坚持了创新，又极具品质感。

4. 产业扩张时代：2008～2011年

2008年11月15日，重庆“十里蓝山”用开盘售罄的佳绩，完成了蓝光品牌进军全国的第一步。

2008年11月25日，4200亩的蓝光观岭国际社区开盘，作为蓝光旗下的纯高端别墅住区，一路热销至今，持续证明着蓝光在高端房产项目上的能力和实力。2010年是“蓝光地产高端品牌元年”，人们看到了蓝光不仅在所擅长的刚需快销项目上如鱼得水，也在高端精装修住宅上做出精品。2010年8月21日，云鼎项目同时在成都和北京亮相。

5. 产业资本+金融资本时代：2011年至今

2012年11月，蓝光与诺亚（中国）控股有限公司旗下企业歌斐资产管理有限公司携手成立歌斐蓝光资产管理公司，与此同时，成都首支地产基金“歌斐蓝睿”成功完成发行，募资金额5亿余元。这是蓝光在房地产业向准金融时代迈进的当下，顺应市场变化，布局金融领域的关键一步。

2012年，蓝光全国化进程提速，先后进入青岛、无锡、长沙、武汉、苏州、无锡、西安等城市。同年，四川嘉宝资产管理集团有限公司正式成立。主营业务包括“现代物业服务、商业地产经营、高尔夫及酒店运营、房地产咨询顾问”，拥有国家物业管理企业“一级资质”。嘉宝股份于2015年12月成为西南地区首家成功挂牌新三板的现代服务业企业，也是新三板规模体量最大的现代服务业物业企业，证券代码834962。

至 2018 年 7 月，蓝光嘉宝进驻全国 50 余个城市，在管项目 400 余个，在职员工近 10000 人，受托管理面积近 7000 万平方米，在 2018 年度物业管理行业综合实力百强排名中位列全国第 13 位。据中指研究院发布，2018 年嘉宝品牌价值达 31.68 亿元，位列西部物业品牌前列。

2013 年西博会，蓝光矿泉水成为展会唯一的指定饮用水。2014 年 6 月 5 日，蓝光地产借壳迪康药业的重组方案获得了上市公司股东大会 98.07% 的高票通过。2015 年 4 月 16 日，蓝光发展（600466.SH）正式在上海证券交易所挂牌上市。

当改善需求渐成为主流消费需求，开发商纷纷及时重新审视自家产品，誓以最快速度推出刚改、豪改、TOP 系等改善类产品。第一时间嗅到行业风向的蓝光，于 2015 年起适时陆续推出了公园系、长岛系、雍锦系、芙蓉系、黑钻系，涵盖从刚改到豪改的系列产品。

2016 年 5 月 7 日蓝光发展东部中心在上海成立。2016 年 12 月 11 日蓝光英诺 3D 生物打印血管动物在体实验成功，获央视新闻联播及医学行业和资本市场热烈关注，标志着人类将步入精准医疗、再生医学新时代。

三、地产业务体系及区域布局：坚持产品系列的持续创新，跟投城市红利

1. 业务体系

蓝光发展紧抓时代发展机遇，进一步进行全国化布局。不仅如此，旗下蓝光地产金融集团始终坚持以提高“人居质量”为创新出发点，以面向改善人群的绿色住宅开发为核心，从产品的每一处细节让客户感到“舒适”和“善待”。

在住宅产品方面，围绕“永远把人民对美好生活的向往作为奋斗目标”，蓝光发展旗下开发的产品曾多次荣获广厦奖、詹天佑奖等国内专业大奖，且多个项目通过国家绿色建筑认证。2015 年 3 月，“2015 蓝光地产 i5 生活

平台发布会”上，蓝光正式对外宣布产品战略从“刚需为主”转型为“刚改、改善和高端需求”。在同一年，蓝光提出了“一城一标杆”，作为2016年产品出来之后的战略落地举措。2017年，蓝光坚持改善型产品战略不动摇，坚持产品系列的持续创新，实现从居住到生活的再次进阶。完善黑钻系（豪改）、芙蓉系（再改）、雍锦系（再改）、公园系（首改）、林肯系（首改）、香江系（首改）的全系产品线，为客户提供更完善、更多样服务。蓝光“雍锦系”荣获“2017中国房地产精品项目品牌价值TOP10”殊荣。西安“公园华府”项目凭借良好的产品品质和配套体系，首次开盘便跻身西安地区年度四大名盘之一，实现客户口碑、品牌影响与经营业绩多赢。

目前，蓝光正在强化产品研究院产品研发能力，全力打造五大产品系，坚定推进产品标准化，提升蓝光产品力。

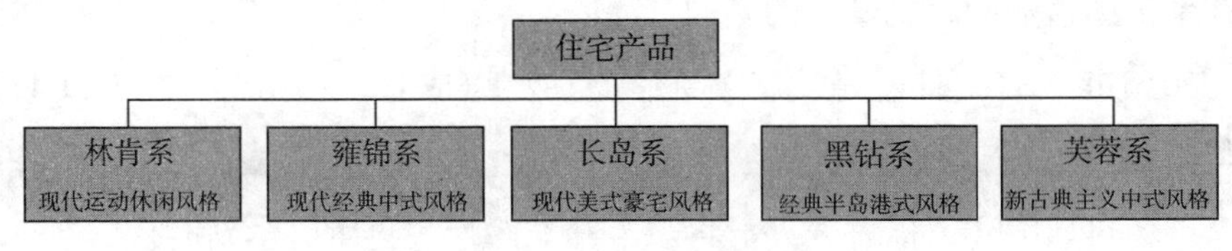

图3-161 蓝光发展产品体系

在商业地产方面，面对传统商业地产运营困难等新形势下的压力，蓝光发展创新打造商业模式，通过将“街区商业”“购物中心”商业产品线作为房地产载体，让商业地产回归以运营为本质，用现代服务产业实现蓝光商业地产的转型升级。结合商业产品发展趋势及地产基金化趋势，打造了丰富的商业产品线，涵盖街区商业、集中式商业、酒店、写字楼等丰富业态，形成独具蓝光个性的商业核心竞争力。

2. 区域布局及土地储备

早在2012年，蓝光创始人杨铿就正式提出要跳出区域开发商的角色，进行全国化扩张。事实上，蓝光也早就瞄准城市群的发展机遇，并且提出1+3+N的城市战略：“1”是以成都为核心大本营，进行周边城市深耕；“3”

是重点发展京津冀城市群、杭州湾为代表的华东地区，以及粤港澳大湾区经济带；而“N”则是指作为战略支点的绝大部分省会城市及计划单列市。

蓝光紧跟国家“十三五”城市群规划及轨道交通规划立足成渝区域，大力推进东进、南向战略，持续优化京津冀、长三角、长江中游和珠三角四大城市群布局，成功实施了全国布局的发展战略。现已在全国布局十八大区域，包括：以北京为中心的北京区域；以苏州、无锡、南通为中心的环沪区域；以杭州、宁波、绍兴为中心的浙江区域；以南京、徐州、宿迁为中心的江苏区域；以成都、南充、泸州、资阳为中心的四川区域；以武汉、长沙为中心的两湖区域；以郑州为中心的河南区域；以济南、青岛为中心的山东区域；以广州、惠州为中心的华南区域；以天津为中心的天津区域；以重庆为中心的重庆区域；以昆明为中心的云南区域；以合肥为中心的安徽区域；以西安、太原为中心的陕西区域；以南昌为中心的江西区域；以温州、台州、福州、厦门为中心的海西区域；以深圳为中心的深圳区域；以粤、港、澳为中心的大湾区域。截至 2018 年 10 月，蓝光地产金融集团已成功进驻全国 50 余座城市，开发超过 100 个精品项目，业主数量超 100 万人。

蓝光推动传统房地产企业向现代房地产企业转型，实现主营业务大幅增长。2017 年，蓝光房地产开工面积 530.90 万平方米，竣工面积 273.07 万平方米，实现销售金额 581.52 亿元，同比增加 92.97%。

蓝光在东进战略成功推动下，2017 年华东、华中区域的销售金额合计达到 206 亿元，同比增长 46.5%；华东、华中区域在全公司销售规模占比达到 35%，两年来真正实现了从“四川蓝光”走向“中国蓝光”，进一步实现规模和资源向高价值区域集中，同时扩大了战略纵深，为下一轮的快速发展奠定了基础。

按照蓝光的市场管理工具，对城市有量级和星级两种划分。量级是城市基本面，从城市经济水平、人口数量等方面进行衡量，从 1 到 5 级递减。星级则是城市当前投资价值度，则按照 1 到 5 星递增，判断标准包括城市的人口变动，是否具备承接中心城区的外溢功能，城市自身的产业是否充足，城市的轨道交通发展前景，城市的棚户区改造进程，城市房产存量周期等方面。蓝光相关负责人用“收割城市红利”来形容蓝光的拿地策略——把控时机，“收割”到每一轮城市红利，靠的就是对城市价值的预判，对进入城市节点的把控。割早割晚，都是城市红利的损失。

土地储备方面，鉴于公开市场土地价格不断攀升，蓝光对存量土地市场保持密切关注，并结合不同合作方的诉求，灵活创新合作模式，合作对象和方式更加多元化。蓝光突破传统招拍挂模式，拓展多元化的土地获取模式，通过合作、股权收购、代工代建等多元化方式获取土地资源。2017 年蓝光看中“京津冀一体化”和“滨海新区”双重利好驱动，以 16.25 亿元拿下天津江宇海汇房地产有限公司的全部股权，从而间接获得了江宇海汇名下在滨海新区的 241.83 亩土地，打造成如今备受市场好评的雍锦香颂项目。数据显示，2017 年蓝光直接招拍挂项目的储备资源占比不超过 15%，而 85% 以上的项目都通过合作、收购等方式进行开发。比如成都热销的双流长岛国际、成都高新区的雍锦世家二期、天津杨柳青项目、长沙岳麓区项目，以及合肥肥东经济开发区项目等，均为收并购形式。对于收并购方面的拿地准则，蓝光也有自己的“标尺”: 一是坚持以住宅为主，体量太大的商业综合体暂不考虑；二是尽量在蓝光已进入的区域城市，进行进一步的收并购；三是具备快速开发和高周转条件的项目；四是利润很重要，10% 以上的净利是基本门槛。

四、战略规划：打造同心多元化产业生态链

蓝光确立“人居蓝光 + 生命蓝光”战略顶层设计，积极打造“同心多元化产业生态链”。集中资源和精力聚焦于房地产主业的发展，用金融创新和互联网创新变革传统地产业务运作模式，实现规模效益的同步增长，为股东持续创造价值。

2017 年对蓝光主动应变、迎变，在战略能力、财务能力、资本运作能力、投资能力、产品能力、人才引进、企业文化、激励机制、互联网、信息化等方面成功实现了全方位、多层次的模式突破、创新能力提升，丰富了“人

居蓝光 + 生命蓝光”的战略内涵。

1. “地产+金融+互联网”的核心战略

战略能力的核心是能够及时应对市场，主动应变、迎变的能力。2017年是中国房地产市场急剧变化的一年，对于主动迎变、应变，有策略有方法高度市场化的企业而言，市场变化是挑战、更是弯道超车的战略机遇。蓝光发展从战略上践行“地产 + 金融 + 互联网”战略，以财务战略为引领、通过金融创新和互联网创新，变革传统地产业务运作模式，推动蓝光由传统地产企业向现代地产金融集团转型。

2. 财务战略的引领能力，盈利水平大幅提升

“财务有思想、企业才有价值”，企业的持续发展就是围绕财务战略展开的系列经营，2017 年蓝光财务战略的核心就是建立以财务战略规划和引领下的高效运营体系，资本运作、投资、产品、营销等都建立在以财务战略为核心的圈子里。构建系统、完整的财务战略规划和执行系统是财务战略落地坚实基础，通过盈利能力的持续增长推动蓝光价值增长。

3. 投资模式多元化，持续推进全国化布局

充分认识世界城市发展规律，并精准把握中国城市群的发展脉搏，坚持聚焦“高价值、高增值、低存量”区域，布局华中、华东等高价值城市，以及中西部等弱二线机会热点城市，实现一二三四线城市均衡布局，全国版图从 2016 年 16 座城市拓展到 2018 年 10 月的 50 余座城市，进一步打开了城市布局、构建战略纵深、丰富了“中国蓝光”的品牌内涵。

4. 打造标杆产品，产品线日臻完善

秉承一贯的“产品主义”和“匠人匠心”产品观，深耕产品线，形成标准化体系，持续提升产品竞争力。在“一城一标杆”战略引领下，雍锦系、

公园系的产品品牌效应进一步凸显，一举成为改善型产品引领性品牌之一；与此同时，产品体系日臻完善，林肯系、雍锦系与长岛系、芙蓉系、黑钻系等一起，形成蓝光五大产品系，正在塑造和提升蓝光产品力。

5. 依托原创IP打造蓝光文旅产业新模式

结合文旅产业行业大发展趋势，蓝光将文旅业务剥离出来，聚焦文旅战略，精准制导产业协同发展。

蓝光文旅集团系蓝光发展旗下专注于文化旅游投资及运营的专业服务平台。以成为“新生活娱乐社交中心开创者”为目标，秉承寓教于乐为主旨、遵循“促进少儿成长，增进家庭和谐”的规划理念，瞄准全产业链纵深与横向发展。水果侠星球系蓝光文旅原创IP，其发布代表一个国内文旅产业“新物种”的诞生，为国内新一线城市、二三线城市的城市价值提升、文化配套升级打开了全新的思路。预计未来3 ~ 5年将陆续实现全国各地多个水果侠星球的开业运营。

6. 加大互联网创新、打造自营的线上营销平台

蓝光发展践行“智能化”战略，其全资控股互联网业务子公司蓝裔科技建立了在线售房自营平台——蓝光在线，并开发了核心移动应用产品“至尚”。前者将购房流程完美迁移至线上打造极致客户体验，后者将购房后电商（权益和产品）、在线家进行深度整合，极大地优化了业主的在线房前房后全程体验。

7. 推股权激励和“蓝色双享”机制，助力跨越式发展

为进一步激发管理层的主人翁意识和企业家精神，践行“一起创造，勇于担当，共同分享”的核心发展理念，以及打造发展的‘核动力’引擎，蓝光发展推行了股权激励和蓝色双享的激励机制。2015年12月9日，上市刚刚半年多的蓝光发展，即公布了限制性股票激励计划，对公司中高管及

核心技术人员等共计 196 人，首次授予 1954.63 万股。2018 年 2 月 13 日，蓝光发展面向 23 名核心高管再度打开股权激励的通路，授予 23 名激励对象 11420 万份股票期权。在高管股权激励的同时，蓝光推进落实了“蓝色共享”和“蓝色创享”的双享机制。“蓝色双享”充分调动了员工积极性，项目质量得到显著提升。激励机制释放了业务发展潜力，为蓝光发展的跨越式发展再添新动力。

城市化进程进入下半场，随着房地产多元供给体系逐步完善、长效机制加速建立、资金面持续收紧，房企开始思考如何应对行业变局。从“产销模式”向“资管模式”转变，从“买地造房卖房”向“资产整合优化运营”转变，蓝光在城市拓展、产业拓展的每一步，实际上都是新目标下的全国一盘棋，最终“中国蓝光”的版图究竟有多大，值得拭目以待。

滨江集团：二十六载守初心，守正出新冲千亿

作为杭州首家成功转制的房地产企业，滨江集团从政府代建项目启航，二十六载风雨兼程，凭借卓越的产品营造能力、进退合宜的经营策略、精干高效的管理能力、熟稔于心的客户价值管理，以及合纵连横的合作策略，快速树立在杭州市场乃至长三角区域的领先市场地位，连续12年荣获“中国房地产百强企业”。2018年，滨江集团冲刺千亿目标，未来五到十年的产业布局战略将聚焦“房地产+金融+服务”华丽升级的新篇章。

一、战绩：策马加鞭升级跳，高效精干快发展

杭州滨江房产集团股份有限公司（股票代码：002244.SZ，下文简称“滨江集团”）成立于1992年，是具备建设部一级开发资质、中国房地产企业50强、全国民营企业500强、长三角房地产领军的企业。滨江集团力争做“行业品牌领跑者，高端品质标准制订者”，逐渐形成了“品质为基础、战略为导向、品牌为中心、精干高效为手段”的企业核心竞争力。

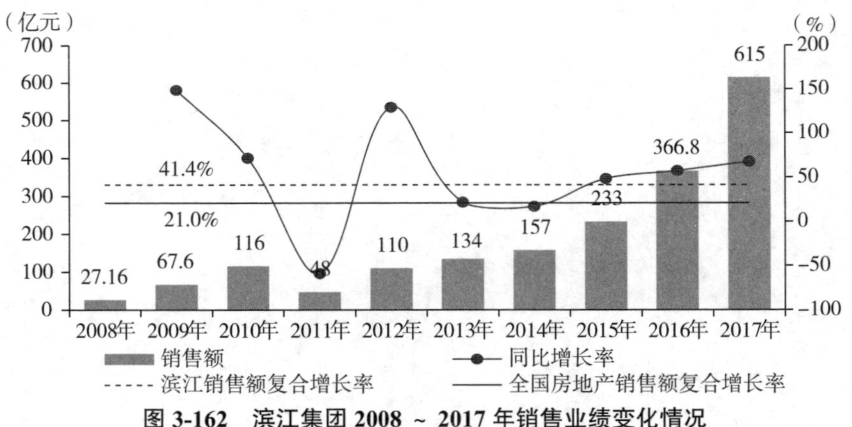

图3-162 滨江集团2008～2017年销售业绩变化情况

资料来源：企业公告和年报、中指研究院整理。

2007 年，绍兴金色家园项目落地，滨江集团正式踏出了异地发展的第一步。至 2017 年，滨江集团销售额突破 600 亿大关，仅布局了 8 个城市，杭州、上海、深圳、嘉兴、衢州、台州、温州和义乌，是销售额 600 亿梯队中，布局城市数量最少的房地产企业，始终坚持优质城市的深耕。

作为一家区域性房地产企业，滨江集团的销售额在 2012 年之后开始实现稳固增长的态势。滨江集团在 2010 年销售额突破百亿，但 2011 年受房地产市场调控的影响，销售额出现较大幅度的下挫，2012 年之后实现稳固提升。2015 年，滨江集团的销售额突破 200 亿，2016 年销售额再度突破 300 亿，2017 年销售额实现三连跳突破 600 亿。十年间，滨江集团销售额复合增长率达到 41.4%，是同期全国房地产销售额复合增长率的 2 倍，实现快于行业发展速度的规模提速。

滨江集团在实现规模扩张的同时，营业收入和净利润规模也波动上扬，盈利能力稳步上升。2008 年，滨江集团营业收入为 23.26 亿元，净利润为 6.02 亿元；到 2017 年，企业营业收入达 137.74 亿元，净利润 23.10 亿元，分别增长了近 5 倍和 3 倍。除 2014 年等个别年份外，滨江集团的净利润基本实现稳定上扬，多数年份的净利润率维持在 15% 以上，凭借高端项目的营造能力和高溢价水平成就业内较高的盈利能力。

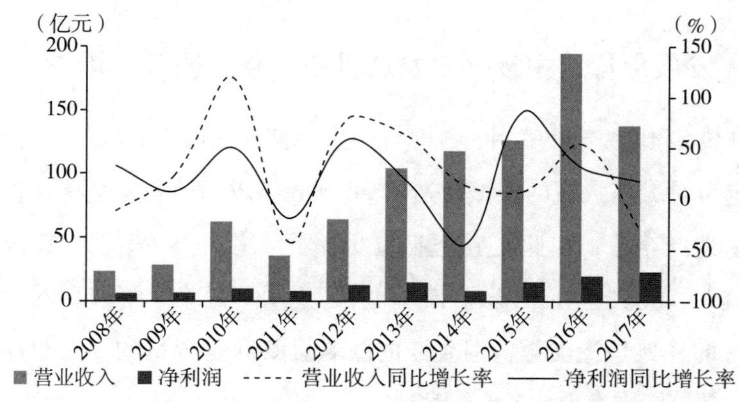

图 3-163 滨江集团 2008 ~ 2017 年营业收入、净利润及其变化

资料来源：企业公告和年报、中指研究院整理。

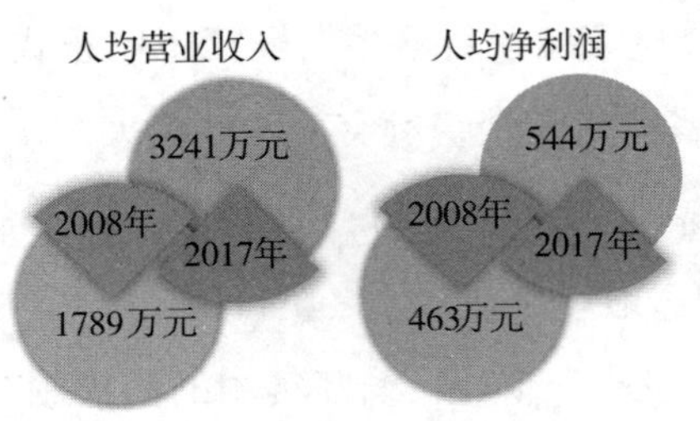

图 3-164　滨江集团 2008 ~ 2017 年人均[①]效能情况

资料来源：企业公告和年报、中指研究院整理。

滨江集团一直以“精干高效”的运营团队享誉业内。滨江集团一个 10 万 ~ 20 万平方米的项目，标准配置 15 人。标准化的人员结构管理、人数的管理使滨江集团形成比较强的竞争优势。截至 2017 年 12 月 31 日，滨江集团房地产开发系统人员 425 人，仅为同规模企业人员的三分之一左右，团队优势明显。

得益于高效精干的运营团队，滨江集团业绩中最亮眼的是企业的人均创利能力。2008 年和 2017 年，滨江集团的人均营业收入从 1789 万元提升至 3241 万元；人均净利润从 463 万元提高至 544 万元。尤其是 2017 年，滨江集团的人均净利润高出万科近 160 万元，达到 40% 以上的幅度，持续塑造着人员精干的业内传奇。

二、发展历程：积极寻求发展机遇，攻守兼备、进退合宜

滨江集团 1992 年成立时，仅是江干区一家集体所有制的房屋开发单位，承担的定位是城东区域的旧城改造。到 1996 年成功转制，是杭州首家成功转制的房地产企业，在此之后企业的发展便可用八个字概括“攻守兼备、进退合宜”，尤其是在市场调控期。滨江集团不是一个学院型的企业，没有特别多的经典理论支撑，但企业的战略思路却是智慧的，对时局、市场和人性的把控能力在业内备受褒奖。

① 人均效能计算中，员工人数采用的是房产集团人数，因物业已独立分割，物业公司人员未计算在内。

从滨江集团的发展来看，企业的发展可以分为三个阶段，每个阶段的企业实力提升均得益于“敏锐视角+前瞻思路”的战略眼光和“顺势而为”的高决断力和执行力。

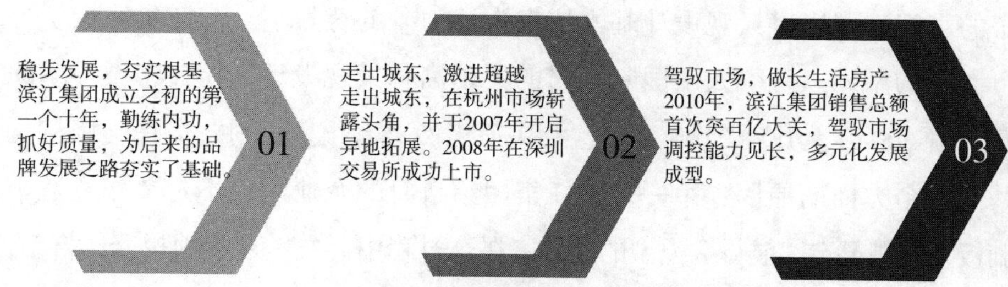

图 3-165　滨江集团发展历程

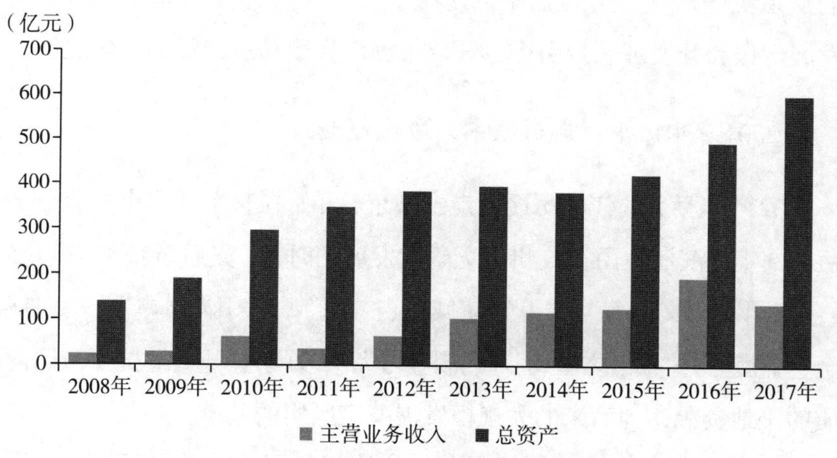

图 3-166　滨江集团总资产、主营业务收入增长情况

资料来源：企业公告和年报、中指研究院整理。

1. 1992～2001年：稳步发展、夯实根基

滨江集团成立之初的第一个十年，是企业夯实发展根基的十年。滨江集团接手的第一个项目为代建项目——近江苑。之后，公司积极参与城东区域的旧城改造，陆续开发了南萧埠小区、景芳五区三期、濮家东村等。滨江集团创建初期主要立足于百姓安居乐业的基本需求，致力于普通住宅的建设。在大规模的基础建设和旧城改造的过程中，滨江集团勤练内功、

抓好质量，为后来的品牌发展之路夯实了基础。

这一阶段中，对滨江集团最具有里程碑意义的典型项目是万家花园。万家花园是滨江集团 2001 年开发的一个以经济适用房为主，辅以少量商品房的小区。在当时景观设计基本依靠本地力量的背景下，滨江集团做了一个大胆的举动——引入了国际知名的贝尔高林景观设计公司，将做环境的费用由 500 万上升到 2100 万。这一决策当然会有很多反对，但最终坚持是基于两个方面的原因：第一，滨江集团给自身的企业定位不是要一直造小舢板，而是要造“航母”类型的建筑，在这过程中需要一步步地提升；第二，滨江集团潜意识中“造房子永远是最低层次的，造大家需要的，并能满足他们从审美到居住全方位需求的房子”。正是这种在当时颇为前瞻性的企业发展定位和开发理念指引下，开启了滨江集团品质建设的探索之路。

2. 2001～2010年：走出城东，激进超越

2002 年以后，滨江集团逐渐走出城东，开始在整个杭州市场崭露头角。之后的 5 年是滨江集团在杭州市场激进发展的时期，先后斩获了“金色海岸”“金色家园”“文景苑”“万家花城一、二期”，“阳光海岸”“武林壹号”“金色蓝庭”“城市之星”“湘湖壹号”“万家星城”等杭州市区内极其优质的土地资源，为后来的大规模发展奠定厚实的基础。

2007 年，绍兴金色家园项目落地，滨江集团正式踏出了异地发展的第一步。但在这一阶段中，企业发展重心仍集中于杭州地区，仅在绍兴一个城市开发了两个项目，分别为绍兴金色家园和金色蓝庭。

2008 年，滨江集团在深圳交易所成功上市。滨江的 IPO 之路是一次全新的学习之路，从公司管理到财务规范，从市场定位到产品标准化等等，滨江集团都在这一阶段进行了积累、沉淀和完善。

在这一阶段，滨江集团面市的项目主要有四个：金色海岸、万家花城、阳光海岸和金色蓝庭。事实上，这四个项目的面市时间都遇上了房地产市场调控或金融危机等不利的市场环境。如，金色海岸 2005 年开盘正逢房地

产市场的第一个“国八条”出台，2007年万家花城第一期开盘市场尚未升温复苏，2008年金色蓝庭和阳光海岸面市时正遇上全球性金融危机，但这些项目自上市以来无一不热销售罄，滨江制胜的法宝是前瞻性的产品营造和把握时局、顺势而为的经营策略。

3. 2010至今：驾驭市场，做长生活房产

2010年，滨江集团商品房销售总额首次突破百亿大关；2012～2017年销售额持续攀升，连续多年位列中国房地产百强榜前30位，并连续蝉联盈利性TOP10榜单。

面对严厉的2011年房地产市场调控，滨江集团不仅表现出对市场的强大驾驭能力，而且在坚持财务安全和品质优先的基础上，以多元化的思路变化应对市场。在这一阶段滨江集团提出下一个十年的三大战略：做长生活房产、做稳房地产和做大基金。

做长生活房产：该战略被滨江集团列为未来十年三大战略之首。在这一战略将不断增加企业的自持社区商业配套，计划在原有的20万平方米体量基础上，每年花10亿资金增加5万平方米。10年后达到70万平方米。这些不断增长的自持商业，将为滨江服务体系的完善提供支持。在滨江的计划里，以后的近郊或城郊楼盘不管面积多大，必须配备吃、购、生活三大领域的服务，社区内餐厅、超市、24小时便利店、洗衣店、水果店、药房等一应俱全。

做稳房地产：在稳健发展的基础上，对产品、运营能力等做相应的完善和提升。首先便是完善产品系列。在产品类型上，原先空白的合院类产品、中式大宅或将出现在滨江的产品线上，并全面铺开精装修产品。在开发周期和营销模式上，滨江集团也不断寻求突破。在开发速度上，确保“10%～20%的项目要比区域内其他项目快”；在营销上，向龙湖、融创学习，扩大营销团队人数以及营销部门授权，并积极尝试新的营销模式和思路。

做大基金：于2011年成立的普特基金，已经成为滨江控股旗下的一大

利器。滨江集团的基金募集规模目标是2015年达到100亿，未来将主要做天使投资、产业基金与投向服务行业等方向。

从滨江集团的发展来看，不难发现，滨江集团在发展过程中受益于前瞻性的决策力和执行力的引导。滨江集团在成立之初给自身的定位便不是做平庸的房子建造者，正是对自我定位的挑战，滨江集团不断积极学习，以前瞻性的产品和运营思路快速树立在杭州市场乃至长三角区域的领先市场地位。

三、经营策略：精琢产品、高效管理，合纵连横冲刺千亿目标

滨江集团在房地产发展大势中脱颖而出，销售业绩屡创新高并努力冲刺千亿，五大策略推进企业快速、稳健发展：产品营造、战略纵深、客户价值、组织高效和合作策略。尤其是产品营造能力和高效管理能力，成为业内公认的企业优势。

● 所谓产品营造，就是滨江集团已形成较为完善的十六大产品系列，在杭州乃至浙江和长三角区域以高品质和豪宅营造能力著称，争做中国标准的领跑者；

● 所谓战略纵深，就是滨江集团冲刺千亿目标，将“聚焦杭州、深耕浙江、辐射华东”，关注珠三角大湾区、京津冀、中西部重点城市，积极转型升级，未来五到十年的产业布局战略将聚焦“房地产＋金融＋服务”；

● 所谓客户价值，就是滨江集团将客户价值贯穿整个开发流程，在产品营造、销售服务和物业服务过程中创造客户价值；

● 所谓组织高效，就是滨江集团始终保持二级管理的扁平化组织架构，董事会和管理层能快速有效进行决策，拥有稳定、专业、务实、激情、高效的管理团队；

● 所谓合作策略，就是滨江集团的规模扩张建立在合作基础上，合作单位有中央企业、首部级企业、地产企业和非地产企业，在合作中把控操盘主动权，采取“股权＋代建管理费”模式保障收入和利润。

1. 产品营造：注重品质，争做中国标准领跑者

滨江集团经过二十几年的发展已经形成了较为全面的产品线，其中金色系列、万家系列作为针对刚性、改善需求开发的产品应用项目已累计超过十个，普遍获得了市场的认可。城星 / 海岸系列和壹号系列作为针对高端客户群开发的产品拥有高单价、高户均面积的特征，在浙江房地产市场上屡创销售奇迹，突显了滨江集团高端产品标准化的运作功力。

滨江集团在 2008 年上市的节点对企业进行了梳理，对企业从上到下进行标准化的建立，其中产品就是整个标准化体系中重要的一环。2008 年时，滨江集团已经拥有金色海岸、阳光海岸、金色家园和万家花城等代表作品，初步建立了两大类标准化产品。

表 3-7 2008 年滨江集团两大类标准化产品

	高性价比系列产品	高附加值系列产品
代表楼盘	金色家园、万家花城	金色海岸、阳光海岸
定位	满足普通消费者的高性价比高品质的中档住宅	具有高度稀缺资源优势的成熟地块上，适量开发高附加值的精装修高端产品

2008 年之后，随着开发项目的不断增多，滨江集团在两个标准化产品上不断开发、升级，高端项目衍生出城市之星、壹号系列，中端项目衍生出金色、万家系列，代建业务也不断扩展。滨江集团产品标准化体系逐渐完善，涵盖了十六大产品类型。标准化体系的建立，使集团能够开发出满足消费者差异化需求的各类住宅产品，能够覆盖各层次消费者，从而为集团未来的产品复制和异地拓展做好准备。

在新产品的研发上，滨江并不像一些大企业那样有专门的研发团队，而是在产品标准化的基础上，对原有产品不断地进行升级。对于一个新地块，滨江集团要做两件事，一方面根据土地属性与目标客户选择相应的产品类别，快速配比产品；另一方面在选择产品大类后，根据地块自身特点、市场的发展状况对产品进行升级，形成新产品。对于企业来说，这样做的好处在于可以快速地复制产品，压缩设计周期，同时减少企业成本。

滨江集团在项目管理中，也实施标准化配置。一个 10 万 ~ 20 万平方米的项目，标准配置 15 人。标准化的人员结构管理、人数的管理是滨江集团相对较强的竞争优势，也是一个可长期运作、复制的管理模式。

滨江集团正迈向全国千亿目标的华丽升级，争做中国标准的领跑者。目前，滨江集团已经形成比较完善的四大产品体系、十六个标准版本，滨江旗下新盘壹品最近开启一项新工作，为每套房子设立个性档案，从设计、施工、内部装修到交付，每个环节都拍照记录在册。

作为在房地产领域深耕多年的房企，业内对滨江集团有着明确的认知：立足长远发展、注重品牌和品质力量。市场瞬息万变，房企能真正握在手里的，永远只有产品。以高品质和豪宅营造能力著称的滨江，立志做行业品质的引领者，做区域品牌的领跑者。即便在 2016 年热销的大行情下，滨江集团仍不放弃对产品的锻造和打磨。房企要能在不同的市场环境中长袖善舞，还要对市场有正确的预判，机会洞察和把握。

2. 战略纵深：冲刺千亿，布局长租公寓及金融业务

2018 年冲刺千亿目标，滨江集团将“聚焦杭州、深耕浙江、辐射华东，关注珠三角大湾区、京津冀、中西部重点城市三个‘游击区’”。2018 年将是滨江集团具有里程碑意义的一年。在房地产新常态下，滨江集团积极转型升级，未来五到十年的产业布局战略将聚焦“房地产 + 金融 + 服务”。

在房地产开发方面，2018 年滨江集团将坚持“一个中心，三个标杆”。一个中心即“以滨江品牌为中心，争取 1000 亿销售额”，三个标杆即“做行业标杆，做区域标杆，做房产人的标杆”，努力成为“行业品牌领跑者，高端品质标准制定者”。滨江集团目前货值已达 2200 亿，去年在杭州拿到了近 300 万方的旧城改造项目，2018 年也已经拿到了 8 个项目，这为 2018 年冲刺千亿目标打下了坚实的基础。在“房住不炒”的整体基调下，滨江集团优秀的“产品、配套、服务”将带来更多优势。在开发战略上，公司将“聚焦杭州、深耕浙江、辐射华东，关注珠三角大湾区、京津冀、中西部重点城

市三个‘游击区’”，杭州仍然是主战场。在继续做好“旧改”创造价值的同时，充分运用自身在产品营造和管理方面的优势来获得更多合作伙伴。

滨江集团的销售额从来不是靠铺开城市数量铸就的，2017 年滨江集团销售额达到 615 亿，也仅依靠杭州、嘉兴、衢州等 8 个核心城市的贡献，是销售额 600 亿梯队中，布局城市数量最少的房地产企业，始终坚持优质城市的深耕。对于 2018 年实现千亿目标，滨江集团的城市设想是建立一个中心城市：杭州，实现销售 300 亿元，五个重点城市各销售 60 亿元，十个富裕县市各销售 30 亿元。千亿目标的城市数量也仅为 6 个核心城市 +10 个富裕县市。

长租和产业布局，将会成为滨江集团未来 5 ~ 10 年的重点转型方向。

滨江集团正潜心打磨杭州第一个“豪宅长租公寓”样板。以金领为目标客群，嫁接打造商品房的匠心和经验，10 年内做到杭州长租市场第一，期望长租公寓的品质也能与商品房并肩，做到“中国长租公寓看杭州，杭州长租公寓看滨江”。

目前，滨江集团已经与杭州不少村达成了合作。根据规定，村级留用地在开发过程中，有 51% 的产权归村里所有，剩下的 49% 将成为滨江集团的施展空间。滨江集团打算旧房改造以产业 + 长租模式打造，长租自己单干，保证品质，产业找各行业最顶尖的合作，共谋发展。无论是全新的居住体验，还是新邻里模式的构建，滨江集团正打算通过长租公寓传递新的生活方式。

金融作为房产开发和长租业务的支持，滨江集团目前投资已超 30 亿元，未来三年将达 100 亿元。投资方向是新能源 + 新技术、医院 + 健康、互联网。“证券、保险、公募基金，三个牌照最少争取一个”。

3. 客户价值：利益让渡客户，给客户创造价值的同时，实现企业价值

随着房地产市场的日趋成熟，市场竞争日趋激烈，越来越多的企业认识到企业竞争的实质是顾客之争。“让顾客满意并使之趋于忠诚”成为企业的最高经营目标，顾客满意度成为综合评价企业经营业绩与运作质量的重要指标。企业通过客户价值管理不但可以达到提高顾客满意度和忠诚度、

降低成本的效果，且可通过对潜在客户深入分析发现新的销售机会，为项目销售实现助力。

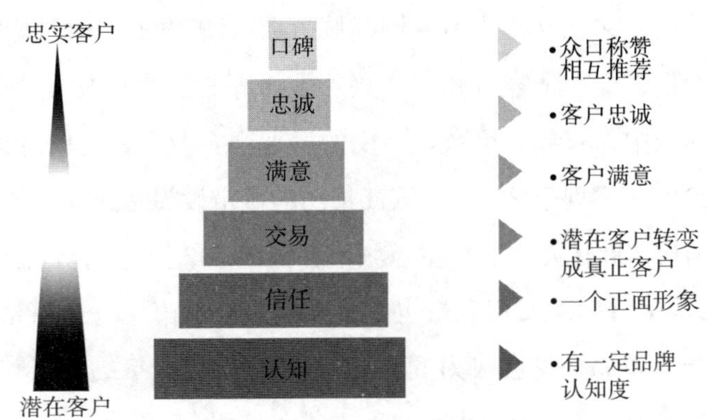

图 3-167 客户价值管理“金字塔”

“社会认可度，客户美誉度，员工满意度，是我们最大的价值。”这句话是滨江集团的企业文化之精髓，而“精装修、景观和物业”是滨江集团实现企业价值的三张金名片。现在，滨江集团的三张金名片已升级为“产品、配套和服务”。

从滨江集团整个开发流程来看，客户价值贯穿其中，企业在产品营造、销售服务和物业服务过程中创造客户价值即让客户从企业获得价值比如销售定价过程中，滨江集团坚持“市场形势不好的时候，让客户多赚点”的宗旨，产品设计环节中的户型、功能配套等均根据滨江集团大客户信息系统平台的客户意见征询予以优化。

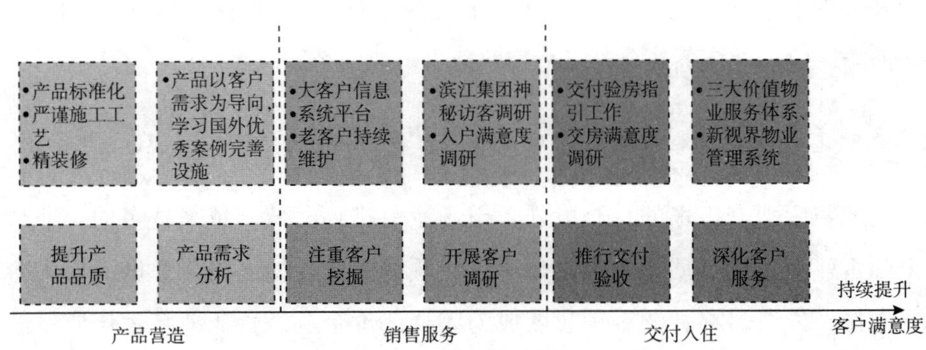

图 3-168 滨江集团客户价值贯穿整个开发流程

在给客户创造价值的同时，滨江集团也实现了自身的价值。在历年中指研究院开展的“重点城市居民居住满意度调研”结果显示，滨江集团在物业服务、工程质量、规划设计等方面满意度水平位列杭州市场领先地位。滨江集团楼盘的交付，长年停留在几乎100%的一次交付率上，且企业客户忠诚度多年位居杭州前两位。滨江集团高忠诚度的原因有三个：一是滨江集团从人的需求出发设计产品，并执着坚守产品品质，甚至在降价时期不降低建筑品质、景观品质和精装修品质，诚信赢得客户忠诚；二是滨江集团为应对市场，从不主动降价，只以低开的形式让利客户，使多数客户能在市场调整期获得高性价比的产品，并随着市场形势的回暖享受项目增值，增值巩固客户忠诚；三是滨江集团高品质的物业服务能力，以标准化、贴心的物业服务提升客户忠诚。

4. 组织高效：扁平化管理，精准、高效运营瞩目业内

滨江集团始终保持二级管理的扁平化组织架构，使公司董事会和管理层能快速有效进行决策，并使公司董事会和管理层决策能高效地传递和执行。

滨江集团分管项目的集团高层领导日常均在项目现场办公，直接坐阵现场管理和决策，每当销售、交付等重大节点，均由公司总经理或者常务副总经理亲自任领导小组组长，确保每次销售、交付工作的完成质量和进度。公司一直保持着内部的事情尽可能事不过夜的优秀作风和传统，从董事会开始到操作层，今天的事情绝不拖到明天，迟早要做的事情早做，绝不拖沓。

滨江集团的管控模式下，企业从上到下都有很强的管理前置观念，对管理工的各项工作提前规划、准备，一般都能在节点前完成各项工作，管理的把控效率更高。

滨江集团拥有稳定、专业、务实、激情、高效的管理团队。团队年富力强，中高管平均年龄40岁，员工平均年龄34岁。团队人员稳定，离职率低，主要依靠：吸纳优秀管理人员，根据房地产企业的管理型特点，实行标准

化管理，一个人做两个人的事情，发 1.2 倍的工资，保持待遇相对优厚；任人唯贤，打破条框，不论资排辈，员工有多大才能就提供多大的展示舞台；尊重员工，公司上下形成了工作认真努力，尊重自己，相互尊重，对事不对人的优秀文化。截至 2017 年 12 月 31 日，滨江集团房地产开发系统人员 425 人，相比同规模企业人员都在滨江集团的三倍以上，差距明显。

为更大地发挥人员积极性，2018 年 7 月 2 日，滨江集团推出了《“千亿腾飞幸福分享计划”管理办法》，计划试行期限至 2019 年 12 月 31 日。根据计划，将按员工所在部门设立三个有限合伙制基金“万家公司基金”“海岸公司基金”和“集团总部基金”。基金投入到万家公司操盘的项目和海岸公司操盘的项目，投入金额按照集团公司在项目公司对应投资中的土地款的一定比例计算，不大于 10%。单个参与员工持有项目公司权益比例不超过 1%。三个基金以认缴对应股本和股东借款形式投入项目，按照股权比例参与项目利润分红，股东借款部分收取利息。

5. 合作策略：合则强、众行远，变身当红合伙人

伴随着去杠杆、银根趋紧、表外收缩的整体金融政策环境，房地产行业的集中度正在逐步加强。在这样的整体环境下，房地产企业间的合作将尤为重要。

在房地产市场从黄金十年向白银十年的过渡期，滨江集团根据市场形势的变化，逐渐调整自身的合作策略，从 2012 年提出的“自有、合作和代建三足鼎立”，到 2017 年提出“合作为主，降低代建比率”等。截至 2017 年底，与滨江集团建立合作的单位有中央企业、首部级企业、地产企业和非地产企业，滨江集团俨然成为房地产行业的当红合伙人。

滨江集团的合作伙伴都十分稳定，合作的供应商、总包方等都是长期的战略合作伙伴，每一个项目都是以团队的形式开发。滨江集团做好品质的关键在于稳定的合作模式，相对固定的材料供应单位，相当稳定的环境单位和设施设备单位。与这些企业的合作一方面有助于提升滨江集团的业

务能力和行业知名度，另一方面可以与合作企业之间实现优势互补、降低风险和增加产品的市场竞争力。

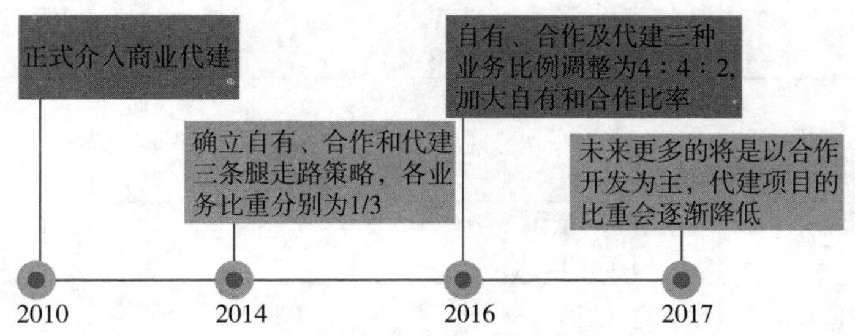

图 3-169　滨江集团三大业务模块的战略调整路线

滨江集团 2017 年新增的 16 个土地储备项目中，仅杭州市场的御江南、江南名府和义乌的义土挂 [2017]43 号地块项目为 100% 股权自有项目。其余 13 个项目均为合作项目，股权比率从 10% 到 51% 不等，半数项目持股比率 50% 以内。

表 3-8　　　　滨江集团 2017 年新增土地储备情况

城市	项目名称	宗地编号	权益比例（%）	土地面积（万平方米）	建筑面积（万平方米）
深圳	深圳龙华区城市更新项目[①]	深圳龙华区城市更新项目	48	4.8	29.4
深圳	深圳南方报业大厦城市更新	深圳南方报业大厦城市更新	36	0.6	4.8
杭州	待定	萧政储出〔2017〕20 号	24.9	12.46	27.79
杭州	翡翠之星	萧政储出〔2017〕17 号	50	2.22	5.99
杭州	翡翠江南	萧政储出〔2017〕16 号	50	4.64	11.59
杭州	待定	杭政储出〔2017〕59 号	50.5	4.73	13.48
杭州	御江南	萧政储出〔2017〕12 号	100	5.05	8.59
杭州	卧城印象	萧政储出〔2017〕13 号	50	2.7	6.48
杭州	大江名筑	杭大江东储出〔2016〕9 号	31	3.73	6.7
杭州	同协金座	杭政储出〔2017〕28 号	17.15	4.72	14.17
杭州	江南名府	萧政储出〔2017〕7 号	100	3.16	7.9

① 2018年4月，滨江集团已退出深圳龙华区安丰工业区地块城市更新改造项目。

续表

城市	项目名称	宗地编号	权益比例（%）	土地面积（万平方米）	建筑面积（万平方米）
温州	待定	温州市仰双片区林里单元（0577-WZ-YS-08）B-28	51	13.94	15.55
温州	珑悦	温公共资源中心土告字〔2016〕29号滨江商务区T01-06A地块	10	3.6	12.6
台州	待定	温岭市石塘镇ST050205地块、ST050206地块	50	10.15	16.9
义乌	待定	义土挂〔2017〕43号	100	6.14	16.57
义乌	义乌新光壹品	义土挂〔2017〕17号	49	5.22	21.94

与其他公司的股权合作略有差异的是，滨江集团的项目合作中基本全部为滨江集团操盘，即使持股比率较低，滨江集团也能从合作项目的操盘中获得可观的项目管理服务费。2017年滨江集团确认管理收入4亿元，并预计2018年实现6亿～8亿元的管理费收入，对企业收入和利润做了很好的补充。

对房企而言，“千亿”的确是一个颇为特殊的数字，对一些企业是红线，对一些企业是门槛，对另一些企业则是生存线。但是对滨江集团来说，它更像是冰山浮在水面上的那一点，更重要的是冰山下面的战略、产品、运营、管理等诸多优势所构成的合力。滨江集团在房地产大潮中扬帆二十六载，在行业踌躇发展的每个十字路口，都能踩准下一步，这智慧来自它对生活的洞悉，对时局的把控，对人性的了解。能超越时代看问题，同时又能遵循时代所需解决问题，才是滨江集团真正厉害所在。

第三节　特色篇：深挖特色领域，探索差异之路

“特色发展”模式下的中国房地产百强企业走特色化发展之路，探索不同的经营模式，在产业园区、商业地产、绿色科技等方向持续深耕，专业特色鲜明，引领行业差异化发展之路。其中，华夏幸福作为中国领先的产业新城运营商，秉持“以产兴城、以城带产、产城融合、城乡一体”的系统化发展理念，探索并实现所在区域的可持续发展；当代置业专注于绿色科技 + 舒适节能 + 数字互联的全生命周期生活家园，全方位实现了全国范围内现代人居模式的超越和升华。

绿地集团：改革开放浪潮中应运而生，踏浪前行二十六载，蓬勃发展，如日方暾

在改革开放大潮中应运而生，以2000万元注册资金起步，搏击成长，历经二十六年蓬勃发展，绿地集团以超常规的方式走出了一条富有时代烙印和自身特色的发展路径，资产规模业已突破8600亿元，连续七年入榜世界企业500强。在小城镇建设、大消费升级、国企混改、“房产+科技”时代驱使下，绿地人继续“撸起袖子加油干”，以房地产为主业的大基建、大金融、大消费、大科技所构建的产业集群，正蓬勃发展，如日方暾。

一、战绩：平稳快速发展，高于行业增长

绿地控股集团股份有限公司（股票代码：600606.SH，简称“绿地”“绿地集团”）成立于1992年7月18日，历经二十六年的蓬勃发展，绿地目前已在全球范围内形成了“以房地产开发为主业，大基建、大金融、大消费等综合产业并举发展”的多元经营格局，坚持实施资本化、公众化、国际化发展战略，旗下企业及项目遍及全球四大洲十国百城。

绿地集团自2008年业已步入创新、转型、升级阶段，“转方式、调结构”，大力投建大型高端城市综合体，同时确立能源为第二支柱产业并以煤炭产业整合为契机做大做强，截至2011年末，绿地金融产业以控股城商行为龙头亦初具规模。截至2017年末，绿地房地产主业销售业绩快速增长，年度销售规模已上升至3000亿元以上，全年实现合同销售金额3065亿元，同比增长20%；合同销售面积2438万平方米，同比增长24%。2008～2017年间销售额复合增长率高达26.2%，高于行业10个百分点。

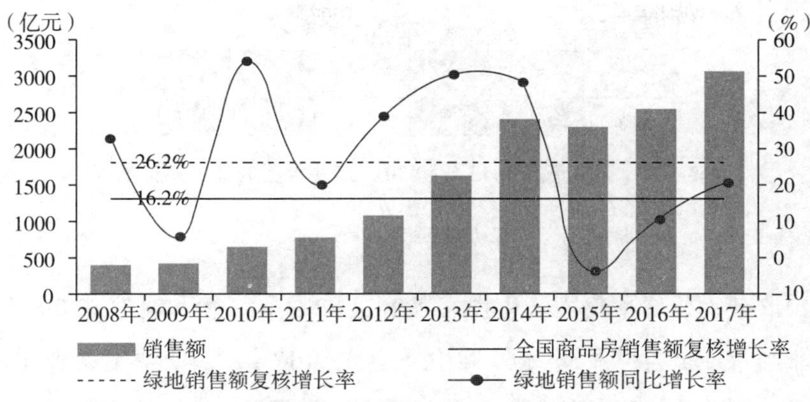

图 3-170　绿地集团 2008 ~ 2017 年销售业绩变化情况

资料来源：企业公告和年报、中指研究院整理。

绿地集团 2010 年销售规模突破 500 亿元大关，时隔两年至 2012 年，年度销售规模升至千亿规模，自此之后绿地集团仅用两年突破 2000 亿元销售规模、仅用五年突破 3000 亿元，绿地集团以其平稳快速的发展速度在激烈的市场竞争中赢得了一席之地。

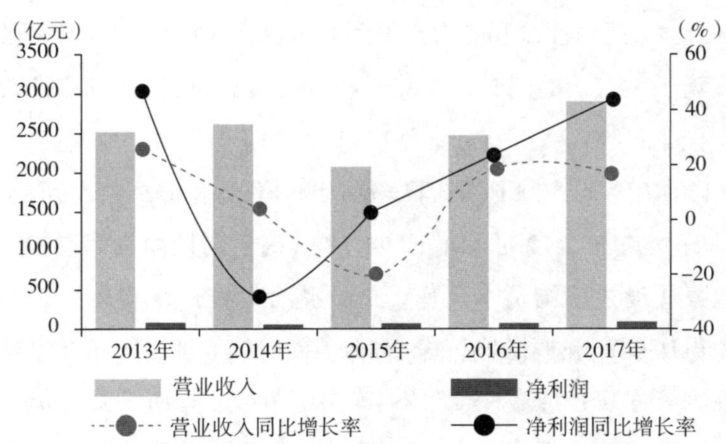

图 3-171　绿地集团 2013 ~ 2017 年营业收入、净利润及其同比变化情况

注：绿地于 2015 年将整体资产注入上市公司金丰控股完成借壳上市，2012 ~ 2014 年财务数据均系绿地集团相关财务数据，与金丰控股无关，上述财务数据来源于该次借壳上市《重大资产置换及发行股份购买资产暨关联交易报告书（修订稿）》。

资料来源：企业公告和年报、中指研究院整理。

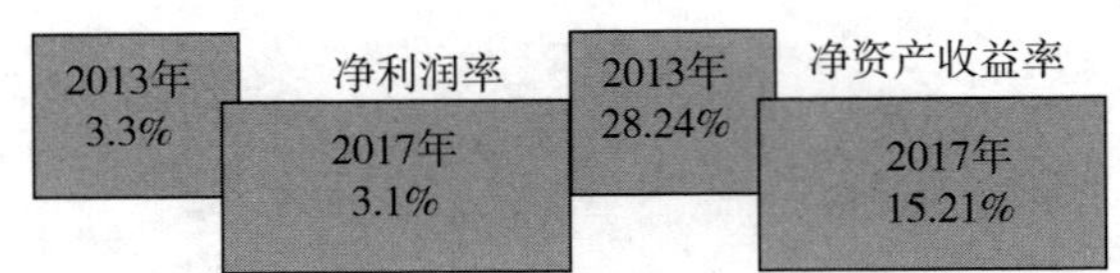

图 3-172　绿地集团 2013 年和 2017 年主要盈利能力指标情况

资料来源：企业公告和年报、中指研究院整理。

2013 年度，绿地集团营业收入为 2521.82 亿元，净利润为 82.08 亿元，扣除非经常性损益净利润为 67.92 亿元，至 2017 年，绿地集团营业收入达到 2901.74 亿元，净利润达到 90.38 亿元，扣除非经常性损益净利润为 91.33 亿元。2013 ~ 2015 年度，绿地集团持续参与资本运作、产业整合，继 2013 年借壳盛高置地 (控股) 有限公司（简称“盛高置地”）登陆港股后，2015 年借壳上海金丰投资股份有限公司（简称“金丰投资”）登陆 A 股，2013 年度因非同一控制下企业合并成本与其公允价值份额差异额为 11.5 亿元，使得净利润整体大幅增长。经过多年的资本运作及产业整合，绿地集团已形成以房地产开发为主业、“大基建、大金融、大消费”等多元产业并举发展企业格局，其经营性盈利能力亦得到显著提升，在 2017 年度营收规模较 2013 年度增长 15.1% 的同时，扣除非经常性损益净利润增长高达 34.5%，盈利质量得到显著改善。

截至 2017 年末，绿地集团净资产规模已达 625.29 亿元，较截至 2013 年末净资产 322.12 亿元增长 94.1%，高于同期净利润增幅。近几年来，绿地集团通过参与资本运作、产业整合，资产规模得以大幅增加，进一步使得净资产规模激增，净利润增幅尚未能够与之匹配，由于上述非经营性因素净资产收益率 2017 年较 2013 年度有所下降，但绿地集团所收购的资产经整合后在经营性盈利方面已经得到显著改善，2017 年度扣除非经常性损益净利润较 2013 年度增长高达 34.5%，伴随着绿地集团对既有产业资源的进一步整合发展，盈利规模将进一步扩大，净资产收益率将有所回升。

二、发展历程：先声夺人，齐头并进，未来无限

绿地集团先人一步的国际化步伐迸发出巨大能量，深耕中国几乎所有省市自治区，广泛布局美国、澳大利亚、加拿大、英国、德国、日本、韩国、马来西亚等海外国家，着力塑造品牌国际声望与全球竞争力，并通过参与全球市场竞争，淬炼激发出深化转型的蓬勃活力。

对产业经营与资本经营并举发展的坚持，使得绿地集团实体产业与金融、投资之间的协同效应进一步放大，“A+H”“双上市资本平台”构建为绿地国际化步伐提供了强劲动力。

经过多年的发展，绿地集团业务范围已涉及房地产、金融、基建、汽车、园林等多个行业，“绿地系”已具雏形。坚持“走出去”与“引进来”同步发展，绿地集团已在全球范围内形成了以房地产开发为主业、“大基建、大金融、大消费”等多元产业并举发展的企业格局。

自 1992 年发展至今，绿地集团的辉煌成就离不开企业的步步为营，从其发展历程来看，主要可分为如下 6 个阶段。

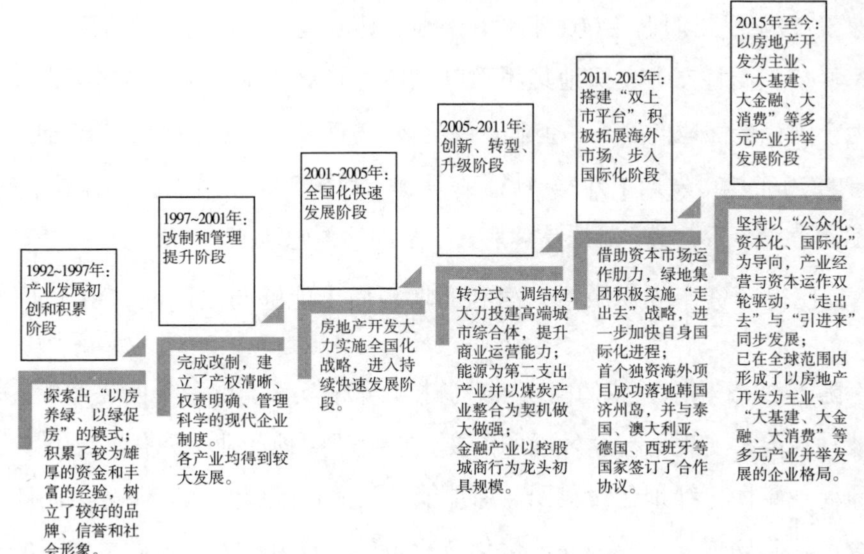

图 3-173　绿地集团发展历程

1. 1992～1997年：产业发展初创和积累阶段

绿地集团在产业发展初期探索出“以房养绿、以绿促房”的模式，并在获得政府政策性支持前提下，积极参与旧城改造与动迁房建设。截至1997年末，绿地集团已积累了较为雄厚的资金和丰富的经验，同时树立了较好的品牌、信誉和社会形象。

2. 1997～2001年：改制和管理提升阶段

1997年，绿地集团按照现代企业制度要求成功完成改制，建立了产权清晰、权责明确、管理科学的现代企业制度。在该阶段，绿地集团各产业均得到较大发展，尤其是作为核心主导业务的房地产业务发展更为迅速，并一跃成为上海市房地产行业龙头企业，房地产销售面积和销售金额一直稳居上海市前列。

3. 2001～2005年：全国化快速发展阶段

2001年起，绿地集团开始走向全国，大力实施全国化战略，进入持续快速发展的第三阶段。2003年国有土地出让制度改革，房地产业逐渐成为国民经济的支柱产业，绿地集团乘着大环境的发展在全国布局逐渐完成，成为全国综合性地产的领军企业。截至2012年末，绿地集团已经在全国25个省的70个城市发展了开发项目，在建施工面积3400万平方米，开发规模、开发能力、产品类型、品质品牌均处于全国的领先地位。

4. 2005～2011年：创新、转型、升级阶段

随着2005年新一轮的国家宏观调控政策的实施，绿地集团为了规避行业波动风险、实现可持续发展的需要，催生了绿地产业多元化。2005年，绿地商业集团、绿地建设集团、绿地能源集团以及绿地汽车服务集团四大综合产业集团成立，成为绿地优化产业布局、着力做大做强做久做活的有

益尝试与探索。进入 2008 年后，能源产业资源整合、现代服务业蓬勃兴起等战略机遇，促使绿地集团进一步明确能源、金融产业的次支柱产业地位，2012 年初，绿地金融控股集团及绿地国际酒店管理集团正式揭牌成立。

同时，绿地房地产主业也开始向商业地产方向转型，而商业转型的重点便是超高层建筑。2005 年，绿地集团第一个超高层建筑项目—南京紫峰大厦开工，标志着绿地集团正式进军超高层建筑领域。2010 年以来，绿地集团逐渐确立了超高层建筑这一核心竞争领域，先后投资开发了高度达 606 米的世界第三、中国第二高楼武汉绿地中心及总建筑面积达 300 万平方米的武汉绿地国际金融城，高度达 518 米的世界第四、中国第三高楼大连绿地中心，高度达 300 米的中国最高双塔式建筑郑州高铁站绿地中央广场，高度达 280 米的“国门第一高楼”北京绿地中心，以及占地 3600 亩的生态宜居新城绿地延安新城等一批城市地标性项目，高度为 450 米的世界第七、江苏第一高楼南京绿地中心，中部五省第一高楼郑州绿地中心等正式落成并投入使用，这些项目均已成为当地品质标杆和技术领先的典范。

绿地集团通过“转方式、调结构”，大力投建高端城市综合体，提升商业运营能力，同时确立能源为第二支出产业并以煤炭产业整合为契机做大做强，绿地金融产业截至 2011 年末以控股城商行为龙头亦初具规模。

5. 2011～2015年：搭建“双上市平台”，积极拓展海外市场，步入国际化阶段

为未来更快更好地做大做强，尤其是走好国际化之路，依托资本市场是其发展壮大的必由之路。因此，绿地集团需要利用上市公司资本运作平台，把握自身发展有利时机，加快业务发展，实现企业目标。

2013 年，绿地集团通过其在香港注册的全资子公司以总共约 30 亿港元的对价认购盛高置地增发的普通股及无投票权可换股优先股，该次交易完成后绿地集团持有扩大股本后 60% 股份控股盛高置地，盛高置地后更名为“绿地香港”，绿地集团通过借壳盛高置地成功登陆境外资本市场。

2015年，金丰投资以全部资产及负债与上海地产集团持有的绿地集团等额价值的股权进行置换，同时金丰投资向绿地集团全体股东非公开发行A股股票购买其持有的绿地集团股权，绿地集团总体作价667亿元，其中向上海地产集团购买的股权为其所持绿地集团股权在资产置换后的剩余部分。该次重大资产重组完成后，金丰投资更名为“绿地控股”。至此绿地集团成功借壳金丰投资，成功登陆A股市场，完成“双上市平台”搭建。

借助资本市场运作助力，绿地集团积极实施“走出去”战略，进一步加快自身国际化进程。截至2015年末，绿地首个独资海外项目成功落地韩国济州岛，并与泰国、澳大利亚、德国、西班牙等国家签订了合作协议，绿地继而积极利用国内、国际两种资源，充分拓展了国内、国际两个市场。

6. 2015年至今：以房地产开发为主业、“大基建、大金融、大消费”等多元产业并举发展阶段

截至2015年末，绿地集团完成了“A+H”股多家上市公司的资本平台布局，业务范围涉及房地产、金融、基建、汽车、园林等多个行业，“绿地系”已具雏形。

而后，绿地坚持以“公众化、资本化、国际化”为导向，产业经营与资本运作双轮驱动，“走出去”与“引进来”同步发展，截至目前，已在全球范围内形成了以房地产开发为主业、“大基建、大金融、大消费”等多元产业并举发展的企业格局。

三、经营策略：“做最懂得政府的开发商”

1. 差异化产品开发策略——“做政府所想，为市场所需”

绿地集团致力于做“最懂得政府的开发商”，“做政府所想，为市场所需”成为绿地集团持续增长的思维基因，在此思维下绿地呈现出了差异化的产

品开发策略，这也成为绿地集团受地方政府青睐的关键因素。市场在变、社会和政府的需求在变、城市更新的方向和方式也在变化，项目开发自当因势而变，贴近政府、满足市场。以南昌市为例，绿地集团经多年深耕，其产品基本覆盖了住宅（别墅 / 多层 / 高层）、商业（社区 / 综合体商业）、酒店、写字楼、超高层、产业园区、行政中心、博览城、社会配套（教堂 / 休闲 / 公寓）等所有可能的大类形态。2017 年绿地集团积极调整投资布局，特别是围绕特色小镇、地级市高铁站、战略性项目等题材，抢抓城市群溢出效应，抢抓快速崛起的高铁沿线市场。雪野湖、丁字湾、宿州高铁站等 69 个项目先后落地。

具体来看绿地集团的差异化产品开发策略。

（1）超高层建筑开发策略

从开发商的角度而言，超高层建筑最大的优势来源于地标效应，其不仅带来了当地政府的大力支持，同时也为物业增值提供了强大的潜力。从 2005 年开始，绿地集团看准二三线城市缺少地标性建筑的契机，大量布局超高层建筑。

就具体收益模式而言，一方面，绿地集团不仅仅通过物业全部持有、长期经营方式收回项目成本，以南京紫峰大厦为例，绿地集团采取了核心物业持有，办公楼全部出售的经营策略，两至三年便可回收投资成本。另一方面，超高层建筑给绿地集团带来的不仅仅是明面物业收入或者出售收益，在建造超高层建筑的过程中，政府、银行对绿地集团的支持政策是对绿地集团的最大贡献。由于超高层建筑占地少，容积率高，建造成本已代替土地成本成为其核心成本，再加之超高层建筑本身的地标属性，绿地集团在获得地方政策支持下容易以低价拿到住宅用地，极大地提高项目收益。

（2）城市综合体开发策略

从产品层面来看，绿地投建的大型高端城市综合体建设呈现出资源集成高层次、产业提升高能级、开发项目高品质的特点。绿地充分利用地处上海这一国际化大都市所具有的平台优势，充分发挥自身作为“资源集成商”的作用，在规划设计、技术应用、酒店管理等方面均集成国际顶级资源，为项目所在省市引入国际领先的经营和服务理念。同时，绿地还通过招商培育，大力引入金融、商贸、创意、IT、传媒等一流现代服务企业入驻，吸引相关上下游以及生产要素在周边集聚，进而形成规模大、层级高、辐射力强的现代服务业集聚区，推动所在区域和城市的产业能级提升，这样的产业提升模式正在各地逐步显现效应。

从商业模式来看，绿地在大型城市综合体开发运营过程中，已经探索出一套适应开发规律和自身实际的盈利模式，对不同产品的类型、业态、开发节奏、租售策略进行优化配比，做到中长期投资与短期投资结合，形成现金流平衡与良性循环，从而有效确保风险可控。同时，绿地在行业内超前一步大举进入商业地产领域的先发效应及优势日益显现，商办类产品在房地产销售金额中占比不断攀升，有力支撑了整体业绩的稳定增长。

（3）产业园开发策略

基于城市发展的需求，很多城市需要打造具有经济拉动效应的产业园区，来推动城市产业转型和升级。绿地顺应地方政府发展的诉求，抓住机遇开始进行产业园投资，帮助地方政府引进大批企业进驻产业园，用产业进一步带动城市发展。2012 年，绿地先后投资开发了哈尔滨国家级广告产业园、大庆绿地大学科技园、江西省 2.5 产业示范基地南昌绿地未来城等一批项目，标志着“产城一体化”的产业园投资战略成为绿地又一差异化的经营策略。

绿地凭借多年的新城开发经验和产业运营能力，为各地产业园引进成长性好、带动性强、投资强度大的行业领军企业，同时积极引入先进的基础设施规划和园区管理理念，其建设对于各地促投资、稳增长，推动产业结构调整和规模能级提升发挥了积极的作用。通过“产城一体化”的产业园投资战略，绿地把地方经济发展与自身快速发展紧密结合，从而实现了自身区域布局和产品结构的进一步优化完善。

（4）高铁商务区开发策略

我国高铁网络快速建成为区域和城市发展带来新的模式与机遇。高铁成为改成人们生活、改变城市和区域格局的重要推动力。由于新建高铁站大多位于城市建设新区，具有较大的发展潜力，绿地正是看准了以高铁为核心带动经济发展的机遇，逐步形成将商业地产发展聚焦高铁商务区的投资策略。绿地已在济南、郑州、合肥、徐州等多个城市对高铁商业区项目进行投资，助力区域商业能级提升的同时，也享受了高铁经济发展带来的联动收益。

2. 高周转——匹配差异化产品开发的快速实现能力

绿地基于现有的标准化产品梳理出不同的产品系列，极大地扩充了企业的产品储备，在进行项目定位后，能够对不同系列产品进行组合开发，满足大规模开发和快速复制需要，并使得绿地的项目在土地取得后 90 天内开工建设成为可能，从而为高周转奠定了基础，降低了时间成本和资金占用成本，快速拿地、快速开发的“绿地速度”使得国企大象步履轻盈，其产品快速实现能力完美地匹配了差异化的产品开发策略，契合了企业整体战略模式和持续增长之道。

3. 低成本——良好政商关系，带来政府信任溢价

“沿着地方政府改造城市的思路拿地开发”，能够最小风险的实现政府、企业的双赢。并且多样丰富、贴合政府 / 社会需求的投资模式也给绿地带来了大量低成本、捆绑式的开发用地，确保了后期的销售盈利。

四、业务布局：以房地产开发为主业，“大基建、大金融、大消费”等多元产业并举

绿地坚持“有限相关多元”的发展战略，依托房地产主业优势，积极发展大基建、大金融、大消费等产业集群，并取得了明显的进展，为企业

发挥协同效应、平衡经济波动、实现持续增长提供了较好的基础。

1. *房地产*

绿地具有国家住建部批准的房地产开发一级资质。长期以来，房地产都是绿地的核心主导产业。绿地房地产主业的开发规模、产品类型、品质品牌均处于行业领先地位，特别是在住宅、超高层、大型城市综合体、高铁站商务区、产业园、特色小镇等领域具有较强竞争力。绿地开发的房地产项目遍及全国 29 个省（直辖市、自治区）90 余座城市。与此同时，绿地顺应全球化趋势，积极推进海外房地产项目拓展，已成功进入美国、英国、加拿大、澳大利亚等海外地区进行项目开发运营，积累了较为丰富的海外经营经验。

（1）产品类型

绿地房地产项目业态多元，主要包括住宅和商办两大类。住宅项目开发完成后基本用于出售；商办项目除大部分出售外，也有部分保留用于出租及商业、酒店运营。2017 年，绿地房地产主业合同销售金额中，住宅占比 68.5%，商办占比 31.5%；合同销售面积中，住宅占比 76.2%，商办占比 23.8%。

目前，绿地住宅类产品包括高端产品、城郊改善、城市栖居、郊区栖居四种类型，宜城市栖居、城市改善类型产品为主，以刚性消费者为主要客户对象。

绿地商办类产品包括超高层商办项目和其他类型的商业地产项目。绿地在超高层商办项目具有较为突出的表现，在其他类型的商业地产项目中也逐渐形成了一系列的产品线。目前绿地商业地产已形成地标型、区域型、社区型商业综合体等全线系列。地标型商业综合体主要包括地处一二线城市核心区位、具有极强综合性和聚合性、以高端购物中心和 5A 级写字楼、高星级酒店为核心的商业综合体，按照其中所含高层建筑高度分别命名为“绿地中心”和“绿地中央广场”；区域型商业综合体主要包括地处主要城市副中心、区域商务核心区，集主题百货、精品零售、品牌餐饮、休闲娱乐为一体的大型综合购物中心，命名为“绿地新都汇”和“绿地缤纷城”，其中“绿地缤纷城”部分特指地处高铁站前广场、轨道交通枢纽中心的商业项目，部分为同泰国正大集团合作的购物中心项目；社区型商业综合体主要包括地处城市居住区的社区配套商业，形式为住宅商业裙楼或独立商业街，按规模命名为“绿地乐和城”和“绿地邻里中心”。

（2）发展策略

未来，绿地房地产主业将找准重点市场和重点发展区域，聚焦“沿海一条线、西部两个圈、中部若干点”，重点抓好以下市场：一是长三角、珠三角、京津冀等一线城市群及周边地区；二是江西、安徽、武汉、中原、山东、西北、西南、昆明及南宁等二线城市群及周边地区；三是地级市高铁站周边地区。

绿地将继续发挥综合优势大规模获取特色小镇、高铁商务区等题材的战略性项目，有选择性的收购、兼并与合作拿地，强化土地成本优势。同时，围绕刚需住宅、弱改善性住宅、特色小镇、康养谷、高铁商务区等重点产品线，加强产品标准化建设。进一步强运营降成本，提升竞争优势。此外，重点围绕一线城市，积极探索并试水租赁住房业务。

2. 大基建

绿地抓住中国新型城镇化及基础设施互联互通的历史性机遇，积极推进大基建板块发展，逐渐形成了房屋建设与基础设施建设并重，涵盖专业工程、建筑装饰、建筑设计、建筑材料贸易、园林绿化等业务领域的大基建产业集群。

2017 年度，绿地大基建板块在做大做强房屋建设业务的同时，抓住当前国家加大基础设施投资建设的契机，依托整体品牌、资源、资金等优势，通过 PPP、BOT、EPC 等模式，大力拓展包括轨道交通、高速公路、市政设施、隧道桥梁、园林绿化等在内的各类大型基础设施项目，加快打造覆盖投资、建设、运营等上下游业态，具备独特产业生态体系、引领行业发展的大基建企业群。

3. 大金融

大金融是绿地近年来重点发展的产业板块之一，绿地牢牢立足于“投资 + 投行”的大资管全产业链布局，依托自身品牌及资源优势，在严控风险的前提下，巩固债权业务，开拓股权业务，强化资产管理和资本运作，布局金融牌照，取得了较好的业绩，“绿地金融”品牌知名度快速提升。

债权投资业务，主要包括房地产基金、小额贷款及融资租赁业务。在房地产调控政策趋紧的背景下，房地产基金业务在严控风险的基础上，聚焦北上广深、重点省会城市和新崛起准一线城市，全年投资百亿元规模，保持了健康发展态势。小额贷款业务的诚信环境和利润空间受到较大影响，但整体保持了平稳发展。截至 2017 年末，绿地旗下共有上海、重庆、宁波、青岛等四家传统小贷公司，一家互联网小贷公司。融资租赁业务 2017 年进一步深耕细分行业，重点挖掘教育、医疗、文化、新能源、新零售等潜力行业，全年投放规模进一步增长，盈利能力稳步提升。

股权投资业务年内有进有退，逐步形成良性循环。一方面按照自身投资节奏，适时处置了部分前期投资的股权项目，获取投资收益；另一方面新参与了一批有影响力的项目。此外，二级市场投资方面，绿地坚持自营投资和专项投资相结合，切实把握市场切换机会，提前布局并及时兑现，以实现较好投资收益。

资产管理和资本运作业务，主要包括资产管理、并购重组和产业基金。资产管理方面，截至 2017 年末，绿地旗下拥有一家财富管理公司，两家金融资产交易中心，并有七家公司取得私募牌照并按规定完成备案，初步培养了一批具有特色的私募管理团队。并购重组方面，绿地坚持主动管理，储备了一批并购重组优质标的。产业基金方面，绿地积极推进各类主题投资基金的发起设立工作。

2017 年度，除已拥有的香港 4/9 号牌照外，绿地在金融牌照获取方面取得了新的突破。绿地吉客互联网小贷牌照正式获批。

4. 大消费

顺应中国消费升级的中长期趋势，绿地不断推进“大消费”战略，特别是重点发展与中产阶级生活方式息息相关的中高端消费业态，包括进口商品直销、酒店旅游、汽车服务等。

（1）进口商品直销

在我国经济转型和产业调整的背景下，绿地抢抓国内消费转型升级趋势，以“全球资源，中国市场”为经营理念，采用“自产 + 直采 + 直销”模式，快速布局零售实体门店，积极拓展国际贸易及代理等相关业务，围绕进口商品零售业务向上下游产业快速拓展，持续为国内消费者带来安全、健康、高性价比的进口商品。

截至 2017 年末，绿地全球商品直销中心（G–Super）实体门店总数达到 41 家，已顺利进入上海、北京、南京、杭州、济南、郑州、成都、长沙、重庆等全国 17 座一二线城市，会员人数突破 111 万人。2017 年度，G–Super 门店持续升级，相继推出 3.0、4.0 版本门店，创新融入活鲜、餐饮、电子消费、儿童等全新业态模块，有力提升顾客到店体验。

同时，绿地积极推进国际贸易及代理业务，迅速建立低风险、高效率、轻资产贸易模式，加快积累大宗贸易重点客户资源，与多家行业龙头企业达成战略合作，肉类及冻品贸易规模快速提升。

（2）酒店旅游

绿地自 2005 年就涉足酒店旅游业，已具有相当的规模和实力。绿地凭借雄厚的资本实力与开放包容的国际化视野，先后与洲际、万豪（喜达屋）、美利亚等国际知名酒店管理集团及品牌，缔结了战略合作关系。绿地于2012年推出了自有奢华酒店品牌“铂瑞”(Primus)和高端商务品牌“铂骊”(The Qube),于2016年推出了高端设计品牌“Q酒店”。至2017年年底,酒店旅游板块已形成十大品牌序列,涵盖标准酒店、特色酒店和小镇酒店三大类型,可满足商务、会议、休闲、度假等不同的细分市场的需求,品牌架构完善。

截至2017年末,绿地拥有营运酒店33家,客房总数9001间,其中自营酒店15家,海外酒店2家。另有已立项酒店约50家。同时,绿地也加快了自主品牌输出管理步伐。截至2017年末,输出管理酒店总量已达30家。绿地投资和管理的酒店项目已遍布国内及澳大利亚、美国、加拿大、德国、日本、韩国等全球多国50余座城市。

根据酒店旅游业发展的新趋势,今后绿地将更多关注自主品牌的软实力建设,不断提升行业知名度,并致力于全球市场的开拓。同时,根据“轻资产化”战略,绿地将通过REITs等房地产资产证券化方式,加强酒店资产流动性,加快资金周转率,提升可持续发展能力。

(3)汽车服务

绿地汽车服务业立足于传统4S店业务,秉承客户终身化、厂商战略化、管理集中化、员工专业化的经营理念,着力培育销售服务一体化产业链,实现规模化、集约化发展,全心全意为客户提供贴心的管家式汽车服务。

2017年度,绿地汽车服务板块运营状况良好。根据汽车行业发展新趋势,未来绿地将继续通过品牌输出、管理输出等方式向“轻资产”运营模式发展,致力于实现“高端化、高效化、集群化”的产业结构,以推进企业增收、优化产业布局为目标,加快项目建设,同时努力培育发展新项目,以增强企业发展后劲。

5. 能源

绿地能源板块目前主要从事煤炭贸易、油品零售业务,经营模式以批发及订单制的销售为主，通过采购与销售价差获取利润。2017 年度，绿地能源板块仍然以整顿调整为主，但得益于煤炭行业情况进一步好转，经营情况有所改善。

五、战略纵深：深耕现有区域，逐步辐射全国，同步拓展海外

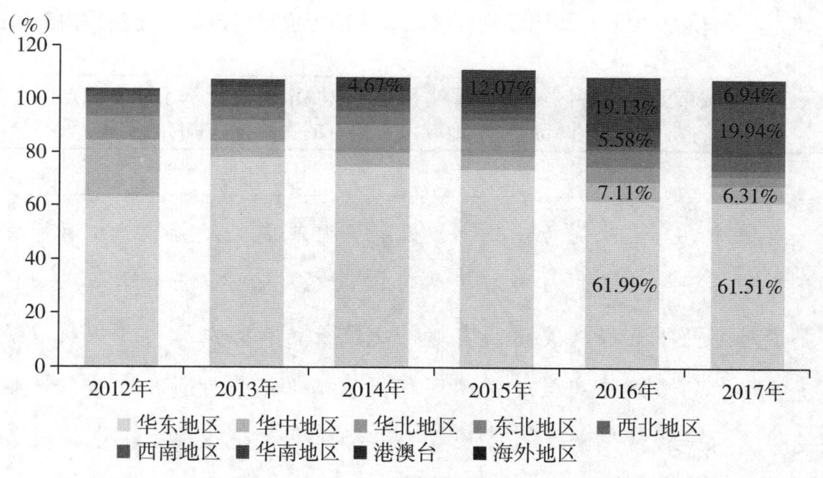

图 3-174　绿地 2012 ~ 2017 年区域销售金额结构变化情况

注：为保持口径统一，分区域销售金额均未扣除内部抵消数，为合并抵消前数据，故分区域销售金额占营业收入（合并口径）比重之和存在超过 100% 的情况。

资料来源：企业公告和年报、中指研究院整理。

绿地自 2012 ~ 2017 年一直深耕华东、华中及华北地区，三区域销售贡献近六年来占比均超过 70%。绿地自 2015 年度开始大力拓展境内其他区域，业务逐步开始辐射全国。华南地区 2015 年度销售额占比较上一年度增长 7.40%，涨幅明显；华南地区 2016 年度持续增长，销售额占比较上一年度增长 7.06%；2017 年度，西南地区销售额占比较上一年度大幅增长至 19.94%，增幅高达 14.36%。

在深耕现有区域，业务逐步辐射全国的同时，绿地也积极拓展海外市场，2014 年度境外销售额取得零突破，2017 年度海外销售额占比已达 1.50%，目前绿地业务已延伸至韩国、美国、大洋洲等海外地区。

六、战略管理："总部－区域事业部－城市公司""邦联制"三级管理架构

"总部—区域事业部—城市公司"	总部：总体上，属于偏战略性管控，集团各部门定位于指导、业务监控、结果评价，不直接参与项目开发工作，但对下属公司纵向条线管控力度非常强；
	区域事业部：各区域事业部承担区域范围内的业务经营职责，定位为经营利润中心，集团鼓励各区域事业部形成比拼赶超的态势，内部形成良性竞争；
	城市公司：各区域事业部对下属异地城市公司行基于能力成熟的差异化管控，对于事业部所在本地城市业务有的直接操作，有的实施"管办分离"。

依托房地产主业优势，绿地积极发展大基建、大金融、大消费及新兴产业等关联板块集群，实现了"3+X"综合产业布局。综合产业布局形成了对企业平衡经济波动、实现持续增长的有力保障，"一业特强、多元并举"的多元产业板块，亦更有利于绿地充分打通并嫁接各产业板块优势，打造稳健增长、基业长青的"绿地系"企业群。未来的绿地将继续以培育世界级企业为目标，力争在经济全球化背景下，真正成就中国企业的未来无限。

华夏幸福：独树一帜的产业新城领航者

成立于房改元年的华夏幸福，牢牢把握国家政策，不断创新，在产业新城这片蓝海市场积极开拓进取。二十年来，从初出茅庐的地方企业到业界知名的产业新城运营商，华夏幸福始终把抢抓机遇、准确定位、艰苦创业作为发展壮大的根本，秉承以产兴城、以城带产、产城融合、城乡一体的发展理念，独特的业务发展模式，顺畅的多元融资渠道，不断发展壮大，成功引领中国产业新城进入新时代。

一、企业业绩：业绩增长强劲，产业持续发力

自 2011 年上市以来，华夏幸福年度销售额保持了持续的快速增长，在 2016 年销售额成功跨越千亿大关。2013 年至 2016 年，华夏幸福销售额同比增速始终保持在 35% 以上。2017 年，华夏幸福实现销售额 1522.12 亿元，

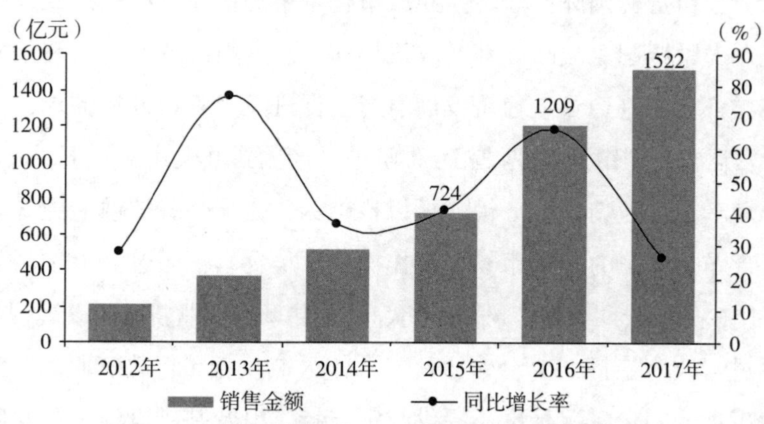

图 3-175　华夏幸福 2012 ~ 2017 年销售业绩变化情况

资料来源：企业公告和年报、中指研究院整理。

同比增长 26.50%，连续三年位居中国房地产百强榜 TOP10。其产业新城结转收入已经在上演“逆转”，2017 年产业新城业务实现收入 284.56 亿元，同比大幅增长 65%，产业新城收入占营收总额的比例从 32% 上升到 48%，产业新城业务加速增长的良好势头进一步彰显公司的领先优势和产业新城模式的强劲动力。

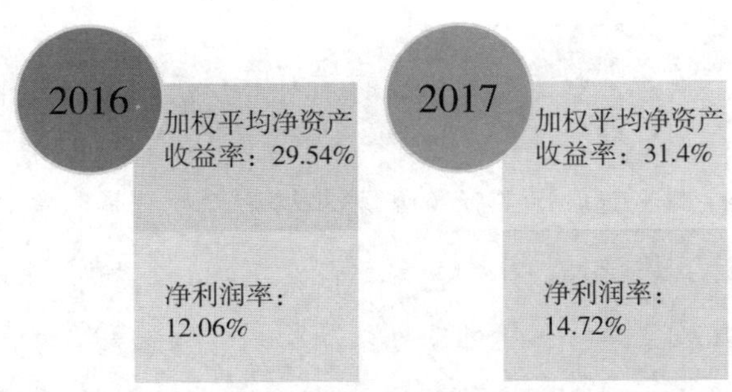

图 3-176　华夏幸福 2016 ~ 2017 年盈利指标情况

资料来源：企业公告和年报、中指研究院整理

二、发展模式：以产兴城、以城带产、产城融合、城乡一体

作为中国领先的产业新城运营商，华夏幸福经过十多年实践，探索出一条“以产兴城、以城带产、产城融合、城乡一体”的产业新城系统化发展理念。公司把握国际产业转移和城市化带来的产业升级、区域分工的历史性机遇，紧跟国家战略方针及政策导向，制定精准的产业发展策略，聚焦于核心都市圈周边县域经济发展、产业促进及大都市外溢需求，创造了园区开发运营与城镇开发建设相互促进的“产业新城模式”。

华夏幸福产业新城业务模式可以概括为：公司依托“政府主导、企业运作、合作共赢”的 PPP 市场化运作机制。华夏幸福通过 PPP 项目与地方政府合作，形成长期合作、风险分担、利益共享的产业新城建设运营模式。公司通过与政府签订 PPP 合作协议，合作区域政府履行政府职能，负责决策重大事项、制定规范标准、提供政策支持，以及基础设施及公共服务价格和质量的监管等，以保证公共利益最大化；华夏幸福公司作为社会资本方，向项目公司投入注册资本金与项目开发资金，项目公司作为投资及开发主体，提供规划设计服务、土地整理服务、基础设施建设服务、公共配套设施建设服务、产业发展服务和城市运营服务“六位一体”整体解决方案。在 PPP 模式下，政府和社会资本有效地构建了互信平台，从“一事一议”变为以 PPP 机制为核心的协商制度，减少了操作成本，提高了城市建设与公共服务的质量和效率。华夏幸福提供的是区域可持续发展的一揽子、综合性、全流程解决方案，是一个以规划为引领、各项功能有机统一的完整的公共产品，有效地克服了传统单一 PPP 模式下一些没有收益或收益较低的项目，社会资本参与意愿不强的弊端，统筹建设民生项目和产业项目，确保了整体效益和长期运营的效果。华夏幸福弥补县域经济发展面临的资金、人才、产业以及机制四块短板，吸引高端产业、高新技术、高端人才聚集，提升了开发区域的价值，快速增加了开发区域的 GDP 和财政收入，政府将新增财政收入的一部分作为支付华夏幸福服务费用的资金来源，实现区域的自我造血。

在产业新城业务方面，华夏幸福抓住城市群发展和产业转型升级的有利形势，发挥公司园区建设、产业集群打造及城市运营能力，通过建设产业园区、城市核心区、生态居住区等不同功能片区，为当地打造充满幸福感的，可持续发展的产业新城，推动园区工业产值增加和地方经济发展。

华夏幸福通过开展产业园区业务，对委托区域进行整体规划，完善区域基础设施、公共设施建设，通过产业发展服务和园区运营服务实现区域产业、人口的导入，提升区域价值，创造房地产、商业等第三产业消费需求；公司通过开展房地产业务，为所在园区提供更好地居住环境，服务产业人口，提升区域黏性。综合来看，产业园区开发业务和房地产业务相辅相成，互相促进，共同支撑公司业务发展。

三、成长之路：把握发展机遇，完善全国布局

经过二十年发展，华夏幸福成为中国领先的产业新城运营商。从 2002

年签约固安产业园开始，从顶层设计到产业引入，华夏幸福始终站在战略全局的高度，将国际成功经验与当地实际情况相融合，勾勒园区未来发展图景。经过持续深耕，固安产业园区创造了城市建设和产业发展相互促进的“固安模式”，初步探索出一条独具特色的“产城共融，政企共赢”的中国县域经济发展道路。

在积累了十余年的产业新城运营经验后，华夏开始加速落地产业新城的异地复制。2013 年公司正式与浙江嘉善达成战略合作协议，并在无锡、镇江等地区拓展项目，构建环上海区域布局，同时与霸州、永清、香河三地政府签订战略合作协议，巩固环京区域。此外，华夏幸福积极开拓中西部市场，与武汉市黄陂区政府签订战略合作协议。2017 年，华夏幸福新增拓展产业新城区域共计 21 个，异地复制逐步兑现，京津冀以外区域销售额占比从上一年的 7% 大幅提升至 23%，杭州区域和南京区域已跻身公司业绩增长极，两区域分别以 3 年和 2 年的时间实现销售额超百亿，体现出华夏幸福产业新城模式的强劲动力。

卓越的选址能力成为华夏幸福运营产业新城的护城河。作为河北成长起来的、深耕京津冀地区的企业，在京津冀地区的区位优势明显。在不断夯实巩固京津冀布局优势的同时，公司还围绕国家战略积极布局国家级城市群及优势区域，包括长三角、珠三角、中原城市群、成渝城市群及长江中游城市群等区域，密切关注人口持续流入、产业发展良好的重点省会城市、机会性城市，提出核心城市群聚战略，重点聚焦精耕全国范围内核心城市群，初步形成以环北京区域为中心，侧重环上海区域，发展环沈阳区域、中西部区域的全国化业务布局。同时在国家政策允许的范围内继续开拓海外产业新城业务，以东南亚现有业务为核心，围绕大型核心城市快速布局。

四、产业新城模式：政府主导、企业运作、合作共赢

华夏幸福与地方政府确立的政府和社会资本（PPP）合作模式，以市场化为导向，以“政府主导、企业运作、合作共赢”为原则，把“伙伴关系、

长期合作、利益共享、风险分担”等公私合作理念融入产业新城的协作开发和建设运营之中，双方各司其职、通力合作，实现1+1>2的效果。

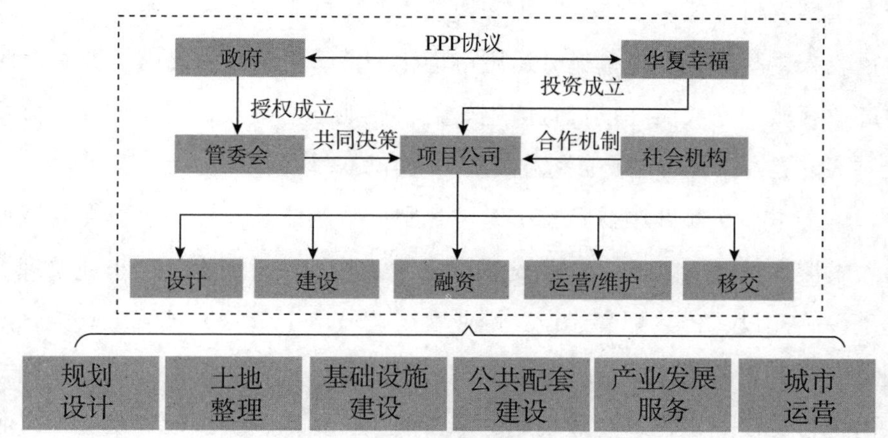

图 3-177　华夏幸福产业新城 PPP 合作模式

华夏幸福产业新城模式最大程度符合国家发展PPP的初衷和要义，体现出“完整性、运营性、有效性和共赢性”四大核心特点。

完整性：产业新城模式开发运营的是一个完整的公共产品。华夏幸福遵循城市开发规则和产业政策，从全生命周期角度，为合作区域顶层设计产业发展方向，统筹产业和城市关系，提供完整的公共产品，确保整体效益和长期运营的效果。

运营性：华夏幸福坚持以产业发展为核心运营产业新城。经过多年积累，构建了功能强大的招商网络、遍布全球的孵化网络、全程服务的培育网络和丰富的产业资本投资驱动支持体系，在合作区域打造创新产业集群，促进区域产业转型升级。

有效性：根据政府和市场的需求，华夏幸福采取完全市场化的运作机制，依托国内外顶尖规划设计机构，为区域制定前瞻性的战略发展规划；依托创新驱动和资本驱动，构建全球化的产业招商网络；凭借专业化的运营服务团队，为政府园区管理和入园企业提供一揽子配套服务。

共赢性：华夏幸福创造性的引入了一套互利共赢、政府无财政风险的合作机制。对政府来说，在城镇综合开发中的资金、技术、人才、管理等难题得到解决，若当年财政无增量，则不需支付服务费用，保证了政府不会有刚性支付责任。对华夏幸福来说，产业发展服务费来自每年政府财政增量收入，激励华夏幸福充分运用市场化手段，着力吸引高端产业企业落地产业新城，完成实际投资且产生效益，使地方财政收入明显增加，保障政府支付能力。公司与政府利益高度一致，实现共赢。

华夏幸福从实践中探索出一套“1644”服务体系，解决政府在县域可持续发展上的痛点。围绕产业发展这一个核心，在规划设计、土地整理、基础设施建设、公共配套建设、产业发展、城市运营六大领域。其中，产业发展服务是公司产业新城业务的核心组成部分，具体包括公司在委托园区内进行的产业定位、产业规划、城市规划、招商引资、投资服务、产业升级等服务。公司依据园区经济发展定位，结合自有资源和渠道，充分发挥政府和社会资本合作的体制机制优势，为区域提供可持续发展的全流程综合解决方案，补齐区域经济在资金、人才、产业以及机制上的四块短板，长期持续高效运营，切实提升城市的四个“力”，即魅力、吸引力、承载力和竞争力。从长远规划角度，为合作区域提供了一整套经济社会发展的全流程综合解决方案。

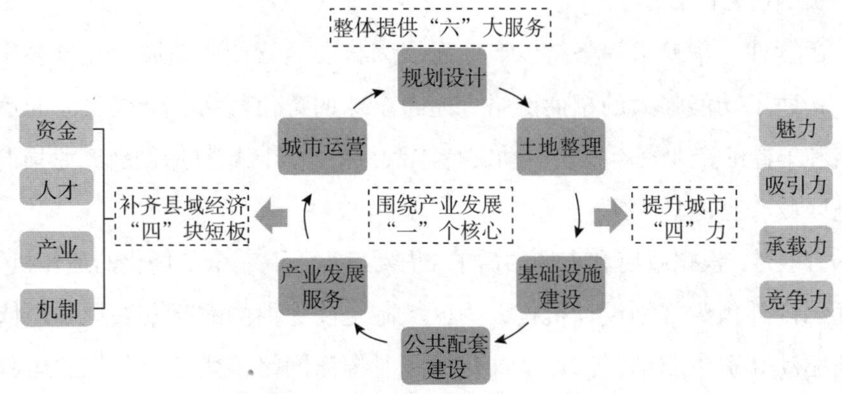

图 3-178　华夏幸福 1644 全流程解决方案

华夏幸福的产业新城模式也为公司开辟出一条有别于传统房企的创新融资渠道。华夏幸福大部分依托非房地产的 PPP 园区融资，60% 的融资依靠产业园区，如供热和市政收费权等。只要产权明确归华夏幸福的资产，或者运营权（特许经营权）在公司的资产，都可以开辟融资途径。除此之外，随着华夏幸福的多个项目被国家层面列入 PPP 项目成功案例，与政府签署的 PPP 协议，也可以作为融资途径。相对银行贷款，华夏幸福通过多样化的融资途径获得的资金，利率低、周期长，资金成本更低。

PPP 资产证券化的不断落地，使华夏幸福的产业新城模式在融资渠道以及模式认可度上进入一个新层级，有助于提高公司在产业及城市的运营能力。

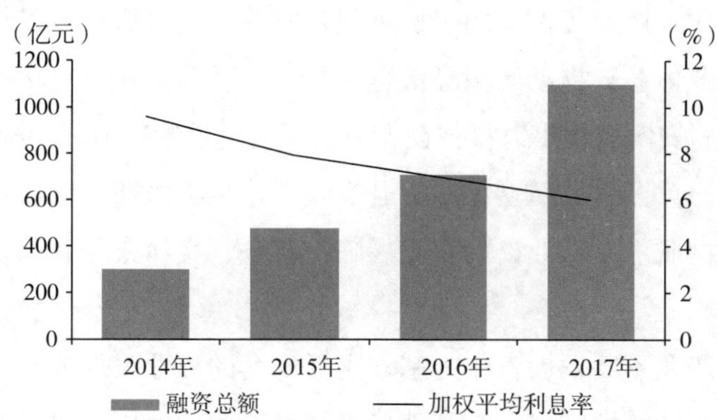

图 3-179　华夏幸福 2014 ~ 2017 年融资规模及平均利息率

资料来源：企业公告和年报、中指研究院整理。

五、固安模式：产业新城典范，异地复制样板

2002 年，固安县政府与华夏幸福签订 PPP 合作协议，委托华夏幸福整体投资、开发、建设、运营固安工业园区。经过几十年的发展，固安县财政收入由 2002 年的 1.1 亿元增长到 2017 年的 98.5 亿元，在全省各县市排名中位居第二。固安工业区于 2006 年 3 月经河北省政府批准成为省级开发区。2015 年，固安新兴产业示范区被工信部授予“国家新型工业化产业示范基地”称号。同年，国务院办公厅通报表扬固安 PPP 模式，固安工业园区新型城

镇化项目成功入选国家发改委 PPP 项目库。2018 年 5 月，入选联合国欧洲经济委员会全球 60 个可持续发展的 PPP 案例。

在十多年的发展历程中，华夏幸福创新探索以市场化机制开发建设运营产业新城，坚持以科技成果转化、创新集群打造、产城深度融合为着力点，为县域经济高质量发展探索出了一条道路。

在园区建设之初，华夏幸福即以全球视角邀请来自各领域的国际国内专家，以“建设产业新城”为目标，将国际成功经验与当地实际情况相融合，勾勒园区未来发展图景。同时把握国家政策与行业发展利好，在固安工业园区确定“航空航天、生物医药、电子信息、汽车零部件、高端装备制造、临空产业”六大产业集群，同步推进现代农业及现代服务业发展，构建三产协同的产业体系，推动区域经济全面腾飞。目前，在华夏幸福产业新城的驱动下，固安区域聚焦以科技创新为引领的先进制造业，积极构建“313 产业体系”，重点发展新型显示、航空航天、生物医药三大主导产业，先导培育智能网联汽车产业，同步发展临空服务、文体康养和都市农业三大特色产业。

伴随着产业不断发展，作为基本生活配套的商业设施亦在日趋完善，满足持续升级的消费需求。与其他依靠成熟的商业氛围立足的项目不同，华夏幸福的商业项目运营依托产业新城，是一个“从无到有”的培育过程，利用项目渐次形成的磁场，带动周边人口聚集、提升商业资产价值，以此拉动城市经济的可持续发展。2018 年，固安产业新城大湖花园天地亮相，项目以大湖为中心，拥有风尚体验、特色餐饮、欢聚庆典、风情度假四个业态组团，创造较为人性化的生活空间，将建筑、戏剧、绘画、雕塑、音乐、摄影艺术等融于一身，集时尚文化、酒文化、餐饮文化于一体。项目位于“一轴三带”京津发展轴的轴心区，距北京天安门中轴线正南 50 公里，拥有“1 小时经济圈”的国际交通体系，打造以“轻旅游、微度假”为主题的京南度假新地标。

华夏幸福创造了园区产业发展与城镇开发建设相互促进的“固安模式”，

有效地带动当地劳动人口的就业，拉动地方经济快速、可持续地增长，呈现出开发商、政府、百姓三赢的局面。

华夏幸福坚持机制创新，把深化政府和社会资本合作作为协同发展的重要动力；坚持路径创新，把高技术成果转化落地作为协同发展的重要抓手；坚持集群打造，把加快新旧动能转换作为协同发展的重要路径；坚持产城融合，把提升城市魅力、承载力作为协同发展的重要平台。

六、产业发展：聚焦重点，龙头引领、产业集聚

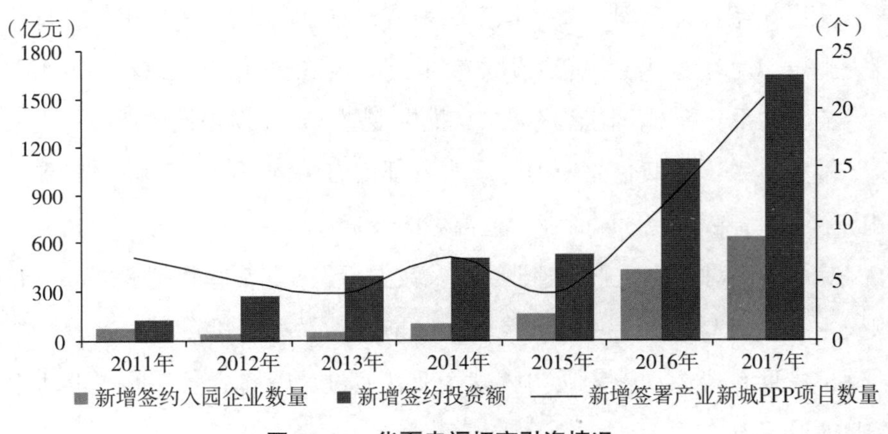

图 3-180　华夏幸福招商引资情况

资料来源：企业公告和年报、中指研究院整理。

产业发展服务是华夏幸福的核心竞争力，拥有约 4600 人的大规模产业发展团队，其中 200 个产城公司总经理，60% 来自于行业龙头企业高管，40% 人员来源于经济发达地区的产业发展岗位，其中三分之二的人在一线服务产业。经过多年沉淀，华夏幸福已形成一个庞大的客户及项目管理系统，覆盖园区主导产业各活跃企业。华夏幸福把产业划分成 10 个大门类，再细分为 42 个二级子目录，118 个三级子目录，细分研究，对行业企业长期跟踪，不断服务，挖掘投资机会。华夏幸福内部拥有平台体系、支持体系、团队体系、产品体系和服务体系等多个体系，彼此之间环环相扣，形成完整的产业发

展服务体系链。

平台体系：以产业研究院、园区网和产业中国三大产业聚集平台为中心，为区域发展和产业培育提供智力支持，研究中国新兴产业发展趋势及地域分布规律等，并在此基础上寻找具有投资价值的开发区域并进行论证。同时与国际顶尖咨询公司建立长期的战略合作关系，保证各项目规划设计方案具有较高水准。

方法体系：坚持以龙头企业为核心，以打造产业集群为目标，实施产业链产业布局，配合客户及项目数据库，实现区域产业集群的迅速推进。

支持体系：以公司“大数据”为核心，精细管理客户信息，挖掘客户投资规律。针对全国性大客户设立专门团队，并配备相应资源。

产品体系：针对不同客户需求，提供多层次产业新城模式选择。

服务体系：协助企业处理与政府各部门有关的事宜，兼顾地方政府和园区企业的需求，为入园企业营造温馨的投资环境。

除了内部对行业企业的科学管理及数据积累，华夏幸福把握外部机遇，积极主办或参与重点聚焦行业及相关政府部门举办的投资、交流、展览等活动，借助行业活动聚集业内领先企业，通过“以商招商”模式带动相关企业项目落地。

2017 年 11 月，国内生物医药领域的 30 家企业，以及实验用试剂耗材诚信供应联盟齐聚华夏幸福固安产业新城，正式签署合作协议入驻，成为固安产业新城 GTC（全球技术商业化中心）建设的成功范例。

2018 年 4 月，江门高新区（江海区）“招商引资突破年”落实大会暨 2018 年春季重大工业项目集中签约仪式，在江门高新产业新城举行，华夏幸福聚焦智能终端、智能制造装备、新能源汽车及零部件三大产业集群，与 14 家中高端制造业企业集中签约。

2018 年 5 月，华夏幸福在固安主办“2018 全球科技成果转化大会”，其中“第二届固安智能网联汽车高峰论坛及体验活动”吸引多家知名智能网联车企携新车参与现场测试，固安产业新城完善的产业环境吸引了一批创新企业入驻。

2018 年 6 月，华夏幸福参加武汉市招商引资大会，通过“以商招商”模式使三三工业武汉盾构机制造基地项目落地。

产业是经济增长的动力之源，更是产业新城的立根之本。华夏幸福坚持以“产业优先”作为核心策略及核心竞争力。通过资源的整合与集聚，有效突破产业集群培育的关键环节，向上提供区域产业开发规划与空间规划，向下发展导入产业、为产业发展提供服务，带动产业链协同发展。

华夏幸福累计与 80 余家世界 500 强及规模性龙头企业招商签约，其中包括富士康、奥钢联、钢宝利、京东方科技集团等世界 500 强企业，以及中国航天科技集团、中国航天科工集团等大型央企。通过龙头企业引领推动产业链上下游企业集群集聚，以创新与资本双轮驱动的创新产业发展方式，扩大区域产业影响力。

华夏幸福坚持集群打造，把加快新旧动能转换作为协同发展的重要路径，根据区域特色有针对性地引进创新资源，为区域打造定制化的创新集群。公司在香河打造智能技术与机器人协同创新平台，实现科技成果垂直孵化；公司联合嘉善县政府、以色列企业共同启动“中以大健康示范基地”，推动两国在大健康创新领域的合作交流。产学研合作方面，公司与新加坡国立大学搭建国际产业和智慧城市领域的合作体系，共同探索出国际智慧产业新城的创新性综合解决方案；公司与吉林大学搭建平台促进智能网联汽车产业科技成果转化；公司与北京第二外国语学院探讨设立“国家文化贸易学术研究平台固安研究院”，推动文化产业国际创新合作。

华夏幸福紧紧把握党的十九大和中央经济工作会议明确的“着力加快建设实体经济、科技创新、现代金融、人力资源协同发展的产业体系”的经济工作重点，在继续贯彻落实“产业优先”重大战略基础上，公司进一步聚焦电子信息、高端装备、新能源汽车、航空航天、节能环保、新材料、生物医药、都市消费、生产性服务业、文化创意等 10 大重点产业，整合品牌、规划、政策、资源、金融、服务等要素，构建产业发展体系，推动产业集群集聚发展。2017 年，华夏幸福投资运营的园区新增签约入园企业 635 家，新增签约投资额约为 1650.6 亿元，新增结算为产业发展服务收入的落地投资额 545.2 亿元，为公司新增产业服务收入 230.9 亿元。

七、未来发展

十九大报告提出实施区域协调发展战略，以城市群为主体构建大中小城市和小城镇协调发展的城镇格局，聚焦“新型城镇化”“实体经济”“创新发展”三大机遇，华夏幸福将坚持“诚意正心干好产业新城”不动摇、坚持产业新城模式不动摇，为提高国家城市群质量，区域协调发展贡献企业力量。

2018 年，华夏幸福将紧密围绕并贯彻执行公司发展战略，聚焦精耕核心城市群，坚持以 PPP 模式推动产业新城开发建设运营，坚持以“产业优先”作为核心策略，充分发挥产业新城模式的优势，加快产业新城业务异地复制的进程，贯彻全面合作开放的策略，聚焦高周转，坚持增强产业发展能力与业务创新，以客户为中心提升全面质量。继续在投资管控、资产管理、风险管理体系等方面完善产业新城经营投资体系，优化投资策略，增强产业培育能力，不断提升新城的综合建设与运营能力。

华夏幸福凭借对国家政策的准确把握、对行业未来发展的准确预见及业务模式的创新开拓使得其成长之路独树一帜，难以复制。伴随着改革开放不断深入，创新驱动发展等国家战略逐步落地，外部环境的利好必将带动产业新城快速发展，华夏幸福将以开拓者的姿态迎接新的挑战。

宝龙地产：行业领先的商业地产开发运营商

宝龙地产自2003年起，专注于开发及经营高质量、大规模、多业态的综合性商业地产项目，并于2009年在香港主板成功上市。目前已在全国超40城布局超100个物业项目，其中在营购物中心达36个，宝龙地产凭借突出的商业运营能力、“1+6+N”严控成本的拿地策略、多元化复合发展等核心竞争力，以“三轮驱动”的全新商业地产发展战略，力争成为行业领先的商业地产开发运营商。

一、经营业绩：商业效能持续增长，盈利能力稳步上升

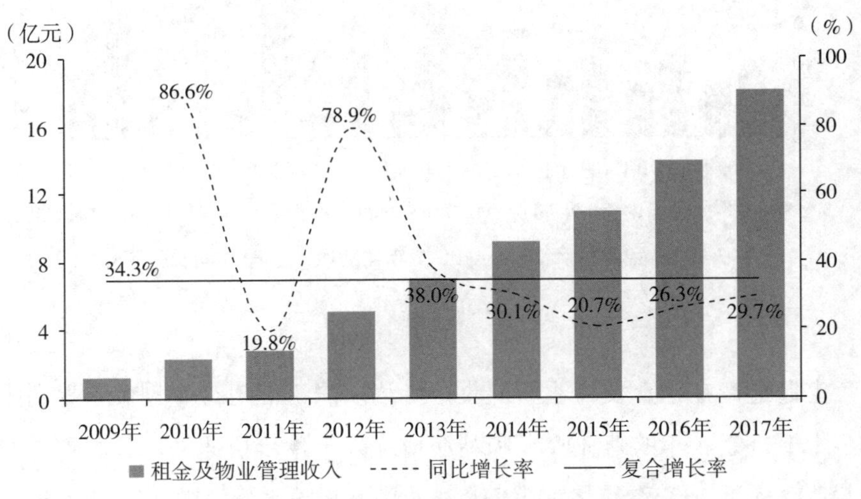

图3-181　宝龙地产2009 ~ 2017年租金及物业管理收入情况

资料来源：企业公告和年报、中指研究院整理。

2009 ~ 2017年，宝龙地产租费收入步步高升，9年复合增长率为34.3%。在这一增长的背后，是宝龙商业运营能力不断提升，招商的业态符

合当地市场的消费需求，市场渗透率的提高。截至 2017 年底宝龙地产在营商业综合体已达到 36 个，购物中心租金收入及物业管理费均显著增长，开业项目及开业面积均位居行业前列。新开业项目所处地理位置优越，同时根据项目所在地的文化及区位条件进行更合理、人性化的规划设计，差异化产品，在较大程度上保证了新开业项目租金收入的稳定性；此外，宝龙在长三角的平均租金水平是在其他地区平均租金水平的 1.8 倍，未来随着租金减免期的结束以及投资性物业的加速拓展，预期公司租金收入将会进一步提升。

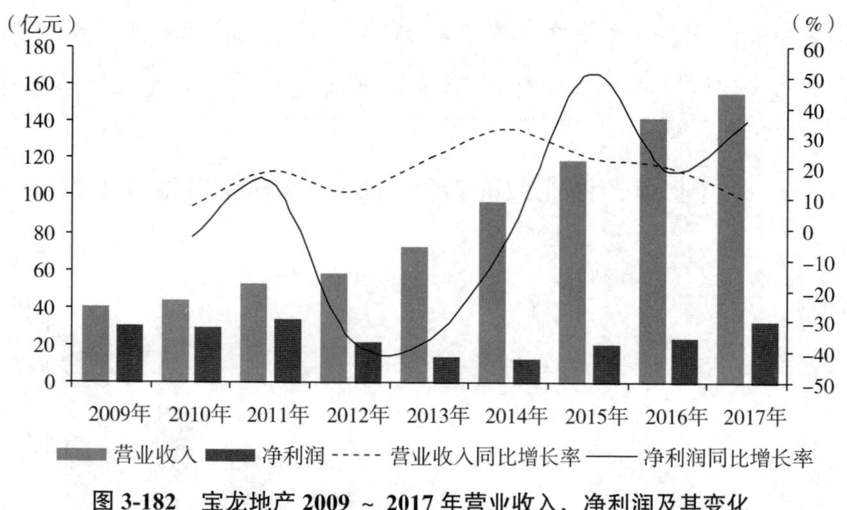

图 3-182　宝龙地产 2009 ~ 2017 年营业收入、净利润及其变化

资料来源：企业公告和年报、中指研究院整理

宝龙地产在租金及物业管理收入持续上涨，带动营业收入和盈利能力稳步上升。近 3 年的营业收入和利润情况处于稳步快速的增长状态，2017 年营业收入近 160 亿元，净利润达 33.4 亿元，同比分别增 9.1% 和 35.4%。宝龙地产比较准确地把握了行业发展节奏，保持了快速周转和稳健增长，同时兼顾增长质量，2015 年盈利规模增长水平达到顶峰，近年来增速向常态回归并趋于稳定。

二、商业运营策略：坚持特色商业模式，保持行业领先地位

1. 商业综合体扩张地产控股融合发展

近年来宝龙地产已开业商业综合体达到36座，包含三大产品系列：宝龙一城、宝龙城、宝龙广场，分别对应为（超）高端、中高端及中端系列产品；自营酒店方面，2017年开业的江苏淮安艺悦酒店、杭州富阳艺悦酒店、上海临港艺悦精选酒店3家自营艺术酒店集中亮相；文化艺术方面，宝龙艺术中心、言午画廊展览不断，上海宝龙美术馆顺利开馆。至此，由地产、商业、酒店、文化艺术共同构成的宝龙地产控股体系进一步实现多元发展。2018年厦门宝龙一城华丽启幕，它是厦门唯一的六位一体的商业综合体，涵盖了购物中心、W酒店、写字楼、服务式公寓、SOHO和美术馆，其开业备受市场期待。

2. 商业地产与文化艺术互相增值提升品质与口碑

宝龙地产稳健扩张的同时，战略性地提出“商业地产+文化”的新理念，形成了“地产为文化助力，文化为地产添彩”的发展新格局。利用集团大平台所积累的优越资源，宝龙旗下的商业地产正和艺术文化产业融合发展，逐步实现了互相增值。宝龙已将美术馆、艺术中心、艺术主题酒店等特色融入商业项目中，为其注入文化内涵，打造出了符合人们品位、富有文化艺术氛围的优质商业社区，逐渐形成了区别于其他城市综合体运营商的特色之一。与此同时，宝龙的商业业态凸显体验型商业与文化艺术相融合，辅以开放式街区、办公、星级/艺术主题酒店、精品公寓和文化场馆，突破了传统商业限制，大幅提升购物、娱乐、文化综合体验，并在购物、餐饮等环节上都实现了移动互联网组件的应用，更利用物联网完成收银系统、停车系统、WiFi系统等互联系统的全面打通，达到品质与口碑双赢。

3. 轻资产项目落地持续探索商业新模式

宝龙地产连续 8 年获得中国商业地产品牌价值 TOP10 的荣誉，同时连续多年被评为商业地产优秀企业。宝龙也已先后在浙江义乌、重庆涪陵、四川江油落地轻资产项目，输出“宝龙广场”品牌，轻资产模式的扩张，也将为宝龙带来更多的利润增长点，标志着宝龙地产进入用品牌效应、商业资源、运营能力来实现再赢利的阶段，宝龙商业正逐步走向更多元化的发展新模式。

4. 充分利用线下优势资源紧跟新零售时代步伐

新零售革命的核心涵义是企业以互联网为依托，通过运用大数据、人工智能、云计算、物联网等先进技术手段，对商品的生产、流通与销售过程进行升级改造，进而重塑，并对线上服务、线下体验以及现代物流进行深度融合。宝龙作为线下商场运营的实体，并不直接从事新零售、新消费，而是为新零售、新消费业态提供完备的服务系统与载体，打造顺应新零售、新消费趋势的商城，通过新技术及物流的衔接，快速给零售业提供新的活力，符合升级符合消费升级大方向，提升了用户体验和用户黏度，以提高前来商城消费的客流量，从而保证商业物业的店铺入驻率，提高单位租金。

宝龙商业所拥有的 36 家自营商场，接近 300 万可租赁面积，每年约 4 亿的人流量，涵盖生活各个领域的消费环节，都是承接新零售的线下平台，具有对接互联网技术、打造智慧商业升级消费者体验、融合线上零售的先天基础。为适应新零售模式，宝龙将会在商场的设计及格局上逐步调整规划，通过消费者偏好调查以确定最优模式，加强客流量与线上线下销售间的转化；新零售商户在网络、支付、仓储等硬件、软件有特殊需求的，宝龙商场将相应更新系统设备，做到软硬件设备匹配；宝龙已经成立创想实验室团队、专门探索线下实体店升级，为提升消费体验提供技术支持。创想实验室目前已经与包括京东金融、云之梦虚拟试衣、赛狐科技、饭美美等新零售生态圈的领先企业尝试展开合作，并将积极探索在生鲜消费、直营业态、亲子业态、自助贩卖方向的技术应用，助力实体店的运营升级；同时宝龙也将积极搭建数字化仓储管理系统、智慧停车系统等一系列智能系统，来增强宝龙的导流能力和商业运营效率。

三、资本市场：高成长、高股息、低成本，投资前景广阔

表 3-9　　宝龙地产 2017 ~ 2018 年部分融资活动

时间	类型	详情
2017.4	中期票据	全资附属公司上海宝龙实业发展有限公司收到由中国银行间市场交易商协会发出日期为 2017 年 3 月 27 日的接受注册通知书，其中批准其发行总金额不超过人民币 30 亿元中期票据
2018.4	发行公司债	上海宝龙已获中国证监会核准，向合格投资者公开发行面值总额不超过人民币 30 亿元的公司债券
2018.7	银行授信	宝龙地产控股有限公司连同其附属公司发布公告称，公司作为借款人将与各大银行订立最高金额为 3.05 亿美元或其他等值货币定期贷款融资协议，期限为 42 个月

房地产市场长效机制持续建立，多层次房地产调控政策不断加强的环境下，宝龙凭借优秀的商业运营策略，战略推进成效显著，2017 年合约销售额创历史新高，约为 209 亿元，同比上升 18.4%；总收入约为 156 亿元，同比上升 9.1%；租费收入约为 18.04 亿人民币，较去年同期上涨 29.7%；毛利润率则达到 33.5% 高水平，而核心利润和净利润同比增长均超 40% 以上。宝龙在 2017 年取得重估收益约 21 亿元，较 2016 年同期增加 40.5%，重估收益主要是由于商圈成熟的投资性物业的价值增值所致。

低投资成本亦是宝龙在资本市场表现良好的重要的保障，通过分析总建筑面积 1409 万平方米土储在市场的表现，宝龙地产的总土地平均成交价为 2131 元 / 平方米。土地成交均价只占 2017 年销售均价的 15.9%，该比例有助于宝龙地产在资本市场有更长远发展。

在全国经济增速放缓、房地产市场调控深化、金融环境收紧的大背景下，

宝龙以“物业销售＋商业自持”双轮模式能驱动公司稳步向前。穆迪和标准普尔先后上调宝龙地产的评级，且展望稳定，证明了宝龙模式越来越得到评级机构和大行的认可。2017 年宝龙建议宣派股息每股 25 分港币，较去年同期上升 56.3%，按现价计，股息率达到 6.1%，远胜同业，比一直以高股息著称的银行都要高一到两个百分点，投资机构及股东倍增信心。

四、战略布局及土地储备：深耕长三角，“1+2+3+X”布局杭州湾区

宝龙地产近年来一直坚持“深耕长三角”的都市圈发展战略；截至 2017 年末，宝龙已在全国布局 84 个项目，其中在长三角地区布局 52 个，上海已有 16 个，浙江已有 18 个。宝龙经营及管理的商业广场已达到 36 家，其中上海 7 家、杭州 4 家；宝龙集团旗下拥有及经营 9 家国际品牌酒店及 8 家自创品牌连锁酒店。

截至 2017 年末，公司所有项目总建筑面积达 2973.7 万平方米，其中长三角占比 47.6%；土地储备达 1409.1 万平方米（包括已运营的投资性物业面积），其中长三角占比 60.8%。在深耕都市圈的过程中，公司的物业销售结构完全契合公司战略，2017 年公司在长三角销售金额占比达 65%。同时，公司物业销售实现了较大幅度的增长，2017 年销售金额达 208.82 亿元，同比增长 18%；未来随着战略的继续深化，公司的物业销售将继续保持良好的增长态势。

2017 年宝龙新增投资获取项目总建面总计 386 万平方米，总新增货值约 700 亿元，其中长三角城市群占 84%，环渤海占比 14%，海西地区占 1%。宝龙新进入南京、绍兴、舟山，进一步加强长三角经济区战略性布局。截至 2017 年末，宝龙地产拥有土储面积 1409 万平方米，从区域结构看，60% 分布在长三角，期末，宝龙的总货值 1214 亿元，现有的土地储备完全满足 3–5 年的用地发展；同时，为响应国家建设发展杭州湾经济区的号召，且结合自身的发展策略，宝龙在杭州湾大湾区重点布局，在该湾区内土地储备

达 585 万平方米。“环杭州湾区”是以上海为龙头，上海、杭州、宁波为三大空间顶点，“1+2+3+X”的空间布局的湾区，相信未来也将同步分享该区域的巨大发展前景红利。2018 年初，在紧紧围绕“深耕长三角”的业务战略指引下，为加强对浙江区域蓬勃发展的支援，宝龙地产在原宝龙置地、事业一部、事业二部的基础上，特别成立浙江事业部，分管浙江省内项目的开发，为在该区域的持续深耕夯实基础。

未来，宝龙地产将迈入发展快车道，随着公司双轮驱动成果的进一步凸显以及应对行业高速发展和实现业绩倍增需求而提出的“369 模式”成为公司项目管控的基本模式，业绩增长趋势将会进一步明朗。宝龙在保持规模增长的基础上，也将在品质上进一步突破，从过去的“走数量路线”转向“走品质路线”，坚持“聚焦精品”的战略。宝龙不断优化具有宝龙特色的商业模式，继续增加自持购物中心数量，并保持商业规模在国内的领先地位，不断巩固核心能力，打造好产品、好营运、好品牌；同时，宝龙将紧紧围绕“换挡提速、倍增规模、锻造标杆、无界创新”的工作方针，以创新的思维、坚定的信念、快速的行动，向着辉煌未来迭变前行。

当代置业：引领绿色科技地产，打造全生命周期生活家园

当代置业以“绿色科技＋舒适节能＋数字互联的全生命周期生活家园”为企业的核心竞争力，凭借精准的布局与差异化的产品线，2017年实现有质量的增长，全产业链企业第一体育、第一人居新三板挂牌，第一物业暨新三板上市后再获投资，完成由“创变生态体”向“引力加速体”的升级，对当代置业全生命周期的产品溢价形成强有力的支撑，推动绿色科技地产全产业链变革。作为绿色科技地产领先者，当代置业连续多年位列“中国房地产百强企业”。

一、坚持差异化核心竞争力，企业规模实现稳步增长

当代置业（中国）有限公司（简称“当代置业”）成立于2000年，总部位于北京，2013年在香港联交所主板上市，股票代码1107.HK。当代置业项目遍布北京、上海、广州、苏州、西安、太原、武汉、长沙、合肥、南京、美国休斯敦、美国西雅图、加拿大温哥华等多个海内外城市。当代置业始终倾注于绿色科技＋舒适节能＋数字互联的全生命周期生活家园，作为行业领先的全生命周期绿色科技地产运营商，具备“强黑科技＋强孵化能力＋强自我革新”特性，打造绿色科技住宅——MOMΛ，营造绿色科技生活方式；作为领先的全生命周期数字互联运营商，实现数字驱动创新，构建数字产业链、价值链的生态系统，打造万物互联、人机交互、天地一体的空间。

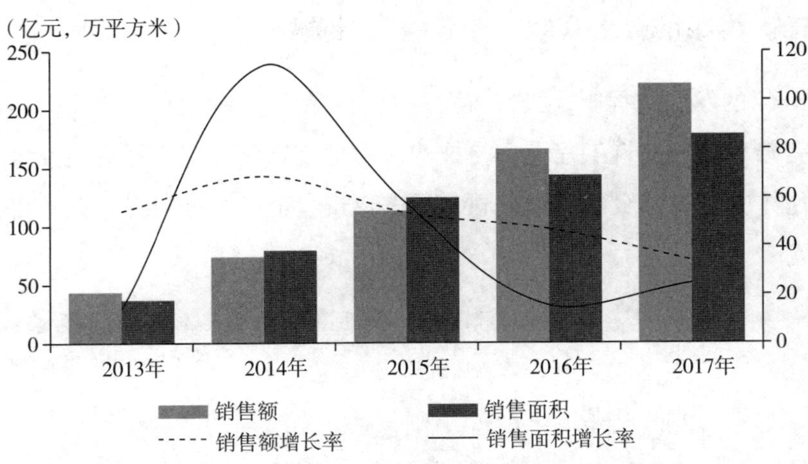

图 3-183 当代置业上市后业绩实现稳步增长

资料来源：企业公告和年报、中指研究院整理。

作为国内绿色科技地产领域的先行者，当代置业始终坚持差异化的绿色科技核心竞争力，坚持走“绿色科技之路”。当代置业通过不断的研发与创新，绿色科技住宅溢价率显著提高，自上市后保持年复合 40% 以上的增长率。2017 年当代置业实现合约销售额 221.86 亿元，同比增长 33.88%，合约销售面积为 178.57 万平方米，同比增长 24.65%。业绩的快速增长主要得益于当代置业差异化产品路线和精准的城市布局。当代置业稳扎稳打、不断拓展城市，深耕华北、华中、华东、华南四大区域，战略版图布局国内外 30 余城，并首次进入泉州、无锡等城市，战略布局不断完善。

当代置业凭借绿色科技差异化核心竞争力赢得绿色金融市场认可，2016 年 10 月 13 日，成功发行 3.5 亿美元 3 年期的绿色债券，为首家发行绿色债券的香港联交所上市之内地房地产企业，利息仅为 6.875%。随后又在 2016 年 12 月及 2018 年 2 月，再次成功发行 3 年期的优先票据，分别为 1.5 亿美元 6.875 厘，及 3.5 亿美元 7.95 厘。随着债券投资者，特别是国内公募基金，越来越重视可持续债券上的配置，相信当代置业将可借助绿色低能耗住宅产品的特色，获得更强的融资优势。

二、聚绿前行十八载，绿色科技行业领先

18 年的发展历程中，当代置业一直潜心研究“绿色科技地产”，通过不断完善和创新建筑工程设备与技术，满足市场对于健康舒适性和绿色节能居住体验不断升级的需求，同时促进建筑业全产业链向绿色低碳可持续性发展。

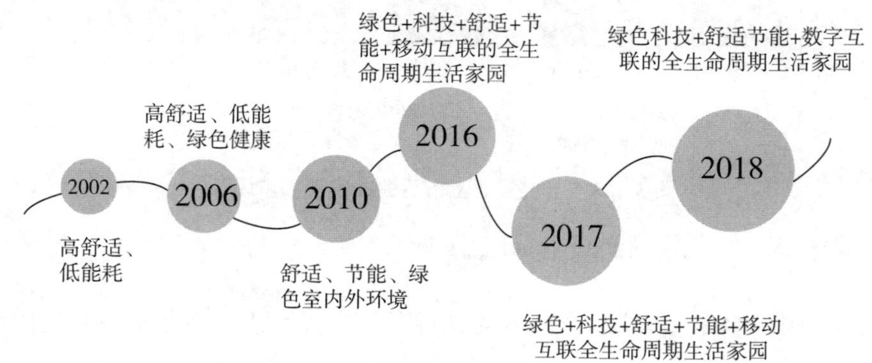

图 3-184　当代置业绿色科技发展历程

绿色科技产品一直是当代置业的核心竞争力。成立伊始，当代置业就致力于绿色、科技、节能建筑的研发与建造，也一直致力于探索和营造更美好的生活方式。2002 年，当代置业就形成了以“高舒适度、低能耗”为核心专长的第一代科技地产产品，旗下 MOMΛ 品牌诞生。MOMΛ 由“M”“O”“M”“Λ”四个文字图形组成。两个“M”代表家园，“O”代表宇宙的始源，“Λ”代表人，组合而成的左半部份图形象征建筑，右半部份图形象征生活，形象地诠释了当代置业理念——科技建筑，品位生活。

2006 年，当代置业形成了以“高舒适度、低能耗、绿色健康”为核心竞争力的第二代绿色科技地产产品；2010 年形成了“舒适、节能、绿色室内外环境”的可再生能源系统利用的第三代产品。

2013 年，当代置业提出以“取暖制冷的独特解决之道 + 空气质量的独特解决之道 + 能耗运行费用降低的独特解决之道 + 全生命周期的人口老龄

化解决之道 + 可持续发展主题下的行业领先之道”解决 21 世纪人类面临的两大主题：可持续发展和人口老龄化难题。为此，当代置业一直致力于创新产品，专设研发设计院，自主研发“地源热泵技术系统、天棚辐射制冷制热系统、外围护结构保温系统、高性能门窗系统，全置换新风系统，隔音降噪系统、外遮阳系统、同层排水系统、优化水处理系统、智能化系统”等十大科技建筑系统。

外围护结构保温系统

高性能门窗系统

隔音降噪系统

外遮阳系统

地源热泵系统

天棚辐射系统

全置换新风系统

同层排水系统

智能化系统

优化水处理系统

图 3-185　当代置业十大科技建筑系统

2014 ~ 2015 年针对雾霾问题，当代置业推出了“恐龙壹号”和“恐龙贰号”新风净化器。该系统融合了新风净化和循环风净化技术，通过持续输入新风的方式在室内形成正压，从而阻止污染物进入，并可快速处理室内的 PM2.5 污染。

2016 年，公司形成了以“绿色 + 科技 + 舒适 + 节能 + 移动互联的全生命周期生活家园”为核心竞争力的第四代产品。在创造同等高舒适度的条件下（全年维持室内所有房间温度在 20 ~ 26℃，湿度在 30% ~ 70%，符合 ISO7730 中定义的最舒适环境），MOMΛ 产品的能耗仅为目前中国普通住宅的 1/3，将为居者节省大量成本，为社会营造良好的生态环境。

2017 年形成了“绿色科技 + 舒适节能 + 移动互联的全生命周期生活家园”，北京当代 MOMΛ 再次获得绿色建筑三星级运营标识，完成了新老运营标识的更替，当代置业因此也成为全国首家完成住宅项目三星级运营标识续证的地产企业。2018 年又形成了“绿色科技 + 舒适节能 + 数字互联的全生命周期生活家园”，现在正向“绿色科技 + 舒适节能 + 数字互联的全生命周期产业家园”升级。

截至 2017 年底，当代置业已拥有相关核心技术专利 150 余项，其中发明专利 25 项，涵盖绿色建材、绿色技术、绿色产品等多方面，并获得 50 多项国内外绿色建筑奖项，除美国绿色建筑协会 LEED-ND 认证，还获得了国内最高三星级绿色建筑运营标识以及全国首个三星级健康建筑运行标识，当代艺术建筑博物馆获得全球第一个 AH 国际认证博物馆项目等。

三、多维延伸绿色触角，产品结构实现升级

当代置业倾注于绿色科技 + 舒适节能 + 数字互联的全生命周期生活家园，不断打造绿色住区、科技社区、健康社区、全龄社区 + 人文艺术社区的 MOMΛ 生活家园 4+1 的可持续社区环境。同时不断升级和及时调整产品线规划和产品结构，2017 年，实现从住宅的 3 条产品线 6 个产品系向涵盖住宅、商业、公寓、酒店、适老养老、教育和小镇 7 个产品类 12 条产品线升级。

1. 住宅产品

当代置业依据客户需求、客群特点、能源系统、技术配置等维度设计了四类标准化产品线、八个产品系，以实现在不同城市、不同区域的布局和深耕。四条标准化产品线分别为：万国城 MOMΛ 标准化产品线、上品格 MOMΛ 标准化产品线、满堂悦 MOMΛ 标准化产品线、当代城 MOMΛ 标准化产品线。

万国城 MOMΛ 产品线是终极置业产品类型；是在一二线城市，周边资源环境非常优越的城市核心区域，打造的恒温恒湿恒氧恒静产品，通过 MOMΛ 科技系统，实现人体最舒适的室内最佳舒适温度、湿度，降噪及室

内空气质量等，从而满足终极置业客群的尊贵独享的高品质、高品位生活。这类标准化产品线项目必须满足 6–12–678–18 的原则，毛利率必须实现 35% 以上。

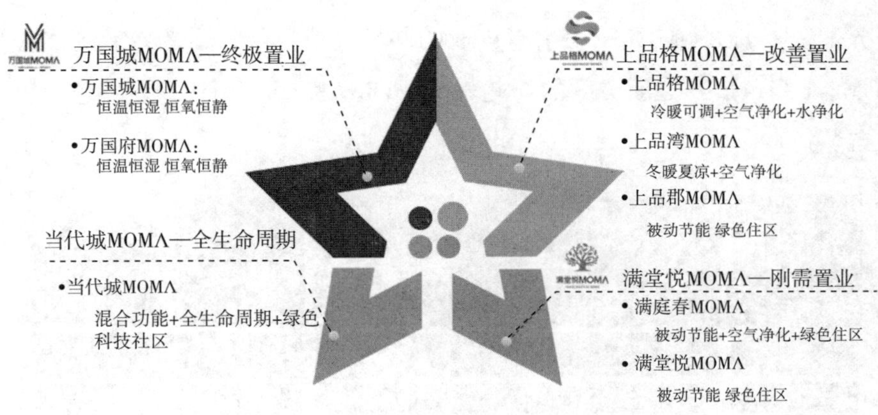

图 3-186　当代置业四类住宅标准化产品线

上品格 MOMΛ 产品线是改善置业产品类型；是在一二线城市，有良好的配套及交通、教育环境资源，城市副中心等，打造的室内冷暖可调的产品，产品无论在空间尺度、配置标准及服务配套等方面都满足了首次改善和再次改善时对居住品质的需求。这类标准化产品线项目必须满足 6–10–678–12 的原则，毛利率必须实现 25% 以上。

满堂悦 MOMΛ 产品线是刚需置业产品类型；包含以青年人首次置业的产品类型，产品设计是以经济性，紧凑实用为主，满足基本生活品质；同时在节能性能方面，主要以良好的被动围护系统，保证室内舒适、节能。这类标准化产品线项目必须满足 6–8–678–10 的原则，毛利率必须实现 10% 以上。

当代城 MOMΛ 产品线是混合功能 + 全生命周期 + 绿色科技社区产品类型；产品溢价体现为全产品线覆盖，改善气质，创变生态体打造完善配套。建筑形态以小高层、高层为主 2T4 为主；小区规划为完全人车分流；除来访车辆，全部地下停车。

2. 非住宅产品

当代置业在完善住宅产品结构的同时，还持续研究和开发至善至美的HOTELMOMC、邻里中心、生活中心和商业中心的MOMΛVILLAGE、酒店服务式公寓COCOMOMΛ、生态创业的共享办公空间、适老养老的常青藤MOMC、绿色成长健康成才的幼儿教育MOMΛKIDS、当代绿色特色小镇、城市更新。

图 3-187　当代置业非住宅产品线

当代置业国际区域公司持续为客户提供绿色养老平台 + 舒适养老客户 + 适配存量资产 + 移动物联大数据养老服务 + 智慧科技的全生命周期产业家园的生活方式，即投资开发养老酒店、养老办公楼、养老商业街区、养老出租公寓、养老出售公寓、适龄宜居住宅等的硬件与当家网软件进行契合，实现绿色养老平台 + 舒适养老客户 + 适配存量资产 + 移动物联大数据养老服务 + 智慧科技的全生命周期产业家园的生活方式。

四、拓展轻资产运营模式，全方位投资稳步发展

公开市场土地价格不断攀升、部分城市土地供应不断收紧，当代置业坚持精准布局策略，专注一线及强二线城市，依据土地甄选模型，在满足

毛利率、内部收益率等核心财务指标的基础上，积极创新、拓宽项目合作方式，除了参与公开招拍挂外，更多的是采用兼并收购、项目合作开发及勾地的模式，充分挖掘合作伙伴的资源优势和当代置业的品牌优势。关注旧城改造的机会，更多在土地获取的早期阶段锁定项目，以较小的资金撬动优质项目的获取。另外积极拓展城市更新和既有建筑改造项目，大力发展小股操盘、代建等轻资产的合作模式，以多元化、全方位的投资模式助力集团规模的扩张。

2017 年，在“原绿 · 绽蓝”的发展战略下，当代置业坚持差异化竞争力和城市聚焦战略，强调拿好地、深聚焦。全年通过项目合作、兼并收购、绿色代建等多种模式获取优质项目 13 个，新增土地货值 450 亿，新增建筑面积 290 万平方米。其中兼并收购类项目预计毛利率不低于 25%。另通过绿色代建方式获取西安当代宏府大厦、郑州当代诚兴万国城等 6 个代建项目，合同额 3.94 亿元，预计净利润率不低于 40%。

2018 年上半年，当代置业首进湖州、嘉兴、兴义、池州、晋中、天门、石狮、福州、许昌、上饶，不断深耕重点城市群。

未来当代置业仍将继续深耕并拓展华南、华北、华中、华东四大区域，重点关注一线城市和强二线城市周边客户基数大、具备产业支撑、存销比合理、不限购的卫星城市，稳步获取优质土地，且要求每一年获取土地的总货值超过当年的销售额，为下一年稳定的增长做准备。

五、产业赋能引力加速，构建全生命周期生活家园

当代置业以“原绿 · 绽蓝”为战略方向。绿，即是差异化核心竞争力；蓝，即是全生命周期生活家园的商业模式，即绿色科技 + 舒适节能 + 数字互联的全生命周期生活家园的生活方式。原绿，即是正本清源，当代置业的绿色是最纯正，最本味的绿色，最具有创新性和领先性的绿色，当代置业的 18 年就是绿色科技地产的 18 年，要持续做绿色科技地产的践行者、绿色科技地产的领先者，实现规模迅速增加、核心竞争力持续提升。绽蓝，

即是商业模式，当代置业的蓝色是生态蓝色，“深蓝”意味着从绿色科技产品到绿色科技生活方式，要在绿色科技生活方式及引力加速体上绽放开花，生根结果。全生命周期生活家园的绽放，创变生态体的升级，实现向引力加速体的转变。

当代置业始终坚持以绿色科技为核心，打造健康舒适的高品位生活体验。此外，为了营造一个更健康舒适智能的生活环境，当代置业从绿色建筑升级到绿色住区，如今又致力于将其绿色基因植入更多生态体，打造一种绿色生活方式。

当代置业自 2015 年启动内部创业计划，围绕“绿色科技建筑”的上下游，投资员工有价值的商业创意，给予资源支持，并帮助其找到天使投资。目前内部孵化项目达 40 余家，2017 年孵化项目上海倍格老船坞成功开业；第一人居、第一体育新三板挂牌；第一物业暨新三板挂牌后再获 1 亿元融资；51VR 获战略融资 2.1 亿元等，为 MOMΛ 社区提供全生命周期生活家园的生活方式，对产品溢价产生强有力的支撑作用。

当代置业将这种内部创业与运营的商业模式提高到品牌战略高度，坚持“三个平台 + 五个事业群”和“一个平台 + 五个事业部”两条全产业价值链，以绿色科技领先之道、全生命周期生活家园运营之道、引力加速之道、数据流程与运营之道实现创变生态体向引力加速体快速转变。

当代置业和第一资产构建“三个平台 + 五个事业群”以实现绿色科技 + 舒适节能 + 数字互联的全生命周期生活家园。三个平台即绿色金融资本平台、绿色房地产开发平台、绿色数字互联服务平台，五个事业群即绿色社区事业群、绿色文体事业群、绿色空间事业群、绿色科技事业群和绿色金融事业群。

绿色社区事业群包含第一物业、第一酒店、第一联行、无忧良品、第一装饰、第一工程、全装联等，旨在打造绿色社区服务生态，从客户收房开始，就为其提供基础的前介服务、物业服务、房屋装修、工程维修及改造、二手闲置交易、资产管理等服务。

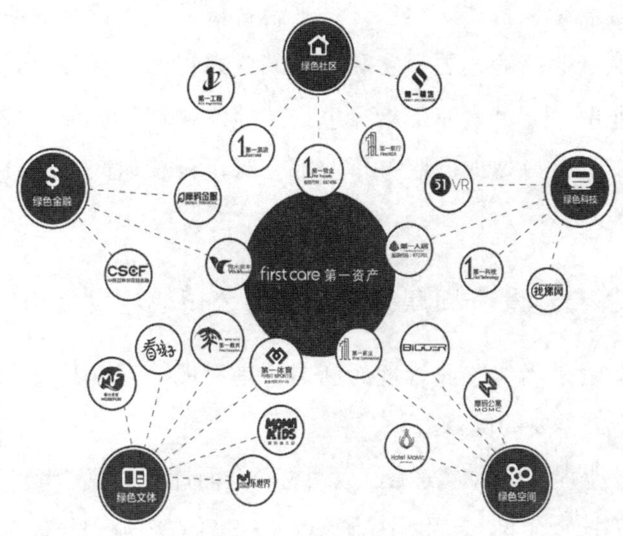

图 3-188　当代置业“三个平台 + 五个事业群”

绿色文体事业群包含第一文体、看孩子、乐世界、摩法课堂等，旨在打造绿色教育立方体，为客户提供幼儿园教育服务、幼儿水育服务、课外课培训等服务。

绿色空间事业群包含第一商业、蔓兰酒店、S0 餐厅、贝格创业、摩码公寓、爱助家、空空旅行、见地、艾佳生活，旨在打造存量资产时代的绿色空间运营集群，通过对商业空间、办公空间、酒店空间、公寓空间和旅游住宿空间的运营给客户创造价值。

绿色科技事业群包含 51VR、第一科技、找梯网、VRSTAR、第一人居。是基于科技技术，打造房地产价值链垂直应用的科技企业，为客户提供 VR/AR/AI、科技人居、绿色能源的生活体验。

绿色金融事业群包含摩码金服、绿民投、中新互联。是大生态的润滑剂，为内部企业提供长短期的资金借贷，为职员提供职员贷，为社区业主提供理财及金融服务，为房地产生态价值链的供应商企业提供商业保理等服务。

当代置业围绕两个全生命周期构建“一个平台 + 五个事业部”。一个平台指当代置业绿色科技房地产开发平台。依据当代置业房地产全价值产业链、与房地产业务的相关程度和业务的成熟程度，将各独立核算主体划分为五个事业部，五个事业部指绿色科技地产科技事业部、绿色科技地产金融事业部、绿色科技地产服务事业部、绿色科技地产营造事业部、绿色代建事业部。

六、流程与运营全周期管理，助力公司战略发展

流程与运营是当代置业管理的利器，是实现“五攻九道”战略和绿色科技发展战略最重要的保障。

当代置业流程与运营以战略经营目标、全面计划预算“十步法”为目标、计划，以“五书”为策略、手段，通过一、二、三级流程与运营实现组织、执行，以“业务流、管理流、信息流”为手段，将房地产开发“八个专业”“四个阶段”“30个节点”“100项工作”，用“五个方案、五个计划、五个执行、五个评估”实现流程与运营的“专业化、标准化、闭环化、信息化”。

“十步法”——全面计划预算“十步法”是制定公司未来五年战略的重要文件之一，是集团及各公司“五书”制定的指导文件，分十个步骤来制定公司未来五年发展战略。

“五书”——即“计划预算书、作业标准书、职责授权书、绩效任务书、职业生涯开发及管理报告书”，是流程与运营落地的保证，是实现流程与运营目标、规则、手段、执行、发展的管理工具和载体。

一级流程——一级流程与运营通过“五个方案、五个计划、五个执行、五个评估”明确九个专业的专业配合与业务交圈，是当代置业流程与运营的基本纲要，分为房地产开发“四个阶段”“30个节点”。

二级流程——二级流程与运营，即“里程碑100项工作”执行表，确保一级流程与运营“30个节点”落地细化及执行，是流程与运营落地与考核，通过七次沟通交底和十二次审核实现怎么干，共计100项工作。

三级流程——三级流程与运营，即三级流程与运营执行表，是“里程碑 100 项工作”的细化，涵盖九个专业，共 710 个节点，以项目获取时间为起始点按照获取天数来完成各个专业的阶段性工作。

八类标准文件——当代置业的“八类标准文件”是公司各专业规范化的成果文件，包括一、二、三级流程与运营、作业标准及作业标准表单、标准化任务书、标准化 CIS 体系、标准化合同、标准化图纸、标准化办公、贯穿一、二、三级流程与运营，形成各专业、各阶段、各节点、各任务的工作指导及考核标准，并统一编号，规范管理。

在当代置业执行董事兼总裁张鹏先生看来，绿色科技是一个积累的过程，不是单一因素所决定的，而是一套系统。当代置业走了 18 年，始终只做绿色科技地产，当企业把一门技术变成一个体系并且互相连接的时候，这便能成为企业的核心竞争力。未来，在经济新常态的地产环境下，当代置业“革新、生长、突破、更快”。技术革新，产品革新；个人生长，组织生长；流程突破，业绩突破；行销更快，运营更快。创新开发与运营，形成新的差异化优势，创造新量级的业绩。

第四节　民生篇：投身城市建设，践行社会责任

部分中国房地产百强企业在持续关注民生，积极投身区域及城市发展，践行社会责任。恒大终坚持民生为本的发展理念，为给老百姓创造美好生活不懈努力，在扶贫领域开创了政企合作的全新模式，树立扶贫典范；武汉地产以“缔造城市价值、建设美好生活”为使命，以工匠精神奉献精品工程，积极履行社会责任，成为城市建设发展的中流砥柱。

恒大集团：民生为本，为给老百姓创造美好生活不懈努力

恒大者，古往今来连绵不绝，曰恒；天地万物增益发展，曰大。自创立以来，恒大集团始终坚持民生为本的发展理念，为给老百姓创造美好生活不懈努力。恒大集团始终牢记“质量树品牌、诚信立伟业”的企业宗旨，不断弘扬“艰苦创业、无私奉献、努力拼搏、开拓进取”的企业精神，一直保持“精心策划、狠抓落实、办事高效”的企业作风，实现了公司规模、效益和品牌的超常规、跨越式发展，成就行业龙头，并连续 15 年荣获“中国房地产百强企业”称号。

一、战绩：跨越式增长典范，始终位列行业前茅

恒大集团（股票名称：中国恒大，股票代码：03333.HK）成立于 1996 年，二十多年的发展历程，恒大集团创造出一个又一个奇迹，成为民营企业跨越式发展的典范，稳居行业第一梯队，同时不断创新转型，引领行业发展。

1. 销售业绩：行业龙头

自 2009 年上市以来，在规模扩张策略之下，恒大集团销售业绩基本保持高增长态势，至 2017 年规模跨越 5000 亿销售大关。2009 ~ 2017 年间销售额复合增长率为 42.0%，高于行业 27.2 个百分点，市场占有率也从 2009 年的 0.68% 提升至 2017 年的 3.75%，2018 年上半年，市场占有率进一步上升至 4.54%，不断巩固行业龙头地位。

从销售规模实现跨越的时间和速度来看，恒大集团可谓突飞猛进。恒大集团上市一年便实现销售额 500 亿的突破，2013 年突破千亿大关，之后

仅用 2 年时间突破 2000 亿元，1 年时间突破 3000 亿元，再 1 年时间成功突破 5000 亿元。总体来看，2013 年开始，恒大集团增长势头十分强劲，2013 ~ 2017 年间，销售额年均复合增长率高达 49.5%。

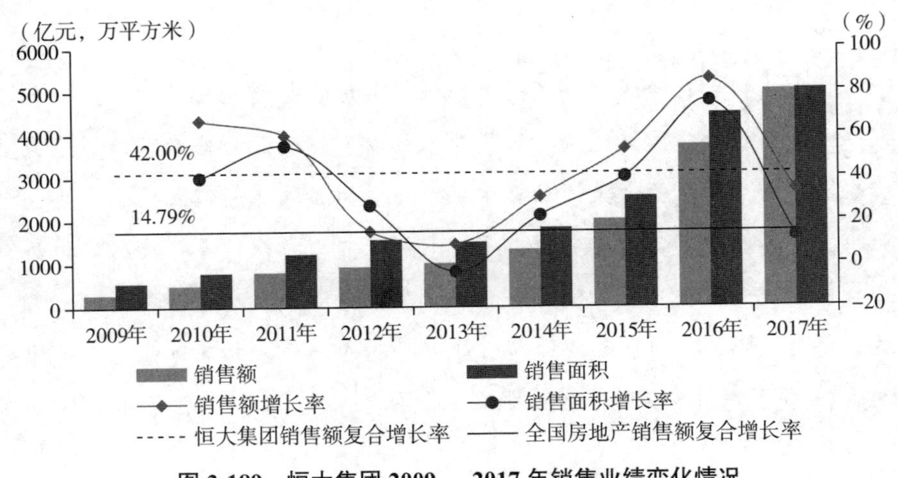

图 3-189　恒大集团 2009 ~ 2017 年销售业绩变化情况

资料来源：企业公告和年报、中指研究院整理。

2. 盈利水平：效益为王

自 2009 年上市以来，恒大营业收入、毛利几乎一直保持快速稳定的增长，2016 年恒大营业收入和毛利均同比增加约 59 个百分点，但净利润却未保持同步快速增长，2014 ~ 2016 年，其净利润始终维持在 170 亿 ~ 180 亿水平，增收不增利现象较为明显。

2017 年，恒大集团向“规模 + 效益型”发展战略转变，年末，便收获一份亮眼的成绩单。数据显示，2017 年，恒大集团营业收入达 3110.2 亿元，同比上涨 47.1%，位列行业首位，毛利润 1122.6 亿元，同比大幅上涨 88.9%，毛利率高达 36.1%，同比增加 8 个百分点。实现净利润 370.5 亿元，同比增 110.3%，净利率 11.9%，同比上升 3.6 个百分点。核心业务利润大幅上升至 405.1 亿元，同比大增 94.7%，超越原来的利润之王中海地产，晋升新的利润之王。

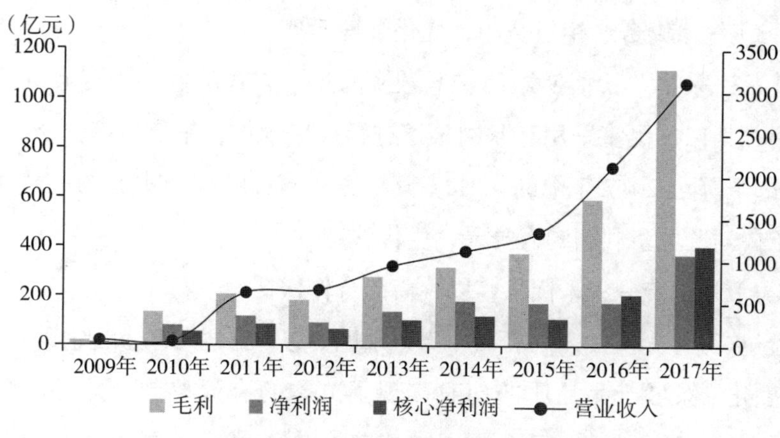

图 3-190 2009 年以来恒大集团盈利情况

资料来源：企业公告和年报、中指研究院整理。

恒大集团利润的大幅增长，可以归结为以下几个原因。

（1）强劲销售推动营收大涨

一直以来，恒大集团均保持高速的销售业绩增长，2015 年开始更是保持每年超千亿的增长规模。强劲的销售业绩是企业营收大涨的基础。

（2）产品附加值不断提高，加之拿地成本低，带动利润增加

恒大集团始终贯彻精品战略，近两年来更是通过配套先行、升级物业服务、完善售后等措施，提升前后端服务水平，从而提高产品附加值，加之一直以来拿地成本较低，带动利润增长。

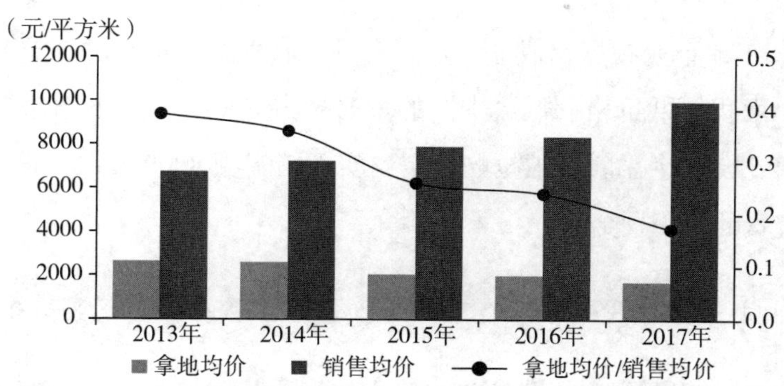

图 3-191 2013 ~ 2017 年恒大集团拿地均价、销售均价变动情况

资料来源：企业公告和年报、中指研究院整理。

（3）缩减财务、销售费用，优化管理

其一，采用“长债换短债、低息换高息”方式降低融资成本，减少财务费用；其二，更多采用互联网渠道进行推广销售，销售费率由2016年底的7.6%下降至2017年中的4.2%；其三，实施以利润为中心的考核体系，把钱花在创造更多利润的人身上，优化管理。

（4）强化统一集采优势，以规模向合作伙伴换效益

通过“统一规划、统一招标、统一采购、统一配送”的标准化运营模式，恒大集团在保障产品品质的同时实现了成本的有效控制。此外，随着销售规模的大幅度提升，恒大集团与战略合作伙伴形成更紧密的利益共同体，助力恒大集团从各环节供应商获得更多折扣和让利，最终实现利润上涨。

二、发展历程：高效执行成就企业辉煌业绩

从第一个项目奠基到全国280多个城市800多个项目的全面拓展，从做实做强地产主业到开拓创新多元发展，恒大集团在二十多年的发展历程中，先后制定实施八个“三年计划”，通过科学前瞻的战略规划以及围绕战略的高效执行，确保公司创造辉煌业绩。

1. 1996～1999年：第一个三年计划——艰苦创业，高速发展

1996年，企业在广州成立，从零开始，在亚洲金融风暴中逆市出击，凭借“小面积、低价格、低成本”的策略抢占先机，1997年开发的第一个楼盘金碧花园两个小时内被抢购一空，实现销售额8000万，获得了起步发展极其宝贵的第一桶金。

2. 2000～2002年：第二个三年计划——苦练内功，夯实基础

从2000年开始，恒大集团进一步夯实发展基础，着力于对外整合资源、对内提升管理，陆续开发“金碧”系列精品楼盘，企业品牌和实力突飞猛进。

3. 2003～2005年：第三个三年计划——二次创业，跨越发展

2003 年开始，恒大集团实施紧密型集团化管理模式，采用统一规划、统一招标、统一采购、统一配送的标准化运营模式，确立了全精装修交楼的民生地产定位。2004 年 5 月，公司砸掉金碧世纪花园耗资千万但不符合精品标准的中心园林，开始实施精品战略，不断实现产品升级换代，为全国拓展奠定了坚实基础。

4. 2006～2008年：第四个三年计划——拓展全国，迈向国际

2006 年开始，恒大集团布局全国，从广州迅速拓展到上海、天津、武汉、成都等全国 20 多个主要城市，开发 50 多个项目，跻身中国房企 20 强。同时，成功引进了淡马锡、德意志银行和美林银行等国际投资者，成为中国房地产企业迈向国际的标杆。

2008 年底，企业各项核心经济指标较 2006 年都实现了 10 至 20 倍的超常规增长，创造了公司跨越发展的奇迹。

5. 2009～2011年：第五个三年计划——稳健经营，再攀高峰

2009 年，恒大集团在香港成功上市成为在港市值最高的内房企。到 2011 年末，已在全国 120 多个主要城市开发项目 200 多个，土地储备、在建面积、销售面积、竣工面积、利润指标等重要经济指标均列行业第一，品牌价值突破 210 亿元，规模与品牌进一步取得大幅跨越。

6. 2012～2014年：第六个三年计划——深化管理，稳定增长

2012 年起，恒大集团全面实施向管理要效益的方针，深化基础管理、完善制度建设，提升各级管理团队和员工队伍综合素质。

2013 年，恒大集团销售额首次突破千亿。到 2014 年末，企业销售额、销售面积、净利润、开工面积、竣工面积等各项核心指标连续五年实现平均 30% 以上的增长，再创高速增长的新纪录。

7. 2015～2017年：第七个三年计划——夯实基础，多元发展

2015年，恒大集团在进一步夯实房地产主业的基础上，拓展文化旅游及健康等多元产业。2016年，恒大集团跻身世界500强，并成为全球第一房企。到2016年底，恒大集团完成了多元化发展的产业布局

2017年，企业启动战略转型。在发展模式上，从“规模型”向“规模+效益型”模式转变；在经营模式上，从高负债、高杠杆、高周转、低成本的“三高一低”模式向低负债、低杠杆、低成本、高周转的“三低一高”模式转变。多项核心数据均创行业第一，战略转型成效显著，位列世界500强第338名，一举跃升158位，成为世界500强排名提升最快的企业之一。

8. 2018～2020年：第八个三年计划——深化转型，提质增效

2018年是恒大集团第八个“三年计划”的开局之年，企业开始实施“新恒大、新起点、新战略、新蓝图”重大战略决策，坚定不移地实施“规模+效益型”的发展模式，坚定不移地实施低负债、低杠杆、低成本、高周转的“三低一高”经营模式，并在产业布局上积极探索高科技产业，逐渐形成以民生地产为基础，文化旅游、健康养生为两翼，以高科技产业为龙头的产业格局，到2020年底实现总资产3万亿、年销售规模8000亿、年利税1500亿，成为世界百强企业。

三、经营策略：高效管理，灵活调整，持续创新

1. 战略布局：全线布局，分散调控风险，在城市轮动中捕捉机遇

在区域布局上，恒大集团很早便开始全国化战略布局。截至2009年末，恒大集团在全国25个主要城市共拥有房地产项目57个，拥有5498万平方米优质低成本土地储备，到2017年末，恒大集团在全国已拥有项目766个，分布于全国228个城市，覆盖了全部一线城市、直辖市、省会城市（除台北、拉萨外）及绝大多数经济发达且有潜力的地级城市，土地储备总规划建筑

面积已跃升至 3.12 亿平方米，位居全国房企之首。手中有粮心中不慌，恒大集团巨额土地储备为销售提升、规模扩张提供了充足货源。

拿地策略上，恒大集团始终关注持续盈利能力，做到区域平衡布局，分散政策调控风险，同时，敏锐判断市场机遇，适时调整布局战略。2017 年，面对三四线城市火热的销情，恒大集团有侧重地吸纳了一批三线城市优质土地储备，现有项目城市布局得以持续优化。另一方面，优质区域深耕也成为企业销售业绩快速增长的主要动力。2017 年，恒大集团 5009.6 亿元的销售额来自于全国 30 个省、区、市的 656 个在售项目，其中广东省销售额超 500 亿元，销售贡献占比达 10.65%；此外有 8 个省（市）销售额在 200 亿 ~ 400 亿之间，10 个省（市）销售额在 100 亿 ~ 200 亿元之间。

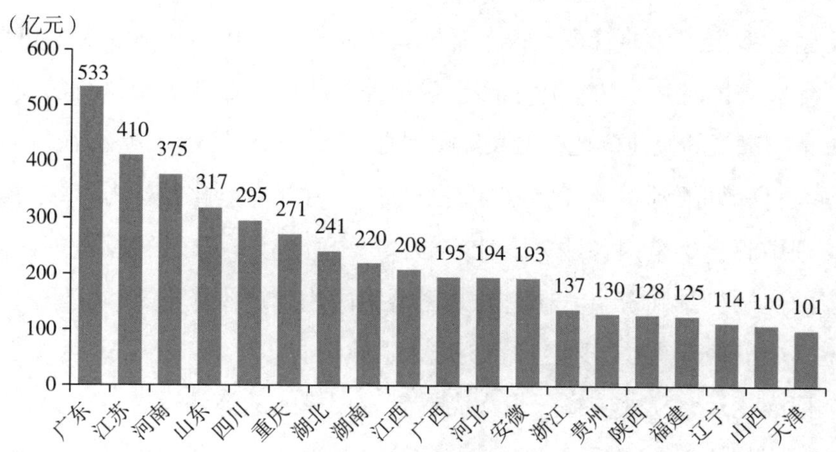

图 3-192　恒大集团 2017 年销售额超百亿地区分布情况

资料来源：企业公告和年报、中指研究院整理。

2. 运营管理：紧密型集团化管理模式、标准化运营模式、高标准人才机制，驱动企业高效运转

恒大集团能够在短短两年内完成 3000 亿销售额并突破 5000 亿销售额，其独特的运行机制功不可没。紧密型集团化管理模式和标准化运营模式自 2003 年写入恒大“三年规划”后延续至今，高标准的人才机制从成立之初

就一以贯之，恒大这三项机制分别解决了谁决策、怎么做和谁来做的重要管理问题，驱动着恒大集团高效运转。

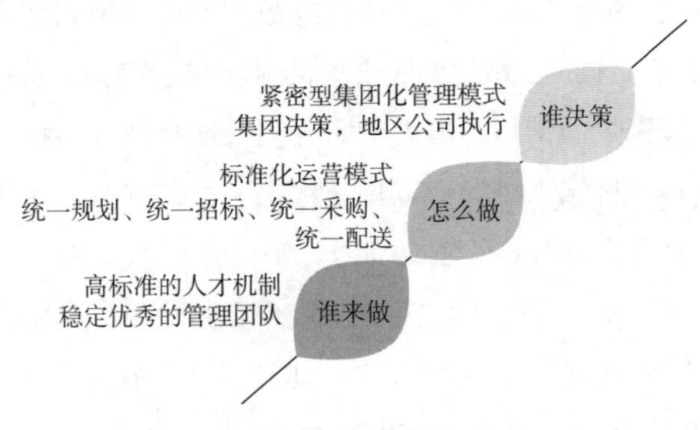

图 3-193　恒大集团管理模式

紧密型集团化的管理模式，是恒大集团拓展全国、快速增长的重要保障。恒大集团各环节决策由集团直接把控，地区公司只负责执行实施。为实现集团决策的快速落地，恒大集团创立了独特的“目标计划管理”体系，计划与目标分解到每季度、每月甚至每周，并配有量化指标考核；集团监察管理中心会到全国各地去统计数据，每个月统计一次，根据进度来决定员工的奖励机制和资金。在这种紧密型集团化管理模式下，恒大集团任何决策半个小时内就可以到达项目一线人员执行。

标准化运营模式支撑了恒大高周转发展模式的高效运转。恒大集团采用统一规划、统一招标、统一采购、统一配送的标准化运营模式：依靠标准化的规划设计，迅速完成项目的定位和方案拟定及实施；通过全国统一招投标整合资源，迅速组织新项目施工，确保工程进度及质量；通过实施标准化的工程管理、质量控制体系，保证工程质量；通过实施标准化的开盘模式，实现快速销售的目标。恒大集团标准化运作模式不仅能够获得合作伙伴的让利，压缩采购成本，而且有力支撑了拿地后 4 ~ 6 个月开盘的开发速度。

高标准的人才机制，造就了恒大集团稳定优秀的管理团队。创立之初，恒大集团即明确队伍建设标准，95% 以上员工具有大学本科及以上学历。高标准的人才自然要匹配高标准的激励，股权激励和高额薪酬成为吸引和留住人才的杀手锏。2017 年 10 月，恒大集团公布一份惠及广泛的股权激励计划，将向 7994 名核心员工派发 7.4 亿股期权，占公司总人数的 7.8%，无论是新增期权总额还是激励人员的规模，均创下了行业最高纪录；12 月，又以 1500 万元年薪将经济学家任泽平招致麾下，在地产圈、金融圈和学术圈都引起极大关注。翻看恒大集团现任高管，入职十年甚至二十年的人物并不少见，稳定优秀的管理团队为恒大集团的崛起打下坚实基础。

3. 业务发展：持续开拓创新，多元业务齐头并进

恒大集团较早开始研究探索多元化产业，并于 2014 年涉入矿泉水、粮油、农牧等诸多产业。经过不断地摸索，公司多元化战略逐渐清晰，2017 年，恒大集团宣布已完成“房地产 + 服务业”的产业新格局，同年 8 月和 12 月，恒大集团分别推出恒大童世界、恒大养生谷，作为旅游及健康产业的拳头产品。进入 2018 年，恒大集团开始积极探索高科技产业，逐渐形成以民生地产为基础，文化旅游、健康养生为两翼，以高科技产业为龙头的产业格局。

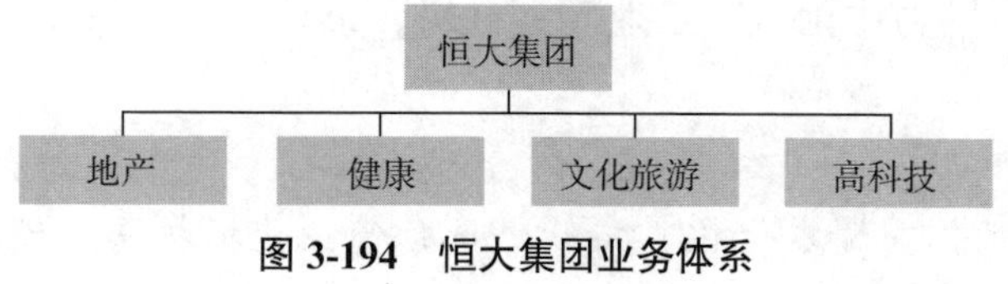

图 3-194　恒大集团业务体系

健康：恒大健康在香港上市，积极践行“健康中国”国家战略。拳头产品恒大养生谷倡导疾病预防、医疗、健康管理与医疗保险一体化创新服务理念，搭建会员制平台，整合世界一流养老养生、健康管理、医疗保险等资源，为会员提供全方位全龄化养生养老健康服务，打造国内规模最大、档次最高、世界一流的养生养老胜地。恒大养生谷已在全国布局 9 个，计划 5 年后在全国布局 100 个以上。博鳌恒大国际医院是美国哈佛布莱根和妇女医院唯一一家境外附属医院，已于 2018 年 2 月正式开业，提供国际顶级肿

瘤专科医疗服务。

文化旅游：恒大旅游集团打造全球唯一的全室内、全天候、全季节童话神话主题乐园恒大童世界，面向 2 ~ 15 岁的少年儿童，以中国文化、中国历史、中国故事为核心内容，融合中国文化精髓和世界文明，将采用世界最成熟、最受欢迎、科技含量最高的游乐设施设备及技术，打造出全球规模最大、档次最高、世界第一的童话神话主题乐园。恒大童世界计划在全国布局 15 个，目前已布局 10 个，未来 2 ~ 5 年陆续竣工开业并将走向世界，成为坚定文化自信、弘扬中华优秀文化的民族品牌。恒大还打造全球人向往的文化旅游胜地中国海南海花岛，国际会议中心、国际会展中心、海岛别墅酒店群、欧式城堡酒店等 28 种业态。

高科技：恒大高科技是恒大打造百年老店的重大战略决策。恒大与中科院达成全面合作，计划未来 10 年投入 1000 亿，在生命科学、航空航天、新能源、人工智能、现代科技农业等重点领域，与中科院共同创建引领前沿科技的“三大基地”。恒大入主美国新能源汽车公司法拉第未来，引入全世界最顶尖新能源汽车技术和顶级科研技术团队，并成立恒大法拉第未来智能汽车中国总部，全面负责法拉第未来在中国的技术研发及所有生产经营管理，助力中国汽车工业转型升级，推动中国从汽车大国走向汽车强国。

4. 资本运作：资本优化，持续降低负债；抢抓机遇，储备充裕资金

在恒大集团 2017 年开始的由高负债、高杠杆、高周转、低成本的“三高一低”向低负债、低杠杆、低成本、高周转的“三低一高”发展模式的转型过程中，大幅降低负债率是核心所在。恒大集团多措并举，持续降低负债率，“增效”与“降杠杆”已成为恒大集团发展新路径的标签。

① 1300 亿战投创纪录，降负债立竿见影。2017 年恒大合计已成功引入 1300 亿战略投资，投资者包括中信、中融、华信等实力雄厚的央企、国企、大型金融机构及战略合作伙伴。三轮战投的引入体现了投资者对恒大集团

发展前景的信心，也为企业带来大量现金流，大力增强了企业效益，同时对降低负债起到了立竿见影的作用。

②提前赎回永续债，长债换短债、低息置换高息，降低融资成本。2017年上半年，恒大通过多种方式提前赎回了1129亿元的永续债，极大地降低了其负债率，助推恒大“轻松前行”，到2020年6月末，恒大将力争实现净负债率降至70%。此外，恒大集团通过一系列长债换短债、低息置换高息的动作，降低债务成本，逐渐改善债务结构。

③土地储备负增长，降低土地费用支出。除了外部“引资”、优化债务结构外，恒大开始着力适度降低土地储备总规模以减少土地款支出，以审慎、务实的策略在必要地区补充优质土地。于2017年7月至2020年6月，企业计划将土地储备总量控制在每年负增长5% ~ 10%，相当于每年减少1000万平方米到2000万平方米土地储备。

另一方面，恒大集团始终奉行“现金为王”，为保证现金流的稳定，恒大集团积极拓展融资渠道，创新融资方式，多渠道获取大量资金。

截至2017年底，恒大集团拥有货币资金2877.2亿元，在当前房地产行业融资收紧、调控趋严的环境下，充足的现金能够帮助恒大集团有效抵御市场风险。

四、社会责任：探索扶贫新模式，成为慈善公益典型

恒大集团始终坚持“民生为本、产业报国”的发展理念，为给老百姓创造美好生活不懈努力。一方面依法依规、专心专注做好自身的经营、管理和发展，多解决就业、多缴税、多创造社会财富；另一方面饮水思源、回报社会，积极承担社会责任，投身慈善公益和脱贫攻坚。22年来，恒大累计纳税超1850亿，慈善公益捐款超113亿，现在每年解决就业260多万人。

尤其是在扶贫方面，恒大集团从2015年12月开始结对帮扶毕节市大方县，三年无偿投入30亿元，通过产业扶贫、搬迁扶贫、就业扶贫等一揽子综合措施，确保到2018年底实现大方县18万贫困人口全部稳定脱贫。

2017 年 5 月开始，除大方县外，恒大集团又承担了毕节市其他六县三区的帮扶工作，再无偿投入 80 亿元，共计 110 亿元扶贫资金，由整县帮扶大方扩展到帮扶毕节全市 10 县区。恒大从全集团系统选拔了 321 名优秀的扶贫干部和 1500 名本科以上学历的扶贫队员，与大方原有 287 人的扶贫团队组成 2108 人的扶贫队伍，派驻到县、乡、村，与当地干部群众并肩作战，工作到村、包干到户、责任到人，牢牢抓住产业扶贫、易地搬迁扶贫和就业扶贫的精准扶贫“牛鼻子”，到 2020 年帮扶全市 103 万贫困人口全部稳定脱贫。

截至目前，恒大已捐赠到位 60 亿元扶贫资金，已协助毕节各级党委政府帮扶 30.67 万人初步脱贫，其中黔西县已于 2018 年 9 月成功脱贫摘帽。到 2020 年，恒大还将帮扶其他六县三区约 73 万贫困人口全部稳定脱贫。

除结对帮扶贵州毕节外，恒大还复制推广毕节的扶贫经验，积极参与广东“扶贫济困日”活动，已为广东脱贫事业捐赠超 20 亿元，累计为广东各项公益慈善事业捐赠约 30 亿元。2017 年开始，恒大结对帮扶惠州市惠东县、博罗县共 26 个贫困村，2018 年又帮扶河源市连平县、和平县，践行乡村振兴战略，打造美丽乡村示范村。此外，恒大为陕西、河南等省扶贫攻坚事业捐赠共计 20 亿元，实施产业和教育扶贫等。

恒大集团在全国政协的鼓励支持下，在贵州省各级政府的坚强领导下开展扶贫工作，开创了政企合作精准扶贫新模式，恒大“政企合力整体脱贫攻坚”模式的成功经验是有目共睹的，去年底已经入选了中国社会科学院在京发布的《扶贫蓝皮书：中国扶贫开发报告（2017）》。蓝皮书指出，恒大一改过去局部式、间接式、单一式社会帮扶为整县式、参与式、立体式、滴管式社会帮扶，投入人力物力财力参与扶贫全过程，并通过市场化手段盘活了农村的存量资源。恒大以企业自身的资源、渠道优势，引入更多社会力量参与扶贫，特别是引入上下游龙头企业，化解了产业扶贫中的市场风险和自然风险，帮助贫困户持续增收、稳定脱贫，从而“创造了高质量的扶贫效率”，是“国内甚至国际上公益领域中的一个创举”。

武汉地产集团：砥砺四十年筑梦新时代

2018 年是改革开放 40 周年，也是武汉地产集团改革发展的第 40 个年头。四十年来，在“苟日新、日日新、又日新”的城市面貌背后，武汉地产集团既是见证者，也是参与者，更是推动者。从一条条大道高架到一座座跨越桥梁，从艺术的殿堂到服务市民的窗口，从别致的高档小区到暖心的保障人居，从土地储备到未来新城，从地产开发到新兴行业，武汉地产集团勇立潮头，奋楫前行，不断提升城市价值，改善人居环境，真切践行了“缔造城市价值、建设美好生活”的企业使命，将“每天不一样”的城市追求变成现实。

一、实力地产：大象起舞

助力城市发展，彰显国企担当

浩浩长江，悠悠汉水，两江交汇处，坐落着九省通衢的大武汉。随着武汉向“建设国家中心城市”的目标迈进，作为实力型国企，武汉地产集团秉承着“缔造城市价值、建设美好生活”的使命，以工匠精神奉献精品工程，推动城市建设，积极履行社会责任，彰显国企实力担当，成为城市升级发展的中流砥柱。

截至 2017 年底，武汉地产集团总资产达 1200 亿元，净资产 360 亿元。作为“大象”级集团企业，武汉地产集团直接管理的成员公司 18 家，以市政基础设施建设、公益性公共建筑、房地产开发、保障房及土地储备为主营业务，延伸至产业链上下游的设计、施工、监理、材料生产供应、物业服务，并积极拓展资产管理、文化创意、金融、互联网等新兴业务。武汉地产集团连续 14 年蝉联“中国房地产百强企业”和“中国房地产年度社会责任感企业”，并荣获中国服务业企业500强、湖北省企业100强、武汉市优秀企业、武汉市突出贡献纳税人、武汉市场信用示范企业、武汉市重点工程建设先进单位、湖北省文明单位、武汉市文明单位、湖北省安全生产红旗单位、武汉市安全生产红旗单位、武汉市社会治安综合治理工作优胜单位等多项荣誉称号。

40年砥砺前行，武汉地产集团不忘初心，取得了一系列令人瞩目的成就。先后建成武汉市民之家、武汉会议中心、武汉社会福利大楼、琴台文化艺术中心（包括琴台大剧院、音乐厅、月湖公园）、辛亥革命博物馆、中山舰博物馆、首义文化园、沙湖公园、武汉医疗救治中心等公益性公共建筑，涉及文化、医疗、教育、体育、行政办公等方面；完成了东湖绿道、中山大道改造、长江大道、东湖隧道、沙湖大桥、东沙湖连通工程、姑嫂树路高架等重大市政基础设施建设，为城市发展注入新的活力；先后建成了大江园、汉口花园、同鑫花园、锦绣江南、汉口城市广场、光谷188国际社区等数十个大中型居住区，让市民住有所居，住有宜居；承担了约450万平方米的保障性住房建设任务，涵盖经济适用房、廉租房、公租房、棚户区改造、双限房等各种保障性住房类型，其中，华中地区最大的棚户区改造项目——青山棚户区改造工程、80万吨乙烯还建房、惠民居等项目成为武汉市保障性住房建设的标杆，有效改善了武汉的人居环境。

2018年4月26日，习近平总书记来到由武汉地产集团投资建设的武汉市青山区工人村街青和居社区，考察棚户区项目建设和居民生活情况，听完青山棚户区改造前后对比的情况介绍，总书记十分高兴，他指出，棚户区改造事关千千万万群众安居乐业，我们的城市不能一边是高楼大厦，一边是脏乱差的棚户区，目前全国棚户区改造任务还很艰巨。只要是有利于老百姓的事，我们就要努力去办，而且要千方百计办好。武汉地产集团将牢记总书记的指示，主动作为，敢于担当，继续做城市建设领域的铁军，将更多的城市“老破小”变为宜居小区，为群众安居乐业奉献力量。

未来，武汉地产集团将不断拓展经营规模和业务领域，助推企业实力再上新台阶，以实力带动企业发展，以实力助力城市建设，再谱发展新篇章。

二、品质地产：情怀筑梦

铸就百年经典，打造城市名片

2017 年底，《长江日报》以八连版的超长篇幅报道了东湖绿道，并配发以《稀世之珍承载伟大城市梦想》为题的评论文章。稀世之珍从何来？正是出自武汉地产集团大城“工匠”之手。历经两年的艰苦建设，东湖绿道一期、二期全面建成开放，总长度超过一百公里，为国内最长的 5A 级景区环湖绿道，并成功入选联合国人居署中国改善城市公共空间示范项目。

东湖绿道，虽由人作，宛自天开，在这条百余里的城市绿色生态长廊上，处处可见武汉地产集团的匠心，大到设计方案，小到路基材料选择，均仔细研究，谨慎考虑。绿道沿线，散布着供游人休憩的驿站。据悉，驿站屋顶所用的陶土瓦是从太湖之畔的宜兴定制而来，而虎皮石墙则更费工夫。整块石料运来后，为避免破碎不成形，便摒弃便利的机械切割，完全靠工人一锤一锤砸出来，然后再挑选好的块石。再以“清风竹苑”节点为例，这里以竹元素为主打，呈现各种竹桥、竹亭、竹屋，还有多处竹林阵、竹筒路。竹子大部分从咸宁运过来，还专门从咸宁请来竹艺师傅。竹子抵汉后，经过浸泡、杀青、烘干等一整套防腐过程，还进行了做旧处理，之后才开始做造型和现场施工。竹林阵中，每根竹子站得笔直，犹如翩翩君子。在选材上，高度、粗细、间距都保持一致。

窥一斑而知全豹，正是在武汉地产集团的精心雕琢下，“百里绿道、世界典范”从蓝图走向现实，武汉从此多了一张闪亮的世界级名片，广大市民也得以从城市出发，漫步湖边、畅游湖中、走进森林、登上山顶，看湖光山色，听泉语松涛，观渔鸥嬉戏，赏茂林修竹，品渔舟唱晚，享初心放飞。

2018 年春节前夕，东湖绿道二期建设的硝烟刚刚散去，武汉地产集团又承担起了一项光荣而艰巨的任务——东湖宾馆环境改造提升工程。经过

45天“5+2”，“白+黑”的连续奋战，工程顺利竣工。2018年4月28日，举世瞩目的中印领导人会晤在东湖之畔举行，经由武汉地产集团精心打造的海光水榭和东湖宾馆游步道一一呈现在世人面前，成为向世界展示湖北的形象窗口。

遍布武汉三镇的城市地标，也都镌刻着武汉地产集团的印记，盘龙城遗址博物馆复原城市之根，辛亥革命博物馆弘扬首义精神，中山舰博物馆定格抗战记忆，琴台大剧院让艺术走近生活，市民之家提升公共服务水平，中山大道重现历史繁华，这一系列的经典作品让武汉这座历史文化名城的城市形象得以提升，城市气质得以彰显。对品质的极致追求，是武汉地产集团未曾改变的初心。

三、创新地产：活力无限

聚力创新之“核”，走出特色之路

托马斯·彼得斯说：距离已经消失，要么创新，要么死亡！在激烈的市场竞争中，武汉地产集团以创新思维引领企业发展，不断转变发展模式，调整产业结构，在技术和理念上都向业内标杆企业看齐，致力走出一条创新发展的特色之路。

2018年1月31日凌晨3点04分，由武汉地产集团投资建设的全长135米、重8800吨的汉江大道(常青路段)改造工程跨京广铁路客运线转体桥梁，历时87分钟，空中顺时针转体81度，成功跨越汉口火车站西咽喉岔区9股铁路线，实现常青路高架主线结构贯通。这项转体创造了转体最不平衡、转体桥面最宽、跨越特等站铁路股道数量最多3项世界纪录。

4月，武汉地产集团在黄冈市投资建设的建筑产业化生产基地和一体化建筑外墙系统正式签约落地，这两个项目是对传统建筑方式和建筑材料的革故鼎新，也是贯彻十九大精神、落实绿色发展理念、推进新型城镇化建设的一次生动实践。作为先行者，武汉地产集团在“创新地产”的道路上又迈出了重要的一步。

在第十四届国际绿色建筑与节能大会上，武汉市民之家脱颖而出荣获“三星级绿色建筑标识证书”，成为传播绿色建筑理念、推动和引领湖北绿色建筑高质量发展的标杆项目。自 2006 年全国推行绿标评价至今，获评三星级绿色建筑标识项目（公共建筑类）仅 48 个，其中湖北省仅 2 项。

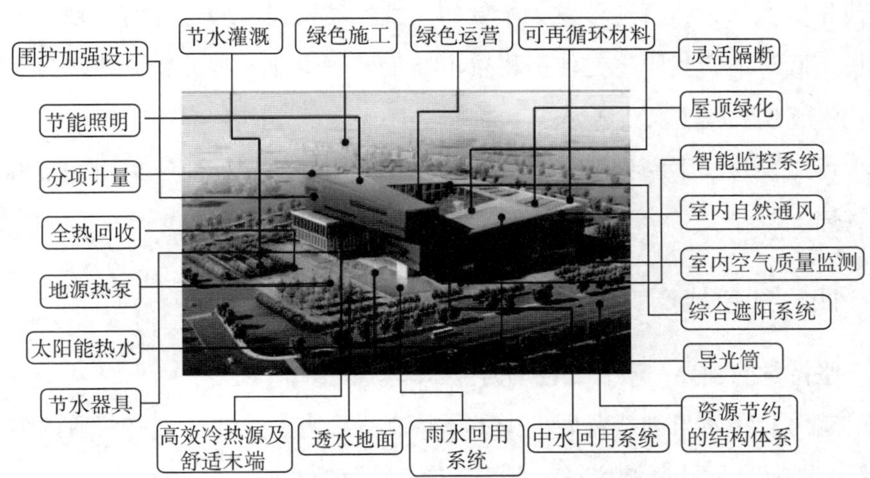

在武汉地产集团的筹划下，武汉市民之家项目启动即定位为三星级绿色建筑，从设计、建造到运营均充分结合地域气候特征、周围场地环境和社会经济发展水平，因地制宜地采用本土、低耗的六大体系 23 项绿色技术。自 2012 年 9 月投入使用以来，每年可节省运营费用 200 万元，减少碳排放 1900 吨，实现了建筑与环境、社会、经济、文化的和谐统一，产生了良好的社会经济效益和环境效益。2013 年 7 月，习近平总书记在武汉考察期间，曾点名表扬了武汉市民之家，他说：“武汉市民之家很恢弘、很宽敞。为老百姓服务的场所、便民利民的场所搞得好一点，我看着心里舒服。”

除了市民之家，武汉地产集团开发的光谷 188 住宅项目也获得住建部国家绿色建筑三星设计标识。同时，该项目还申请了国际上最先进的绿色建筑认证体系 -- 美国 LEED-ND 金级认证。而武汉的住宅社区项目获得绿色三星认证，光谷 188 还是首例。此外，“为未来而设计”，与“互联网 +”结合的智慧社区，武汉地产集团也已谋划布局，目前正在与腾讯、烽火科技等高科技企业进行沟通接洽，未来将联合开展智慧社区、智能家居研发，共同推动房地产开发进入智慧时代。

近期，在国家加快推进租赁住房建设，培育和发展住房租赁市场政策的号召下，武汉地产集团积极探索租赁住房的建设运营模式，启动了首个自建租赁房项目，打造开发 + 租赁的良性互动格局。通过提前谋划、抢占先机，武汉地产集团将在住房租赁市场上开辟企业发展的新天地，为集团实现跨越式发展注入新活力。

可以预想，不断创新、不断升级、不断转型的武汉地产集团，将再创新辉煌。

四、红色地产：不懈登攀

坚持党的领导，激发红色动力

实力、品质与创新背后，少不了具有凝聚力、战斗力、高素质的强大团队。如何让团队凝神聚气？靠的是具有特色的党建。

东湖绿道二期建设现场，每天都能看到一群佩戴“东湖绿道共产党员”红袖章的党员奔波在一线，监督质量进度、指导工人施工。来自东湖绿道二期建设、施工、监理各方的 72 名共产党员组成的“联建共创党支部”成为绿道建设“主心骨”。

东湖绿道二期点多线长，时间紧、任务重，高峰期工人、管理者近万人。参建单位多，党员力量分散。武汉地产集团琢磨：“可否集合建设方、市政与景观施工、监理等各方力量，联建共创党支部？”一个崭新的工地党支部于 2017 年 8 月正式成立。“联建共创党支部”由东湖绿道二期共 10 余家参建单位的 72 名共产党员组成，支部书记担当党建指挥长，并组建以党员为骨干的 5 支“红色冲锋小组”，每组设 1 名组长。72 名党员名单全部以展板形式对外公示、作出承诺，小组党员带头参与急、难、险、重任务。支部书记每个月讲一次工地党课，除了学习传达十九大精神，学习党章党规，还结合绿道建设实际，从身边人的鲜活实例讲起。针对绿道建设中的困难，大家一同讨论解决。这种工地党支部，不分甲方乙方，大家都奔着一个目标，高效解决问题，加快项目建设。

2016 年初，武汉地产集团与南国置业合资打造的汉口城市广场项目与区团委合作，为年轻创业就业者免费提供 1000 平方米的公益众创空间，还开展寒暑假托管、青少年课堂，为青年志愿者服务站提供平台。2017 年 8 月，汉口城市广场项目与后湖街联合成立了武汉第一家商圈党组织，开创了国企购物中心与群团组织开展公益项目之先河。商圈党组织整合商户资源，吸引思想素质高的大学生加入"红色物业"，在汉口城市广场营造"红色文化"氛围。下一步还将打造"红色物业"双创体系，为商户、入驻者提供创业、技能培训等多项服务。

作为后湖地区第一个商业综合体，汉口城市广场的定位就是为后湖片区社区居民服务。汉广周边有 10 万户家庭，从 2014 年开业至今，日均人流量达 5 万人，已经成为后湖居民生活、购物、社交、文化娱乐的重要平台。从成立之初，汉口城市广场就广泛与社区、街道密切联系，与社区联合举办"红歌会"，与江岸区体育局开展全民健身舞大赛，还多年承办江岸区青歌赛，并为社区广场舞大赛提供活动空间。

五、一主多元，两轮驱动：做优秀城市运营商

坚持内外并举，实现合作共赢

伴随改革开放的步伐，武汉地产集团风雨兼程，砥砺前行，从小到大，由大到强，书写了实力国企改革发展的壮丽篇章。

市场大潮浩浩汤汤，企业发展如逆水行舟，不进则退，要想乘风破浪、一往无前，则更需要强大的动力源泉。对于企业来说，发展战略则是这一动力源泉。武汉地产集团坚持推进"一主多元，两轮驱动"发展战略，以房地产开发为"根"，牢抓主业不放松，同时继续推进城市基础设施、公共建筑、保障性住房、土地储备、金融、文创及产业链相关产业多元化发展。既发展实业经营，也注重资本运作，设立基金公司，发行海外债，投资参

股银行、证券、保险、科技、商贸等知名企业和上市公司，不断扩大在资本市场上的影响力。聚焦主业，兼顾辅业，实业与金融并重，打造全产业链，是武汉地产集团坚定不移的战略道路。

武汉地产集团与时俱进，打造开放式平台，深化对外交流，坚持合作共赢。与电建地产合作的泛悦城和重庆洺悦城项目成功上市，与建发集团合作的厦门项目正在积极推进中，与地铁集团合作开发武汉市首个地铁上盖物业项目，与公交集团合作推进公交站场开发，与北京卫星厂合作的城星公司逐步步入正轨。此外，还与黄冈市、江夏区、新洲区、武汉经济开发区、临空港经济开发区、电建地产、中交二航局、航发集团、越秀集团、建发集团、蓝城集团、华夏幸福、武船集团、电建路桥公司、山东电建等单位成功签订战略合作协议，从资产、项目、技术、管理等方面开展全方位的合作，通过资源互补、优势共享实现战略目标。

面对日益严峻的融资形势，武汉地产集团创新推进多元化融资，取得了可喜的成绩。今年以来，武汉地产集团成功投放了武汉市首单 35 亿棚改保险债权计划，顺利摘牌 17 亿元棚改基金，推动首只独立管理的 5 亿国企混改基金取得基金业协会备案。同时，首笔资产证券化业务在上交所通过，实现此类业务零的突破。8 月 2 日，武汉地产集团境外债成功发行，创下了省内国企境外债发行单笔规模最大的纪录，在国际资本市场上完成了一次精彩的首秀。

在新的历史起点，武汉地产集团将继续发扬“敢为人先，追求卓越”的城市精神，以“四个地产”引领企业发展，以奋进者、坚定者和搏击者的姿态在武汉城市生长中担当核心力量，让人民在享受经济发展带来的物质成就的同时，感受到人文、历史和自然的城市温度。

第四章

房地产企业新时代下的突破与创新

2017年，党的十九大明确指出“中国特色社会主义进入了新时代”，“社会主要矛盾已经转化为人民日益增长的美好生活需要和不平衡不充分的发展之间的矛盾”。同时“我国经济已由高速增长阶段转向高质量发展阶段，正处在转变发展方式、优化经济结构、转换增长动力的攻关期”，要求“必须坚持质量第一、效益优先，以供给侧结构性改革为主线，推动经济发展质量变革、效率变革、动力变革，提高全要素生产率，着力加快建设实体经济、科技创新、现代金融、人力资源协同发展的产业体系”。

新时代背景下，中国房地产市场同步进入“高质量发展”的新时代，过去惯用的发展模式备受挑战，未来能够抓住新时代“美好生活”诉求的企业才能始终站在百强阵营中。这就要求企业既要抬头看天，在纷繁的市场变化中洞察潜力市场机会，也要低头看路，结合自身禀赋寻求长远发展的路径，更要调整姿态，重塑企业核心能力才能跟上时代步伐。

第一节　中国房地产市场突破中的格局之眼界

在房地产市场蓬勃发展的15年中，我国城市化发展日益成熟，房地产市场发生了翻天覆地的变化。从美国、日本等发达国家的房地产市场看，庞大的增量和存量市场有各种挖掘和变现的商业模式，且未来利润可期。而目前中国的存量市场正是一个百万亿级别的市场，这意味着中国房地产正逐渐由增量市场进入存量市场，未来房地产企业或将从“卖房子”转向“卖服务”。

一、未来增量市场空间巨大

城镇化持续推进背景下，中国房地产增量市场保持高位运行。十五年来，中国城市化率由2003年的40.5%增长至2017年的58.5%，达到世界城市化的平均水平。城镇化的不断推进，在城市基础设施完善、城市功能增强、城市承载能力加大和城市居住环境改善等领域为房地产行业发展带来巨大机遇。

从美国、日本的经验来看，新房成交套数在整体进入存量房市场后的占比长期稳定在10%～15%区间，而中国目前新房交易额占比为70%。由此可见，中国完全到达存量房时代仍有较大距离。和美国、日本等国家的城镇化率相比，我国城镇化率至少还有20%～30%的提升空间。城镇化的持续推进将释放大量的居住需求，中国2017年全国商品房销售额再创新高，达到13.4万亿元，未来几年增量市场仍将保持相对高位，至少仍有年均12亿平方米以上的开发规模，市场空间仍然足够大。

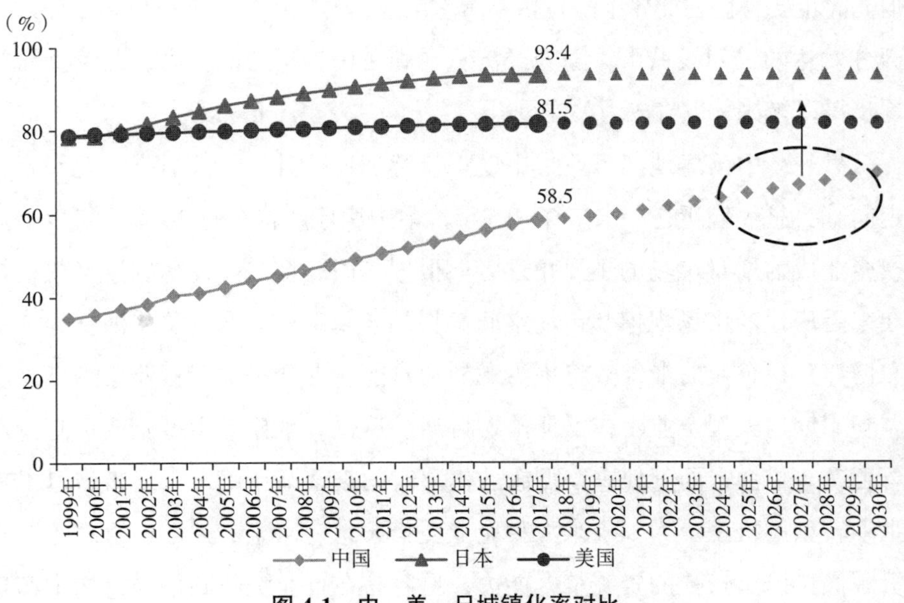

图4-1　中、美、日城镇化率对比

资料来源：根据国家统计局年鉴（1999～2017）数据及中指研究院整理。

同时，十九大会议也明确指出，要以城市群为主体构建大中小城市和小城镇协调发展的城镇格局，未来具有发展潜力的城市群、自贸区、大湾区等将具有更大的市场空间。京津冀、长三角、珠三角、长江中游和成渝城市群将成为未来中国最具发展潜力的地区。具体到各城市群内部，不同等级城市因发展阶段不同，其市场空间存在明显差异性：①一线城市：2017年北上广深二手房交易金额占比均超70%，已步入存量市场发展阶段，未来增量空间主要集中在城市更新、旧改领域。②二线城市：供应相对充足、市场也更加活跃，随着城镇化的继续推进，将成为房地产市场主要的增量市场所在。③三四线城市：城市群辐射范围内的三四线城市受惠于城市群交通、产业协同发展规划，具有较强的人口吸附力，将成为房地产市场增长的主要内生驱动力，尤其是具有一定产业基础的三四线城市更具投资价值。其次，2017年因棚改带动的三四线城市火热行情可以说明，三四线棚户区改造带来的市场需求规模巨大，未来三年棚户区改造规模仍十分可观，但同时也要警惕在此轮上涨行情中需求已经被透支了的三四线城市。此外，部分发达的三四线城市，随着经济水平和居民购买力的提高，改善型需求逐步得以释放，也将成为关注重点。

另外，中国房地产行业集中度将持续加速提升，强者恒强，龙头企业走向寡头是大势所趋。未来3～5年，中国房地产将有超30家千亿以上规模企业成为增量市场的主要角逐者。根据美国、日本等发达国家经验，长期来看房地产市场规模和市场空间都将趋于稳定，行业竞争将演变为“零和博弈”，企业的卡位战将更为激烈。目前，中国房地产行业已进入深度调整周期，大型企业正在紧抓并购机遇快速做大规模，中型企业仍有少量弯道超车机会，而其他中小型企业生存空间被逐渐压缩，未来被迫退出或主动转型的机率更大。未来大型企业凭借土地、资金、人才、管理等要素资源优势以及较强的资源整合能力，更容易在行业洗牌和格局重构中实现规模的快速提升。预计到2020年，中国房地产企业数量锐减，房地产市场将变成规模巨鳄们的激烈角逐场地，千亿以上规模企业数量将超30家。其中，将至少包括3家万亿以上企业、11家3000亿～10000亿企业、16家1000亿～3000亿企业。

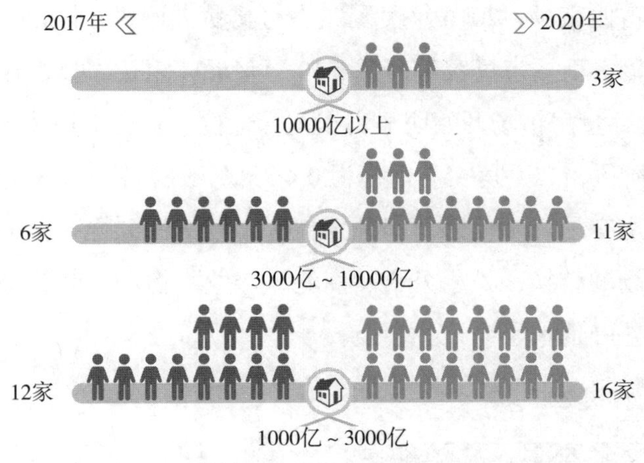

图 4-2　房地产企业未来发展格局预测

值得注意的是，变革开发模式，通过并购、合作、代建和轻资产模式可以快速帮助企业提升规模和市场份额。在趋于稳固的市场空间下，企业对于市场的抢夺将更加激烈，过去企业单枪匹马“拿地—开发—销售”的开发模式已不能满足市场变化和行业竞争需求，企业应积极转变开发思维，采用收并购、合作开发、轻资产等模式，快速做大规模。①采用并购模式，快速推动企业规模增长。从成熟市场经验来看，历次行业周期波动时期，都是行业并购的窗口期，美国、日本市场都在波动中成就了诸多伟大企业，例如 Horton 在 1994 ～ 2002 年间接连并购 17 家公司、Lennar 在 1996 ～ 2003 年并购 19 家公司，大举收购使得规模翻番，实现了规模的迅速提升，位居全美企业前列。②采用合作拿地 / 开发模式，提高拿地概率、缓解资金压力、叠加优势资源、扩大市场份额，从而实现规模的有效增长。③转变运营逻辑，通过输出管理代建运营，助力规模化突围。

二、存量市场成新战场

同样，中国存量房市场也具有巨大的潜力，亟待挖掘持有商业物业价值。根据对美国、日本等成熟经济体房地产行业研究，房地产市场发展到一定阶段将由增量市场向存量市场转变。如美国进入存量房时代已久，二手房市场已绝对占领市场，2016 年美国二手房交易额近 6 万亿元，是新房开发销售额的 9 倍，租赁市场容量高达 5.19 万亿元，租赁人口占比 35%；日本自 1985 年起存量房市场开始明显占据主导地位，新房市场波动性加大，整体处于下行阶段，二手房交易规模为 0.4 万亿元，租赁人口占比为 27.2%；而中国二手房交易规模仅是新房开发销售市场的四分之一，未来随着新房和存量房市场的转换，长租公寓、商业、产业、物流、医养等细分领域的存量房价值空间都将得到充分挖掘。

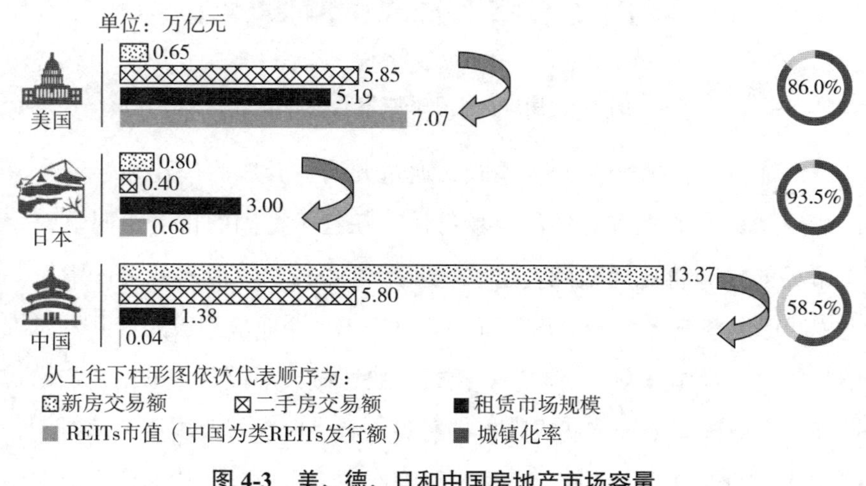

图 4-3 美、德、日和中国房地产市场容量

资料来源：根据美国、日本、中国统计局年鉴数据及中指研究院整理。

随着中国房地产市场长效机制的加速推进，各部委积极出台政策支持长租公寓的发展，租赁市场迎来发展新机遇。一方面，持有重资产拿地模式的房地产企业，其集体设施用地成本大幅低于“限地价、竞配建”等方式获取的普通国有住宅建设用地，将租赁房运营的前期成本降低，提高住房租赁业务回款周期。而部分企业采用轻资产模式获取项目，在获取项目资源的同时，输出项目建设及运营能力，扩大自身的品牌影响力，减轻长租公寓项目运作中的资金压力，进一步为企业提前培育潜在客户。另一方面，长租公寓资金投入高、回收期长，重资产的运营模式无疑又进一步增加了企业的资金压力，在国内资产证券化工具不断完善的过程中，企业在长租项目上的资金压力亦将得以释放。中指研究院根据对我国当前住房租赁市场的市场规模及未来市场空间的测算结果显示，到2020年我国住房租赁市场规模可达近2万亿元，未来发展空间巨大，而长租公寓作为租赁市场的最主要细分方向，将成为房地产企业未来盘活存量资产的利器。

第二节　中国房地产企业创新中的战略之坚盾

对比国外企业的发展经验，大中小型企业发展路径将产生巨大分化。随着市场由增量转向存量，房地产企业业务重心将从前端开发向后端服务和资产管理转移。像美国、日本的房地产企业经过房地产行业长周期波动洗礼，在市场转变过程中经受住了市场的锤炼，发展路径更为成熟。经过梳理发现，在市场由增量向存量转变的过程中，国外企业除了坚守开发商定位，始终专注于新房开发销售业务之外，主要通过综合开发运营商、转型为REITs上市、专业化服务运营商等发展模式紧抓存量市场机遇，匹配时代发展要求，值得中国房地产企业借鉴。

①坚守开发商定位：不展开存量市场业务，专注于新房开发业务，继续做大做强，提升增量市场份额。如美国排名前三的开发商Pulte、Horton和Lennar等新房开发销售业务收入占比仍占90%左右。②转型综合开发运营商：聚合优势资产、资源和运营能力，均衡发展新房开发销售与运营服务，同时成立基金和REITs，实现重资产模式下的轻打法。如日本三井不动产租赁业务、新房开发销售、经纪管理和住宅定制业务收入占比分别为28.7%、31.5%、20.4%和14.5%，拥有3支REITs和2支私募基金，资产管理规模达3.47万亿日元；三菱地所新房开发销售业务、租赁业务收入占比分别为34.1%和49.5%，拥有1支办公楼REITs、1支私募REITs和海外基金等，资产管理规模2.52万亿日元；住友不动产的新房开发销售业务和租赁业务收入占比则分别为32.1%和36.2%。③转型专业运营商：逐步收缩或退出

开发销售业务，但基于开发经验和运营长处，以开发能力和经验为链接关联住宅租赁领域，转型为住宅租赁运营商，如美国 ForestCity、The Michaels Organization 和日本 Daito、Leopalace21。④转为 REITs 上市：选择自身在商业零售、住宅租赁、写字楼、仓储、物流或养老中擅长的领域，扎实锻造专业运营能力，紧抓本国政府推进 REITs 支持房地产发展机遇，以 REITs 上市，获得大量资金支持，用于物业开发和收购，实现规模化扩张，如美国 SPG、KIM、PSA、BXP、EQR、AVB 和 HCP 均由开发商转型而来。

房地产企业在规模化扩张顶峰向结构化、品质化的过渡期，行业运行的规律已然发生了变化，企业需调整决策的思路。不同规模企业的发展路径将呈现出以下分化趋势：大型企业或专注于新房开发销售，继续提升增量市场份额或转型综合开发运营商，双市场通杀，同时深化金融资本模式，实现产融结合。中型企业在继续提升新房开发销售规模的同时，依据自身资源积累和核心优势重点提升房地产某一细分领域的运营能力，充分利用资产证券化盘活存量资产。小型企业受规模、实力等因素的限制，将逐渐退出新房开发销售业务，围绕存量房市场转型为服务商，提供物业服务等。

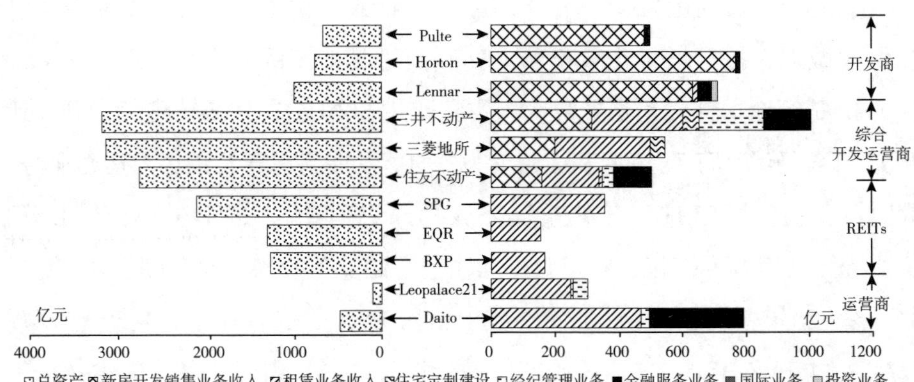

图 4-4　国外企业业务占比

资料来源：Pulte、Horton、Lennar、三井不动产、三菱地产、住友不动产、SPG、EQR、BXP、Leopalace21、Daito 公开年报及中指研究院整理。

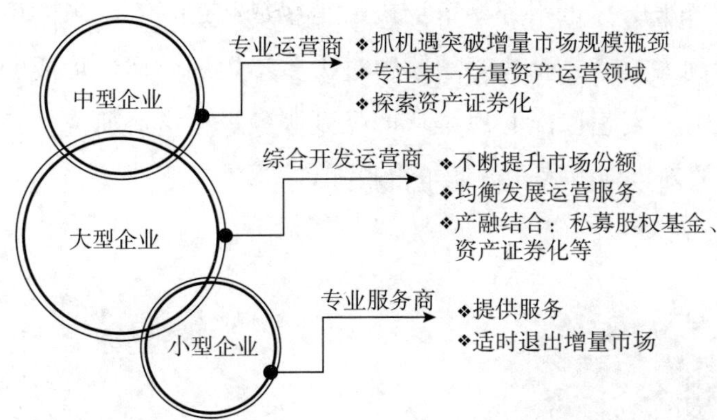

图 4-5 中国不同规模企业发展路径分化示意图

房地产正处在变革的关键时期，政策趋势引导下的市场运营模式将逐步告别过去频繁波动的阶段，虽然不同规模的企业在未来有各自的发展路径，但是仍然需要加大业务、运营、管理等方面的能力，把握增量，突破存量，房地产企业仍大有可为。

一、彻底扭转粗放增长逻辑，以工匠精神决胜服务时代

中国正在向服务业经济时代转型，围绕美好生活的高品质服务市场领域机遇也逐渐放大。过去十五年，中国房地产行业在巨大的发展机遇下经历了“野蛮生长”的时代，不同规模的企业在行业普惠性增长机遇下均实现了快速发展。随着中国经济环境发生巨大改变，人民消费水平与需求加速升级，中国正向服务业经济时代转型，无论是高质量的居住需求，还是租赁、养老、文旅、教育、物流等服务领域均存在明显的供给空缺，尤其是规划合理、业态丰富、配套完善、功能健全的优质产品和服务尚不多见。未来，中国服务性房地产市场将衍生出巨大的市场潜力和价值，有待企业进一步深入挖掘。

在新时代背景下，企业应彻底扭转粗放增长的发展逻辑，以工匠精神打造美好生活场景，从而决胜服务时代。过去的住宅开发市场主要拼规模

和速度，但未来的存量服务型市场拼的是客户和运营。未来的市场将不会再给急功近利者机会，企业必须摆脱过去多年发展中惯性形成的粗放型开发模式的束缚，真正以匠心思维从产品到服务进行潜心研究，打造并引领美好生活下的新生活方式，方能走得长远。

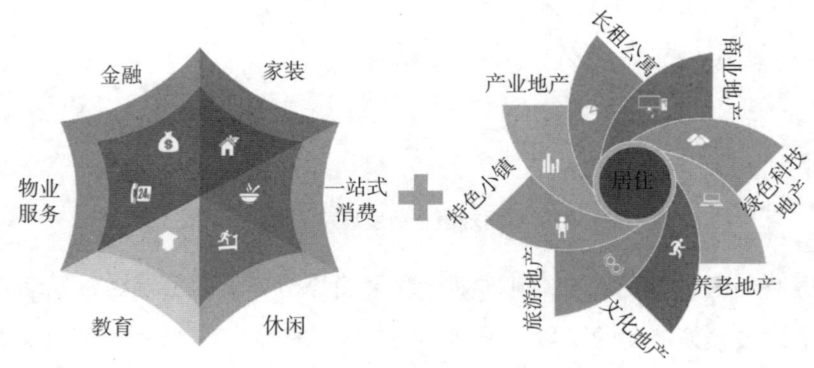

图 4-6　企业围绕美好生活提供产品和服务

在产品和服务打造方面，要由过去粗放的发展模式，在制度上、理念上、技术研发上向建筑现代化发展转型，建造长寿命、高品质、绿色低碳的新型房地产产品；同时理顺服务定位，以“服务生”的身份提供专业化的社区服务、健康养老、教育、家装或文旅等全方位服务，在特色领域打造提供体验性更强的生活消费、健康养老、文旅休闲、现代化办公的新兴场所，成为居民“美好生活场景”的全方位构建者。

在运营模式方面，可以建立专业服务团队或与专业服务商合作，补足服务短板。企业现有的人才团队熟悉开发流程，但缺乏对后端运营如社区运营能力、产业与教育资源导入、科技创新应用等领域的了解，专业团队成为决胜服务领域的关键。企业一方面可以通过引入专业服务人才，打造专业服务团队；另外一方面，可以选择和专业服务商合作，迅速补齐服务短板。

此外，充分利用大数据、物联网、人工智能等新进技术，提高服务水平和质量，引领未来智慧生活。为了更好地提高服务水平，企业应利用大数据深入研究用户特征、个性、行为特性等内容，锁定目标客群并提供精准服务，不断增加用户黏性，并强化服务情景化和情感化，为用户提供生活、社交和娱乐等服务充分满足用户情感需求；并积极利用互联网、物联网和人工智能等技术，整合线上线下优势资源，提高服务的科技含量，实现优质服务。

而服务领域，尤其是租赁、养老、教育、社区服务、产业运营等细分领域均具有前期投入资金大、投资回报周期长等特点，对于长期以“高杠杆、高周转、高收益”模式运营的开发企业来说，布局服务领域占用太多企业资金或资源可能会导致业务投资失败，甚至可能导致整个企业的失败，如美国开发商 Centex 因多元化的战略部署，资金压力过大，最终被 Pulte 收购。因此，资金实力强、服务水平高或具备较强资源整合能力、具有较强抗风险能力的企业才适合转向服务领域进行拼杀。从目前发布美好生活战略的企业来看，碧桂园、万科等龙头企业已计划围绕美好生活的方方面面进行全产业链布局；而部分中小型企业的布局领域则相对较少，这也反映了不同规模企业在运营能力、资金、资源之间的差距。未来，对于中小型企业，可依据已积累的资源或专业化经营优势，选择某一个或少数服务领域打造企业核心竞争力，并通过长期专业化运营最终实现盈利，继而成为新的业务增长极。

二、专业化运营盘活存量资产，运营能力成突围关键

随着房地产市场由增量时代向存量时代转换，房地产主赛道将面临切换。尤其 2017 年以来，国家政策大力支持租赁市场的发展，除了已经身在其中的专业运营商，更是吸引以中行、中信、建行为代表的银行，阿里和京东等互联网企业以及万科、碧桂园、恒大、华润、龙湖、旭辉等企业等各方市场力量入局存量资产市场。具有资金、房源等资源优势的企业，拥有成熟的开发链条，对硬件的改造与投入拥有先天优势，在存量市场将具有先天竞争优势。

一方面，企业凭借自身优势可精准定位存量资产空间，聚焦不同层级城市的核心地段，获取优质的存量资产项目。未来，优质存量资产的选择范围将不仅局限于北上广深等一线和热点二线城市，经济比较发达、具有产业基础的三线城市的优质存量资产也将纳入资产运营商的可选范畴，在城市和地段的选择上，一线和热点二线城市城市核心区和城市副中心的核心地段均可纳入可选范围，三线城市则聚焦城市核心区的核心地段。当然，地段只是初步条件，还需综合考虑经济、人口、竞争等周边环境，项目的体量、规划和开业时间等都需要综合判断。

但是考虑到城市房价和流动人口等因素，长租公寓的市场空间和商业、写字楼等存在较大差异，一线城市和厦门、杭州、苏州、南京等核心城市的核心区位将成为长租公寓布局的主战场。根据国外发展经验，大中城市流动人口占比和房价收入比较高，租赁需求旺盛，如美国大中城市的都市区及周边区域租赁住房占比达88%，其中都市区占比46%。通过对中国城市房价收入比及流动人口比率两个指标的分析，并结合政策因素综合考虑，一线城市和厦门、杭州、苏州、南京等热点二线城市将是企业布局长租公寓的重点城市，另外，天津、宁波、重庆、武汉等城市也存在广阔的发展空间。

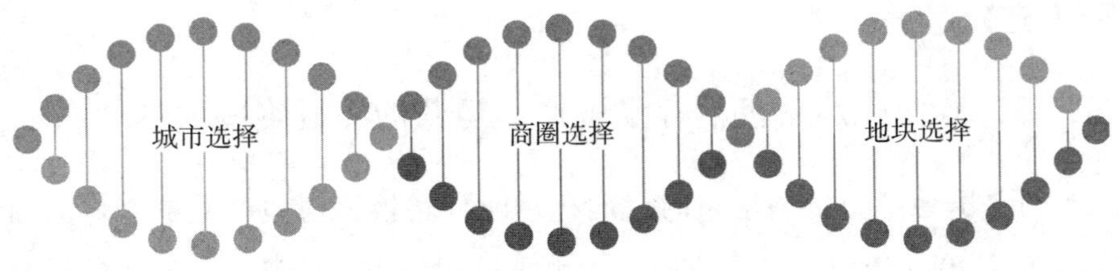

图 4-7 存量资产布局空间

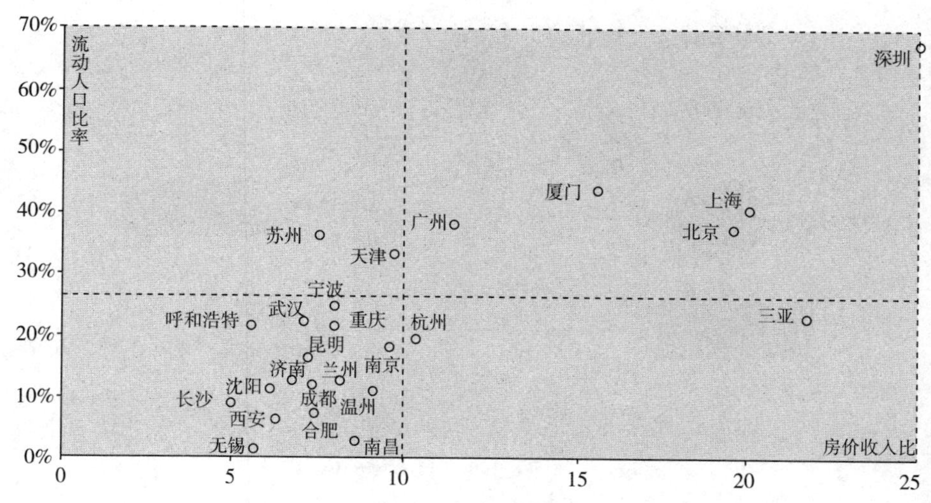

图 4-8　重点城市房价收入比及流动人口比率

资料来源：根据国家统计局年鉴数据、Wind 数据库及中指研究院整理。

另一方面，房地产开发企业多年的开发经验虽使其在存量房领域具有拥有、获取和存量改造方面的先天优势，但大部分开发企业专业运营能力不足。因此，在存量资产的开发过程中，企业要根据实际情况，选择合适的运营模式切入并快速抢占份额：具备资金实力的大型企业，可选择重资产模式下“持有＋运营”“持有＋托管”或“持有＋净出租”模式，拓展存量资产领域：①选择“持有＋运营”模式，通过组建运营团队，提升自身运营水平的同时实现盈利最大化，美国开发商 The Michaels Organization 通过持有和运营快速拓展长租公寓布局，2016 年持有公寓数量达到 6.4 万套。②选择“持有＋托管”模式，通过与专业运营商合作，获取租金及绝大部分经营收益，达到快速提升资产运营水准，承担经营风险，但可避免组建运营团队所带来的成本与风险，如美国养老医疗领域的 Ventas 采用委托经营模式提高风险收益水平。③选择“持有＋净出租”模式，将存量资产及租赁给运营商，获取固定租金费用，不承担经营风险，如美国 REITs—HCP 采用该净出租模式，规模不足 200 人，拥有 500 余处出租型物业。

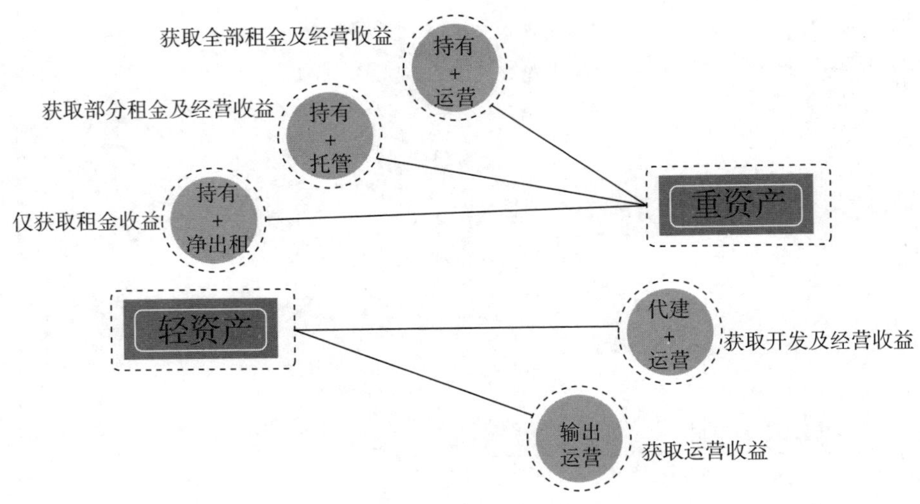

图 4-9　存量资产运营模式

而部分资金实力较弱的企业可采用轻资产模式，输出“开发 + 运营”服务或只输出运营服务，减少前期资金沉淀，实现品牌的快速扩张，有效提高市场份额。如日本 Daito、Leopalace21 均采用“代建 + 运营”模式，向土地所有者提供建造和租赁方案获得土地经营权，有效降低企业资金压力，截至 2016 年末 Daito 和 Leopalace21 运营的租赁房间数量分别达到 92.4 万间、56.9 万间。

三、资本逻辑向存量价值运营转变，资产证券快速崛起

新时代背景下，我国经济已经步入高质量增长阶段，金融以“脱虚向实”、去杠杆防风险为重点发展方向，房地产行业也由此进入降负债、去杠杆和控风险周期，债权类融资不断收紧，对于依旧高度追求规模化的房地产企业来说，资金链压力愈来愈大；而更重要的一方面是，随着存量资产的崛起，需要匹配大量、长期、低成本的资金，能够有效盘活存量资产、释放资产的价值、改变房地产企业单一融资模式的资产证券化，尤其是 REITs 将迎来前所未有的发展契机。中国房地产资产证券化将驶入发展的快车道，房地产私募基金和资产证券化是成熟房地产市场的重要金融工具，是存量资产

运营的主要资金通道，其中 REITs 是盘活存量资产最重要的利器。美国目前房地产私募基金规模约为 4.4 万亿元，CMBS 规模达到 5.2 万亿元，REITs 225 支，市值超过 7.7 万亿元。与美国金融市场相比，中国房地产基金总量规模仍有提升空间，但资产证券化还处于发展的初期阶段，尤其是截至目前中国还没有真正意义上的 REITs。

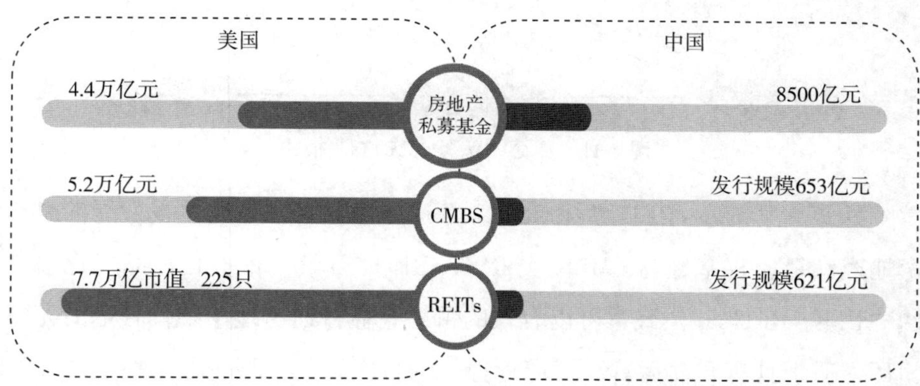

图 4-10　中美房地产私募基金和资产证券化市场规模对比

资料来源：Wind 数据库、美国房地产信托投资基金协会及中指研究院整理。

近两年来，中国资产证券化市场进入快速发展期，成为企业进行存量价值管理的主要资金通路。截至 2017 年 12 月 31 日，资产证券化总发行规模 1.6 万亿元，较 2016 年底累计规模增长 134%。其中，房地产资产证券化也在政府、市场的逐步推进下取得了快速发展，发行量、交易量和市场机构参与度均不断提升，仅 2017 年一年就发行了 15 单 CMBS 和 16 单类 REITs，发行规模分别达到 460.3 亿元和 291.4 亿元，同比大幅增长 138% 和 180%，为房地产资产证券化市场的发展积累了丰富的交易结构和商业经验。未来，随着存量资产的价值的不断崛起，尤其是“租购并举”住房制度的持续推进，房地产资产证券化将进入快速发展通道，其中 CMBS、类 REITs 等资产证券化产品发展前景值得期待。

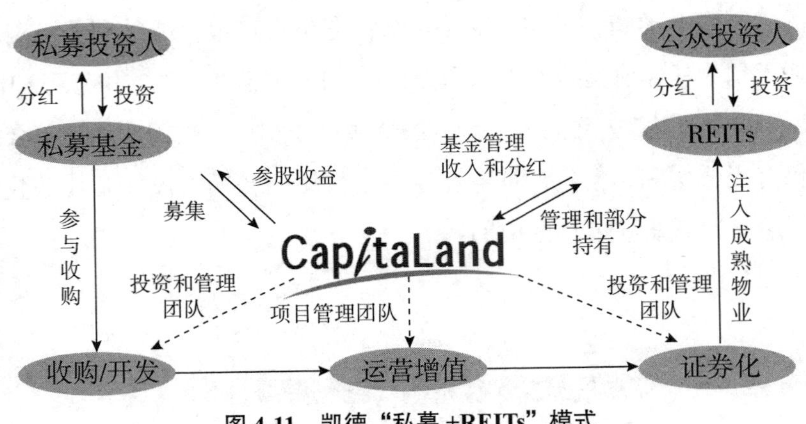

图 4-11　凯德“私募 +REITs”模式

另外，“私募 +REITs”和 REITs 等运作模式在未来也更具发展前景。房地产私募股权基金与 CMBS/ 类 REITs/REITs 等资产证券化产品优化组合的“私募 +REITs”模式，可以有效的帮助企业打通房地产融投管退的完整闭环，适于具有开发运营、资产管理等综合实力的大型企业。在资产证券化程度较高的国家，REITs、CMBS 为私募房地产基金提供了最佳的退出渠道，如新加坡凯德采用“私募 +REITs”模式，先由凯德发起私募基金购买或开发物业，随后由管理团队运营增值，待到物业增值且有良好租金回报以提供稳定现金流后，私募基金将物业出售给新加坡上市的 REITs。此模式下，凯德集团投资商、开发商、运营商和基金管理人于一身，以项目开发巨额增值收益和基金管理费收益为主，资管收入来源多样。

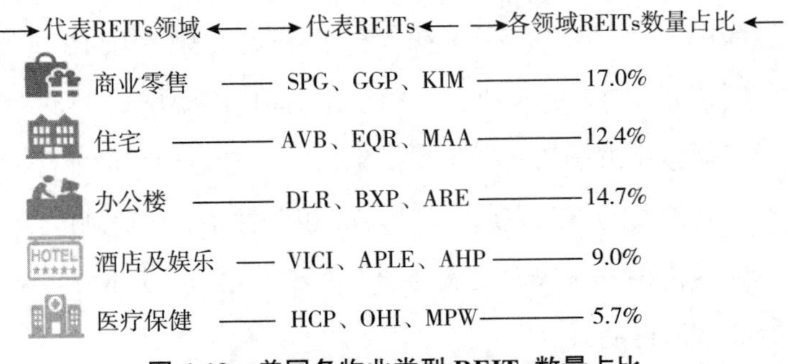

图 4-12　美国各物业类型 REITs 数量占比

资料来源：SPG、GGP、KIM、AVB、EQR、MAA、DLR、BXP、ARE、VICI、APLE、RHP、HCP、OHI、MPW 相关公开资料和年报及中指研究院整理。

转型 REITs 的企业需要及早储备各类存量细分领域的优质收益性不动产，并培育专业运营能力，争取在某个或几个细分运营领域拔得头筹，成功转型以 REITs 运作为主的不动产运营商。20 世纪 90 年代，美国开发商紧抓国家大力推进 REITs 机遇，发展 REITs 并成功上市，由此获得了大量资金支持，用于物业开发和收购，实现规模化扩张，成为商业零售、住宅、办公楼、酒店及娱乐、医疗保健等细分领域的专业运营商，如 SPG、KIM、PSA、BXP、EQR、AVB 和 HCP。目前，国内租金收益比较稳定的资产类型主要为办公楼、商场、酒店等商用地产，而长租公寓作为政策发力点或将率先成为资产证券化的先锋。对于企业来说，短期内，类 REITs/CMBS 将成为资产证券化主力，未来发展 REITs 模式则是大势所趋，具有专业运营能力的企业则可以凭借细分领域的较强开发建设、运营管理经验，利用 REITs 突破资金限制，实现盈利的最大化。因此“开发 + 持有”“并购 + 持有”模式将成为企业扩大 REITs 发行规模、提升市场份额的主要模式，极少部分 REITs 将通过与专业运营商或其他投资机构合作发起的私募基金共同持有。

在中国经济发展的新时代，人民的意识观念处于不断转变当中，人工智能、物联网、区块链等技术革命正以无法估量的速度飞速发展，或将很快颠覆未来的生活、生产场景。在市场的快速迭代和变化中，未来中国房地产的发展轨迹或将围绕人居方式的转变而发生巨大颠覆。对于房地产企业来说，最重要的策略就是与时俱进，看不到时代的变迁就注定以看不见的速度被历史淘汰。未来优秀的房地产企业也必将继续优化产品、优化经营、优化管理，跟随时代前进的步伐，为国内的新型城镇化建设添砖加瓦，为中国的美好生活建设保驾护航。

附录一

2018中国房地产百强企业研究报告

一、研究背景与目的

中国房地产TOP10研究组自2004年以来开展中国房地产百强企业研究，已连续进行了十五年。研究组紧随行业发展脉搏，深入研究房地产企业经营规律，为促进行业良性运行、企业快速成长发挥了重要作用，相关研究成果已成为评判房地产企业经营实力及行业地位的重要标准。

2017年，党的十九大报告明确提出要坚持“房住不炒”定位，“加快建立多主体供给、多渠道保障、租购并举的住房制度”，传递出新时代“住有所居”的国家信念；中央经济工作会议进一步提出“要完善促进房地产市场平稳健康发展的长效机制，保持房地产市场调控政策连续性和稳定性”。房地产市场在中国步入新时代的大背景下，将迎来高质量的发展阶段和多层次的全新发展格局，房地产企业应主动转变发展思路，适应行业发展的重大变革，挖掘新时代的发展机遇。为此，中国房地产TOP10研究组启动“2018中国房地产百强企业研究”，以“提质稳发展，谋变新时代”为主题，发掘行业中综合实力强、成长潜力大、经营稳健、社会责任感强的优秀房地产企业群体，鼓励企业积极改进业务模式、高效整合发展资源，引领行业在新时代下实现持续、健康成长。

在分析总结历年研究经验及房地产企业发展现状的基础上，研究组进一步完善了研究方法和评价指标体系，继续从规模性、盈利性、成长性、稳健性、融资能力、运营效率和社会责任感等七个方面全面、客观地评价企业的综合实力，引导企业不断优化发展模式，推动行业健康、良性运行。

中国房地产百强企业研究目的：

（1）通过企业规模性、盈利性、成长性、稳健性、融资能力、运营效率和社会责任等指标的量化研究，发掘综合实力强、经营稳健以及具备较强社会责任感的优秀企业群体；

（2）通过系统研究，打造“中国房地产百强企业”品牌，提升企业知名度和影响力，发挥百强企业的行业示范效应，推动房地产企业做强做好做大；

（3）通过企业评价，鼓励企业为社会多做贡献，以营造行业重视社会责任的氛围，发挥房地产业作为国民经济重要支柱产业和重要民生行业的作用。

二、百强企业研究方法体系

（一）标准和门槛值

中国房地产百强企业研究坚持以数据为依据，坚持客观、公正、准确、全面的研究原则。TOP10 研究组依照国际惯例，对中国房地产百强企业设立如下筛选标准和门槛值：

（1）依法设立并登记注册的房地产开发经营企业作为本次的研究对象；

（2）按照国际惯例，对进入研究的企业给予一个门槛指标，TOP10 研究组根据近 5 年百强企业实际状况，确定近三年每年的房地产业务销售额均须达到 10 亿元或销售面积 10 万平方米为入选门槛值；

（3）为了引导房地产开发企业做强做好做大，TOP10 研究组鼓励以集团的名义参与；

（4）符合上述 1 ~ 3 条，但是有严重拖欠工程款，或有重大偷漏税等违规行为问题的企业，取消评审资格。

（二）评价指标体系

评价指标体系设立原则

2018 中国房地产百强企业研究以 2015 ~ 2017 年度为研究时间段，涵盖规模性、盈利性、成长性、稳健性、融资能力、运营效率、社会责任在内的 7 个二级指标 34 个三级指标，全面考量企业的综合实力。

评价指标体系的设计主要把握以下几个基本原则：

（1）企业规模与运营效率相结合。规模与效率是企业向前发展的双驱动力，规模经济的获取离不开高效率的经营管理，基于资金密集型特性，房地产企业只有在不断提高经营管理的运转效率，更好地实现资本的良性增值循环的基础上，才能稳健扩张规模；在市场波动明显的情况下，较高周转率对于企业的稳健经营更是具有重要意义。TOP10 研究组在此采用净资产、房地产业务收入、总资产周转率、存货周转率等指标，综合反映企业规模化发展与运营效率的情况。

（2）成长潜力与经营稳健相结合。房地产是资金密集型行业，也是一个容易受政策影响的行业。企业的高杠杆运营，在市场调整期往往带来资金链断裂的巨大压力；而一旦市场向好，企业为补偿资本所承受的风险，又容易诱发提高房价、盲目囤地，进一步推高了行业的不确定性风险，增加了企业的经营难度。此次研究继续强调企业成长潜力的培育必须建立在稳健经营的前提下，注重短期财务风险的控制，处理好稳健经营与快速成长之间的关系，以维护整个行业的平稳健康发展。

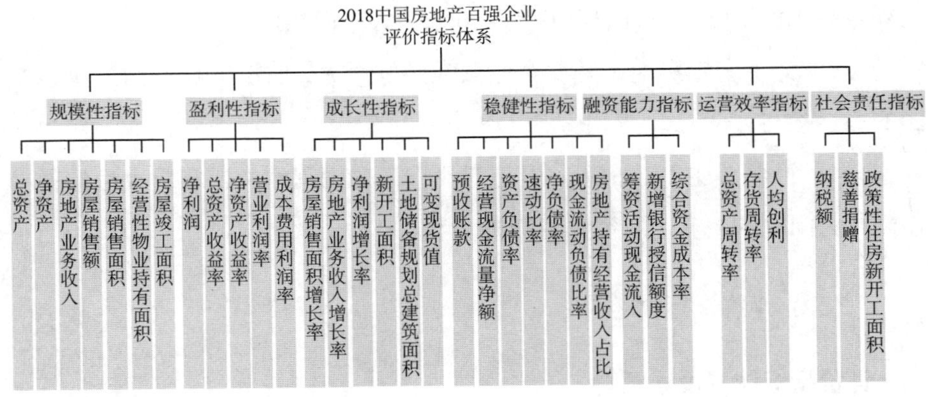

（3）盈利能力与社会责任相结合。企业必须稳步盈利才能实现永续经营，研究组对房地产企业盈利能力的评价，将从净利润、净资产收益率、

营业利润率、成本费用利润率等角度来进行，更全面地衡量企业在不同市场形势下的盈利状况及成本控制水平。同时从纳税、政策性住房新开工面积、慈善捐赠三个基本层面引导企业重视社会责任，积极构建和谐社会，并将其作为企业综合实力评价的重要内容。

（4）融资能力与综合实力相结合。融资能力对于房地产企业有着极其重要的意义，项目的获取、运营等环节都离不开强大的融资能力支持。本次研究通过筹资活动现金流入、本年新增银行授信额度及综合资金成本率三个指标来分析企业的融资实力，表现突出的企业其综合实力指数相应提高。

评价指标体系

在 2018 中国房地产百强企业研究中，中国房地产 TOP10 研究组根据企业规模与运营效率相结合、成长潜力与经营稳健相结合、盈利能力与社会责任相结合、融资能力与综合实力相结合的原则，全面客观地评价企业的综合实力。

三、主要研究成果

（一）2018中国房地产百强企业

在 2018 中国房地产百强企业研究中，中国房地产 TOP10 研究组根据近 5 年百强企业实际状况，初选了 500 家符合要求的开发企业，依据企业规模与运营效率相结合、成长潜力与经营稳健相结合、盈利能力与社会责任相结合、融资能力与综合实力相结合的原则，运用因子分析法及相关数学模型，对全国 500 家房地产企业（集团）的规模性、盈利性、成长性、稳健性、融资能力、运营效率和社会责任等 7 个方面的 34 个指标和其他数据信息进行深入地分析研究，科学全面地计算出房地产企业的综合实力指数，研究产生了 2018 中国房地产综合实力百强企业。

“2018中国房地产百强企业”名单

恒大集团	祥生地产集团	三盛集团
碧桂园控股有限公司	广州市敏捷投资有限公司	保集控股集团有限公司
万科企业股份有限公司	红星地产	上海爱家集团
保利房地产（集团）股份有限公司	金辉集团股份有限公司	美好置业集团股份有限公司
融创中国控股有限公司	福晟集团有限公司	华鸿嘉信地产集团
中国海外发展有限公司	中冶置业集团有限公司	重庆德杰地产集团
绿地控股集团股份有限公司	花样年集团（中国）有限公司	百步亭集团有限公司
绿城中国控股有限公司	美的置业集团有限公司	中交地产
华夏幸福基业股份有限公司	隆基泰和置业有限公司	杭州市城建开发集团有限公司（大家房产）
华润置地有限公司	中粮置地	桂林彰泰实业集团有限公司
龙湖地产有限公司	宝龙地产控股有限公司	上海城建置业发展有限公司
金地（集团）股份有限公司	新力地产有限公司	天朗控股集团
新城控股集团股份有限公司	新鸥鹏集团	中惠熙元房地产集团有限公司
世茂房地产控股有限公司	苏宁置业集团有限公司	长沙房产（集团）有限公司
旭辉集团股份有限公司	联发集团有限公司	领地集团股份有限公司
荣盛房地产发展股份有限公司	俊发集团有限公司	中锐地产集团
金科地产集团股份有限公司	景瑞地产（集团）有限公司	重庆泽京房地产开发有限公司
中南置地	武汉地产开发投资集团有限公司	深圳市中洲投资控股股份有限公司
正荣集团	光明房地产集团股份有限公司	奥山置业有限公司
阳光城集团股份有限公司	上海三盛宏业投资（集团）有限责任公司	中迪禾邦集团有限公司
雅居乐集团控股有限公司	仁恒置地集团有限公司	庭瑞集团有限公司
四川蓝光发展股份有限公司	中国葛洲坝集团房地产开发有限公司	金侨投资控股有限公司
泰禾集团股份有限公司	星河控股集团有限公司	四川蓝润实业集团有限公司
中国金茂控股集团有限公司	北京北辰实业股份有限公司	云星集团
杭州滨江房产集团股份有限公司	广州市方圆房地产发展有限公司	银城地产集团股份有限公司
龙光地产控股有限公司	颐和地产集团有限公司	纽宾凯集团有限公司
奥园集团有限公司	东方银座集团中国有限公司	正黄集团有限公司
融信（福建）投资集团有限公司	当代置业（中国）有限公司	云南实力房地产开发经营集团有限公司
中梁地产集团	德信地产集团有限公司	众安房产有限公司
佳兆业集团控股有限公司	北大资源集团	上海大发房地产集团有限公司
卓越置业集团有限公司	上海建工房产有限公司	宋都基业投资股份有限公司
天津房地产集团有限公司	上海实业城市开发集团有限公司	财信国兴地产
广州市时代控股集团有限公司	银亿股份有限公司	
海伦堡地产集团有限公司	鸿坤伟业	

（二）百强企业整体发展特点分析

1. 业绩规模

（1）市场份额提升至47.7%，规模化扩张唱响主旋律

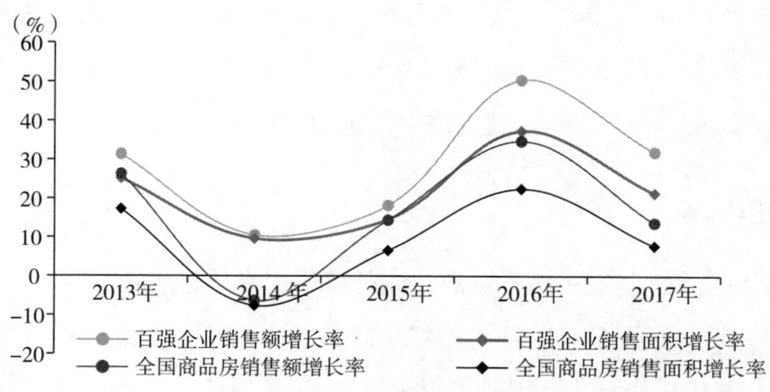

图1　百强企业2013～2017年销售增长情况

2017年，规模化加速扩张唱响全年市场主旋律，百强企业奉之为圭臬，积极把握市场结构性热度轮转机遇，销售业绩再上新台阶，销售总额、销售面积分别达63760.7亿元、49795.9万平方米，同比增长32.8%和23.7%，增长率分别高于同期全国增幅19.1、16.0个百分点，马太效应加剧。2017年，百强企业市场份额快速上升至47.7%，较上年提高7.9个百分点，增幅高于2016年3.3个百分点，行业集中度加速提升。

（2）因城施策把握消费升级，加强合作抢抓市场先机

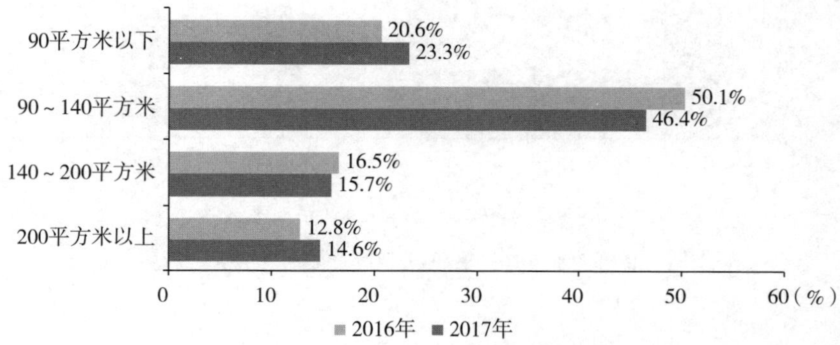

图2　前50企业2016年、2017年重点项目各面积段销售占比

2017 年，部分热点城市受到严格的调控，但百强企业凭借强大的综合实力抢抓市场机遇，实现销售业绩快速增长，城市集中度继续保持高位；同时，百强企业聚焦主流产品市场需求，加大改善类产品结构比例，以抢占市场份额，有力推动业绩快速增长，百强前 50 企业重点项目中 90 ~ 140 平方米首改、140 ~ 200 平方米改善类产品销售额占比分别提升 3.7、0.8 个百分点；此外，百强企业通过强强联合或者与当地本土企业合作开发抢占新市场、低成本获取优质土地资源、促进业绩高速增长。

2. 运营质量

（1）模式创新抢占核心资源，内外兼修促高质量发展

2017 年，百强企业通过招拍挂、收并购、旧改、产业新城、文旅地产等方式补充优质资源，为其业绩快速增长储备弹药；在整体融资环境趋紧的背景下，百强企业的融资优势更加凸显，百强企业筹资活动现金流入均值为 152.3 亿元，同比增长 15.8%，筹资规模持续提升；为了抢夺人才、留住人才，百强企业“内外兼修”，从人才入手助推企业管理效能、成本控制、商业模式等方面的突破，集聚优秀人才，焕发新动力。

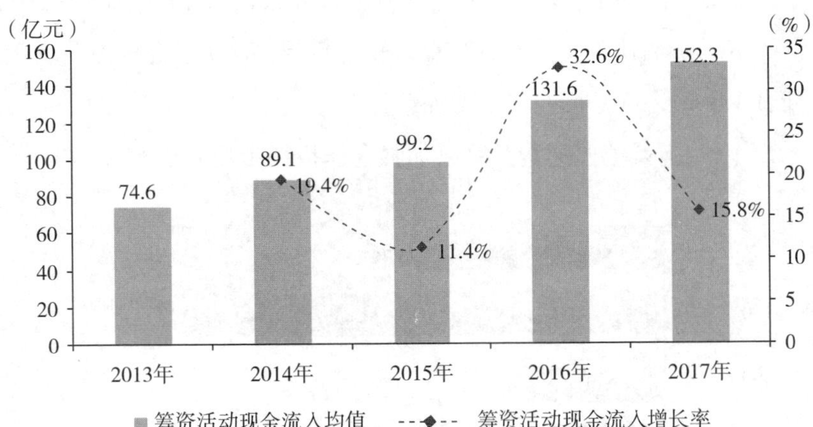

图 3　百强企业 2013 ~ 2017 年筹资活动现金流入均值

（2）控成本高周转双管齐下，向效率要效益提升盈利

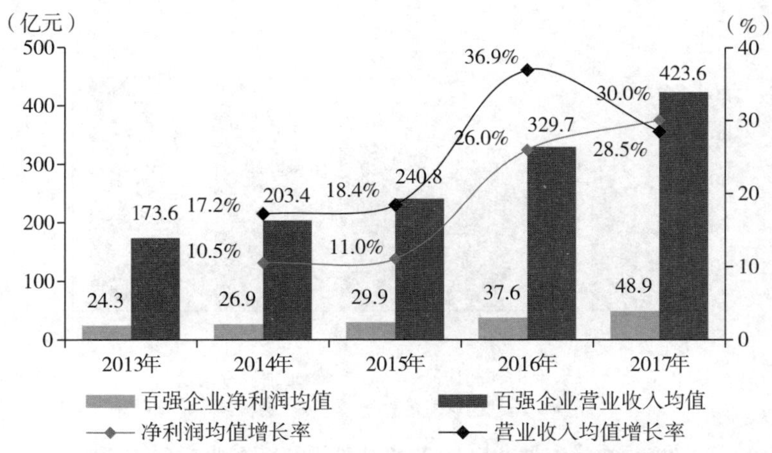

图 4　百强企业 2013 ~ 2017 年营业收入与净利润均值变化情况

2017 年，百强企业销售业绩的超预期表现带动了营业收入及净利润的提升，全年百强企业营业收入均值达 423.6 亿元，净利润均值达 48.9 亿元，分别同比增长 28.5%、30.0%，净利润增速较上年提高 4.0 个百分点，首次超越营业收入均值增长率，呈现出增收又增利的“双增”现象。同时，规模较大百强企业在成本费用控制、运营效率等方面具有明显优势，规模效应加剧企业盈利分化。

3. 社会责任

（1）围绕主业构建多元布局，做城市美好生活服务商

新时代下，美好生活的内涵被不断丰富充实，住房需求将逐渐完成由量到质的升级蜕变，“不断满足人民日益增长的美好生活需要”就成为房企在业务拓展方面上下求索的基本出发点。2017 年，百强企业积极谋变，向构建美好生活的方向投资，推动高质量发展，探寻未来发展通途。包括扩大文旅、养老、教育等投资，加速布局新兴的特色小镇、长租公寓等领域。

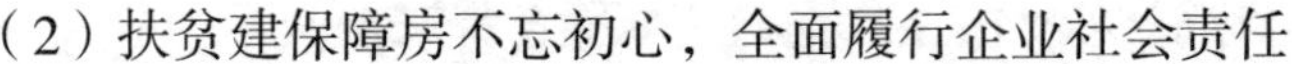
（2）扶贫建保障房不忘初心，全面履行企业社会责任

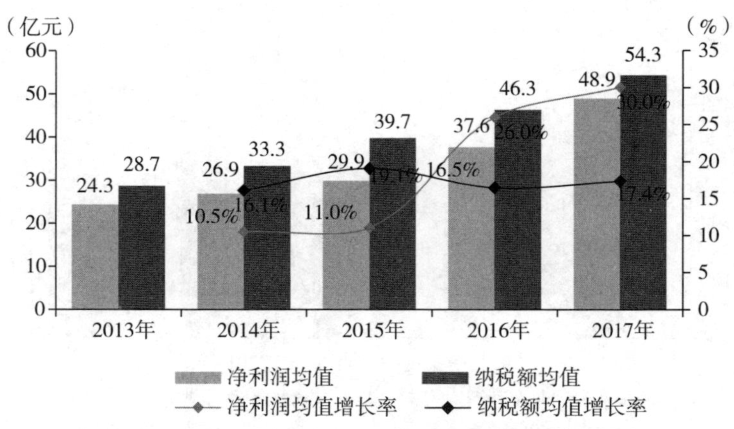

图 5　百强企业 2013 ~ 2017 年纳税额与净利润增长情况

2017 年，百强企业积极依法纳税，纳税额及增长率随着企业净利润的快速增长而明显增长，全年百强企业纳税总额均值达 54.3 亿元，同比增长 17.4%，其中税金及附加均值为 32.7 亿元，所得税均值为 21.6 亿元，同比分别增长 15.8%、21.7%。此外，百强企业积极参与保障房建设，为改善民生、提高人民生活水平做出贡献，积极参与环保事业、推进绿色建筑、装配式建筑等，降低能源消耗，弘扬节能、绿色、健康的理念。

4. 经营风险

（1）规模化发展忌盲目扩张，理性决策避高价地风险

往往房地产市场出现变局之时，也正是行业格局重塑之际，因此百强企业 2017 年趁势扩大土储力度、囤积可售货值。但是房地产市场面临较大的调整压力，而弱周期调整下，也存在着较多的变量使市场环境更为复杂。百强房企应注意到加速扩张背后隐含的风险：一方面，部分房企为赶搭“末班车”而加速“跟风式”布局，在“一城一策”的调控环境下可能面临较大的风险因素；另一方面，部分企业集中购置热点城市高地价地块，未来

或将在限售限价调控政策下面临库存积压、难以盈利等局面，对企业现金流造成较大压力。

（2）监管从严致资金面承压，谨防财务风险的“灰犀牛”

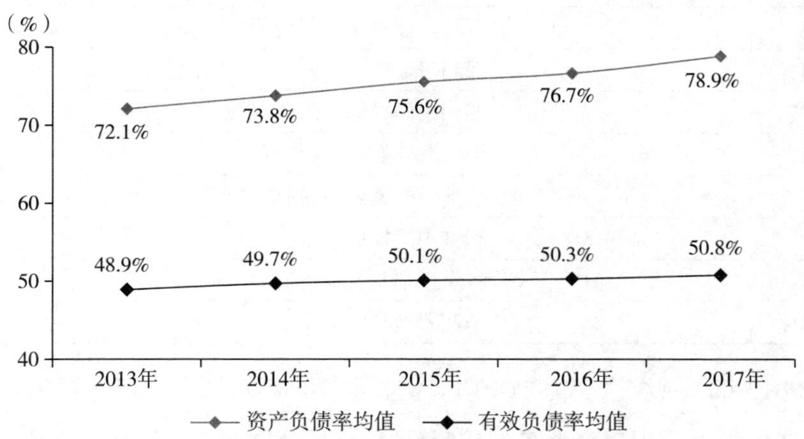

图6　百强企业2013～2017年资产负债率及有效负债率均值

2017年百强企业在追逐规模扩张的同时进一步拉升了企业负债水平，负债压力加大，但实际负债压力尚处合理范围；不同层级的百强企业有效负债率水平差异明显，规模较大的百强企业实际负债水平显著低于其他层级企业。面对国内趋紧的融资环境、调控高压下的销售受阻和集中的偿债压力，未来百强企业应更加重视现金流管理，防范财务风险的“灰犀牛”。

（三）2018中国房地产百强企业TOP10研究

中国房地产TOP10研究组在百强企业研究的基础上，基于对企业规模性、盈利性、成长性等方面的深入研究，评价产生了2018中国房地产百强企业“综合实力TOP10”“规模性TOP10”“盈利性TOP10”“成长性TOP10”“稳健性TOP10”“融资能力TOP10”“运营效率TOP10”“年度社会责任感企业”和“年度扶贫标杆企业”。

2018 中国房地产百强企业“综合实力 TOP10”

排名	公司名称
1	恒大集团
2	碧桂园控股有限公司
3	万科企业股份有限公司
4	保利房地产（集团）股份有限公司
5	融创中国控股有限公司
6	中国海外发展有限公司
7	绿地控股集团股份有限公司
8	绿城中国控股有限公司
9	华夏幸福基业股份有限公司
10	华润置地有限公司

2017 年，“综合实力 TOP10”企业紧抓市场机遇，实现了销售业绩的跨越式增长，展现出企业良好的稳健性和成长性，成为全国房企的标杆。其中，恒大、碧桂园、万科迈入 5000 亿阵营，保利、融创突破 3000 亿规模，10 家企业销售额均值达 3203.1 亿元，为百强企业均值的 5.0 倍，同比增长率均值达 47.3%，市场份额提升至 24.0%，行业集中度进一步提升，强者恒强态势更加凸显。

2018 中国房地产百强企业“规模性 TOP10”

排名	公司名称
1	碧桂园控股有限公司
2	恒大集团
3	万科企业股份有限公司
4	保利房地产（集团）股份有限公司
5	中国海外发展有限公司
6	绿地控股集团股份有限公司
7	绿城中国控股有限公司
8	华夏幸福基业股份有限公司
9	华润置地有限公司
10	龙湖地产有限公司

2017 年，“规模性 TOP10”企业的资产和销售规模迈上新台阶，总资产均值 8573.9 亿元，同比增长 69.4%，销售额及营业收入均值分别为 2997.2 亿元和 2296.1 亿元，分别为同期百强均值 4.7 倍和 4.8 倍，行业马太效应进一步凸显。规模 TOP10 企业持续优化布局结构，通过加大热点城市深耕力度、因城施策抢抓市场窗口期、推行合伙人制度，实现销售业绩爆发式增长，同时通过收并购、合作、产业新城等方式补充优质资源，促进资产规模快速提升。

2018 中国房地产百强企业“盈利性 TOP10”

排名	公司名称
1	中国海外发展有限公司
2	华夏幸福基业股份有限公司
3	保利房地产（集团）股份有限公司
4	龙光地产控股有限公司
5	中冶置业集团有限公司
6	中国金茂控股集团有限公司
7	卓越置业集团有限公司
8	杭州滨江房产集团股份有限公司
9	上海三盛宏业投资（集团）有限责任公司
10	银亿股份有限公司

2017 年，“盈利性 TOP10”企业的利润规模持续扩大，净利润均值达 122.7 亿元，同比增长 39.3%，净利润率均值达 16.9%，较百强企业均值高出 5.6 个百分点。在行业利润持续下行的背景下，盈利性 TOP10 企业通过强化管控能力、严控成本支出、提升产品溢价等，推动盈利水平的提升。

2018 中国房地产百强企业“成长性 TOP10”

排名	公司名称
1	融创中国控股有限公司
2	正荣集团
3	四川蓝光发展股份有限公司
4	中梁地产集团

续表

排名	公司名称
5	融信（福建）投资集团有限公司
6	海伦堡地产集团有限公司
7	新力地产有限公司
8	颐和地产集团有限公司
9	当代置业（中国）有限公司
10	景瑞地产（集团）有限公司

2017年，“成长性TOP10”企业销售额增长率均值为83.7%，高于同期百强企业均值50.9个百分点，营业收入增长率均值达44.6%，超过同期百强企业均值20.4个百分点，保持着强劲的发展势头，成长能力领先于行业其他企业。同时，精准把握市场需求，积极打造创新产品，多渠道补充优质土地资源，实现跨越式发展。

2018中国房地产百强企业“稳健性TOP10”

排名	公司名称
1	中国海外发展有限公司
2	保利房地产（集团）股份有限公司
3	天津房地产集团有限公司
4	中国金茂控股集团有限公司
5	仁恒置地集团有限公司
6	北大资源集团
7	佳兆业集团控股有限公司
8	花样年集团（中国）有限公司
9	上海爱家集团
10	广州市敏捷投资有限公司

2017年，“稳健性TOP10”企业资产负债率均值为73.5%，低于同期百强企业均值5.1个百分点，负债结构持续优化；速动比率均值为0.74，高于同期百强企业平均水平，短期偿债能力明显高于行业平均水平。稳健性TOP10企业持续优化债务结构，降低财务杠杆，提高短期偿债能力，同时不断进行融资方式创新，提升企业短期偿债能力。

2018 中国房地产百强企业“融资能力 TOP10”

排名	公司名称
1	恒大集团
2	保利房地产（集团）股份有限公司
3	荣盛房地产发展股份有限公司
4	泰禾集团股份有限公司
5	阳光城集团股份有限公司
6	花样年集团（中国）有限公司
7	中梁地产集团
8	当代置业（中国）有限公司
9	景瑞地产（集团）有限公司
10	美好置业集团股份有限公司

2017 年，在金融去杠杆背景下，房企融资渠道受限，“融资能力 TOP10”充分发挥自身优势，一方面，积极把握市场机遇，通过银行贷款、发行海外债、中期票据等传统融资方式，获得大量资金；另一方面，积极主动创新融资渠道，探索资产证券化、基金等融资方式。

2018 中国房地产百强企业“运营效率 TOP10”

排名	公司名称
1	恒大集团
2	华夏幸福基业股份有限公司
3	新城控股集团股份有限公司
4	红星地产
5	中南置地
6	奥园集团有限公司
7	苏宁置业集团有限公司
8	联发集团有限公司
9	祥生地产集团
10	上海三盛宏业投资（集团）有限责任公司

2017年，“运营效率TOP10”企业紧跟市场需求变化，因城施策适时调整产品结构，实现快速开发及回款，提升运营效率；同时企业积极推进高周转运营策略，加强效率管控，不断提升企业运营效率。

2017～2018年中国房地产年度社会责任感企业

公司名称
保利房地产（集团）股份有限公司
天津房地产集团有限公司
绿城中国控股有限公司
宝龙地产控股有限公司
武汉地产开发投资集团有限公司
广州市方圆房地产发展有限公司
荣盛房地产发展股份有限公司
祥生地产集团
长沙房产（集团）有限公司
上海建工房产有限公司

2017年，年度社会责任感企业积极响应国家去库存政策，同时，在装配式建筑、保障房建设、环保事业以及公益慈善事业等方面，努力践行企业社会责任。

2017～2018年中国房地产年度扶贫标杆企业

公司名称
恒大集团
碧桂园控股有限公司
万科企业股份有限公司
金科地产集团股份有限公司
佳兆业集团控股有限公司
奥园集团有限公司
上海实业城市开发集团有限公司
隆基泰和置业有限公司
上海大发房地产集团有限公司
北大资源集团

2017 年，扶贫标杆企业在获得自身发展的同时不忘回馈社会，积极响应国家精准扶贫号召，帮助落后地区脱贫。

2018 年中国房地产百强之星

公司名称	公司名称
广州市时代控股集团有限公司	三盛集团
祥生地产集团	保集控股集团有限公司
广州市敏捷投资有限公司	华鸿嘉信地产集团
金辉集团股份有限公司	中交地产
福晟集团有限公司	杭州市城建开发集团有限公司(大家房产)
美的置业集团有限公司	桂林彰泰实业集团有限公司
联发集团有限公司	上海城建置业发展有限公司
中国葛洲坝集团房地产开发有限公司	天朗控股集团
北京北辰实业股份有限公司	深圳市中洲投资控股股份有限公司
广州市方圆房地产发展有限公司	奥山置业有限公司
颐和地产集团有限公司	庭瑞集团有限公司
东方银座集团中国有限公司	金侨投资控股有限公司
德信地产集团有限公司	纽宾凯集团有限公司
银亿股份有限公司	众安房产有限公司
鸿坤伟业	宋都基业投资股份有限公司

北京 TOP10	上海 TOP10	重庆 TOP10	山东省 TOP10	江苏省 TOP10
万科	绿地控股	融创中国	万科	万科
首开股份	万科	恒大集团	龙湖集团	碧桂园
泰禾集团	金地集团	龙湖集团	海尔地产	新城发展
天恒集团	仁恒置地	金科集团	银丰地产	绿地控股
华润置地	保利地产	鲁能集团	鲁能集团	融创中国
首创置业	大华集团	万科	中海地产	中海地产
北京城建	融创中国	保利地产	融创中国	保利地产
融创中国	中海地产	香港置地	鲁商置业	旭辉集团
北科建集团	华润置地	协信地产	绿城中国	银城地产
中粮置地	禹洲地产	重庆华宇集团	大连万达	苏州伟业集团

（四）结语

2017 年，“房住不炒”勾勒出了未来更长一段时期内房地产之于中国经济社会中的基本定位，也明确了房地产市场的运行规则正在发生转折性、根本性的变化，“新时代”的大幕正在徐徐展开。在此背景下，百强企业已然意识到“规模不是万能的，但无规模不成活”，在实现了销售业绩的冲刺的同时，强化运营能力、构筑美好生活，寻求高质量发展。展望未来，中国房地产市场格局即将发生深远的变化，房地产企业也将面临全新的机遇和挑战，百强企业应借助新时代东风，变革创新，攻关克难，充分发挥企业优势，实现跨越式增长，为实现人民美好生活愿景而努力奋斗。

四、2018中国特色地产优秀企业研究

2017 年，党的十九大明确指出“中国特色社会主义进入了新时代”，房地产行业同样步入由量变到质变的新时代，充满裂变与新生的全新发展格局将逐渐构建。由于行业向高质量发展转变、租购并举制度的逐渐完善、消费升级、技术革新、大数据时代变革等，房企也进入到多元化转型的准备和实践阶段，在行业悄然变革的转折期，房地产企业只有积极拥抱新时代才能创造新的辉煌。

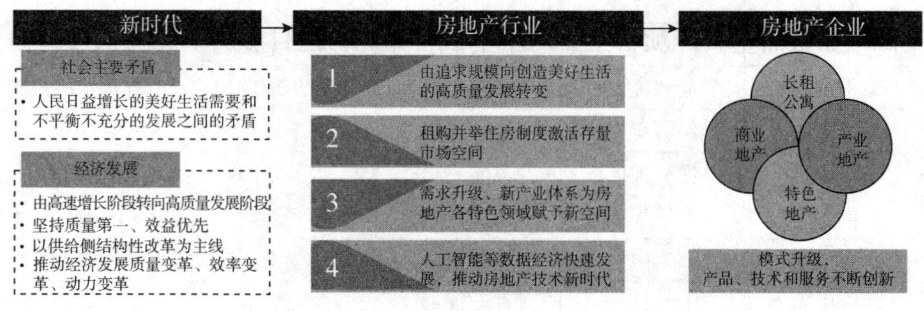

图 7 新时代背景图

1. 长租公寓：抢滩租赁市场万亿蓝海，打造业务新增长点

随着国内城市化进一步发展，以及租赁制度的不断健全，我国租赁市场规模也会水涨船高，预计2020年我国租赁市场规模将达1.71万亿元。此外，随着专业化、品质化、高端化的租赁服务需求日益壮大，长租公寓作为处于风口上的市场，成为具备巨大市场空间和大量政策红利的新战场。

长租公寓运营优秀企业

企业名称	品牌
万科企业股份有限公司	万科泊寓
魔方（中国）生活服务集团	魔方公寓
冠寓商业管理有限公司	龙湖冠寓
保利商业地产投资管理有限公司	保利 N+ 公寓
深圳红璞公寓管理有限公司	世联红璞
朗诗绿色集团	朗诗寓
金地（集团）股份有限公司	金地荣尚荟
未来域（中国）控股有限公司	未来域
上海领昱公寓管理有限公司	旭辉领寓
青年乐（北京）企业管理有限公司	新派公寓

（1）长租公寓“井喷式”发展，多种经营模式加速规模战

目前已有超过30家房企积极拓展长租公寓业务，公寓运营商也在有计划地推进旗下长租公寓的发展。在资源端、资金端及成本端均具有核心竞争优势的长租公寓运营优秀企业，通过轻重资产模式并举的方式，快速拓展市场。虽然重资产项目主要由房企参与完成，但目前房企的长租公寓仍以轻资产为主，未来将逐步加大重资产比例。运营商背景的长租公寓运营优秀企业则以轻资产模式快速扩张市场。

（2）把握布局一二线城市黄金时机，部分自持抢占存量价值

长租公寓运营优秀企业城市布局速度迅猛，集中于一线城市和部分核心二线城市。在城市内部，产业、交通、地段等成为长租公寓运营优秀企业城市区位选择的核心要素，在此基础上，获取核心一二线城市的自持项目成为运营企业抢占存量资源的手段。

（3）全方位提升产业链专业运营实力，破解长租公寓盈利痛点

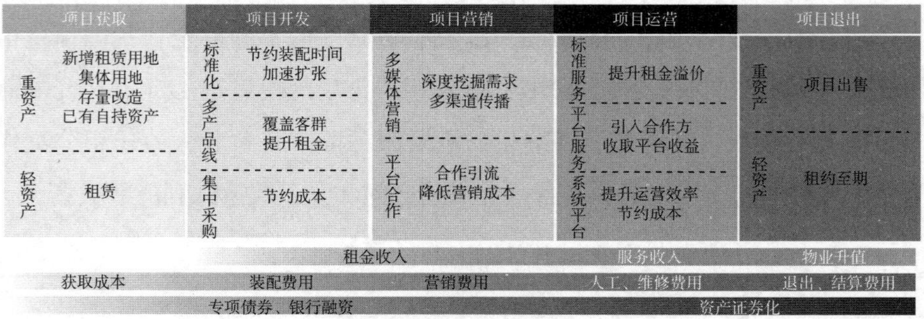

项目获取
重资产：新增租赁用地 集体用地 存量改造 已有自持资产
轻资产：租赁
项目开发
标准化：节约装配时间 加速扩张
多产品线：覆盖客群 提升租金
集中采购：节约成本
项目营销
多媒体营销：深度挖掘需求 多渠道传播
平台合作：合作引流 降低营销成本
项目运营
标准服务平台：提升租金溢价
服务平台：引入合作方 收取平台收益
系统平台：提升运营效率 节约成本
项目退出
重资产：项目出售
轻资产：租约至期
租金收入 服务收入 物业升值
获取成本 装配费用 营销费用 人工、维修费用 退出、结算费用
专项债券、银行融资 资产证券化

图8　长租公寓项目运作各环节的运营手段

除了规模化及择优布局外，长租公寓运营优秀企业通过在项目获取－开发—营销—运营—退出的全产业链条上提升综合运营能力，实现租金及其他收益最大化、成本管理最优化及现金流变现，以期突破当前的盈利困局。

2. 商业地产：变革升级适应消费新时代，轻重并举加码资产管理

面对消费模式提档升级的商业地产市场，行业中有一批优秀的商业地产企业围绕市场需求变化进行战略调整、模式变革，引领商业地产在新时代下的创新发展。

商业地产主要优秀企业

企业名称	企业名称
大连万达商业地产股份有限公司	中国金茂控股集团有限公司
红星地产	世茂集团
宝龙地产控股有限公司	金科地产集团股份有限公司
苏宁置业集团有限公司	银泰置地（集团）有限公司
华润置地有限公司	正荣集团
龙湖地产有限公司	首创置业股份有限公司
大悦城地产有限公司	越秀地产股份有限公司
金融街控股股份有限公司	纽宾凯集团有限公司
奥园商业地产集团	SOHO 中国有限公司
中南商业	阳光新业地产股份有限公司

（1）围绕消费新时代需求结构变化，优化城市布局与业态结构

商业地产运营优秀企业通过优化布局、升级产品业态，满足商业消费转型升级下的新需求。①紧跟消费需求的梯度性转移，挖掘一线城市存量改造机会，加大二三四五线城市布局。②围绕需求变化升级产品线，加大社区商业布局力度。③围绕满足美好生活需要，构建实体商业场景化体验下的新业态、新内容。

（2）拥抱人工智能、大数据等新技术，商业产业链升级迭代

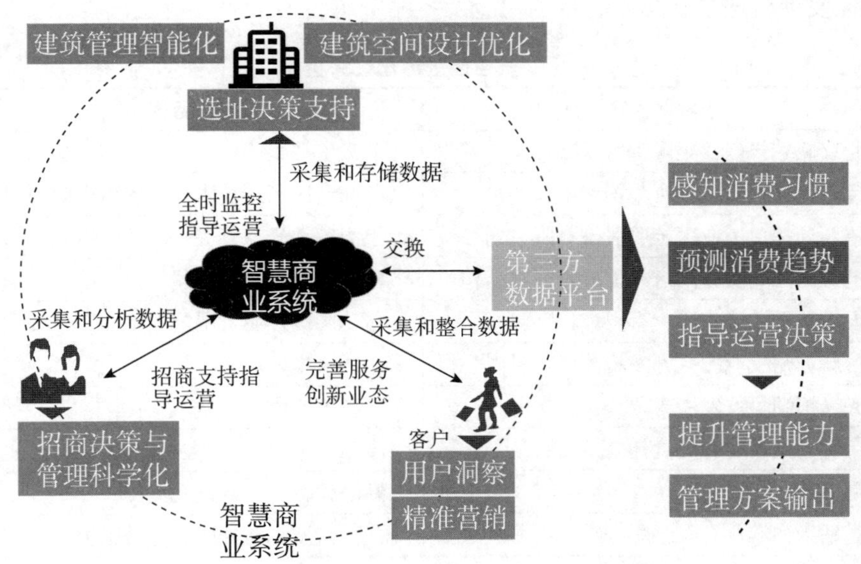

图9 商业地产智慧商业系统

商业地产运营优秀企业充分利用技术革新的机会，全面变革运营思路。一是结合新零售思维强化与互联网跨界整合，满足新一代消费观念与方式的双重升级。二是打造智慧商业生态闭环，通过对人货场和消费数据的大数据整合、平台化运营实现精细化管理，让数据资产真正成为商业变现的富矿。

（3）轻重并举、强化合作，升级大资管经营模式

商业地产运营优秀企业基于专业运营服务优势，加大了合作、轻资产的输出力度，完善商业资管体系，以更高的资产效率实现规模目标。一是

加速轻资产布局，加大合作开发力度，占领市场份额。二是通过资产证券化、成立基金等方式，构建大资产经营模式，形成商业地产开发运营闭环。

3. 产业地产：抓机遇布局，创新升级运营模式、产品与服务，轻资产与特色小镇拓展业务规模

随着国内房地产市场进入调整期，住宅需求逐渐回归理性，而新时代下中国新型城镇化建设和产业转型升级的提速使产业地产的开发价值和区域性发展机遇彻底爆发，成为房企及各路资本转型发展的新风口。

产业园区运营优秀企业

企业名称	企业名称
北京联东投资（集团）有限公司	北大资源集团
启迪协信科技城投资集团有限公司	苏州新区高新技术产业股份有限公司
招商局蛇口工业区控股股份有限公司	上海临港经济发展（集团）有限公司
上海张江高科技园区开发股份有限公司	华南城控股有限公司
天安数码城（集团）有限公司	亿达中国控股有限公司
中新苏州工业园区开发集团股份有限公司	中国宏泰发展
武汉银湖科技发展有限公司	金科产业集团
荣盛兴城投资有限责任公司	卓尔发展
星河产业集团	新鸥鹏教育产业开发集团
隆基泰和实业有限公司	武汉东湖高新集团股份有限公司

（1）把握机遇结构化差异布局，存量时代创新项目获取方式

产业园区运营优秀企业积极把握结构化机遇扩大布局，创新项目获取方式满足产业升级和转移需求。一是经济发达区域聚焦新兴产业培育与老旧产业升级改造。二是核心城市周边三四线及经济中等、落后地区重在传统产业升级与外溢产业承接。

（2）运营模式升级，创新产品满足市场新需求

产业园区运营优秀企业通过变革运营模式、升级产品与服务，不断满足市场需求。一是以产业孵化与产业投资为核心搭建产业生态闭环，综合提升产业运营实力。二是构建创新创业生态链的专业产业运营平台，完善

全产业链服务，增加客户黏性。三是创新升级产品线，注重高端产业链聚集，满足市场与政策新需求。

（3）产融突破打造产业新生态，轻重并举扩业务规模

产业园区运营优秀企业整合资本资源，升级园区产业引入体系，丰富产业园区融资渠道，轻重并举实现规模快速扩张。一是产融突破转型资产管理者，以少量资金撬动巨量资产。二是轻重并举，并购重组求新变，业务规模快速扩张。

（4）特色小镇：多产业协同促进小镇平台化发展，打造产城人融合新高度

2018 中国房地产城镇化运营引领企业

企业名称
蓝城房产建设管理集团有限公司

目前，已有 38 家房企进入特色小镇领域，落地特色小镇数量超 140 个，房企应切实提高运营能力，真正实现产业聚合、产城融合，避免“千镇一面”。一是通过外部产业或自有产业的导入，打造产业聚合，实现特色小镇“特而强”。二是提升特色小镇功能的多样性，打造产业、生活、生态一体化的空间经济平台。

4. 特色地产：深挖市场特色产品领域，创新变革战略新格局

新时代的消费升级催生了一批新的市场空间，消费升级随之带来需求升级，因此具有地域特色、时代特色和文化认同感的产品将激发消费需求。

特色地产运营优秀企业

企业名称	特色领域
绿地控股集团股份有限公司	特色小镇运营商
中冶置业集团有限公司	城市开发运营商
当代置业（中国）有限公司	绿色科技地产
花样年集团（中国）有限公司	轻资产运营
中天城投集团股份有限公司	城市化管理

续表

企业名称	特色领域
新鸥鹏集团	教育城（小镇）运营
百步亭集团有限公司	社区综合运营
新力地产有限公司	生态地产
杭州新天地集团有限公司	城市复合产业运营商
银丰地产集团有限公司	中国房地产潜力百强
天朗控股集团	中国特色小镇服务运营商
中锐地产集团	教育 + 地产
美好置业集团股份有限公司	绿色科技地产
重庆德杰地产集团	地产 + 医疗
北大资源集团	医养结合
实力集团	文旅地产
奥山置业有限公司	文旅地产
庭瑞集团有限公司	特色城镇建设
上海大发房地产集团有限公司	情景地产
睿古控股集团有限公司	城市更新
财信国兴地产	地产 + 环保

房企紧抓新时代发展契机，持续完善与升级产品，构建“地产 +”生态圈格局。一是通过产业协同打造特色地产领域产业链产品。二是持续进行产品创新升级，迎合市场需求，强化市场地位。三是借助互联网、绿色科技等创新技术，积极培育差异化产品，提升产品附加值，满足市场多元化需求，增强核心竞争力。

代建运营优秀企业

企业名称
绿城房地产建设管理集团有限公司
万科企业股份有限公司
建业住宅集团（中国）有限公司
绿地控股集团股份有限公司
杭州市城建开发集团有限公司（大家房产）

部分房地产企业在各特色地产领域积累了先进的开发、运营、管理等相关经验，建立了品牌优势，并积极通过代建等模式进行品牌输出。一方面通过代建增加操盘项目规模，提高市场占有率，另一方面加速企业品牌输出，提升竞争力和品牌溢价能力。

五、2018中国房地产服务优秀企业研究

1. 策划代理企业：升级服务、掘金存量，合作共享创建行业新生态

2018 中国房地产策划代理百强优秀企业

企业名称
深圳世联行地产顾问股份有限公司
合富辉煌集团控股有限公司
同策房产咨询股份有限公司
保利地产投资顾问有限公司
新联康(中国)有限公司
新景祥股份公司
北京伟业联合房地产顾问有限公司
北京金网络联行地产顾问有限公司
上海华燕房盟网络科技股份有限公司
上海金丰易居房地产顾问有限公司
上海策源置业顾问股份有限公司
成都正合地产顾问股份有限公司
北京亚豪房地产经纪有限公司
北京金融街房地产顾问有限公司
广州市中地行房产代理有限公司
方圆房地产服务集团有限公司
高策地产服务机构
经纬物业（中国）有限公司
厦门蓝火置业集团有限公司
广州凌峻房地产咨询有限公司

优秀的策划代理企业加码技术促进服务升级，深度融合“互联网+”巩固核心竞争力；聚焦存量市场蓝海，资产运营业务初见成效，并且以更加开放共享的姿态整合多方资源塑造新的行业生态。

（1）抓住市场轮动机遇，优秀企业再创佳绩

在房地产调控加码和市场分化加剧的背景下，策划代理百强优秀企业继续扩大城市布局，在市场轮动中抓住成交机会，业绩稳健增长，同时创新业务成长迅速，为长远发展做好铺垫。

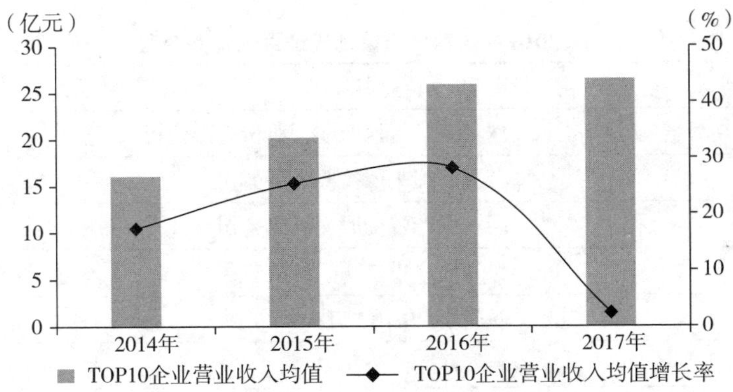

图 10　2014 ~ 2017 年 TOP10 企业营业收入均值及增长率

从策划代理 TOP10 企业来看，2017 年营业收入均值为 26.5 亿元，同比增长 2.4%，增速较 2016 年回落 25.8 个百分点。

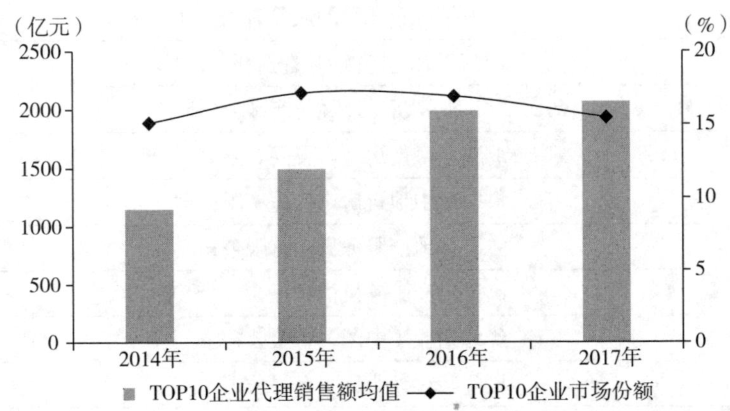

图 11　2014 ~ 2017 年 TOP10 企业代理销售额均值及市场份额

2017 年，策划代理 TOP10 企业代理销售额均值为 2067.5 亿元，首次突破 2000 亿关口，市场份额为 15.5%，略低于 2016 年。

（2）技术加速营销服务升级，打造平台深挖“护城河”

策划代理企业通过打造智慧案场、线上线下联动和营销总包平台，积极改进以案场为中心、以人力为驱动的粗放代理模式，转向以资源整合为中心、以技术为驱动的营销平台模式。

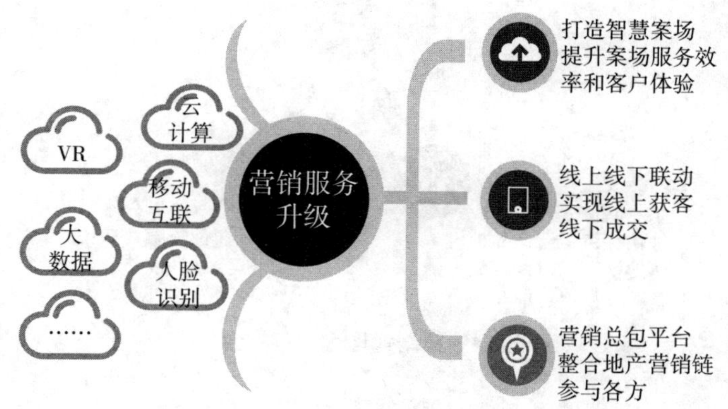

图 12　技术驱动营销服务升级的路径

（3）聚焦运营掘金存量市场，创新业务快速成长

策划代理企业抓住机会加速布局“新居住、新办公、新商业和新养老”等潜力细分市场，构建资产运营业务体系，向房地产综合服务商升级。

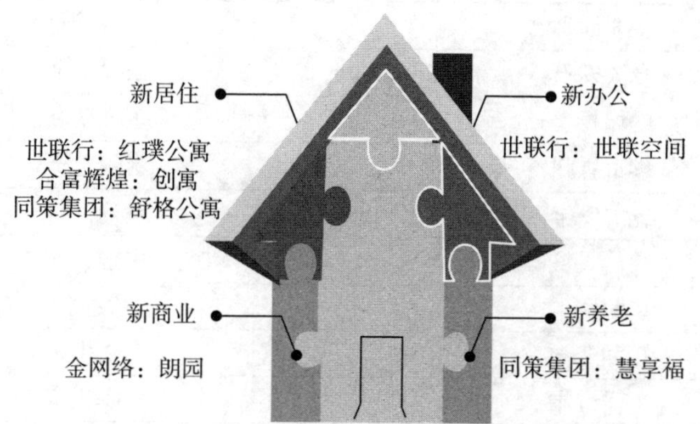

图 13　部分策划代理企业存量运营业务

（4）多方合作开放共享，打开行业新生态

我国房地产服务迎来开放、合作、分享的新时代，策划代理企业与同行、资产方和跨界伙伴等进行多方合作，实现资源整合与共享；其中，与老板电器、正能量等商业伙伴深入合作，加速业务高效高质量落地，实现多方共赢。

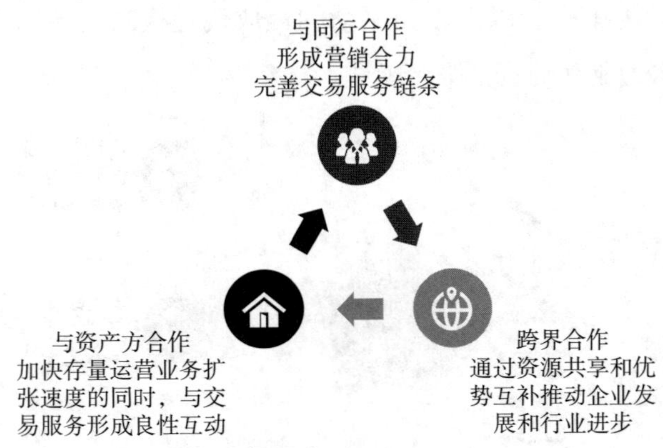

图 14 策划代理企业多方合作

2. 金融服务企业：顺应政策变化，回归主动管理，促进房地产行业稳健发展

（1）地产基金：主动发挥管理能力，实现价值挖掘

中国房地产基金综合能力优秀企业

企业简称	企业简称
光大安石	信保基金
中城投资	东方瑞宸
盛世神州	泰发基金
乾立基金	毅达汇景
鼎信长城	中融长河
华润资本	弘基金
高和资本	东久中国
远洋资本	鼎晖投资

2017 年，受地产调控和金融监管影响，行业格局及企业融资发生变化。

房地产行业资金面及地产基金管理规模预期明显收紧。面对新形势，房地产基金提升主动管理能力，在并购和城市更新等方面积极盘活存量，提高金融服务水平；产业基金不断涌现，升级企业投资功能。与此同时，资产证券化快速发展，不断释放流动性，打通基金退出渠道，为房地产投资增添新活力。

（2）地产信托：严监管形势下，创新转型成趋势

中国房地产信托综合能力优秀企业

企业名称
中信信托有限责任公司
平安信托有限责任公司
中融国际信托有限公司
北京国际信托有限公司
中国对外经济贸易信托有限公司

一方面，地产信托继续开展传统融资业务，在住宅、商业、旅游地产等业态为房地产企业提供金融服务。另一方面，优秀信托公司紧跟政策导向拓展业务领域，投资范围渐趋多元化，长租公寓、产业地产、城市更新、棚改等项目的投资力度不断加大，并深度介入项目开发过程，探索合作模式，主动管理的趋势愈发明显。

3. 结语

随着中国特色社会主义进入新时代，社会主要矛盾已经转化为人民日益增长的美好生活需要和不平衡不充分的发展之间的矛盾。这就要求中国房地产企业的定位，不能仅仅局限于满足人民的基本物质文化需求。特色地产优秀房地产企业顺应新时代要求，通过多业态的个性化、差异化产品的打造，以及对存量物业的更新，为人民提供美好生活场景，同时也为企业打开广阔的发展之路。优秀房地产服务企业应把握政策导向并抓住潜力市场机遇，发挥自身优势并整合多方资源，提升专业服务能力，为房地产行业提质稳发展增添助力。

附录二

2017中国房地产百强企业研究报告

一、研究背景与目的

中国房地产TOP10研究组自2004年以来开展中国房地产百强企业研究，已连续进行了十四年。研究组紧随行业发展脉搏，深入研究房地产企业经营规律，为促进行业良性运行、企业快速成长发挥了重要作用，相关研究成果已成为评判房地产企业经营实力及行业地位的重要标准。

2016年中央经济工作会议指出，要继续“坚持以稳中求进为主基调，坚持新发展理念，以推进供给侧结构性改革为主线”，促进经济平稳健康发展；同时坚持“房子是用来住的、不是用来炒的”的定位，加快研究建立符合国情、适应市场规律的基础性制度和长效机制。优秀房地产企业应顺势而为，以“满足人们日益增长的居住需求”为己任，因城施策谋发展，创新变革转动能，稳健经营图未来。在此背景下，中国房地产TOP10研究组启动“2017中国房地产百强企业研究”，以“不忘初心，行稳致远”为主题，发掘行业中综合实力强、成长潜力大、经营稳健、社会责任感强的优秀房地产企业群体，鼓励企业积极改进业务模式、高效整合发展资源，引领行业在新形势下实现持续、健康的成长。

在分析总结历年研究经验及房地产企业发展现状的基础上，研究组进一步完善了研究方法和评价指标体系，继续从规模性、盈利性、成长性、稳健性、融资能力、运营效率和社会责任感等七个方面全面、客观地评价企业的综合实力，引导企业不断优化发展模式，推动行业健康、良性运行。

中国房地产百强企业研究目的：

（1）通过企业规模性、盈利性、成长性、稳健性、融资能力、运营效率和社会责任等指标的量化研究，发掘综合实力强、经营稳健以及具备较强社会责任感的优秀企业群体；

（2）通过系统研究，打造“中国房地产百强企业”品牌，提升企业知名度和影响力，发挥百强企业的行业示范效应，推动房地产企业做强做好做大；

（3）通过企业评价，鼓励企业为社会多做贡献，以营造行业重视社会责任的氛围，发挥房地产业作为国民经济重要支柱产业和重要民生行业的作用。

二、百强企业研究方法体系

（一）标准和门槛值

中国房地产百强企业研究坚持以数据为依据，坚持客观、公正、准确、全面的研究原则。TOP10研究组依照国际惯例，对中国房地产百强企业设立如下筛选标准和门槛值：

（1）依法设立并登记注册的房地产开发经营企业作为本次的研究对象；

（2）按照国际惯例，对进入研究的企业给予一个门槛指标，TOP10研究组根据近5年百强企业实际状况，确定近三年每年的房地产业务销售额均须达到10亿元或销售面积10万平方米为入选门槛值；

（3）为了引导房地产开发企业做强做好做大，TOP10研究组鼓励以集团的名义参与；

（4）符合上述1 ~ 3条，但是有严重拖欠工程款，或有重大偷漏税等违规行为问题的企业，取消评审资格。

（二）评价指标体系

评价指标体系设立原则

2017中国房地产百强企业研究以2014 ~ 2016年度为研究时间段，涵盖规模性、盈利性、成长性、稳健性、融资能力、运营效率、社会责任在内的 7 个二级指标 34 个三级指标，全面考量企业的综合实力。

评价指标体系的设计主要把握以下几个基本原则：

（1）企业规模与运营效率相结合。规模与效率是企业向前发展的双驱动力，规模经济的获取离不开高效率的经营管理，基于资金密集型特性，房地产企业只有在不断提高经营管理的运转效率，更好地实现资本的良性增值循环的基础上，才能稳健扩张规模；在市场波动明显的情况下，较高周转率对于企业的稳健经营更是具有重要意义。TOP10 研究组在此采用净资产、房地产业务收入、总资产周转率、存货周转率等指标，综合反映企业规模化发展与运营效率的情况。

（2）成长潜力与经营稳健相结合。房地产是资金密集型行业，也是一个容易受政策影响的行业。企业的高杠杆运营，在市场调整期往往带来资金链断裂的巨大压力；而一旦市场向好，企业为补偿资本所承受的风险，又容易诱发提高房价、盲目囤地，进一步推高了行业的不确定性风险，增加了企业的经营难度。此次研究继续强调企业成长潜力的培育必须建立在稳健经营的前提下，注重短期财务风险的控制，处理好稳健经营与快速成长之间的关系，以维护整个行业的平稳健康发展。

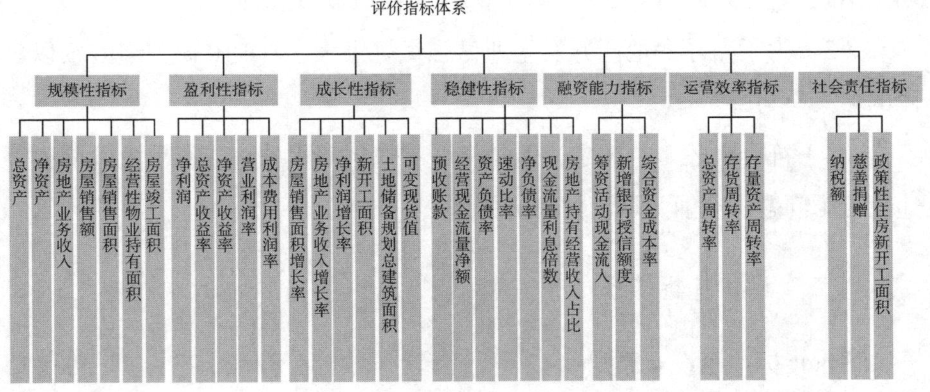

（3）盈利能力与社会责任相结合。企业必须稳步盈利才能实现永续经

营，研究组对房地产企业盈利能力的评价，将从净利润、净资产收益率、营业利润率、成本费用利润率等角度来进行，更全面地衡量企业在不同市场形势下的盈利状况及成本控制水平。同时从纳税、政策性住房新开工面积、慈善捐赠三个基本层面引导企业重视社会责任，积极构建和谐社会，并将其作为企业综合实力评价的重要内容。

（4）融资能力与综合实力相结合。融资能力对于房地产企业有着极其重要的意义，项目的获取、运营等环节都离不开强大的融资能力支持。本次研究通过筹资活动现金流入、本年新增银行授信额度及综合资金成本率三个指标来分析企业的融资实力，表现突出的企业其综合实力指数相应提高。

评价指标体系

在 2017 中国房地产百强企业研究中，中国房地产 TOP10 研究组根据企业规模与运营效率相结合、成长潜力与经营稳健相结合、盈利能力与社会责任相结合、融资能力与综合实力相结合的原则，全面客观地评价企业的综合实力。

三、主要研究成果

（一）2017中国房地产百强企业

在 2017 中国房地产百强企业研究中，中国房地产 TOP10 研究组根据近 5 年百强企业实际状况，初选了 500 家符合要求的开发企业，依据企业规模与运营效率相结合、成长潜力与经营稳健相结合、盈利能力与社会责任相结合、融资能力与综合实力相结合的原则，运用因子分析法及相关数学模型，对全国 500 家房地产企业（集团）的规模性、盈利性、成长性、稳健性、融资能力、运营效率和社会责任等 7 个方面的 34 个指标和其他数据信息进行深入地分析研究，科学全面地计算出房地产企业的综合实力指数，研究产生了 2017 中国房地产综合实力百强企业。

“2017 中国房地产百强企业”名单

恒大集团	北京金隅股份有限公司	国瑞置业有限公司
万科企业股份有限公司	海伦堡地产集团有限公司	保集控股集团有限公司
碧桂园控股集团有限公司	福星惠誉房地产有限公司	三盛地产集团
保利房地产（集团）股份有限公司	上海红星美凯龙房地产集团有限公司	德信控股集团有限公司
中国海外发展有限公司	中梁地产集团	杭州市城建开发集团有限公司（大家房产）
绿地控股集团股份有限公司	景瑞地产（集团）有限公司	美好置业集团股份有限公司
绿城中国控股有限公司	花样年集团（中国）有限公司	阳光 100 中国控股有限公司
华夏幸福基业股份有限公司	中冶置业集团有限公司	上海城建置业发展有限公司
华润置地有限公司	海航地产集团有限公司	华鸿嘉信房地产集团有限公司
融创中国控股有限公司	隆基泰和置业有限公司	江西新力置地投资有限公司
龙湖地产有限公司	上海大名城企业股份有限公司	翠屏国际控股有限公司
金地（集团）股份有限公司	北京北辰实业股份有限公司	重庆德杰地产集团
招商局蛇口工业区控股股份有限公司	祥生地产集团	天朗控股集团
世茂房地产控股有限公司	新鸥鹏集团	中惠熙元房地产集团有限公司
鲁能集团有限公司	苏宁置业集团有限公司	长沙房产（集团）有限公司
荣盛房地产发展股份有限公司	沿海绿色家园集团	蓝润地产股份有限公司
新城控股集团股份有限公司	联发集团有限公司	中锐地产集团
金科地产集团股份有限公司	武汉地产开发投资集团有限公司	重庆泽京房地产开发有限公司
旭辉控股（集团）有限公司	广州市方圆房地产发展有限公司	奥山置业有限公司
中南置地	上海三盛宏业投资（集团）有限责任公司	领地集团股份有限公司
阳光城集团股份有限公司	俊发地产有限责任公司	庭瑞集团有限公司
卓越置业集团有限公司	中国葛洲坝集团房地产开发有限公司	金侨投资控股有限公司
四川蓝光发展股份有限公司	星河控股集团有限公司	中迪禾邦集团有限公司
正荣集团有限公司	福晟集团有限公司	郭氏投资集团有限公司
天津房地产集团有限公司	上海爱家集团	广东尚东地产集团有限公司
泰禾集团股份有限公司	朗诗绿色地产有限公司	纽宾凯集团有限公司
杭州滨江房产集团股份有限公司	颐和地产集团有限公司	广东广物房地产（集团）有限公司
中国奥园地产集团股份有限公司	东方银座集团中国有限公司	云南实力房地产开发经营集团有限公司
龙光地产控股有限公司	上海建工房产有限公司	众安房产有限公司
融信（福建）投资集团有限公司	上海实业城市开发集团有限公司	象屿地产集团有限公司
广州市敏捷投资有限公司	当代置业（中国）有限公司	重庆长安房地产开发有限公司
复地（集团）股份有限公司	银亿房地产股份有限公司	上海大发房地产集团有限公司
广州市时代地产集团有限公司	百步亭集团有限公司	
宝龙地产控股有限公司	鸿坤集团	

（二）百强企业整体发展特点分析

1. 销售业绩与资产规模创新高，市场份额超四成

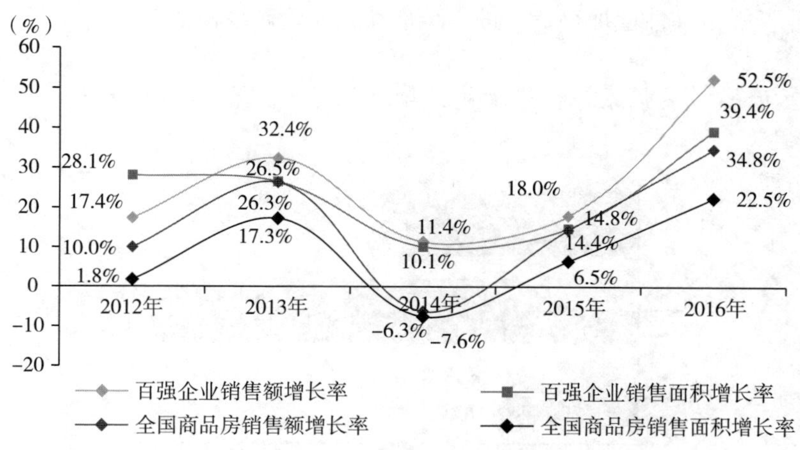

图1　百强企业2012～2016年销售增长情况

2016年，在中国经济缓中趋稳、稳中向好的大背景下，房地产市场迎来了新的发展高峰，百强企业精准把握市场机遇，以优异销售业绩轻松跑赢市场大势：销售总额、销售面积分别达48027.1亿元、40251.7万平方米，同比增长52.5%和39.4%，分别高于同期全国增幅17.7、16.9个百分点，行业领先优势进一步彰显；销售额市场份额快速上升至40.8%，较上年提高4.7个百分点，行业集中度加速提升。

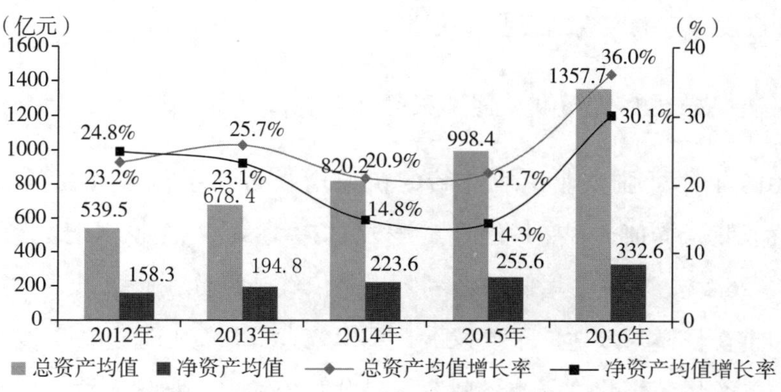

图2　百强企业2013～2016年资产变化情况

受益于销售业绩的高速增长，2016 年百强企业资产规模实现突破性增长，总资产均值为 1357.7 亿元，同比增长 36.0%，增速较上年提升 14.3 个百分点；净资产均值为 332.6 亿元，同比增长 30.1%；市场快速回暖期，百强企业积极并理性增加存货，进一步推动企业资产规模的提升。

2. 因城施策强深耕、优结构，精准推盘、广合作增业绩

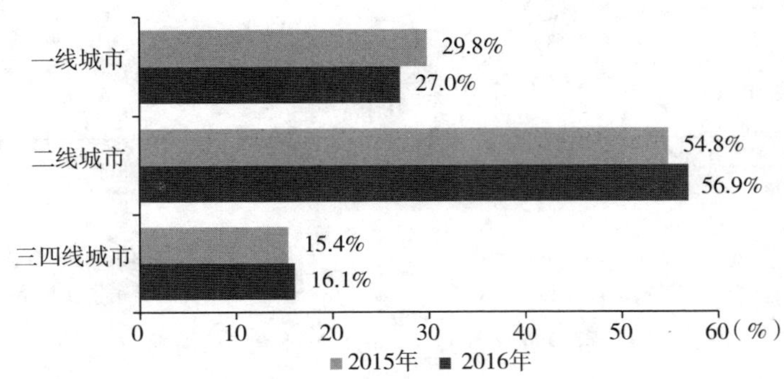

图 3　前 50 企业 2015 ~ 2016 年重点项目销售额在一线、二线、三四线城市的分布结构

2016 年房地产市场迎来了波澜壮阔的行情，而城市分化与市场的复杂性也不断加深，百强企业顺势而为，强化一二线重点城市深耕，前 50 企业重点项目中来自一二线城市的销售额占比达 83.9%；在把握主流市场的基础上，聚焦城市主流需求，紧抓改善型产品释放机遇，90 ~ 140 平方米首改类产品成业绩贡献主力；同时踩准政策节点精准推盘，强化企业间合作的力度和广度，有效实现销售业绩快速提升。

3. 开源节流保障盈利空间，强管理深挖潜降成本提效益

2016 年，百强企业销售业绩的快速增长带动了盈利规模的大幅提升，营业收入均值达 392.1 亿元，净利润均值达 45.7 亿元，同比分别增长 36.8%、26.2%，行业“增收不增利”现象依然凸显。在此背景下，百强企业愈加重视规模与效益的平衡发展，规模较大百强企业通过在房地产开发经营的各个环节强化“降本增效”，提升管控能力，强化运营效率，盈利

优势得到不断彰显。

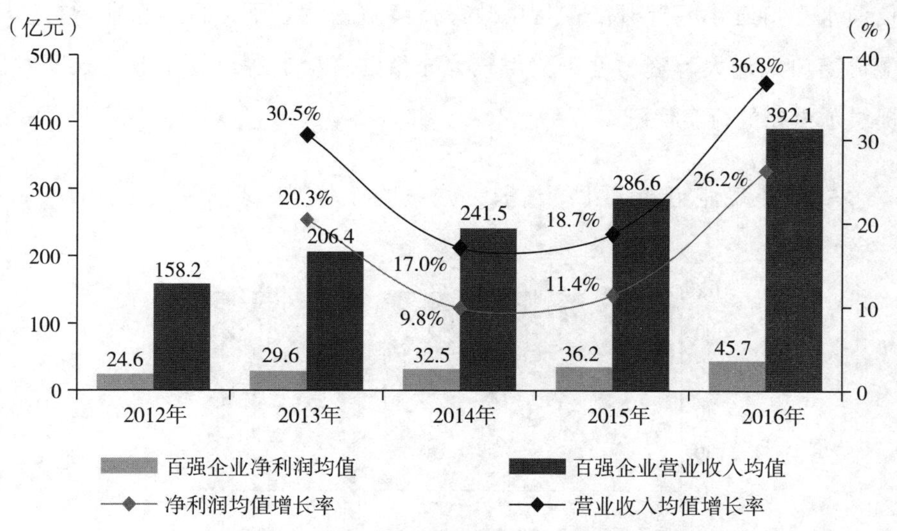

图 4　百强企业 2012 ~ 2016 年纳税额与净利润增长情况

4. 资金面改善助力稳增长，未雨绸缪保障财务安全

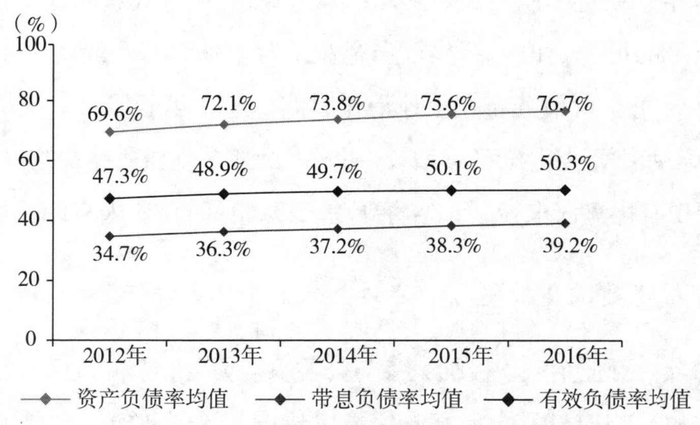

图 5　百强企业 2012 ~ 2016 年负债情况

2016 年百强企业资产负债率均值达到 76.7%，较 2015 年提高 1.1 个百分点；由于预收账款均值较 2015 年增加 27.5%，剔除预收账款之后的有效负债率均值为 50.3%，与上年基本持平；而带息负债率均值达到 39.2%，较

2015 年提高 0.9 个百分点。整体来看，近年来伴随着百强企业的快速发展，负债水平持续小幅提升。在货币政策持续宽松背景下，百强企业紧抓市场融资窗口期加大筹资力度，获得较为充裕的资金资源，为企业的长期发展提供了重要的资金保障。

5. 强变现能力锁定业绩增长，广并购谋转型跨越发展

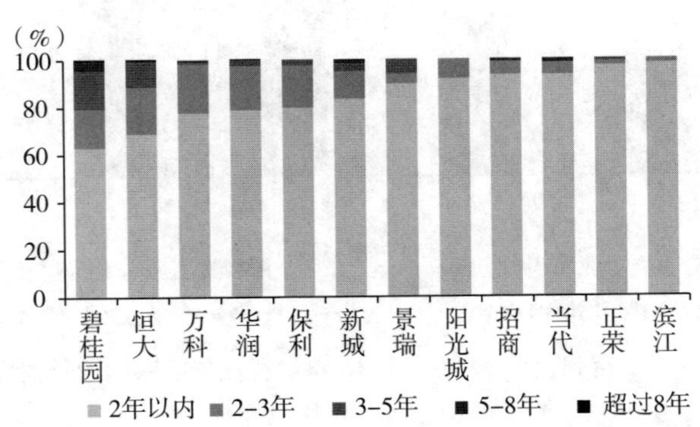

图 6　百强代表企业 2016 年末按照不同城市土地去化周期划分的可售货值结构情况

2016 年，百强企业积极通过公开市场或收并购方式获取优质土地资源，储备了充足的可售货值，部分百强企业结合市场形势不断优化土地布局结构，约 90% 可售货值分布在土地消化时间少于 3 年的城市，均衡的货值结构可助力企业中短期业绩延续增长。此外，百强企业加速并购抢占资源高地，同时结合现有优势谋求转型，培育新增长极，保障企业未来的长足发展。

6. 保障房建设积极参与，全面履行企业社会责任

2016 年，百强企业积极加大参与公益事业力度，全方位践行社会责任，在依法纳税、响应号召去库存、保障房建设、绿色建筑、公益慈善事业等方面不断前行，在房地产行业树立了良好的榜样。全年百强企业纳税总额均值达 18.5 亿元，同比增长 31.2%，其中税金及附加均值为 10.7 亿元，所得税均值为 7.8 亿元，同比分别增长 23.8%、34.7%。

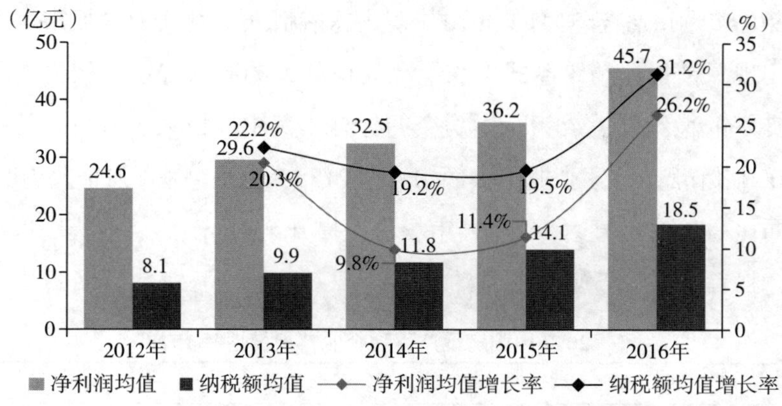

图 7　百强企业 2012 ~ 2016 年纳税额与净利润增长情况

（三）2018中国房地产百强企业TOP10研究

中国房地产 TOP10 研究组在百强企业研究的基础上，基于对企业规模性、盈利性、成长性等方面的深入研究，评价产生了 2017 中国房地产百强企业“综合实力 TOP10”“规模性 TOP10”“盈利性 TOP10”“成长性 TOP10”“稳健性 TOP10”“融资能力 TOP10”“运营效率 TOP10”和“年度社会责任感企业”。

2017 中国房地产百强企业“综合实力 TOP10”

排名	公司名称
1	恒大集团
2	万科企业股份有限公司
3	碧桂园控股集团有限公司
4	保利房地产（集团）股份有限公司
5	中国海外发展有限公司
6	绿地控股集团股份有限公司
7	绿城中国控股有限公司
8	华夏幸福基业股份有限公司
9	华润置地有限公司
10	融创中国控股有限公司

2016 年，“综合实力 TOP10”企业凭借精准的判断力紧抓市场上行机遇，实现了销售业绩跨越式增长，在规模壮大的同时展现出较强的融资能力和良好的稳健性，成为全国房企的标杆。其中，恒大、万科、碧桂园迈入 3000 亿阵营，10 家企业销售额均值达 2185.7 亿元，为百强企业均值的 4.6 倍，同比增长率均值达 56.8%，市场份额提升至 18.6%，行业集中度进一步提升，强者恒强态势愈发显著。

2017 中国房地产百强企业“规模性 TOP10”

排名	公司名称
1	恒大集团
2	万科企业股份有限公司
3	碧桂园控股集团有限公司
4	保利房地产（集团）股份有限公司
5	中国海外发展有限公司
6	绿地控股集团股份有限公司
7	绿城中国控股有限公司
8	华夏幸福基业股份有限公司
9	华润置地有限公司
10	龙湖地产有限公司

2016 年，“规模性 TOP10”企业的资产和销售规模迈上新台阶，总资产及净资产均值分别为 5060.2 亿和 1192.8 亿，同比分别增长 41.7% 和 32.5%，销售额及营业收入均值分别为同期百强均值的 4.4 倍和 3.9 倍，规模效应进一步凸显。规模性 TOP10 企业持续优化市场布局，紧抓热点城市市场机遇实现销售业绩快速提升，同时通过并购优质资产、强化合作等方式，有效推动企业资产规模快速扩张。

2017 中国房地产百强企业“盈利性 TOP10”

排名	公司名称
1	中国海外发展有限公司
2	华夏幸福基业股份有限公司
3	保利房地产（集团）股份有限公司
4	龙光地产控股有限公司

续表

排名	公司名称
5	中冶置业集团有限公司
6	上海三盛宏业投资（集团）有限责任公司
7	卓越置业集团有限公司
8	杭州滨江房产集团股份有限公司
9	国瑞置业有限公司
10	银亿房地产股份有限公司

2016 年，“盈利性 TOP10”企业的利润规模持续扩大，净利润均值达 79.2 亿元，同比增长 28.6%，是百强企业净利润均值的 1.7 倍。同时，盈利性 TOP10 企业也保持了较高的盈利质量，净利润率均值达 14.7%，较百强企业均值高出 3.7 个百分点。在行业利润下行压力持续凸显的背景下，盈利性 TOP10 企业通过在房地产开发经营的各个环节强化“降本增效”，提升管控能力，强化运营效率，持续推动盈利能力的提升。

2017 中国房地产百强企业“成长性 TOP10”

排名	公司名称
1	鲁能集团有限公司
2	绿城中国控股有限公司
3	天津房地产集团有限公司
4	景瑞地产（集团）有限公司
5	融信（福建）投资集团有限公司
6	海伦堡地产集团有限公司
7	中梁地产集团
8	颐和地产集团有限公司
9	当代置业（中国）有限公司
10	苏宁置业集团有限公司

2016 年，“成长性 TOP10”企业销售额增长率均值为 87.3%，高于同期百强企业均值 34.8 个百分点，营业收入增长率均值达 66.4%，超过同期百强企业均值 29.6 个百分点，保持了强劲的发展势头，成长能力领先于行业其他企业，同时积极拓展优质土地储备，为未来可持续增长奠定坚实基础。

2017 中国房地产百强企业“稳健性 TOP10”

排名	公司名称
1	中国海外发展有限公司
2	华夏幸福基业股份有限公司
3	新城控股集团股份有限公司
4	四川蓝光发展股份有限公司
5	金科地产集团股份有限公司
6	荣盛房地产发展股份有限公司
7	沿海绿色家园集团
8	花样年集团（中国）有限公司
9	上海爱家集团
10	广州市敏捷投资有限公司

2016 年，“稳健性 TOP10”企业资产负债率均值为 72.1%，低于同期百强企业均值 4.6 个百分点，负债结构持续优化；稳健性 TOP10 企业在 2016 年的速动比率均值为 0.64，高于同期百强企业平均水平 0.09，短期偿债能力高于行业平均水平。在融资环境宽松及销售回款加速的双重催化下，稳健性 TOP10 企业资金面比较充裕，同时，秉持“促销售、抓回款、控支出”投资原则，降低拿地成本保障企业的稳健发展。

2017 中国房地产百强企业“融资能力 TOP10”

排名	公司名称
1	恒大集团
2	保利房地产（集团）股份有限公司
3	龙湖地产有限公司
4	泰禾集团股份有限公司
5	福星惠誉房地产有限公司
6	花样年集团（中国）有限公司
7	景瑞地产（集团）有限公司
8	当代置业（中国）有限公司
9	中梁地产集团
10	上海实业城市开发集团有限公司

2016年，“融资能力TOP10”企业一方面积极把握融资活跃期，通过发行公司债、永续债以及定向增发等多种融资方式，获得大量优质资金来源，另一方面拓宽融资渠道，降低融资成本，促进财务结构的不断优化，为企业的长期发展储备了充足的资金资源，同时有效保障企业盈利空间。

2017 中国房地产百强企业“运营效率 TOP10”

排名	公司名称
1	恒大集团
2	保利房地产（集团）股份有限公司
3	新城控股集团股份有限公司
4	上海红星美凯龙房地产集团有限公司
5	中南置地
6	中国奥园地产集团股份有限公司
7	朗诗绿色地产有限公司
8	联发集团有限公司
9	上海三盛宏业投资（集团）有限责任公司
10	祥生地产集团

2016年，“运营效率TOP10”企业有效把握市场上行大势，因城施策优化产品结构；同时积极升级运营管理体系，持续改善企业运营效率，总资产周转率与存货周转率均值分别为0.41和0.53，较百强企业均值高0.02和0.03。

2016 ～ 2017 中国房地产年度社会责任感企业

公司名称
保利房地产（集团）股份有限公司
天津房地产集团有限公司
宝龙地产控股有限公司
广州市方圆房地产发展有限公司
荣盛房地产发展股份有限公司
海航地产集团有限公司
武汉地产开发投资集团有限公司
长沙房产（集团）有限公司
祥生地产集团
上海大发房地产集团有限公司

2016 年，年度社会责任感企业积极响应国家去库存政策，积极参与保障房建设，在绿色建筑、公益慈善事业等方面不断前行，树立了行业榜样。

2017 中国房地产百强之星

公司名称	公司名称
正荣集团有限公司	保集控股集团有限公司
广州市敏捷投资有限公司	三盛地产集团
广州市时代地产集团有限公司	德信控股集团有限公司
海航地产集团有限公司	杭州市城建开发集团有限公司（大家房产）
隆基泰和置业有限公司	上海城建置业发展有限公司
上海大名城企业股份有限公司	华鸿嘉信房地产集团有限公司
北京北辰实业股份有限公司	江西新力置地投资有限公司
联发集团有限公司	蓝润地产股份有限公司
广州市方圆房地产发展有限公司	奥山置业有限公司
中国葛洲坝集团房地产开发有限公司	庭瑞集团有限公司
星河控股集团有限公司	金侨投资控股有限公司
福晟集团有限公司	广东尚东地产集团有限公司
东方银座集团中国有限公司	纽宾凯集团有限公司
上海建工房产有限公司	众安房产有限公司
颐和地产集团有限公司	广东广物房地产（集团）有限公司
银亿房地产股份有限公司	象屿地产集团有限公司
鸿坤集团	

北京 TOP10	上海 TOP10	重庆 TOP10	山东省 TOP10	浙江省 TOP10
中海地产	绿地控股	融创中国	万科	绿城中国
首开股份	万科	恒大集团	中海地产	滨江集团
万科	上海地产集团	龙湖地产	海尔地产	万科
保利地产	旭辉集团	金科股份	恒大集团	融创中国
远洋地产	仁恒置地	鲁能集团	绿城中国	九龙仓集团
绿地控股	融创中国	保利地产	银盛泰集团	中梁地产集团
首创置业	保利地产	香港置地	鲁能集团	德信集团
融创中国	瑞安房地产	万科	鲁商置业	祥生地产集团
金融街控股	金地集团	招商蛇口	华润置地	大家房产
北京城建	大华集团	中海地产	绿地控股	华鸿嘉信集团

（四）结语

2016 年，我国经济在“稳中求进”的总基调下保持平稳健康发展，房地产市场在供给侧改革的深化下，总体供求结构不断优化，但结构性矛盾依然突出，城市分化持续加剧，百强企业精准把握市场脉搏，在市场的波动变化中以规模优势、品牌实力和高效的经营管理能力抢占先机，赢得行业发展制高点，市场集中度加速提升，规模效应全面显现。展望未来，“5000亿”时代即将开启，市场集中度将进一步提升；行业整合加速，“大鱼吃小鱼”常态化，资源整合能力成企业决胜关键，影响行业格局重塑；行业转型加速，大型企业谋局多元化发展版图，中小企业寻求转型出路或退出。百强企业应始终不忘初心，坚持高品质的产品、高水准的管理和高效率的运营，在竞争加剧的环境中把握市场主流，持续引领行业健康、平稳发展。

四、房地产企业及服务企业发展路径探讨

（一）中国房地产企业发展路径探讨

1. 审慎择定正确的发展路径

（1）行业未来发展格局：市场集中度提升，垄断加剧，规模化仍为未来一段时期的主旋律

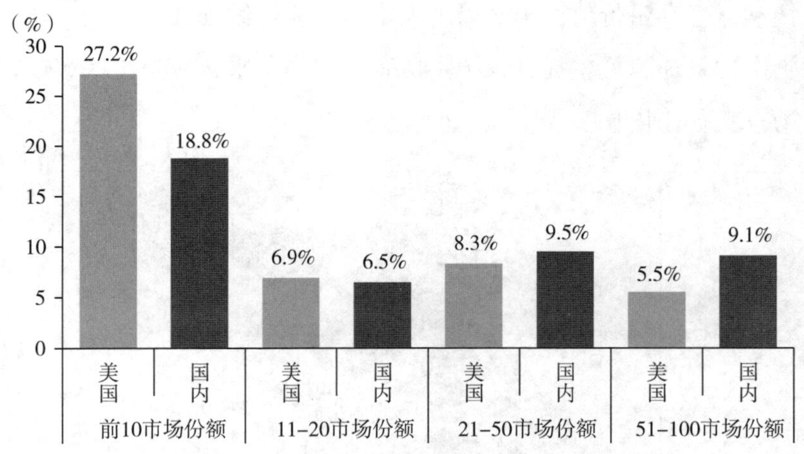

图 8 不同规模的中美房企市场份额对比

注：美国房企市场份额是按照 2015 年新建住房销售套数占比计算；国内房企市场份额则是按照 2016 年销售额占比计算。

从美国、日本和香港等成熟市场的发展经验来看，房地产行业集中度将进一步提升。其中，以美国为参照，国内房企销售额前10、11～20企业市场份额仍具有提升空间，尤其是恒大、万科等龙头房企2016年市占率刚超3%，按照国内商品房未来保持10万～12万亿的稳定销售额及美国销售额第一的房企7.3%的市场占有率估算，国内龙头房企至少有一倍的成长空间，销售额或近万亿。而国内21～50、51～100企业市场份额将面临缩减，千亿或将成为房企规模增长的分水岭。

（2）国内房企现状：积极制定规模化目标，发展策略明显分化

千亿房企与千亿以下房企均以规模化为发展目标，其中万科、恒大和融创等千亿房企已锚定万亿目标，其他房企也在图谋千亿后的跨越增长；500亿～1000亿左右房企以突破千亿为目标。发展路径方面，千亿房企聚焦产融结合、产城结合；千亿以下房企仍以“做大”为核心。

（3）发展路径规划：精准选择差异化发展路径

千亿房企应实现规模化、多元化、金融化和国际化。一方面应继续发挥强资源整合能力，借力并购快速扩大市场份额，进军国际市场扩充资源，另一方面加强对长租公寓、游养娱等后端存量市场的多元经营，以地产+金融撬动万亿存量价值；千亿以下大中房企应继续加强全国化布局，充分借助资本力量加速规模提升；中小房企受规模所限，应聚焦区域或特色细分市场，或适时退出。

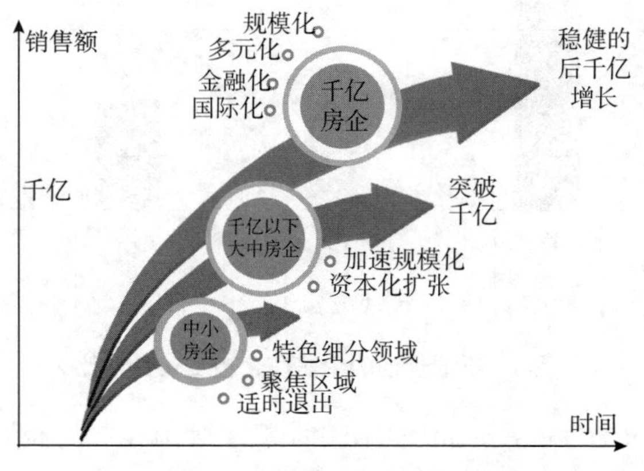

图9 房地产企业发展路径规划

2. 量身制定实施策略

（1）规模化：住宅开发外抓城市化圈层空间，内推代建与小镇运营，全面布局潜力市场

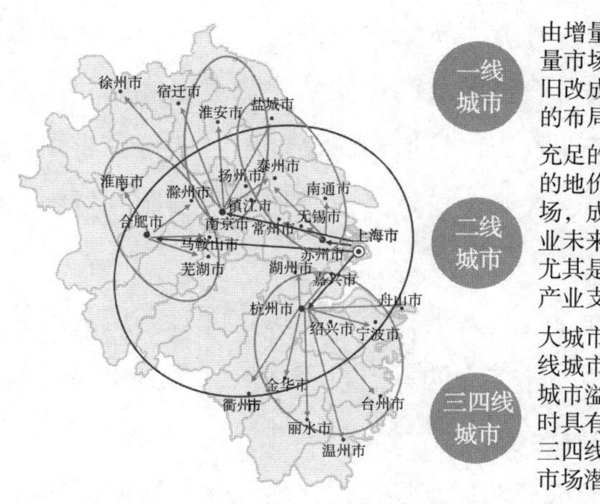

由增量市场转向存量市场，城市更新、旧改成为住宅市场的布局区域。

充足的供应、优势的地价、活跃的市场，成为房地产行业未来的主战场，尤其是具有人口和产业支撑的城市。

大城市周边的三四线城市，受益于大城市溢出效应，同时具有产业特色的三四线城市，仍具市场潜力。

图 10　长江三角洲城市群内部不同层级城市的房地产市场空间

城市群建设为房地产行业带来机遇，为房企布局指明方向。房企依托城市群圈层发展，因城施策差异化布局：一线城市紧抓更新和旧改机遇，重点关注具有特色产业和人口支撑的二线城市和核心城市周边三四线城市。

代建运营优秀企业

企业名称
绿城房地产建设管理集团有限公司
万科企业股份有限公司
绿地控股集团股份有限公司
旭辉控股（集团）有限公司
建业住宅集团（中国）有限公司

绿城等代建运营优秀企业通过输出管理开展代建运营，助力规模化突围。一方面，通过代建输出住宅产品标准化运营，且产品系的品牌溢价优势明显；另一方面，注重企业内外资源的产业链整合，多维度强化住宅开发能力。

2017 中国房地产城镇化运营引领企业

企业名称
蓝城房产建设管理集团有限公司

综合城市运营能力突出和自身具有产业运营优势的两类开发企业积极布局特色小镇开发业务，打造产城融合新高度。万科、碧桂园等基于综合开发优势，或发掘区域自然资源及产业要素禀赋形成优势产业，或运用自身强大平台优势引入产业资源，打造产城高度融合的特色小镇；蓝城等房企注入自身双创、健康、农业等成熟产业及地产开发服务资源，实现特色小镇的系统开发。

房企还通过加码海外投资，进行资产全球化配置。房企选择发达欧美和新兴东南亚国家作为海外布局的重点投资区域，部分出海较早房企的海外项目取得了较好的销售业绩。

（2）多元化：紧抓细分领域市场机遇，多元化布局谋新赢利点

房地产行业增长由增量向存量转换，但新型城镇化等国家重大战略实施也扩展了生活性服务消费的新空间，居民多元化需求日益增长、对服务品质的要求不断提高，也打通了中国房地产行业和房地产企业突破转型的新通道。

商业地产主要优秀企业

企业名称	企业名称
大连万达商业地产股份有限公司	阳光 100 中国控股有限公司
上海红星美凯龙房地产集团有限公司	世纪金源集团
宝龙地产控股有限公司	大悦城地产有限公司
苏宁置业集团有限公司	中国金茂控股集团有限公司
龙湖地产有限公司	首创置业股份有限公司
华润置地有限公司	越秀地产股份有限公司
银泰置地（集团）有限公司	金科地产集团股份有限公司
和道国际商贸集团	纽宾凯集团有限公司
金融街控股股份有限公司	正荣集团有限公司
中南商业	云南城投置业股份有限公司

商业地产方面，优秀商业地产企业通过升级产品及服务适应消费升级

需求，并不断探索轻资产转型新模式。一方面，通过优化产品结构与业态创新，提升服务质量丰富消费体验；另一方面，借力租赁市场新风口拓展业务，加大收购力度强化战略布局。此外，还通过资产证券化产品盘活存量资产，实现规模快速扩张。

产业园区运营优秀企业

企业名称
华夏幸福基业股份有限公司
北京联东投资（集团）有限公司
启迪协信科技城投资集团有限公司
天安数码城（集团）有限公司
上海张江高科技园区开发股份有限公司
亿达中国控股有限公司
武汉银湖科技发展有限公司
北京电子城投资开发集团股份有限公司
星河产业集团
成都高新发展股份有限公司

产业地产领域，产业园区运营优秀企业紧随政策导向，模式创新、强强联合协同推动发展。一方面，紧随政策导向，积极布局海外市场，以全球的视野高度配置产业服务资源，并积极创新模式满足区域产业发展需求；另一方面，加强合作与轻资产运营获取发展资源，产融结合推进企业发展；另外，紧跟产业转型升级、重构步伐，注重产品、服务升级，以适应产业发展需求，创新运营模式提供优质服务。

特色地产运营优秀企业

企业名称	特色领域
保利房地产（集团）股份有限公司	养老地产
鲁能集团有限公司	绿色地产
当代置业（中国）有限公司	绿色科技地产
东原地产集团	新社区文化运营
新鸥鹏集团	教育地产

续表

企业名称	特色领域
中天城投集团股份有限公司	城市化管理
朗诗绿色地产有限公司	绿色科技地产
百步亭集团有限公司	社区综合运营
国瑞置业有限公司	创新地产
美好置业集团股份有限公司	新社区文化运营
天朗控股集团	中国特色小镇服务运营商
中锐地产集团	教育 + 地产
江西新力置地投资有限公司	生态地产
新明中国控股有限公司	儿童地产
重庆德杰地产集团	地产 + 医疗
奥山置业有限公司	文旅地产

特色地产运营领域，特色地产运营优秀企业通过深耕特色领域，提高核心竞争力：首先，创新完善产品与业务体系，提升特色领域的专业水平，强化立足之本；其次，聚焦全产业链、整合相关优势资源，塑造特色地产领域全产业链竞争力；最后，扩大产业布局，提升规模效益。

轻资产运营优秀企业

企业名称
大连万达商业地产股份有限公司
沿海绿色家园集团
鲁能泰山度假俱乐部
阳光 100 中国控股有限公司
花样年集团（中国）有限公司

部分房地产企业在布局商业、产业及特色地产领域过程中积累了先进的开发、运营、管理及资本运作经验，建立了品牌优势，并积极探索相关领域的轻资产运营模式。万达、花样年等轻资产运营优秀企业结合其在相关领域专业的开发及运营能力，进行品牌输出，以更低的资本投入获取更

高的收益，实现从传统开发模式向轻资产运营模式转型升级。

（3）金融化：借力资本化扩张实现快速做大和多元化布局，创新产融模式掘金万亿存量市场

并购能力优秀企业

企业名称
阳光城集团股份有限公司
融创中国控股有限公司
恒大集团
万科企业股份有限公司
新城控股集团股份有限公司

并购助力规模提升，资本扩张谋求长远发展。多数房企积极通过并购获取优质资源，迅速做大主业规模；部分大型房企通过并购布局多元化业务，以资本化扩张实现长远战略意图。其中，阳光城、融创、恒大等企业均已制定了明确的资本化扩张路径，并在并购市场积累了丰富的发展经验。

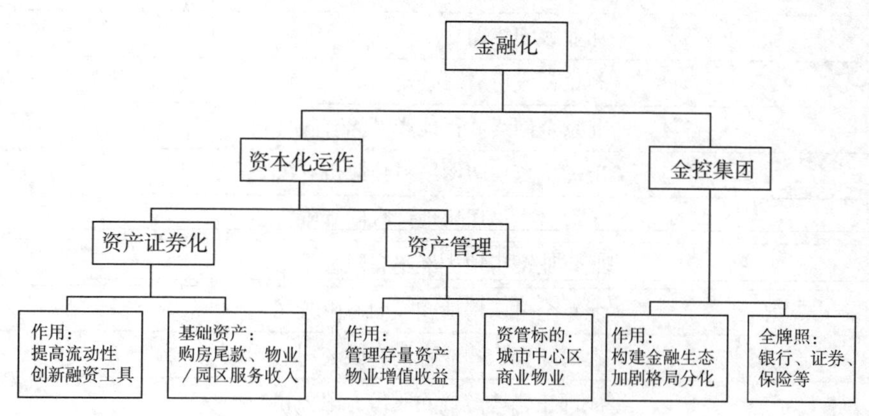

图 11 房地产企业金融化转型路径

部分房企通过金融创新搭建稳健资金链，金融转型加强资本话语权。一方面，创新资产证券化品种，扩充融资渠道、盘活沉淀资金，部分大中型房地产企业搭建资产管理平台或成立资产管理公司，以资本运作撬动巨

大存量资产；另一方面，龙头房企向金融领域全面渗透，引入专业金融公司，更通过投资设立、并购入股等方式获得金融全牌照，打造多业态并存的金融集团或平台。

（二）2017中国优秀房地产服务企业研究

1. 策划代理企业：把好交易入口释放规模效应，守正出新转型综合服务商

2017 中国房地产策划代理百强优秀企业

企业名称
深圳世联行地产顾问股份有限公司
合富辉煌集团控股有限公司
同策房产咨询股份有限公司
保利地产投资顾问有限公司
新联康（中国）有限公司
上海策源置业顾问股份有限公司
伟业顾问集团
新景祥股份有限公司
北京金网络联行地产顾问有限公司
上海华燕房盟网络科技股份有限公司
上海金丰易居房地产顾问有限公司
北京亚豪房地产经纪有限公司
北京金融街房地产顾问有限公司
上海新聚仁物业咨询有限公司
成都正合地产顾问股份有限公司
高策地产服务机构
瑞尔特控股集团
天启 & 开启机构
广州凌峻房地产咨询有限公司
经纬物业（中国）有限公司

中国房地产策划代理百强优秀企业通过挖掘传统业务潜力，把握交易入口做大规模；创新多元业务，进入新的细分市场，向房地产综合服务商迈进和转型。

（1）市场大浪淘沙，优秀企业砥砺前行

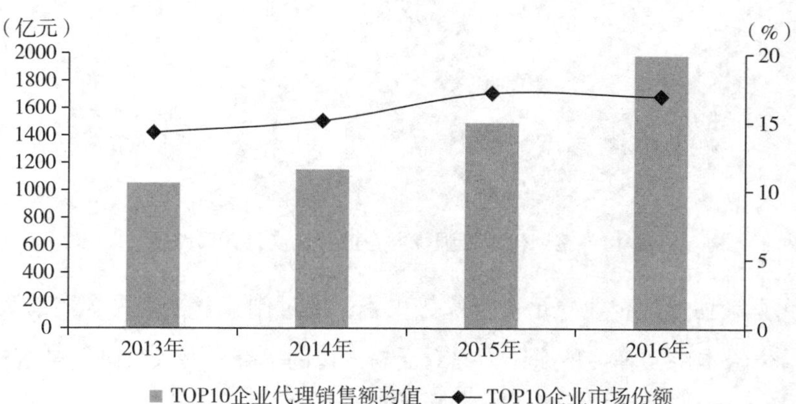

图 12　2013 ~ 2016 年 TOP10 企业代理销售额均值及市场份额

2016 年策划代理 TOP10 企业代理销售额均值为 1987.9 亿元，市场份额[①]为 16.9%，与 2015 年基本持平。

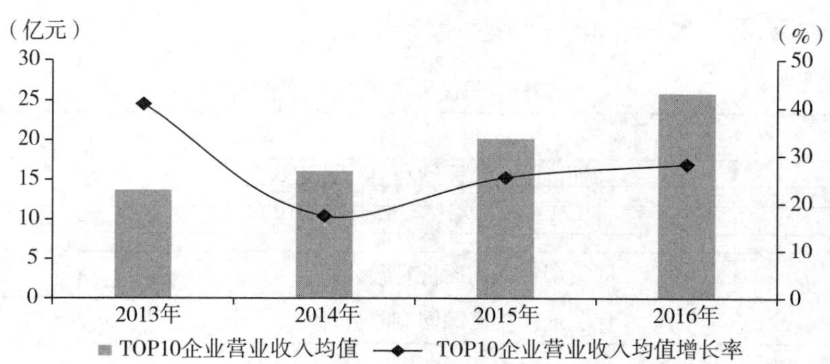

图 13　2013 ~ 2016 年 TOP10 企业营业收入均值及增长率

2016 年营业收入均值为 25.9 亿元，同比增长 28.2%，增速较 2015 年增加 2.8 个百分点。

① 市场份额=一手物业代理实现销售额/全国商品房销售额*100%。

（2）抓牢交易入口，各显身手做大规模

图 14　策划代理百强优秀企业扩大交易入口路径

优秀策划代理企业立足自身优势积累，通过创新营销工具、继续区域扩张和借力资本市场等多种途径增强对交易入口的争夺，做大代理业务规模。

（3）布局多元业务，对接新需求谋求转型

策划代理企业整合资源布局多元业务，其中资产服务、金融和“互联网 +”成为策划代理企业转型的主攻方向。多元化布局过程中，一批优秀房地产综合服务商逐渐涌现，世联行、保利投资顾问等企业以市场需求为导向，整合多方资源，提供一站式房地产服务。

2017 中国优秀房地产综合服务商

企业名称
深圳世联行地产顾问股份有限公司
易居（中国）控股有限公司
同策房产咨询股份有限公司
保利地产投资顾问有限公司
武汉当代恒居置业发展有限责任公司

（4）行业变革时代，商业模式创新涌现

房地产服务大融合背景下，国内策划代理行业正处于变革期，向房地产综合服务商转型成为共识，转型的典型模式有世联行的资源链接模式、合富辉煌的一二手房联动模式和同策集团的增值服务模式。

2. 金融服务企业：服务提升推动市场进步，创新发展释放行业活力

（1）地产基金：多角度创新，提升资本运作能力

中国房地产基金综合能力优秀企业

企业简称	企业简称
光控安石	信保基金
信业基金	东方瑞宸
盛世神州	长富汇银
泰发基金	瑞威资本
中城投资	世旗资本
中融长河	高和资本
弘睿资本	鼎信长城
利得金融	稳盛投资
远洋资本	鼎晖投资

房地产基金企业迎合市场需求，并结合自身优势不断创新业务模式，提升金融服务水平，2016年呈现以下发展特点：地产基金的投资方式更加主动；在传统住宅开发市场利润下滑的形势下，综合体、商业和其他养老、旅游及产业地产等类别的主题地产基金迅速发展；与政府合作的棚改及城市更新类的基金不断增加；成熟物业持有型基金逐渐成为主流趋势，金融创新效果显著，REITs和类REITs型产品明显增多。

（2）地产信托：发挥基础能力优势，推动行业转型升级

中国房地产信托综合能力优秀企业

企业名称
平安信托有限责任公司
中信信托有限责任公司
中融国际信托有限公司
华润深国投信托有限公司
中国对外经济贸易信托有限公司

一方面，平安、中融等地产信托继续抓住机遇，迎合市场需求，发挥

其市场化运作能力，为房地产行业提供专业化金融服务。另一方面，以中信、华润和外贸信托为代表的房地产信托企业，依托集团背景，行业优势突出，同时借助丰富的企业资源，不断拓展地产信托业务范围，引领行业创新。

3. 结语

房地产行业格局在竞争加剧、优胜劣汰加速的背景中将面临重构。对于房地产企业及服务企业来说，谁能在不断深化调整的房地产市场中，通过前瞻性的思变未来与积极高效的自我调节，找到、并始终遵循正确的发展路径，谁就将在“百舸争流”中赢得成功突围的机会；否则，将在不进则退的压力下发展停滞或惨遭淘汰。在此背景下，一批优秀房地产企业及服务企业已经开始未雨绸缪、思变未来，结合外部环境和自身资源禀赋制定中长期发展路径，并不断创新、探索，为行业提供了有益的发展经验。但实现更高发展目标的道路漫漫，房地产企业及服务企业不仅需要瞄准规模化的目标奋力前行，更需内外兼修，注重规模与效益的协同增长、扩张速度与运营能力的相互匹配等，方能在龙争虎斗的“地产江湖”中行稳致远。

附录三

2016中国房地产百强企业研究报告

一、研究背景与目的

由国务院发展研究中心企业研究所、清华大学房地产研究所和中指研究院三家研究机构共同组成的“中国房地产 TOP10 研究组”，自 2004 年以来开展中国房地产百强企业研究，已连续进行了十三年。研究组紧随行业发展脉搏，深入研究房地产企业经营规律，为促进行业良性运行、企业快速成长发挥了重要作用，相关研究成果已成为评判房地产企业经营实力及行业地位的重要标准。

2016 年是“十三五规划”全面建成小康社会决胜阶段的开局之年，中央经济工作会议指出要“继续坚持稳中求进的工作总基调”，按照“创新、协调、绿色、开放、共享”的发展理念，“着力加强供给侧结构性改革”。在此背景下，房地产行业迎来以创新为驱动、以整合为手段的新成长周期，房地产企业必须通过全要素协同创新赢得市场、赢得发展。在此背景下，中国房地产 TOP10 研究组启动“2016 中国房地产百强企业研究”，以“协同创新、稳中求进”为主题，发掘行业中综合实力强、成长潜力大、经营稳健的优秀房地产企业群体，鼓励企业积极改进业务模式、高效整合发展资源，引领行业在新形势下实现持续、健康的成长。

在分析总结历年研究经验及房地产企业发展现状的基础上，研究组进一步完善了研究方法和评价指标体系，继续从规模性、盈利性、成长性、稳健性、融资能力、运营效率和社会责任感等七个方面全面、客观地评价企业的综合实力，引导企业不断优化发展模式，推动行业健康、良性运行。

中国房地产百强企业研究目的

（1）通过企业规模性、盈利性、成长性、稳健性、融资能力、运营效率和社会责任等指标的量化研究，发掘综合实力强、经营稳健以及具备较强社会责任感的优秀企业群体；

（2）通过系统研究，打造“中国房地产百强企业”品牌，提升企业知名度和影响力，发挥百强企业的行业示范效应，推动房地产企业做强做好做大；

（3）通过企业评价，鼓励企业为社会多做贡献，以营造行业重视社会责任的氛围，发挥房地产业作为国民经济重要支柱产业和重要民生行业的作用。

二、百强企业研究方法体系

评价指标体系设立原则

2016 中国房地产百强企业研究以 2013 ~ 2015 年度为研究时间段，涵盖规模性、盈利性、成长性、稳健性、融资能力、运营效率、社会责任在内的七个二级指标 34 个三级指标，全面考量企业的综合实力。

评价指标体系的设计主要把握以下几个基本原则：

（1）企业规模与运营效率相结合。规模与效率是企业向前发展的双驱动力，规模经济的获取离不开高效率的经营管理，基于资金密集型特性，房地产企业只有在不断提高经营管理的运转效率，更好地实现资本的良性增值循环的基础上，才能稳健扩张规模；在市场波动明显的情况下，较高周转率对于企业的稳健经营更是具有重要意义。TOP10 研究组在此采用净资产、房地产业务收入、总资产周转率、存货周转率、销售去化率等指标，综合反映企业规模化发展与运营效率的情况。

（2）成长潜力与经营稳健相结合。房地产是资金密集型行业，也是一个容易受政策影响的行业。企业的高杠杆运营，在市场调整期往往带来资金链断裂的巨大压力；而一旦市场向好，企业为补偿资本所承受的风险，又容易诱发提高房价、盲目囤地，进一步推高了行业的不确定性风险，增加了企业的经营难度。此次研究继续强调企业成长潜力的培育必须建立在稳健经营的前提下，注重短期财务风险的控制，处理好稳健经营与快速成长之间的关系，以维护整个行业的平稳健康发展。

（3）盈利能力与社会责任相结合。企业必须稳步盈利才能实现永续经营，研究组对房地产企业盈利能力的评价，将从净利润、净资产收益率、营业利润率、成本费用利润率等角度来进行，更全面地衡量企业在不同市场形势下的盈利状况及成本控制控制水平。同时从纳税、政策性住房新开工面积、慈善捐赠三个基本层面引导企业重视社会责任，积极构建和谐社会，并将其作为企业综合实力评价的重要内容。

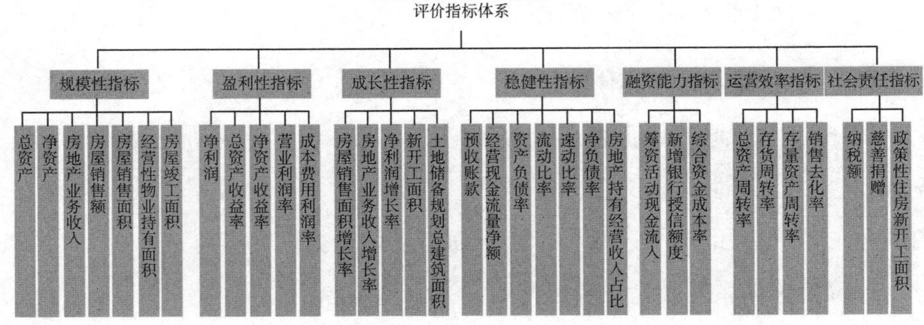

（4）融资能力与综合实力相结合。融资能力对于房地产企业有着极其重要的意义，项目的获取、运营等环节都离不开强大的融资能力支持。本次研究通过筹资活动现金流入、本年新增银行授信额度及综合资金成本率等指标来分析企业的融资实力，表现突出的企业其综合实力指数相应提高。

评价指标体系

在 2016 中国房地产百强企业研究中，中国房地产 TOP10 研究组根据企业规模与运营效率相结合、成长潜力与经营稳健相结合、盈利能力与社会责任相结合、融资能力与综合实力相结合的原则，全面客观地评价企业的综合实力。

三、主要研究成果

（一）2016中国房地产百强企业

“2016中国房地产百强企业”名单

万科企业股份有限公司	时代地产控股有限公司	鸿坤集团
保利房地产（集团）股份有限公司	海伦堡地产集团有限公司	保集控股集团有限公司
恒大地产集团有限公司	金融街控股股份有限公司	当代置业（中国）有限公司
中国海外发展有限公司	中天城投集团股份有限公司	三盛地产集团
绿地控股集团股份有限公司	上海红星美凯龙房地产集团有限公司	国瑞置业有限公司
碧桂园控股有限公司	上海大名城企业股份有限公司	德信控股集团有限公司
绿城房地产集团有限公司	花样年集团（中国）有限公司	深圳市合正房地产集团有限公司
华润置地有限公司	海航地产控股（集团）有限公司	杭州市城建开发集团有限公司（大家房产）
龙湖地产有限公司	宁波奥克斯置业有限公司	阳光100中国控股有限公司
华夏幸福基业股份有限公司	武汉地产开发投资集团有限公司	上海城建置业发展有限公司
融创中国控股有限公司	景瑞地产（集团）有限公司	天朗控股集团
世茂房地产控股有限公司	隆基泰和实业有限公司	中大房地产集团有限公司
招商局蛇口工业区控股股份有限公司	东原地产	美好置业集团股份有限公司
金地（集团）股份有限公司	中冶置业集团有限公司	中惠熙元房地产集团有限公司
金科地产集团股份有限公司	中梁地产集团	浙江金昌房地产集团有限公司
远洋地产控股有限公司	上海三盛宏业投资（集团）有限责任公司	重庆市兴茂产业发展（集团）有限公司
荣盛房地产发展股份有限公司	沿海绿色家园集团	四川蓝润实业集团有限公司
新城控股集团股份有限公司	联发集团有限公司	长沙房产（集团）有限公司
复地（集团）股份有限公司	方圆地产控股有限公司	重庆泽京房地产开发有限公司
旭辉控股（集团）有限公司	朗诗绿色地产有限公司	重庆德杰地产集团
阳光城集团	新鸥鹏集团	奥山置业有限公司
卓越置业集团有限公司	俊发地产有限责任公司	庭瑞集团有限公司
四川蓝光发展股份有限公司	上海爱家集团	重庆同景置业有限公司
泰禾集团股份有限公司	浙江祥生房地产开发有限公司	金侨投资控股有限公司
北京金隅股份有限公司	星河控股集团有限公司	广东尚东投资控股集团有限公司
天津房地产集团有限公司	福晟集团有限公司	纽宾凯集团有限公司
正荣集团有限公司	百步亭集团有限公司	中迪禾邦集团有限公司
杭州滨江房产集团股份有限公司	上海实业城市开发集团有限公司	广东广物房地产（集团）有限公司
中国奥园地产集团股份有限公司	东方银座集团中国有限公司	云南实力房地产开发经营集团有限公司
广州市敏捷投资有限公司	银亿房地产股份有限公司	上海大发房地产集团有限公司
鲁能集团有限公司	颐和地产集团有限公司	重庆长安房地产开发有限公司
龙光地产控股有限公司	广州广电房地产开发集团股份有限公司	上海中优房地产集团有限公司
福星惠誉房地产有限公司	中粮置地管理有限公司	
宝龙地产控股有限公司	中国葛洲坝集团房地产开发有限公司	

在2016中国房地产百强企业研究中，中国房地产TOP10研究组根据近5年百强企业实际状况，初选了500家符合要求的开发企业，依据企业规模与运营效率相结合、成长潜力与经营稳健相结合、盈利能力与社会责任相结合、融资能力与综合实力相结合的原则，运用因子分析法及相关数学模型，对全国500家房地产企业（集团）的规模性、盈利性、成长性、稳健性、融资能力、运营效率和社会责任等七个方面的34个指标和其他数据信息进行深入地分析研究，科学全面地计算出房地产企业的综合实力指数，研究产生了2016中国房地产综合实力百强企业。

（二）百强企业整体发展特点分析

1. 销售额增长19.4%，市场份额达36.7%，再创新高

（1）百强企业2015年销售额增速达19.4%，市场份额上升至36.7%

2015年，在“促消费、去库存”的总基调下，供需两端宽松政策频出促进房地产市场量价稳步回升，全国商品房销售额和销售面积同比分别增长14.4%和6.5%，房地产市场运行环境显著改善。同时，市场“二元分化”现象持续加剧，一线和热点二线城市需求旺盛，呈现量价齐升局面，而部分二线和多数三四线城市市场需求表现乏力，高库存压力下，房价和成交量多呈下跌态势。

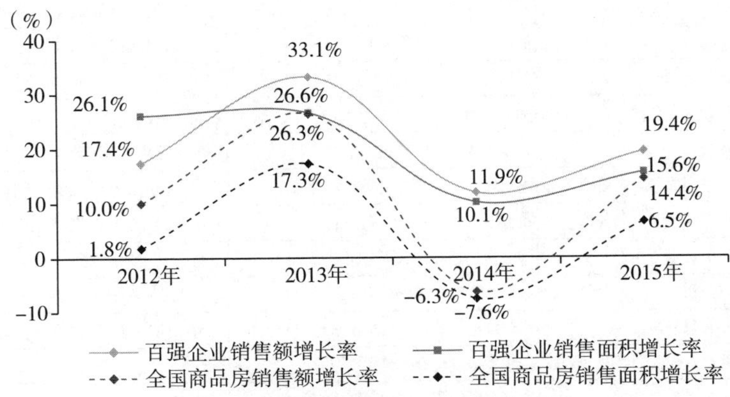

图1　百强企业2012 ~ 2015年销售增长情况

在房地产市场两极分化趋重、市场运行风险加大的背景下，百强企业凭借准确的市场研判取得优异的销售表现：全年业绩规模再创新高，销售总额、销售面积分别为32032.1亿元、29583.6万平方米；业绩增速继续跑赢大市，销售额、销售面积同比增速分别为19.4%和15.6%，高于同期全国涨幅5个和9.1个百分点，市场领先优势进一步扩大，引领行业在新常态时期健康、理性发展。

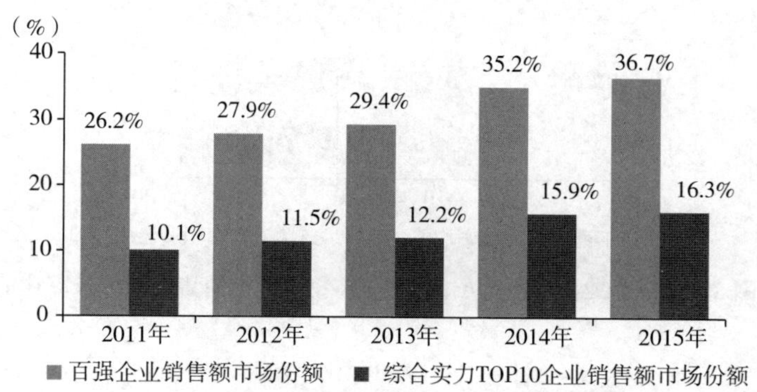

图2　百强及综合实力TOP10企业2011～2015年市场份额及变化

依托稳步增长的销售业绩，百强企业市场份额持续扩大，推动行业集中度进一步提升。2015年百强企业销售额市场份额上升至36.7%，较上年提高1.5个百分点，销售面积市场份额提高1.8个百分点至23%，行业集中度进一步提升。其中，综合实力TOP10企业实现销售总额14241.3亿元，占百强企业销售总额的44.5%，占全国商品房销售额的16.3%，较上年提高0.4个百分点，行业地位不断巩固和提升。

（2）有效把握市场结构性机遇，11～30企业阵营业绩增速最高

2015年，房地产市场逐步回暖，百强企业各层级销售表现均好性提升，销售额增长率均值处于16%～23%之间；同时，各层级企业2015年的销售表现分化：百强前10企业销售额增长率均值高于销售面积4.5个百分点，溢价优势凸显；11～30企业销售额增长率高于销售面积增速、百强企业销售额增长率7.1、3个百分点，既凭借经济发达区域热点城市的集中布局

取得了领先的业绩增速，也凭借较高的区域品牌优势实现了更高的业绩溢价，业绩增速最高；而 51 ~ 100 企业的销售额增长率均值低于销售面积 0.3 个百分点，可见“以价换量”仍是这个层级企业实现业绩增长的重要策略。

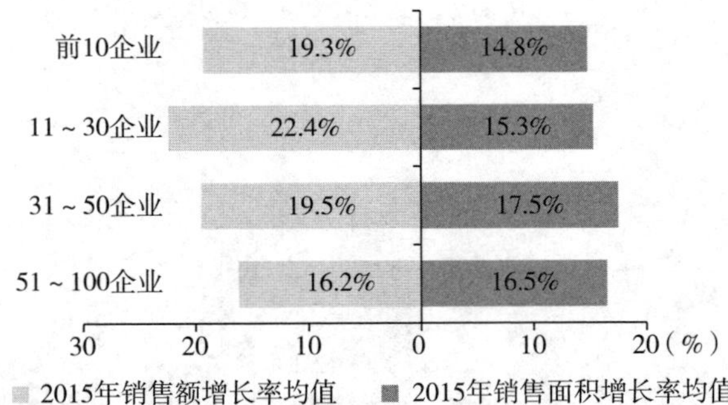

图 3　百强企业内部不同层级 2015 年销售额、销售面积增长率均值

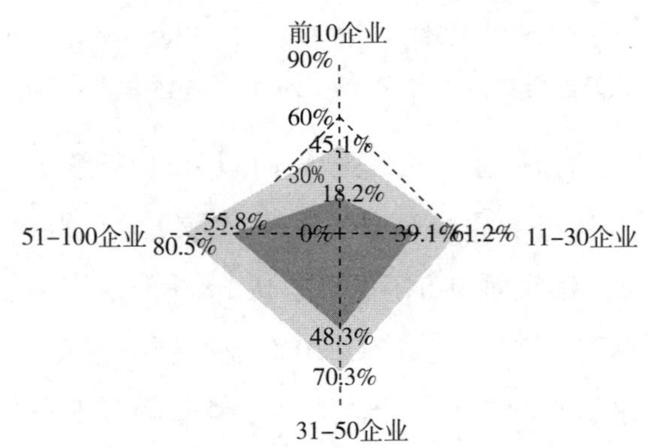

图 4　百强内部不同层级企业 2015 年销售额前 5 城市和前 5 项目销售业绩贡献率

规模较大的百强企业以“大而全”的市场布局，实现了对热点城市的重点覆盖，进而保障了销售业绩的稳步增长。前 10 和 11 ~ 30 企业有在售项目的城市数量均值分别为 39.2 和 14.2 个，其中销售规模在 10 亿以上的城市分别为 20.2 和 6.8 个，销售额在 5 亿以上的项目分别为 60.9 和 15.7 个。

规模中等的百强企业则依托“少而精”的市场布局，聚焦区域核心城市精耕细作，实现销售业绩突破的同时规避布局风险。31 ~ 50、51 ~ 100 企业对销售额前 5 城市和前 5 项目的依存度较高，且明显加深。其中前 5 城市对 31 ~ 50 企业、51 ~ 100 企业的业绩贡献度分别高达 70.3% 及 80.5%，分别较上年提高 2 个和 3.5 个百分点；前 5 项目对 31 ~ 50 企业、51 ~ 100 企业的业绩贡献度高达 48.3% 和 55.8%，分别较上年提高 5.1 和 6.3 个百分点。

2. 顺势而为调结构、快推盘，精准营销促去化

（1）聚焦一二线主流市场，顺势而为灵活调整产品结构

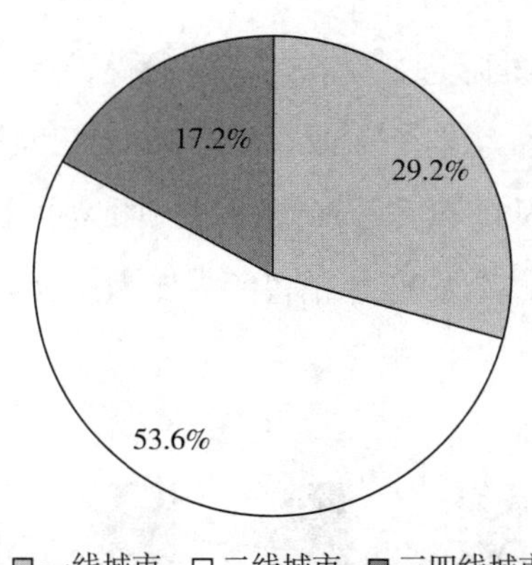

图 5　前 50 企业重点项目销售额在一线、二线、三四线城市的分布结构

百强企业紧紧围绕市场需求的变化调整城市与产品结构，以一二线城市主流市场为布局重心，因城施策灵活调整产品结构，带动业绩稳定增长。一二线主流城市仍为百强企业布局重心，业绩贡献高达 82.8%，其中一线城市占比 29.2%，二线城市占比 53.6%。

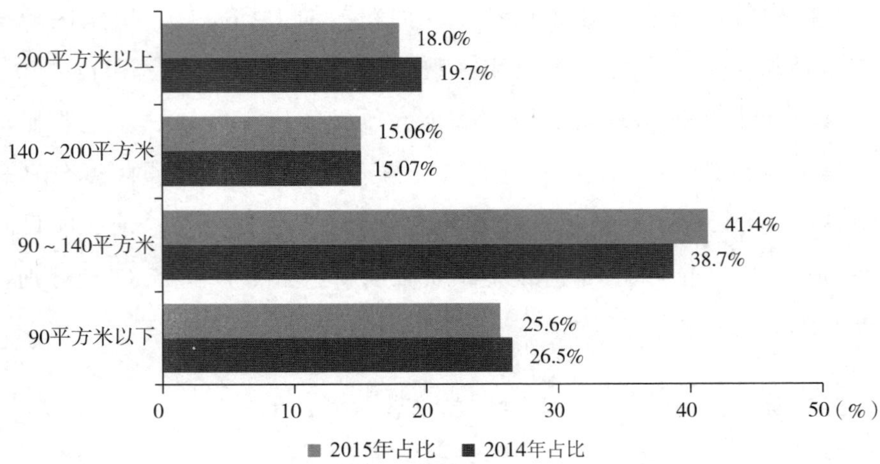

图 6　前 50 企业 2014 ～ 2015 年重点项目各面积段销售额占比情况

2015 年，在中央降准降息、降首付、减免税费等一系列政策刺激下，改善型需求持续释放。百强企业加大改善型产品的推出比例以抢占市场份额，有力推动了业绩增长。从前 50 百强企业重点项目各面积段产品的销售额占比来看，90 ～ 140 平方米产品 2015 年销售额占比为 41.4%，较上年提升 2.7 个百分点。

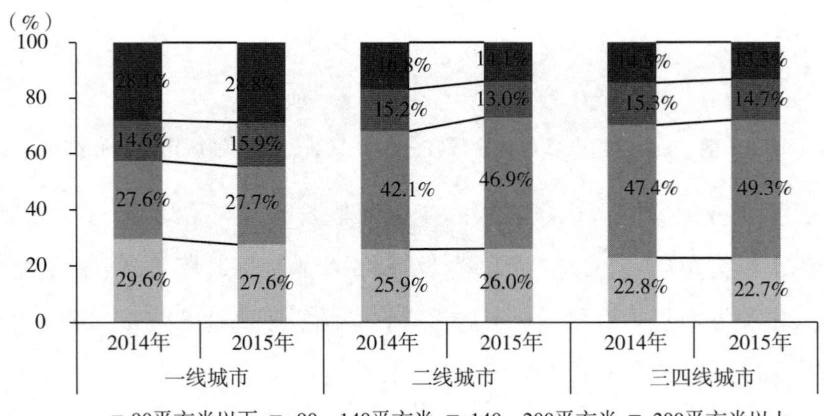

图 7　前 50 企业 2014 ～ 2015 年重点项目分城市等级各面积段销售额占比

具体来看，百强企业敏锐捕捉不同城市的需求结构变化，提升产品结构的匹配度，一线发力高端，二线、三四线聚焦首改，助力企业抓住细分市场的发展机遇，赢得优异业绩。前50企业在一线城市140～200平方米及200平方米以上的中高端改善型产品销售额占比显著上升，分别达15.9%和28.8%，较上年分别上升1.3个和0.7个百分点；二线城市90～140平方米产品销售额占比上升4.8个百分点至46.9%，三四线城市则上升1.9个百分点至49.3%。

（2）紧跟政策节点精准推盘，因地制宜调整价格策略

2015年，伴随行业宽松政策的不断推出，房地产市场呈现出几轮明显的阶段性上涨行情，百强企业踩准政策节点，精准快速推盘，带动月成交量持续提升。研究组对前30企业的推盘量及其月成交量分析显示："330"降首付政策后二季度连续降准降息，9月后公积金宽松度加大，央行继续降准降息，促成了两波推盘高峰。其中，5、6月的月均推盘量均突破100个；四季度的推盘总量占全年的43.4%，总成交金额达6087.4亿元，同比增长17.3%，高于同期全国4.5个百分点。

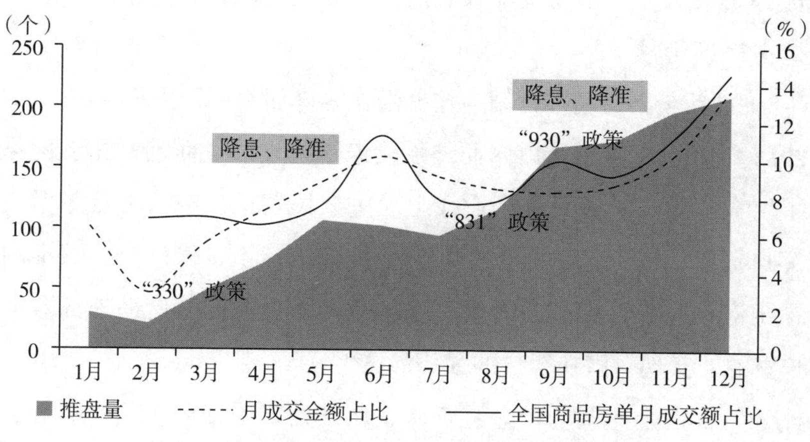

图8　前30企业2015年各月推盘及成交情况

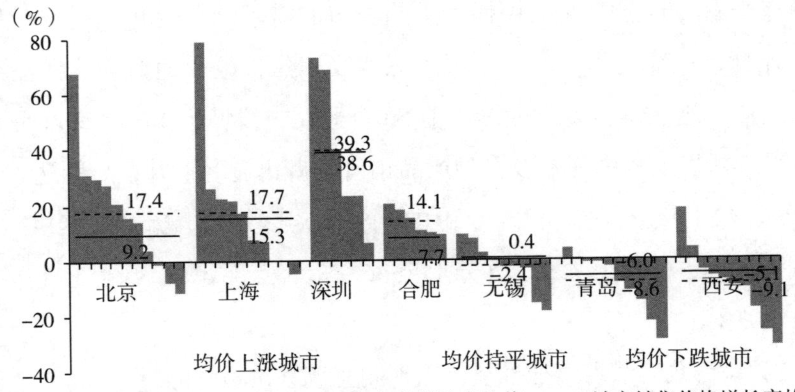

图 9　百强代表企业 2015 年在不同城市的销售价格表现

在推盘价格方面，面对不同城市价格涨跌互现的两极分化，百强企业实行了因地制宜的价格策略：一方面，在市场需求旺盛、房价上涨的北京、上海、深圳、合肥等城市随行就市"适度提价"，凭借高品质的产品实现销售业绩与利润的同步提升。另一方面，在市场需求乏力、库存较高的价格下跌城市采取"以价促量"的降价销售策略，凭借更高的产品性价比优势获取更大的市场主动权，把握市场的有限需求，实现快速去化，从而抢占市场份额。

（3）创新全渠道精准营销，挖掘潜在客群加速项目去化

2015 年百强企业注重由内而外强化渠道建设，全面铺开拓客网络，并发挥了巨大实效。一是百强企业线上通过全民营销、微信平台等形式快速拓宽客户资源；线下，百强企业强化地推部队建设，以广泛、精准的客户地图锁定潜在客户，提升拓客效率。二是百强企业充分借助外部数据平台的客户资源，实现对潜在客户的强势渗透。

此外，百强企业调动产业链资源、从细处着手开展各项服务创新，切实解决客户购房"痛点"，确保了有效客源的顺利转化。在销售前端，从客户接触项目时即注重通过创新服务内容及形式提升客户满意度；在交易环节，针对客户首付不足的最大痛点，通过众筹或理财产品强化金融服务，

提升了潜在客户的有效转化率。

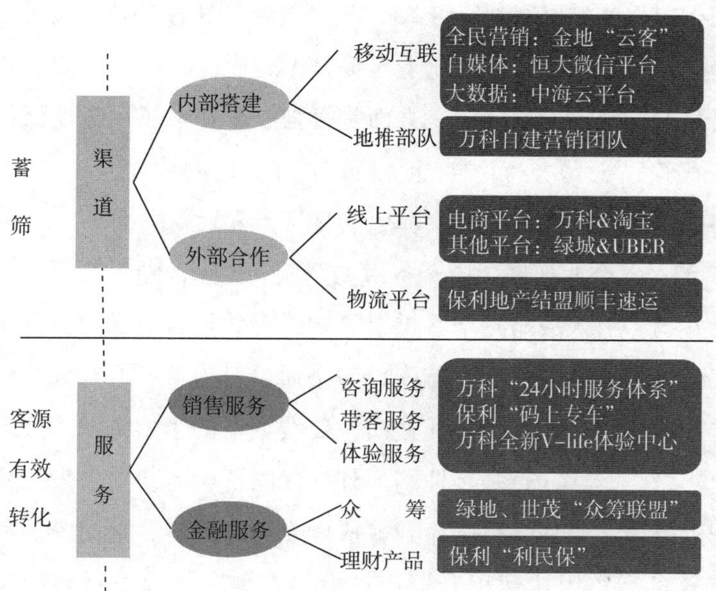

图 10 百强企业创新营销渠道及服务示意图

3. 做优增量、盘活存量，全面提升资产配置水平

（1）总资产均值同比增长 22.5%，增速扩大 1.3 个百分点

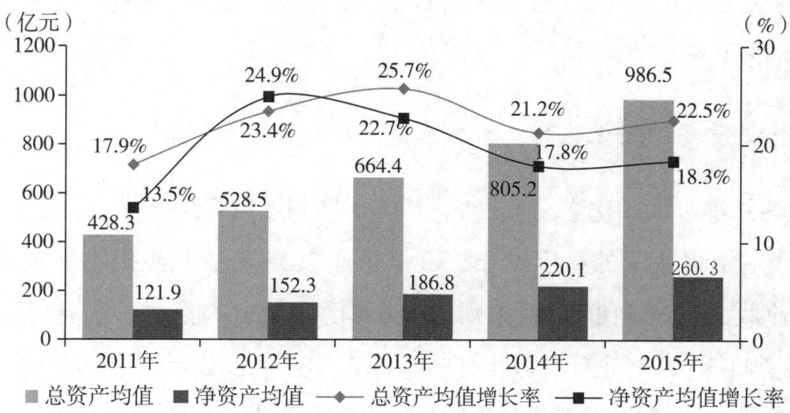

图 11 百强企业 2011 ~ 2015 年资产变化情况

2015 年，百强企业总资产均值为 986.5 亿元，同比增长 22.5%；净资产均值为 260.3 亿元，同比增长 18.3%，资产规模继续保持快速增长。百强企业的总资产、净资产增速分别比上年提升 1.3 个、0.5 个百分点，资产规模增速的回升来自两方面原因，一方面是百强企业在市场回暖期保持了较快的业绩增长速度，另一方面源自企业资产扩张力度的加大。

（2）做优增量与盘活存量并举，转变资产配置新思维

2015 年百强企业把握国内资本市场宽松、国企改革的有利时机，灵活地采取收并购、引入战略资金、重组等方式有效整合外部资源，积极抢占未来资产配置的“安全区”。首先，房企通过对项目、股权和海外优质资产的收购并购，以较低成本补充优质一二线城市的土地资源，实现资产规模的迅速扩张。其次，百强企业引入外部战略资金解决业务发展资金，强化资产配置能力。最后，百强企业顺应国企改革趋势，通过整合、吸资、并购等方式进行重组快速提升资产规模，并解决了业务重叠造成的资源浪费。

除了对外部资源的整合，百强企业还通过资产证券化和分拆上市的方式，积极盘活存量资产。一方面，百强房企积极探索房地产资产证券化方式，通过增强经营性资产的流动性扩大资金收入，提升资产处置能力。另一方面，百强企业将旗下成熟的业务板块分拆上市，充分利用资本市场平台获得更大的业务发展空间。

4. 提质增效强化盈利能力，多策并举挖潜利润空间

（1）净利润同比增长 11.3%，增收不增利现象延续

伴随销售业绩的稳定增长，百强企业 2015 年盈利规模不断提升，全年营业收入、净利润均值分别为 286.5 亿元、36.3 亿元，分别同比增长 18.7%、11.3%，增速分别较上年提升 1.7、0.8 个百分点。尽管如此，百强企业 2015 年营业收入增速高于同期净利润增速 7.4 个百分点，在行业利润率下行的态势下，部分房企“增收不增利”的现象依然延续。

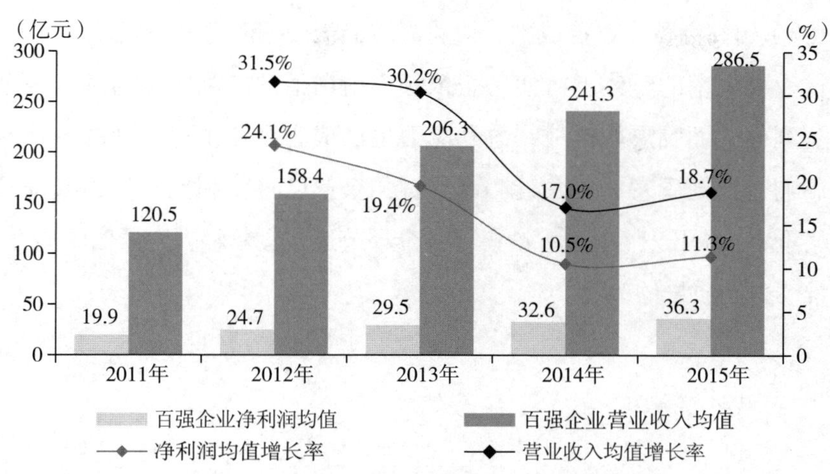

图 12　百强企业 2011 ~ 2015 年营业收入与净利润均值变化情况

（2）土地及经营成本高企，致净利润率下降 0.4 个百分点

百强企业 2015 年总资产收益率、净资产收益率均值为 5.2%、17.7%，分别较上年下降 0.1、0.6 个百分点，盈利质量有所下降；全年净利润率均值为 11.6%，较上年下降 0.4 个百分点，逐渐逼近 10% 红线，企业盈利空间持续收窄。2015 年受困于市场调整，百强房企经营成本、土地成本大幅攀升，企业的盈利下行压力更加凸显：一方面，供需关系逆转导致去库存风险加大，行业买方市场格局亦逐步形成，企业盈利能力在降价换量、营销难度加大的双向挤压下有所降低；另一方面，部分一二线城市市场过热、竞争激烈导致土地成本高企，进一步挤压企业的利润空间。

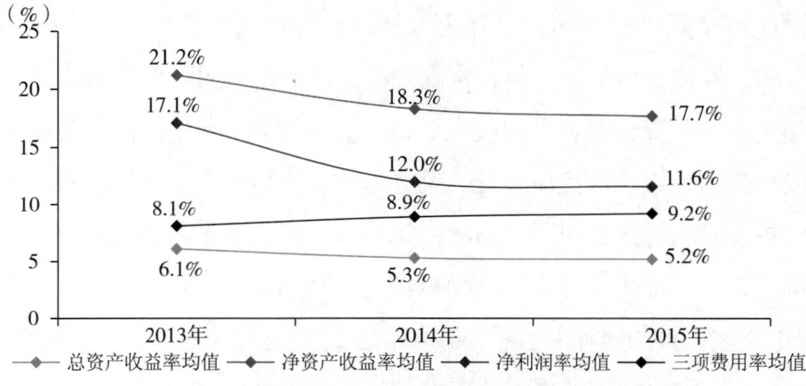

图 13　百强企业 2013 ~ 2015 年盈利及费用指标均值图

（3）提高溢价、严控成本、快速周转，积极挖潜盈利空间

行业利润率的整体下滑使房企依赖土地增值的红利难以为继，房企传统的盈利模式面临严峻挑战，盈利能力也已成为企业生存发展的分水岭，成为影响企业健康发展的关键。部分百强企业已将盈利能力作为未来发展的战略重心，从开发、经营、销售等各个环节进行创新经营，强化成本管控，显著推动盈利质量的改善。

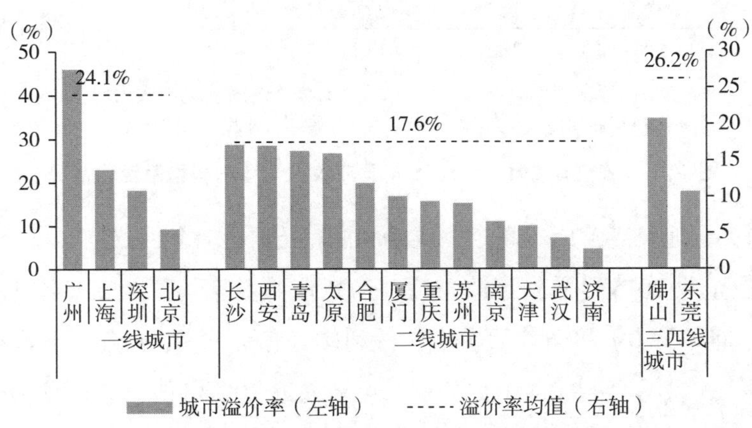

图 14　综合实力 TOP10 企业 2015 年重点城市销售溢价率

第一，百强企业充分发挥价值创造能力，凭借突出的品牌溢价优势保障更高的盈利空间。综合实力 TOP10 企业 2015 年在一线城市、二线城市、三四线重点城市的销售溢价均值分别为24.1%、17.6%、26.2%，溢价优势明显。

第二，百强企业突破传统盈利模式的局限性，创新产业经营模式，积极挖潜利润空间。一方面，百强企业通过发行低成本公司债及定向增发等融资方式，置换银行贷款、信托贷款等高息债务，有效降低资金成本，2015 年百强企业综合资金成本率均值为 9.5%。另一方面，减少招拍挂拿地规模，加强股权收购方式获取优质项目，以更高的议价能力降低拿地成本。此外，转变营销模式，打造自销团队缩减中间环节，有效节省营销成本。

第三，百强企业精准把握改善型需求释放时机，加快高端产品开发节奏，促进高端项目的快速“变现”；还有部分百强企业 2015 年大力实施轻资产、

合作开发等模式，以更高的资产利用效率扩大经营规模，并以小额投资撬动高额收益。

5. 量入为出保障财务安全，多元融资奠定发展优势

（1）资产负债率继续上行，短期偿债压力有所缓解

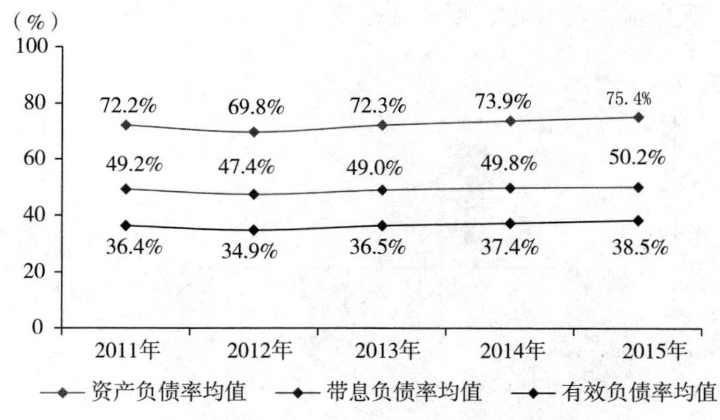

图 15 百强企业 2011 ~ 2015 年负债情况

2015 年百强企业资产负债率继续上行，均值达到 75.4%，较 2014 年上升 1.5 个百分点，带息负债均值为 38.5%，较 2014 年上升了 1.1 个百分点，整体负债水平有所上升。受益于 2015 年房地产销售的回升，企业资金回笼加速，百强企业预收账款均值同比增加 13.7%，剔除预收账款之后的有效负债率均值为 50.2%，较去年微增 0.4 个百分点。

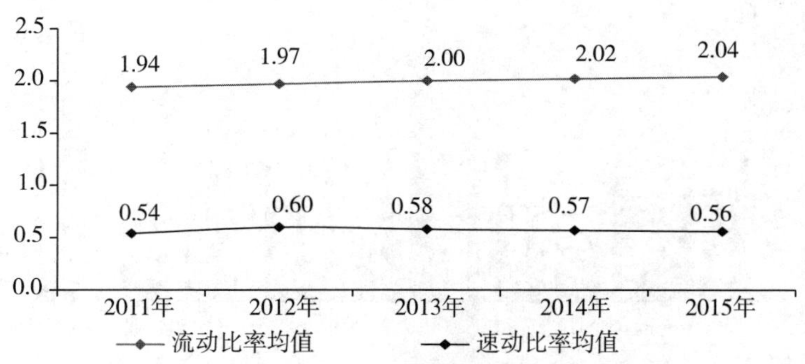

图 16 百强企业 2011 ~ 2015 年流动比率与速动比率均值

2015 年百强企业的流动比率均值为 2.04，较去年上升 0.02；年末累计存货均值为 450.5 亿元，同比增长 29.3%，同期速动比率均值则下降 0.01 至 0.56。百强企业 2015 年债务负担有所加大但总体可控，短期偿债能力得到一定改善。在行业去库存风险凸显的环境下，百强房企仍需进一步减少库存并优化库存结构，保障财务安全性。

（2）现金流由负转正，促回款控支出强化现金管理

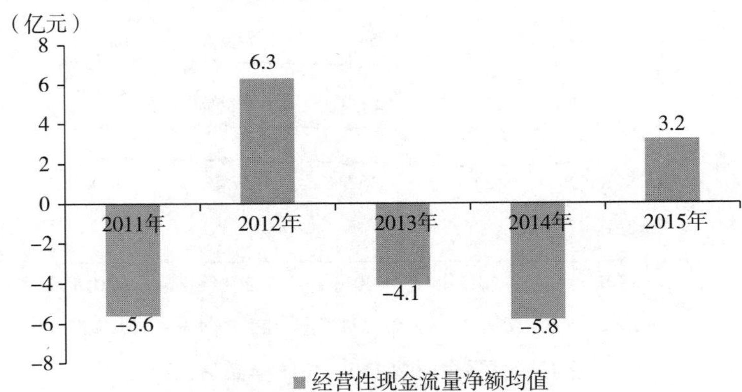

图 17　百强企业 2011 ~ 2015 年经营性现金流净额均值

近年来房地产行业增幅放缓、结构性风险加剧，百强企业更加重视现金流安全管理，经营性现金流量净额均值由负转正，为 3.2 亿元，企业以较为充裕的经营收入弥补了上年现金流缺口，并保持了良好的资金流动性。

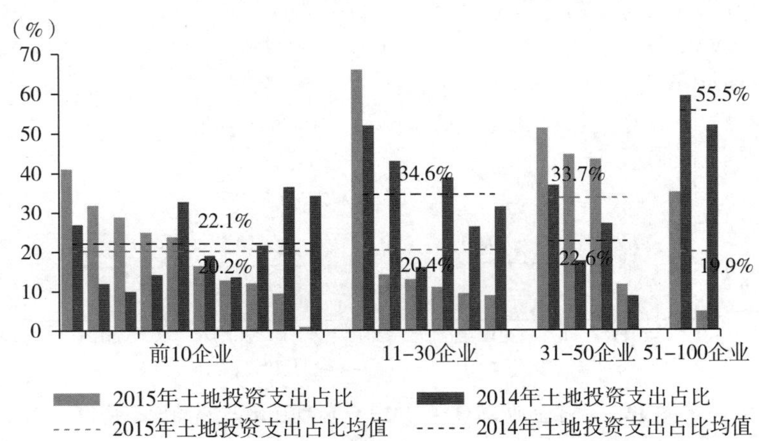

图 18　2014 ~ 2015 年不同层级百强代表企业招拍挂土地投资支出占销售额比重情况

百强企业2015年在保障企业顺畅回款的基础上，整体采取审慎补仓的土地投资策略，合理控制土地支出规模和节奏，确保充裕的现金流动性。研究组基于不同规模的百强代表企业2014年和2015年的拿地情况进行对比分析显示，百强代表企业招拍挂土地投资支出占销售额比重的平均值为23.4%，较2014年减少5.2个百分点。

（3）把握机遇加大筹资力度，融资结构持续优化

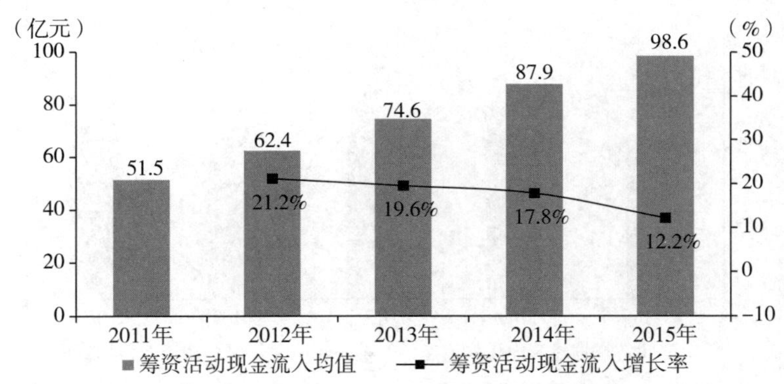

图19　百强企业2011～2015年筹资活动现金流入

2015年随着房地产市场的显著回暖和国内货币政策持续宽松，百强企业加大融资力度，资金状况得到明显改善。百强企业2015年筹资活动现金流入均值为98.6亿元，同比增长12.2%，筹资规模进一步扩大。

2015年百强企业凭借显著的品牌优势、良好的销售表现、稳健的财务状况，受到投资机构的青睐，从而获得大规模的优质资金。2015年境内发债热度持续提升，融资规模呈爆发式增长，公司债融资额达2500亿元，在资金来源中的占比有所提升。

6. 提高货值变现能力保增长，纵横转型激活新动能

（1）新增土储“重质不重量”，维持适度规模保增长、抗风险

2015年全国房地产市场显著回暖，销售业绩的回升提振了企业的投资信心，百强企业继续通过公开市场或收购方式补充优质土地资源，为未来的

持续发展储备货值。2015 年土地储备规划建筑总面积均值达到 1203.4 万平方米，同比增长 3.2%。百强企业一方面以“重质不重量”的原则新增一二线优质土地资源，一线城市占比提高 2.3 个百分点；另一方面将总土地储备规模控制在合理的水平，土地开发年限由以往的 2 ~ 3 年控制在 1 ~ 2 年之间。

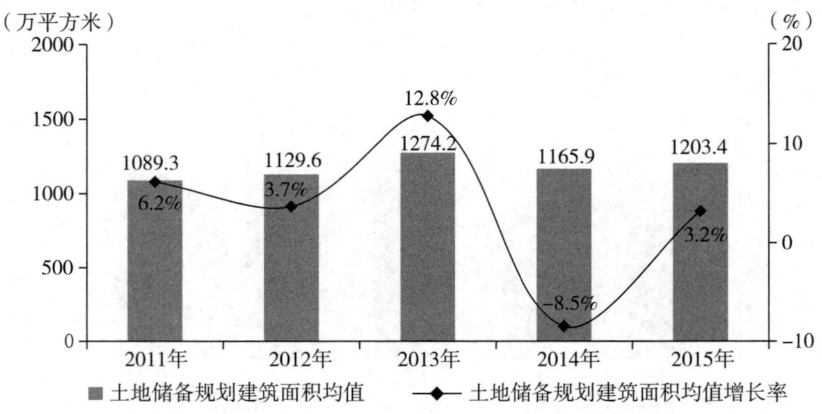

图 20　百强企业 2011 ~ 2015 年土地储备规划建筑面积变化情况

（2）货值结构合理强化业绩变现能力，二线城市储备充足蕴藏发展潜力

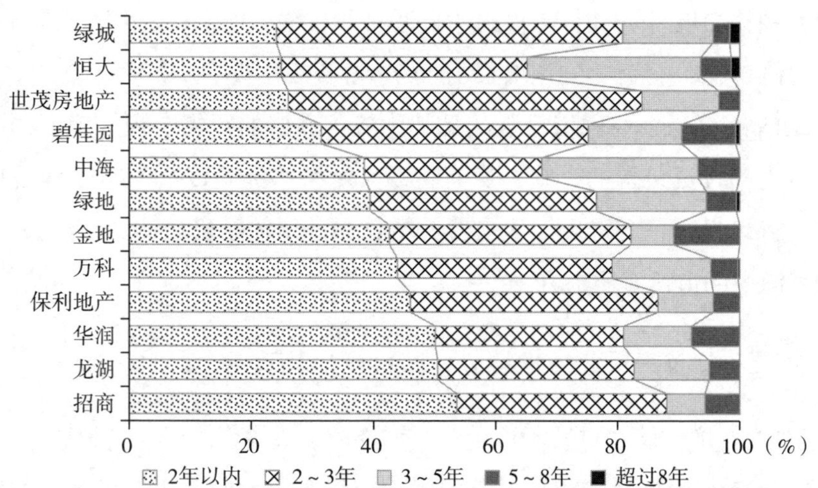

图 21　全国性百强代表企业 2015 年末按照不同城市土地去化周期划分的可售货值结构情况

在城市结构性去化风险加剧的背景下，全国性百强企业立足于全国化均衡布局，约 3/4 分布于土地消化时间少于 3 年的城市，货值结构均衡合理、业绩变现能力强，保障了来年的稳健增长；区域性百强代表企业大多处于区域深耕向全国化拓展的发展阶段，可售货值集中分布于区域经济发达城市，与板块发展的依存度高，或可实现业绩突破，但不可忽视结构单一为其带来的一定隐患。

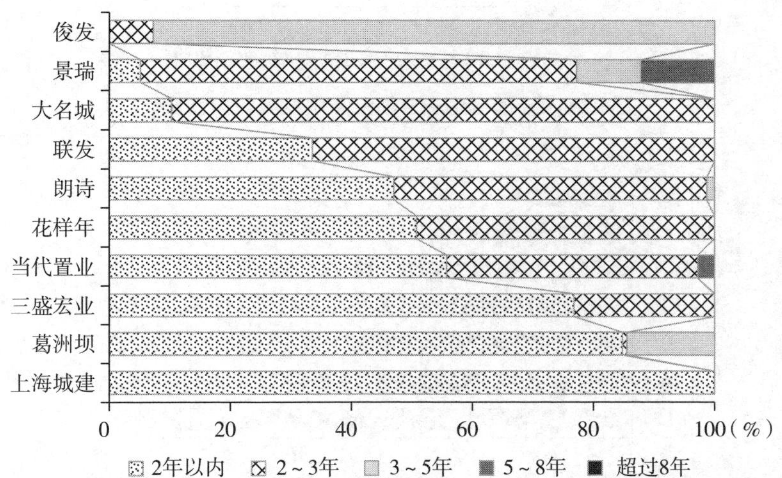

图 22　区域性百强代表企业 2015 年末按照不同城市土地去化周期划分的可售货值结构情况

在去库存的一系列政策催化下，二线城市将迎来发展良机。百强企业凭借在二线城市充足的可售货值和区域深耕背景，将为其短期及中长期增长添油加码。近两年综合实力 TOP10 企业的新增土地储备面积中，二线城市占比均值一直在 45% 以上，其中成都、济南、武汉、南京、郑州、太原、南昌等 7 个省会城市和重点二线城市苏州的新增规划建筑面积均超过 400 万平方米。

（3）基于主业优势开展横纵向转型，释放成长活力

2015 年在经济基本面长期向好和新型城镇化持续推进的背景下，房地产行业仍有较大发展空间，因此专注主业仍是百强企业的主要选择。51% 的百强企业继续专注房地产主业，49% 的百强企业在专注主业的基础上开始寻求转型。在寻求转型的 49 家企业中，42 家企业在专注主业的同时围绕房地产产业链拓展新业务，另有 7% 的企业向房地产行业外拓展新业务。

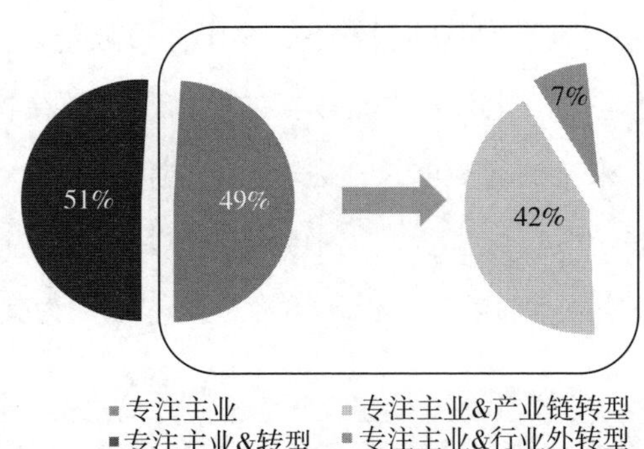

图 23　百强企业 2015 年专注主业与转型情况

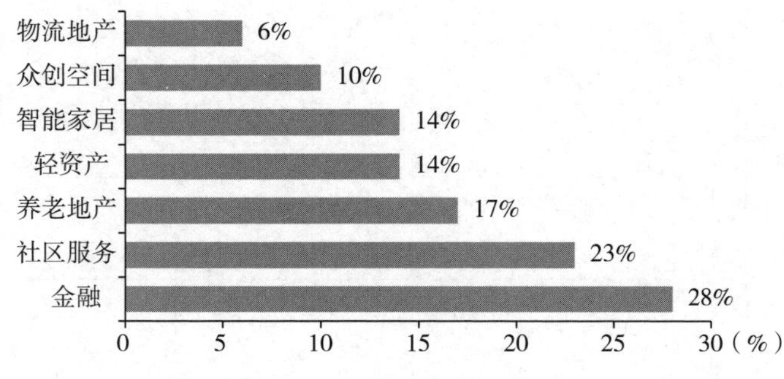

图 24　百强企业 2015 年主要转型方向及企业占比

百强企业为了保持长期驱动力，百强企业主要基于主业的资源溢出优势，纵向挖掘产业链上下游的发展潜力，横向进行细分行业延伸，充分发挥资源协同效应，挖掘业绩增长空间。目前分别有 28%、23%、14% 和 14% 的百强企业在金融、社区服务、轻资产运营和家居智能化等纵向领域延伸发展，“地产 + 金融”“地产 + 服务”的转型模式备受百强房企青睐；分别有 92%、31%、17% 和 41% 的百强企业进入商业、产业、养老、文旅特色等横向转型领域，而养老地产、物流地产和众创空间则为转型热点。

7. 响应号召参与保障房建设，全方位践行社会责任

2015 年，百强企业持续注重依法纳税：全年百强企业纳税总额均值达 14.0 亿元，同比增长 20.9%，其中缴纳营业税金及附加值均值为 8.4 亿元，

所得税均值为5.6亿元，同比分别增长19.1%及23.6%。百强企业不断丰富其社会责任的内涵，在依法纳税、关注社会大事件、保障房建设、绿色建筑、公益慈善事业等方面均有新举措，为行业树立的榜样。

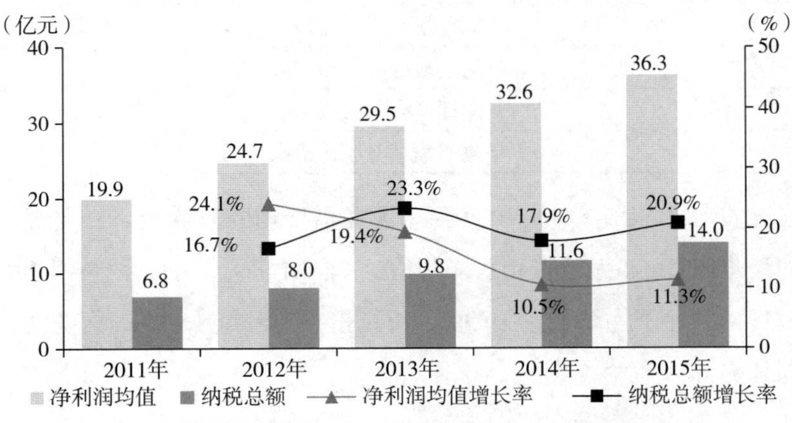

图25 百强企业2011 ~ 2015年纳税额与净利润增长情况

“山重水复疑无路，柳暗花明又一村。”面对复杂多变的市场环境，百强企业应继续坚定信心，深入挖潜住宅领域的巨大发展空间，未来仍将获得理想的业绩增长；更需转变发展思路，具备“逆水行舟、不进则退”的觉悟，以创新为动力，结合自身资源禀赋挖掘潜在价值、制定发展策略、防范未知风险，在“协同创新、稳中求进”中实现稳健发展！

（三）2016中国房地产百强企业TOP10研究

中国房地产TOP10研究组在百强企业研究的基础上，对企业规模性、盈利性、成长性等方面进行了深入研究。

2016中国房地产百强企业“综合实力TOP10”

排名	公司名称
1	万科企业股份有限公司
2	保利房地产（集团）股份有限公司
2	恒大地产集团有限公司
4	中国海外发展有限公司

续表

排名	公司名称
5	绿地控股集团股份有限公司
6	碧桂园控股有限公司
7	绿城房地产集团有限公司
8	华润置地有限公司
9	龙湖地产有限公司
10	华夏幸福基业股份有限公司

2015 年，“综合实力 TOP10”企业凭借合理的经营策略，实现了销售业绩的稳步增长。10 家企业销售额均值达 1424.1 亿元，为百强企业均值的 4.4 倍；销售额同比平均增长达 19.3%，市场份额提升至 16.3%，行业地位进一步巩固和提升。

2016 中国房地产百强企业“规模性 TOP10”

排名	公司名称
1	恒大地产集团有限公司
2	万科企业股份有限公司
3	保利房地产（集团）股份有限公司
4	绿地控股集团股份有限公司
5	中国海外发展有限公司
6	碧桂园控股有限公司
7	绿城房地产集团有限公司
8	龙湖地产有限公司
9	华润置地有限公司
10	世茂房地产控股有限公司

2015 年，“规模性 TOP10”企业的资产和销售规模再创新高，总资产、净资产均值分别达到 3751.1 亿元、900.3 亿元，同比分别增长 18.9% 和 16.4%，销售额均值为同期百强均值的 4.2 倍，营业收入同比增长 23.8%。

2016 中国房地产百强企业“盈利性 TOP10”

排名	公司名称
1	中国海外发展有限公司
2	华夏幸福基业股份有限公司
3	保利房地产（集团）股份有限公司
4	旭辉控股（集团）有限公司
5	龙光地产控股有限公司
6	上海三盛宏业投资（集团）有限责任公司
7	卓越置业集团有限公司
8	中冶置业集团有限公司
9	杭州滨江房产集团股份有限公司
10	国瑞置业有限公司

2015 年，“盈利性 TOP10”企业的利润规模不断扩大、盈利质量持续提升，10 家企业净利润均值达 61.6 亿元，同比增长 23.2%，为百强企业净利润均值的 1.7 倍；净利润率均值达 14.5%，较百强企业均值高出 2.9 个百分点。

2016 中国房地产百强企业“成长性 TOP10”

排名	公司名称
1	阳光城集团
2	泰禾集团股份有限公司
3	正荣集团有限公司
4	海伦堡地产集团有限公司
5	上海大名城企业股份有限公司
6	宁波奥克斯置业有限公司
7	中梁地产集团
8	颐和地产集团有限公司
9	四川蓝润实业集团有限公司
10	上海实业城市开发集团有限公司

2015 年，“成长性 TOP10”企业获得了业绩的快速成长，销售额、

销售面积增长率均值分别达到36.6%、28.8%，营业收入增长率均值达到38.8%，约为当年百强企业均值的2倍，以强劲的发展势头跨越市场拐点。

2016中国房地产百强企业“稳健性TOP10”

排名	公司名称
1	中国海外发展有限公司
2	华夏幸福基业股份有限公司
3	旭辉控股（集团）有限公司
4	新城控股集团股份有限公司
5	金科地产集团股份有限公司
6	福星惠誉房地产有限公司
7	荣盛房地产发展股份有限公司
8	沿海绿色家园集团
9	上海爱家集团
10	广州市敏捷投资有限公司

2015年，“稳健性TOP10”企业资产负债率均值为70.7%，低于同期百强企业平均水平，负债结构持续优化；2015年的速动比率均值为0.85，高于同期百强企业平均水平，短期偿债能力高于行业平均水平。

2016中国房地产百强企业“融资能力TOP10”

排名	公司名称
1	恒大地产集团有限公司
2	保利房地产（集团）股份有限公司
3	万科企业股份有限公司
4	龙湖地产有限公司
5	四川蓝光发展股份有限公司
6	旭辉控股（集团）有限公司
7	阳光100中国控股有限公司
8	东原地产
9	国瑞置业有限公司
10	景瑞地产（集团）有限公司

2015年，“融资实力TOP10”企业积极搭建多元化、市场化的融资体系，不仅注重融资规模的提升，更注重融资质量的提升。

2016 中国房地产百强企业“运营效率 TOP10”

排名	公司名称
1	恒大地产集团有限公司
2	保利房地产（集团）股份有限公司
3	新城控股集团股份有限公司
4	上海红星美凯龙房地产集团有限公司
5	中国奥园地产集团股份有限公司
6	景瑞地产（集团）有限公司
7	联发集团有限公司
8	朗诗绿色地产有限公司
9	上海三盛宏业投资（集团）有限责任公司
10	浙江祥生房地产开发有限公司

2015 年，“运营效率 TOP10”企业积极跟随市场需求变化，合理调整产品结构、实现快速开发与回款、提升周转速度，同时进一步推进标准化运营体系建设，强化管理能力的提升，有效提升运营效率。

2015 ~ 2016 中国房地产年度社会责任感企业

公司名称
保利房地产（集团）股份有限公司
天津房地产集团有限公司
中国海外发展有限公司
绿城房地产集团有限公司
北京金隅股份有限公司
方圆地产控股有限公司
武汉地产开发投资集团有限公司
宝龙地产控股有限公司
长沙房产（集团）有限公司
浙江祥生房地产开发有限公司

2015 年，年度社会责任感企业积极国家号召响应去库存、推动保障安置房建设、公益扶贫事业方面积极履行社会责任，促进社会全面发展进步。

2016 中国房地产百强之星

公司名称	公司名称
复地（集团）股份有限公司	当代置业（中国）有限公司
广州市敏捷投资有限公司	三盛地产集团
时代地产控股有限公司	德信控股集团有限公司
海航地产控股（集团）有限公司	杭州市城建开发集团有限公司（大家房产）
宁波奥克斯置业有限公司	上海城建置业发展有限公司
隆基泰和实业有限公司	中大房地产集团有限公司
方圆地产控股有限公司	浙江金昌房地产集团有限公司
联发集团有限公司	奥山置业有限公司
星河控股集团有限公司	庭瑞集团有限公司
福晟集团有限公司	重庆同景置业有限公司
东方银座集团中国有限公司	广东尚东投资控股集团有限公司
银亿房地产股份有限公司	纽宾凯集团有限公司
颐和地产集团有限公司	中迪禾邦集团有限公司
广州广电房地产开发集团股份有限公司	广东广物房地产（集团）有限公司
中国葛洲坝集团房地产开发有限公司	上海大发房地产集团有限公司
鸿坤集团	上海中优房地产集团有限公司
保集控股集团有限公司	

北京 TOP10	上海 TOP10	重庆 TOP10	浙江省 TOP10	山东省 TOP10	湖北省 TOP10
中海地产	万科	龙湖地产	绿城集团	万科	福星惠誉
万科	绿地控股	融创中国	滨江集团	中海地产	武汉地产集团
保利地产	保利地产	金科股份	中梁地产集团	海尔地产	万科
首开股份	仁恒置地	万科	祥生集团	万达	保利地产
中国铁建地产	大华集团	东原地产	德信控股集团	绿城集团	恒大地产
京投银泰	融创中国	协信地产	大家房产	鲁商置业	中建地产
恒大地产	宝华集团	保利地产	奥克斯地产	银盛泰集团	百步亭集团
北京城建	上海地产集团	恒大地产	天阳置业	保利地产	联投置业
远洋地产	中海地产	鲁能地产	银亿股份	绿地控股	万达
华润置地	旭辉集团	中海地产	浙江金昌集团	龙湖地产	奥山置业

商业地产主要优秀企业

企业名称	企业名称
大连万达商业地产股份有限公司	上海证大房地产有限公司
上海红星美凯龙房地产集团有限公司	世纪金源集团
宝龙地产控股有限公司	大悦城地产有限公司
华润置地有限公司	中国金茂控股集团有限公司
龙湖地产有限公司	首创置业股份有限公司
银泰置地（集团）有限公司	越秀地产股份有限公司
宁波奥克斯置业有限公司	阳光新业地产股份有限公司
隆基泰和实业有限公司	金科地产集团股份有限公司
上海世茂股份有限公司	SOHO 中国有限公司
金融街控股股份有限公司	纽宾凯集团有限公司

产业园区运营优秀企业

企业名称
北京联东（投资）集团有限公司
华夏幸福基业股份有限公司
天安数码城（集团）有限公司
华南城控股有限公司
上海张江高科技园区开发股份有限公司
亿达中国控股有限公司
上海华鑫股份有限公司
武汉银湖科技发展有限公司
北京电子城投资开发股份有限公司
百世金谷实业有限公司

2015年，万达、宝龙、金科等优秀商业地产基于平台精准把握市场变化、调整产品结构适应市场需求、升级服务体系提升供给质量，为商业地产带来新的活力；联东、华夏幸福等产业园区运营优秀企业始终把握国家政策变化趋势，基于区域特色和自身资源禀赋，打造独特发展模式，迎合市场发展需求持续挖掘创业需求，同时通过强化服务创新升级，提升园区软实力，促进企业实现快速发展。

特色地产运营优秀企业

企业名称	特色领域
保利房地产（集团）股份有限公司	养老地产
鲁能集团有限公司	文旅地产
绿地控股集团股份有限公司	大基建辅助开发
当代置业（中国）有限公司	绿色科技地产
复星地产控股	蜂巢城市
港中旅（中国）投资有限公司	旅游地产
新鸥鹏集团	教育地产
天朗控股集团	中国城镇化产业运营商
新明中国控股有限公司	儿童地产
重庆同景置业有限公司	教育 + 健康

轻资产运营优秀企业

企业名称
蓝城房产建设管理集团有限公司
朗诗绿色地产有限公司
万科企业股份有限公司
旭辉控股（集团）有限公司
沿海绿色家园集团
鲁能泰山度假俱乐部
杭州滨江房产集团股份有限公司
花样年集团（中国）有限公司
阳光 100 中国控股有限公司
美好置业集团股份有限公司

中国新社区文化运营优秀企业

企业名称
万科企业股份有限公司
龙湖地产有限公司
东原地产
绿城物业服务集团有限公司
仁恒置地集团有限公司

续表

企业名称
百步亭集团有限公司
招商局蛇口工业区控股股份有限公司
碧桂园控股有限公司
四川蓝光发展股份有限公司
俊发地产有限责任公司

当代置业、天朗等特色地产运营优秀企业通过创新运营模式和服务，实现高效、持续的发展；蓝城、朗诗等轻资产运营优秀企业借助多元化的资金来源减少投入，提高资产运作效率；中国新社区文化运营优秀企业以特色化、规模化和智慧化的社区服务深入挖掘房地产后端服务价值。

中国房地产基金综合能力 TOP10

排名	基金公司名称
1	光大安石投资
2	信保(天津)股权投资基金管理有限公司
3	信业股权投资管理有限公司
4	稳盛（天津）投资管理有限公司
5	长富汇银投资基金管理（北京）有限公司
6	上海建银精瑞资产管理有限公司
7	天津高和股权投资基金管理有限公司
8	鼎晖宇泰地产投资管理（天津）有限公司
9	上海瑞威资产管理股份有限公司
10	弘睿（北京）投资管理有限公司

四、2016中国房地产策划代理百强企业发展状况分析

1. 房地产销售市场空间广阔，竞争加剧策划代理企业优胜劣汰

2015 年，商品房销售额创新高和存量房交易增加为策划代理行业创造了广阔的市场空间，但在开发企业加大自销比例，以搜房网房天下为代表互联网企业进军房地产服务市场，二手房经纪公司进一步抢占市场的背景

下，策划代理行业优胜劣汰加速。本文将重点分析综合实力 TOP10 企业的发展特点及方向。

2. TOP10企业代理销售额大幅增长30%，延伸服务链条凸显企业价值

2016 中国房地产策划代理综合实力 TOP10

排名	公司名称
1	深圳世联行地产顾问股份有限公司
2	易居（中国）控股有限公司
3	合富辉煌集团控股有限公司
3	同策房产咨询股份有限公司
5	保利地产投资顾问有限公司
6	上海策源置业顾问股份有限公司
7	伟业顾问集团
8	新联康（中国）有限公司
9	新景祥投资控股有限公司
10	北京金网络联行地产顾问有限公司

营收规模大幅增长，市场份额提升至 17.13%，企业分化明显。2015 年综合实力 TOP10 企业一手物业代理销售额均值为 1495.44 亿元，市场份额提升为 17.13%，对比 TOP30 企业 24.99% 的市场份额，市场进一步向 TOP10 企业集中，行业整体分化明显，世联行、合富辉煌等销售额超千亿的企业规模远超其他企业。

多元业务延伸，全产业链提供增值服务。房地产市场向存量房转变以及市场竞争加剧，市场需求多元化和综合化对策划代理企业专业能力的要求不断提高，综合实力 TOP10 企业聚焦市场需求，围绕主业延伸服务领域，发展金融、资产管理、电商等服务，全面提升企业规模。

借力资本市场兼并收购，做大做强。销售代理主业和多元化业务的拓展推进，以及企业未来转型升级等均需要资本市场的支持。综合实力 TOP10 企业开始借助资本力量加速兼并收购，实现规模化运营。

3. 借鉴国际先进经验，协同创新打造房地产综合服务商

对标五大行，培育多元业务模式。对比来看，国内策划代理企业在顾问咨询、资产评估及管理、高端物业等方面经验较少，但销售代理和策划业务方面具有绝对优势。因此，策划代理企业可对标五大行，大力发展资产管理、物业管理等紧密围绕存量房市场的业务。

借助移动互联工具，专注细分领域提升服务水平。房地产“白银时代”，聚焦房地产细分领域，打造差异化服务将成为策划代理企业弯道超车的重要途径。

强化协同创新，追赶中完成超越。中国房地产服务业已进入变革创新时代，策划代理企业应充分利用大数据、互联网等技术，发挥房地产链的协同创新作用，实行泛产业链强强联合，协同创新实现超越。